U0489910

王秀镇志

《王秀镇志》编纂委员会　编

苏州新闻出版集团
古吴轩出版社

图书在版编目（CIP）数据

王秀镇志 /《王秀镇志》编纂委员会编. -- 苏州：古吴轩出版社, 2023.9
ISBN 978-7-5546-2171-4

Ⅰ.①王… Ⅱ.①王… Ⅲ.①乡镇－地方志－太仓 Ⅳ.①K295.35

中国国家版本馆CIP数据核字(2023)第145977号

责任编辑：李爱华
装帧设计：吴　静
责任校对：周　娇
责任照排：刘知新

书　　名：**王秀镇志**
编　　者：《王秀镇志》编纂委员会
出版发行：苏州新闻出版集团
古吴轩出版社
地址：苏州市八达街118号苏州新闻大厦30F
电话：0512-65233679　　邮编：215123
出 版 人：王乐飞
印　　刷：苏州市越洋印刷有限公司
开　　本：889mm×1194mm　1/16
印　　张：28.5　插页：32
字　　数：710千字
版　　次：2023年9月第1版
印　　次：2023年9月第1次印刷
书　　号：ISBN 978-7-5546-2171-4
定　　价：150.00元

《王秀镇志》编纂委员会

2022年2月

名 誉 主 任：李天一

主 任 委 员：张　杰

副主任委员：周志强　张　震　周陆彦　杨佳倩　王曹平

委　　　员：潘　亮　张振阳　倪雪荣　徐　晴　史凤娟

潘锦球　赵静宜　蔡永平

执 行 编 辑：蔡永平

编　　　辑：高凤泉

资料（档案）提供：史凤娟　张丽秋　陈企平　宋小牛　黄茂林

审定单位

太仓市史志办公室

太仓市璜泾镇人民政府

1998年王秀镇区域示意图

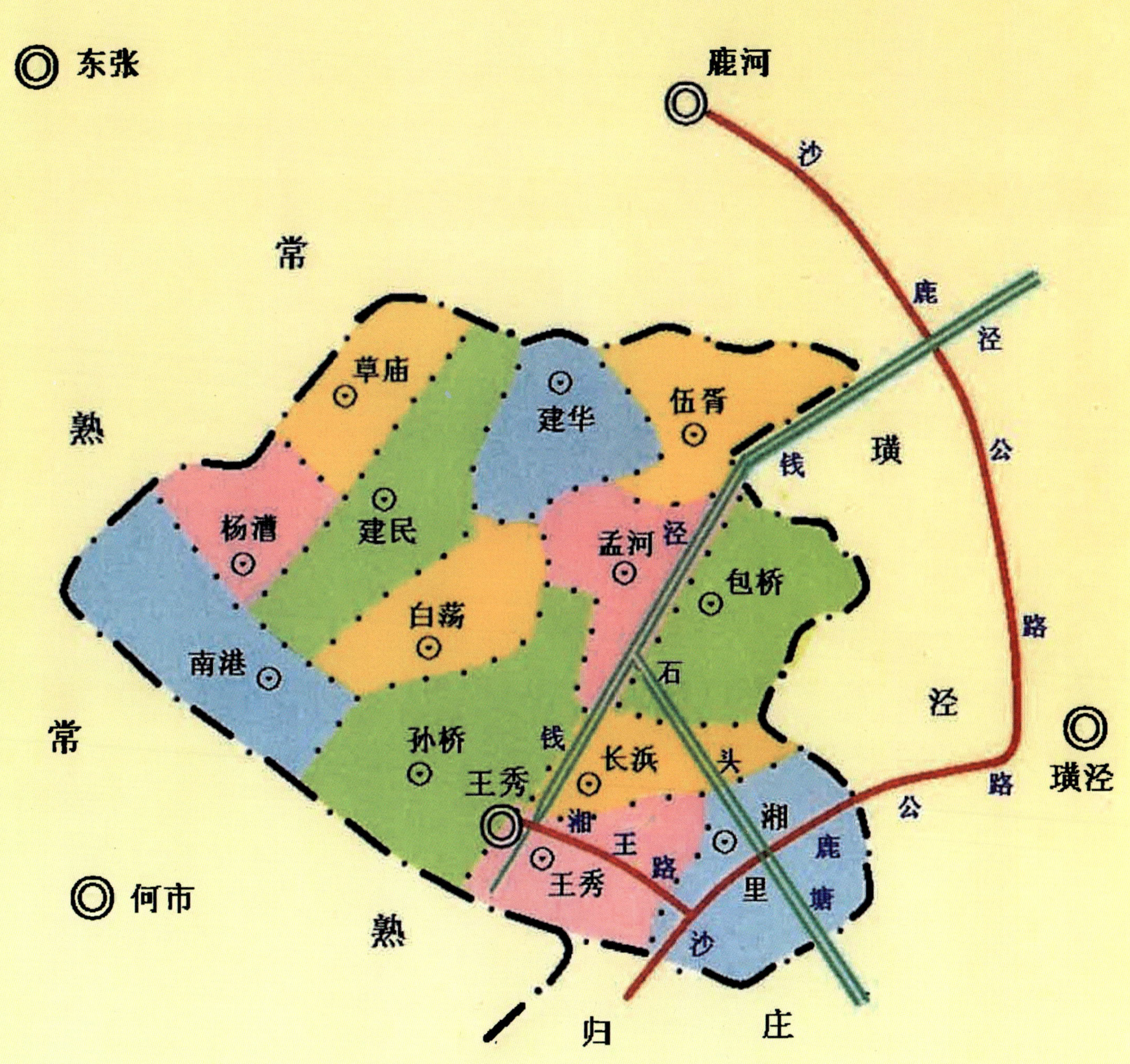

王秀村党群服务中心（2009年摄）

王秀村新时代文明实践站（2022年摄）

孙桥村党群服务中心（2022年摄）

孙桥村文化大舞台（2022年摄）

孙桥村老年人日间照料服务站（2014年摄）

孟河村党群服务中心（2017年摄）

杨漕村党群服务中心（2017年摄）

杨漕村南港老年日间照料服务中心（2022年摄）

王秀社区党群服务中心（2018年摄）

王秀社区大舞台（2022年摄）

农民住宅小区——王秀花园（2022年摄）

王秀邮电大楼（2022年摄）

王秀农家小院饭店（2022年摄）

吴家湾玖玖家生态餐厅（2022年摄）

杨漕村新农村建设新貌（2014年摄）

孟河村田园风光（2018年摄）

吴家湾秋韵（2017年摄）

吴家湾夜景（2017年摄）

孟河村马鞭子花草基地（2016年摄）

稻鸭生态种养（2022年摄）

采收香瓜（2016年摄）

采收冬枣（2015年摄）

水稻收割机械化（2017年摄）

水稻丰产丰收（2017年摄）

麦田植保机械化（2021年摄）

大棚蔬菜植保机械化（2022年摄）

蔬菜收割机械化（2022年摄）

序

王秀在不同历史时期，区划隶属屡次变更。中华人民共和国成立后，王秀曾分属其他乡镇管辖。1966年，王秀独立建制，成立公社。1983年设乡。1993年撤乡建镇。1998年11月，太仓市乡镇区划调整，王秀又撤销镇建制，设管理区，隶属璜泾镇。

王秀虽独立建制时间不长，但这片土地上留下的历史文化值得传承和颂扬。抗日战争时期，太仓第一个党支部在王秀境内的杨漕乡诞生，抗日烽火由此点燃。杨漕乡一带是苏常太抗日游击根据地的重要活动区域，这里留下了许多可歌可泣的英雄事迹。解放战争时期，王秀人民发扬奉献精神，积极捐款捐物，多次组织民工冒着生命危险，把大批军需物资运往解放上海的解放军驻地。中华人民共和国成立后，勤劳智慧的王秀人民积极投身社会主义革命和建设的伟大实践中，进行了一系列广泛深刻的社会变革，取得了一个又一个丰硕成果。中共十一届三中全会后，王秀广大共产党员和干部群众踏着改革开放的鼓点，高奏“抢抓机遇，加快发展”主旋律，发扬艰苦奋斗、创新创业精神，不断解放思想，与时俱进，全力推动经济社会文明进步。经过全镇人民的辛勤努力，王秀经济快速发展，乡村面貌焕然一新，社会环境和谐优美，人民生活实现全面小康。

编修地方志书，传承历史文明，是一项优秀的文化传统，也是我们地方政府应有的责任担当。尤其是王秀，镇建制已经撤销，被纳入璜泾板块，如果我们这一代人再不修志，将给后人留下“无人知晓王秀历史”之遗憾。为此，成立编志办公室，着手《王秀镇志》的编纂工作。经编志人员两年的辛苦努力，《王秀镇志》即将付梓。这是补修撤并镇地方志的一项重要成果，值得庆贺。

《王秀镇志》以历史唯物主义观点，按“横向不缺项，纵向不断线”的记载要求，搭“篇、章、节、目”之框架，尽述历史沿革之要略，追记先贤浩然之功绩，反映经济社会之发展。全书内容丰富，体例恰当，语言朴实，富有地方特点和时代特色，是能够较为全面了解王秀的一部工具书、地情书，具有重要的存史镜鉴作用。相信随着时间的推移，《王秀镇志》的史料价值将愈益显现。

修编地方志，时间跨度大，内容涉及面广，是一项社会系统工程。在修编《王秀镇志》的过程中，始终得到原王秀镇各级领导及广大群众的大力支持和太仓市史志办公室的悉心指导，许多热心人士提供了众多文字史料和口述史情。有了众人相助，编志任务才得以完成。在此，谨向为本书出版付出辛勤劳动的修志人员和关心、支持修志工作的社会各界人士表示衷心的感谢。

过去的王秀镇，如今是隶属璜泾镇的管理区。根据璜泾镇区域发展规划和功能定位，王秀管理区重点发展现代农业。我们坚信，在今后的建设发展中，王秀人民将承红色基因，燃创业激情，不忘初心使命，继续砥砺前行，不断开创经济社会高质量发展新局面，努力谱写“现代田园镇，幸福新璜泾”美丽乡村新篇章。

中共璜泾镇委员会书记　李天一

璜泾镇人民政府镇长　张　杰

2022年12月

凡　例

一、本志坚持以马克思列宁主义、毛泽东思想、邓小平理论、“三个代表”重要思想、科学发展观、习近平新时代中国特色社会主义思想为指导，遵循辩证唯物主义和历史唯物主义观点，贯彻实事求是原则，力求全面、系统、客观地记述王秀镇的时代变迁和发展历程，突出时代特征和地方特色，力求思想性、科学性和资料性的统一，以发挥志书存史、资政、教化功能。

二、本志主要记述1966年至1998年王秀镇（公社、乡）整建制时期的发展变化，但为追溯事物发端和完整反映史情，有关章节酌情上溯或下延。鉴于1998年11月王秀镇整建制并入璜泾镇，故年度各类统计数据止于1997年，若1998年仍以王秀镇为单位统计的，则用1998年数据。为全面系统反映王秀镇、王秀管理区的发展变化，本志卷首照片延至2022年。人物传记、简介、表录止于2017年。本志记述的地域范围以1998年11月王秀镇行政区划为准。

三、本志按照“横向不缺项，纵向不断线”的编志要求，采用述、记、志、传、图、表、录等形式，设立篇、章、节、目等层次记述。全志分18篇，有70章216节225目，共71万字。志文用记叙体，表随文设。本志在各篇首设无题序，以方便读者知晓概要，起到导读作用。

四、本志人物以“生不立传”为原则，主要收录王秀籍各界知名人士，以及在王秀镇工作并有重要贡献的客籍人士。对近现代已故人物给予立传记载，排列以卒年为序；对当代在世人物予简介或列表入志，排列以出生年月为序，其中表录劳动模范以国家级、省级、市级为序，评模级别相同的按劳模称号授予时间排列。

五、本志纪年方法，民国以前用朝代纪年，括注公元纪年；民国时期用民国纪年，括注公元纪年；中华人民共和国成立后用公元纪年。文中出现“现”“现在”或“今”“如今”，指2020年本志撰稿起至2022年本志定稿。凡年代前未注明世纪的，均为20世纪。

六、本志所涉的“省”“市”，未指明名称的，均指江苏省、太仓市。王秀镇及辖区内的村、组建制，在各个时期有不同称谓，本志在叙述中均按当时称谓记载。其他历史地名、机构名称也用当时称谓，其后有更名的，根据需要括注说明。对频繁使用的名称首次用全称，其后用简称。

七、本志文字标点、数字数据、计量单位等，均按国家规范要求书写。有关统计数据，以统计部门提供的为主，统计部门缺项的，由主管部门或所在单位提供。各单位、各部门提供数据出现差异的，均通过考查核实后采用。志中出现的资金数额，凡未注明币种的，均为人民币。

八、本志资料主要来源于有关专著、档案史料、单位资料及社会调查等。人物资料大多由本人或亲属提供，部分在史料中挖掘整理。资料记载不一的，经比对考证后使用。

目　录

第三篇　人　口

第四篇　村镇建设

第五篇　交通　邮电　广电

第六篇　农　业

第七篇　工　业

第八篇　商　贸

第九篇　财税　金融　保险

第十篇　党　政

第十一篇　群　团

第十二篇　革命老区

第十三篇　治安　司法　军事

第十四篇　民政　劳动

第十五篇　文化　教育　科技

第十六篇　卫生　体育

第十七篇　民俗　宗教　方言

第十八篇　人　物

附　录

综述

王秀镇位于太仓市北部，地处长江入海口南岸。1998年，辖区面积23.88平方千米，其中，陆地面积19.9平方千米，水域面积3.98平方千米。镇域东部与璜泾镇邢庄、长乐、万新村为邻，南部与常熟市何市镇和归庄镇苏巷、管泾、香塘村接壤，西部与常熟市东张镇为界，北部与鹿河镇飞跃、鹿南、玉影、东泾村相接。

王秀属沿江平原，无山多水，地势自东向西略有倾斜，东部稍高，西部略低，地面高程普遍在4.1米左右（基准：吴淞零点）。地理坐标为北纬31°、东经121°附近。镇区至长江岸线直线距离9.5千米，距太仓市人民政府27千米。

1998年，镇下辖湘里、长浜、王秀、孙桥、孟河、包桥、伍胥、建华、建民、草庙、杨漕、南港、白荡等13个村民委员会和王秀居民委员会，全镇户籍总人口15363人。镇政府驻王秀镇区永安路南端、红旗浜北岸。电话区号0512，邮政编码215426。

一

王秀辖地历史悠久，区划隶属多次变更。

据史料记载，明代弘治年间（1488~1505），山西太原有一王姓名门望族，为避战火来到苏南，其中一支到王秀境内的钱泾南端鼎隆桥附近盖屋聚居，王秀集镇雏形初现。清代后，此地聚居人口增多，形成农村集镇。清末，人们为追溯集镇形成之渊源，便将鼎隆桥改名为王秀桥（当地百姓通常称“王新桥”），镇名也因桥名而取名“王秀”，寓意是王秀为秀美富庶之地。

自古至今，王秀境域区划隶属多次变更。古时，王秀全境一直随双凤乡属常熟县（州）辖地。明弘治十年（1497），太仓建州，王秀隶属太仓州。民国元年（1912），州县合并，太仓建县，王秀属太仓县。

民国18年（1929），王秀全境属太仓县璜泾区。民国24年（1935），王秀境域划为鼎隆乡、白荡乡、杨漕乡、伍胥乡等4个小乡，仍属璜泾区（为太仓县四区）。其时，乡以下基层政权实行保甲制。民国34年（1945）抗日战争胜利后，国民党接收人员到王秀建立政权。次年10月，全境合并为王秀乡和伍胥乡。乡以下重编保甲，其中王秀乡分为6保75甲，伍胥乡分为7保97甲。民国36年（1947）3月，王秀乡改称帆秀乡，伍胥乡乡名未变。

1949年4月，王秀解放。是年，废除保甲制度，建立乡村制度，王秀境内划为长安、伍胥、杨漕、勇和等4个小乡。1956年，在太仓并区并乡时，境内的长安乡划入沙溪区归庄乡（中乡），伍胥乡、杨漕乡、勇和乡合并成一个中乡，称伍胥乡，隶璜泾区。1957年，太仓撤区并乡，王秀南部的长安乡仍属归庄乡（大乡），北部的伍胥乡划归鹿河乡（大乡）。1958年，农村成立人民公社后，长安乡由归庄公社分划3个生产大队，伍胥乡由鹿河公社分划10个生产大队。

1966年10月，太仓实施公社区划调整，把原属归庄公社的3个大队和鹿河公社的10个大队划入新成立的王秀人民公社。1983年7月，王秀设乡，公社管理委员会改称乡人民政府。1993年2月，王秀撤乡建镇，乡人民政府改称镇人民政府。1998年11月，太仓市实施镇区划调整，撤销王秀镇，设王秀管理区，隶璜泾镇。

二

王秀属于革命老区，富于光荣革命传统。

早在抗日战争时期，太仓第一个党支部——杨漕乡党支部在杨漕乡诞生。民国28年（1939），中共江南特别委员会派杨志明等中共党员到太仓开辟抗日游击区。因当时杨漕乡远离城镇、交通不便，便于开展地下党活动，杨志明等人便选择在杨漕乡一带培养入党积极分子和抗日骨干力量，开展民运工作和抗日救亡斗争。通过一段时间的考察培养，杨志明先后在杨漕乡、王秀桥（地名，王秀集镇）等地发展了徐明德、钱家兴、徐大宝、徐念慈、徐祖兴、顾家钰等进步青年入党。民国29年（1940）5月的一个晚上，在杨漕乡徐明德家中（原草庙村8组，现杨漕村19组），太仓第一个党支部——杨漕乡党支部成立。

杨漕乡党支部成立后，积极开展民运工作。党支部党员和外来民运干部广泛发动各界群众，在杨漕一带相继成立农民抗日协会、妇女抗日协会、青年抗日协会等抗日群众组织，同时又组建了游击小组、自卫队和地下交通站，杨漕一带成为苏常太抗日游击根据地的重要活动区域。

民国29年至34年（1940~1945），杨漕乡地下党员和抗日武装战士以及广大群众，冒着生命危险，张贴抗日宣传标语，掩护地下民运干部，秘密传递情报，开展减租减息斗争，捐资捐物支援前线，参与锄奸反霸和武装打击日伪的战斗，在抗日救亡斗争史上留下了许多可歌可泣的英勇事迹，其中新四军江南抗日义勇军（简称“江抗”）部队通讯员徐福元（王秀村7组人）、共产党员徐念慈（原草庙村8组人）、江南抗日游击队通讯员王洪元（王秀村2组人）、太仓县常备队第一中队通讯员高建文（孙桥村4组人）、杨漕乡党支部书记徐明德（原草庙村8组人）先后在抗日救亡运动和同地方反动势力的斗争中献出了宝贵生命。

解放战争时期，王秀境内广大农民捐资捐物，支援前线。杨漕乡一批青年农民积极参与解放上海的支前工作。他们接收支前任务后，用农船装上大米、面包、大饼、鸡蛋等物品，冒着危险，星夜兼程，把支前物品按时送达解放上海的解放军部队驻地。在抗美援朝战争中，王秀青年农民积极参军参战，先后有55人参加中国人民志愿军，并随部队跨过鸭绿江，入朝参战，其中陆志良、管祖兴、顾祥元在朝鲜战场上光荣牺牲。

王秀是一块红色的土地，先辈们投身抗日救亡运动的爱国主义精神、不屈不挠的革命斗争精神、拥军支前的无私奉献精神，为王秀后人留下了宝贵的精神财富。为宣传革命故事，弘扬红色文化，传承王秀革命老区光荣传统，1992年王秀建造太仓第一个党支部纪念馆，1995年修建王秀革命烈士陵墓。纪念馆和烈士陵墓现已成为太仓市爱国主义教育基地和全民国防教育基地。

三

王秀深化农村改革，成为农业高产地区。

王秀境内地势平坦，土壤肥沃，气候条件优越，宜于作物生长。种植的作物以水稻、三麦（指小麦、元麦、大麦，下同）、棉花、油菜为主。但在中华人民共和国成立前，沿袭封建土地所有制，生产关系落后，生产力水平低下，抗御自然灾害能力弱，农作物产量一直在低位徘徊。

中华人民共和国成立后，实行土地改革，把地主、富农占有的大量土地分给贫苦农民，调动了广大农民的积极性。后又通过农业合作化、人民公社化运动，把农民组织起来，农业集体经营。1966年，王秀人民公社成立后，全公社以农业生产为主，夺取农作物高产尤其是粮食高产是公社、大队、生产队的主要任务。70年代，公社兴修水利，提高农业抗灾夺丰收能力。农村每个生产队大量积肥，以解决当时化肥供应不足、用肥紧缺的问题。大面积种植双季稻，1970~1980年，每年种植面积均在8000亩以上，其中1976年种植面积为10742亩，占水稻总面积的86.83%，为双季稻种植面积最多年。全面推广棉花营养钵育苗移栽，1975年起每年育苗移栽面积占棉花总面积保持在90%以上。合理调整作物茬口布局，大搞套种夹种，提高农田复种指数。一系列措施，为农业稳产高产提供了水利条件、用肥需要和农技支撑。

1983年起，全面推行家庭联产承包责任制，农村出现大量剩余劳动力，农民有更多的时间从事多种经营，于是农村经济呈现农、林、牧、副、渔、工、商、建、运、服全面发展的好势头，农民收入不断提高。是年起，乡农业管理部门和各村建立健全农业服务组织，为农户提供产前、产中、产后服务。大力推广农业机械化，各村加大投入，不断添置更新农机具，至80年代末，全乡农机总动力达9078千瓦，农业基本实现耕地、排灌、脱粒、植保、农副产品加工机械化。

1990年后，进一步优化农业种植结构，全乡从原来发展粮、棉、油为主的“增量农业”加快向发展高产、优质、高效的“三高农业”转移，农业经济效益得到提高。1993年起，实施土地流转，发展农业适度规模经营，至1996年，全镇共建办村级集体农场8个，发展种田大户105户，规模经营土地面积达2728亩。1998年，开展第二轮土地续包和确权发证工作，全镇共核发农村集体土地承包经营权证书3905户，土地确权发证面积1.56万亩。是年，全镇土地规模经营面积3536亩，农业组织化程度进一步提高，更加显现农业专业化、产业化发展趋势。

1966~1998年，全镇（公社、乡）每年粮食总产量在1万吨左右，1997年达11416吨，为粮食总产量最高年。1978年全镇农业总产值（之前未统计，以下选年记载）650万元，1983年647万元，1988年

1245万元，1993年3510万元，1998年6882万元。

四

王秀抢抓发展机遇，推动工业加快发展。

1966年王秀人民公社成立初期，境内仅有手工业中心社的铁业、木业、白铁、缝纫等数个作坊式的工场和店铺，规模极小，业务清淡。农村各大队仅有粮饲加工厂。

1970年起，工业起步。初创时，限于工业基础薄弱，经济条件差，公社、大队只是创办一些农机、农修、五金、水泥预制、砖瓦生产等方面的工厂，主要从事农机具维修和小五金加工以及水泥楼板、水泥桁条预制等，所办的企业突出为农业生产和为农民生活服务。至1977年，全公社有社队（公社、大队）企业40家，职工1109人，实现工业产值203万元，利润24万元，年末固定资产原值92万元。

1978年中共十一届三中全会后，公社党委坚持以经济建设为中心，强化“解放思想闯新路，艰苦奋斗创大业”意识，拿出“踏遍千山万水、说尽千言万语、吃尽千辛万苦”的劲头，依靠广大职工的聪明才智，起用善于交往、勇于开拓的能人，千方百计把社队工业搞上去，新办了一批具有较好发展前景的新厂。同时，通过资产重组，淘汰了一批零敲散打的小厂。至1982年，社队企业初步形成纺织、轻工、机械、化工、建材等五大门类的工业体系，全公社有社队企业29家，职工2555人，实现工业产值1211万元，利润156万元，年末固定资产原值418万元。

1983年起，随着改革开放的不断深入，城乡互动、技术交流、经济合作广泛开展，过去那种受地区限制的封闭式经济开始向开放型经济转化。乡党委、政府动员各村、各企业抓住机遇，广找门路，借助城市大工业和科研单位的技术力量，通过加强横向经济联合，引进新项目，开发新产品，创办新企业。80年代，王秀工业经济跃上新台阶，成为太仓北部经济发展最快的地区之一。1989年，全乡有乡办、村办企业60家，职工5016人，实现工业产值1.19亿元，产品销售收入1.01亿元，利税265万元，年末固定资产原值3782万元。

进入90年代，王秀镇村办企业加大技改投入，扩大企业规模，形成了太仓液压元件厂、太仓建筑搪瓷厂、沪太塑料制品联营厂、太仓涤纶化工厂、王秀电镀厂、太仓市电子电器厂等一批骨干企业。1990~1994年，王秀工业取得可喜成绩。5年间，镇办企业年均工业产值1.97亿元，年均利税723万元，其中1992年是王秀工业历史上效益最好的一年，实现工业产值2.92亿元，利税951万元。村办企业年均工业产值1.94亿元，年均利税730万元，其中1994年工业产值3.66亿元，1993年利税1107万元，分别为历史最高水平。

1995年后，随着经济体制改革的不断深化，王秀境内民营企业和个体工业户开始增多。1996年起，对镇村办企业实施产权制度改革，原集体所有制企业转为民营企业。1997年，全镇有镇办、村办企业35家（含未完全转制的企业），职工1579人，实现工业产值1.54亿元，产品销售收入1.34亿元，利税724万元，年末固定资产原值8341万元；有民营企业27家，实现工业产值3250万元；有个体工业户

155户，实现工业产值1750万元。1998年11月，王秀镇工业企业随镇区划调整而归属璜泾镇管理。

五

王秀加快村镇建设，集镇功能不断完善。

集镇建设加快推进。旧时，王秀农村小镇，百姓通常称“王新桥”，镇上仅有东西走向、长320米的鼎隆街。1966年，王秀独立建制、成立公社后，集镇建设逐步推进。特别是改革开放以来，王秀镇区延伸永安路、秀东路，开辟勇和路。90年代，王秀集镇形成永安路与鼎隆街、勇和路两个“十”字交叉、呈“サ”字形的主街区。集镇街道拓宽，路面硬化，路灯亮化，绿化配套。主街区沿路两侧房屋建筑铺满，楼层增高，商业街市形成，呈现农村小城镇新貌。

交通条件大为改善。70年代起，农村道路不断拓宽延伸。到1998年，境内有镇级主干道、村级区间道路147条，总长104.2千米。农村桥梁已由过去的人行桥（堰）变成荷载能力强的钢筋混凝土平桥。农村道路硬化率达90%以上，村民出行基本不踏泥路，各类机动车辆可直达各村民小组。同时，结合兴修水利，疏浚河道，内河通航能力增强。纵向通江（通长江）河道钱泾，在王秀中部贯通南北，船只可经鹿河进长江、达长江中下游各码头，可通过石头塘、双纲河、罗家塘、杨益泾等水系通往镇内外各地，绝大多数河道能通过载重15吨及以上船只。

供电供水功能增强。1975年，王秀境内全部通上了高压电，结束了境内不通高压电的历史。之后，多次对供电线路进行改造，增强供电能力，提高供电质量，满足全镇生产生活用电所需，1998年，全镇拥有配电变压器52台，总容量5260千伏安，全年用电量达8975万千瓦·时。1990年，开始统一规划并实施自来水供水工程。1991年，成立王秀自来水厂。1993年，镇区自来水管道实现全覆盖。1998年，全镇有自来水水源深井10眼，全镇自来水入户率达90%，全年供水量200万吨。

邮政电信事业不断发展。1966年成立王秀邮电所，1982年升格，更名为太仓县邮电局王秀邮电支局。自成立邮电机构后，邮政的信函、包裹、汇兑、储蓄、报刊征订等业务量随经济社会发展而同步提升。电信设施历经磁石交换机30门、60门、100门的扩容发展。1991年8月，磁石交换机升级为程控交换机，电话交换实现自动化，转入数字通信时代。之后，电信推出寻呼机、手机等移动通信工具，用户通信联系更为便捷。1996年8月，电信程控交换机总容量增至4000门。1997年，全镇电话装机用户3100户。

有线广播转向有线电视发展。1967年成立王秀人民公社广播放大站后，大力发展农村有线广播，广播线路覆盖农村各大队、生产队，广播喇叭普及到农户家庭，高音喇叭安装在生产队口或田头，每天早、中、晚三次转播太仓广播站节目。1975年起，公社自办广播节目，报道王秀新闻，宣传新人新事，选播歌曲、戏曲、曲艺等。1982年，全公社安装广播喇叭4560只，农村广播喇叭入户率92%，通响率95%。1985年起，开始发展有线电视。1989年，乡广播站改称乡广播电视站。1990年起，广播线路逐步改为有线电视线路，广电事业呈有线广播转向有线电视的发展趋势。1998年，太仓有线电视光缆通至王秀，与王秀有线电视联网，年末全镇有线电视用户达556户，能收看中央台、江苏台、苏州台、上海台等22套节目。

六

王秀发展社会事业，居民生活全面小康。

教育事业不断进步。中华人民共和国成立后，境内中小学校经历了从无到有、从小到大、从分散到集中、从用房低矮简陋到宽敞明亮的发展过程。1966年王秀人民公社成立后，为方便学生就近上学，农村各大队普遍办有小学，部分大队办有中学。1983年起，全乡中小学教育、幼儿教育、成人职业教育得到同步发展。1990年后，为优化整合教学资源，有计划地实施村级学校撤并工作。同时，投入大量资金，建造学校校舍，增添教学设施，改善办学条件。1998年，王秀设王秀中学（初级中学）、王秀中心小学及附设伍胥小学、建民小学等学校，全镇九年制义务教育普及率达100%。幼儿教育设王秀幼儿园，满足全镇学龄前儿童入学所需。

卫生事业得到较快发展。1966年王秀人民公社成立后，曾数次搬迁王秀卫生院，每次搬迁，院区面积扩大，医疗用房增多，房屋结构更符合医疗用房所需。同时，添置医疗设备，提高医技水平。1969年起，各村（大队）建办卫生室，全镇（公社、乡）形成医疗卫生服务体系，群众所患各类常见病、多发病均能得到有效诊治。爱国卫生运动深入开展。1977年，王秀人民公社爱国卫生运动委员会成立，发挥牵头协调作用，发动各村（大队）、各企事业单位扎实开展以除害灭病为重点的爱国卫生工作。1986年起，以实现“2000年人人享有初级卫生保健”为目标，切实抓好环境卫生、食品卫生、职业卫生等管理工作，提高预防保健水平，为居民群众营造整洁卫生的生活环境。

王秀发展文化事业，努力营造积极向上、健康文明的人文环境。1966年成立王秀文化站，1971年成立公社电影队，1978年文化站开设图书室，1985年建成王秀影剧院，1994年开办王秀梦园歌舞厅，这些文化机构和场所，为丰富群众业余文化生活创造了有利条件。王秀民间有众多文体爱好者，镇宣传、文化部门和各企事业单位因势利导，经常组织开展文艺演出和体育赛事以及其他各类群众性精神文明活动。

养老保障为职工解决后顾之忧。1987年，镇（乡）办企事业单位实行职工退休保养制度，时称“小统筹”。1997年，全面推行社会养老保险制度，镇办“小统筹”与之并轨，让参保职工在更大范围、更加规范的退保平台上受益。医疗保障在为群众减少因病致贫风险中发挥作用。1969年起，王秀坚持办好农村合作医疗制度，1991年后又建立大病风险基金，居民群众的参保率绝大多数年份保持在95%以上。困难群体生活保障得到有效落实。每年做好扶贫帮困和救灾救济工作，对因病、因灾、因残而贫困的对象，根据其不同情况，分别给予救济，使他们的生活得到保障。治安工作扎实推进。1985年起，公安、司法、综治等部门，通过综合治理、群防群治、专项斗争等各项措施的落实，维护社会稳定，确保一方平安，为全镇改革开放和经济建设营造了良好的治安环境。

1966~1998年的33年间，工业企业以及其他三产服务业的发展，为社会提供了数以千计的就业岗位，王秀镇和外来劳动力得到充分就业。1998年，全镇从事第二、第三产业的就业人口达5058人。农民人均分配水平从1966年的127元增至1982年的253元，农民人均收入从1983年的375元增至1998年的4251元。

1998年，全镇农民普遍住楼房，人均住房面积达55平方米。全社会消费水平大幅提高，农村家庭中彩电、冰箱、空调等家用电器普及使用，摩托车、电瓶车、小轿车开始成为人们的代步工具。全镇居民的获得感、幸福感得到提升，尽享改革开放和社会主义新农村建设成果。

1966~1998年，王秀独立建制33年，其间的建设发展由本志载入。如今，王秀设管理区，并已纳入璜泾镇发展板块。在今后的发展中，王秀管理区人民将在璜泾镇党委、政府的领导下，和全镇人民一起，开启新征程，迈出新步伐，为谱写“现代田园镇，幸福新璜泾”美丽乡村新篇章做出新贡献。

大事记

秦—清

秦王政二十三年（前224）

王秀属长江下游一带的会稽郡。

西汉景帝元年（前156）

常熟境内设虞乡，王秀属会稽郡吴县虞乡。

东汉永建四年（129）

会稽郡分设吴郡，王秀属吴郡吴县南沙乡。

三国时期（220~280）

王秀属东吴吴郡吴县虞乡。

东晋咸和六年（331）

王秀隶属海虞县双凤乡。

隋开皇九年（589）

王秀随双凤乡隶属常熟县。

明弘治十年（1497）

太仓建州，王秀属太仓州。

明弘治年间（1488~1505）

山西太原有一王姓名门望族的后代到太仓，其中一支到钱泾南端鼎隆桥（现名王秀桥）附近定居，王秀集镇逐步形成。

清宣统元年（1909）

太仓州西北部设昭文县，王秀隶苏州府昭文县。

清宣统三年（1911）

王秀改隶江苏都督府太仓州。

清代后期

方氏中医世家在农村小镇伍胥镇上开设“伍胥方氏诊所”，悬壶济世，惠及百姓。

中华民国

民国元年（1912）

州、县正式合并，太仓设县，隶王秀。

民国16年（1927）

王秀境内区划废除都图制，奉行村制，村以下设闾、邻。

民国24年（1935）

王秀境内设鼎隆乡、白荡乡、杨漕乡、伍胥乡，均属太仓县四区，即璜泾区。乡以下基层政权实行保甲制度。

民国26年（1937）

10月 日机到王秀境内轰炸，顾姓居民一家6人遇难。

民国28年（1939）

10月 中共江南特别委员会派中共党员杨志明等人到王秀杨漕、草庙一带开展民运工作，建立抗日根据地。

民国29年（1940）

4月 新四军通讯员、王秀村人徐福元为掩护抗日战士，被日军枪杀于璜泾义庄。

5月 在杨漕乡徐明德家中成立中共杨漕乡支部委员会，徐明德任书记，这是太仓境内成立的第一个党支部。

6月 在杨漕乡吴显琛家中（原草庙村7组，现杨漕村18组）成立杨漕乡农民抗日协会，徐大宝任主任。

9月 太仓县常备大队设伏阻击日伪军，迫使日伪军无法到杨漕乡施家巷一带征粮收租，只得逃回璜泾据点。

民国30年（1941）

2月 在杨漕乡王宝善家中（现杨漕村6组）成立璜泾区抗日民主政府，朱田农任区长（后由苏子怀任区长）。

2月　杨漕乡农民自卫队在太仓、常熟两县交界处柏木桥两岸突袭日伪军，截住日伪军船只，缴获船上所有物资。

3月30日　面对穷凶极恶的日军，共产党员徐念慈拒不招认抗日战士，被日军枪杀。

6月　在杨漕乡顾宝英家中（原伍胥村11组，现杨漕村47组）召开区、乡干部会议，传达中共太仓县委扩大会议精神，部署杨漕乡抗日根据地反“清乡”工作。

9月　太仓县常备队队员王森林、顾家钰接受上级党组织任务，搜寻并处决了投靠日伪势力、作恶多端的伪甲长肖某。

民国34年（1945）

8月23日　杨漕乡党支部书记徐明德被谋害于白茆塘新桥处，牺牲时年仅25岁。

民国35年（1946）

10月　王秀境域合并为王秀乡和伍胥乡，乡以下重编保甲，其中王秀乡分为6保75甲，伍胥乡分为7保97甲。

民国36年（1947）

2月　共产党员、中国人民解放军某部营教导员顾家钰在山东莱芜吐丝口镇战斗中牺牲。

3月　王秀乡改称帆秀乡。

1949年

4月　人民解放军发起渡江作战，王秀境内国民党军警全部逃离，王秀解放。

7月24日　受6号强台风袭击，境内农作物大面积受灾减产。

中华人民共和国

1949年

10月1日　中华人民共和国成立，境内各界群众进行庆祝活动。

12月　王秀境内废除保甲制度，建立乡村制度，共划分为长安、伍胥、杨漕、勇和等4个乡，共有49个村。

1950年

2月　璜泾邮电所在王秀集镇上设邮政代办所，从此王秀境内实现通邮。

5月1日　境内废除封建包办婚姻，实行婚姻自由、一夫一妻、男女平等的婚姻制度。

11月 境内开始进行土地改革，把土地分给贫苦农民，至1951年2月底土改基本结束。

1951年

1月 王秀境内开展镇压反革命运动。

4月1日 王秀供销社成立，首次召开社员代表大会，选举产生理事会成员9人，熊琦任主任。

是年 王秀青年积极报名应征，共有55人参加中国人民志愿军，奔赴抗美援朝、保家卫国前线。

1952年

是年 坚持自愿的原则，成立互助组，把农民组织起来发展农业生产。

是年起 在太仓县血防站的指导下，境内各乡各村（当时的小乡小村）开展查螺灭螺工作，对血吸虫病病人进行治疗。

1953年

2月 开展取缔“反动一贯道”运动。

7月 由方国苍、周忠麟、陈仲一等民间医生自愿组合，开设王秀联合诊所，为病患诊病治病。

12月 境内私营粮商停业，实行粮食统购统销，由国家计划收购、计划供应。

1954年

1月 开始实行食油计划供应。

8月 王秀境内连降暴雨，低洼农田普遍进水，农作物渍害严重，造成减产减收。

12月 农村各地兴办农民业余夜校（亦称“民校”），重点开展扫盲工作。

1955年

3月 贯彻实行义务兵役制。

5月 璜泾区粮管所在王秀集镇上设王秀粮食购销站，负责王秀境内的粮食统购统销及粮食、种子调拨供应工作。

9月 棉布开始实行统购统销。

1956年

3月 太仓并区并乡，王秀南部设长安乡（小乡），属归庄乡（中乡），隶沙溪区；王秀北部的3个小乡合并为伍胥乡（中乡），隶璜泾区。

5月 境内的私营小商户组织起来，建合作商业，走集体化道路。

8月1~3日 受强台风袭击，境内树木被吹倒无数，水稻、棉花大面积倒伏，受灾严重。

1957年

7月 太仓撤区并乡，王秀北部的伍胥乡（中乡）划归鹿河乡（大乡）。

11月23日 组织农村干部群众学习贯彻《全国农业发展纲要四十条》，推动农业生产和建设掀起新高潮。

是年 王秀境内基本完成农业的社会主义改造。

是年 粮食统购改农户结算为农业生产合作社集体计购。

1958年

6月中旬 全民学习“鼓足干劲，力争上游，多快好省地建设社会主义”的社会主义建设总路线。

9月 境内农业管理体制由高级农业生产合作社改组为生产大队。

是年 开展除四害（苍蝇、蚊子、老鼠、麻雀，后改麻雀为臭虫）、大炼钢铁和开办农村公共食堂运动。

1959年

1月上旬 各大队组织干部参加上级举办的整社培训班。

5月下旬 各大队根据上级会议精神，纠正人民公社平均主义分配和无偿调用农民财产的错误。

8月21日 各大队动员支边，选送优秀青年赴新疆，支援新疆建设。

1960年

是年 受自然灾害和“共产风”、浮夸风影响，境内粮食减产，农民口粮不足，有些人患浮肿病，各大队提出“低标准、瓜菜代”口号，大搞代食品，自力更生克服困难。

1961年

2月 各大队学习贯彻中共中央《关于农村人民公社当前政策问题的紧急指示信》（“十二条”），开始纠正平均主义分配、无偿调用农民财物的“共产风”和干部中的浮夸风、生产瞎指挥风，停办农村公共食堂。

6月上旬至中旬 阴雨连绵，割倒未收的麦子在田里出芽发烂，油菜籽落粒严重。据统计，王秀境内烂掉麦子50吨、油菜籽30吨。

12月 贯彻《农村人民公社工作条例（修正草案）》，境内实行三级（公社、大队、生产队）所有、队（生产队）为基础的管理体制，并在白荡大队进行生产队核算试点工作。

1962年

10月下旬 各大队学习贯彻中共八届十中全会精神，号召广大党员和群众，努力增产节约，巩固集体经济，发展农业生产，夺取农业丰收。

11月 各大队、生产队紧急动员，开展副霍乱防疫工作，境内95%以上人口注射预防针。

1963年

5月起 农村各大队、市镇各单位开展增产节约运动，集中全力支援农业，确保农业稳产高产。

12月29日 各大队贯彻上级召开的急性血吸虫病防治工作会议，做好血吸虫病急性患者的救治工作，制订今后防治工作计划。

1964年

4月20日 14时左右，王秀境内突遭龙卷风袭击，风力达12级，狂风持续约半个小时。王秀处于龙卷风中心地带，农房被吹倒吹坏无数，损失惨重。

10月 农村各大队普遍开办耕读小学，实行半耕半读，加快农村扫盲进度。

1965年

8月 各大队普遍开办政治夜校，一方面组织学员学习思想政治理论和农业生产知识；另一方面对不识字或初识字的青年农民进行文化补习，做好扫除青壮年文盲工作。

1966年

10月 组建王秀人民公社，由原属归庄公社的湘里、长浜、王秀和鹿河公社的孙桥、孟河、包桥、伍胥、建华、建民、草庙、杨漕、南港、白荡共13个大队组成，浦昌荣任中共王秀公社委员会书记，兼任王秀公社管理委员会社长（代理）。

10月 朱阿和任王秀公社人武部部长，周月珍任共青团王秀公社委员会书记，王雪英任王秀公社妇女联合会主任，沈一鸣任王秀公社贫下中农协会主任。

10月 鹿河至太仓的公共汽车通车，途经王秀，设湘里汽车站。

1967年

1月 王秀公社成立王秀农具厂，由手工业中心社主任陈玉林兼任厂长。

2月 王秀公社召开首次贫下中农协会代表大会，沈一鸣当选主任。

3月 王秀公社人民武装部成立生产办公室，代行公社管委会权力。

4月 在县农业部门的指导下，王秀公社试种双季稻22亩。同时在公社、大队、生产队三级干部中开展一年三熟制（双季前作稻、后作稻和三麦）粮食生产技术培训。

5月 王秀公社在伍胥大队召开渔业生产会议，全公社落实养鱼水面2500亩，并由集体经营。

8月 太仓火葬场建成，开始由土葬改为火葬。为此，各级干部做好宣传动员工作，确保火葬改革顺利推行。

9月 成立王秀人民公社广播放大站，开始发展农村广播事业。

是年 公社、大队组织干部群众到沙溪公社洪泾大队参观，学习洪泾大队“活学活用毛泽东思想的先进经验”。

是年 各大队生产队全面推行“大寨式评分”和“政治评分”，出现多劳不能多得的现象，挫伤农民积极性。

1968年

4月5日 成立王秀公社革命委员会，由公社党委书记浦昌荣兼任革委会主任。

6月 建立农村赤脚兽医（亦农亦医）队伍，为全公社发展畜禽生产提供防疫治病等服务。

9月 王秀公社成立工人、贫下中农毛泽东思想宣传队进驻学校。

10月 太仓县商业局委托王秀供销合作社建办的太仓王秀轧花厂正式投产。

10月 在人民路（现永安路）建人民桥，为混凝土结构拱形桥，长21米、宽5.1米，跨杨益泾。建桥后，沟通镇区南北。

是年 全公社先后接收苏州等地城市知识青年208人，分配到13个大队，安排好他们的生产生活。

1969年

3月 王秀公社召开三级干部大会，传达太仓县“活学活用毛泽东思想积极分子”代表大会精神，动员全公社干部群众向洪泾大队学习，掀起“学洪泾”高潮。

4月 王秀公社整合王秀建筑队创办的生产建筑材料的加工场，成立王秀综合厂。

5月 成立王秀运输队，王秀装卸队划归运输队管理。

10月 王秀公社建立农村合作医疗制度，这是农村广大农民依靠自己和集体力量，发扬互助共济精神，在自愿基础上组织起来的农村医疗保障制度。

11月 成立王秀交通管理站，属王秀公社下设的水陆交通安全管理机构。

是年 先由王秀、长浜、草庙等3个大队渔业组试搞“吊养河蚌育珠”生产，然后在各大队推广。

1970年

10月16日 王秀公社党委召开全公社党员大会，应到党员424人，实到349人。会议以无记名投票的方法，选举产生公社党委委员9名，浦昌荣任书记，陈慎元任副书记。

12月 王秀公社召开“农业学大寨”会议。

是年 开始大面积种植双季稻，耕作制度由二熟制改为三熟制（二熟即水稻、三麦，三熟即双季前作稻、后作稻和三麦）。

是年 王秀公社采取奖励措施，鼓励生产队集体和农户个人发展养猪，全公社集体和个人养猪年末存栏数首次突破万头，达10512头。

1971年

4月22日 召开共青团王秀公社第一次代表大会，周月珍当选团委书记。

10月 成立王秀公社电影队，购置8.75毫米电影放映机1架，配有放映员2人。

12月30日 18时47分，长江口发生5.1级地震，境内有震感。

是年 做好晚婚晚育和计划生育宣传动员工作，人口控制初见成效，全公社出生人口从过去每年

300人以上降至300人以下，人口自然增长率从过去的两位数降至个位数。

1972年

5月 王秀公社成立计划生育宣传队，常年在各大队、生产队开展计划生育巡回宣讲活动。

12月30日 召开王秀公社第一次妇女代表大会，王雪英当选妇联主任。

1973年

5月 王秀公社体育运动领导小组成立，负责协调全公社群众性体育活动有组织、有计划地开展。

8月 王秀卫生院搬迁至永安路人民桥北堍西侧，医疗卫生环境得到改善。

9月4日 经中共太仓县委员会批准，建立王秀公社民兵团，公社党委书记浦昌荣兼任政委，人武部部长朱阿和兼任团长。

11月 王秀公社成立办电工程领导小组，负责实施全公社办电工程，公社分管领导陈凤祥任组长。

11月 太仓王秀轧花厂增加技改投入，添置设备，实现喂花自动化，大大提高生产效率。

1974年

3月 公社党委书记浦昌荣调离王秀，由翁永欣接任书记，兼任公社革委会主任。

4月27日 召开王秀公社第三次贫下中农协会代表大会，李启生当选主任。

6月中旬 实施第一批办电工程的湘里、长浜、王秀、孙桥、孟河、包桥、伍胥等7个大队相继开通高压电，告别境内不通高压电的历史。

9月 王秀大队创办王秀五金电镀厂（后改称王秀电镀厂）。

11月 王秀公社成立计划生育办公室，配备计划生育专职干部。

12月 王秀集镇上开通高压电后，开始在镇区主要路口和人居集中的路段安装路灯，方便居民夜间出行。

1975年

4月 棉花种植改变直播方法，全面推广塑料薄膜营养钵育苗移栽技术，为棉花促壮苗、保全苗、夺高产打好基础。

5月 王秀公社成立工业办公室，负责管理全公社工业企业。

6月1日 实施第二批办电工程的建华、建民、草庙、杨漕、南港、白荡等6个大队通电。至此，全公社各大队全部通上了高压电。

7月25日 杨漕大队第六生产队一位农民在家中擅自登高带电修灯，因触电摔地死亡。

8月 王秀公社传达县召开的“工业学大庆”会议精神。

8月 成立太仓县武装独立团王秀公社武装独立连，下辖武装民兵排13个，全公社共有武装民兵355人。

11月 公社党委书记翁永欣调离王秀，陈慎元接任书记，兼任公社革委会主任。

1976年

4月 王秀公社建办王秀砖瓦厂，负责人吴雪元、姚继昌。

11月16日 王秀用电管理站成立，为公社专业用电管理机构，业务上受太仓县供电局管理。

11月26日 疏通钱泾工程开工，截弯取直，河面拓宽，王秀境内全长4800米。拓浚后，与石头塘相接。

11月 王秀公社建办造船厂，负责人郎祖元。

12月 新开双纲河首段（先后分三段开挖）工程动工，整条河道全长3500米，是沟通境内西部的主要河道。

是年 修筑王秀公路（现称湘王公路）。

1977年

1月 传达贯彻第二次全国“农业学大寨”会议精神，深入开展“农业学大寨”运动。

1月 王秀公社兽医站针对集体和农民个人养猪推行养猪防病治病合作医疗。

2月 王秀公社建办王秀棉纺厂，10月正式投产。

5月 连续阴雨半个多月，三麦赤霉病严重，夏粮大面积减产。

7月4日、15日 王秀境内两次遭冰雹袭击，冰雹大的如鸡蛋，小的像橄榄，造成500余亩棉花受灾。

8月 王秀中学创办王秀蜂乳厂（后改称王秀蜜乳厂）。

9月10~11日 境内遭8号台风袭击，农作物严重倒伏1500亩，轻度倒伏3000亩，稻棉减产10%。

10月 成立王秀公社爱国卫生运动委员会（简称“爱卫会”），确保全公社爱国卫生工作有组织、有计划地开展。

12月 疏浚拓宽石头塘，长浜村8组所涉农宅动迁。新建的相对集中的住宅点，因靠近石头塘，故取名石头塘新村（因村区划调整和规划建设需要，此地名已取消）。

1978年

1月 根据太仓县有关精神，大集体企业性质的王秀农具厂划为社办企业，由王秀公社经营管理。

3月 王秀农具厂液压元件车间升格为太仓液压元件厂。

5月 开始复查纠正“文化大革命”中造成的冤、假、错案，对有关人员落实党的政策，给予政治上“摘帽”和经济上补助或安排其子女工作。

7月 王秀公社创办太仓第三针织厂。

9月 王秀公社种畜场同公社兽医站分设，实行独立核算，分别成为公社下属的畜禽生产单位和疫病防治机构。

12月 湘王公路重点桥梁湘里大桥竣工，这是自沙鹿公路转入湘王公路通往王秀镇区的首座桥梁。

12月 伍胥大队组织民工疏浚急水浜，全长950米。疏浚后，急水浜成为伍胥大队沟通内外的主要河道。

1979年

2月 王秀公社撤离工人、贫下中农毛泽东思想宣传队管理学校代表，恢复学校校长、书记领导体制。

2月 草庙大队组织民工疏浚杨漕塘，全长558米。疏浚后，改善了内河引排和水运条件。

5月 王秀镇上正式开通公交客运班车。

5月 开始用除草醚、二甲四氯除草，效果显著。

10月 杨漕大队和长浜大队联办王秀公社杨长织布厂，主要生产各色化纤布等产品。

11月 王秀供销社叶凤珠获“全国三八红旗手”称号。

是年 成立王秀花边发放站，为妇女搞花边缝绣、增加副业收入提供服务，年内全公社累计发展花边缝绣户1500户。

1980年

3月 王秀公社创办保温杯厂。

7月 全国实行邮政编码，王秀邮政编码为215426。

8月31日 4时左右，浮桥一带发生2.1级地震，境内有轻微震感。

10月10~11日 召开共青团王秀公社第二次代表大会，沈永兴当选团委书记。

10月12~13日 召开王秀公社第二次妇女代表大会，王雪英当选妇联主任。

10月 王秀公社创办太仓涤纶化工厂。

11月 水利、农机管理机构分设，水利管理机构称王秀公社机电排灌管理站，农机管理机构称王秀公社农机管理站。

12月 熊康一被共青团江苏省委员会评为江苏省新长征突击手。

1981年

3月 王秀公社财政管理所成立，为管理公社财政收支的职能机构，公社一级财政开始建立。

5月 公社党委书记陈慎元调离王秀，陆明兴接任书记，兼任公社革委会主任。

7月 太仓液压元件厂铸铁搪瓷浴缸生产车间升格成立王秀搪瓷厂（后更名为太仓建筑搪瓷厂）。

9月1日 境内遭14号强台风及暴雨袭击，内河水位猛涨，受淹桥、堰22条，农宅进水30户，淹没河边低洼滩地500亩，农作物均有不同程度受灾。

9月27~29日 召开王秀公社第三届人民代表大会第一次会议，会议选举纪雪元为王秀人民公社管理委员会主任。此次会议后，王秀人民公社革命委员会改称王秀人民公社管理委员会。

11月 调整公社民兵组织建制，将原来的武装民兵改称基干民兵，其余通称为普通民兵。成立王秀公社基干民兵营，由公社党委书记陆明兴兼任民兵营政委，公社人武部部长李根林兼任营长。

是年 王秀公社在农村试点推行联产承包责任制。

1982年

3月 王秀大队创办太仓电子电器设备厂，专业生产低压成套开关设备。

9月 王秀公社抽调机关干部和市镇企事业单位干部60人分赴各大队、生产队，全面进行农业经营制度改革，推行农户家庭联产承包责任制。

10月 王秀邮电所升格更名为太仓县邮电局王秀邮电支局。

12月29~30日 召开王秀公社第三届人民代表大会第二次会议。

12月 王秀公社被评为苏州地区计划生育先进单位。

是年 鼓励农户搞家庭小工业增收，全公社发展针织横机个体户152户，拥有针织横机187台，发展针织横机成为农民增收致富的重要副业。

是年 王秀镇区永安路向北、勇和路向西延伸，镇区向北部拓展。

1983年

3月 撤销王秀公社工业办公室，成立王秀公社工业公司，主要管理社队办工业企业。

5月 王秀公社科学技术协会（简称“科协”）成立，下设农业、副业、工业、商业、财贸、教育、卫生等科协小组，有会员126人。

6月 王秀搪瓷厂与中国新型建筑材料公司合资创办太仓建筑搪瓷厂。

7月18日 王秀乡经济联合委员会（简称“经联会”）成立，为负责全乡农、副、工三业经济的职能机构。纪雪元任经联会主任。

7月24~25日 召开王秀乡第三届人民代表大会第三次会议，选举沈湘英为王秀乡人民政府乡长。

7月30~31日 召开中共王秀乡第三次代表大会，选举产生中共王秀乡第三届委员会，陆明兴为书记。

7月 根据上级政社分设的体制改革决定，撤销王秀人民公社管理委员会，建立王秀乡人民政府。生产大队改称村，生产队改称村民小组。

9月25~26日 召开共青团王秀乡第三次代表大会，选举周建达为团委书记。

11月 王秀乡个体劳动者协会（简称“个体劳协”）成立，为全乡发展个体私营经济提供管理服务。

是年 筑成王秀至伍胥、王秀至草庙的两条简易公路，全长8.5千米，改善了农村交通条件。

是年 太仓县进行第二次土壤普查，王秀共普查168个村民小组，普查土壤面积21716亩。

1984年

1月17~19日 连续降雪，冰雪冻害严重，全乡经济损失30余万元。

5月13~14日 召开王秀乡第四届人民代表大会第一次会议，选举沈湘英为王秀乡人民政府乡长。

6月 王秀乡交通管理所成立，由乡政府和太仓县交通局双重领导，主要负责公路管理、航道管理、水陆运输管理和交通安全监督管理等。

7月 沈湘英任中共王秀乡委员会书记。

9月25日 召开王秀乡第四届人民代表大会第二次会议，选举顾振昌为王秀乡人民政府乡长。

9月下旬至10月上旬 为庆祝中华人民共和国成立35周年，王秀乡举办以“歌颂祖国、歌颂党、歌颂社会主义”为主要内容的系列文艺庆祝活动。

10月 排灌站与农机站合并，成立王秀乡水利农机管理站，负责全乡水利、农机工作。

12月 王秀保温杯厂与上海塑料制品三厂联营，成立沪太塑料制品联营厂。

1985年

3月19日 召开王秀乡第四届人民代表大会第三次会议。

3月 设立王秀工商行政管理组，属璜泾工商行政管理所分支机构。

4月 成立太仓县公安局王秀派出所，主要负责刑事案件侦破、治安案件处理、户口变动管理、特种行业管理、消防安全管理、公共场所秩序管理等工作。

7月 王秀影剧院落成并启用。乡政府整合文化站、影剧院、电影队等文化机构和各类文化资源，建成王秀乡文化中心，正式对外开放。

8月 为适应建筑业发展形势，乡建筑工程队总队升格成立王秀乡建筑公司，为乡办集体企业。

9月 成立王秀乡社会治安综合治理领导小组，下设办公室（简称“综治办”），牵头协调全乡社会治安工作，维护社会稳定。

10月 王秀乡福利院建成并启用，主要负责供养社会上无劳动能力、无生活来源、无法定赡养人的“五保”（保吃、保穿、保住、保医、保葬）老人。首批进院的“五保”老人10人。

12月 王秀孟河经编厂生产的经编布，获江苏省“新苑杯”奖。

1986年

2月 在乡办企业中推行厂长承包负责制和厂长任期目标管理制，扩大厂长经营决策权，同时出台相应的奖惩政策，调动承包者积极性。

3月 开始在全体公民中实施法制宣传教育第一个五年规划（简称“‘一五’普法教育”）。

3月 按照“完善基础设施、提升集镇功能”原则，修订《王秀乡集镇建设规划》，同时制定《王秀乡集镇管理暂行规定》。

4月27~28日 召开王秀乡第四届人民代表大会第四次会议。

5月 王秀棉纺厂形成1万锭生产能力，更名为太仓化纤纺织二厂。

6月 贯彻从重从快方针，开展反盗窃和打击流氓犯罪的斗争。

7月 太仓第三针织厂更名为太仓羊绒线厂。

9月 成立王秀乡老年人协会（简称“老年协会”），主要围绕老年人“老有所学、老有所乐、老有所为、老有所养、老有所医”等方面的要求开展活动。

9月 成立王秀乡老年人体育协会（简称“老年体协”），主要为中老年人健身锻炼提供培训指导服务和组织开展体育健身活动。

12月 王秀村青年之家获评苏州市先进青年之家。

是年 实施湘王公路拓宽及铺筑黑色路面工程，长1500米。

1987年

1月 推广职工退休保养制度，并实行全乡统筹，由乡工业公司劳动工资科操作实施。

2月20日 王秀电力站被苏州市供电局评为1986年度农电工作一等奖。

4月19~21日 召开王秀乡第五届人民代表大会第一次会议，选举纪雪元为王秀乡人民政府乡长。

6月 王秀境内连续5年未发现螺情，经上级复查，通过灭螺工作验收。

8月 太仓县委保密委员会到王秀乡政府安装传真机，从此王秀乡有了便捷高效的传真通信。

9月 成立王秀乡法律服务所，与乡司法办合署办公。

11月 太仓建筑搪瓷厂生产的“清泉牌”浴缸获江苏省首届新型建筑材料成就展览会三等奖。

12月 太仓市电子电器厂开发生产的微机控制自动化试验泵获江苏省科技进步成果奖。

是年 建成王秀中学实验楼。

是年 为方便村民生产生活，实施农村道路互通工程，王秀境内基本达到村村通汽车。

1988年

1月 召开中共王秀乡第四次代表大会，选举产生中共王秀乡第四届委员会，沈湘英为党委书记。选举吴志刚为中共王秀乡纪律检查委员会书记。

3月25日 召开王秀乡妇女代表大会，选举产生出席太仓县第十次妇代会代表。

3月27日 召开共青团王秀乡代表大会，选举出席共青团太仓县第十一次代表大会代表。

4月7日 苏州市人大常委会主任戴心思到王秀乡视察。

4月14日 苏州市政协主席林瑞章到王秀乡视察。

5月24日 召开王秀乡第五届人民代表大会第二次会议。

9月22日 召开王秀乡科学技术协会第三次代表大会，选举产生乡科协第三届委员会和出席太仓县科学技术协会第五次代表大会代表。

9月25~26日 召开共青团王秀乡第四次代表大会，选举孙彩珍为团委书记。

9月 新建的1206平方米王秀中心小学教学楼和1500平方米王秀卫生院大楼落成并启用。

10月 伍胥村（现孟河村）书画爱好者孙庆阳书法作品获苏州市“农民书画展”优秀奖。1990年又获苏州市“振兴杯”书法比赛一等奖。

12月 王秀蜜乳厂生产的“白鹤牌”口服蜂乳，被农业部认定为优质产品。

12月 太仓涤纶化工厂生产的对苯二甲酸二辛酯获评江苏省优质产品。

是年 王秀公安派出所会同各单位做好居民身份证发证工作，年内共发证15976张，发证率95.6%。

1989年

2月12日 王秀电力管理站被苏州市供电局评为1988年度农电管理工作先进集体。

4月25日 召开王秀乡第五届人民代表大会第三次会议。

5月 成立王秀土地管理所，负责全乡用地管理和农村建房监督等工作。

7月 中国新型建筑材料公司总经理顾耀华到太仓建筑搪瓷厂视察，为工厂题词“艰苦奋斗”“精益求精”“更上一层楼”。

8月3~4日 境内遭13号台风影响，连降暴雨，全乡受淹农田2000亩，棉花严重倒伏3000亩。

8月24日 江苏省民政厅、苏州市民政局、太仓县政府和民政局等各级领导到王秀村视察调研，了解村民委员会和村民自治工作等情况。

9月 成立太仓县武术协会王秀乡分会（简称“武协”），与老年体协一起开展工作并组织活动，形成“两块牌子、一套班子”的运转模式。

12月 王秀乡工会联合会成立，工会主席吴志刚。

12月 太仓建筑搪瓷厂生产的“清泉牌”浴缸获评江苏省优质产品。

12月 太仓涤纶化工厂生产的DOTP增塑剂获评江苏省优质产品。

1990年

2月10日 2时左右，太仓沙溪与常熟支塘交界处发生5.1级地震，王秀境内震感较强，房屋颤抖，门窗作响，但无人员伤亡。

3月8~9日 召开王秀乡第六届人民代表大会第一次会议，选举纪雪元为王秀乡人民政府乡长。

3月20日 王秀电力管理站被苏州市供电局评为1989年度农电管理工作先进集体。

3月 设立王秀乡人民代表大会主席团机构，顾耀良任乡人大主席团常务主席。

6月 成立王秀乡残疾人联合会（简称“残联”），与乡民政办公室一起开展残疾人关爱工作。

9月 成立王秀乡计划生育协会。

10月22日 经太仓县供电局验收，全乡13个村全部实现用电管理标准化。

12月14日 成立王秀乡思想政治工作研究会，吴志刚任会长。

12月 乡党委书记沈湘英调离王秀，熊介元接任书记。

12月 王秀乡被苏州市计生委评为计划生育目标管理先进单位。

是年 王秀境内流行甲型肝炎，患病者100余人。王秀卫生院专设病房收治病人，经一个多月的治疗，甲肝病人全部康复出院。

1991年

1月31日至2月2日 召开中共王秀乡第五次代表大会，选举产生中共王秀乡第五届委员会。选举产生中共王秀镇纪律检查委员会委员，戈益民为书记。

2月3~4日 召开王秀乡第六届人民代表大会第二次会议。

3月27日 召开共青团王秀乡第五次代表大会，选举熊晓东为团委书记。

4月 组织乡人大代表，分成三个组，对王秀乡有关饮食行业执行《食品卫生法》情况进行视察检查。

5月30日 撤销王秀乡经济联合委员会，成立王秀乡农工商总公司，胡永平任总经理。

6月 境内持续阴雨1个多月，小麦、油菜籽等夏熟作物严重减收。

8月 成立王秀乡劳动就业管理所，乡农工商总公司下设的劳动工资科并入。该所为乡政府专门负责全乡劳动就业管理的职能机构。

8月 王秀邮电支局开通程控交换机，全乡电话交换实现自动化。

11月 太仓液压元件厂生产的沥青乳化机获江苏省科技成果二等奖。

12月 王秀乡被评为太仓县爱国卫生运动先进镇。

1992年

2月11日 成立乡人口与计划生育领导小组。同时，各村也成立了相应的领导小组。

2月24~25日 召开王秀乡第六届人民代表大会第三次会议，选举戈益民为王秀乡人民政府乡长。

4月 中共王秀村支部委员会升格建立总支部委员会，总支部委员有7人，下设行政、农副业、工业、老干部等4个党支部。

7月1日 举行太仓县第一个党支部诞生地纪念碑、纪念室（1996年改称纪念馆）落成典礼。参加落成典礼的各级领导和各界代表有苏州市委党史工作委员会领导，太仓县四套班子领导，王秀乡各村、各企事业单位党支部书记，还有当年在王秀革命老区工作过的老同志代表。太仓县委宣传部部长端木逸汶和老干部代表范忠信先后在典礼上讲话。太仓县委书记周振球等领导为纪念碑揭幕。

是年 乡自来水厂统一规划、统一实施全乡自来水供水工程，实现各区域（段）管网衔接，年末镇区自来水管道基本实现全覆盖，市镇居民普遍用上深井自来水。

1993年

1月6日 经省政府批准，王秀撤乡建镇。

2月 王秀正式撤乡建镇，改乡建制为镇建制，其行政区划未变。

2月17~18日 召开王秀镇第七届人民代表大会第一次会议。会议根据上级关于撤乡建镇的决定，建立王秀镇人民政府。会议选举戈益民为王秀镇人民政府镇长。

3月 王秀村青年突击队被共青团苏州市委评为1991—1992年度苏州市新长征突击队。

3月 根据计划生育工作需要，于镇党校内建立王秀镇人口学校。

4月 钱承荣任中共王秀镇委员会书记。

7月31日 江苏省宜兴市和桥镇人大代表团到王秀镇交流工作。

8月1日 王秀镇关心下一代工作委员会（简称“关工委”）成立，以“促进青少年健康成长”为主要任务，搭建各类关爱平台，组织开展教育关爱活动。

8月12日 突降大暴雨，持续时间近2个小时，降雨量达145毫米，内河水位暴涨，农作物受损，估计全镇受灾损失35万元。

11月12日 中共王秀村总支部委员会升格成立中共王秀村委员会，隶属王秀镇党委领导。

12月 王秀镇获苏州市科教兴农活动示范镇称号。

1994年

1月21日 王秀村被太仓市委、市政府列为社会主义新农村建设试点村。

1月29~30日 召开中共王秀镇第六次代表大会，选举产生中共王秀镇第六届委员会，钱承荣为书记。选举产生中共王秀镇纪律检查委员会，马平元为书记。

2月28日 召开王秀镇第七届人民代表大会第二次会议。

3月25日 召开王秀镇第六次妇女代表大会，选举苏丽华为妇联主任。

3月26日 召开共青团王秀镇第六次代表大会，选举杨雪英、朱文荣为团委副书记。

7月 太仓王秀轧花厂拓展业务，分设太仓鼎隆铆钉厂。

12月 太仓王秀轧花厂获太仓市供销社"振兴杯"和"雄风杯"2个奖项，并步入苏州市供销合作总社"百强企业"行列。

1995年

3月6日 召开王秀镇第七届人民代表大会第三次会议。

6月 镇党委书记钱承荣调离王秀，由戈益民接任书记。

6月 胡林刚任王秀镇农工商总公司总经理。

8月20日 召开王秀镇第七届人民代表大会第四次会议，选举张新华为王秀镇人民政府镇长，戈益民为王秀镇人大主席。

12月6日 成立王秀镇残疾人工作协调委员会，王雪英任主任。

12月31日 新建的王秀卫生院竣工并通过验收。

是年 王秀革命烈士陵墓建成，成为太仓市爱国主义教育基地和全民国防教育基地。

1996年

2月1~2日 召开王秀镇第八届人民代表大会第一次会议，选举张新华为王秀镇人民政府镇长。

4月29日 成立《王秀革命斗争群英谱》编写小组，组长邱雪元。

5月 根据太仓市人民政府太政发〔1995〕26号文件《关于同意成立王秀镇市镇居民委员会的批复》，正式成立王秀镇市镇居民委员会。

5月 开始对镇办企业实施产权制度改革，转换企业经营机制，原镇办、村办企业转为民营企业。

6月8日 王秀村被中共苏州市委列为农村现代化试点村。

8月下旬 组织人大代表重点对6家工业企业贯彻执行《环境保护法》情况进行监督检查。

8月 新建的王秀邮电大楼落成启用，总投资120万元，建筑面积1142平方米。

是年秋 各村根据农业人口和劳动力状况对农民承包土地进行调整。

是年 开展"三禁一打"（禁娼、禁赌、禁毒，打击黑恶势力）斗争。

1997年

2月28日 召开王秀镇第八届人民代表大会第二次会议。

2月18~19日 召开中共王秀镇第七次代表大会，选举产生中共王秀镇第七届委员会，戈益民为书记。选举产生中共王秀镇纪律检查委员会，马平元为书记。

3月18日 召开共青团王秀镇第七次代表大会，选举产生共青团王秀镇第七届委员会，杨雪英为团委书记。

3月22日 召开王秀镇第七次妇女代表大会，选举产生镇第七届妇女执行委员会委员11人，苏丽华为妇联主席。

4月 马志刚任王秀镇农工商总公司总经理。

7月 镇党委书记戈益民调离王秀，屠宪接任书记。

8月18日 境内遭11号台风袭击，伴有大暴雨，农田受淹，农作物受害。

11月 夏芳任王秀镇农工商总公司总经理。

是年 王秀农贸市场易地重建，新建市场位于勇和路北、钱泾西岸，占地面积4000平方米，建筑面积3000平方米。

1998年

2月28日 召开王秀镇第八届人民代表大会第三次会议，选举屠宪为王秀镇人大主席。

5月 王秀镇村村实现电话村标准。

11月18日 经省政府批准，撤销王秀镇，设王秀管理区，并入璜泾镇。

第一篇 建置 区划

王秀镇位于太仓市北部，地处长江入海口南岸。镇政府驻王秀镇区永安路南端、红旗浜北岸。

东晋咸和六年（331）始，全境属双凤乡辖地，曾先后隶属于海虞县、常熟县（州）。明弘治十年（1497），太仓建州，王秀随双凤乡划归太仓。民国元年（1912），太仓设县，王秀随璜泾镇（区）隶太仓县。中华人民共和国成立后，王秀未独立建制。1957年太仓撤区并乡后，王秀南境和北境分属归庄乡、鹿河乡管辖。1966年10月，王秀单独成立人民公社，开始独立建制。1983年7月，王秀政社分设，为乡建制。1993年2月，王秀撤乡建镇，改为镇建制。1998年11月，王秀镇并入璜泾镇，设王秀管理区。

王秀镇名取自镇上的王秀桥桥名。王秀桥原名鼎隆桥。古时，桥附近一带系王姓贵族的聚居之地。清代以来，人们以桥聚居，逐步形成集镇。

自1966年王秀独立建制起，王秀镇（公社、乡）一直下辖13个村（大队），1996年增设1个居委会。境内村（居）区划至1998年未变。本篇第三章对每个村委会、居委会做专门记载，对农村现有的自然村落和消失的老地名予以表录记载。

第一章　建　置

第一节　建置隶属

王秀古时为沿江村落。三国时期（220~280），属东吴吴郡吴县虞乡。

西晋太康四年（283），分划吴县设海虞县，属扬州吴郡海虞县。东晋咸和六年（331），海虞县增设双凤乡，属扬州海虞县双凤乡。

南朝梁大同六年（540）置常熟县，隋开皇九年（589），海虞县并入常熟县，王秀随双凤乡属苏州常熟县。至明代前期，一直随双凤乡属常熟县（州）辖地。

明弘治十年（1497），太仓建州，此后至清末，王秀隶属太仓州。民国元年（1912），州县合并，太仓建县，王秀属太仓县。

民国18年（1929），奉行“县组织法”，县以下设区、乡、镇建制，王秀境内设乡，属太仓县璜泾区。此后，王秀一直为太仓县璜泾区辖地。

1957年7月，太仓撤区并乡，璜泾区建制撤销，王秀不再隶属璜泾区。1966年10月，单独组建王秀人民公社，直隶太仓县。此后，王秀公社（乡、镇）隶属关系至1998年11月未变。

第二节　镇名由来

王秀集镇形成始于明代。相传，山西太原有一王姓名门望族，在元末红巾军起义后，为避战火，弃官到苏南，其宗族后代于明代弘治年间（1488~1505）进入太仓，散居太仓一带，其中一支到钱泾南端鼎隆桥附近盖屋定居，鼎隆桥附近渐成为王姓贵族的聚居之地。清代后，因该地有通江（通往长江）河道钱泾及其支流，跨河有鼎隆桥，水陆交通方便，故聚居的人口增多，逐步形成集镇。后来，人们为追溯集镇形成之渊源，又寄托美好愿望，将鼎隆桥改名为王秀桥，镇名也以桥名而取名“王秀”，寓意是王秀为秀美富庶之地。

1966年成立王秀人民公社起至1998年，王秀集镇是全镇（公社、乡）的政治、经济、文化中心。

第二章　区　划

第一节　区划变更

明清时期，境内以田地屋基所在地统一编排都、图。中华民国成立后，仍沿用都图制。民国16年（1927），奉行村制，境内设村，村以下设闾、邻，规定5户为邻，5邻为闾，4闾为村。其时的都、图及邻、闾、村划分情况因缺资料无从记载。

民国24年（1935），全境为太仓县四区（璜泾区）的鼎隆乡、白荡乡、杨漕乡、伍胥乡。其时，乡以下基层政权实行保甲制，沿袭很久的都图制结束。保甲编排以户为单位，设户长；十户为甲，设甲长；十甲为保，设保长。民国34年（1945）抗日战争胜利后，国民党接收人员到王秀建立政权。次年10月，全境合并为王秀乡和伍胥乡。乡以下重编保甲，其中王秀乡分为6保75甲，伍胥乡分为7保97甲。民国36年（1947）3月，王秀乡改称帆秀乡，伍胥乡乡名未变。

1949年4月，王秀解放。同年12月，废除保甲制度，建立乡村制度。其时，王秀境内划为长安、伍胥、杨漕、勇和等4个乡，共有49个村。

1956年3月，太仓并区并乡，境内的长安乡（小乡）划入沙溪区归庄乡（中乡），伍胥乡、杨漕乡、勇和乡合并成一个中乡，称璜泾区伍胥乡。

1957年7月，太仓撤区并乡，长安乡及辖区11个村（建有3个高级农业生产合作社）划归新建立的归庄乡（大乡），伍胥乡、勇和乡、杨漕乡及辖区38个村（建有10个高级农业生产合作社）全部划归鹿河乡（大乡）。

1958年9月，农村成立人民公社，境内的各乡、各村分别由鹿河公社、归庄公社调整区划，将原来高级社管理体制废除，改组为生产大队，并将高级社时的几个生产队合并改组为生产连队。1959年末，废除生产连队，调整为生产队建制。

1966年10月，太仓实施公社区划调整，把原属鹿河公社的10个大队和归庄公社的3个大队组建成王秀人民公社，下辖13个大队153个生产队。

1983年7月，实行体制改革，王秀设乡，恢复乡人民政府，并设经济联合委员会。生产大队改称村，生产队称村民小组。

1993年2月，王秀撤乡建镇，改称镇人民政府，镇行政区划未变。1998年，镇下辖13个村，有村民小组171个（1966年以后，曾先后多次对村民小组设置进行调整）。同年11月，王秀镇撤销，设王秀管理区，并入璜泾镇。

表1-1　1951~1998年王秀境内区划变化情况

1951年初土地改革时期		1957年撤区并乡后		1998年	
所属乡	下辖村	所属乡	建成高级社	村名	村民小组(个)
长安	平坦、黎民、新华	归庄	归庄14社	湘里	12
长安	前明、新苏、新泾	归庄	归庄15社	长浜	12
长安	王秀、秀东、红旗、华荣、泾华	归庄	归庄16社	王秀	11
勇和	孙桥、胜利、民主、大平	鹿河	星光1社	孙桥	15
勇和	新民、新利、红花、新荣	鹿河	星光3社	南港	13
勇和	光荣、自由、陆园	鹿河	星光2社	白荡	14
伍胥	孟河、解放、民新	鹿河	建华2社	孟河	12
伍胥	包桥、永久、塔桥、新南	鹿河	建华3社	包桥	13
伍胥	吴家、兴隆、泾塘、高家、新行	鹿河	建华4社	伍胥	16
伍胥	新团、新民、团结	鹿河	建华1社	建华	11
杨漕	光明、荷花、合同、合意、太平、同心	鹿河	建民1社	建民	18
杨漕	魏家、东泾、解放	鹿河	建民2社	草庙	13
杨漕	苏家、新农、界河	鹿河	建民2社	杨漕	11

第二节　地理位置

王秀镇位于太仓市北部，地处长江入海口南岸，镇区至长江岸线直线距离9.5千米。1966年10月至1998年10月，镇(公社、乡)区划未变。1998年时，东部与璜泾镇邢庄、长乐、万新村为邻；南部大部分与常熟市何市镇，小部分与归庄镇苏巷、管泾、香塘村接壤；西部与常熟市东张镇为界；北部与鹿河镇飞跃、鹿南、玉影、东泾村相接。境域东西最大直线距离7.4千米，南北最大直线距离5.3千米。全镇辖区总面积23.88平方千米。

镇政府驻王秀镇区永安路南端、红旗浜北岸，距太仓市人民政府27千米。电话区号0512，邮政编码215426。

第三章　行政村　居委会

第一节　行政村

一、湘里村

因境内有河流湘里泾，村以河命名，故名湘里村。位于镇东南部，东与璜泾镇邢庄、华南村相邻，西与王秀村接壤，南与归庄镇苏巷、管泾、香塘村交界，北接长浜村。东西直线距离2千米，南北直线距离1.6千米（指最大直线距离，下同）。村域面积1.66平方千米。村民委员会驻沙鹿公路北侧、第1村民小组境内，距离镇政府1.7千米。

王秀解放初期属璜泾区长安乡，下辖平坦、黎民、新华3个村。1956年建立高级农业生产合作社，时称建新社。1957年7月，太仓撤区并乡，归庄建立大乡，建新社划入归庄乡，为归庄14社。1958年9月，建新社改称湘里大队，为归庄15大队。1966年10月划入新成立的王秀人民公社。1983年7月农村体制改革，取消大队称谓，改称村，建立湘里村村民委员会，生产队改称村民小组。1993年2月王秀撤乡建镇，村隶属王秀镇。1998年11月，太仓实施镇区划调整，村随王秀镇并入璜泾镇。（1966年10月至1998年11月，以下各村沿革同湘里村，故不做详述，只简述为：1966年属王秀公社。1983年7月大队改称村。1993年2月属王秀镇。1998年11月属璜泾镇。）

境内县道沙鹿公路横贯东西；村级主要区间道路有13条，总长9.2千米。太仓区域性中心河道石头塘从村域东部南北穿过。镇级河道湘里泾在村北部横贯东西。村级河道主要有邵家河、漕头塘、鸭头浜、朱家泾、穆家湾、新新漕、大鱼池、旗杆浜等。境内湘里桥、石头塘桥为县道桥梁，漕头塘桥、马湾桥等为辖区内主要桥梁。境内主要自然村落有西全、小角寺圩、穆家湾、马家湾、瞿家巷、南青石、闵家湾、新桥湾、封张庙、东全等10个。

农业历来以种植水稻、小麦、棉花、油菜为主，各类蔬菜也有种植（下同）。1966~1989年，农业生产稳定发展，大多数年份粮食总产量850~900吨；油菜籽总产量和棉花皮棉总产量分别为30~35吨和25~30吨。1990~1998年，年均粮食总产量923吨，1996年达995吨，为9年间最高；年均油菜籽总产量33吨，1992年达46吨，为9年间最高；年均棉花皮棉总产量29吨，1991年达42吨，为9年间最高。

村办工业企业起步较早，1973年12月创办湘里五金厂，主要生产五金配件、钢铝翻砂铸件等产品。1980年4月创办湘里丝织厂，主要生产针织尼龙衫裤、化纤布等产品。1995年，村办工业企业实现总产值1630万元，是村办工业经济发展较好的年份之一。

1998年，全村有12个村民小组，总人口835人，其中劳动力507个。耕地面积1253亩。全年粮食总产量757吨。全村工农业总产值646万元，年末农民人均纯收入4308元。

1966~1998年历任村（大队）党支部书记（负责人）：冯友兰（1966.10~1975.1）、徐忠元（1975.1~1987.8）、陆兆坤（1987.8~1991.4）、项建平（1991.4~1993.3）、徐建华（1993.4~1994.8）、马宝楚（1994.8~1996.5）、徐建平（1996.5~1997.12）、徐跃进（1997.12~1998.11）。

1966~1998年历任村主任（大队长、负责人）：顾坤林（1966.10~1977.1）、闵保华（1977.1~1984.12）、陆兆坤（1984.12~1987.8）、苏丽华（1987.9~1990.3）、朱雪刚（1990.3~1998.11）。

二、长浜村

因境内有河流长浜塘，村落以河命名，故名长浜村。位于镇东部，东与璜泾镇邢庄村相接，西与孙桥村为界，南与王秀村接壤，北与包桥村为邻。东西直线距离1.9千米，南北直线距离1.2千米。村域面积1.47平方千米。村民委员会驻12组境内，距离镇政府1千米。

王秀解放初期属璜泾区长安乡，下辖前明、新苏、新泾3个村。1956年建立高级农业生产合作社，时称建华社。1957年7月，太仓撤区并乡，归庄建立大乡，建华社划入归庄乡，为归庄15社。1958年9月，建华社改称长浜大队，为归庄20大队。1966年属王秀公社。1983年7月大队改称村。1993年2月属王秀镇。1998年11月属璜泾镇。

境内镇级主干道长秀路、长安路；村级主要区间道路有8条，总长4.3千米。太仓市级河道石头塘、钱泾分别在东部、西部过境。镇级河道杨益泾在村西南部（与王秀村界）流经。村级河道主要有长浜、高家湾、肖家泾、呙抢库、娄步北、张家湾、高家鱼池、马桶头、小娄、沈家娄等。长安桥、长浜桥、杨益泾桥为辖区内主要桥梁。境内主要自然村落有前民巷、施家宅基、新民巷、新泾巷、项家湾、建华巷、长浜桥、周家巷、肖家湾、青桥巷、新东等11个。

1966~1989年，大多数年份粮食总产量650~700吨，油菜籽总产量和棉花皮棉总产量分别为25~30吨和20~25吨。1990~1998年，年均粮食总产量671吨，1996年达807吨，为9年间最高；年均油菜籽总产量29吨，1990年达37吨，为9年间最高；年均棉花皮棉总产量27吨，1991年达36吨，为9年间最高。

70年代中期起开始创办工业企业，1975年，创办长浜五金厂，主要生产恒温箱、远红外加热器、小五金冲件、机床罩壳、更衣箱等产品。1979年10月，与杨漕大队联办杨长织布厂，主要生产各色化纤布。1980年，长浜五金厂改称长浜综合厂，下设五金、棒冰、粉丝等3个分厂。1987年底，与鹿河供销社联办太仓泡化碱厂。1994年，村办工业企业实现总产值1392万元，是村办工业经济发展较好的年份之一。

1998年，全村有12个村民小组，总人口923人，其中劳动力570个。耕地面积1165亩。全年粮食总产量588吨。全村工农业总产值645万元，年末农民人均纯收入3600元。

1966~1998年历任村（大队）党支部书记（负责人）：姚继昌（1966.10~1976.8）、赵月林（1976.8~1983.5）、毛惠明（1983.5~1991.8）、蔡永兴（1991.8~1993.9）、陈延年（1993.9~1996.5）、张耀祥（1996.5~1998.11）。

1966~1998年历任村主任（大队长、负责人）：季永林（1966.10~1969.10）、赵月林（1969.11~1976.8）、

陈振华（1976.9~1979.4）、毛惠明（1979.5~1983.5）、曹小宝（1983.5~1984.12）、徐彩娥（1984.12~1986.9）、仲耀良（1986.9~1996.5）、曹小宝（1996.5~1998.11）。

三、王秀村

王秀村靠近王秀集镇，用集镇名为村名，意为村与集镇一样，是一块秀美富庶之地。位于镇东南部，东与湘里村相邻，西与孙桥村接壤，南与常熟市何市镇、太仓市归庄镇交界，北与镇区和长浜村相接。东西直线距离2.7千米，南北直线距离1.4千米。村域面积1.85平方千米。村民委员会驻湘王路南侧，涉及5组、6组地块，距离镇政府0.6千米。

王秀解放初期属璜泾区长安乡，下辖王秀、秀东、红旗、华荣、泾华5个村。1956年建立高级农业生产合作社，时称建中社。1957年7月，太仓撤区并乡，归庄建立大乡，建中社划入归庄乡，为归庄16社。1958年9月，建华社改称长浜大队，为归庄16大队。1966年属王秀公社。1983年7月大队改称村。1993年2月属王秀镇。1998年11月属璜泾镇。

境内镇级主干道湘王公路在村委会旁穿过，路东端与沙鹿公路交会，通达沿线各乡镇；西端连接秀东路直达王秀镇区；与长秀路相交，可北往长浜村等地。境内村级主要区间道路有15条，总长6.8千米。镇级河道杨益泾流经村北部（与长浜村界），湘里泾在村东部（与湘里村界）过境。村级河道主要有封张塘、红旗浜、白滩、五溇溇、六千溇、陈泾塘等。西封张桥、红旗浜桥、吴梁桥、白水滩桥等为辖区内主要桥梁。境内主要自然村落有北宅基、陆家巷、胡家巷、新鱼池、六千溇、新东桥、白水滩徐家、五溇溇等8个。

1966~1989年，大多数年份粮食总产量700~750吨，油菜籽总产量和棉花皮棉总产量均为20~25吨。1990~1998年，年均粮食总产量747吨，1994年达812吨，为9年间最高；年均油菜籽总产量23吨，1990年达34吨，为9年间最高；年均棉花皮棉总产量22吨，1996年达32吨，为9年间最高。

70年代中期起开始创办工业企业，曾先后创办王秀电镀厂、王秀土窑、王秀服装厂、王秀拼线厂、王秀钢窗厂、王秀霓虹灯厂、王秀线路器材厂、江南冷气集团太仓王秀配件厂、太仓市特菲金属制品厂、太仓电子电器设备厂等企业。1992年，村办工业企业实现总产值1.06亿元，利润总额339万元，是工业经济效益较好的年份之一。1993年，实现工业总产值1.46亿元，是工业产值较高的年份之一。90年代初期，村办企业发展快、效益好，各项工业经济指标列王秀各村之首，王秀村成为王秀全镇（乡）乃至太仓市内发展村办工业的先进单位。

1992年4月，中共王秀村支部委员会升格建立村总支部委员会，总支部委员有7人，下设行政、农副业、工业、老干部等4个党支部。1993年11月又升格成立中共王秀村委员会。

1998年，全村有11个村民小组，总人口1220人，其中劳动力816个。耕地面积1226亩。全年粮食总产量657吨。全村工农业总产值2605万元，年末农民人均纯收入4997元。

1966~1998年历任村（大队）党组织书记（负责人）：周宝元（1966.10~1969.7）、吴雪元（1969.8~1976.4）、张美华（1976.4~1979.11）、吴永祥（1979.11~1981.10）、陆文雄（1981.10~1985.11）、胡茂荣（1985.11~1998.9）、彭耀兴（1998.9~1998.11）。

1966~1998年历任村主任（大队长、负责人）：吴雪元（1966.10~1969.3）、赵金元（1969.4~1974.5）、

陆文雄（1975.5~1981.10）、胡茂荣（1981.10~1983.8）、吴惠强（1983.8~1984.5）、彭耀兴（1984.5~1992.3）、项锦芬（1992.3~1998.11）。

四、孙桥村

因境内有新孙桥而得名（清代称孙家坟桥，后简称“孙桥”）。位于镇区西部，东部紧靠集镇及长浜村，西与白荡村、南港村相邻，南与常熟市何市镇交界，北与孟河村接壤。东西直线距离1.9千米，南北直线距离2.3千米。村域面积2.4平方千米。村民委员会驻永安路西侧4组境内，距离镇政府0.6千米。

王秀解放初期属璜泾区勇和乡，下辖孙桥、胜利、民主、太平4个村。1956年建立高级农业生产合作社，时称星光1社。1957年7月，太仓撤区并乡，鹿河建立大乡，星光1社划入鹿河乡。1958年9月，为鹿河公社孙桥大队，排序为16大队。1966年属王秀公社。1983年7月大队改称村。1993年2月属王秀镇。1998年11月属璜泾镇。

境内镇级主干道草王路在村西部穿过，建王路连接永安路在村东部南北贯通。村级主要区间道路有12条，总长6.8千米。镇级河道杨益泾流经村南部（与王秀村界），罗家塘在村东北部过境。村级河道主要有孙六泾、老钱泾塘、双浜、柴塘、范娄、北港河、赤沙塘等。新孙桥、太平桥、朱郎中桥、桂圆桥、北港桥等为辖区内主要桥梁。境内主要自然村落有盛家湾、孙家坟桥、徐家湾、朱家寺圩、徐家大宅基、陈家湾、范家宅基、太平桥、汤家宅基、柴塘、红花溇、王家湾等12个。

1966~1989年，大多数年份粮食总产量1000吨左右，油菜籽总产量和棉花皮棉总产量均为30~35吨。1990~1998年，年均粮食总产量1083吨，1993年达1241吨，为9年间最高；年均油菜籽总产量35吨，1997年达56吨，为9年间最高；年均棉花皮棉总产量34吨，1991年达48吨，为9年间最高。

70年代中期起开始创办工业企业，曾先后创办孙桥农修厂、孙桥清洗厂、王秀孙桥太空棉厂、太仓江南浴缸厂等。1994年，村办工业企业实现总产值2918万元，实现利润95万元，是村办工业经济发展较好的年份之一。

1998年，全村有15个村民小组，总人口1161人，其中劳动力706个。耕地面积1792亩。全年粮食总产量924吨。全村工农业总产值1341万元，年末农民人均纯收入4392元。

1966~1998年历任村（大队）党支部书记（负责人）：盛庆元（1966.10~1975.5）、季吕贵（1975.5~1987.8）、王国兴（1987.8~1996.8，其中1992.3~1996.8为镇工业公司副总经理兼书记）、王坤林（1995.2~1996.8，副书记，主持工作）、蔡锦球（1996.8~1998.2）、倪宗良（1998.2~1998.11）。

1966~1998年历任村主任（大队长、负责人）：倪增元（1966.10~1974.6）、顾杏林（1974.7~1978.12）、王福华（1978.12~1983.7）、徐建良（1983.7~1984.10）、杨宗良（1984.10~1986.1）、范宗歧（1986.1~1991.8）、王坤林（1991.8~1995.2）、朱子勤（1995.2~1996.12）、范金飞（1996.12~1998.11）。

五、孟河村

因境内的孟河得名。位于镇中东部，东与包桥村相邻，西与建华村、白荡村接壤，南与孙桥村交界，北与伍胥村相接。东西直线距离1.8千米，南北直线距离1.9千米。村域面积1.8平方千米。村民委员会驻建王路西侧、3组境内，距离镇政府2.6千米。

王秀解放初期属璜泾区伍胥乡，下辖孟河、解放、民新3个村。1956年建立高级农业生产合作社，时称建华2社。1957年7月，太仓撤区并乡，鹿河建立大乡，建华2社划入鹿河乡。1958年9月，为鹿河公社孟河大队，排序为17大队。1966年属王秀公社。1983年7月大队改称村。1993年2月属王秀镇。1998年11月属璜泾镇。

境内镇级主干道建王路在村中部南北贯通；村级主要区间道路有8条，总长6.3千米。太仓市级河道钱泾南北向流经村东部。镇级河道双纲河、直塘泾分别在村南部和西部穿过。村级河道主要有野泾、香塘浜、盐宁浜、西泾湾等。双纲河桥、张王二桥等为辖区内主要桥梁。境内主要自然村落有曹家湾、张王倪桥、王家店、高家楼子、王海堰、宣家湾、跳板桥等7个。

1966~1989年，大多数年份粮食总产量700~750吨，油菜籽总产量和棉花皮棉总产量分别为30~35吨和25~30吨。1990~1998年，年均粮食总产量741吨，1992年达818吨，为9年间最高；年均油菜籽总产量35吨，1997年达48吨，为9年间最高；年均棉花皮棉总产量29吨，1995年达38吨，为9年间最高。

60年代，大队曾办土窑，为村民建房提供砖瓦等建材。70年代，创办王秀孟河农机厂、王秀孟河综合厂及附设针织厂、服装厂。80~90年代，工业企业主要有3家。1995年，村办工业企业实现总产值2761万元，是村办工业经济发展较好的年份之一。

1998年，全村有12个村民小组，总人口1033人，其中劳动力652个。耕地面积1334亩。全年粮食总产量713吨。全村工农业总产值1411万元，年末农民人均纯收入4013元。

1966~1998年历任村（大队）党支部书记（负责人）：王兴（1966.10~1975.5）、张明（1975.5~1983.3）、姚玉良（1983.3~1985.12）、高惠民（1985.12~1991.8）、马平元（1991.8~1993.6）、徐惠聪（1993.6~1994.11）、蔡永兴（1994.11~1995.8）、张惠清（1995.8~1998.11，其中1995.8~1996.5为副书记，主持工作）。

1966~1998年历任村主任（大队长、负责人）：徐祖（1966.10~1969.5）、张明（1969.5~1975.5）、姚玉良（1975.6~1981.5）、高惠民（1981.5~1984.3）、王炳良（1984.3~1995.9）、张惠清[1995.9~1998.11（为书记兼任）]。

六、包桥村

因境内有桥梁包家桥，村以桥命名，故名包桥村。位于镇东部，东部、北部与璜泾镇长乐村相邻，西以钱泾为界，南与长浜村接壤。东西直线距离1.5千米，南北直线距离2.1千米。村域面积1.65平方千米。村民委员会驻8组境内，距离镇政府2.5千米。

王秀解放初期属璜泾区伍胥乡，下辖包桥、永久、塔桥、新南4个村。1956年建立高级农业生产合作社，时称建华3社。1957年7月，太仓撤区并乡，鹿河建立大乡，建华3社划入鹿河乡。1958年9月，为鹿河公社包桥大队，排序为18大队。1966年属王秀公社。1983年7月大队改称村。1993年2月属王秀镇。1998年11月属璜泾镇。

境内镇级主干道建包路在村北部穿过，东接包璜路通往璜泾镇，西达伍胥村、建华村，连接建王路通往王秀镇，与伍鹿路相交可达鹿河镇。村级主要区间道路有9条，总长5.5千米。太仓市级河道钱泾、石头塘分别在村西部和南部过境。村级河道主要有东管泾、西管泾、迷泾、徐家桥塘、迈婆河、蒋头浜、塔桥湾河、包家桥塘等。岸家桥、王昌桥、新塔桥等为辖区内主要桥梁。境内主要自然村落有袁家堰、包桥、白滩湾、陆家湾、管家泾、杨子浜、岸家桥、戴家湾、方家宅基、王昌桥、塔桥湾、倪家湾等12个。

1966~1989年，大多数年份粮食总产量800~850吨，油菜籽总产量和棉花皮棉总产量均为35~40吨。1990~1998年，年均粮食总产量821吨，1992年达902吨，为9年间最高；年均油菜籽总产量44吨，1995年达61吨，为9年间最高；年均棉花皮棉总产量41吨，1991年达54吨，为9年间最高。

工业企业起步于70年代，至90年代曾先后创办包桥综合厂（后改名包桥农修厂）、王秀东风针织厂、王秀包桥印染厂、王秀秀联拼线厂等企业。1995年，村办工业企业实现总产值1288万元，是村办工业经济发展较好的年份之一。

1998年，全村有13个村民小组，总人口989人，其中劳动力606个。耕地面积1488亩。全年粮食总产量775吨。全村工农业总产值1411万元，年末农民人均纯收入4001元。

1966~1998年历任村（大队）党支部书记（负责人）：陆阿弟（1966.10~1969.5）、李启生（1969.5~1974.3）、倪锦明（1974.3~1987.1）、顾永康（1987.1~1990.11）、徐惠岐（1990.11~1992.3）、彭耀兴（1992.3~1992.10）、徐跃进（1992.10~1996.5）、高阿宝（1996.5~1998.11）。

1966~1998年历任村主任（大队长、负责人）：许满生（1966.10~1983.7）、陆阿二（1983.7~1984.12）、管雪梅（1984.12~1986.12）、张振宇（1986.12~1988.12）、徐惠岐（1988.12~1990.11）、高阿宝［1990.11~1997.9（1996.5~1997.9为书记兼任）］、戴惠良（1997.9~1998.11）。

七、伍胥村

因境内有一座伍胥庙，村以庙命名，故名伍胥村。位于镇东北部，东靠钱泾、与璜泾镇万新村为界，西与建华村接壤，南与孟河村相接，北与鹿河镇东泾、玉影、鹿南村毗邻。东西直线距离2.3千米，南北直线距离2.2千米。村域面积2.5平方千米。村民委员会驻伍鹿路西侧、9组境内，距离镇政府3.7千米。

王秀解放初期属璜泾区伍胥乡，下辖吴家、兴隆、泾塘、高家、新行5个村。1956年建立高级农业生产合作社，时称建华4社。1957年7月，太仓撤区并乡，鹿河建立大乡，建华4社划入鹿河乡。1958年9月，为鹿河公社伍胥大队，排序为19大队。1966年属王秀公社。同年，改称东方红大队。1980年地名普查中恢复原名。1983年7月大队改称村。1993年2月属王秀镇。1998年11月属璜泾镇。

境内镇级主干道伍鹿路在村中部南北贯通，并在村南部与建包路、建王路相交，为村域内主要出入通道。村级主要区间道路有15条，总长9.3千米。太仓市级河道钱泾在村东部村界南北贯通。村级河道主要有苍河浜、乌儿塔、柴子塘、蒋家浜、南泾、蛇四浜、周家浜、急水浜、黄泥溇、凤凰浜、东塘、陶家浜等。苍河浜桥、伍胥桥、都家桥、花木桥等为辖区内主要桥梁。境内主要自然村落有陶家浜、史家湾、桑园基、许家堰、翟家湾、吴家湾、蔡家巷、高家巷、周家巷、於家桥、伍胥庙等11个。

1966~1989年，大多数年份粮食总产量950~1000吨，油菜籽总产量和棉花皮棉总产量均为50~55吨。1990~1998年，年均粮食总产量1025吨，1990年达1132吨，为9年间最高；年均油菜籽总产量52吨，1995年达88吨，为9年间最高；年均棉花皮棉总产量52吨，1996年达70吨，为9年间最高。

1974年12月，创办王秀伍胥综合厂，后分设为王秀东方红服装厂和王秀福利电器厂。1982年创办王秀伍胥化工厂。1992~1995年为村办工业经济发展最好的时期，1995年，村办工业企业实现总产值2424万元，为历史最高年。

1998年，全村有16个村民小组，总人口1189人，其中劳动力709个。耕地面积2021亩。全年粮食总产量951吨。全村工农业总产值549万元，年末农民人均纯收入4242元。

1966~1998年历任村（大队）党支部书记（负责人）：高阿仁（1966.10~1969.4）、姚昌（1969.4~1974.6）、李仁球（1974.6~1976.10）、杨永兴（1976.10~1984.11）、侯国良（1984.12~1986.6）、张根兴（1986.6~1989.11）、周锦球（1989.11~1991.12）、高友良（1991.12~1993.3）、高宁兴（1993.4~1998.11）。

1966~1998年历任村主任（大队长、负责人）：张永年（1966.10~1973.5）、杨永兴（1973.5~1976.10）、侯国良（1976.10~1984.12）、张根兴（1984.12~1986.6）、蔡阿二（1986.6~1988.12）、高锦良（1988.12~1991.4）、高炳元（1991.4~1992.7）、侯祖兴（1992.7~1994.8）、高宁兴［1994.8~1995.9（为书记兼任）］、高玉珍（1995.9~1998.11）。

八、建华村

村名寓意为“建设中华”。位于镇北部，东靠伍胥村，西依建民村，南连白荡村，北接鹿河镇鹿南村。东西直线距离1.7千米，南北直线距离1.5千米。村域面积1.2平方千米。村民委员会驻建包路北侧、6组境内，距离镇政府3.3千米。

王秀解放初期属璜泾区伍胥乡，下辖新团、新民、团结3个村。1956年建立高级农业生产合作社，时称建华1社。1957年7月，太仓撤区并乡，鹿河建立大乡，建华1社划入鹿河乡。1958年9月，为鹿河公社建华大队，排序为20大队。1966年属王秀公社。1983年7月大队改称村。1993年2月属王秀镇。1998年11月属璜泾镇。

境内镇级主干道建包路在村中部横贯东西，伍鹿路、建王路在村东部南北穿过。村级主要区间道路有6条，总长3.6千米。镇级河道直塘泾在村中部南北贯通，大潭河南北向流经村西部。村级主要河道有大蛇浜、宅后塘、蛇浜、水渠里、横塘、岸河浜、石后荡等。张安桥、华众桥（原称王裁缝桥）等为辖区内主要桥梁。境内主要自然村落有严家湾、李家巷、唐家宅基、许家湾、叶家桥等5个。

1966~1989年，大多数年份粮食总产量650～700吨，油菜籽总产量和棉花皮棉总产量均为25～30吨。1990~1998年，年均粮食总产量671吨，1992年达731吨，为9年间最高；年均油菜籽总产量28吨，1997年达40吨，为9年间最高；年均棉花皮棉总产量27吨，1995年达34吨，为9年间最高。

工业企业起步于70年代中期，至90年代曾先后创办王秀建华五金厂、王秀建华纽扣厂、王秀建华弹织厂、王秀建华针织厂、王秀精制服装厂、太仓油墨联营厂（后企业转制并更名为太仓市大华化工有限公司）等企业。80年代工业企业稳定发展。90年代，绝大多数年份村办工业总产值保持在700万元以上，1995年，村办工业实现总产值3848万元，是村办工业经济发展较好的年份之一。

1998年，全村有11个村民小组，总人口916人，其中劳动力520个。耕地面积1189亩。全年粮食总产量627吨。全村工农业总产值1648万元，年末农民人均纯收入4500元。

1966~1998年历任村（大队）党支部书记（负责人）：王福兴（1966.10~1973.1）、杨雪元（1973.2~1975.1）、李炳昌（1975.1~1988.12）、张叔华（1988.12~1990.5）、张德铮（1990.5~1992.3）、倪宗良（1992.3~1993.3）、李忠球（1993.3~1998.11）。

1966~1998年历任村主任（大队长、负责人）：杨雪元（1966.10~1972.5）、李仁林（1972.5~1978.11）、季永林（1978.11~1984.12）、唐永兴（1984.12~1986.9）、葛建芳（1986.9~1998.11）。

九、建民村

村名寓意为“建立人民公社”。位于镇西部，东与白荡村、建华村相邻，西与杨漕村、草庙村接壤，南与南港村交界，北与鹿河镇飞跃村相连。东西直线距离1.7千米，南北直线距离3千米。村域面积2.1平方千米。村民委员会原驻3组境内，后驻12组境内，距离镇政府3.1千米。

王秀解放初期属璜泾区杨漕乡，下辖光明、荷花、合同、合意、太平、同心6个村。1956年建立高级农业生产合作社，时称建民1社。1957年7月，太仓撤区并乡，鹿河建立大乡，建民1社划入鹿河乡。1958年9月，为鹿河公社建民大队，排序为12大队。1966年属王秀公社。1983年7月大队改称村。1993年2月属王秀镇。1998年11月属璜泾镇。

境内镇级主干道雅飞路连接建南路在村西部南北贯通；村级主要区间道路有10条，总长7.2千米。镇级河道双纲河在村中部横向穿过，大潭河南北向流经村东部与建华村界。村级主要河道有小石桥塘、庙泾、沿心塘、大桥塘、杨家巷、东莳朱家泾、孟家浜、竹家浜等。境内主要桥梁有东莳泾桥、小石塘桥、薛家桥、沿心塘桥、陶家堰桥、建民桥、高家桥、大桥、小桥等。主要自然村落有张家湾、杨家巷、曹家巷、孟家桥、苍浦浜、高家桥、陶家堰、小桥巷、南庙泾、竹家浜、莳泾桥、张家桥、荷花溇等13个。

1966~1989年，大多数年份粮食总产量950～1000吨，油菜籽总产量和棉花皮棉总产量分别为35～40吨和40～45吨。1990~1998年，年均粮食总产量1136吨，1992年达1234吨，为9年间最高；年均油菜籽总产量44吨，1997年达60吨，为9年间最高；年均棉花皮棉总产量47吨，1995年达62吨，为9年间最高。

1975年起，曾先后创办王秀建民针织厂、王秀建民土窑、王秀建民拼线厂、王秀建民建材厂、王秀建民医疗器械厂（生产用于气胸治疗的气胸机）、王秀建民纬编厂等企业。1994年，村办工业企业实现总产值1009万元，是村办工业经济发展较好的年份之一。

1998年，全村有18个村民小组，总人口1612人，其中劳动力978个。耕地面积2236亩。全年粮食总产量1002吨。全村工农业总产值952万元，年末农民人均纯收入5369元。

1966~1998年历任村（大队）党支部书记（负责人）：顾奎（1966.10~1973.1）、倪鸿飞（1973.2~1974.12）、陶关（1974.12~1984.12）、王桂英（1984.12~1987.10）、郭建明（1987.10~1991.8）、吴金奎（1991.8~1992.7）、顾进生（1992.7~1993.7）、袁振华（1993.7~1998.11）。

1966~1998年历任村主任（大队长、负责人）：杨洪飞（1966.10~1976.7）、王桂英（1976.7~1984.12）、袁世荣（1984.12~1986.9）、郭建明（1986.9~1987.10）、朱龙兴（1987.10~1996.5）、李振华（1996.5~1998.11）。

十、草庙村

以境内南草庙命名，故名草庙村。位于镇西北部，东与建民村相邻，西部、北部与常熟市东张镇交界，南与杨漕村接壤。东西直线距离0.9千米，南北直线距离1.8千米。村域面积1.4平方千米。村民委员会驻草王路东侧、8组境内，距离镇政府3.9千米。

王秀解放初期属璜泾区杨漕乡，下辖魏家、东泾、解放3个村。1956年建立高级农业生产合作社，时称建民2社。1957年7月，太仓撤区并乡，鹿河建立大乡，建民2社划入鹿河乡。1958年9月，为鹿河公社草庙大队，排序为23大队。1966年属王秀公社。同年，改称新丰大队。1980年地名普查中恢复草庙大队之名。1983年7月大队改称村。1993年2月属王秀镇。1998年11月属璜泾镇。

草庙村有着光荣的革命历史。在抗日战争时期，草庙一带是苏常太抗日游击根据地的重要活动区域。1992年7月，王秀镇在草庙村建了太仓第一个党支部纪念馆和纪念碑。1995年，王秀革命烈士陵墓建成，成为太仓市爱国主义教育基地和全民国防教育基地。1999年10月，草庙与杨漕两村合并称杨漕村，此后，纪念馆、纪念碑和烈士陵墓变为在杨漕村境内。

境内镇级主干道草王路在村中部南北贯通；村级主要区间道路有7条，总长5.2千米。镇级河道双纲河在村南部横向穿过。村级主要河道有界河、小桥塘、后莳泾、杨漕河、蔡家湾、杨家浜等。草庙桥、东胜桥、解放桥、双纲河桥、西莳泾桥、柏木桥、毛家桥等为辖区内主要桥梁。境内主要自然村落有杨家湾、徐家宅基、南草庙、莳泾巷、小桥湾、魏家巷、毛家巷等7个。

1966~1989年，大多数年份粮食总产量600～650吨，油菜籽总产量和棉花皮棉总产量分别为15～20吨和25～30吨。1990~1998年，年均粮食总产量630吨，1997年达702吨，为9年间最高；年均油菜籽总产量20吨，1990年达33吨，为9年间最高；年均棉花皮棉总产量31吨，1995年达40吨，为9年间最高。

1974年起，先后创办王秀新丰五金厂、王秀新丰化工厂、王秀新丰塑料厂、王秀新丰腈纶加工厂、王秀新丰针织厂、王秀新丰纸管厂、王秀草庙服装厂等企业。1994年，村办工业企业实现总产值2518万元，是村办工业经济发展较好的年份之一。

1998年，全村有13个村民小组，总人口957人，其中劳动力619个。耕地面积1274亩。全年粮食总产量517吨。全村工农业总产值827万元，年末农民人均纯收入3520元。

1966~1998年历任村（大队）党支部书记（负责人）：吴继贤（1966.10~1976.4）、吴福元（1976.4~1983.3）、徐振球（1983.3~1989.11）、杨增福（1989.11~1992.3）、毛建鹤（1992.3~1995.2）、杨增福（1995.2~1998.11）。

1966~1998年历任村主任（大队长、负责人）：吴福元（1966.10~1969.3）、徐树声（1969.3~1979.11）、张瑞荣（1979.11~1982.5）、王金根（1982.5~1986.11）、魏锦明（1986.11~1988.12）、张雪刚（1988.12~1992.12）、胡振球（1992.12~1998.11）。

十一、杨漕村

村名源于辖区内一条名为杨漕的河流。位于镇西部，东与建民村相邻，西与常熟市东张镇交界，南与南港村相接，北与草庙村相连。东西直线距离1.3千米，南北直线距离1.6千米。村域面积1.25平方千米。村民委员会驻草王路西侧、5组境内，距离镇政府3.6千米。

王秀解放初期属璜泾区杨漕乡，下辖苏家、新农、界河3个村。1956年建立高级农业生产合作社，其时，与草庙辖地同属建民2社。1957年7月，太仓撤区并乡，鹿河建立大乡，建民2社划入鹿河乡。1958年9月，为鹿河公社杨漕大队，排序为13大队。1966年属王秀公社。1983年7月大队改称村。1993年2月属王秀镇。1998年11月属璜泾镇。

杨漕属革命老区，是一块红色的土地。民国28年（1939）10月，中共江南特委派中共地下党员到太仓开展工作，首先在群众工作基础较好的杨漕一带发展了第一批中共党员，并于民国29年（1940）5月建立了太仓第一个党支部，时称杨漕乡党支部。因过去草庙属杨漕乡，故1992年太仓第一个党支部纪念馆建在草庙村。自从有了中共组织，杨漕一带地下党活动频繁。抗日战争时期，当地村民捐资送粮，传送情报，留下了许多可歌可泣的英勇事迹。

境内镇级主干道草王路在村中部南北贯通；村级主要区间道路有8条，总长5.2千米。村级主要河道有界河、莳泾、杨漕河、王家娄、外白塘、里白塘等。杨漕河桥、太常界河桥、刘家新桥等为辖区内主要桥梁。境内主要自然村落有沈家弄堂、董家宅基、苏家巷、干河梢、王家湾等5个。

1966~1989年，大多数年份粮食总产量550～600吨，油菜籽总产量和棉花皮棉总产量分别为15～20吨和30～35吨。1990~1998年，年均粮食总产量623吨，1995年达668吨，为9年间最高；年均油菜籽总产量21吨，1997年达40吨，为9年间最高；年均棉花皮棉总产量34吨，1995年达49吨，为9年间最高。

1976年起，先后创办王秀杨漕农修厂、王秀杨长织布厂（杨漕与长浜联办）、王秀杨漕五金厂、王秀杨漕服装厂等企业。80年代工业经济稳定发展，90年代加速发展。1994~1997年，每年村办工业总产值在2500万元以上，1996年达5745万元，为历史最高。

1998年，全村有11个村民小组，总人口860人，其中劳动力545个。耕地面积1208亩。全年粮食总产量546吨。全村工农业总产值835万元，年末农民人均纯收入4070元。

1966~1998年历任村（大队）党支部书记（负责人）：沈祥林（1966.10~1970.4）、王二宝（1970.5~1976.8）、樊宝生（1976.8~1984.12）、苏建明（1984.12~1990.11）、黄卫江（1990.11~1992.7）、徐建良（1992.7~1993.4）、樊瑞芳（1993.4~1994.11）、孙永华（1994.11~1998.11）。

1966~1998年历任村主任（大队长、负责人）：黄龙（1966.10~1981.5）、苏建民（1981.5~1983.7）、董祥生（1983.7~1984.12）、黄卫江（1984.12~1989.11）、张永球（1989.11~1991.8）、樊瑞芳（1991.8~1993.4）、施云昌（1993.4~1994.9）、张浩良（1994.9~1998.11）。

十二、南港村

因境内有南港河，村以河命名，故名南港村。位于镇西南部，东与孙桥村相邻，西部、南部与常熟市东张镇、何市镇交界，北与杨漕村、建民村、白荡村接壤。东西直线距离2.8千米，南北直线距离1.2千米。村域面积2.2平方千米。村民委员会驻草王路南侧、4组境内，距离镇政府2.7千米。

王秀解放初期属璜泾区勇和乡，下辖新民、新利、红花、新荣4个村。1956年建立高级农业生产合作社，时称星光3社。1957年7月，太仓撤区并乡，鹿河建立大乡，星光3社划入鹿河乡。1958年9月，为鹿河公社南港大队，排序为14大队。1966年属王秀公社。1983年7月大队改称村。1993年2月属王秀镇。1998年11月属璜泾镇。

境内镇级主干道草王路在村北部过境，是村主要出入通道；村级主要区间道路有11条，总长7.3千米。村级河道主要有南港、北港、陆家角、彭家桥塘、马路塘、赵家巷、鹤嘴、跳板桥河等。南港西桥、南港二号桥、小石塘桥、庙大桥、猛将桥、干河桥、彭家桥、跳板桥等为辖区内主要桥梁。境内主要自然村落有鹤嘴、朱家巷、马头巷、赵家巷、庙湾、跳板桥、彭家桥、猛将塘、石元宝、姚家巷等10个。

1966~1989年，大多数年份粮食总产量850～900吨，油菜籽总产量和棉花皮棉总产量分别为25～30吨和45～50吨。1990~1998年，年均粮食总产量903吨，1993年达1005吨，为9年间最高；年均油菜籽总产量32吨，1995年达41吨，为9年间最高；年均棉花皮棉总产量51吨，1995年达73吨，为9年间最高。

70年代中期开始创办工业企业，主要企业有王秀南港五金厂、王秀南港服装厂等。1994年，村办工业企业实现总产值1120万元，是村办工业经济发展较好的年份之一。

1998年，全村有13个村民小组，总人口1247人，其中劳动力759个。耕地面积1769亩。全年粮食总产量822吨。全村工农业总产值625万元，年末农民人均纯收入3920元。

1966~1998年历任村（大队）党支部书记（负责人）：黄茂林（1966.10~1975.5）、陈锡明（1975.5~1984.7）、孙永华（1984.7~1991.4）、张云球（1991.4~1992.3）、孙永华（1992.3~1992.7）、许宝忠（1992.7~1994.8）、陈建宗（1994.8~1998.11）。

1966~1998年历任村主任（大队长、负责人）：陈锡明（1966.10~1975.5）、庄健康（1975.5~1984.7）、李永昌（1984.7~1984.12）、庄健康（1984.12~1988.12）、陈建宗［1988.12~1995.9（1994.8~1995.9为书记兼任）］、张雪芬（1995.9~1998.11）。

十三、白荡村

因境内有白荡河，村以河命名，故名白荡村。位于镇中部，东与孙桥村相邻，西与建民村接壤，南与南港村交界，北与孟河村相连。东西直线距离2.4千米，南北直线距离1.8千米。村域面积1.9平方千米。村民委员会原驻3组境内，后驻10组境内，距离镇政府1.9千米。

王秀解放初期属璜泾区勇和乡，下辖光荣、自由、陆园3个村。1956年建立高级农业生产合作社，时称星光2社。1957年7月，太仓撤区并乡，鹿河建立大乡，星光2社划入鹿河乡。1958年9月，为鹿河公社白荡大队，排序为15大队。1966年属王秀公社。1983年7月大队改称村。1993年2月属王秀镇。1998年11月属璜泾镇。

境内镇级主干道草王路在村西南部穿过；村级主要区间道路有19条，总长9.6千米。镇级河道双纲河在村北部横向过境，罗家塘南北向流经村东部。村级河道主要有白荡、定心潭、西类浜、大浜、迈步、清水类、三角浜等。白荡桥、白荡新桥、观音浦桥、唐家小桥、郎家小桥等为辖区内主要桥梁。境内主要自然村落有定心潭、苏家湾、陆家宅基、李家宅基、潘家巷、钱家巷、茅家宅基、何家宅基、周家湾、许家巷等10个。

1966~1989年，大多数年份粮食总产量850～900吨，油菜籽总产量和棉花皮棉总产量分别为35～40吨和40～45吨。1990~1998年，年均粮食总产量885吨，1995年达943吨，为9年间最高；年均油菜籽总产量40吨，1997年达54吨，为9年间最高；年均棉花皮棉总产量42吨，1991年达60吨，为9年间最高。

70年代中期起开始创办工业企业，主要企业有王秀白荡皮塑厂、王秀白荡玻璃钢厂、王秀白荡铸件厂（生产铸铁浴缸）等。1992~1994年，是村办工业经济发展较好的年份，1994年实现工业总产值2658万元，为历史最高。

1998年，全村有14个村民小组，总人口1172人，其中劳动力683个。耕地面积1775亩。全年粮食总产量764吨。全村工农业总产值1111万元，年末农民人均纯收入4333元。

1966~1998年历任村（大队）党支部书记（负责人）：张和生（1966.10~1976.4）、张耀明（1976.4~1981.8）、孟根荣（1981.8~1984.12）、顾生元（1984.12~1991.8）、徐雪刚（1991.8~1994.11）、苏红伟（1994.11~1996.5）、周祖兴（1996.5~1998.11）。

1966~1998年历任村主任（大队长、负责人）：苏阿海（1966.10~1971.4）、毛祖兴（1971.4~1976.3）、孟根荣（1976.4~1981.5）、高仁元（1981.5~1983.5）、李文华（1983.5~1984.12）、高雪飞（1984.12~1986.1）、茅永泉（1986.1~1995.7）、苏宝荣（1995.7~1998.11）。

第二节　居委会

1966年王秀人民公社成立初期，王秀镇上居民较少，主要居住在鼎隆街一带。居民管理工作由公社民政干部兼管，在居民群众中设居民小组，选配热心为居民服务的长者负责居民小组工作。

70年代后期起，随着社会事业的发展，市镇居民人口增加。1979年，王秀镇上居民户124户，人口412人。80年代，集镇上企事业单位增多，镇区秀东路、永安路街面门市逐步形成。1989年，镇上居民户增至246户，居民人口增至648人。进入90年代，经济社会加快发展，镇上就业人口增加。至1995年，镇上居民户增至467户，居民人口增至1169人，实际在集镇上生产生活的人口（包括外来流动人口）达3500人。

1996年1月，为适应经济社会发展需要，成立王秀镇市镇居民委员会筹建组，由杨宗良任筹建组负责人，着手做好王秀镇市镇居民委员会筹建工作。同年5月，根据太仓市人民政府太政发〔1995〕26号文件《关于同意成立王秀镇市镇居民委员会的批复》，正式成立王秀镇市镇居民委员会。同时，为加强党的领导，经王秀镇党委研究决定，成立王秀镇市镇居民委员会党支部，由杨宗良任居委会党支部书记兼居委会负责人。居委会辖区面积0.5平方千米，辖区内主要道路有秀东路、永安路、勇和路、鼎隆街等，主要桥梁有王秀桥、人民桥、长安桥等。居委会成立后，主要配合镇政府做好人口管理、计划生育、民事调解、征兵动员、社会救济、治安管理等工作。1996~1998年，配合镇政府实施社会事业民生工程11项，调解邻里矛盾、家庭纠纷25起，走访慰问帮扶困难户5户，参与安全、卫生检查18次。

1998年，镇上居民户有522户，居民人口1249人，实际在集镇上生产生活的人口（包括外来流动人口）有3775人。同年11月，王秀镇并入璜泾镇，居委会随之隶属璜泾镇管理。

第三节　自然村落

自然村落，指农村村民在长期的生产生活中形成的相对集中的聚居点。1998年，境内主要自然村落有121个，其中湘里村10个、长浜村11个、王秀村8个、孙桥村12个、孟河村7个、包桥村12个、伍胥村11个、建华村5个、建民村13个、草庙村7个、杨漕村5个、南港村10个、白荡村10个。

表1-2　1998年王秀镇境内自然村落一览

村落所在村	村落名称	地名由来	所在组别	户数	人数
湘里村（10个）	西全	全姓村民居住在该处，形成村落后，分东西两处，靠西边的名西全	1	22	90
	小角寺圩	该居民点分布形状呈三角，且附近有圩堤、寺庙，故名小角寺圩	2	28	110
	穆家湾	穆姓村民居住在河湾处，故名穆家湾	4	25	100
	马家湾	马姓村民居住在河湾处，故名马家湾	5	23	90
	瞿家巷	该居民点以姓瞿的人家居多，故名瞿家巷	6	16	70
	南青石	以前有一座桥，由两块青石建成，后拆除，河南边分得一块，故名南青石	7	18	80
	闵家湾	闵姓村民居住在河湾处，故名闵家湾	8	18	70
	新桥湾	在王秀村与邻村之间造了一座新桥，居民点以桥命名，故名新桥湾	10	26	130
	封张庙	该居民点范围内原有一座寺庙，名称是封张庙，居民点以寺庙命名，故名封张庙	11	20	80
	东全	全姓村民居住在该处，形成村落后，分东西两边，靠东边的名东全	12	20	80
长浜村（11个）	前民巷	该居民点位于新民巷前面，故名前民巷	1	36	150
	施家宅基	在长浜河与钱泾塘交汇处，施姓人家沿河而居，取名施家宅基	1、12	20	93
	新民巷	六七十年代形成的住宅，当时属新形成的村落。第一次地名普查时命名为新民新村，1992年更名为新民巷	2	15	70
	新泾巷	该居民点位于新开挖的河边，故名新泾巷	3	22	90
	项家湾	项姓人家居住在河湾处，故名项家湾	3	15	60
	建华巷	寓意为“建设中华”，故名建华巷	4	25	110
	长浜桥	该居民点范围内有一座长浜桥，居民点以桥命名，故名长浜桥	5	10	40
	周家巷	周姓村民居住在该处，故名周家巷	6	25	100
	青桥巷	该居民点范围内有一座青石板桥，村落以桥命名，故名青桥巷	7	15	60
	肖家湾	肖姓村民居住在河湾处，故名肖家湾	8	20	80
	新东	土地改革时属新苏村，后划出，因在新苏村东面，故名新东	9	21	105

续表

村落所在村	村落名称	地名由来	所在组别	户数	人数
王秀村（8个）	北宅基	该居民点在村道以北，故名北宅基	1	20	90
	陆家巷	陆姓人家在南港河和舍浜河交界处沿河而居，故名陆家巷	2	15	75
	胡家巷	胡姓村民居住在该处，故名胡家巷	4	22	100
	新鱼池	居民居住在鱼池旁，由于该鱼池是新挖的，故名新鱼池	5	22	90
	六千溇	该居民点位于六千溇河畔，以河命名，故名六千溇	6	19	90
	新东桥	该居民点范围内有一座新东桥，居民点以桥命名，故名新东桥	8	20	80
	白水滩徐家	该处地势低洼，雨后白茫茫似河滩，徐姓人家坐落于此，故名白水滩徐家	9	16	80
	五溇溇	“溇”是水名，因该居民点有5个河湾，故名五溇溇	10	18	70
孙桥村（12个）	盛家湾	盛姓村民居住在河湾处，故名盛家湾	1	18	85
	孙家坟桥	该居民点范围内有一座孙家坟桥，村落以桥命名，故名孙家坟桥	2	10	50
	徐家湾	徐姓村民居住在河湾处，故名徐家湾	3	14	68
	朱家寺圩	圩为淤堤，寺为寺庙，朱姓人家住在此处，故名朱家寺圩	4	16	85
	徐家大宅基	徐姓村民的聚居地，故名徐家大宅基	5	21	105
	陈家湾	陈姓村民居住在河湾处，故名陈家湾	5	4	30
	范家宅基	范姓村民的聚居地，故名范家宅基	6	15	70
	太平桥	该居民点范围内有一座太平桥，村落以桥命名，故名太平桥	7	6	40
	汤家宅基	汤姓村民的聚居地，故名汤家宅基	8	12	50
	柴塘	村民居住在柴塘小河边，故名柴塘	8	7	40
	红花溇	因河畔四周沟溇较多，又因以前村边河中长满红色荷花，故名红花溇	9	14	65
	王家湾	王姓村民居住在河湾处，故名王家湾	11	22	100
盂河村（7个）	曹家湾	曹姓村民居住在河湾处，故名曹家湾	2	3	15
	张王倪桥	该居民点范围内有一座张王倪桥，村落以桥命名，故名张王倪桥	3	16	71
	王家店	该居民点多为王姓村民，有一户王姓人家在家中开设了一个杂货店，称为王家店，居民点因此而得名	4	10	51
	高家楼子	该居民点范围内原有高姓人家，家境富裕，建造了两层楼房，在当地声名显赫，乡邻称其为高家楼子，形成村落后便名为高家楼子	7	9	92
	王海堰	“堰”为拦截河流的土坝，王姓人家中有名叫王海的居住在土坝处，故名王海堰	8	3	14
	宣家湾	宣姓村民居住在河湾处，故名宣家湾	9	3	7
	跳板桥	该居民点范围内有一座跳板桥，村落以桥命名，故名跳板桥	10	13	64

续表

村落所在村	村落名称	地名由来	所在组别	户数	人数
包桥村（12个）	袁家堰	袁姓人家居住在土坝处，故名袁家堰	1	11	48
	包桥	又名“包家桥”。村民在桥附近居住，逐渐形成村落。村落以桥命名，故名包家桥	2	30	150
	白滩湾	该居民点范围内有一条白滩河，村落在河湾处，故名白滩湾	3	16	75
	陆家湾	陆姓人家居住在河湾处，故名陆家湾	3	17	85
	管家泾	该居民点范围内有一条管家泾，村落以河命名，故名管家泾	6	13	49
	杨子浜	该居民点范围内有一条杨子浜，村落以河命名，故名杨子浜	6	12	62
	岸家桥	该居民点范围内有一座岸家桥，村落以桥命名，故名岸家桥	6	15	53
	戴家湾	戴姓村民居住在河湾处，故名戴家湾	7	15	91
	方家宅基	方姓村民的聚居地，故名方家宅基	8	16	84
	王昌桥	该居民点范围内有一座王昌桥，村落以桥命名，故名王昌桥	9	13	58
	塔桥湾	该居民点范围内有一条塔桥湾河，村落以河命名，故名塔桥湾	11	12	65
	倪家湾	倪姓村民居住在河湾处，故名倪家湾	12	24	112
伍胥村（11个）	陶家浜	陶姓人家居住在河浜处，故名陶家浜	1	22	110
	史家湾	史姓村民居住在河湾处，故名史家湾	4	18	97
	桑园基	中华人民共和国成立前是一户地主家的桑园，中华人民共和国成立后，老百姓在此建房，故名桑园基	6	5	31
	许家堰	许姓人家居住在土坝处，故名许家堰	7	13	65
	翟家湾	翟姓村民居住在河湾处，故名翟家湾	7	5	26
	吴家湾	吴姓人家居住在河湾处，故名吴家湾	7、8	33	150
	蔡家巷	居住的是蔡姓人家，故名蔡家巷	9	5	31
	高家巷	居住的是高姓人家，故名高家巷	11	6	40
	周家巷	居住的是周姓人家，故名周家巷	13	12	61
	於家桥	该居民点范围内有一座於家桥，村落以桥命名，故名於家桥	14	8	48
	伍胥庙	因纪念伍子胥而建伍胥庙，村民在庙四周居住，村落以庙命名，故名伍胥庙	15	16	80
建华村（5个）	严家湾	严姓村民居住在河湾处，故名严家湾	2	8	43
	李家巷	居住的是李姓人家，故名李家巷	6	22	103
	唐家宅基	唐姓村民的聚居地，故名唐家宅基	7	5	27
	许家湾	许姓人家居住在河湾处，故名许家湾	9	10	53
	叶家桥	该居民点范围内有一座叶家桥，村落以桥命名，故名叶家桥	10	3	15

续表

村落所在村	村落名称	地名由来	所在组别	户数	人数
建民村（13个）	张家湾	张姓人家居住在河湾处，故名张家湾	3	23	115
	杨家巷	居住的是杨姓人家，故名杨家巷	4	18	90
	曹家巷	居住的是曹姓人家，故名曹家巷	6	30	150
	孟家桥	孟姓人家居住在小石桥边，故名孟家桥	7	28	119
	苍浦浜	在苍浦浜岸边形成的村落，故名苍浦浜	8	14	46
	高家桥	高姓人家居住于小石桥边，故名高家桥	9	8	36
	陶家堰	陶姓人家居住在堤堰处，故名陶家堰	9	10	46
	小桥巷	该居民点范围内有一座小桥，村落以小桥定名，故名小桥巷	10	17	64
	南庙泾	该居民点范围内有南庙泾河，村落以河定名，故名南庙泾	11	12	48
	竹家浜	祝姓人家的居住地，“竹”与“祝”谐音，故名竹家浜	11、12	22	110
	莳泾桥	村边有一座莳泾桥，村落以桥定名，故名莳泾桥	12	12	47
	张家桥	张姓人家居住于小石桥边，故名张家桥	14	19	66
	荷花溇	该居民点范围内有一条小河溇，村落以河定名，故名荷花溇	15	10	40
草庙村（7个）	杨家湾	杨姓人家居住于河湾处，故名杨家湾	2	17	76
	徐家宅基	徐姓村民的聚居地，故名徐家宅基	5	12	52
	南草庙	该居民点在草庙村南部，故名南草庙	5	13	55
	莳泾巷	巷以莳泾河定名，故名莳泾巷	9	17	71
	小桥湾	因小桥建在河湾处，村落以桥定名，故名小桥湾	10	17	85
	魏家巷	居住的村民多为魏姓，故名魏家巷	12	32	120
	毛家巷	居住的村民多为毛姓，故名毛家巷	13	15	55
杨漕村（5个）	沈家弄堂	沈姓人家居住地之间形成了一条弄堂，故名沈家弄堂	2	18	61
	董家宅基	董姓村民的聚居地，故名董家宅基	5	24	102
	苏家巷	居住的是苏姓人家，故名苏家巷	7	13	43
	干河梢	该居民点范围内原有一条干涸的小河，居民点位于河梢上，故名干河梢	8	14	52
	王家湾	王姓人家居住在河湾处，故名王家湾	8	13	51

续表

村落所在村	村落名称	地名由来	所在组别	户数	人数
南港村（10个）	鹤嘴	该居民点中心有一块被小河包围如同仙鹤嘴倒钩形状的地，故名鹤嘴	1	28	78
	朱家巷	居住的是朱姓人家，故名朱家巷	2	28	77
	马头巷	马头巷是“马投降”的谐音，太平天国时期的战斗中，马在此地长跪不起，意为“马投降”，后该地取名马头巷	4	20	75
	赵家巷	居住的是赵姓人家，故名赵家巷	5	29	103
	庙湾	该居民点范围内原有一座小庙建在河湾处，村民在此聚居，故名庙湾	8	21	65
	跳板桥	过去村民用跳板做桥过河，村落以此定名，故名跳板桥	9	26	106
	彭家桥	该居民点范围内有一座彭家桥，村落以桥命名，故名彭家桥	10	24	86
	猛将塘	该居民点范围内有一个猛将塘，村落以河定名，故名猛将塘	10	26	86
	石元宝	该居民点地形似元宝，村民希望此地像金元宝一样，财气旺盛，故名石元宝	11	20	79
	姚家巷	居住的是姚姓人家，故名姚家巷	13	17	66
白荡村（10个）	定心潭	该居民点范围内有定心潭，村落以河命名，故名定心潭	2	5	16
	苏家湾	苏姓村民居住在河湾处，故名苏家湾	2	19	86
	陆家宅基	陆姓村民的聚居地，故名陆家宅基	4	13	68
	李家宅基	李姓村民的聚居地，故名李家宅基	5	3	16
	潘家巷	居住的是潘姓人家，故名潘家巷	5	8	32
	钱家巷	居住的是钱姓人家，故名钱家巷	7	23	118
	茅家宅基	茅姓村民的聚居地，故名茅家宅基	8	16	80
	何家宅基	何姓村民的聚居地，故名何家宅基	10	16	76
	周家湾	周姓村民居住在河湾处，故名周家湾	12	16	88
	许家巷	居住的是许姓人家，故名许家巷	14	13	45

第四节　消失老地名

90年代，王秀镇曾有12个自然村落因规划建设需要而动迁，村落老地名因此废除。每一个地名的存在和改变，都是深深的时代印迹。为存过去之史实，本节将消失的老地名予以列表记载。

表1-3　1990~1998年王秀镇消失老地名一览

消失地名	所在村组	地名由来	户数	人数
荒滩	孟河村6组	中华人民共和国成立前境内有一块河滩种不了农作物，称荒滩，周边的村落亦取名荒滩	12	51
张家宅基	孟河村9组	张姓村民的聚居地，故名张家宅基	5	21
袁家宅	孟河村10组	袁姓村民的聚居地，故名袁家宅	10	43
周家浜	孟河村10组	境内有一条周家浜，村落以河命名，故名周家浜	8	34
增可塘	建华村1组	境内有一条增可塘，村落以河命名，故名增可塘	11	49
陆家湾	建华村8组	陆姓村民居住在河湾处，故名陆家湾	7	31
包家湾	建华村8组	包姓村民居住在河湾处，故名包家湾	8	41
荷叶地	杨漕村3组	此处地形似荷叶，故称荷叶地	16	68
张家宅	杨漕村3组	张姓村民的聚居地，故名张家宅	16	68
荒田	杨漕村10组	中华人民共和国成立前村落附近有一片荒芜的田地，名荒田，村落由此得名	14	43
王家宅基	杨漕村11组	王姓村民的聚居地，故名王家宅基	16	60
荷花地	南港村11组	此处地形似荷花，故名荷花地	16	55

资料链接：

1977年冬，石头塘拓宽，长浜村8组所涉农宅动迁，新建相对集中的住宅点。因住宅靠近石头塘，故取名石头塘新村，有农户15户50人。2004年5月，因村域区划调整和规划建设需要，此地名废除。

第二篇 自然环境

王秀镇地处长江中下游，地理位置在北纬31°、东经121°附近。全镇水陆总面积23.88平方千米，其中陆地面积19.9平方千米，水域面积3.98平方千米。境内地势平坦，土壤肥沃，雨水充沛，光照充足，气候条件优越，宜于作物生长，且河道众多，便于淡水养殖，属典型的“江南鱼米之乡”。

70年代前，境内基本上没有工业污染物，居民群众生产生活废弃物少，少量生活垃圾大多自然净化，生态环境保持良好。自70年代开始兴办工业企业后，工业污染物出现并逐年增多。于是，镇政府建立环保机构，配备环保力量，落实环保措施，全镇生态环境得到有效保护。

第一章　地形　地质　土壤

第一节　地形　地质

王秀辖区为沿江平原，无山多水，地势自东向西略有倾斜，东部稍高，西部略低，地面高程普遍在4.1米左右（基准：吴淞零点）。1978年12月，江苏省水文勘察队在沿江一带的探勘结果显示：钻探深度0~256米，地层主要为第四系浮土沉积覆盖层（地质史第四纪时期形成的地层），上部是淤泥质粉沙夹薄层黏土层，以下是亚砂、粉砂、细砂层和中粗沙夹砾石层；钻探深度256~303.48米，是砂岩、灰岩、青龙灰岩和砾岩层。境内地质构造稳固，深层岩浆活动较为微弱，发生破坏性强烈地震的可能性不大，有史以来未见发生破坏性强震的记载。历次工程地质勘探资料显示，境内的地耐力一般为每平方米10吨左右。

第二节　土　壤

一、土壤类属

王秀陆地由长江泥沙冲积而成，其土质普遍为沙性，透水性好，有机质含量高，属于宜水稻种植的优质农耕土类。1983年，太仓县第二次土壤普查，王秀共普查168个村民小组，普查土壤面积21716亩。土壤普查结果显示，王秀辖区内主要土种有7个。

沙夹垅　有7477亩，占普查土壤面积的34.43%。该土黏性适中，通透性好，水气协调，养分分解快，宜种水稻、三麦、棉花，能发苗，但保肥性相对较差，作物易早衰。主要分布于9个村60个村民小组，具体分布地为长浜村1组、2组、3组，王秀村2组、4组、7组，孙桥村1组、2组、4组、5组、6组、7组、8组、9组、10组、12组、13组、14组、15组、16组，孟河村2组、4组、5组、6组、7组、9组、10组，建明村2组，草庙村1组、2组、4组、5组、6组、8组、10组、11组、12组，杨漕村3组、4组、6组、7组、10组、11组，南港村1组、2组、9组、10组、11组、12组、13组，白荡村1组、2组、4组、5组、6组、7组、8组、9组、10组、12组。

垅夹沙　有5572亩，占普查土壤面积的25.66%。该土保水保肥性能较好，作物早发性虽差于沙夹垅，但后劲较好，不早衰，作物产量较高。主要分布于7个村39个村民小组，具体分布地为湘里村9组、10组、12组，长浜村4组、5组、6组、7组、8组、9组、10组、11组，王秀村1组、3组、5组、6组、8组、9组、

10组，包桥村3组、9组、10组、11组、13组，伍胥村4组、5组，建华村1组、3组、4组、5组、6组、8组、10组、11组，建民村1组、6组、15组、16组、17组、18组。

灰底垅夹沙　有3301亩，占普查土壤面积的15.2%。该土因剖面底部有黑灰色腐泥埋藏层而定名。土种性能与沙夹垅相似，以种植三麦、水稻、棉花为主。主要分布于5个村30个村民小组，具体分布地为孟河村1组、3组、8组、11组，包桥村1组、2组、4组、5组、6组、7组、8组、12组，伍胥村1组、2组、3组、10组、11组、12组、13组、15组、16组，建华村7组、9组，建民村4组、5组、8组、9组、10组、11组、12组。

灰底沙夹垅　有3001亩，占普查土壤面积的13.82%。该土保肥性能稍差，稻、麦、棉均宜种植，能早发，但作物后期易早衰。主要分布于5个村20个村民小组，具体分布地为孙桥村2组、11组，草庙村2组、7组、9组、13组，杨漕村1组、2组、5组、8组、9组，南港村3组、4组、5组、6组、7组、8组，白荡村2组、11组、13组。

垅泥　有1352亩，占普查土壤面积的6.23%。该土种较黏，平时硬，湿时烂，保肥保水性能较好，水稻、三麦、棉花均宜种植，虽晚发但不早衰，作物产量较高。主要分布于2个村10个村民小组，具体分布地为湘里村1组、2组、3组、4组、5组、6组、7组、8组、11组，建华村2组。

灰底老垅泥　有628亩，占普查土壤面积的2.89%。该土种旱季地下水的保蓄能力较强，宜种植水稻、三麦、棉花，但晚发，产量中等略低。主要分布于伍胥村6组、7组、8组、9组、14组等5个村民小组。

灰底老垅夹沙　有385亩，占普查土壤面积的1.77%。该土种种植水稻、三麦、棉花早发性差，中后期易受水害，产量中等略低。主要分布于建民村3组、13组、14组等3个村民小组。

二、土壤养分

1983年第二次土壤普查显示，土壤耕作层7个土种的养分含量平均为：有机质2.21%，全氮0.14%，碱介氮101.5%，全磷0.158%，速效磷5.71ppm，速效钾82.43ppm。从各种养分在土壤中的含量高低看：有机质，垅夹沙中含量最高，灰底沙夹垅中最低；全氮，垅泥中含量最高，灰底沙夹垅中最低；碱介氮，垅泥中含量最高，灰底沙夹垅中最低；全磷，灰底老垅泥中含量最高，垅泥中最低；速效磷，沙夹垅和灰底沙夹垅中含量最高，灰底垅夹沙中最低；速效钾，垅泥中含量最高，灰底老垅夹沙中最低。

表2-1　1983年王秀镇各土种养分含量情况

土种名称	有机质	全氮	碱介氮	全磷	速效磷（ppm）	速效钾（ppm）
沙夹垅	2.10%	0.138%	100%	0.158%	7.000	94.000
垅夹沙	2.61%	—	—	—	5.000	74.000
灰底垅夹沙	2.32%	—	—	—	4.000	65.000
灰底沙夹垅	1.95%	0.127%	97%	0.161%	7.000	87.000
垅泥	2.43%	0.159%	106%	0.150%	6.000	118.000
灰底老垅泥	2.03%	0.135%	103%	0.164%	5.000	76.000
灰底老垅夹沙	2.03%	—	—	—	6.000	63.000
平均	2.21%	0.140%	101.5%	0.158%	5.710	82.430

注：① 此表根据1983年太仓县第二次土壤普查数据整理；②由于施肥种类、灌溉水质、大气降水等因素的不同，现在土壤养分的实际数据会有所差异；③有的土壤养分，因缺资料未列出。

第二章　气　候

第一节　气候特征

王秀镇属北亚热带南部湿润气候区。受季风环流支配，具有明显的季风气候特征。春季冷暖多变，夏季炎热多雨，秋季天高气爽，冬季寒冷干燥。气候温和湿润，雨水充沛适中，干湿冷暖，四季分明，无霜期长，适宜耕种。

一、春季

连续5天滑动平均气温在10℃以上便进入春季。一般自4月1日（清明节前3～4天）开始，至6月16日（夏至节前5～6天）结束，为期77天。

春季是冬、夏两季的过渡性季节。春季，气温随着太阳高度角的增大而逐渐回升，这时冬、夏季风转换交替，冷、暖空气交锋，天气变化无常，忽冷忽暖，时晴时雨。古诗“清明时节雨纷纷”描述了江南春天多雨的景象，农谚也有“春天孩儿脸，一天变三变”的说法。少数年份晚霜冻、冰雹、龙卷风等灾害性天气也会在这段时期出现。

二、夏季

连续5天滑动平均气温在22℃以上便进入夏季。一般自6月17日（夏至节前4～5天）开始，至9月16日（约秋分前一周）结束，为期92天。

夏季气温高，湿度大，雨量集中。初夏，冷、暖空气在长江中下游交锋，势均力敌，造成长江中下游地区的梅雨季节，出现持续阴雨天气。此时，正值梅子成熟，故有“梅雨”“黄梅”之称；又因湿度大，东西易发生霉烂，也称“霉雨”。常年6月15日入梅，7月10日出梅，历时25天，但也有少数年份出现早黄梅和倒黄梅及空梅。出梅后，常会出现连续无雨的干旱天气，又时值“三伏”，故称“伏旱”。常年7~9月，西北太平洋台风活动进入盛期，会出现暴风雨天气，有时还会导致局部地区发生龙卷风、冰雹，造成自然灾害。

三、秋季

连续5天滑动平均气温在22℃以下便进入秋季。一般自9月17日（约秋分前一周）开始，至11月18日（约立冬后一旬）结束，为期63天，是四季中最短的一季。

秋季是夏、冬两季的过渡性季节，这时太阳直射点向南回归线移动，白天渐渐缩短，北方冷空气开始南下。正常年份，在冷空气控制下的长江中下游一带，近地面形成一个小高压，天气比较稳定，常会出现阳光灿烂、秋高气爽的宜人天气。但也有一些年份，在秋分前后，夏季风尚未南移，冬季风频频南下，冷、暖气流交锋，就会出现秋雨连绵的现象。

四、冬季

连续5天滑动平均气温在10℃以下便进入冬季。一般自11月19日（小雪前3～4天）开始，至次年3月31日（清明节前4～5天）结束，为期133天，是四季中最长最冷最干燥的一季。

冬季前期天寒干燥，少见雨雪，后期多阴冷雨雪天气，是四季中白天最短的一季。这一阶段日照短，多西北风，往往有雨雪和寒潮大风，夜间常有霜或冰冻。气温急剧下降，空气干燥，平均气温在4℃左右，正月酷寒更甚。当地俗语曰："四九中心腊，河里冻死鸭。"50年代寒冬时节，钱泾塘冰冻近尺，人可在冰面上走动，可见天气之寒冷。现在已看不到这种景象。

第二节　气候要素

一、气温

1966~1998年的33年间，年平均气温15.48℃。1986~1998年的13年间，年平均气温15.93℃，比前20年的15.18℃升高了0.75℃。可见，受全球气候变暖影响，年平均气温呈上升趋势。年平均气温最高年为17.4℃（1994年），最低的两年均为14.7℃（1969年、1980年）。夏季7月份最热，月平均气温通常在28℃左右。冬季1月份最冷，月平均气温通常在2.4℃左右。气温最高37.9℃（1978年7月8日），最低-11.5℃（1977年1月31日）。

二、日照

王秀地处北纬31° 附近，全年可照时数为4426.5小时（闰年4436.4小时）。1966~1998年，年平均实际日照时数1960.13小时，占可照时数的44.28%。年际变化较大，年平均日照时数最多年为2280.1小时（1978年），最少年为1683.7小时（1989年），年际差596.4小时。1986~1998年，月平均日照时数7月份最多，月均212.1小时；1月份最少，月均120.8小时。月日照时数最多为311小时（1994年7月），最少为63.5小时（1989年1月）。

三、降水

1966~1998年，平均年降水量1064.52毫米。最多年降水量1519.5毫米（1993年），最少为619.1毫米（1978年），年际差900.4毫米。年平均雨日131天。降水连续时间最长的是1973年8月27日至9月9日，连续降水14天；无降水日连续时间最长的是1974年11月9日至1975年1月13日，连续无降水66天。

四、风

境内风向有明显的季节性变化，春、夏季多为东南偏南风，秋季多为东北偏北风，冬季多为西北风。全年东南风最多，其次是东北风和西北风，西南风最少。1966~1998年，年平均风速每秒3.22米，最大年每秒4.2米（1969年），最小年每秒2.4米（1998年）。风速最大的一天是1977年9月11日，西北风风速每秒20米（8级），瞬时风速每秒29米（11级）。

五、雷暴

1966~1998年，年平均雷暴日25天，最多年45天（1987年），最少年14天（1972年）。初雷一般出现在3月上旬，终止在9月下旬，初、终间日数在200天左右。初雷出现最早日期为1月1日（1997年），终止最晚日期为12月21日（1979年）。

六、霜

1966~1998年，年平均霜日42天，最多年71天（1983年），最少年21天（1972年）。初霜一般出现在11月中旬，终霜在次年3月下旬。最早初霜日期为10月22日（1979年），最晚终霜日期为4月16日（1986年、1987年）。年平均无霜期232天，年无霜日最多252天（1972年、1977年、1991年、1994年），最少196天（1986年）。

七、雪

1966~1998年，年平均降雪日6天，最多年15天（1984年），最少年1天（1976年）。全年无雪日有两年（1971年、1975年）。初雪一般出现在1月上中旬，终雪在次年3月中下旬。最早初雪日期为10月31日（1968年），最晚终雪日期为4月11日（1987年）。历史上罕见的一场大雪，是1984年1月17日至19日，连续降雪45小时31分钟，降雪量45.8毫米，最大积雪深度16厘米。

八、雾

1966~1998年，年平均雾日25天，最多年56天（1982年），最少年6天（1967年、1975年）。雾日以10月、11月、12月最多，7月最少。境内能见度不足百米的大雾日较少。

九、相对湿度

1966~1998年，年平均相对湿度78%。8月最大，相对湿度83%；12月最小，相对湿度76%。空气湿润，遇雨日、雾日，相对湿度可达100%；干燥日期不多，相对湿度最小的一天为1986年3月2日，相对湿度10%。

第三节 自然灾害

境内台风、雨涝、干旱等是影响工农业生产和人身安全的主要气象灾害。

一、台风

台风，基本上每年都有出现，主要集中在7~9月，8月下旬到9月中旬最为频繁，7月中旬出现的台风会影响早稻的成熟和收割，8月下旬到9月中旬出现的台风会影响中稻抽穗和棉花开花结铃。

1949年7月24~25日，6号强台风过境，风力10级，暴雨量120毫米。遭台风、暴雨袭击，大片土地被淹，农作物受灾5500亩，水稻减产每亩150公斤，棉花减产每亩15~20公斤（籽棉）。

1956年8月1~3日，台风持续刮了3天，吹倒树木不计其数，晚稻普遍倒伏，棉桃被大风吹落10%左右。同时有暴雨，境内500余亩临河低洼滩田被淹没。事后，人们为这次灾情编了一首顺口溜："大树连根起，小树着天飞，牛车棚吹到田沟里，玉米叶吹得像百脚旗。"

1964年4月20日14时左右，大致在常熟山（虞山）上空，突然耸起一道圆柱形黑气，这股黑气直插天顶，不一会儿成喇叭状迅速扩散，颜色由黑变白，顷刻间龙卷风呼啸而来，霎时乌云密布，大雨倾盆。这股狂风从常熟市何市镇一直横扫至王秀境内，狂风肆虐约半个小时之久，最大风力达12级，到16时雨停风息。这次龙卷风，王秀处中心地带，损失惨重。境内的草房，轻者屋茅被吹坏，重者屋茅被吹光，严重者倒塌。农户的瓦房也有不少被吹光了瓦片、望砖，露出光秃秃几根桁条，有的门窗被毁。孙桥大队1队王耀明家，西山墙倒塌，东山墙倾斜。建民大队2队沈一鸣家4间草房全部倒塌。孙桥大队3队史老虎当时正在（草房）屋面上加固屋茅，被狂风拎起在空中飘了一段，后借助风力着陆，有幸得以生还。孟河大队7队杨土根家几间草房被狂风夷为平地，狂风将杨土根和草房一起抛到空中，随后被卷落到附近的河浜里，杨土根后被村民高鼎奎救起，庆幸捡得一条性命。孟河大队4队王付康家附近河里1条一吨半的农船被风从河中卷到岸上。建民大队3队也有1条小水泥船，从天潭里（河名）被风卷起落到岸上。

1977年7月21~23日，7号台风来袭，风力6级，雨量203毫米。同年9月10~11日，再次遭8号台风袭击，风力10级，雨量110毫米。这两次台风，均造成农作物严重受灾减产。

1981年9月1日，遭14号强台风及暴雨袭击，境内内河水位猛涨，受淹桥、堰22条，农宅进水30户，淹没河边低洼滩地500亩，农作物均有不同程度受灾，造成经济损失10万余元。1989年8月3~4日，遭13号台风影响，连降暴雨，受淹农田2000亩，全乡棉花严重倒伏3000余亩。

1996年8月1日遭8号台风袭击，1997年8月18日遭11号台风袭击，两次台风均伴有大暴雨，致使农田受淹，作物秸秆折断，农宅、厂房、棚舍受损，造成较大经济损失。

二、雨涝

雨涝是境内的主要自然灾害之一。王秀临近长江，水系密布，河渠配套，抗洪排涝快，但有数次雨涝灾害较为严重。

1954年8月，连降暴雨，内河水漫过堰堤，部分农户家里进水。农田普遍积水，农作物渍害严重，造成秋熟作物减产减收。

1956年6~7月，连续降雨10天，降水量856毫米。8月又连降暴雨3天，降水量439毫米。9月24日再降暴雨。由于持续阴雨，境内农田普遍受涝，棉花、水稻等秋熟作物比正常年景减产20%左右。

1961年6月1日起的半月里，正值夏收关键时刻，但遇连绵阴雨，割倒未收的麦子在田里出芽发烂，每亩损失15~20公斤；油菜籽落粒严重，每亩损失近15公斤。发烂的麦子，畜禽都不能吃，后作肥料下田处理。据统计，全境烂掉麦子50吨、油菜籽30吨。

1980年入梅后，连续阴雨39天，夏熟作物严重受损。据农口部门估算，此次梅雨损失麦子75吨、油菜籽2.5吨。

1991年6月，持续阴雨1个多月，特别是6月30日至7月2日连降暴雨，造成小麦、油菜籽等夏熟作物受损，估计全乡小麦减收26万元、油菜籽减收22万元。受淹棉花700亩、水稻1200亩。

1993年8月12日，突降大暴雨，持续时间近2个小时，降雨量达145毫米，造成内河水位暴涨，农作物受损，估计全镇受灾损失35万元。

三、干旱

境内的干旱，以伏旱最为常见，其次为秋旱，春旱极少。春旱主要发生在早春2~3月，连续30~40天不下大雨（日降水量小于10毫米），油菜、三麦、绿肥等返青生长受到影响。伏旱主要出现在7月下旬至8月中旬，连续30天高温，无大于10毫米的降水日，总雨量不足30毫米，土壤湿度平均值低于18%，对棉花等旱作物生长影响很大。如伏旱持续到初秋，会导致棉花早衰减产。秋旱发生在10月中旬以后，虽有利于秋收，但给秋种带来困难。秋旱一般时间较长，往往50天以上不下大雨，秋旱冬冷对越冬作物生长极为不利。

据记载，境内曾有数次旱灾较为严重。1952年秋种季节，连续3个月不见大雨，播种的三麦有50%未能出苗，后来虽用补种和移苗补缺的办法弥补，但三麦产量还是低，亩产仅66.4公斤。1958年6月干旱，境内部分农作物枯死。1959年6~8月大旱，境内不少小河干涸，农作物普遍受灾。1967年伏旱、秋旱，棉田受灾严重。1988年7月12~21日，连续高温干旱10天，水稻、棉花受灾严重。1994年，连续高温干旱，棉花生长萎缩，花铃脱落，造成较为严重的经济损失。

四、其他灾害

主要指冰雪冻害、冰雹、雷击、地震等。

冰雪冻害　境内雪日较少，大雪日更少，一般雪日无灾情，但有数次降雪，造成交通不便，农作物受到冻害。出现冰雪冻害最严重的年份是1984年，从1月17日12时起，至19日9时，连续降雪45小时31分钟，降雪量达45.8毫米，最大积雪深度达16厘米。这次降雪，造成道路冰冻，影响公交车辆行驶，自行车侧翻、行人滑倒不计其数，许多畜禽棚舍被压塌，农作物普遍受到冻害。据估算，全乡经济损失30余万元。

冰雹　境内冰雹极少出现，虽曾有数次落雹，但时间短，雹粒小，大多无灾情。遭冰雹袭击、造成雹灾较为严重的年份为1977年，7月4日和15日相继落雹，冰雹大的如鸡蛋，小的像橄榄。这次雹灾造成500余亩棉花受灾，大部分田块棉花断头30%～40%。

雷击　境内雷暴每年均有出现，以春、夏季为多，也曾有雷击事故发生，主要击坏房屋，家用电器和电力、通信设施，但只是零星、局部受损。历史上，王秀境内无大范围雷击受灾或雷击致人死亡的记录。

地震　王秀所处地理位置属少震、弱震地区。1971年12月30日18时47分，长江口发生5.1级地震，境内有震感。1980年8月31日4时左右，浮桥地区发生2.1级地震，境内有轻微震感。1990年2月10日2时左右，太仓沙溪与常熟支塘交界处发生5.1级地震，王秀境内震感较强，房屋颤抖，门窗作响，有些房屋墙体出现裂缝，但无人员伤亡。此后至1998年，境内未发生有感地震。

第三章　水　文

第一节　水　系

王秀地处江南，紧邻长江，属滨江水系，河道纵横交错，河网密布交织，水域面积3.98平方千米，素有江南水乡之称。境内河道按管理等级分，有太仓市级河道2条，总长7.7千米；镇级河道6条，总长13.29千米；村级河道152条，总长145.46千米。

一、市级河道

钱泾　属太仓市级通江河道。西起王秀杨益泾，东至长江钱泾口，全长9千米。钱泾王秀段起于杨益泾，止于伍胥村，长4.8千米。流经王秀镇区、孙桥村、长浜村、孟河村、包桥村、伍胥村等地。境内主要支流有杨益泾、石头塘、双纲河、野塘、迷泾、苍河浜、急水浜等。原河道曲折迂回，河宽20米，局部地段淤塞严重。1976年实施拓浚，截弯取直，与石头塘相接，11月26日开工，12月20日竣工。拓浚后，河面宽30～35米，河底宽8米，河底高程为零（基准：吴淞零点），坡比1∶2.5，流速每秒0.8米左右。

石头塘　属太仓市级区域性中心河道。原名漕头塘、闸头塘，又名潮之头塘、鸭头塘。南起浏河，北至钱泾，全长24.3千米。石头塘王秀段起于钱泾，止于湘里村4组，长2.9千米。流经孟河村、包桥村、长浜村、湘里村等地。境内主要支流有湘里泾、邵家河、大鱼池、白滩等。1977年冬，石头塘王秀段拓浚。拓浚后，河面宽28～34米，河底宽10米，河底高程为零（基准：吴淞零点），坡比1∶2.5，流速每秒0.6米左右。

二、镇级河道

湘里泾　位于王秀镇东部，西起封张塘，东至璜泾镇西璜泾塘，全长3.8千米。流经湘里村、璜泾镇华南村等地。湘里村境内长2.5千米，河面宽35米。

杨益泾　又名杨叶泾、杨圩泾、洋圩泾。位于王秀镇东部，西起南港，东至湘里泾，长2.75千米，河面宽19米。流经王秀村、孙桥村等地。

罗家塘　位于王秀镇中部，南起新孙桥，北至双纲河，长1.9千米，河面宽20米。流经孙桥村、白荡村、孟河村等地。

双纲河　1976年人工开挖的河道。其时，为便于水上运输和农田灌溉，给夺取粮食亩产达双纲（1600斤）提供水利条件，故开挖此河，河名也以此定为“双纲河”。位于王秀镇中部，西起界河（与常熟界），向东经过建民村的莳泾桥塘，进入白荡村的定心潭河，再延伸至孟河村，然后截弯取直，东与

钱泾相接，长3.5千米，河宽东段21米，中、西段16米。流经草庙村、建民村、建华村、孟河村、包桥村等地，为王秀中部东西沟通的水运通道。

大潭河　位于王秀镇西北部，处建民与建华两村交界并流经两村，南起双纲河，北至横塘，长1.24千米，河面宽18米。

直塘泾　位于王秀镇北部，南起双纲河，北至苍河浜，长1.4千米，河面宽16米。流经孟河村、建华村等地。

三、村级河道

1998年末，境内有村级河道152条，总长145.46千米。其中，1千米以上主要河道51条，总长105.39千米，大部分河道与通江河道钱泾或其他河流构成水网，主要承担调节内河水位和农田排灌等功能；不足1千米的生产河道（塘）有101条，总长40.07千米，主要承担蓄水、灌溉和水产养殖等功能。

表2-2　1998年王秀镇村级主要河道一览（河道长度1千米以上）

序号	河名	所在（流经）村	长度（千米）	序号	河名	所在（流经）村	长度（千米）
1	邵家河	湘里村2组	3.36	27	东管泾	包桥村	2.35
2	漕头塘	湘里村、长浜村、包桥村	2.06	28	徐家桥塘	包桥村	1.66
3	鸭头浜	湘里村1组、8组、12组	1.75	29	乌几塔	伍胥村	1.80
4	朱家泾	湘里村	1.40	30	苍河浜	伍胥村	1.58
5	长浜	长浜村2组、12组	3.55	31	柴子塘	伍胥村	1.30
6	高家湾	长浜村9组	1.43	32	大蛇浜	建华村	1.54
7	肖家泾	长浜村8组、湘里村10组	1.40	33	宅后塘	建华村	1.52
8	呙抢库	长浜村6组	1.30	34	蛇浜	建华村、孟河村	1.06
9	娄步北	长浜村2组、3组	1.30	35	小石桥塘	建民村、杨漕村、南港村	3.10
10	张家湾	长浜村9组	1.01	36	庙泾	建民村、白荡村	2.76
11	封张塘	王秀村、湘里村	3.20	37	沿心塘	建民村	2.39
12	红旗浜	王秀村4组、5组、11组	1.60	38	大桥塘	建民村	2.20
13	白滩	王秀村9组	1.45	39	杨家巷	建民村	1.23
14	五淩淩	王秀村9组、10组	1.41	40	东莳朱家泾	建民村	1.00
15	六千淩	王秀村6组	1.28	41	小桥塘	草庙村、建民村	2.20
16	陈泾塘	王秀村5组	1.20	42	界河	杨漕村、草庙村、南港村	5.20
17	孙六泾	孙桥村、白荡村	3.40	43	莳泾	杨漕村、草庙村	5.05
18	老钱泾塘	孙桥村、白荡村、孟河村、伍胥村	2.28	44	杨漕河	杨漕村、草庙村	3.20
19	双浜	孙桥村3组、11组，白荡村12组	1.76	45	南港	南港村、孙桥村	3.60
20	柴塘	孙桥村7组、8组、9组	1.30	46	北港	南港村	2.43
21	范娄	孙桥村7组	1.20	47	陆家角	南港村	1.28
22	北港河	孙桥村4组、5组、14组	1.14	48	彭家桥塘	南港村	1.28
23	赤沙塘	孙桥村13组、南港村1组	1.00	49	白荡	白荡村	4.30
24	野泾	孟河村	1.23	50	定心潭	白荡村	1.35
25	西管泾	包桥村、孟河村	3.65	51	西类浜	白荡村3组	1.35
26	迷泾	包桥村	3.00	合计	—	—	105.39

注：部分河道的长度含水系相关的其他河道（塘）。

表2-3　1998年王秀镇村级生产河道（塘）一览（河道长度1千米以下）

所在村	条数	总长（千米）	河道（塘）名称
湘里村	9	3.33	穆家湾、方塘、旗杆浜、鸭头小塘、鲤鱼池、西柴塘、延宁浜、大鱼池、新新漕
长浜村	9	3.45	过仓浜、横港塘、南堰泾、丁家浜、高家鱼池、西大浜、马桶头、小娄、沈家娄
王秀村	6	1.55	月台湾、新鱼池、荷花池、河塘、王家类、大类
孙桥村	10	4.33	鱼塘、马头巷、朱杏泾、徐家塘、大娄、大娄塘、小浜、小潭、南港支流、红菱塘
孟河村	5	1.67	香塘浜、盐宁浜、西泾湾、小迷泾、鱼池
包桥村	9	3.62	陆家湾、张家娄河、毛头潭、迈婆河、蒋头浜、塔桥湾河、野花浜、大池、包家桥塘
伍胥村	13	6.89	蒋家浜、南泾、蛇四浜、季家浜、周家浜、急水浜、高氏两浜、苍塘浜、黄泥溇、凤凰浜、王泥浜、东塘、陶家浜
建华村	9	3.35	增可塘、水渠里、天潭、横塘、大桥巷、季家泾、岸河浜、石后荡、王泥类
建民村	7	2.53	孟家浜、杨家巷河浜、巷浦浜、竹家浜、东浦泾、苏家娄、范家泾塘
草庙村	4	1.18	蔡家湾、杨家浜、界河小浜、莳泾小浜
杨漕村	3	0.77	王家娄、外白塘、里白塘
南港村	10	4.53	庙湾、马路塘、庙湾河浜、赵家巷、鹤嘴、跳板桥河、姚家浜、林家浜、陈家浜、赵春浜
白荡村	7	2.87	清水类、大浜、小荡、迈步、蔡四浜、小塘、三角浜
合计	101	40.07	—

第二节　水　位

全境内河水位主要由钱泾闸控制，由于王秀属滨江水系，即使遇到大暴雨，内河水位升高，也能在短时间内泄洪，降到正常范围。据1966~1998年内河水文资料分析，全境内河历年平均水位2.76米，9月最高，为2.94米；2月最低，为2.51米。日最高、最低水位均出现在1993年，分别为9月19日和2月8日。

第四章　植物　动物

第一节　植　物

境内栽培的植物和野生植物主要有6大类200余种。

一、农作物类

粮食作物　境内种植的粮食作物主要有水稻、三麦（小麦、元麦、大麦）、玉米、蚕豆、大豆、赤豆、绿豆等。水稻分为粳稻、糯稻，以种植粳稻为主；少量种植糯稻，村民自己食用。三麦中以种植小麦为主，元麦种植从1994年起大面积减少，大麦从1987年起有少量种植，至1998年，元麦、大麦基本停种。玉米和蚕豆、大豆、赤豆、绿豆等豆类作物，每年少量种植。90年代中期后，种田大户规模种植蚕豆，主要收获青蚕豆出售。

油料作物　境内种植的油料作物主要有油菜、花生、芝麻等。油菜每年都大面积种植，花生、芝麻少量种植。1983年后，花生、芝麻等油料作物农户零星种植，收获后大多留作自用，一般不出售。

经济作物　境内种植的经济作物主要有棉花、西瓜、香瓜、草莓、菱角、茭白、大蒜、莲藕、荸荠等，其中棉花是农业四大作物（水稻、三麦、棉花、油菜）之一，每年都有大面积种植。1983年后，西瓜、香瓜由农户零星种植，基本上自种自食，少量上市出售。1995年起，西瓜、香瓜由种田承包大户规模种植，上市出售。草莓是90年代后期新引进的品种，由种田承包大户种植，作为时令果品上市出售。

蔬菜作物　境内种植的蔬菜作物主要有大白菜（又称黄芽菜）、小白菜、卷心菜、毛豆、塌棵菜、青菜、雪里蕻、菠菜、松花菜、金花菜（俗称草头）、韭菜、紫角叶、葱、白萝卜、胡萝卜、芋艿、丝瓜、黄瓜、冬瓜、南瓜、苦瓜、莴苣、毛豆、四季豆、豇豆、扁豆、荷兰豆、豌豆、茄子、辣椒、芹菜、马铃薯、红薯、蘑菇、香菇、平菇、金针菇、竹笋等。

二、树木类

境内主要种植榆树、榉树、楝树、桑树、柏树、朴树、杨树、乌柏树、银杏树、皂荚树、乌绒树等树种。70年代，陆续引种枫杨、垂柳、水杉、泡桐、洋槐、刺槐、白榆、雪松、香樟、红枫、樱花等观赏性树种。

果树主要种植桃、橘、梨、柿、枇杷、银杏、枣、石榴、葡萄、枸橼（香橼）等。

三、竹类

主要有燕竹、篾竹、哺鸡竹、山竹、象竹等。过去大多农家栽于宅后，90年代后种植面积逐年减少，后只有零星栽种。

四、花卉类

境内常见的花卉有月季、水仙、蔷薇、木樨、山茶、菊花、腊梅、栀子花、凤仙等原生品种。70年代后期，倡导绿化美化环境，逐步引种木本、草本花卉，如牡丹、芍药、米兰、含笑、扶桑、文竹、一串红、君子兰、铁树、罗汉松、五针松、雪松、广玉兰等。

五、药材类

主要有艾、青蒿、野菊花、三七草、天名精、蒲公英、栝楼（瓜蒌）、葫芦（药葫芦）、忍冬（金银花）、接骨草、车前草、枸杞、桔梗、藿香、薄荷、荆芥、留兰香、海州常山（臭梧桐）、马鞭草、豆寄生、女贞、蓖麻、何首乌、野木香根、鱼腥草、韭、葱、葫（蒜）、麦门冬、莎草（香附子）、白茅（茅草）、积雪草、飘拂草等。

六、杂草类

主要有野艾蒿、鬼针草、苦菜、兰草、加拿大一枝黄花、空心莲子草（水花生）、半边莲、野苋、合子草、地肤、水绵（青苔）、猪殃殃、葎草（割人藤）、旋花、水芹、鹅肠草、马齿苋、野豌头、铁扫帚、紫云英（红花草）、瓦楞草、紫堇、观音柳、水浮莲、凤眼莲（水葫芦）、咸草、鸭舌草、席草、蒯草、鹅观草、蟋蟀草、知风草、鸭嘴草、芒草、狗尾草、狼尾草、牛鞭草、凤尾草、蜈蚣草、水蜈蚣、燕麦（摇铃麦）、看麦娘、芦苇、野茭白、松藻、水师（面条草）、稗、萍（田字草）等。

第二节 动 物

一、饲养动物

主要有猪、羊、兔、猫、狗、鸡、鸭、鹅、鸽子、鹌鹑、牛等。马、骡很少饲养，60年代后基本绝迹。牛主要用于拉犁耕田、戽水灌溉，70年代后随着农机的推广，耕牛逐年减少，后绝迹。

二、野生动物

境内野生动物有4个类别，分属13纲，有250余个品种，日常生产生活中能见到的品种主要有：

（一）脊椎类

鱼纲　内河养殖或野生的水产品主要有青鱼、草鱼、鲤鱼、黄鲢、白鲢、鲈鱼、鳊鱼、鲫鱼、塘鳢鱼、鳑鲏鱼、鳗鲡、黄鳝等。

两栖纲　主要有蟾蜍、青蛙、虎纹蛙、沼蛙、雨蛙、牛蛙等。

爬行纲　主要有乌龟、鳖、赤链蛇、水赤链、青梢蛇、秤星蛇、蝮蛇、水蛇、蜥蜴(四脚蛇)、壁虎等。

鸟纲　主要有麻雀、黄雀、喜鹊、乌鸦、黄腾、斑鸠、杜鹃(布谷鸟)、鹧鸪、雉(野鸡)、野鸽、麦鸡、鸮(猫头鹰)、燕子、啄木鸟、白鹭、黄鹂、画眉、白头翁、伯劳、八哥、鱼狗(偷鱼鸟)、翠鸟、稻鸡、凫(野鸭)、鸢(老鹰)等。

哺乳纲　主要有野兔、鼠(家鼠)、田鼠、仓鼠、豚鼠(天竺鼠)、野猫、黄鼬(黄鼠狼)、刺猬、松鼠、蝙蝠等。

(二)节肢类

多足纲　主要有蜈蚣(百脚)、蓑衣虫等。

甲壳纲　主要有青虾、白虾、米虾、罗氏沼虾、克氏螯虾(龙虾)、河蟹、蟛蜞等。

蛛形纲　主要有圆蛛、蟏蛸(喜蛛)、壁钱(壁喜蛛)、蜱、螨、蝎等。

昆虫纲　主要有蝗虫、蚱蜢、纺织娘、蟋蟀、油葫芦、蝼蛄、蜜蜂、胡蜂、黄蜂、蝉(知了)、螳螂、蜻蜓、天牛、豆橡、苍蝇、蚊子、蟑螂、跳蚤、地鳖虫、萤火虫、蚂蚁、蝴蝶、蛴象、瓢虫、桑蚕、螟虫、稻飞虱、稻蓟马、棉铃虫、红铃虫、刺毛虫、松毛虫、金龟子(蛴螬)、小地老虎等。

(三)软体类

腹足纲　主要有蜗牛、田螺、螺蛳、蛞蝓等。

瓣鳃纲　主要有河蚌、帆蚌(三角蚌)、蚬、蛤等。

(四)环节类

毛足纲　主要有蚯蚓、沙蚕等。

蛭纲　主要有水蛭、蚂蟥等。

第五章　环境保护

第一节　环境污染

民国时期，王秀境内主要从事农业生产，工业几乎空白，基本上没有工业污染物排放。民国后期，镇上仅有2家染坊和2家铁铺，在生产中使用炉灶，有少量烟气产生。

60年代后期，社队工业开始起步，至70年代末，先后建办社队企业40余家。这些工厂在生产过程中产生废水、废气、烟尘、废渣、噪声等，环境污染由此出现。但在工业企业初创时期，由于企业规模小，"三废"（废气、废水、废渣）甚少，再加上有一定的治理措施，故对环境影响较小。其时，人们还能在河里淘米洗菜、取水煮饭烧水、下河游泳。农村空气清新，常见蓝天白云。

进入80年代，乡镇企业加快发展，且规模不断扩大，"三废"排放量增多，主要有电镀、涤纶化工等企业的废水，有纺织、化工、农具、搪瓷、轧花、五金、玻璃钢等企业使用锅炉、蒸灶、熔铸炉灶产生的烟气，有社办砖瓦厂及队办土窑烟囱排放的烟尘。据1989年乡环保办对污染源的调查，全乡有污染源企业43个，其中重污染源企业3个，全乡全年产生生活污水2.5万吨、工业废水25万吨、废气7712万立方米、废渣3514吨。

进入90年代，随着经济社会的加快发展，人民群众生活水平提高，但环境污染问题加重，且趋于多样化。在工业生产方面，"三废"排放量持续增加。在农业生产方面，粪肥和草塘泥用量减少，大量使用化肥，化肥中氮、磷、钾等未被植物吸收的元素随灌溉水或雨水排入河中，造成河水污染；普遍使用有机磷农药、"六六六粉剂"以及"1605""1059"等剧毒农药，遇到大雨，农药残余流入河中，同样污染水环境。90年代后期，农村中畜禽养殖逐步专业化、规模化，养殖场的畜禽粪便得不到完全有效处理，除一部分用作农业有机肥外，另有一部分堆放于养殖场四周、村口、河边等，或未经有效处理直接排入河道，严重影响河道水质。这些环境污染问题，越来越引起政府重视，政府采取相应措施加以治理。

第二节　环境治理

1980年，公社工业办公室配备安全环保员，负责环境保护宣传、督促检查、污染治理及安全生产管理等工作。1981年成立环境保护办公室，履行环保管理职能。1983年，建立企业环保管理员队伍，重点企业配备管理员2～3人，一般企业1人，全乡共落实环保管理员62人。同时，对管理员进行业务培训，明确工作任务，制定规章制度，提高业务水平。1985年，各企业明确1名副厂长具体负责环保工作。

1986年，通过会议培训、广播宣传、刊出黑板报、订阅《中国环境报》等途径，大力宣传环保意义和环保知识，营造环保宣传氛围，增强职工群众环保意识。是年，乡举办环保专题讲座2次，各单位环保负责人参训95人次。各企业设置黑板报，刊出由乡环保办提供的宣传资料6期。利用乡广播宣传阵地，举办广播讲座2次，传达上级关于做好环保工作的文件精神，宣传环保知识。全乡订阅《中国环境报》25份，环保工作重点企业每厂1份。

1988年，由乡分管环保工作的副乡长带班，组织工业公司、农业公司及有关企业负责人对各企业环保工作进行专项检查2次，查出"三废"治理不到位问题35个，分别予以整改落实。是年，王秀电镀厂认真落实环保措施，切实抓好"三废"治理工作，坚持对治理设施运转状况进行记录。企业经过处理的废水，由太仓环保部门数次抽样化验，均合格，达到排放标准。太仓涤纶化工厂坚持把"三废"治理与节支降本结合起来，在抓好治理工作的同时，切实抓好废料、废油回收工作，是年共回收二辛酯150桶，价值10万余元。同年8月，湘里村在招商中有一个意向项目，后在洽谈中了解到该项目污染大、治理难，于是谢绝了该项目，控制了新污染源的产生。

1989年，发动各企业对环保工作进行自查，然后由乡组成检查组进行抽查，对抽查中发现"不落实废水治理设施""不愿花费资金，治理设施未能正常运转""在建项目未能实行'三同时'（建设项目与环保治理设施同时设计、同时施工、同时投入运行）"的企业，立即对企业负责人进行批评教育，并责令整改。

1990年，乡政府环保办配置1名专职环保助理。同年起，强化环保责任考核，政府与企业签订环保责任书，明确工作目标和治理要求，并把环保责任落实情况列入年终评比考核，同企业干部职工的报酬挂钩，从而有效促进了各项环保措施落实到位。是年，有关企业加大资金投入，用于新建或改造完善治理设施，先后完成了王秀电镀厂喷淋滴流工艺改进、太仓涤纶化工厂废水处理池改造、包桥印染厂废水治理设施等项目，从而提高了治理能力。同年，对全乡1蒸吨以上锅炉全面进行改造，添置消烟除尘设施，5月份全部完成改造任务，实现烟尘达标排放。

1991年，开展环评工作，凡新办的工业项目和技术改造项目，均须编制环境影响评估报告，经申报获准方可实施。是年，长浜村有一个苯酐回收项目，因属国家禁办项目而未获批准，后取消该意向立项，改为五金加工项目，从而避免了一个新污染源的产生。同年，加强环保培训教育，提高环保管理员责任意识和业务水平，全年举办企业环保管理员培训班3期，参训160人次。重点企业"三废"治理专职人员5人，由乡环保办送太仓培训。

1992年，切实加强环保工作检查，乡环保办对重点企业每月检查3次，太仓环保部门到王秀突击抽查4次，通过检查，有效地促进了各单位环保工作的正常开展。

1995年后，重视控制肥药污染工作。在使用化肥方面，让农民尽量减少化肥使用量，提倡施用农家肥和推广农作物秸秆还田，以增加土壤有机质、微生物含量，改善土壤结构，提高土壤的吸收容量以及自净能力。同时，指导农户掌握天气情况，避免暴雨前施肥，以防止化肥随雨水流入河道。在控制农药污染方面，积极推广应用农业防治、物理防治和人工防治等综合防治措施，不使用高毒杀虫农药“甲胺磷”，推广低毒低残留农药，从而减轻了农药对水体的污染。

1998年，对畜禽规模养殖场进行专项整治。整治后，各养殖场按照两污分流、干湿分开、饮污分离、综合利用、达标排放的要求，建设治理设施。在畜禽粪便处理方面，建有堆粪场进行发酵处理，并在养殖场附近租地作为饲料田，将经过处理后的粪便及污水作为饲料田的有机肥料。这样，规模养殖场的畜禽污水得到有效控制，养殖业导致的水污染问题明显减少。

1990~1998年，镇（乡）环保办公室负责人（环保助理）：顾进生。

第三篇 人口

1966~1974年，王秀公社总人口一直呈上升趋势，9年间增加人口1541人。1975年起，提倡晚婚晚育、少生优生，全面实行计划生育，人口增长得到控制，至1988年，总人口一直保持在16000余人。1989年起，人口自然增长率保持较低水平，总人口减少至16000人以下。1998年，全镇户籍总人口15363人，比1966年王秀公社成立时增加890人。

据1982年、1990年全国人口普查和1998年人口统计，辖区内人口性别，女性均多于男性。辖区内的人口年龄，少儿人口占总人口的比例在下降，青年、中年的占比略有上升，老年人的占比在提高，人口呈老龄化发展趋势。辖区内人口文化程度，在6周岁及以上应识字人口中，不识（初识）字和小学文化程度的人口占比下降，初中、高中及中专、大专及以上文化程度的人口占比上升。辖区内的人口职业，呈第一产业向第二产业、第三产业转移的趋势。1998年，辖区内户籍总户数5195户，共有姓氏201个，其中王姓人口最多。

1980年以后，王秀公社加大计划生育宣传和执行政策力度，广大共产党员和共青团员带头实行计划生育，农村青年晚婚晚育蔚然成风，各单位育龄夫妇自觉落实节育措施，全公社人口出生率和自然增长率明显下降。1982年，王秀公社被评为苏州地区计划生育先进单位。1990年，王秀乡被苏州市计划生育委员会评为计划生育目标管理先进单位。

第一章　人口规模

第一节　人口总量

1966年10月，王秀人民公社成立。年末，全公社户籍人口3865户14473人，其中，农业人口3810户14275人，非农人口55户198人。之后，人口自然增长相对较快，总人口呈上升趋势，至1974年全公社户籍总人口突破16000人，达16014人，比1966年增加1541人。1975年起，大力提倡晚婚晚育和实行计划生育，人口得到有效控制，至1988年，总人口一直保持在16000余人。1983年起，全镇（乡）户籍总人口数量开始回落，1989年下跌至16000人以下。1992年起，随着小城镇户口制度的改革，全镇（乡）非农人口增多，农业人口相应减少。1998年末，全镇户籍人口5195户15363人，其中，农业人口4673户14114人，非农人口522户1249人。1966~1998年的33年间，全镇总人口增加890人。

表3-1　1966~1998年王秀镇（公社、乡）户籍人口统计

年份	总户数（户）			总人口（人）		
		农业户数	非农户数		农业人口	非农人口
1966	3865	3810	55	14473	14275	198
1967	3937	3880	57	14651	14449	202
1968	4029	3971	58	15084	14878	206
1969	4097	4037	60	15321	15110	211
1970	4297	4234	63	15592	15370	222
1971	4406	4339	67	15635	15393	242
1972	4483	4406	77	15702	15435	267
1973	4495	4409	86	15838	15543	295
1974	4630	4539	91	16014	15707	307
1975	4695	4597	98	16093	15765	328
1976	4794	4697	97	16094	15773	321
1977	4846	4745	101	16110	15777	333
1978	4840	4738	102	16097	15762	335
1979	4816	4692	124	16055	15643	412
1980	4808	4682	126	16018	15591	427
1981	4926	4793	133	16088	15655	433
1982	5098	4956	142	16174	15717	457

续表

年份	总户数（户）			总人口（人）		
		农业户数	非农户数		农业人口	非农人口
1983	5105	4965	140	16148	15715	433
1984	5016	4873	143	16051	15612	439
1985	5008	4861	147	16051	15549	502
1986	4928	4777	151	16074	15537	537
1987	4925	4768	157	16083	15526	557
1988	4854	4614	240	16037	15401	636
1989	4856	4610	246	15970	15322	648
1990	4802	4541	261	15967	15247	720
1991	4785	4512	273	15946	15245	701
1992	5116	4863	253	15885	15129	756
1993	5138	4782	356	15801	14899	902
1994	5615	5185	430	15733	14653	1080
1995	5190	4723	467	15651	14482	1169
1996	5200	4732	468	15610	14443	1167
1997	5181	4715	466	15445	14287	1158
1998	5195	4673	522	15363	14114	1249

第二节　人口变动

王秀辖区内人口发生变动，主要由人口自然变动、机械变动和人口流动所致。

一、自然变动

户籍人口自然变动而发生的人口增加或减少，主要决定于人口出生率和死亡率。1966~1970年，王秀出生人口一直多于死亡人口，每年自然增长200人以上。1971~1974年，人口自然增长量有所回落，每年自然增长120~200人。1975年起，全面实行晚婚晚育和计划生育，人口自然增长量大幅回落，至1998年的24年间，每年人口自然增长均在100人以下，其中有2年（1993年、1995年）跌至个位数，有6年（1980年、1990年、1994年、1996年、1997年、1998年）出现负增长。1966~1998年，全镇累计出生6456人，死亡4040人，自然增长2416人。

二、机械变动

户籍人口机械变动主要指辖区内人口迁入迁出变动。1966~1998年，王秀境内因婚入婚出、知识青年下乡或回城、学生外出就读或回乡就业、复退军人安置、有关人员落实政策等，共迁入人口4182人，迁出人口5708人，33年中户口迁入迁出减少人口1526人。

三、外来人口流动

外来人口流动主要指非王秀户籍人口进入或离开王秀工作的人员流动。60~70年代，境内以农业生产为主，外来流动人口极少，至70年代末，外来流动人口不足500人。进入80年代，随着乡镇企业的发展，到王秀工作的外来务工人员逐年增多，至1990年，境内有常住1年以上的外来人口825人。90年代起，境内工业企业增多，三产服务业同时兴起，吸引了大量的外来从业人员，至1998年，王秀境内有常住1年以上的外来人口2526人。

表3-2　1966~1998年王秀镇（公社、乡）户籍人口自然变动统计

年份	年平均人口（人）	出生		死亡		自然增长	
		人数（人）	出生率	人数（人）	死亡率	人数（人）	自然增长率
1966	14465	302	20.88‰	89	6.15‰	213	14.73‰
1967	14562	311	21.36‰	92	6.32‰	219	15.04‰
1968	14868	325	21.86‰	78	5.25‰	247	16.61‰
1969	15203	331	21.77‰	69	4.54‰	262	17.23‰
1970	15457	366	23.68‰	107	6.92‰	259	16.76‰
1971	15614	238	15.24‰	118	7.56‰	120	7.69‰
1972	15669	249	15.89‰	110	7.02‰	139	8.87‰
1973	15770	235	14.90‰	114	7.23‰	121	7.67‰
1974	15926	294	18.46‰	110	6.91‰	184	11.55‰
1975	16054	209	13.02‰	117	7.29‰	92	5.73‰
1976	16094	160	9.94‰	120	7.46‰	40	2.49‰
1977	16102	163	10.12‰	101	6.27‰	62	3.85‰
1978	16104	169	10.49‰	132	8.20‰	37	2.30‰
1979	16076	189	11.76‰	106	6.59‰	83	5.16‰
1980	16037	119	7.42‰	130	8.11‰	−11	−0.69‰
1981	16053	203	12.65‰	119	7.41‰	84	5.23‰
1982	16131	191	11.84‰	123	7.63‰	68	4.22‰
1983	16161	185	11.45‰	120	7.43‰	65	4.02‰
1984	16100	167	10.37‰	125	7.76‰	42	2.61‰
1985	16051	179	11.15‰	133	8.29‰	46	2.87‰
1986	16063	192	11.95‰	126	7.84‰	66	4.11‰
1987	16079	176	10.95‰	147	9.14‰	29	1.80‰
1988	16060	153	9.53‰	131	8.16‰	22	1.37‰
1989	16004	139	8.69‰	124	7.75‰	15	0.94‰
1990	15969	140	8.77‰	154	9.64‰	−14	−0.88‰
1991	15957	135	8.46‰	125	7.83‰	10	0.63‰
1992	15916	146	9.17‰	131	8.23‰	15	0.94‰
1993	15843	150	9.47‰	143	9.03‰	7	0.44‰
1994	15767	123	7.80‰	144	9.13‰	−21	−1.33‰
1995	15692	155	9.88‰	151	9.62‰	4	0.25‰

续表

年份	年平均人口（人）	出生		死亡		自然增长	
		人数（人）	出生率	人数（人）	死亡率	人数（人）	自然增长率
1996	15631	140	8.96‰	150	9.60‰	-10	-0.64‰
1997	15528	106	6.83‰	160	10.30‰	-54	-3.48‰
1998	15404	116	7.53‰	141	9.15‰	-25	-1.62‰

注：年平均人口数是指上年末和当年末人口数的平均值。

第三节　人口分布

1966年，王秀农村人口主要分布于13个大队，集镇上因居民户和企事业单位少，故居住的人口相对也少。70年代，人口分布变化不大。80年代，乡镇企业发展起来后，进厂就业人口增加。虽然农村职工大部分白天在镇上工作，晚上回农村居住，但也有一部分职工在镇上居住，故镇区居住人口增加。90年代，工业企业加速发展，三产服务业兴起，外来务工人员进入王秀大多在镇区就业，故镇区居住人口增多。1998年，全镇总人口17889人，其中当地户籍总人口15363人、外来流动人口2526人，分布于农村13个村和王秀镇区。

表3-3　1966~1998年王秀镇（公社、乡）人口分布选年统计

分布区域	1966年人口（人）	1974年人口（人）	1982年人口（人）	1990年人口（人）	1998年人口（人）
湘里	865	879	925	899	835
长浜	973	1103	1132	994	923
王秀	1256	1375	1388	1338	1220
孙桥	1258	1346	1362	1384	1161
孟河	1027	1135	1154	1119	1033
包桥	1083	1233	1232	1088	989
伍胥	1245	1385	1378	1286	1189
建华	868	946	943	973	916
建民	1556	1650	1662	1694	1612
草庙	895	989	982	988	957
杨漕	839	938	933	901	860
南港	1261	1376	1377	1347	1247
白荡	1149	1352	1249	1236	1172
镇区	526	719	1072	1545	3775
合计	14801	16426	16789	16792	17889

注：①镇区人口中含常年居住在镇上的非农人口和外来人口；②由于部分人口存在户籍地与居住地不一致的“人户分离”现象，故在村（大队）、镇区区域内的户籍人口分布与实际常住人口分布会有所差异。

第四节　人口密度

1966年，王秀辖区总面积23.88平方千米，总人口14801人（含外来人口），人口密度为每平方千米620人。以后人口密度随每年人口的增减而略有变化，1974年每平方千米688人，1982年、1990年均为每平方千米703人，1998年每平方千米749人。

1966~1998年，从分区域选年人口密度统计看，农村各村人口密度有增有降，但总体变化不大；镇区人口密度随着企事业单位增多、人口向小城镇集中而不断增加，且增幅较大。

表3-4　1998年王秀镇各村、镇区选年人口密度情况

村、镇区	辖区面积（平方千米）	1966年人口密度（人/平方千米）	1974年人口密度（人/平方千米）	1982年人口密度（人/平方千米）	1990年人口密度（人/平方千米）	1998年人口密度（人/平方千米）
湘里	1.66	521	530	557	542	503
长浜	1.47	662	750	770	676	628
王秀	1.85	679	743	750	723	659
孙桥	2.40	524	561	568	577	484
孟河	1.80	571	631	641	622	574
包桥	1.65	656	747	747	659	599
伍胥	2.50	498	554	551	514	476
建华	1.20	723	788	786	811	763
建民	2.10	741	786	791	807	768
草庙	1.40	639	706	701	706	684
杨漕	1.25	671	750	746	721	688
南港	2.20	573	625	626	612	567
白荡	1.90	605	712	657	651	617
镇区	0.50	1052	1438	2144	3039	7550

注：因存在户籍地与居住地不一致的“人户分离”现象，故上述列表中各单位的人口密度与实际居住的人口密度会有一定差异。

第二章 人口构成

第一节 性 别

1966年，王秀户籍总人口14473人，其中，男性7097人，占总人口的49.04%；女性7376人，占总人口的50.96%；男女性别比（以女性为100，下同）为96.22。1998年，全镇户籍总人口15363人，其中，男性7525人，占总人口的48.98%；女性7838人，占总人口的51.02%；男女性别比为96.01。1966~1998年的33年中男性一直少于女性，男女性别比年平均为95.7。其中，1972年是男性人口比例最低的年份，男女性别比为94.4；1982年是男性人口比例最高的年份，男女性别比为96.6。

表3-5 1966~1998年王秀镇（公社、乡）户籍人口性别统计

年份	人口（人）			性别比（女=100）	年份	人口（人）			性别比（女=100）
		男	女				男	女	
1966	14473	7097	7376	96.22	1983	16148	7933	8215	96.57
1967	14651	7182	7469	96.16	1984	16051	7866	8185	96.10
1968	15084	7390	7694	96.05	1985	16051	7863	8188	96.03
1969	15321	7481	7840	95.42	1986	16074	7875	8199	96.05
1970	15592	7605	7987	95.22	1987	16083	7879	8204	96.04
1971	15635	7633	8002	95.39	1988	16037	7856	8181	96.03
1972	15702	7625	8077	94.40	1989	15970	7817	8153	95.88
1973	15838	7724	8114	95.19	1990	15967	7801	8166	95.53
1974	16014	7838	8176	95.87	1991	15946	7780	8166	95.27
1975	16093	7859	8234	95.45	1992	15885	7762	8123	95.56
1976	16094	7870	8224	95.70	1993	15801	7742	8059	96.07
1977	16110	7872	8238	95.56	1994	15733	7674	8059	95.22
1978	16097	7845	8252	95.07	1995	15651	7638	8013	95.32
1979	16055	7852	8203	95.72	1996	15610	7609	8001	95.10
1980	16018	7860	8158	96.35	1997	15445	7518	7927	94.84
1981	16088	7886	8202	96.15	1998	15363	7525	7838	96.01
1982	16174	7947	8227	96.60					

第二节　年　龄

1982年全国第三次人口普查，全公社户籍总人口为16124人，其中少儿人口（0~14周岁）3262人，占总人口的20.23%；青年人口（15~44周岁）8133人，占总人口的50.44%；中年人口（45~59周岁）2595人，占总人口的16.09%；老年人口（60周岁以上）2134人，占总人口的13.23%。

1990年全国第四次人口普查，全乡户籍总人口为15884人，其中少儿人口（0~14周岁）2263人，占总人口的14.25%；青年人口（15~44周岁）8223人，占总人口的51.77%；中年人口（45~59周岁）2813人，占总人口的17.71%；老年人口（60周岁以上）2585人，占总人口的16.27%。

两次人口普查资料显示，王秀境内少儿人口占总人口的比例在下降，跌落了5.98%；青年、中年的占比略有上升；老年人的占比提高了3.04%，人口呈老龄化发展趋势。

表3-6　1982年人口普查王秀公社户籍人口分年龄段统计

年龄分段（周岁）	人数（人）	男	女	性别比（女=100）
0~4	839	439	400	109.75
5~9	1036	533	503	105.96
10~14	1387	679	708	95.90
15~19	1573	788	785	100.38
20~24	1121	554	567	97.71
25~29	1677	855	822	104.01
30~34	1553	761	792	96.09
35~39	1157	554	603	91.87
40~44	1052	532	520	102.31
45~49	887	444	443	100.23
50~54	905	445	460	96.74
55~59	803	409	394	103.81
60~64	706	340	366	92.90
65~69	489	224	265	84.53
70~74	445	198	247	80.16
75~79	304	118	186	63.44
80~84	127	35	92	38.04
85~89	46	12	34	35.29
90~94	16	1	15	6.67
95及以上	1	0	1	0.00
合计	16124	7921	8203	96.56

注：此表格中数据为1982年7月全国第三次人口普查数据，非年末数。

表3-7 1990年人口普查王秀乡户籍人口分年龄段统计

年龄分段（周岁）	人数（人）	男	女	性别比（女=100）
0～4	820	403	417	96.64
5～9	647	320	327	97.86
10～14	796	427	369	115.72
15～19	1146	550	596	92.28
20～24	1367	664	703	94.45
25～29	1330	647	683	94.73
30～34	1303	673	630	106.83
35～39	1753	875	878	99.66
40～44	1324	643	681	94.42
45～49	1046	512	534	95.88
50～54	940	455	485	93.81
55～59	827	426	401	106.23
60～64	836	408	428	95.33
65～69	660	307	353	86.97
70～74	508	227	281	80.78
75～79	295	121	174	69.54
80～84	197	68	129	52.71
85～89	73	15	58	25.86
90～94	15	3	12	25.00
95～99	1	0	1	0.00
合计	15884	7744	8140	95.14

注：此表格中数据为1990年7月全国第四次人口普查数据，非年末数。

第三节　文化程度

民国时期，境内学堂极少，且农家子弟贫穷，无能力上学，绝大多数农民为文盲或半文盲。中华人民共和国成立后，政府积极发展小学教育，学生的入学率逐步提高。同时，通过开设夜校、举办补习班、创办半耕半读学校等，在成年人中开展扫除文盲工作，因而识字的人逐步增多。60年代起发展中学教育，70年代创办高中教育，继而实行九年制义务教育，学生的入学率、巩固率、毕业率迅速提高。据1982年、1990年人口普查和1998年人口统计，在6周岁及以上的应识字人口中，不识（初识）字和小学文化程度的人口减少，初中、高中及中专、大专及以上文化程度的人口增加。1998年，全镇不识（初识）字的人口占应识字人口的比例比1982年下降了27.27%，小学文化程度的人口占比下降了7.97%，初中、高中及中专、大专及以上文化程度的人口占比分别提升了23.31%、9.68%、2.25%。

表3-8　1982年、1990年、1998年王秀镇（公社、乡）人口文化程度情况

文化程度	1982年		1990年		1998年	
	人口（人）	所占比例	人口（人）	所占比例	人口（人）	所占比例
6周岁及以上人口	15084	—	14970	—	13149	—
不识（初识）字	5313	35.22%	3860	25.78%	1045	7.95%
小学	6205	41.14%	6100	40.75%	4362	33.17%
初中	2616	17.34%	3715	24.82%	5345	40.65%
高中及中专	932	6.18%	1240	8.28%	2085	15.86%
大专及以上	18	0.12%	55	0.37%	312	2.37%

第四节　职　业

民国时期，农村人口都以务农为主，手艺人（泥水匠、木匠、漆匠、理发师、缝纫师、篾作师、草作师等）农忙时务农，农闲时出门打工。集镇居民大多开些小店铺、小作坊，并有少量从医、从教人员。中华人民共和国成立后，各项社会事业不断发展，就业人员增加。70年代起，社队工业开始发展，部分农民离开农村，进厂务工，成为亦工亦农人员。80年代初期，农村实行家庭联产承包责任制，大量农村剩余劳动力转入二、三产业。90年代初，工业企业加速发展，三产服务业广泛兴起，为农村劳动力提供了更多的就业岗位。1995年起，有些镇村办企业因在市场经济中失去竞争优势而歇业，企业用工量减少，一部分职工返回农村从事农业，另一部分职工转为从事三产服务业，因而从事工业的职业人口有所减少，而从事农业和三产服务业的职业人口有所增加。1998年，全镇职业总人口8670人，其中，从事第一产业3612人，占职业总人口的41.66%；从事第二产业3425人，占职业总人口的39.50%；从事第三产业1633人，占职业总人口的18.84%。

表3-9　1986~1990年王秀乡人口职业类别统计

年份	职业总人口（人）	农林牧副渔业		工业		建筑业	
		职业人口（人）	占职业总人口	职业人口（人）	占职业总人口	职业人口（人）	占职业总人口
1986	10388	3776	36.35%	5124	49.33%	561	5.40%
1987	10362	4058	39.16%	4872	47.02%	585	5.65%
1988	10388	3774	36.33%	5182	49.88%	646	6.22%
1989	9589	3022	31.52%	5082	53.00%	644	6.72%
1990	9322	2791	29.94%	5076	54.45%	589	6.32%

年份	交通运输邮电业		商业饮食业		公用事业服务业	
	职业人口（人）	占职业总人口	职业人口（人）	占职业总人口	职业人口（人）	占职业总人口
1986	126	1.21%	62	0.60%	11	0.11%

续表

1987	116	1.12%	58	0.56%	2	0.02%
1988	116	1.12%	60	0.58%	15	0.14%
1989	144	1.50%	71	0.74%	54	0.56%
1990	141	1.51%	95	1.02%	49	0.53%

年份	文教卫生体育福利业		金融保险业		社会管理及其他职业	
	职业人口（人）	占职业总人口	职业人口（人）	占职业总人口	职业人口（人）	占职业总人口
1986	81	0.78%	7	0.07%	640	6.16%
1987	78	0.75%	10	0.10%	583	5.63%
1988	61	0.59%	10	0.10%	524	5.04%
1989	61	0.64%	21	0.22%	490	5.11%
1990	64	0.69%	13	0.14%	504	5.41%

注：①1966~1985年职业人口因缺资料无从统计；②1986~1990年职业人口按人口从事的职业类别统计。

表3-10　1991~1998年王秀镇（乡）人口职业分布统计

年份	职业总人口（人）	第一产业		第二产业		第三产业	
		职业人口（人）	占职业总人口	职业人口（人）	占职业总人口	职业人口（人）	占职业总人口
1991	9483	2891	30.49%	5174	54.56%	1418	14.95%
1992	9659	2862	29.63%	5313	55.01%	1484	15.36%
1993	9588	2780	29.00%	5337	55.66%	1471	15.34%
1994	9459	2937	31.05%	4999	52.85%	1523	16.10%
1995	9842	3376	34.30%	4874	49.52%	1592	16.18%
1996	9121	3338	36.60%	4227	46.34%	1556	17.06%
1997	8847	3542	40.04%	3737	42.24%	1568	17.72%
1998	8670	3612	41.66%	3425	39.50%	1633	18.84%

注：1991~1998年职业人口按人口从事的产业类别统计。

第五节　民族　姓氏

王秀历来为汉族聚居地，1982年、1990年人口普查资料显示，户籍人口中没有少数民族人口。

1966年王秀人民公社成立时，境内户籍户数3865户，有姓氏162个。70年代，姓氏情况基本没有变化。80年代起，随着人口的流动，姓氏开始增多。90年代，有的家庭人员户籍发生变化，因工作、生活需要而分户登记，故户籍登记的姓氏有了较大的变化。1998年，全镇户籍户数5195户，共有姓氏201个，比1966年增加39个。在户籍登记的姓氏中，50户以上的有29个姓氏，10~50户的有45个姓氏，10户以下的有127个姓氏。其中，王姓户、张姓户、徐姓户、顾姓户、陆姓户最多，均在200户以上，分别有391户、387户、239户、220户和213户。

表3-11　1998年王秀镇50户以上姓氏统计

姓氏	户数（户）	姓氏	户数（户）	姓氏	户数（户）	姓氏	户数（户）	姓氏	户数（户）	姓氏	户数（户）
王	391	李	191	高	158	沈	94	曹	67	董	54
张	387	吴	183	周	150	赵	89	刘	64	孙	54
徐	239	朱	174	马	103	胡	77	袁	61	许	54
顾	220	陈	167	倪	100	苏	76	钱	60	季	53
陆	213	杨	167	黄	99	蔡	70	施	58		

1998年，王秀镇10~50户姓氏有夏、姚、肖、管、汤、史、唐、熊、陶、冯、叶、范、龚、何、毛、戴、魏、郭、盛、将、茅、邵、汪、严、郁、宋、彭、韩、瞿、谢、童、金、林、白、闵、项、郑、葛、吕、佘、俞、丁、仲、包、程。

1998年，王秀镇10户以下姓氏有班、鲍、毕、卞、卜、查、柴、常、车、成、仇、储、崔、代、单、邓、东、杜、段、凡、樊、方、费、封、凤、弗、付、傅、耿、谷、桂、贺、侯、嵇、吉、纪、郏、贾、江、姜、焦、景、居、康、孔、邝、郎、乐、雷、梁、蔺、凌、龙、卢、鲁、罗、麻、矛、梅、孟、米、缪、莫、牟、沐、穆、聂、钮、欧、潘、庞、裴、浦、戚、齐、乔、秦、邱、全、任、阮、桑、扇、商、申、石、时、谭、腾、田、万、韦、温、文、邬、伍、武、邢、须、宣、薛、闫、颜、晏、燕、易、殷、尹、于、於、鱼、虞、远、岳、臧、曾、占、章、甄、支、智、钟、诸、庄、宗、邹、左。

第三章　人口控制

第一节　宣传教育

60年代及以前，未实行计划生育。1970年前后，开始进行晚婚晚育和计划生育的宣传教育，但当时宣传力度不够，仅限于公社卫生院妇产科等相关部门在门诊时向育龄夫妇进行宣传教育，也只有少数人有节育意识，能自觉做到计划生育。

1972年起，在全公社范围内大张旗鼓宣传晚婚晚育和计划生育。是年，公社成立计划生育宣传队，由公社党委宣传委员、计划生育和妇联专职干部、卫生院妇产科医生等8人组成。宣讲队按照宣传计划，分工准备宣讲专题，经常到农村各大队巡回宣讲。

1973年后，全面开展晚婚晚育和计划生育宣传活动，公社文艺宣传队编排文艺节目，深入各村、各厂宣传演出；公社广播站开设专题节目，定期进行专题宣传；市镇各单位利用黑板报、画廊等阵地，宣传计划生育政策，表扬带头晚婚晚育和自觉执行计划生育的新人新事。

1975年，进一步加大晚婚晚育和计划生育宣传力度，公社和基层各单位召开的各种会议，做到逢会必讲。全公社建立起公社、大队、生产队三级宣传队伍，广泛开展宣传动员工作，使晚婚晚育和计划生育工作深入人心，家喻户晓。

1980年9月，利用中共中央《关于控制我国人口增长问题致全体共产党员、共青团员的公开信》（以下简称“公开信”）发表的契机，广泛开展晚婚晚育、计划生育宣传系列活动。在镇区人群集中的地段拉出宣传横幅，张贴宣传标语；公社召开共产党员、共青团员座谈会，让他们谈体会、谈打算，相互交流学习，共同提高认识，争做晚婚晚恋和计划生育带头人，为全公社婚育群众做出表率；召开育龄夫妇培训动员会，大力宣传少生优生的好处，让“一对夫妇只生一个孩子”的观念深入人心，变为广大育龄夫妇的自觉行动。

1984年，切实抓好婚前教育，举办婚育青年培训班3期，参训178人，围绕“如何建立文明和睦家庭”“自觉实行计划生育”“怎样优生优育”等专题进行辅导。1986年，在纪念公开信发表6周年活动期间，发动各村、各单位刊出专题板报或画廊（每月1期）；开展计划生育知识问卷答题竞赛，收到各村、各单位有效答卷584份，平均得分76分（满分100分）；放映计划生育录像片11场，受教育观众674人次；举办计划生育培训班1期，参训36人。

1988年，受社会上少数外来育龄夫妇早生多生等生育观念的影响，当地部分育龄夫妇计划生育观念有些淡化，有的不符合生育条件的对象要求生育两胎，有的不符合法定婚龄的青年男女要求照顾结婚。针对这种情况，乡计生部门采取多种形式，进行有针对性的宣传教育。是年，放映计划生育宣传电影10场，受教育观众4500余人次；到村、厂专场放映计划生育电视录像片10场，受教育育龄夫妇578人次；利用村、厂画廊，展出“计划生育与生命科学”宣传图片，先后有22个单位举办计划生育专题展览，受教育群众5500余人次。

1991年，乡广播站坚持每周播出一档计划生育专题节目，每逢节假日增设宣传周，乡领导发表广播讲话，全年共播出专题节目55期。各村、厂播放计划生育宣教片28场，受教育观众1557人次。利用乡党校、团校、妇女“三八”学校，举办计划生育指导员培训班8期，参训591人次。翻印《江苏省计划生育条例》4000份并编印计划生育、优生优育知识卡片7287份，分发到全乡各家庭、各育龄人群。向全乡育龄夫妇印发人口与计划生育知识试卷2600份，一方面，让育龄夫妇通过答题学到知识，另一方面，检查学习效果。事后，对答题情况进行抽查，共查1425人，共收到有效试卷1277份，平均得分85.7分（满分100分）。

1992年，乡计生办编印致全乡未婚青年公开信1000份，宣传和动员未婚青年坚持晚恋晚婚，自觉实行计划生育。编印《刻不容缓，认清计划生育形势》等宣传资料40份，分发到各村、各厂，由各单位用作党员冬训和普法教育教材。在纪念公开信发表12周年之际，开展“人口杯·心系国策”征文竞赛，共收到征文19篇，其中1篇获评太仓市征文竞赛一等奖，王秀乡获评征文竞赛组织奖。开展计划生育专题黑板报展评活动，各村、各企事业单位送展的黑板报主题突出，内容丰富，版面设计新颖，图文并茂，富有指导性、趣味性和可看性，收到了良好的宣传效果。经评比，王秀针织布厂、王秀涤纶化工厂、沪太塑料联营制品厂分获板报展评第一、第二和第三名。

1994年，开展婚育对象培训，坚持从初高中学生抓起，在学校普及生理卫生知识，在毕业时专题举办人口与计划生育基础知识讲座，让学生对晚恋晚婚、优生优育早认识。

1995年，开展文化、科技、卫生“三下乡”咨询活动2场，发放宣传资料2000份，接待群众咨询160人次。分批分期举办未婚青年、新婚对象、节育对象、孕期哺乳期妇女等不同人群参加的培训班11期，接受教育330人次。开展《母婴保健法》“节育避孕常识”知识竞赛，在育龄妇女中不断普及优生、优育、优教知识。开展“人口·家庭·社会”征文活动，收到征文8篇，其中送太仓市参评3篇，1篇获三等奖、2篇获纪念奖。

1996年，重点宣传《太仓市计划生育办法》和节育、优生、健康保健知识，镇人口学校分批举办职工岗前、青年婚前和计划生育指导员及计划生育协会会员培训班8期，参训454人次。镇家庭保健服务所和各村家保室全面开展家庭保健服务工作，根据不同育龄对象的需要，发放“新婚生活指导”“婚前须知”“怀孕日历盘”“避孕节育知识指南”等卡片698份，对全镇孕产妇265人全面进行围产期和产褥期走访检查并做卫生保健指导。

1997年，镇计生办征订春、夏、秋、冬各季卫生保健和计划生育知识读本，每天在有线广播中选播1个或若干个专题，在群众中普及节育、优生和健康保健知识。王秀中学在学生中特别是在女学生中，通过应用“玫瑰卡”，抓好学生青春期教育，普及生理卫生知识。

1998年，镇计生办利用人口学校阵地，举办由未婚青年、育龄妇女、计划生育指导员、计划生育协会会员等不同人群参加的培训班10期，参训1085人次。同时，根据部分外出外来人员分散、难以集中教育的实际情况，镇计生办、各单位计划生育指导员采取个别走访的方法，对计划生育重点服务管理对象约时间面谈，在访谈中传授计划生育和卫生保健知识。

第二节　晚婚晚育

60年代及以前，农村群众中普遍存在“早养儿子早得福”的思想观念，青年男女结婚较早，一般男20周岁、女18周岁都要结婚生育，有的甚至更早。

70年代初，开始动员适龄青年晚婚晚育，但当时仅仅是提倡，缺乏相应的干预措施，故社会上青年男女早婚早育的现象还是存在。1972年，全公社18周岁以上未婚青年1528人，其中已找对象的有1093人，占71.53%。

1973年起，加大宣传动员力度，大力营造晚恋晚婚光荣的社会氛围，社会上青年男女晚恋晚婚的自觉性有了提高。1975年后，明确规定男年满25周岁、女年满23周岁初婚（或男女年龄相加满50岁）为晚婚，女年满24周岁初次生育为晚育。同时，向婚育夫妇发放计划生育证，凭证怀孕生育。由于有了晚婚晚育和计划生育政策规定，并辅以相应的制约措施，全公社晚婚晚育的青年夫妇逐年增多。1980年，全公社青年结婚195对，其中符合晚婚年龄结婚的有191对，晚婚率达97.95%。

1981年，新《婚姻法》施行后，继续鼓励晚婚晚育，但考虑有些农村家庭的特殊情况，对部分符合法定结婚年龄但未到晚婚年龄的青年，准予办理结婚登记手续。结婚后生育，仍实行计划安排。

1982年，为提倡青年晚婚，政府出台相应管理措施，对已找对象且已达法定婚龄但未满晚婚年龄的男女青年，由村与其签订晚婚合同，以后凭晚婚合同和婚前健康检查表到公社民政办办理结婚登记手续。由于加强了晚婚晚育的宣传教育和采取相应的服务管理办法，1981~1985年，全乡（公社）青年晚婚率一直保持在95%以上。

1987年起，虽然仍提倡晚婚晚育，但对晚婚规定不再强调执行，全乡青年晚婚率开始下降，1987年为88.76%，1990年跌至67.20%。1991年后，对晚婚晚育只是鼓励，不做强调要求，基本上由适龄青年自行考虑决定，故每年的青年晚婚率大幅下降，1993年为37.76%，1996年跌至25.22%。1997年起，随着经济社会的发展，青年男女婚育观念发生变化，自愿晚婚者又开始增多，1998年青年晚婚率回升至44.07%。

表3-12　1980~1998年王秀镇（公社、乡）青年晚婚率统计

年份	青年结婚对数（对）	晚婚对数（对）	晚婚率	年份	青年结婚对数（对）	晚婚对数（对）	晚婚率
1980	195	191	97.95%	1984	167	162	97.01%
1981	202	198	98.02%	1985	185	176	95.14%
1982	182	178	97.80%	1986	172	162	94.19%
1983	173	168	97.11%	1987	169	150	88.76%

续表

年份	青年结婚对数（对）	晚婚对数（对）	晚婚率	年份	青年结婚对数（对）	晚婚对数（对）	晚婚率
1988	146	124	84.93%	1994	136	38	27.94%
1989	133	104	78.20%	1995	151	46	30.46%
1990	125	84	67.20%	1996	115	29	25.22%
1991	158	85	53.80%	1997	112	45	40.18%
1992	155	66	42.58%	1998	118	52	44.07%
1993	143	54	37.76%				

第三节　少生优生

60年代及以前，农村中存在“多子多福”“重男轻女”的思想，一对夫妇生养2~3个子女居多，有的甚至更多，境内人口自然增长一直处于较快的状态。

60年代末，开始宣传计划生育，号召未婚青年做到晚婚，动员已婚夫妇每对只生2个孩子，并且2个孩子间隔4年以上。但当时处于计划生育初始阶段，推行计划生育遇到一定阻力和困难，青年中还是存在早恋、早婚和早育现象，一对夫妇生育两胎或多胎的还是较多。

进入70年代，按照上级“结婚晚一点、胎次稀一点、生的少一点、培养好一点”的精神，开始实行计划生育，坚决杜绝非婚怀孕和无计划生育，对违反计划生育规定的对象给予批评教育和相应的处罚。1971年起，全公社人口出生数降至每年300人以下，人口自然增长率从过去的千分之两位数降至个位数。实行计划生育后，人口控制初见成效。

1975年起，加大计划生育宣传力度，通过树立典型、表彰先进，在全公社上下营造晚婚光荣、计划生育光荣的社会氛围，有力地促进了计划生育工作的顺利开展。1975~1980年，全公社人口增长一直保持低水平状态，1980年人口自然增长率为-0.69‰，第一次出现负增长。

1978年，在社会上大力营造独生子女光荣的宣传氛围，提出“一对夫妇最好生一个、最多生两个”的要求。1979年，把计划生育工作重点由过去提倡“晚、稀、少”转到鼓励“一对夫妇终身只生育一个孩子”上来，实行“优先安排一胎，严格控制二胎，坚决杜绝三胎”的政策。

1980年，组织广大共产党员、共青团员认真学习公开信，号召广大党团员自觉做到计划生育，带头响应“只生育一个孩子”的号召，为群众做表率、树榜样。同时，公社出台有关规定，除有特殊情况允许照顾生二胎外，其余全部实行独生子女政策。对终身只生育一个孩子的夫妇给予奖励，对不执行计划生育的予以相应处罚。由于宣传到位，并辅以奖惩措施，广大青年夫妇“只生育一个孩子”变为自觉行动。1982年，全公社累计有生育一孩夫妇1413对，其中领取独生子女证夫妇1409对，占已生育一孩夫妇总数的99.72%。同年，王秀公社被评为苏州地区计划生育先进单位。

1985年，密切注意育龄妇女计划外怀孕动态，发现计划外怀孕6人，乡计生办及时会同所在单位负责人，对计划外怀孕者进行批评教育。通过及时查处，既教育了当事人，又教育了其他人。

1989年起，在控制人口增长的同时，切实把优生优育列为重点工作来抓。乡卫生院妇产科做好孕妇登记工作，并发放母婴保健手册，指导孕妇优生知识。同时做好哺乳期妈妈产后随访工作，把育儿知识、避孕工具、独生子女申请表一并送上，并对产妇优生优育和避孕节育进行面对面指导。1990年起，根据计划生育政策，安排二胎开始增多，独生子女领证率逐年降低。

1993年起，优生优育工作不断加强。是年，建立王秀镇人口学校，选好学校教员，制订教育方案，并有计划地组织施教。全年举办婚前青年培训班5期，参训182人；孕妇培训班5期，参训98人；哺乳期妈妈培训班2期，参训52人；外来婚入人员培训班1期，参训12人。同年，还组织参观“人类与性”图片展览，参加者250人，让大家在参观中受到人口理论、科普知识和新的生育观念的教育。

1995年6月，贯彻实施《母婴保健法》，建立母子系统管理，印制母子保健手册，对育龄妇女进行健康检查。同时，利用人口学校阵地，开展男女青年婚前培训，发放优生优育宣传资料。

1996年后，将生殖健康知识普及纳入计划生育服务工作之中，每年举办知识讲座和开展咨询活动，通过各单位的画廊、板报和组织文化、科技、卫生“三下乡”活动，在群众中广泛宣传儿童期保健、青春期保健、围产期保健、新生儿保健、绝经期保健、妇科常见疾病预防、性病传播与预防、避孕节育方法与选择、不孕（育）症与辅助生殖技术等知识。在学校中，对中学生开展青春期教育和性教育活动，帮助女学生掌握生理科学规律，克服经期烦恼，安全度过青春期。

1998年，婚前体检到太仓市妇幼保健所，同时对新婚夫妇进行婚前教育。实施“出生缺陷干预工程”，动员准备怀孕或怀孕者早期服用营养软胶囊“福施福”；建立围产保健卡，做好唐氏筛查，对孕妇的健康、产前检查、分娩情况做好记录，防止死胎，减少缺陷儿、畸形儿的出生；对新生儿、婴幼儿进行系统保健管理，指导母亲科学育儿，对产妇恢复进行跟踪指导；推行母婴同室，培养母婴亲情，促进产妇康复和婴儿健康成长。

1980~1998年，全镇（公社、乡）计划生育工作取得显著成效，历年计划生育率均在99%以上；累计生育一个孩子的夫妇3698对，累计领取独生子女证夫妇3187对，独生子女领证率86.18%。

表3-13　1980~1998年王秀镇（公社、乡）户籍人口生育情况统计

年份	出生（人）	生育一孩夫妇（对）	一孩率	生育二孩夫妇（对）	二孩率	独生子女领证夫妇（对）	独生子女领证率	计划生育率
1980	119	115	96.64%	4	3.36%	—	—	99.36%
1981	203	195	96.06%	8	3.94%	—	—	99.52%
1982	191	182	95.29%	9	4.71%	181	99.45%	99.88%
1983	185	179	96.76%	6	3.24%	178	99.44%	100.00%
1984	167	161	96.41%	6	3.59%	160	99.38%	100.00%
1985	179	170	94.97%	9	5.03%	167	98.24%	100.00%
1986	192	186	96.88%	6	3.13%	182	97.85%	99.95%
1987	176	168	95.45%	8	4.55%	162	96.43%	99.87%
1988	153	143	93.46%	10	6.54%	135	94.41%	100.00%
1989	139	129	92.81%	10	7.19%	118	91.47%	99.28%

续表

年份	出生（人）	生育一孩夫妇（对）	一孩率	生育二孩夫妇（对）	二孩率	独生子女领证夫妇（对）	独生子女领证率	计划生育率
1990	140	131	93.57%	9	6.43%	114	87.02%	100.00%
1991	135	125	92.59%	10	7.41%	98	78.40%	100.00%
1992	146	140	95.89%	6	4.11%	100	71.43%	99.32%
1993	150	143	95.33%	7	4.67%	91	63.64%	100.00%
1994	123	119	96.75%	4	3.25%	56	47.06%	100.00%
1995	155	150	96.77%	5	3.23%	70	46.67%	99.35%
1996	140	133	95.00%	7	5.00%	61	45.86%	100.00%
1997	106	99	93.40%	7	6.60%	42	42.42%	100.00%
1998	116	109	93.97%	7	6.03%	44	40.37%	100.00%

第四节　避孕节育

50年代及以前，境内育龄夫妇普遍没有避孕节育措施，致使意外怀孕较多，溺婴、弃婴现象时有发生。60年代，开始推行避孕节育措施，但由于计划生育仅在节假日抓一下，平时的宣传面不够广泛，故采取节育措施的育龄夫妇不多。由于无避孕节育措施，人工流产、引产、溺婴的现象还是存在，尤其在农村更为突出。

70年代，全面开展计划生育宣传教育，积极推广避孕节育知识，广大育龄夫妇对计划生育工作有一定认识，自觉落实上环结扎等节育措施。至1980年，全公社育龄妇女落实节育措施2607人，占应落实节育措施人数的94.01%。至此，育龄妇女意外怀孕极少，溺婴和弃婴现象基本消失。

1981年起，做好避孕节育知识的宣传普及工作，由公社、大队计生干部和乡村医生对育龄夫妇进行避孕节育分类指导，选择最佳避孕措施。手术类的避孕措施由育龄夫妇自行到医院进行。避孕药具的发放实行计划供应，由乡村医生和各单位计划生育指导员保管，方便节育者领取。

1984年起，对产后妇女因人制宜落实避孕措施，凡适宜产后42天上环者，动员其上环；对不适宜上环者，督促并指导其选用其他避孕工具；对引产、流产手术者，术后未落实避孕措施的，进行跟踪督促，直至落实为止。

1888年，坚持做到一个不漏，抓好节育措施的落实工作，年初对全乡所有育龄妇女进行排查，对查出未落实节育措施的对象做好台账记录，并落实专人负责指导。同年，对全乡2000余人节育措施落实者，分10余个药具品种，每月按时发送至使用者手中。

1989年，针对服药避孕失败率有所上升的情况，乡计生办会同卫生院妇产科及时进行调查，分析原因，然后对全乡服药对象850人分批进行见面，了解服药情况，并进行面对面指导。事后，服药失败率得到有效控制。同年，为方便育龄妇女领取避孕药具，全乡设立发放点80余个，做到服务管理不脱节，药具品种不断档，满足不同对象选用药具，从而大大提高节育措施有效率。

1991年，根据上级计划生育管理要求，乡计生办与40岁以下使用药具育龄妇女590人签订合同，用合同管理的办法约束育龄妇女生育行为。同年，对全乡使用药具对象871人建立随访记录卡，一人一卡，记录节育妇女使用药具和月经史情况，通过建卡并做好记录，提高服务管理水平。

1993年，对全镇育龄妇女及节育情况进行摸底调查，查出意外怀孕2人（其中外来人员未婚先孕1人），闭经3人，未落实节育措施35人，育龄妇女实际节育措施与卡片记录情况不符11人。对此，镇计生办立即针对不同情况采取措施。

1995年7月起，依托镇家庭保健服务所、村服务室的服务平台，每年对育龄妇女进行保健检查和节育措施落实情况检查，对查出的妇女病患者及时进行治疗，对节育环移位等节育器具异常者及时进行修正或更换节育措施。同年，在各村、员工多的企业配好避孕药具管理员，建立药具台账，实行免费供应，并把外来务工人员纳入免费供应药具范围。在集镇增设避孕药具供应点，确保避孕药具发放渠道顺畅。

1996年起，在各村、各企事业单位中开展全年无计划外生育、无流产、无引产达标活动，确保全镇育龄妇女节育措施落实率和有效率保持较高水平。1996年、1997年全镇育龄妇女节育措施落实率均达100%，1998年达99.47%。

表3-14　1980~1998年王秀镇（公社、乡）育龄妇女节育情况统计

年份	育龄妇女（人）	已婚育龄妇女（人）	应节育妇女（人）	实际节育妇女（人）	节育率	节育措施类别			
						结扎（人）	节育器（人）	避孕药具（人）	其他（人）
1980	4253	3073	2773	2607	94.01%	432	1291	812	72
1981	4270	3081	2781	2644	95.07%	457	1290	832	65
1982	4296	3095	2798	2643	94.46%	462	1321	798	62
1983	4291	3092	2792	2704	96.85%	471	1378	785	70
1984	4258	3068	2775	2668	96.14%	422	1413	772	61
1985	4267	3075	2783	2715	97.56%	463	1395	802	55
1986	4275	3082	2767	2665	96.31%	469	1298	856	42
1987	4285	3085	2791	2712	97.17%	475	1313	878	46
1988	4262	3076	2769	2685	96.97%	411	1335	902	37
1989	4253	3057	2762	2731	98.88%	416	1425	850	40
1990	4247	3053	2768	2741	99.02%	386	1451	862	42
1991	4236	3047	2752	2744	99.71%	392	1433	871	48
1992	4212	3042	2747	2745	99.93%	370	1512	812	51
1993	4288	3032	2731	2726	99.82%	368	1501	822	35
1994	4171	3015	2728	2725	99.89%	374	1547	786	18
1995	4164	2987	2686	2666	99.26%	359	1471	763	73
1996	4152	2981	2693	2693	100.00%	326	1501	793	73
1997	4123	2947	2675	2675	100.00%	311	1538	768	58
1998	4089	2928	2633	2619	99.47%	273	1504	785	57

第五节　机构与管理

1966年，王秀人民公社成立，其时主要任务是发展农业生产，人口问题还未引起足够重视，还没有成立人口控制的专门机构和管理组织。

1970年，公社卫生院妇产科开始向育龄妇女宣传计划生育和避孕节育知识。1972年，公社成立计划生育宣传队，有成员8人，常年在各大队、生产队开展宣讲活动。1974年，公社成立计划生育办公室，配备计划生育专职干部。1975年，公社成立计划生育领导小组，由公社党委宣传委员任组长，成员为公社有关部门（条线）负责人，领导小组在公社党委的领导下，牵头负责和协调管理全公社的计划生育工作。同时，各大队成立相应的领导小组，由大队党支部书记、妇女主任、团支部书记、民兵营长、乡村医生等人员组成。

1980年，由于人事变动，计划生育管理组织不够健全，人员暂缺，管理断档，为此，对公社、大队计划生育领导小组成员进行调整充实，同时配强计划生育工作分管领导和专管干部。明确农村各大队妇女主任为计划生育日常工作负责人，各生产队妇女队长为计划生育指导员并负责药具发放工作。

1985年，在乡工业公司配备计划生育管理干部，具体负责工业系统的计划生育工作。在职工人数多的乡办企业建立计划生育领导小组，配备企业妇女主任兼计划生育指导员，在大企业的车间亦配备指导员，负责计划生育宣传、信息提供和药具发放等工作。至此，全乡基本形成乡、村、村民小组（企业车间）三级计划生育服务管理网络。

1988年7月，乡计生办在总结分析上半年计划生育工作的基础上，为增强育龄妇女落实节育措施的自觉性，于下半年实施计划生育合同管理，由各村、各企事业单位与育龄妇女签订节育合同，是年应签订1057人，实际签订845人，占应签对象的79.94%。自节育合同签订后，育龄妇女落实节育措施的自觉性得到增强，下半年全乡节育措施落实率及成功率提高，流产、引产人数明显减少。

1990年，为动员社会热心人士关心并参与计划生育工作，从7月份开始，成立村、厂计划生育协会，至年底共组建18个，有会员401人。是年9月，乡计划生育协会成立。乡、村（厂）两级协会成立后，积极组织社会力量，认真做好宣传动员工作，为全乡计划生育管理水平提高发挥了促进作用。同年，王秀乡全面完成上级下达的各项计划生育目标管理指标，被苏州市计生委评为目标管理先进单位。

1991年起，乡、村两级和乡办企业、学校等单位计划生育领导小组均由单位“一把手”任组长，计划生育工作真正成为“一把手”工程。实行计划生育一票否决制，凡涉及提拔任用干部和评比各类先进集体、先进个人，先由乡计划生育办公室审核，对违反计划生育政策规定的，一律取消晋升和评先资格。

1992年，对基层各单位实行计划生育目标管理，把计划生育任务指标分解到各村、各企事业单位，年初由乡长与各村、各单位“一把手”签订目标管理责任书。同年10月，为及时准确收集人口与计划生育信息，全乡建立育龄妇女信息卡6589张，其中正卡4522张、双卡1736张、副卡267张、绿卡64张。1993年，采用微机等现代管理手段，收集、变更计划生育信息1341条，并利用信息指导好各村、各企事业单位计划生育工作。

1994年，为加强外来务工人员计划生育管理，开展外来育龄妇女登记、验证、发证工作，共查清外来育龄妇女372人，其中对已婚育龄妇女34人发放流动人口计划生育证明。在登记中，发现外来育龄妇女计划外怀孕4人，其中未婚先孕1人、二胎或二胎以上怀孕3人。对此，镇计生办主动与外来育龄妇女户口所在地乡（镇）取得联系，双方相互配合，对无计划怀孕者做出处理，共同做好计划生育管理工作。

1995年，为进一步健全计划生育协会组织和发挥协会作用，对镇、村、企业18个协会进行换届，同时又新建协会10个，至年末，全镇计划生育协会发展到28个，有会员1424人。同年7月，建立王秀镇家庭保健服务所，13个村均建立家庭保健服务室。镇家保所配备电脑，运用管理软件，形成规范、准确、快捷、高效的计划生育信息管理系统。之后，全镇开展家庭保健和计划生育管理有了新的平台。

1996年，为确保完成太仓市政府下达的各项计划生育任务指标，镇党委、政府把计划生育工作列入对各村、各企事业单位“新风杯”考核内容，年初与各村、各单位签订计划生育目标管理责任书，以后每月进行检查，年终进行考核。是年，签订责任书的村（单位）有32个，完成全年目标任务的有31个。

1998年，为确保计划生育服务管理人员不缺位，工作不脱节，抓好基层计划生育指导员队伍建设，对人事变动造成人员缺额的，及时予以调整充实，调整后全镇计划生育指导员有222人。同时，坚持计划生育指导员例会制度，每月活动不少于1次，每次活动有工作小结，有信息交流，有台账查对，有任务布置，全镇计划生育工作有条不紊地开展。

1975~1998年王秀历任计划生育办公室负责人：李彩英（1975.3~1980.12）、顾秋艳（1981.1~1981.12）、顾惠珠（1981.12~1998.11）。

第四篇　村镇建设

民国时期，王秀集镇街道狭窄，房屋简陋，商业门市少且零乱分散。农村房屋大多为草房，农民居住条件差，农村道路都是泥路，交通极不方便。

中华人民共和国成立初期，王秀还没有建成乡镇一级的行政建制单位，故村镇建设进展缓慢。1966年王秀人民公社成立后，村镇建设逐步推进，集镇上相继新建机关、工厂、学校和商业门店等房屋。在农村，农民居住的草房也逐渐翻建为瓦房。70年代中期，境内开通供电线路，从此告别“仅靠柴油机做动力”“照明用煤油灯”的历史。

80年代，改革开放不断深入，村镇建设加快发展。集镇道路拓宽延伸，企事业单位公共建筑、商业门店以及居民住宅增多。为满足居民生产生活所需，集镇上开始铺设自来水管道，各企事业单位职工首先用上了深井水源自来水。同时，实施集镇排水工程，埋设下水道管道，提高集镇抗洪能力。农村道路加快修筑，桥梁得到翻建，原来泥泞的乡村小道变成砂石路面的机动车道。农房建设进入新一轮高峰期，农民将原来的平瓦房翻建成新楼房，住房条件大大改善。

90年代，为适应经济社会发展需要，加快推进小城镇建设。镇区主街道秀东路、永安路、勇和路等沿路房屋建筑铺满，街市形成。对镇区陈旧简陋的建筑物进行改造，拆旧建新，改善镇容镇貌。大力实施道路交通提档工程，镇村主干道由砂石路面改造为水泥混凝土或沥青路面，道路两侧普遍栽上行道树，道路得到绿化美化。加快实施农村自来水工程，自来水管网覆盖到户。全面实施农村电网改造工程，满足全镇工农业生产和居民生活用电所需。

第一章　集镇建设

第一节　房屋建筑

民国时期，王秀集镇曾是鼎隆乡、王秀乡、帆秀乡乡公所驻地，集镇区域范围基本没有变化。民国末，镇上仅有邮政代办所、磨粉坊、竹木行、花米行、小百货店、什货店、理发店、染坊、肉庄、饭店、酒店、药店等20余家私人经营的街市门店，房屋建筑简陋且零乱分散。

中华人民共和国成立后，随着生产建设的发展，集镇上为人民群众生产生活服务的公共建筑及相关基础设施逐年修建，但限于财力不足，新建和修缮的主要为学校、卫生、商业、邮电、金融等行业公共用房，其他房屋建筑较少，村镇建设事业发展缓慢。

80年代起，随着改革开放的不断深入，乡镇企业迅速崛起，带动村镇建设加快发展，集镇上各行政、企事业单位的公共建筑以及居民住宅增多。1985年7月，王秀影剧院及文化中心活动用房落成，正式对外开放。同年，王秀中学教学楼、王秀税务楼、王秀汽车站等一批建筑相继竣工。1986年，先后完成王秀粮管所营业服务楼、王秀信用社职工宿舍楼以及乡政府食堂等建设工程。1987年又建成王秀中学实验楼等。1988年，王秀中心小学教学楼和王秀卫生院大楼落成，于当年9月份交付使用。同年，还建成王秀个体商业营业楼、王秀加油站等一批建筑。1989年，王秀供销社新建的百货大楼、五金大楼和王秀食品站营业楼相继落成开业。至此，王秀商业街市形成一定规模，集镇面貌大为改观。

进入90年代，为适应经济社会发展需要，政府以增强集镇功能为重点，加快推进小城镇建设，新建的房屋建筑不断增多。同时，对镇区建筑物进行整治，拆除陈旧简陋危房，翻建适用宜居新房。1991年，对王秀农贸市场进行改造，兴建农贸市场综合楼，扩大市场交易面积，改变了市场脏乱、早市拥挤的状况。是年，还对镇上的老棉百楼进行改造，拆旧建新。同年，镇上新建的房屋建筑还有王秀中心小学教学楼、王秀中学教师宿舍楼等。

1992年，王秀中心幼儿园、老年活动中心综合大楼、居民商品房住宅楼（16户1500平方米）等一批建筑工程竣工，交付使用。1994年，动工兴建王秀邮电大楼，总投资120万元，建筑面积1142平方米，1996年8月落成启用。

1997年，又有一批新的建筑楼群拔地而起，主要有王秀文化娱乐大楼、王秀小商品市场、王秀商品房住宅楼、王秀棉花收购站大楼、王秀家具厂商业门市部等。

1998年，王秀镇区永安路、勇和路、秀东路等路沿街房屋建筑基本铺满，并向湘王路延伸。集镇街道呈“サ”字形，鼎隆街与永安路南段形成“十”字形，勇和路穿越永安路北段形成另一个“十”字形。镇区面积0.5平方千米，居委会管理区域面积0.78平方千米，镇规划区域面积1.6平方千米。通过改造老镇区，拓展新镇区，集镇功能不断增强，呈现农村小城镇新貌。

第二节　基础设施

清代，集镇居住人口逐步增加，从东至西形成一条街——鼎隆街，长320米，宽3.5米。镇东侧有鼎隆桥（现名王秀桥），跨钱泾塘梢，桥长10米、宽3米，为石级拱形桥，是镇上居民向东的主要出入通道。民国时期，曾对鼎隆桥修缮过一次，改建为石墩板面平桥。民国后期，集镇区域面积不足3万平方米，镇上居住人口240人。其时，镇上没有下水道、公共厕所等公建设施，每逢雨天，街道排水不畅，泥泞难行。镇上居民全部饮用河水，容易染病。集镇周围露天粪坑随处可见，环境卫生状况极差。

50年代，王秀尚未独立建制，由于资金有限，集镇基础设施建设进展缓慢。1966年王秀人民公社成立后，逐步推进镇上的基础设施建设。1968年，在人民路建人民桥，为混凝土结构拱形桥，长21米、宽5.1米，跨杨益泾，建成后沟通镇区南北。在湘王路改造鼎隆桥，并更名为王秀桥，改石墩板面平桥为混凝土结构拱形桥，长24米、宽6.4米。此后，镇区开始向东部拓展。60年代末，王秀形成鼎隆街、秀东路（东西向）、永安路（南北向）“十”字街区，机动车辆可通达镇区。

70年代，对集镇街道进行改造修缮，部分碎石路面改为道板或混凝土路面，疏通排水阴沟，镇区排涝功能有所改善。对钱泾、杨益泾等镇区河段两岸实施石驳岸修建工程，共建4段，总长675米。1974年12月，镇上通了高压电、有了配电设施后，开始在镇区主要路口和人居集中的路段安装路灯，方便居民夜间出行。1975年起，实施给排水工程，至1980年，镇区有100米以上深井2眼，每小时供水100吨，大部分单位职工饮用深井自来水；新建排水管道300米，改造下水道500米。

1982年，永安路向北、勇和路向西延伸，镇区向北部拓展。1983年，镇上开始铺设自来水管道，部分市镇居民饮用深井自来水。1984年，重建人民桥，桥面拓宽至8米。1986年，湘王公路1500米基础工程竣工；1987年，浇筑混凝土路面。同年，镇区修缮、新装路灯120盏，亮化工程初见成效。

1988年，扩建王秀桥和人民桥，彻底解决由于桥梁狭窄造成的“行人难、行车难、事故多”的问题。1989年，完成永安路、秀东路镇区段（原湘王路）拓宽清障工程和给排水管道埋设工程，次年实施混凝土路面浇筑工程和道路两侧人行道铺设工程，镇区主要道路向标准化、功能化迈进。

1991年起，王秀乡政府进一步加快小城镇建设，完善基础设施，增强集镇功能。是年，翻修鼎隆街，铺设鼎隆西街水泥块石，同时埋设下水管道400米，增设窨井，新建标准化公共厕所2座，铺设湘王公路段两侧路肩石1.5千米。同年，开始发展自动直拨电话和有线电视用户，年内新安装自动电话200户和有线电视终端140户。

1992年，乡自来水厂统一规划、统一实施自来水供水工程，实现各区域（段）管网衔接，并不断拓展延伸，年末镇区自来水管道基本实现全覆盖，市镇居民普遍用上深井自来水。同年，做好镇区主要道路植绿补绿工作，栽种香樟树130棵。

1994年，对镇区周边桥梁实施改造，增强荷载能力。1996年，耗资17.5万元，用时2个月，完成总土方量15387立方米的沙鹿公路王秀段拓宽工程。耗资1000余万元，完成湘王路等镇区主要道路电信地下管道的铺设工程。耗资3万元，对镇区道路破损路段及两侧人行道进行修复，对路灯进行更新。

1997年，全面实施镇区绿化、亮化、美化工程，沙鹿公路王秀段拓宽后重新进行绿化。湘王路补种树苗200株。镇区种植绿篱6千米，铺设草坪5000平方米，新安装路灯道路700米。对市镇段的旧房墙面进行刷白见新，刷新面积4000余平方米。

1998年，镇区道路宽敞平坦，地下排水管道畅通，所有桥梁经过改造均可通过机动车辆，供电、供水能满足各企事业单位和居民群众生产生活所需，电信、广电线路实现全覆盖，自动直拨电话和有线电视终端用户只需申请即可获得上门安装开通。集镇功能提升，居民群众生产生活环境得到改善。

第二章　农村建设

第一节　农房建设

民国时期，经济落后，物资匮乏，农户家境贫寒，只图温饱，住房条件极差，王秀农村70%的农户住草房（茅草屋）。草房十分低矮，面积不大，四周用芦编（用芦苇编织而成）作墙挡风（俗称芦壁墙），屋面很陡，用稻草盖顶遮雨，遇到风雨，极易吹坏，房屋漏雨。人们常说“外面下大雨，里面淋小雨”，指的就是农户住的草房。

50年代，贫苦农民分得土地，生活条件逐步好转，开始将草房翻建为瓦房。但农民收入有限，建筑材料短缺，草房换瓦房的人家为数不多。至50年代末，王秀农村仍有50%的农户住草房（包括草房、瓦房兼有的住房）。

60年代，农村有的大队开始建土窑烧砖瓦，一部分经济条件好的农户开始盖瓦屋。其时建的瓦房大多用树木柱架支撑，架桁条5根（圆木）搭建，俗称“五路头”房子。农宅主房大多建5间，中间1间宽大的为客厅，两侧稍小的作房间，再两侧较小的属副房，其房型俗称“三间两落舍”，另建侧房为灶间（就餐兼用）。一般一户“五路头”平瓦房建筑面积在110～120平方米。

70年代，公社建砖瓦厂，另有孟河、建民、王秀等大队建土窑烧制八五砖、望砖、小瓦等建筑材料，为农户翻建新房提供了有利条件，农房建设步伐加快，其时建的农房基本上都是“七路头”加走廊，一般一户“七路头”平瓦房建筑面积在160～170平方米。至70年代末，农村绝大多数农户住进了平瓦房，草房已渐渐淡出人们的视线。农户人均住房面积由1966年王秀人民公社成立时的不足20平方米增至28平方米。

80年代，随着改革开放的深入，乡镇企业加快发展，农民进厂，有了务工收入。1983年农村实行家庭联产承包责任制，农村剩余劳动力增多，农民就业门路广泛，经济收入增加，因而农民改善居住条件有了经济保障，于是农村中出现了新一轮“建房热”。其时，农民建房基本上都是平瓦房翻建新楼房，建筑面积视人口而定，房间数有3上4下（上层3间，下层4间），也有4上4下，少数4上5下或5上5下，先期建造的楼房进深8米，后扩大至8.5米，晚建的增至9～10米，一般一户两层楼建筑面积在280平方米左右。至80年代末，农村有80%以上的农户住进了楼房。进入90年代，农房建设转入扫尾阶段，每年均有数十户农户建新房。1996年后，农民建房追求结构牢、房型美、实用性强，个别早期建楼房又有经济条件的农户，开始拆除旧楼房，翻建别墅式新楼房。至1998年，全镇农户累计建造楼房3480户，占符合条件许可建房户（3512户）的99.09%。农户人均住房面积达55平方米。对农民住房变化，民间有“50年代住草房，60年代住瓦房，70年代住瓦房加走廊，80年代住楼房”之说。

表4-1　1981~1998年王秀镇（公社、乡）农户建造楼房统计

年份	当年建房（户）	建房间数（间）	建房面积（平方米）	年份	当年建房（户）	建房间数（间）	建房面积（平方米）
1981	229	1703	54502	1990	367	3169	107756
1982	181	1487	47502	1991	159	1373	49412
1983	224	1868	59836	1992	113	971	34933
1984	289	2423	77552	1993	97	859	30902
1985	238	2026	64856	1994	75	661	23778
1986	320	2720	92385	1995	69	603	21718
1987	292	2494	84786	1996	43	381	13736
1988	352	3064	104266	1997	25	223	8055
1989	385	3345	113750	1998	22	194	7087

注：①1966~1980年每年农房建造情况，因缺资料无从统计；②表中当年建房户数指平房翻建楼房户数。

第二节　农路建设

本节所述农路指连接镇与村、村与村民小组之间的农村道路。

50~60年代，农村道路都是土路，大多是因农耕需要而筑的“田岸”。因路窄且拐弯多，交通不便。特别是雨天，道路泥泞，很难行走，这时自行车便成了累赘，车轮被泥土所卡，只得掮车行走，不是人骑车，而是“车骑人”，让人疲惫不堪。其时，机动车辆更是无法通行。

进入70年代，农村生产大队有了中型拖拉机，生产队配备了人力拖车，有的添置了手扶拖拉机，过去的道路已不适应农机通行和车辆运输，于是各大队、各生产队开始加宽农村道路。至1975年，王秀境内新筑农路（时称拖拉机路）32条，路宽普遍在2.5米左右，少数路段宽3米，中型拖拉机可通往各生产队。1976年后，有的社队办企业开始添置运输卡车和载客面包车，为使农村道路适应机动车辆发展需要，农村各大队开始加宽筑高老路基，其时修筑的道路路宽普遍在3米左右，有的路段筑至4米。

80年代起，农村经济加快发展，促进了农路建设，新筑道路增多，老路加宽延伸，路面逐步硬化。1983年，筑成王秀至伍胥、王秀至草庙2条简易公路，全长8.5千米，次年又对部分路段进行拓宽并铺筑砂石路面硬化。1985年，对建华村、建民村的2条村级道路进行硬化。同年，白荡、杨漕、草庙等村积极筹措资金，动工修筑村级主干道，年内完成路基工程。1986年，实施湘王公路1500米拓宽基础工程，次年铺筑黑色路面。1987年，为方便村民生产生活，实施农村道路互通工程，打通村际断头路，沟通跨村区间路，年内接通杨漕至草庙、伍胥至包桥的砂石路。至此，王秀境内基本达到村村通汽车。

1989年，针对农村道路破损、坑潭多、积水深、影响交通安全的情况，全面实施农村道路修复工程。是年，修复镇区至伍胥村主干道2.3千米和镇区至南杨小学主干道3.2千米，对路面进行填坑补平，加固压实砂石层面。1991年，又修复了南杨小学至杨漕村委会砂石路700米。同年起，组织力量，

投入资金，每年对乡级主干道进行日常维修。

1994年，加大资金投入力度，开始对农村主干道进行提档升级，是年完成孙桥至白荡、孙桥至孟河2条镇级主干道水泥混凝土路面的铺筑工程，由此实现了农村道路水泥混凝土路面零的突破。

1996年前后，采取镇拨一点、村出一点、企业捐一点的办法筹措资金，加快农村道路修筑，先后修筑了杨漕至草庙、杨漕至建民、孟河至蒋家浜、白荡至杨漕、孟河至包桥等镇、村级主干道36条，总长25千米。

至1998年，王秀境内共筑有湘王路、建包路、伍鹿路（王秀段）、建王路、建南路、草王路等镇级主干道6条，路宽普遍在4米以上，总长17.9千米；有村委会所在地通往各村民小组的主干道及村民小组之间的区间道路141条，路宽普遍为3米左右，总长86.3千米。全镇农村道路硬化率达90%以上，其中水泥混凝土路面硬化率达70%。村民出行基本不踏泥路，各类机动车辆可通达各村民小组。（王秀镇级主干道情况详见第五篇第一章第一节第二目“镇道”）

第三节　农桥建设

王秀属江南水乡，旧时桥、堰众多，大多为人行便桥，有的地方无钱架桥，便筑堰坝。50年代初，境内有农村桥梁（堰）220余座（条），大多是竹木桥，极少数为石板桥，只通行人，不通汽车。农业合作化时期，为满足农业生产所需，曾对一部分老化破损的桥梁进行修缮加固，对一部分阻塞河道、影响排涝的堰坝拆坝架桥。

1966年王秀人民公社成立后，开始有计划地修建农桥，但限于资金不足，农桥以改造为主，新建农桥极少。其时，修建的农桥还是较窄，大部分属于无钢筋的木石桥或砖石拱桥，只限于行人或人力拖车通行，俗称种田桥。进入70年代，农村有了拖拉机等机动车辆，各大队开始拆除人行便桥，建造能够承载拖拉机通行的农桥，时称拖拉机桥。至70年代末，农村各大队先后拆除人行便桥、建造拖拉机桥32座，中型拖拉机能通行至各生产队。

80年代，随着经济社会快速发展，农村机动车辆增多，为适应交通运输需要，进一步加快农桥改造。其时，农村水上运输船只逐步消失，大部分依靠陆路运输，且载重运输卡车增多，故新建或改造的农村桥梁高度降低，荷载等级增高。至80年代末，全乡新增主干道桥梁13座。

90年代，农村主干道不断加宽延伸，新建桥梁增多。同时，为满足村民生产生活所需，加快危桥改造，兴建钢筋混凝土平桥。1990年，先后翻建建民村的小石塘桥、草庙村的草庙桥、伍胥村的加工厂桥（苍河浜桥）。1991年，改造王秀至杨漕、王秀至伍胥镇级主干道危险桥梁5座。1994年，建造孟河村的双纲河桥、孙桥村的新孙桥。1997年，拆除建民村危险桥梁莳泾桥并建造新桥。

至1998年，王秀境内有县道沙鹿公路桥梁2座；镇村道桥梁60余座，其中重点桥梁31座。原来桥面窄、荷载等级低的桥梁绝大多数已翻建为钢筋混凝土平桥，载重普遍在10吨以上。（王秀境内县道桥梁及镇村道重点桥梁详见第五篇第一章第二节“桥梁”）

第三章　供电　供水

第一节　供　电

1973年以前，王秀境内无高压电力线路。农村农田灌溉、稻麦脱粒用机械动力，夜间照明用煤油灯。市镇上少数单位有自发电设备，供居民生产生活之用。1973年11月，公社成立办电工程领导小组，由公社分管领导陈凤祥任组长，成员9人，负责实施全公社办电工程，即组织力量，调集器材，做好通电前的准备工作。

王秀办电工程分两批实施。1973年11月开始，实施第一批办电工程，办电单位有湘里、长浜、王秀、孙桥、孟河、包桥、伍胥等7个大队，至1974年6月4日工程结束。其间，完成电力灌溉工程，共建造电灌站22座，修筑渠道总长6.5千米；安装配电变压器7台，总容量555千伏安；埋竖高压电杆94根，架设高压线路8.78千米；埋竖低压电杆716根，架设低压线路25条，总长27.18千米。1974年6月2日，湘里大队首先通电，之后至中旬，首批7个大队相继通电。与此同时，市镇办电工程同步进行，安装市镇配电变压器1台，容量75千伏安；埋竖高压电杆14根，架设高压线路1.19千米；埋竖低压电杆44根，架设低压线路8条，总长1.83千米。1974年8月开始筹办，同年9月30日工程结束并全部通电。

1974年4月至1975年5月，实施第二批办电工程，办电单位有建华、建民、草庙、杨漕、南港、白荡等6个大队。其间，共建造电灌站15座，安装配电变压器8台，总容量546千伏安；埋竖高压电杆92根，架设高压线路8.69千米；埋竖低压电杆1242根，架设低压线路24条，总长47.29千米。1975年6月1日，第二批单位通电。1973年11月至1975年6月，全公社两批办电工程，共投资36万元，资金由公社和各大队共同筹集。从此，王秀公社全部大队通上了高压电，经配电变压器降压后，各村、各企事业单位普遍有了动力用电和照明用电，结束了境内不通高压电的历史，实现了社会进步的一大飞跃。

1976年后，随着工农业生产的发展，用电需求量增加，王秀电网逐步拓展，配电设施不断完善。至1982年，全公社拥有高压电力线路18.86千米，低压电力线路130.94千米；拥有配电变压器22台，总容量2211千伏安，其中，用于农业的16台1176千伏安，用于工业的6台1035千伏安；拥有农业用电动机1350千瓦，工业用电动机1947千瓦；全年供电量353万千瓦·时，用电量308万千瓦·时，其中，农业用电150万千瓦·时，工业用电158万千瓦·时。

1985年起，开始对农村低压电网进行改造，重点是更换电杆，将通电初期使用的部分木杆或“石条绑木杆”电杆换为混凝土水泥杆；更换电线，将原来16平方毫米的电线换为25平方毫米及以上的电线。同时，增添配电变压器等设施。线路得到改造，供电能力增强。1986年，供电部门在电源紧张的情况下，合理安排工农业用电和群众生活用电，保障生产正常运转和群众生活需要，全乡用电量674万千瓦·时，1987年增至693万千瓦·时。1988年12月，经太仓县供电局验收合格，杨漕、孟河等2个村成为用电标准化村。1989年12月，又有孙桥、王秀、南港、白荡等4个村跨入用电标准村行列。是年，全乡用电量达912万千瓦·时。

1990年后，工业企业不断发展，家用电器快速普及，为满足全社会用电需求，供电部门进一步加快农网改造，增粗低压线路电线，增添变压器或扩大变压器容量。通过电网增容改造，供电能力增强，质量提高，改变了以前部分线路"电压不稳，电机启不动、照明日光灯启不亮"的现象。至1998年，全镇拥有10千伏高压输电线路23千米，400伏低压输电线路230千米；拥有配电变压器52台，总容量5260千伏安，市镇公用变压器从办电初期的1台75千伏安发展至3台1135千伏安（包括镇办企业），其中1号变压器500千伏安、2号320千伏安、3号315千伏安。是年，全镇用电量8975万千瓦·时，其中工业用电7651万千瓦·时，农业用电285万千瓦·时，村（居）民家庭用电1039万千瓦·时。

第二节　供　水

1975年以前，市镇居民和各单位职工饮用河水和浅井水。之后，因工业生产所需，市镇上有关工厂开掘深井，开始改用深井水。1980年，镇区有100米以上深井2眼，每小时供水100吨，大部分单位职工饮用深井自来水。

1983年，为利用工厂深井水源，改善居民饮水条件，由公社（乡）、村镇建设办公室牵头协调，开始在镇区埋设自来水管道，一部分市镇居民用上了深井自来水。此后，随着工业企业发展，企业职工增多，为满足生产和生活用水需要，逐步增加深井，扩大水源，提高供水能力。同时，利用市镇街道延伸拓宽的机会，拓展自来水管网，提高镇区自来水供水覆盖面。

1990年，开始统一规划并实施自来水供水工程。1991年，成立王秀自来水厂。同年，乡政府投资，钻深井4口，埋设自来水主管道，镇区自来水开始向周边农户延伸拓展。

1992年起，乡自来水厂采取"农户出资一点、厂村集资一点、财政贴资一点、申请贷款一点"的办法，积极筹措资金，加快推进自来水工程。1993年，镇区自来水管道实现全覆盖，市镇居民普遍用上了深井自来水。

1994年，结合修筑农村道路，加快埋设农村自来水主管道，不断延伸支管道并接通农户。是年，农村自来水入户率达80%。1995年起，继续做好农村自来水扩覆工作，管网向偏远、分散、零星的农户拓展，以扩大农户受益面。同时，针对用户增多、末梢农户水压不足的情况，对部分区域管段进行改造，加粗主管道，以提高供水质量。1996年，镇自来水厂有供水水源深井6眼：镇自来水厂所在地深井和太仓利怡棉纺厂深井（棉纺厂所有，自来水厂管理），主要供应镇区；湘里深井，主要供应湘里村、王秀村、长浜村、包桥村（部分区域）；白荡深井，主要供应白荡村、孙桥村；伍胥深井，主要供应伍胥村、建华村、孟河村、包桥村（部分区域）；建民深井，主要供应建民村、杨漕村、草庙村、南港村。

1998年，全镇自来水入户率达90%，全年供水量200万吨。

第四章　建筑业

第一节　建筑队伍

一、建筑企业

王秀建筑企业有1个，即王秀建筑公司，其前身为王秀建筑工程队。工程队成立于1967年12月，其时有41名建筑工人，负责人郎祖元，技术员周富仁，会计张熙明。始建时，工程队集体未购置设备，由建筑工人自带木工、泥瓦工施工工具。劳动工资按多劳多得的原则，日清月结，每月发放。

1970年后，工程队逐年积累资金，购置设备，发展业务，壮大队伍。业务主要为承接上海、苏州等地的厂房和本地农宅建造。同时，为发展实业，创办预制场，生产水泥预制产品。开办小工厂（车间），生产加工塑料产品。1975年前后，工程队有职工102人（包括临时工）。1980年后，随着经济的发展，集体建筑工程和农户建房增多，为此，工程队扩大队伍，增添设备，成立乡建筑工程队总队，由彭耀泉任总队长。

1985年，为适应建筑业发展形势，乡建筑工程队总队升格成立乡建筑公司，为乡办集体企业，由彭耀泉任乡建筑公司经理。公司设于现秀东路南侧、王秀村4组境内，有职工52人。为承接建筑工程需要，公司购置电动机械施工设备，主要有井架卷扬机3台、搅和机3台、振动机5台、砂浆机4台、打夯机2台、磨石机2台、锯板机3台、刨板机2台。公司成立后，主要承接当地各企事业单位建筑工程，也曾外出承包建筑工程。

1990年后，境内工业企业发展加快，厂房等建筑工程增多。为树立形象，扩大业务，公司进一步重视技术质量、安全生产、工程预决算等方面的管理，赢得了良好的信誉，承接工程众多，取得了较好的经济效益和社会效益。1996年后，建筑市场放开，外地建筑队伍和当地个体建筑队参与竞争，集体建筑企业的竞争优势逐步减弱。1998年后，公司转换经营机制，改制为私营企业，由赵瑞林任建筑公司经理。

二、个体建筑队

民国时期，农村建筑工匠主要有泥瓦匠、木匠、草作匠、石匠等，大多为师带徒出门（意为出去打工）修建房屋或承接其他建筑工程。

中华人民共和国成立后，曾把农村工匠（除建筑工匠外，还有漆匠、缝纫工等）组织起来，以互助合作形式承接生意，后因业务不足且分配关系难以理顺而解散。60年代，农村工匠仍为师傅带徒弟承揽生意，出门打工。

70年代，突出“以粮为纲”，农村劳动力不得擅自从事非农生产，青年农民学工匠手艺，须征得生产队及大队同意。工匠农闲时出门打工，夏秋收种大忙季节必须回生产队务农。为便于管理，农村有的大队把工匠组织起来，成立副业队（或副业组）。工匠有工时务工，无工时种田。务工的工钱先上缴副业队，由副业队提取管理费后再转工匠所在生产队，工匠得在队同等劳动力工分，年终参加生产队分配。也有少数工匠将务工收入拿出一部分向生产队交积累，留一部分自用。

1978年改革开放后，打破单一农业经济，鼓励多种经营生产，允许农村工匠个体经营，勤劳致富。1983年实行家庭联产承包后，农民收入提高，农村平房翻建为楼房的农户逐年增多。由于建造楼房用工多且涉及多类工匠，过去单打独斗、势单力孤的工匠难以完成施工任务，于是农村工匠自行组织起来，组成匠人帮，每个帮都有一个“作头师傅”（负责人），由作头师傅承接农户建房工程，并安排人员，组织施工。其时，由于建房户多，用工量大，故中青年学工匠的增多，尤其是学泥瓦匠手艺的更多。1986年前后，王秀全乡有建筑工匠帮33个（主要为泥瓦匠、木匠、漆匠帮），每个村都有2~3个，共有工匠230人。

1988年，乡建设管理部门加强对农村工匠的管理，对农房施工质量和施工安全提出更高要求。为适应建筑业发展的需要，农村工匠由作头师傅牵头，组成个体建筑队，由建筑队出面承接工程，管理工匠，组织施工，负责质量和安全。是年，全乡通过培训、准予承接建房工程的个体建筑队有15个，有工匠260人。1989年前后，农房由平房翻建为楼房进入高峰期，全乡每年建造楼房的农户均有300户以上，农村个体建筑队为加快农房建设发挥了重要作用。

1991年后，农户翻建楼房逐年减少，1993年起进入扫尾阶段，每年建房户不足百户，农村个体建筑队遂因建房户少、工程量不足而减少。1994年，全镇有个体建筑队7个，有工匠120人。1995年起，随着民营经济和社会事业的加快发展，境内建厂房、造桥梁、修道路、筑驳岸等工程项目增多，个体建筑业再度兴起，且分工开始细化，有房屋修建、彩钢棚搭建、道路桥梁修筑和建筑安装及土石方施工等，施工的组织化程度和专业化水平不断提高。1997年，加强建筑市场管理，对不具备从业条件的个体建筑队进行清理，对团队凝聚力强、施工设备全、质量信誉好、群众评价高的个体建筑队核发相关证书，准予承接工程。此后，个体建筑队注册登记的名称也因经营范围不同而有所区别，有的为建筑工程队，有的为土石方施工队，有的称建筑装潢服务部。1998年，全镇有个体建筑队9个，有工匠162人。

第二节　建筑施工

50年代及以前，农民普遍居住低矮的平房，且大多是草房。因收入水平低，盖不起新房，只能修修补补，能挡风遮雨即可。修缮房屋由草作匠带作刀、削刀等工具，用竹子、芦编、稻麦草等材料修房墙，盖屋顶。草房瓦房混建的农户，修房时也请泥瓦匠修墙粉刷，修整瓦楞防漏。

60年代起，农民住宅和集体单位用房普遍翻建为平瓦房。但60年代前期建造的平瓦房，普遍开间小，为“五路头”房子。木工用柱贴做支撑，圆木桁条，栗树棍或毛竹梢做椽子，椽子上面用芦编铺面，上盖土制小瓦。芦编向下的一面用石灰纸筋粉刷，再用石灰水浆白，此工艺俗称“反托”。这样，屋面上的灰尘不会脱落，屋内显得整洁。但限于当时经济条件，只有少数人家粉刷“反托”。其时大多为单墙，用泥土黏合，垒砖叠砌，墙体用石灰纸筋粉刷。

60年代后期至70年代，单位和个人新建的房屋面积扩大，单位普遍建“九路头”房屋，农民普遍建“七路头”房屋，有的人家还加建走廊，屋面质量也大为提高。建这种农房大多不用柱贴，间与间之间砌山墙，用黏土八五砖两侧一扁或三侧一扁砌成（俗称“包墙”“空兜墙”），桁条搁置在山墙上。屋面普遍用杉木枝（一锯为二，半圆形）或方木料做椽子，上铺望砖。望砖铺前染黑，砖边用石灰水刮刷白条，这样的望砖铺成后称“青砖白缝”。望砖上面再铺土制小瓦，密叠加厚瓦层，这样的屋面较为牢固，抗风防雨性能好。

80年代，集体单位建造高大的厂房和公共事业用房，一般都由技术装备较好的建筑公司建造，房屋墙体大多实砌，现浇水泥混凝土立柱和圈梁（俗称“拉箍头”），但钢筋混凝土框架结构和现浇楼板的房屋较少。因集体建造的房屋需用大量水泥混凝土，故使用搅拌机、振动机、卷扬机等设备，机械化施工。农户建房普遍翻建两层楼房，大多数建房户邀请农村工匠建造。房屋基础施工过程中，开挖夯沟，三合土夯实，加宽基础墙体，以增加承重。楼房上下层之间的墙体加砌圈梁，圈梁大多用2~3根6毫米钢筋埋设，用八五砖加水泥砂浆砌成。楼面用水泥混凝土空心楼板。屋面用圆木、椽子搭建，铺设土制望砖和小瓦。限于当时经济条件，为了节约建房资金，农宅施工仍以人工为主，建筑材料由人工挑运，楼板由壮劳力小工（非匠人的辅助工称“小工”）四人从斜桥（用毛竹、竹编搭建）上扛上去，或由工匠在上面用绳子拉，由小工在下面用木棍顶，上下协同配合施工，当时这种人工铺设楼板的场景随处可见。

90年代，无论是集体单位建房还是个人住宅，都追求结构牢固，抗震性强，房型既美观又适用，故建筑施工逐年改进，至90年代中后期大为改进。房屋基础改砖垒基础为现浇承重地梁，所有墙体改由泥土黏合砖砌空兜墙为由水泥灰砂砖砌实垒墙，房屋“腰箍”改拉钢筋水泥砂浆砖砌为钢筋混凝土现浇。有的建房户不再使用水泥预制楼板，采用现浇钢筋混凝土楼面，浇楼面施工时，采用木板模板，用方块木条钉搭固定，以杉木支撑。建造房屋屋面不再使用椽子，也不用土制望砖、小瓦，而是在圆木桁条上直接用木板搭铺，然后用油毛毡铺设，再钉挂瓦条，最后用琉璃瓦铺盖屋面。其时，承建施工队均备有搅拌机、振动机、打磨机、钢筋弯曲机和吊臂卷扬机或井架塔吊等。木工基本淘汰锯子、斧子、凿子、推刨、牵钻等手动工具，普遍使用电锯、电刨等电动工具，大大提高了作业效率。

第三节　建筑管理

80年代及以前，公社设兼管干部负责宅基地审批。农房建设一般由农村工匠施工，施工质量和安全管理，以泥瓦工、木工等各个工匠帮自主管理和房主监督为主。

1983年，乡村镇建设办公室成立，负责宅基地和农村建筑工匠管理。1984年，全乡登记农村建筑业“作头师傅”26人、工匠187人。对工匠进行施工技术和安全培训，对“作头师傅”进行审核，通过后准予承接工程。施工期间，对建筑工地进行监督检查，待工程结束后再进行验收。

1988年，为确保农房建设质量和安全施工，对农村建筑工匠帮进行清理整顿，凡缺乏技术力量、质量与安全无法保障的工匠帮，不予承接工程。在此基础上，协助“作头师傅”组建个体建筑队，配好施工设备，以提高建筑队伍的组织化程度和专业化水平。1989年，曾先后3次对建筑工地进行大检查，共查出质量问题和事故隐患37个，并全部予以整改。

1990年，为加强农村建筑市场管理，乡政府明确各村村主任为农房建设管理小组组长，协助村镇建设办公室做好禁止违章建筑、检查施工质量、防范事故隐患等工作。1992年，吸取外地农房建设出现事故的教训，乡、村抽调人员成立农房安全施工检查组，先后对全乡100余户农宅在建户进行检查，重点检查空兜墙改为实砌墙、脚手架固定、起重吊臂和塔吊井架安装、电动设备使用安全等情况，对发现的安全隐患，立即采取措施消除。1994年，对农村个体建筑队负责人进行培训，经考查合格，给予核发个体建筑相关证书，具备从业资格的许可承接工程。同时，对个体建筑队负责人进行评比，对建房质量好、工程进度快、建房户满意的个体建筑队负责人给予表扬。

1996年，建设管理机构调整，成立王秀镇建设管理所（简称“镇建管所”），此后全镇的规划建设与管理由镇建管所负责。1997年，民营企业厂房工程和镇、村社会事业实事工程增多，社会上出现不正当竞争行为。对此，镇建管所及时对建筑市场进行整顿，并做出相关规定：施工队承包工程必须持有营业执照；工程承包后不得层层转包；对工程必须进行预算和决算，超预算施工须经业主认定；承包人不得拖欠工人工资。1998年，对个体建筑队从业资格实行动态管理，对不具备施工条件的建筑工程队给予取消承接工程资格处理，以确保建筑市场健康发展。

第五章　管理机构

第一节　建设管理所

1966年王秀人民公社成立后，设兼管干部1人，负责村镇房屋建筑管理及农村宅基地审批工作。1975年，公社成立建筑管理站，负责全公社建筑管理及农村工匠管理，先后由王福兴、周耀明负责。

1983年7月，乡镇体制改革，成立王秀乡村镇建设办公室，负责村镇规划建设和宅基地审批及农村建筑工匠管理等工作，由王福兴任办公室主任，1984年12月由蔡永兴接任主任。

1993年10月，镇政府将村镇建设办公室、土地管理所、房地产开发公司合并，成立“三位一体”管理机构：王秀镇土地建设管理所。所长蔡永兴，副所长曹惠明、彭耀泉。

1996年，村镇建设办公室与土地管理所分设。村镇建设办公室更名为王秀镇建设管理所，王秀房地产开发公司归建管所管理。镇建管所主要职能：宣传执行上级有关建设管理的法律、法规和规范性文件；组织并参与村镇规划的编制、论证、报批及实施规划建设项目的相关手续；负责全镇职业技能培训和职业技能鉴定的组织实施工作；负责各类市政、绿化等设施的日常维护管理，收缴村镇规划建设管理的相关规费；协助查处建筑、市政、安装、拆房等方面的违法违章行为等。

1998年，镇建管所位于永安路南端西侧，与土地、劳动、农业、工商等部门合用一幢楼房，楼面开间5间，高3层，建管所设于二楼。有工作人员3人，另有借用人员4人，负责人曹惠明。同年11月，镇建管所随镇区划调整并入璜泾镇建管所。

第二节　电力管理站

1973年，王秀人民公社成立办电工程领导小组，由公社分管领导陈凤祥任组长，成员为孙幼良、陆富庭、闵金元、施祖兴、倪增元、张叔华、董茂生、沈永兴、高世良等9人。领导小组主要负责电力线路架设、配电设施安装等通电前的筹备工作。

1975年6月，由于人事变动，对公社办电工程领导小组组成人员进行调整，调整以后由公社分管领导陆富庭任组长，成员为孙幼良、施祖兴、倪增元、张叔华、沈永兴、高世良、季雪林等7人。

1976年11月16日，王秀用电管理站（简称“用电站”）成立，为公社专业用电管理机构，业务上受太仓县供电局管理。位于永安路39号（现王秀加油站北侧），与王秀农机站合用平房3间，建筑面积102平方米。站内职工4人，站长施祖兴。全公社配有电工212人，其中，农村各大队主电工13人、辅助电工44人，各生产队经培训的赤脚电工153人，市镇电工2人。用电站成立后，主要负责全公社电力工程实施和用电管理。

1979年7月，用电站搬迁至钱泾塘西岸、长浜村1组（现王秀村24组）境内，占地1292平方米，有办公用房平房5间，建筑面积160平方米。1982年，根据电力事业发展需要，用电站站内职工增至8人，用电管理力量得到加强。同年10月，新建办公用房80平方米以及1号公用变压器配电用房30平方米。同年，在太仓县农电安全百日无事故竞赛活动中，用电站获优胜奖。1984年3月，又先后被太仓县供电局、太仓县三电（安全用电、计划用电、节约用电）办公室评为农电安全和计划用电先进单位。

1984年8月，根据太仓县供电局、太仓县三电办公室文件精神，王秀用电管理站更名为王秀电力管理站（简称“电力站”），主要负责全乡安全用电、计划用电、节约用电和用电设施配套、日常检修等工作。

1985年3月，改造办公用房，改平房为2层楼房，建筑面积320平方米，同时建造职工食堂70平方米，建造石驳岸25米，所有工程于同年7月竣工启用。7月，购买6137型75千伏安南通产柴油发电机组1台（套），于26日安装接线，此后若市镇停电，可随时投运发电。

1987年2月20日，电力站被苏州市供电局评为1986年度农电工作一等奖。1988年11月，在太仓液压元件厂内新建发电机房和配电房90平方米。1989年，购买武汉内燃机厂生产的6160Z－3型160千伏安柴油发电机组1台（套），于同年8月24日安装接线，若遇外供线路停电，可随时启用自发电，以供有关单位应急用电。

1989年，在原来2层办公楼的基础上加盖1层楼房，新增建筑面积160平方米。1994年后，电力设施安装、检修逐步转向社会化服务，由专业工程队承办，农村电工除一部分保留外，其他有的转至单位从业，有的重新择业。1998年，电力站占地面积2600平方米，建筑面积800平方米；站内职工8人，农村电工13人。

1976~1998年历任站长：施祖兴（1976.11~1987.2）、胡永泉（1987.2~1998.11）。

第三节　自来水厂

1990年，为统一规划、统一实施全乡自来水供水工程，开始筹建自来水厂，筹建负责人周锦球。1991年5月，正式成立王秀自来水厂，有职工4人。

1991年，由乡政府投资，水厂钻深井4口，铺设镇区主管道，扩大供水范围。同年，水厂管理任务加重，新增职工3人。1994年后，加快推进农村自来水工程，各村主管道和接通农户的支管道相继竣工，农村自来水入户率不断提高。1996年后，自来水厂重点做好管网维修和水费抄收工作。其时，自来水厂有供水水源深井6眼，分布于自来水厂所在地、太仓利怡棉纺厂（棉纺厂所有，自来水厂管理）、湘里村、白荡村、伍胥村、建民村。

1998年，有职工6人。厂址位于勇和路南侧、钱泾塘西岸、长浜村1组（现王秀村24组）境内。有6上6下楼房1幢，为办公和其他用房，建筑面积380平方米。同年11月，王秀自来水厂并入璜泾自来水厂。

1991~1998年历任王秀自来水厂厂长：周锦球（1991.5~1996.2）、徐忠元（1996.2~1997.2）、胡永泉［1997.2~1997.10（王秀电力管理站站长兼）］、苏建刚（1997.10~1998.11）。

第五篇 交通 邮电 广电

王秀地处太仓西北部，中华人民共和国成立前交通落后，运输困难，水上运输河狭水浅弯道多，陆上运输泥路小道桥堰多。水陆运输工具简陋，上街购销货物要靠人力肩挑或用简陋的牛头车运载，水上仅靠寥寥无几的小划子船及手摇木船。中华人民共和国成立后，重视交通基础设施建设，水陆交通条件逐步得到改善。1966年王秀人民公社成立后，境内道路不断拓宽延伸并硬化，过去的乡村土路逐步修筑成砂石路面，后又变为水泥混凝土路面或沥青路面。交通桥梁逐步翻建，过去的人行桥（堰）变成荷载能力强的钢筋混凝土平桥。同时，结合兴修水利，疏浚航道，内河通航能力增强。

中华人民共和国成立后，境内邮电机构历经璜泾邮电所王秀代办所、王秀邮电所、太仓县邮电局王秀邮电支局的变化。邮政业务不断拓展，业务量逐步增加。改革开放后，邮政主营信函和包裹邮递、邮政储蓄、报刊发行、特快专递、汇兑、集邮等业务。1998年，王秀境内年邮件进出量达3.5万件，进出汇兑分别有1200笔和3000笔，邮政储蓄累计吸储100余万元，报刊收订流转额有10余万元。电信设备不断更新换代，电话交换由人工转接转向全自动直拨，电话装机由党政机关发展到各企事业单位，后又普及到每家每户，电话联系从过去的难打难通实现随时随地可打、一拨即通。1998年，全镇村村实现电话村标准，电话装机用户3100余户。

境内有线广播创办于50年代末，发展于60年代，普及于70年代。至80年代初，全公社广播喇叭入户率和通响率均达92%以上。80年代中期起，王秀集镇架设闭路电视网络，开始发展闭路电视用户。1998年，太仓有线电视光缆通至王秀，与王秀有线电视联网，实现由有线广播向有线电视的发展。

第一章　交　通

第一节　公　路

一、县道

境内有太仓县道1条，即沙鹿公路。自沙溪经归庄、王秀，到璜泾，终点鹿河，全长19.5千米。沙鹿公路王秀段（在湘里村境内）长2千米。中华人民共和国成立前，曾筑土路基及临时木桥，未铺路面，不通汽车。后路基渐废。1966年4月，沙溪到璜泾段筑成通车。同年10月，沙鹿公路全线通行客运班车。当时路基宽8.5米，泥结碎石路面宽3.5米。1996年，按二级公路标准进行道路改造，路基宽18米，水泥混凝土路面。现为沥青路面，双向2车道。沙鹿公路是出入王秀的主要通道，经沙鹿公路可到达太仓内外各地。

二、镇道

1966年王秀人民公社成立后，为适应经济社会发展需要，农村道路不断拓展，路面加宽并硬化。1998年，王秀境内共筑有道路147条，总长104.2千米，机动车辆可通达各村、各村民小组。其中镇级交通主干道6条，总长17.9千米。

湘王路　原名王秀公路，位于王秀集镇东部，是湘里村通往王秀村至王秀镇区的道路，故名湘王路。东西走向，东起沙鹿公路，西接王秀镇区鼎隆街，长1.5千米。1976年10月筑成泥结碎石路面，宽3.5米。1978年道路上重点桥梁湘里大桥竣工后，于1979年5月正式开通客运班车。以后，此路曾多次修筑，加宽至10米，沥青路面，属三级公路。2006年在地名修正时，将路分两段命名，东段沙鹿公路至长秀路称湘王路，西段长秀路至永安路称秀东路。

建包路　位于王秀镇北部，是建华村通往包桥村的道路，故名建包路。90年代修筑，先筑砂石路面，后浇筑水泥路面。东西走向，东起包长路，西至建华村与建民村界，长3千米，宽4.5米，属四级公路。

伍鹿路（王秀段）　位于王秀镇北部，是伍胥村通往鹿河境内的道路，故名伍鹿路。90年代修筑，先筑砂石路面，后浇筑水泥路面，并将王秀段、鹿河段道路贯通。道路南北走向，南起建包路，北至鹿河境内的沙鹿公路，全长2.8千米，宽4米，属四级公路。伍鹿路王秀段在伍胥村境内，长1.9千米。

建王路　位于王秀镇北部，是建华村通往王秀集镇的道路，故名建王路。1982年始筑，为砂石路面，后分段加宽，并浇筑水泥路面。连接伍胥村，跨孟河村、孙桥村，到达王秀镇区。道路南北走向，南起王秀镇区永安路新孙桥，北至建包路，长2.3千米，宽4米，属四级公路。

建南路　位于王秀镇西北部建民村境内，是建民村通往南港村的道路，故名建南路。1985年始筑，先筑砂石路面，后浇筑水泥路面。南北走向，南起草王路，北至建民村与鹿河镇界（连接鹿河境内的雅飞路），长3千米，宽4米，属四级公路。

草王路　位于王秀镇西部，是草庙村通往王秀集镇的道路，故名草王路。1982年始筑，为砂石路面，后分段加宽，并浇筑水泥路面。跨草庙、杨漕、南港、白荡、孙桥等村，至王秀镇区。道路东端从王秀镇区永安路起，向西至杨漕村南部，再向北至草庙村杨家湾，全长6.2千米，宽4米，属四级公路。

第二节　桥　梁

一、县道桥梁

1966年，太仓县道沙鹿公路建成通车，其王秀段（湘里村境内）有桥梁2座，至1998年无变化。

湘里桥　桥北临湘里泾，以河取名为湘里桥。位于王秀镇与归庄镇交界处，跨封张塘，东西走向，东连王秀湘里村，西接归庄苏巷村。桥长28.8米，宽17.6米，荷载为汽-20、挂-100，钢筋混凝土平桥，上部空心板梁，下部桩柱式墩台。1966年通车后，曾多次翻建，1997年重建。

石头塘桥　因跨石头塘，故名石头塘桥。位于湘里村8组（现王秀村19组），为沙鹿公路重点桥梁，东西走向。桥长42.6米，宽18米，荷载汽-20、挂-100，钢筋混凝土拱桥，上部空心板梁，下部桩柱式墩台。1966年建桥通车后，曾多次翻建，1998年重建。

二、镇村道桥梁

1966年王秀人民公社成立后，随着经济社会的发展，农村道路不断拓展延伸，桥梁随之增多，且桥梁随道路不断拓宽而多次翻建加宽，荷载能力增强。1998年，境内共有镇村道桥梁60余座，其中相对较长、荷载能力强的重点桥梁31座。

王秀桥　以王秀地名命名桥名。位于镇区湘王路（现秀东路），东西走向，跨钱泾塘，桥长25米，宽8米，载重10吨，钢筋混凝土结构。清代称鼎隆桥，为石级拱形桥。民国时期曾改建为石墩板面平桥。1966年王秀人民公社成立后建成水泥桥，1975重建，1985年加宽。

人民桥　寓意为“人民之桥人民建”。位于镇区永安路，跨杨益泾，南北走向，桥长25米，宽8米，钢筋混凝土平桥。1968年始建，90年代翻建。

长安桥　位于镇区长安路，桥以路取名。跨钱泾，东西走向，东连长安路，西接勇和路，桥长30米，宽6米，钢筋混凝土构造。90年代翻建。

北港桥　因跨北港河，故名北港桥，1990年建成并定名，沿用至今。位于镇区西北部孙桥村境内，跨北港河，东西走向，东连孙桥村4组，西接孙桥村6组，桥长8米，宽6米，载重10吨，钢筋混凝土构造。1990年建成，2012年翻建。

吴梁桥　“吴梁”谐音“五粮”，指五谷杂粮，起名吴梁桥，寓意为“五谷丰登，年年丰收”。位于镇区西南部王秀村境内，是附近村民出入王秀镇区的主要桥梁，跨杨益泾，南北走向，桥长40米，宽2.8米，钢筋混凝土平桥。90年代修建。

红旗浜桥　因跨红旗浜，桥以河命名，故名红旗浜桥。位于镇区南部王秀村境内，是1组、11组村民出入王秀镇区的主要桥梁，南北走向，桥长60米，宽2.8米，钢筋混凝土平桥。90年代修建。

湘里大桥　因跨湘里泾，故名湘里大桥。位于镇级主干道湘王路，东西走向，东靠沙鹿公路，是沙鹿公路进入王秀镇区的主要桥梁。桥长40米，宽8米，载重50吨，钢筋混凝土构造。1978年建成，1979年5月通公交客车，1986年改建，2008年向南稍移重建。

岸家桥　因建在西管泾河岸人家旁，故取名岸家桥。位于镇级主干道建包路包桥村境内，跨西管泾，东西走向，桥长22米，宽5米，载重10吨，为钢筋混凝土结构。1995年建成。

伍胥桥　因河边有伍胥庙，桥以庙定名，故名伍胥桥。位于镇级主干道建包路伍胥村1组（现孟河村37组）境内，跨钱泾塘，东西走向。桥长32米，宽5米，载重10吨，为钢筋混凝土桁架拱桥。1987年建成，2005年翻建。

华众桥　原称王裁缝桥，后在桥梁改造时改名，因建在建华村，惠及民众，故取名华众桥。位于镇级主干道建包路建华村6组境内，跨蛇浜塘，东西走向，桥长28米，宽6米，载重10吨，为钢筋混凝土平桥。1998年重建。

张安桥　张姓村民为出行安全建造此桥，故名张安桥，又名张寒桥。位于镇级主干道建包路建华村境内，跨大潭河，东西走向，东连建华村3组（现孟河村28组），西接建民村。桥长14米，宽4米，载重10吨，为钢筋混凝土桁架拱桥。2009年重建。

新孙桥　在老地名孙家坟桥建造新桥，取名新孙桥。位于镇级主干道建王路孙桥村境内，跨罗家塘，南北走向，桥长15米，宽8米，载重10吨，为钢筋混凝土平桥。1994年翻建，2005年重建。

双纲河桥　因跨双纲河，故名双纲河桥。位于镇级主干道建王路孟河村境内，南北走向，桥长18米，宽8米，钢筋混凝土平桥。1983年始建，1994年翻建。

张王二桥　因所在地有张姓、王姓人家，桥以张王二姓取名张王二桥。位于镇级主干道建王路孟河村3组境内，跨野浜，南北走向，桥长28米，宽5米，钢筋混凝土平桥。1970年始建，90年代翻建。

加工厂桥　因建在伍胥村粮饲加工厂旁，后在桥梁改造时取名加工厂桥。位于镇级主干道建王路伍胥村境内，跨苍河浜，亦称苍河浜桥，南北走向，桥长17米，宽6米，钢筋混凝土平桥。1990年翻建。

太平桥　寓意为“愿桥所在地两岸村民相安无事，吉祥安康”，故取名太平桥。位于镇级主干道草王路孙桥村7组境内，跨范娄，南北走向，桥长22米，宽6米，钢筋混凝土平桥。1983年始建，2009年翻建。

小石塘桥　因跨小石塘，桥以河命名。位于镇级主干道草王路南港村5组（现杨漕村29组）境内，南北走向，桥长24米，宽6米，载重35吨，钢筋混凝土平桥。60年代始建，原是一座石板小桥。1983年改建，1990年翻建，2008年重建。

东胜桥　抗日战争时期，桥所在地一带是苏南抗日游击根据地的重要活动区域，当地村民为取得抗日斗争胜利做出了积极贡献。在70年代建造桥梁时，采纳当地长者建议，取名东胜桥，桥名寓意为

“世界东方的中华民族永远走向胜利”。此桥位于镇级主干道草王路草庙村8组（现杨漕村19组）境内，跨双纲河，南北走向，桥长21米，宽5米，载重10吨，钢筋混凝土平桥。1978年始建，后多次翻建，2018年重建。

漕头塘桥　因跨漕头塘，故名漕头塘桥。位于湘里村东部，与璜泾镇交界，东西走向，桥长8米，宽4米，载重5吨，钢筋混凝土平桥。2015年重建。

马湾桥　因建在马家湾自然村落旁边，故名马湾桥。位于湘里村西部，跨石头塘，东西走向，桥长32米，宽3米，载重10吨，钢筋混凝土桁架拱桥。1980年建造，2007年翻建。

长浜桥　因跨长浜塘，故名长浜桥。位于长浜村境内，南北走向，桥长15米，宽4米，载重5吨，钢筋混凝土桁架拱桥。90年代修建。

杨益泾桥　因跨杨益泾，故名杨益泾桥。桥建在长秀路上，故又名长秀桥。位于王秀村村委会北，与长浜村交界，南北走向，南连王秀村4组，北接长浜村12组，桥长15米，宽4米，载重10吨。90年代建造。

西封张桥　因在封张塘西面，跨封张塘，故名西封张桥。位于王秀村，与常熟市何市镇交界，南北走向。原是人行桥，桥长6米，宽1.5米，后改建，桥长8米，宽4米，载重5吨，钢筋混凝土构造。80年代始建，2015年重建。

白水滩桥　因建在白水滩自然村落旁边，故名白水滩桥。位于王秀村村委会东北部，跨石头塘，南北走向，桥长32米，宽3米，载重10吨，钢筋混凝土桁架拱桥。1980年始建，1990年改建，2006年翻建。

朱郎中桥　以前桥边的朱姓郎中（民间医生）救人无数，人人尊敬，为纪念恩医，故取名朱郎中桥。1990年定名，沿用至今。位于孙桥村，南北走向，跨孙陆泾，南连孙桥村5组，北接白荡村13组（现孙桥村29组）。桥长20米，宽4米，载重15吨，为钢筋混凝土平桥。2013年翻建。

桂圆桥　寓意为“家庭团圆，生活幸福”，故名桂圆桥。1990年定名，沿用至今。位于孙桥村西南部，与白荡村为界，跨南港河，东西走向，桥长20米，宽4米，载重15吨，钢筋混凝土结构直板桥。1990建成，2011年重建。

都家桥　桥所在地河岸两边人家较多，因来往不便，多户人家共同参与建造人行便桥，起名“多家桥”，后在原址新建水泥桥，因“多”“都”谐音，“多”写成“都”，故又名都家桥。位于伍胥村3组（现孟河村39组），跨钱泾塘，东西走向，桥长32米，宽2.7米，载重10吨。1980年始建，2007年翻建。

大桥　位于建民村，跨小桥塘，为区别于小桥塘上另一座“小桥”桥名，故取名大桥。桥长22米，宽4米，载重10吨，钢筋混凝土结构。2009年翻建。

草庙桥　以草庙地名取名，位于草庙村，跨双纲河，东西走向，桥长18米，宽8米，载重10吨，钢筋混凝土平桥。2010年翻建。

南港二号桥　因跨南港，又为区别于建在南港上的另一条桥梁，故名南港二号桥。位于南港村5组、6组（现杨漕村29、30组）村道上，南北走向，桥长10米，宽4米，钢筋混凝土平桥。1990年始建，2012年翻建。

白荡桥　因跨白荡河，故名白荡桥。位于白荡村，东西走向，东连11组（现孙桥村27组），西接3组（现孙桥村19组）。桥长10米，宽3米，载重10吨，钢筋混凝土构造。70年代始建，2010年翻建。

第三节　航　道

中华人民共和国成立初期，境内河道普遍狭窄，河浅弯多，水运不便。1966年王秀人民公社成立后，结合兴修水利，改善航道条件。

1976年11月，疏浚钱泾，河道截弯取直，河底挖深，河面拓宽。钱泾王秀段南起杨益泾，北至伍胥村，长4.8千米，连通王秀境内杨益泾、石头塘、双纲河、野塘、迷泾、苍河浜、急水浜等河道，是王秀镇向北经鹿河、过钱泾闸、进入长江、通向长江各地港口码头的主要航道。同年冬，疏浚苍河浜，西连接新泾塘，东沟通钱泾，长445米。苍河浜是王秀北部地区的水运通道。

1976~1979年，公社组织劳力，先后分三段开挖双纲河。西从草庙大队与常熟交界的界河起，借助老河道草庙塘、莳泾桥塘、定心潭河，一直延伸至孟河大队的定心潭河口，东端连接钱泾，全长3.5千米，整条河道截弯取直。双纲河是王秀中部与外乡镇沟通的水运通道。

1977年，拓浚石头塘，石头塘王秀段西起钱泾，东至湘里大队4队，全长2.9千米，连通王秀境内湘里泾、邵家河等河道，出王秀境连接浪港、七浦塘、杨林塘、浏河塘等太仓境内主要河流，是王秀通向太仓县内外各地的主要航道。同年，实施罗家塘拓浚工程，拓浚后，罗家塘成为王秀中部地区连接钱泾、双纲河、直塘泾的水运通道。

1978年冬，疏浚急水浜，向西接通老新泾塘，向东通往钱泾，是伍胥大队东部生产队的主要水运通道。1979年春，草庙大队疏浚杨漕塘，包桥大队疏浚王圣泾，改善了内河水运条件。

80~90年代，交通运输以陆运为主，水运船只减少，疏通航道未大规模实施，只在部分河段小范围进行。1998年，王秀境内被列入航道管理的河道有钱泾、石头塘、杨益泾、封张塘等4条，总长15.2千米，其中钱泾、石头塘最大通航能力100吨，杨益泾20吨，封张塘10吨。境内未被列入航道管理的河道有湘里泾、罗家塘、双纲河、大潭河、直塘泾等56条，总长115.93千米，绝大多数河道能通过载重15吨的船只。

第四节　运　输

一、公交客运

1966年以前，境内无公交客运线路及车辆。1966年10月，太仓县道沙鹿公路全线竣工并通车。此后，境内有公交客运线路1条，始发站太仓汽车站，终点鹿河汽车站。此条客运线路王秀段在湘里村境内，设湘里站。1979年5月，王秀公路正式通客班车。此后，开通太仓直达王秀镇区的客运线路。公交车辆始发时间随季节更替略有变化，一般首班时间为早晨6时，末班时间为晚上6时30分。日发班次随地方经济社会发展、客运需求量增大而逐步增多。1985年，为解决王秀镇区因没有汽车站，乘客乘车不便，特别是雨天等车受淋的问题，政府投资5000元，由王秀村镇建设办公室和王秀交通管理所负责，建成王秀汽车站。1998年，王秀境内有公交客运线路2条，即太仓至鹿河，属过境线路，王秀境内设湘里村、石头塘等上下客站点2个；太仓至王秀，属直达线路，王秀境内设湘里村、王秀村、王秀镇汽车站等站点3个。2条线路日发班次28个，年运送旅客50万人次。

二、陆路货运

50~60年代，王秀境内都是乡村土路，路狭桥窄，交通不便。陆路货运只得靠人扛肩挑；少数人家有木制手推独轮车，用于运载少量物资和接送行走不便的老年人；还有极少数单位和个人有自行车，除用于代步外，还用作运输工具运送少量货物。

70年代起，随着乡村道路的拓宽，交通条件得到改善。1972年，农村各大队给手扶拖拉机配备挂车，开始用手扶拖拉机运输车运送货物。1973年，公社农机站2台中型拖拉机装备拖斗、挂车，兼搞运输。1975年后，有关社队企业经济条件好转，开始购置卡车和面包车。至1980年，全公社社队企业拥有运输车辆8辆，载重量18吨。1982年12月，成立王秀汽车运输队，承接货运业务。

1983年起，因社队企业货物运输需求大，境内机动车辆逐年增多。至1985年，王秀境内有卡车、中拖运输车35辆，总载重87.5吨；手扶拖拉机运输车5辆，总载重5吨。1986年起，农村道路延伸拓宽，机动车辆道路货运能力不断增强。至1990年，全乡有运输卡车39辆、中拖运输车15辆、手扶拖拉机运输车7辆，总载重180吨。其时，这些运输车辆承担境内陆路货运主要任务。车辆资产绝大多数为镇、村集体所有。

进入90年代，随着经济社会的发展，境内能源物资、生活用品、企业产品等流通加速，运输车辆增多。1996年前后，原属集体资产的车辆随乡镇企业产权制度改革转为私人所有。1998年，王秀境内拥有各类大小机动货运车辆137辆，年陆路货运量达25万吨。

三、水路航运

轮船航班　民国时期及中华人民共和国成立初期，王秀镇上有王秀至昆山的客轮航线1条，系隔日来回航班，即当天出发，次日回来。此外，有2处轮船乘坐站点，即往太仓的乘客要步行到王秀镇南部的龚家湾乘坐璜泾至太仓的航班客轮，往常熟的乘客要步行到白茆塘北大桥客站乘坐东张班客轮。1960年，太仓县航管局增设太（仓）鹿（河）班客轮航线，途经王秀，在王秀设有轮船码头。1966年10月，太仓到鹿河通了公共汽车，途经王秀，在湘里设有汽车站，方便了村民外出，从此王秀境内轮船客运停航。

社办轮队　1969年，王秀人民公社将有关大队、生产队的运输船只组织起来，组建王秀运输队。建办初期，有牵引机动轮1艘，柴油机14.7千瓦，拖驳10条，总吨位160吨，资产金额1.5万元。拖驳船只产权属原大队、生产队所有，经济结算按运费分成，运输队与船只所有权单位各得50%。运输队职工7人，队长何砚英。1976年，建造王秀1号牵引机动轮1艘，柴油机73.5千瓦，造价5.6万元。1977年，造王秀2号牵引机动轮1艘，柴油机29.4千瓦，造价3.4万元，配挂拖驳6条，价值5.2万元。至1980年，公社运输队有机动牵引轮队2个，总动力102.9千瓦，拖驳13条，总吨位302吨，年运输能力2.8万吨。有职工39人，固定资产原值14.65万元，净值9.81万元。1号轮队队长高保全，2号轮队队长张阿小。

进入90年代，境内道路建设加快，陆路运输便捷，全镇工农业生产物资、居民生活物资基本上都依靠公路运输；水路运输主要是黄砂、石子、钢筋、水泥、煤炭、木材等物资，而这些物资基本上都是由货源地区直接用当地船舶运输，王秀运输队逐渐因失去运输市场而停航。1998年，境内水路货运基本上都是外来船舶。

装卸队　王秀运输队附设装卸队。1967年成立搬运小组。1968年组成王秀装卸队，有职工28人。刚开始装卸队（组）的工具比较简单，常用的有扁担、杠棒、箩筐、绳索、髭篓、油桶夹等，业务主要是为商业部门搬运食盐包、食糖包、髭装黄酒、髭装酱油、桶装油料、木材、毛竹、水泥、化肥、农药等货物，还为工业企业搬运原辅材料。搬运工作体力消耗大，劳动强度高。1969年成立王秀运输队后，装卸队划归运输队管理。1970年后，装卸队添置运输车辆，大大改善搬运条件。1982年，装卸队有职工16人。1990年后，境内各单位机动车辆增多，货物大多由货主单位自行装卸，王秀装卸队搬运业务相对减少。1999年，装卸队因失去业务而解散，职工另行择业。1967~1999年历任装卸队队长（组长）：朱荣、顾祖德、朱宝兴、何小狗、潘荀。

农船货运　民国时期，农村有手摇木船，一般吨位3吨左右，主要运输粮棉等农副产品。另有划桨小木船，可载重250～400公斤，主要用于运输少量货物或接送客人。这些船只都是农民私人所有。农业合作化时期，私有农船作为生产资料大多折价归属农业生产合作社。1958年成立人民公社后，农船归生产队集体所有。60年代，农村有农船400余条，基本上每个生产队都有1~3条木船，主要用于出售粮棉、柴草或运送其他物资，还用于罱泥积肥。70年代，水泥农船大量发展，基本上代替了木船。有些生产队经济条件好，开始改人力手摇水泥农船为挂桨机动船（俗称“挂机船”），主要用于外出装运垃圾、大粪、氨水等，运回后用作农作物肥料。

1982年，全公社172个生产队共有农用木船56条，总吨位178吨；有农用水泥船386条，总吨位1823吨，其中农用挂桨机动船64条，总吨位714吨，为农村水上运输的重要工具。1983年实行家庭联产承包责任制后，集体船只折价出让给个人，有的破旧船只做淘汰处理。之后，农用船只因逐渐失去用途而逐年减少，1990年全乡农用水泥船减少至186条，总吨位619吨。90年代，随着农村道路的拓宽硬化和货运机动车辆的增多，水上货运逐步被陆路货运替代。至1998年，农船货运基本被淘汰，农用物资及农产品出售主要依靠车辆运输。

第五节　交通管理

一、道路管理

1966年10月，沙鹿公路建成通车，其王秀段由太仓县公路管理站璜泾道班管养施工。沙鹿公路当时是砂石路面，遭雨水冲刷、车轮碾压，路面容易破损，因此，公路管养道班主要工作是填潭坑，补砂石，压实路面，保持路面平整，确保车辆畅通无阻。

1976年，修筑王秀公路，建设资金由县、公社共同负担，道路养护由公社负责。1979年5月太仓到王秀公交线路开通后，王秀公路由太仓县公路管理站璜泾道班管养。

1980年后，农村道路开始延伸拓宽，市镇通往各村（大队）的主干道由镇（公社、乡）出资修筑并管理养护，其他农路由各村负责。公路路政管理由王秀交通管理所（站）负责。

1990年起，道路车流量增多，为确保车辆畅通无阻，交管部门加强路政巡查，发现道路障碍物和违章建筑及路牌设施损坏等，立即进行整治。1995年，太仓养护工区设置调整后，县级道路由市公路管理处工程队沙溪护养工区负责护养。

1996年起，加快农村交通主干道路面改造，改砂石路面为水泥混凝土路面，建设资金分级负担，分别由镇、村解决，村有困难的，镇给予酌情补助。

1998年，重视路容路貌管理，硬化镇级主干道和村级区间道路22千米，栽种行道树3300棵，新增道路绿化15千米。交管部门清除路边砖石、柴草等各种障碍物12处，拆除不规范公路标志牌、广告牌23块，查处道路控制区内建筑施工3起。

二、安全管理

1966~1968年，王秀境内无交通安全管理专门机构。1969年成立王秀交通管理站，属公社下设的水陆交通安全管理机构，主要负责本公社的中型拖拉机、手扶拖拉机、挂桨机动船的交通安全管理，在县交通部门的统一管理下核发车船牌照和驾驶证书。其时，汽车的管理权限在县交通监理部门。

1981年，组织机动车船驾驶人员培训，学习安全驾驶拖拉机、拖驳船、挂桨机动船等的知识，对具备驾驶条件、考证合格者核发航行证或驾驶证，机船驾驶人员基本实现持证操作。

1983年，加强对运输船只、牵引轮队的安全检查，主要检查船舶持证、船员配备情况，以及检查船舶装载、吃水、拖带和安全设备是否符合规定等，对11条超载船只做出相应处理，对船员进行批评教育。

1986年前后，按江苏省道路交通安全规定，对中型拖拉机配挂运输车上路进行全面安全检查，查审通行证和驾驶执照，凡未领取证照的，禁止上路，不得从事运输业务。

1987年起，派出所配备专职交通警察，负责交通安全管理，包括每月召开驾驶员安全例会，查处超载、超速、无牌、无证驾驶等违章驾驶行为，对交通事故进行处理。

1990年后，进一步加强营运管理，对经营运输业的单位和个人，经工商、交通、保险等部门办理相关手续后，核发全省统一的运输许可证，个体运输户的车、船另发营运标志牌。重视对拖拉机和二、三轮摩托车的安全行驶管理，交管部门经常上路检查，重点查验车辆登记情况、车况、牌证手续等，制止无照行车和无证驾驶。积极贯彻交通安全“预防为主”的方针，加大道路交通法规宣传力度，督促机驾人员学习交通法规，每年8月开展交通安全宣传活动，对驾驶员进行安全教育培训，开展安全活动月（日）活动，增强机驾人员交通安全意识。

1995年前后，重点对“五小”（通常指低速货车、三轮汽车、三轮摩托车、二轮摩托车、拖拉机）车辆进行专项整治，提高车辆上牌和驾驶证发证率以及年检年审率，查扣应办证照而未办的“五小”车辆。

1998年，通过拉挂横幅、发放宣传资料、展放宣传画板、进行文艺演出等宣传教育形式，加大交通安全宣传力度。通过深入广泛的宣传，广大群众“一站、二看、三过路”的安全意识得到增强，广大机驾人员遵守交通法规的自觉性得到提高，在全镇营造了人人重视交通安全的良好氛围。

第六节　管理机构

1969年，成立王秀交通管理站（简称“交管站”），主要负责管理王秀境内水陆交通运输工作，有工作人员3人，负责人王福兴。此站为王秀交通管理所（简称“交管所”）前身。

1982年起，交管站设安全员，负责辖区内交通安全工作及事故处理，若发生重大事故，及时上报，由县派员处理。

1984年6月，王秀乡交通管理所成立，由乡政府和太仓县交通局双重领导。设于永安路南端东侧，有用房5间120平方米。交管所主要负责公路管理、航道管理、水陆运输管理和交通安全监督管理等，有工作人员4人。

1987年，按上级规定，交管所职能有所调整，侧重对机动车船运输的路政、航政管理，协助公安部门进行交通安全及事故处理。

1990年起，受太仓县交通局委托，负责征收“五小”车辆养路费。1993年11月，经市编委同意，机构性质转为全民事业单位，人员编制调整为3人。

1998年，交管所驻湘王路北侧（现苏州绣仓时装有限公司对面），有5上5下楼房1幢，建筑面积360平方米，为交管所及下属运输队（装卸队）办公和其他用房。1999年12月，太仓乡镇交通管理机构设置调整，王秀交管所并入璜泾中心交管所。

1969~1984年历任王秀交管站站长（负责人）：王福兴（1969.5~1981.9）、姚玉良（1981.9~1983.3）、施文元（1983.3~1984.6）。

1984~1999年历任王秀交管所所长（负责人）：吴福元（1984.6~1988.9）、姚玉良（1988.9~1991.8）、施文元（1991.8~1997.6）、张小宝（1997.6~1999.12）。

第二章　邮　电

第一节　邮电机构

中华人民共和国成立初期，王秀集镇上设邮政代办所，由陈文忠负责收发报刊信件、代售邮票，业务隶属璜泾邮电所管理，邮件由代办所投递员分发到户。1966年10月，成立王秀邮电所，设在现永安路人民桥北堍，有平房3间，职工3人。1975年，邮电所迁到现秀东路王秀桥西堍，沿街建造平房3间，建筑面积80平方米。1981年，邮电所迁至王秀桥东堍北侧，占地面积424平方米，由太仓县邮电局拨款建造3上3下楼房1幢，建筑面积312平方米。

1982年10月，由于邮电业务增加，事业发展加快，太仓县邮电局将王秀邮电所升格为太仓县邮电局王秀邮电支局。之后，邮电支局主营信函和包裹邮递、报刊发行、特快专递、汇兑、集邮和电报、固定电话等邮电业务。1982年末，邮电支局营业总收入20452元，比王秀邮电所成立初期的1440元有了大幅增长。

1990年后，新增特快专递、邮政储蓄和移动电话业务。邮电支局为独立的企业主体，自主经营、自负盈亏，行政上隶属于太仓市（县）邮电局，党组织关系归属地方党委。1995年，邮电业务收入220.3万元。1996年8月，投资120万元，在原址新建王秀邮电大楼1幢，为3层楼房，建筑面积1142平方米；另建辅房（平房）9间，建筑面积180平方米。

1998年9月，邮政、电信实行分业经营，太仓市邮电局王秀邮电支局撤销，分设邮政、电信机构。邮政机构设太仓市邮政局王秀支局，主营信函和包裹邮递、邮政储蓄、报刊发行、特快专递、汇兑、集邮等业务；电信机构设电信服务网点，隶属太仓市电信局璜泾营业处管理，主营固定电话、移动电话、宽带网络等电信业务。

1950~1982年王秀邮电所所长（邮政代办所负责人）先后由陈文忠、杨炳林担任。

1982~1998年历任王秀邮电支局支局长：杨炳林（1982.10~1990.1）、吴海英［1990.1~2000.10（1998年9月起为邮政支局支局长）］。

第二节　事业发展

一、邮政

中华人民共和国成立初期，王秀邮政代办所设信箱1只，收发信件，代售邮票，收寄小件包裹，邮递员投递邮件主要骑自行车，那时邮件收发量极少。1951年开始发行少量报纸刊物。1953年起发行量有所增加，订阅的报纸有《人民日报》《光明日报》《解放日报》《文汇报》《新华日报》等。1960年前后，每年收发信函、邮包5000余件。

1966年10月王秀邮电所成立后，邮政业务量开始增多。1968年前后，每年信函进出量1万余件，市镇各单位和农村各大队订阅报刊60余份。进入70年代，社队企业开始发展，对外联系增多，邮政业务量持续增多。1975年前后，年信函进出量1.7万余件，包裹进出量1000余件，报刊发行量200份左右。1978年，邮电部试行邮政编码，王秀邮政编码为215426，信件上有了邮政编码，有利于邮件分拣，减少邮递差错，加快邮递速度。

80年代，随着乡镇企业的发展，外来流动人口增多，信件、包裹、汇兑等业务量不断增加。1985年前后，年信函进出量2.5万余件，包裹进出量2000余件，进出汇兑汇票1200余张，报刊发行量350份左右。1986年后，邮政涉足金融，参与竞争，经营邮政储蓄业务。

1990年后，信函的种类增多，有家信、明信片、广告信、印刷品等。外来务工人员进厂务工，有了经济收入，便往家里汇钱、邮寄物品，包裹、汇兑业务量因此逐步增多。积极拓展邮政储蓄业务，吸储总额逐年增多。每年落实党报党刊征订任务，党报党刊发行量大幅增加，其他报刊订阅量也稳定递增，至1998年，年信函进出量达3.2万余件，包裹进出量突破3000件，进出汇兑分别有1200笔和3000笔，邮政储蓄累计吸储100余万元，报刊收订流转额达10余万元。

二、电信

民国37年（1948），境内有电话线路2条，一条从璜泾起，经伍胥庙，到鹿河，称璜鹿线，线路长7.5杆千米；另一条从璜泾起，经伍胥庙，到帆秀（王秀，当时王秀集镇及东南部一带属璜泾区帆秀乡），称璜帆线，线路长8.3杆千米。王秀镇上及伍胥小镇上各装有手摇磁石电话机1部。在此后的10余年间，王秀电话通信发展缓慢。

1966年10月王秀人民公社成立并设立邮电所后，电信事业才起步。是年，邮电所内设有30门磁石交换机1席，架设电话线路8条，在市镇各单位和农村各大队装有手摇磁石电话机16部，其中市镇3部、农村13部。每天收发电报8~10份。

1975年，邮电所扩大电信用房，淘汰30门磁石交换机并更换60门磁石交换机1席，重新架设电话线路，通往农村各大队的电话线路全部专线传输，线路总长21.2杆千米。其中湘里、长浜、王秀、孙桥等4个大队首批架设双线，线路长2.41杆千米。同时，更换线杆，改木杆为水泥杆。在部分线路中架设电缆线，总长6.3千米。

1981年，再次扩大电信用房，淘汰60门磁石交换机并更换100门磁石交换机1席。是年，全公社有固定电话65部，全年拨打长途电话4884次、农话31170次，年收发电报2944份。1985年，有太仓通至王秀电话线路2条，长途电话转接效率提高。

1986年起，电信开始转入模拟通信时期。1987年，王秀乡政府安装传真机。同年起，电话装机向个人家庭发展。1988年，电信推出无线人工寻呼机（BP机），佩带寻呼机者见寻呼人电话号码，可及时与寻呼人取得联系。1989年12月5日零时，固定电话号码升至6位。

1991年8月，开通程控交换机，全乡电话交换实现自动化，由模拟通信时代转入数字通信时代。1992年，太仓移动通信开始在王秀发展移动客户，一些有经济条件的单位和个人开始购置手机。同时，电信推出无线寻呼中文机，可直接显示寻呼人的呼叫内容，继而又开通股市行情、天气预报、影视信息和工商广告等。1995年12月17日零时，固定电话号码升至7位。是年，全镇电话装机用户1153户，实现电话标准村3个。

1996年8月，电信用房又一次扩大，程控交换机总容量增至4000门。同年，实施并完成东起湘里大桥，西至王秀兽医站，北至王秀机械设备厂的地下管线埋设工程。1997年，全镇电话装机用户达3100户。

1998年，王秀镇村村实现电话村标准。由于固定电话全面普及和移动电话不断增多，电报业务终止。电信寻呼功能也开始被移动电话取代，2005年，寻呼业务关闭，寻呼机退出市场。

第三章　广　电

第一节　广电机构

1966年10月，王秀人民公社成立，原属鹿河人民公社的10个大队、归庄人民公社的3个大队划归王秀人民公社，其有线广播线路亦由王秀人民公社接管。其时，农村、市镇共有8条广播线路借用电话线路传输，线路维修由王秀邮电所机线员王炳乾负责。

1967年，成立王秀人民公社广播放大站，站内职工2人。设于永安路人民桥北堍，有广播用房3间60平方米。1970年下半年起，站内职工增至3人。其时，农村广播线路不断扩展，广播喇叭开始普及，线路维护任务加重，因此农村13个大队各配业余线务员1~2人，负责本大队广播线路维修工作。1972年5月，广播放大站从人民桥北堍搬迁到秀东路王秀桥西堍南侧的王秀老木行内，有广播用房3间，1大间2小间，建筑面积80平方米。1975年后，公社自办广播节目，配备专职通讯报道员1人，采访编写广播稿件，并在自办节目中播出。

1978年前后，由于广播安全播出无事故，也没有发生广播设备损毁及人员伤亡事故，广播放大站连续多年被太仓广播站评为先进集体。1981年，王秀人民公社因农村广播工作成绩突出，受到太仓县人民政府表彰。1982年，太仓广播站组织各公社广播放大站负责人对农村广播线路进行对口检查。经检查打分，王秀广播放大站得分名列全县前茅。

1983年，广播放大站功能拓展，不仅放大广播信号，转播广播电台节目，而且按时播出自办节目，内容丰富多彩。是年，广播放大站改称广播站。1985年，广播站再次易址，搬迁到位于永安路人民桥北堍西侧的王秀影剧院二楼，有广播用房4间100平方米。同年，广播站开始发展有线闭路电视。1989年，王秀乡广播站改称王秀乡广播电视站，有职工3人。

1990年起，广播电视站大力发展有线电视。1996年后，广播电视站工作重点逐步转向以拓展有线电视网络、发展有线电视用户为主。1998年，广播电视站有线电视网络与市有线电视网络联网。是年，站内有职工5人。同年11月，王秀镇广播电视站随镇区划调整而并入璜泾镇广播电视站。

1967~1998年，历任王秀镇（公社、乡）广播电视站（广播放大站、广播站）站长：王兴国［1967.1~1971.1（负责人）］、王兆良［1971.1~1971.10（负责人）］、张惠元（1971.10~1977.5）、黄茂林（1977.5~1993.4）、张永兴（1993.4~1998.11）。

1975~1998年，镇广播通讯报道员先后由陆文琴、陈企平（兼）、沈宝球、吴建明、张建忠担任。

第二节　广电事业

1958~1966年，王秀大部分区域为鹿河人民公社辖区，小部分区域为归庄人民公社辖区，其时农村无专用广播线路，广播信号通过电话线路传输，广播喇叭使用舌簧小喇叭，仅在大队驻地安装，数量极少。线路维护由鹿河、归庄邮电所机线员负责。

1966年10月，王秀人民公社成立，境内的电话（广播）线路转由王秀人民公社管理，由王秀邮电所机线员负责维护。

1967年王秀人民公社广播放大站成立后，单独架设广播线路，但限于当时经济条件，广播外线杆大多使用竹竿，支撑固定性差，线路时常中断。建站初期，广播线路通到各大队和部分生产队，全公社安装广播喇叭750余只，每个生产队仅4~5只。

1969年，农村大办广播，形成高潮。是年，公社配专人、添设备、扩线路，发展农村广播事业。1970年，公社广播放大站拥有150瓦特扩大机1台、自发电设备1套，架设农村广播线路8条，全公社安装广播舌簧小喇叭1905只，农村广播喇叭入户率45%，在有关生产队安装村口或田头高音喇叭30只。

70年代，电视机在社会上还未普及，有线广播宣传作用显现。公社党委以及农业技术等部门经常利用广播宣传党的方针政策和农业科技知识，广播喇叭成了每家每户不可缺少的工具，广播事业加快发展。1972年，公社广播放大站淘汰150瓦特扩大机，添置太仓广播站自装的600瓦特扩大机2台。1974年，又增加400瓦特扩大机1台，放大站广播输出总功率增至1600瓦。同时，购置195型柴油发电机组1套，功率5千瓦。有了自发电设备，即使外面供电线路停电，也能不误广播开机，按时传播上级台站各套节目。此外，放大站还拥有L602录放机、半导体收音机、扩音机、话筒、电唱机、录音带等广播设备、器材。1976年，公社广播放大站拥有广播输出线路13条，实现每个大队1条。全公社安装广播喇叭3382只，农村广播喇叭入户率72%，在大队、生产队安装村口或田头高音喇叭95只。

1979年起，按照“广播线杆根根直、广播喇叭只只响”的要求，实施广播线路整网改造和规范化建设。是年，首先实施对湘里、建华、白荡、南港等4个大队的整网工作。1980年，又完成王秀、长浜、包桥、伍胥等4个大队的整网任务。1981年，孟河、草庙（时称新丰）、孙桥、建民、杨漕等5个大队的整网任务完成。通过整网改造，公社至大队有236根广播线杆，统一为5.5米水泥杆，各大队至生产队的线路总长50.5千米，有17个生产队埋设地下线，总长4850米。规范安装农户喇叭，达到“5个有”，即有开关、有木壳、有电阻、有避雷器、有地线。1982年，全公社安装广播喇叭4560只，农村广播喇叭入户率92%，年末检查，农户喇叭通响4332只，通响率95%；在大队、生产队村口或田头安装高音喇叭122只。其时，全公社13个大队有12个大队自行购置扩大机，总功率1150瓦，单独建有广播传输系统，通过大队广播室可将信息传播到每家每户。

1985年，广播站在王秀村的资助下，筹集资金2万元，在王秀市镇铺设闭路电视网络，自架电视信号接收设备，首批开通闭路电视用户72户，能收看中央台、江苏台、苏州台、上海台等10余套电视节目。此后，随着家庭电视机的普及，有线广播入户率、通响率逐步下降，村口或田头高音喇叭不再安装。1988年，全公社安装广播喇叭3922只，农村广播喇叭入户率85%，通响率90%。同年，有线电视增添卫星接收设施，增强接收功能，年末在集镇和镇郊开通有线电视用户152户。

1990年起，随着有线电视的发展，广播线路逐步改为有线电视线路，有线广播用户减少，有线电视用户增加。同年，全乡分别改造广播、电视线路15杆千米、37线千米。1994年，有线电视网络从市镇向王秀村、孙桥村等周边地区延伸，年末有线电视用户发展至312户。1998年，太仓有线电视光缆通至王秀，与王秀有线电视联网，年末全镇有线电视用户556户，能收看中央台、江苏台、苏州台、上海台等22套节目。农村有线广播喇叭减少至3034只，入户率降至65%。全镇广电事业呈有线广播转向有线电视的发展趋势。

第六篇 农业

中华人民共和国成立前，农村沿袭封建土地所有制，地主、富农占有大量土地。中华人民共和国成立后，农业经营体制机制历经集体生产经营、农户承包经营、村办农场和种田大户规模经营的变化过程，农作物产量一直保持稳产高产。

1966年起，随着工业发展、兴修水利、村镇建设的需要和农村产业结构的调整，王秀耕地和农业劳动力逐步减少。1998年，全镇有耕地面积19730亩，比1966年减少6425亩。同年，全镇有农村劳动力8670个，其中从事农业劳动力3612个，占农村劳动力总数的41.66%，比1966年下降了近55%。

1966~1998年，境内主要种植水稻、三麦、棉花、油菜，通常称“四大作物”，也种植蔬菜、瓜果和豆类杂粮，还曾种植食用菌等其他作物。数十年来，不断革新作物栽培技术，提高科学种田水平。实施农村水利工程，增强农田排灌功能。全面加强植保工作，确保农业丰产丰收。推广使用农业机械，减轻农民劳动强度。33年间，全镇（公社、乡）年均水稻总产5984.24吨、三麦总产2904.81吨、棉花（皮棉）总产469.66吨、油菜籽总产377.03吨。1998年，全镇水稻种植面积12870亩，亩产585公斤，总产7528.95吨；三麦种植面积11969亩，亩产226.5公斤，总产2710.98吨；棉花种植面积4475亩，亩产（皮棉）92公斤，总产411.7吨；油菜种植面积3150亩，亩产89公斤，总产280.35吨。同年，全镇农业机械总动力11771千瓦，水稻、小麦收割脱粒基本实现机械化。

60~90年代，境内养殖业重点有畜禽养殖和水产养殖。农民把畜禽养殖当作家庭副业，几乎家家户户都养。80年代起，养殖业态发生变化，由过去集体、农户普遍养殖逐步转向专业户规模养殖。水产养殖主要发展内河养鱼，70年代初至80年代中期，也曾发展河蚌育珠生产。90年代起，内河养殖改村、组集体养殖为本地农户或外来专业户承包养殖。

1966年以来，境内农口机构随农村农业的发展需要而不断调整变化。1998年，主要有农业公司（含农业技术推广站）、多种经营服务公司、农村经营管理办公室、水利农机站、土地管理所、畜牧兽医站等。

1998年，全镇实现农业总产值6882万元，农民人均收入4251元。

第一章　农业经营体制

第一节　集体生产经营

中华人民共和国成立前，王秀境内沿袭封建土地所有制，生产关系落后，生产力水平低下，农业抗御自然灾害能力弱，农作物产量一直在低位徘徊。一般年景，水稻、小麦收个“石度郎”（亩产75公斤），棉花收个“朝天包”（亩产30~35公斤籽棉）。大多数农民租田耕种，交租后所剩无几，生活艰难。若遇到自然灾害，收成更少，难以维持生计。

中华人民共和国成立后，实行土地改革，废除封建土地所有制，把地主、富农占有的大量土地分给贫苦农民。1952年起，农村又经历了农业互助组、初级农业生产合作社、高级农业生产合作社、人民公社化等生产关系和农业经营体制变革，把农民组织起来，统一组织生产，发展集体经济。

1966年10月，王秀人民公社成立，下辖生产大队13个，有生产队153个。那时，全公社农业集体经营实行三级（公社、大队、生产队）所有、队（生产队）为基础，以生产队为基本核算单位，统一组织生产和分配。大队对生产队采取定产量、定粮食征购任务、定上缴比例；生产队向大队上缴农业税、公积金、公益金、行政管理费、劳动积累等。生产队组织农民（时称社员，下同）生产，社员每天先集中到生产队仓库场，由生产队队长分配工种，然后按照分工开展生产劳动，每日由生产队记分员按劳动日，给每人记劳动工分。年终，生产队根据全年收入，留足积累，完成上缴，再按照社员所得工分分配（俗称生产队年终分红，即兑付现金）。生产队除给予社员经济分配外，还给予分配粮食。粮食分配水平根据生产队产量情况而定，留足种子、饲料粮，完成国家征购任务，再按照人口决定粮食分配标准。这种农民参加集体劳动和集体分配的生产管理模式一直持续至1982年。1983年起，实行家庭联产承包责任制。

表6-1　1966~1982年王秀人民公社农民经济、粮食分配水平一览

年份	每人平均收入水平（元）	每人平均口粮水平（公斤）	年份	每人平均收入水平（元）	每人平均口粮水平（公斤）
1966	126.67	271.35	1971	114.54	284.80
1967	131.94	273.90	1972	122.20	278.00
1968	142.42	272.00	1973	117.71	281.40
1969	129.00	269.20	1974	129.54	284.60
1970	114.45	269.10	1975	129.08	280.00

续表

年份	每人平均收入水平（元）	每人平均口粮水平（公斤）	年份	每人平均收入水平（元）	每人平均口粮水平（公斤）
1976	125.65	284.70	1980	199.00	298.85
1977	119.25	276.50	1981	204.00	298.85
1978	162.00	313.80	1982	252.49	309.90
1979	206.56	318.35			

第二节　家庭承包经营

1978年中共十一届三中全会以后，农村经济改革不断深入。随着生产发展，过去农村中“三级所有、队为基础”的经济模式弊端越来越明显。农业生产搞“大呼隆”、吃“大锅饭”，社员多劳不多得，分配平均主义，严重挫伤了农民的生产积极性。

1979年起，农村经过拨乱反正，冲破“左”的束缚，干部群众的思想得到解放，在农业生产上开始推行多种形式的生产责任制，有的生产队改劳动“评工记分”为“计件记分”；有的搞小段包工，责任到组，管理到人；有的搞专业承包，实行奖赔。1981年，全公社在农业生产上普遍实行劳动计件责任制或联产到劳责任制，基本消除了评工记分存在的平均主义倾向，各生产队年终分配不再封顶加盖，可多产多分，多产多吃。

1983年，根据中共中央发出的《当前农村经济政策的若干问题》的通知和县委有关指示精神，王秀乡进一步深化农村经济体制改革，实行家庭联产承包责任制，按“人分口粮田、劳分责任田”实施。口粮田，按农业人口划分，每人0.45亩；责任田，按劳动力划分，将生产队土地总面积扣除口粮田、留下饲料田，其余土地分到每个劳动力。划分口粮田、责任田后，彻底改变了原来生产队集体生产管理模式，变为由农户承包经营。农民自主权扩大，经济上自负盈亏，在完成国家粮、棉、油征购任务和上缴有关规费（“两金一费”，即公积金、公益金、管理费）后，其他所有收益都归承包农户。自1983年实行家庭联产承包责任制后，农户承包关系及承包土地面积至1995年未变。

1996年，根据太仓市委、市政府《关于在秋播规划期间全面调整农村承包土地的意见》，镇党委、镇政府对农村承包土地进行调整完善。这次承包土地的调整，根据农业人口、劳动力状况，按照“保留自留田、人分口粮田、劳分责任田、划出任务田”的政策进行。调整中对农户的自留田维持原基数不变，但对全家“农转非”的，由集体连同其他土地一并收回。口粮田仍保持1983年联产承包时的划分标准，凡户口“农转非”、死亡、婚嫁、外迁（现役义务兵除外）人员的口粮田一律收回，对联产承包后自然增长和婚进人员的口粮田给予划分。对责任田的调整，先根据国家粮食定购任务的分解计划，核定粮食任务田面积，在扣除粮食任务田面积后，再按照现有劳动力分别划分责任田。对划出的粮食任务田，实行适度规模经营。粮食征购任务能由规模经营单位完成的，不再向农户分派国家征购粮食计划。这次调整，时称完善土地承包关系。

1998年7月24日，根据太仓市委、市政府《关于进一步稳定和完善农村土地承包关系及发放经营权证书的意见》，开展农村第二轮土地续包和确权发证工作，给农户核发农村集体土地承包经营权证书。明确土地承包期向后延长30年。延长承包期后，农户拥有承包经营权的耕地，统称为承包田，不再分口粮田和责任田。给农户确权发证面积，以该农户原承包面积为基数，若实际耕种面积少于承包田面积的，其减少部分做土地转出处理；若超过承包田面积的，其多出部分做土地转进处理。对土地转出或转进，均在确权证书上注明。是年，全镇除市镇边上有5个村民小组（俗称市镇队）未确权和另一个村民小组因建办小农场暂缓确权外，其他村民小组均完成确权发证工作。是年末，全镇有土地承包农户3905户，土地确权人口13239人，农户承包土地面积1.68万亩，实际确权发证面积1.56万亩。

1983年实行家庭联产承包责任制后，促进了农业生产和农村经济发展，农民收入水平不断提高。1998年全镇农民人均收入4251元。

表6-2　1998年王秀镇各村农户土地确权发证情况统计

村名	土地承包农户数（户）	土地确权人口数（人）	农户承包面积（亩）	农户经营面积（亩）	农户确权发证面积（亩）
湘里	237	865	1072.31	1072.31	957.01
长浜	256	773	979.38	979.38	881.23
王秀	225	655	708.33	708.40	673.23
孙桥	335	1052	1543.89	1529.96	1486.30
孟河	323	1036	1129.40	1050.09	1001.16
包桥	243	980	1458.78	1444.60	1440.78
伍胥	367	1180	1742.19	1703.91	1594.72
建华	254	929	1031.74	1019.52	1003.74
建民	484	1601	1816.88	1561.53	1669.73
草庙	242	966	1136.55	1126.78	1015.98
杨漕	269	864	1087.12	969.97	971.49
南港	370	1260	1668.91	1466.58	1493.88
白荡	300	1078	1466.73	1468.85	1441.44
合计	3905	13239	16842.21	16101.88	15630.69

表6-3　1983~1998年王秀镇（乡）农民人均收入情况

年份	人均收入（元）	年份	人均收入（元）	年份	人均收入（元）	年份	人均收入（元）
1983	375	1987	946	1991	1585	1995	3688
1984	651	1988	1177	1992	1851	1996	3774
1985	707	1989	1268	1993	2331	1997	4022
1986	819	1990	1349	1994	3072	1998	4251

第三节 土地规模经营

1983年实行家庭联产承包责任制后，随着时间的推移，农户劳动力发生变化，有些农户因缺劳动力而无力耕种，有些农户家庭人员进厂务工或自己创业，没有时间和精力耕种，于是就把自己承包的土地托人代耕，这是农村中早期出现的土地流转现象。土地流转后向种田能手集中，出现一些土地规模经营的种田大户。种田大户连片种植，又搞专业化生产，效益明显。

1990年后，为提高农业组织化程度，推进农业规模经营，政府因势利导，本着农户自愿的原则，将农户承包的土地逐步向种田大户转移。1995年起，各村开始建办小农场，引导农户将承包的土地流转给小农场经营，农户保留承包权，有偿转让使用权。这样，年轻的农民有了更多的精力和时间从事其他职业或自主创业；过去在家务农的中老年农民能够输出劳务，除有土地流转收入外，还有打工收入；而小农场有了大片土地，便于专业化生产和产业化经营。土地流转有其优越性，进一步促进了土地规模经营发展。1996年，全镇共建办村级集体农场8个，发展种田大户105户，规模经营土地面积2727.5亩，全镇商品粮定购任务全部由小农场完成。

1997年，在开展乡镇企业产权制度改革后，民营企业加快发展，农村劳动力向工业转移，农户保留承包权、转让使用权的流转土地增多，土地规模经营面积不断扩大。1998年，全镇土地规模经营面积达3536亩，农业组织化程度进一步提高，农业专业化、产业化发展趋势进一步显现。

第二章　耕地　劳动力

第一节　耕　地

1966年王秀人民公社成立时，全公社水陆总面积35820亩。其中，陆地面积30201亩，占水陆总面积的84.31%；水域面积5619亩，占15.69%。陆地面积中有耕地26155亩，占陆地面积的86.6%；非耕地4046亩，占13.4%。

1970年后，公社兴修水利，开挖河道，陆地面积有所减少。1976年春，公社疏浚钱泾塘，长浜、孟河、包桥、伍胥等4个大队挖废土地67.2亩。同年冬至1979年春，公社分3次开挖双纲河，草庙、建民、建华、孟河、包桥等5个大队下属8个生产队挖废土地75亩。1977年冬，太仓县组织民工拓浚石头塘，湘里、长浜、包桥、孟河等4个大队下属11个生产队挖废土地181亩。1976~1979年，另有伍胥、草庙、包桥、长浜等4个大队疏浚河道，挖废土地28.8亩。1982年，全公社陆地面积29849亩，占水陆总面积的83.33%；水域面积5971亩，占16.67%。陆地面积中有耕地24490亩，占陆地面积的82.05%；非耕地5359亩，占17.95%。

1983年后，随着乡镇企业发展、农田水利建设等需要，逐年占用部分耕地。尽管经土地平整，荒地复耕，耕地有所增加，但总量还是减少。1990年，全乡耕地面积21311亩，比1982年减少3179亩。

1991年后，村镇建设、农房建设、交通建设、乡镇企业发展等用地继续增多，耕地逐年减少。1995年，镇政府、镇土地管理所贯彻实施《基本农田保护条例》，对全镇农田划定保护区20400亩，其中划定一级农田保护区17445亩、二级农田保护区1725亩、三级农田保护区1230亩。农田保护区划定后，实行规划用地、节约用地、严格保护的方针，凡属非农建设用地，严格按照保护等级办理审批手续。

1996年起，经济社会快速发展，创办企业、集镇建设、兴修水利、修筑道路以及农房翻建等用地增加，全镇耕地资源有所减少。至1998年末，全镇陆地面积、水域总面积较1982年无变化。陆地面积中有耕地19730亩，占陆地面积的66.1%；非耕地10119亩，占33.9%。耕地面积比1966年减少6425亩，非耕地增加6073亩。全镇总人口15363人，人均耕地1.28亩；农业人口14114人，人均耕地1.4亩；农村劳动力8670个，劳均耕地2.28亩。

表6-4　1966~1998年王秀镇（公社、乡）耕地面积统计

年份	耕地面积（亩）	总人口（人）	人均面积（亩）	年份	耕地面积（亩）	总人口（人）	人均面积（亩）
1966	26155	14473	1.81	1983	24482	16148	1.52
1967	26117	14651	1.78	1984	24184	16051	1.51
1968	26032	15084	1.73	1985	23745	16051	1.48
1969	25988	15321	1.70	1986	23772	16074	1.48
1970	25970	15592	1.67	1987	23712	16083	1.47
1971	25932	15635	1.66	1988	23630	16037	1.47
1972	25932	15702	1.65	1989	21332	15970	1.34
1973	25898	15838	1.64	1990	21311	15967	1.33
1974	25877	16014	1.62	1991	21250	15946	1.33
1975	25881	16093	1.61	1992	21011	15885	1.32
1976	25727	16094	1.60	1993	20905	15801	1.32
1977	25391	16110	1.58	1994	20797	15733	1.32
1978	24718	16097	1.54	1995	20770	15651	1.33
1979	24655	16055	1.54	1996	20316	15610	1.30
1980	24601	16018	1.54	1997	20322	15445	1.32
1981	24567	16088	1.53	1998	19730	15363	1.28
1982	24490	16174	1.51				

表6-5　1998年王秀镇各村耕地统计

村名	耕地面积（亩）	农业人口（人）	人均耕地（亩）	农村劳动力（个）	劳均耕地（亩）
湘里	1253	835	1.50	507	2.47
长浜	1165	923	1.26	570	2.04
王秀	1226	1220	1.00	816	1.50
孙桥	1792	1161	1.54	706	2.54
孟河	1334	1033	1.29	652	2.05
包桥	1488	989	1.50	606	2.46
伍胥	2021	1189	1.70	709	2.85
建华	1189	916	1.30	520	2.29
建民	2236	1612	1.39	978	2.29
草庙	1274	957	1.33	619	2.06
杨漕	1208	860	1.40	545	2.22
南港	1769	1247	1.42	759	2.33
白荡	1775	1172	1.51	683	2.60
合计	19730	14114	1.40	8670	2.28

第二节　劳动力

1966~1975年，王秀以农业生产为主，每年从事农业生产的劳动力占农村劳动力的95%左右。

1976年起，随着社队企业发展，一部分农民进厂务工，从事农业的劳动力开始减少。1978年后，实行改革开放，各业经济同时发展，商贸流通活跃，有些农民离开土地，从事非农生产。1983年农村实行家庭联产承包责任制后，农民生产积极性提高，同时各种农业机械增多，生产效率提升，农村中大批剩余劳动力向工业和三产服务业转移。1985年，全乡有农村劳动力10309个，其中从事农业生产的劳动力4296个，占41.67%；从事二、三产业的劳动力6013个，占58.33%。

1986年后，王秀乡镇企业加快发展，规模扩大，劳动力需求增加，于是吸纳大批农村劳动力进厂就业。1990~1994年，每年从事农业生产的劳动力均不足3000人，占农村劳动力比例降至30%左右，其中1993年最少，仅2780人，占农村劳动力的28.99%。

1995年后，有些企业在市场竞争中失去优势，效益下降，企业歇业，工业就业岗位减少。而在农业上，随着产业结构调整，种植业、养殖业门路拓展，农业效益提高。于是，原在企业务工的人员返农，从事农业生产的劳动力数量有所回升。1998年，全镇有农村劳动力8670个，其中从事农业生产劳动力3612个，占41.66%；从事二、三产业劳动力5058个，占58.34%。

表6-6　1966~1998年王秀镇（公社、乡）农业劳动力统计

年份	农业人口（人）	农村劳动力（个）	从事农业劳动力（个）	占农村劳动力比例	年份	农业人口（人）	农村劳动力（个）	从事农业劳动力（个）	占农村劳动力比例
1966	14275	8401	8082	96.20%	1983	15715	11093	7133	64.30%
1967	14449	8600	8263	96.08%	1984	15612	10406	5827	56.99%
1968	14878	8810	8439	95.79%	1985	15549	10309	4296	41.67%
1969	15110	9468	9062	95.71%	1986	15537	10388	4260	41.01%
1970	15370	9870	9440	95.64%	1987	15526	10362	4185	40.39%
1971	15393	10271	9816	95.57%	1988	15401	10388	4110	39.56%
1972	15435	10468	10011	95.63%	1989	15322	9589	3022	31.52%
1973	15543	10494	10006	95.35%	1990	15247	9322	2791	29.94%
1974	15707	10263	9714	94.65%	1991	15245	9483	2891	30.49%
1975	15765	10384	9695	93.36%	1992	15129	9659	2862	29.63%
1976	15773	10879	9100	83.65%	1993	14899	9588	2780	28.99%
1977	15777	10997	8885	80.79%	1994	14653	9459	2937	31.05%
1978	15762	11110	8866	79.80%	1995	14482	9842	3376	34.30%
1979	15643	11289	8580	76.00%	1996	14443	9121	3338	36.60%
1980	15591	11469	8145	71.02%	1997	14287	8847	3542	40.04%
1981	15655	11230	7923	70.55%	1998	14114	8670	3612	41.66%
1982	15717	11403	7832	68.68%					

第三节　劳动计酬

1955年，在初级农业生产合作社后期，合作社社员劳动实行分组作业，定额包工记分。社员凭所得工分参加年终分配，俗称“分红”，即合作社在全年经济总收入中扣除当年的生产费用和公积金、公益金及管理费后，按土劳（入股土地和劳动工分）结合的分配方法，将其余收入部分分给社员。这种按土地和劳动工分计酬的方法，在一定程度上体现了按劳分配原则，也为农业生产初级社向高级社过渡打下了基础。

1956年，农业生产合作社由初级社进入高级社。随着高级社的全面建立，生产关系发生变化：土地归集体所有，农户农具折价归公，取消土劳结合分配方法，全面实行按劳分配制度。社员劳动出勤，按当日农活数量、质量，给予评工记分，年终按工分计酬。这一劳动计酬法，一直沿用到1957年末。

1958~1960年人民公社化初期，实行社员生活供给制，评工计分的按劳分配劳动计酬办法随之消失。社员干活只记出勤天数，俗称记“日头工”，由此出现做多做少、做好做差都一样的弊端，挫伤了社员劳动积极性。

1961年后，贯彻中共中央《农村人民公社工作条例（修正草案）》（“农业60条”）精神，明确生产队为基本核算单位，恢复评工计分方法，实行按劳分配、多劳多得政策。“文化大革命”开始后，按劳分配政策受到阻挠，在“农业学大寨”和各大队“学洪泾”中，曾推行“大寨式评分”（群众戏称为“大概评分”）和“政治评分”，造成会做的评不过会讲的，多劳的不能多得，出现平均主义倾向。

1978年12月，中共十一届三中全会召开后，贯彻《中共中央关于加快农业发展若干问题的决定》，各生产大队、生产队解放思想，大胆探索，开始实行包工到人、定额管理、联产计酬、超产奖励等多种形式的生产责任制，克服“干活大轰隆、出勤不出力”现象，调动社员生产积极性。

1981年，公社在2个生产队试点推行联产承包责任制。1982年上半年，公社总结推广伍胥大队第6生产队搞“统分结合、包干分配，人分口粮田、劳分责任田”的生产责任制做法和经验。同年秋，公社抽调机关干部和市镇企事业单位干部60人分赴各大队、生产队，全面进行农业经营制度改革。至年末，全公社各生产队普遍建立农户家庭联产承包责任制。1983年起，原生产队给社员评工记分的劳动管理制度和计酬方法彻底消失。

第三章　种植业

第一节　作物种植

一、水稻

水稻是境内种植的四大作物之一。据其播种期，分为早稻、中稻和晚稻；按种植茬口，分为单季稻和双季稻。种类有粳稻、糯稻和籼稻。王秀以种植粳稻为主，少量种植糯稻。籼稻曾有种植，现已绝迹。

（一）栽培

民国时期，境内主要种植中稻。1954年，淘汰中稻，推广晚稻，水稻产量提高。1958年，水稻栽培掌握季节，合理施肥，在施足基肥的基础上，早施分蘖肥，中施长粗肥，后施抽穗肥，促穗大粒多。

1960年，重视水浆管理，单季稻采用分次搁田法，第一次为轻搁，4天后上一次水，然后连续搁，直至达到“田边不发白，田中不湿脚”的标准。1963年，强调养老稻，稻田保持湿润，面层薄水，养根保叶，使其活棵到老，柴青谷黄，提高千粒重。1965年，单季稻育秧，推广硬板秧田、泥浆落谷、深秧沟育秧。

1966年，为增加土地复种指数，小面积试种双季稻，1969年开始推广，1970年起大面积种植，由此耕作制度由二熟制改为三熟制（二熟为水稻、三麦，三熟为双季前作稻和后作稻、三麦）。

1975年，双季前作稻推广通气秧地育秧，秧田干耕干整，灌水平面，泥浆落谷，晴天满沟水，阴天半沟水，雨天放干水，促进扎根立苗，提高成秧率。1976年，推广双季稻秧田抽条留苗，解决了秧田移栽脱季节问题，使晚栽变早栽，低产变高产，省工省本。1977年，科学掌握水稻大田移栽密度，单季稻亩栽3.2万~3.3万棵，分蘖性强的“苏粳”和“一枝发”2.7万~3万棵；双季前作稻、后作稻均在4万棵左右。1978年，改进单季稻育秧方法，秧田施足有机肥，稀落谷，芒种前催芽露白，三叶前期促其扎根立苗，三叶后期浅水培育壮秧。1979年，双季前作稻改地温催芽为露地催芽，直接利用绿肥覆盖发热加温，省工省料，方法简便，且发芽粗壮整齐。

1983年实行家庭联产承包责任制后，农户不再种植双季稻。由于家庭承包，农民积极性提高，田间管理加强，农户种植单季稻的产量每年接近甚至超过双季稻的产量。1985年后，水稻生长期不再进行耥稻、耘稻等田间管理，而是使用化学除草剂。

1990年后，开始尝试水稻栽培方法，改过去传统的人工插秧移栽为人工抛秧或直播种植。特别是水稻直播（掌握好季节和土壤湿度，在小麦收割前将稻种撒下，待小麦收割后直接灌溉），省了水稻育秧、麦稻轮作耕翻、大田移栽等步骤，大大节省了劳动力。1996年后，通过多年实践，抛秧栽培技术成熟，采用抛秧移栽的农户越来越多。1998年，因水稻直播省力省时，且产量不低于移栽水稻，故被大面积推广。

（二）品种

50年代种植年份较长的水稻品种有“老来青”。60年代种植“金南风”居多。70年以“苏粳2号”“一枝发”为主。80年代改种“晚粳88-122”“8204”等。90年代以“武粳”系列为当家品种。

1949~1998年，境内种植的水稻品种主要有52种。

表6-7　1949~1998年王秀境内单季稻主要品种一览

种植年份	种植品种	种植年份	种植品种
1949~1951	凤凰稻、灰团稻、老来红（糯）、金台糯（糯）	1974~1978	泗塘早
		1976~1982	一枝发
		1981~1982	昆稻2号、单选8号
1951~1954	麻茎糯（糯）、白稻	1982~1985	3278、762
1951~1955	野白稻	1984~1990	晚粳88-122
1954~1963	老来青	1986~1992	晚粳8204
1963~1973	农垦58（即世界稻）	1990~1998	武粳2号
1964~1973	金南风	1994~1998	太湖粳2号
1968~1972	芝麻稻	1995~	秀水89-61
1971~1976	宇红1号	1998~	武粳7号、15号
1971~1982	苏粳2号		

表6-8　1967~1998年王秀镇（公社、乡）双季前作稻主要品种

种植年份	种植品种	种植年份	种植品种
1967~1969	矮脚南特号（籼）	1972~1976	二九南1号（籼）
1970~1971	矮南早1号（籼）	1973~1977	二幅早
1970~1972	广六早 、矮南早三九	1973~1980	二九青（籼）、广乐矮4号
1970~1973	团粒矮（籼）	1975~1978	不脱农
1972~1973	桂六矮	1976~1982	原丰早

表6-9　1966~1998年王秀镇（公社、乡）双季后作稻主要品种

种植年份	种植品种	种植年份	种植品种
1966~1969	农垦58（单季晚粳用作双季后作稻）	1973~1982	农虎6号
1969~1972	农垦57（单季中粳用作双季后作稻）、桂花黄	1974~1979	农红73
		1977~1980	桂花糯（糯）
1969~1973	日本红糯（糯穗型）	1978~1981	葛后2号
1970~1977	沪选19	1981~1982	复虹糯4号、虎雷11-1
1973~1976	江峰3号（糯）	1982~	7337
1973~1977	京引15（糯）		

（三）产量

50年代初期，水稻耕种方式粗放，栽培技术落后，水稻亩产150公斤上下算好年景，一般年景只收个“石度郎”。

1958年后，注重科学种田和田间管理，水稻产量逐年提高。1966年，全公社种植水稻12418亩，亩产404.3公斤，总产5020.75吨，是60年代单产和总产最高的年份。70年代大面积种植双季稻，水稻总产提高，其中1978年、1979年水稻总产均达6571.8吨，是70年代水稻总产最高的两个年份。

1983年后，虽然不再种植双季稻，但农户精心管理，化肥供应充足，水稻亩产和总产不但未降，而且稳中有升。90年代，水稻亩产每年均在500公斤以上，总产大多年份在7000吨以上。1998年，全镇种植水稻12870亩，亩产585公斤，总产7528.95吨。

表6-10　1966~1982年王秀公社水稻种植面积、产量统计

年份	水稻合计			单季稻					
				早中稻			晚稻		
	种植面积（亩）	亩产（公斤）	总产（吨）	种植面积（亩）	亩产（公斤）	总产（吨）	种植面积（亩）	亩产（公斤）	总产（吨）
1966	12418	404.3	5020.75	2016	344.6	694.70	10367	416.3	4315.90
1967	12373	391.3	4840.95	1787	336.0	600.35	10555	400.6	4228.35
1968	12377	343.8	4255.60	1645	305.4	502.40	10726	349.7	3750.90
1969	12386	367.9	4556.90	1215	347.0	421.60	10222	358.1	3660.50
1970	12187	390.0	4752.85	229	307.6	70.45	8254	327.0	2699.45
1971	12379	444.8	5506.70	57	288.6	16.45	3996	327.9	1310.10
1972	12381	423.0	5237.45	62	355.7	22.05	2360	357.1	842.65
1973	12385	506.8	6276.45	56	356.3	19.95	3816	419.5	1600.80
1974	12385	461.0	5709.50	11	536.4	5.90	4030	408.0	1644.25
1975	12385	445.2	5514.20	—	—	—	3276	329.2	1078.30
1976	12372	475.0	5876.20	—	—	—	1630	354.2	577.35
1977	12233	455.3	5569.50	26	619.2	16.10	1469	360.3	529.35
1978	11932	550.8	6571.80	1009	455.6	459.70	1749	430.0	752.05
1979	11962	549.4	6571.80	233	418.7	97.55	1069	428.8	458.35
1980	12041	372.5	4485.30	—	—	—	3112	346.8	1079.25
1981	11738	362.2	4251.75	—	—	—	8139	298.6	2430.7
1982	11590	421.8	4888.70	—	—	—	6515	357.0	2325.85

年份	双季前作稻			双季后作稻		
	种植面积（亩）	亩产（公斤）	总产（吨）	种植面积（亩）	亩产（公斤）	总产（吨）
1966	—	—	—	35	290.0	10.15
1967	22	243.2	5.35	31	222.6	6.90
1968	2	275.0	0.55	6	291.7	1.75
1969	733	278.2	203.90	949	285.5	270.90
1970	3611	281.1	1014.90	3704	261.4	968.05

续表

年份	双季前作稻			双季后作稻		
	种植面积（亩）	亩产（公斤）	总产（吨）	种植面积（亩）	亩产（公斤）	总产（吨）
1971	7483	264.6	1980.00	8326	264.3	2200.15
1972	7957	283.1	2253.00	9959	212.8	2119.75
1973	6751	302.5	2042.20	8513	307.0	2613.50
1974	6481	266.5	1727.20	8344	279.5	2332.15
1975	6580	320.1	2106.25	9109	255.8	2329.65
1976	7777	322.5	2508.10	10742	259.8	2790.75
1977	7421	306.7	2275.65	10738	256.0	2748.40
1978	7304	344.8	2518.40	9174	309.8	2841.65
1979	7228	374.4	2706.50	10660	310.5	3309.40
1980	6306	318.5	2008.65	8929	156.5	1397.40
1981	3098	330.9	1025.15	3599	221.1	795.90
1982	3851	329.4	1268.70	5075	255.0	1294.15

注：在统计水稻种植面积中，若种植双季稻的，通常只计双季后作稻种植面积。

表6-11　1983~1998年王秀镇（乡）水稻种植面积、产量统计

年份	种植面积（亩）	亩产（公斤）	总产（吨）	年份	种植面积（亩）	亩产（公斤）	总产（吨）
1983	12566	464.5	5836.91	1991	13255	517.1	6854.16
1984	11942	504.0	6018.77	1992	13002	550.4	7156.30
1985	11768	452.0	5319.14	1993	13632	539.0	7347.65
1986	13893	482.5	6703.37	1994	12955	544.0	7047.52
1987	13681	469.0	6416.39	1995	13032	555.0	7232.76
1988	13011	481.0	6258.29	1996	12801	563.0	7206.96
1989	13470	478.9	6450.78	1997	12858	576.0	7406.21
1990	13521	503.6	6809.18	1998	12870	585.0	7528.95

二、三麦

三麦是境内种植的四大作物之一，为小麦、元麦和大麦。境内以种植小麦为主，现元麦和大麦基本不种植。

（一）栽培

民国时期，农民利用棉茬地、冬闲地种植三麦，产量较低，单产不足50公斤。1949年后，改进麦田耕翻方法，改粗耕浅耕为深耕密犁，面层熟翻，改良土壤，促进三麦根系生长。1952年前后，对麦种进行筛选或风选，剔除小粒瘪麦，选留饱满大粒为种子，提高三麦出苗率。1956年开始，麦田坨坨开沟，沟深一尺，确保雨后田间不积水。同时，间作麦、密小麦种植，均增加播种量，确保出苗率。

1960年后，改以前只讲究施返青肥为分阶段合理施肥，重视施足基肥（施用有机肥），用好腊肥，看苗追施返青肥，普施重施拔节孕穗肥。1966年，三麦播种重视精耕细作，麦田犁花泥敲细捣实，做

到底面一样，麦子播种后浅削面层，促使麦子入土均匀，无露籽麦，确保出苗整齐。

1970年后，麦种处理改以前用“401”浸种为用“多菌灵”浸种，预防三麦黑穗病。1974年起，利用棉花营养钵移栽育苗的优势，改棉茬条麦狭幅为阔幅，提高三麦产量。1975年前后，改用卷筒铁锹开沟，沟深2尺、宽6寸，麦垳宽的垳垳开沟，并加开腰沟、围沟、出水沟，实现沟渠相通，减少麦田渍害，提高三麦产量。1976年，推行麦田化肥打穴深施和耕犁底施，增长肥效，提高肥力。1979年，改进麦棉茬口布局，推广密麦种植，增加土地利用率，提高三麦产量。

1981年起，调整三麦种植布局，小麦种植面积增加，元麦、大麦种植面积减少。1987年起，小麦种植面积超过1万亩，元麦种植面积开始减少，大麦只有少量种植。1990年，小麦种植方法改以前耕翻撒播为免耕套播，省时省力。1994年起，以种植小麦为主，元麦、大麦只有零星种植。1995年后，小麦种植免耕套播，跟上相应管理，同样夺得高产，免耕套播的农户越来越多，至1998年，大面积推广免耕套播。

（二）品种

1949~1998年，境内种植的三麦品种主要有32种。

表6-12　1949~1998年王秀境内三麦主要品种

麦种类别	种植品种	种植年份	麦种类别	种植品种	种植年份
小麦	四柱头	1949~1953	元麦	四柱、六柱	1949~1960
	长棋白壳	1953~1965		沙六柱	1960~1972
	矮粒多	1957~1967		立夏黄	1964~1967
	华东6号	1963~1972		立新2号	1969~1971
	吉利	1966~1973		南通1号	1971~1978
	矮秆早	1971~1973		早熟41、43	1973~1979
	万年2号	1971~1975		浙114	1975~1998
	钟山2号、6号	1971~1978		海麦	1979~1998
	扬麦1号（又名671）	1972~1981	大麦	老脱苏	1949~1960
	芒麦	1975~1978		紫皮大麦	1949~1982
	武麦1号	1976~1980		关东早	1971~1973
	扬麦3号	1977~1986		早熟3号	1971~1998
	沪麦3号	1980~1981		214	1973~1998
	宁麦3号（又名7317）	1981~1990			
	扬麦5号、12号	1988~			

（三）产量

1966年王秀人民公社成立后，将三麦作为主要粮食生产来抓。通过调整茬口布局、改进耕作方法、重视种子处理、科学施用肥料、开沟减少渍害、及时防病治虫等一系列增产措施，力求三麦丰产丰收。1980年是全公社三麦亩产最高的一年，达302.3公斤。1986年是种植面积最多的一年，达14222亩；也是总产最高的一年，达3838.21吨。1998年，全镇种植三麦11969亩，亩产226.5公斤，总产

2710.97吨，其中小麦面积11822亩，亩产226公斤，总产2671.77吨，元麦、大麦基本停种。

表6-13　1966~1998年王秀镇（公社、乡）三麦种植面积、产量统计

年份	三麦合计			小麦		
	种植面积（亩）	亩产（公斤）	总产（吨）	种植面积（亩）	亩产（公斤）	总产（吨）
1966	12652	153.7	1944.75	6884	166.8	1148.25
1967	12559	160.5	2015.55	7481	161.0	1204.80
1968	12565	196.8	2472.35	7141	193.3	1380.00
1969	12574	178.4	2242.75	6800	191.6	1302.55
1970	12551	185.3	2325.10	6657	179.1	1192.25
1971	11901	231.3	2752.90	5499	216.2	1189.15
1972	11665	200.4	2337.80	5159	201.5	1039.30
1973	11808	144.7	1708.45	5248	161.1	845.45
1974	11831	231.7	2740.70	5191	229.7	1192.35
1975	11863	211.4	2507.45	3721	223.5	831.65
1976	11809	219.8	2595.05	4423	229.2	1013.55
1977	11588	106.1	1229.85	5725	129.1	739.10
1978	11317	246.1	2785.65	6708	253.3	1699.45
1979	11368	280.3	3185.90	6359	301.1	1914.40
1980	11371	302.3	3437.60	6560	321.0	2105.75
1981	11342	270.7	3069.85	7610	273.0	2077.90
1982	11289	283.4	3199.40	7303	288.4	2106.55
1983	12310	221.9	2731.25	8401	200.5	1684.44
1984	13382	268.7	3595.20	8950	270.5	2420.98
1985	12775	250.6	3201.09	8843	253.5	2241.70
1986	14222	269.9	3838.21	9942	286.0	2843.45
1987	14040	218.9	3073.53	11303	230.0	2599.69
1988	13217	252.2	3333.28	10569	260.9	2757.45
1989	13110	204.4	2679.40	10760	206.3	2219.79
1990	13422	253.7	3405.59	11271	258.3	2911.30
1991	13763	227.1	3126.24	11559	226.6	2619.27
1992	12901	289.3	3732.87	10535	297.3	3132.06
1993	13184	280.2	3693.56	11307	284.0	3211.19
1994	12294	278.1	3419.30	11577	279.0	3229.98
1995	12134	289.6	3513.74	11135	292.0	3251.42
1996	12000	299.5	3594.05	11528	301.0	3469.93
1997	12226	299.3	3659.29	11967	300.0	3590.10
1998	11969	226.5	2710.97	11822	226.0	2671.77

续表

年份	元麦			大麦		
	种植面积（亩）	亩产（公斤）	总产（吨）	种植面积（亩）	亩产（公斤）	总产（吨）
1966	4471	141.6	633.10	1297	126.0	163.40
1967	3916	167.6	656.15	1162	133.0	154.60
1968	4348	213.9	930.25	1076	150.7	162.10
1969	4173	169.9	709.00	1601	144.4	231.2
1970	4082	213.2	870.10	1812	145.0	262.75
1971	4465	267.1	1192.60	1937	191.6	371.15
1972	4655	216.6	1008.25	1851	156.8	290.25
1973	5000	139.0	695.00	1560	107.7	168.00
1974	4501	239.8	1079.35	2139	219.3	469.00
1975	2967	187.2	555.40	5175	216.5	1120.40
1976	2480	196.8	487.95	4906	222.9	1093.55
1977	2926	69.0	201.75	2937	98.4	289.00
1978	2267	233.1	528.45	2342	238.2	557.75
1979	2932	249.4	731.25	2077	260.1	540.25
1980	3157	282.2	890.75	1654	266.7	441.10
1981	2618	262.2	686.45	1114	274.2	305.50
1982	2701	269.1	726.95	1285	284.7	365.90
1983	2687	265.2	712.59	1222	273.5	334.22
1984	2976	263.3	783.58	1456	268.3	390.64
1985	2516	231.5	582.45	1416	266.2	376.94
1986	2660	227.5	605.15	1620	240.5	389.61
1987	2438	174.0	424.21	299	166.0	49.63
1988	2245	217.0	487.17	403	220.0	88.66
1989	1908	194.0	370.15	442	202.4	89.46
1990	1745	227.7	397.34	406	238.8	96.95
1991	1703	229.0	389.99	501	233.5	116.98
1992	2007	253.3	508.37	359	257.5	92.44
1993	1567	256.0	401.15	310	262.0	81.22
1994	524	260.0	136.24	193	275.0	53.08
1995	827	260.0	215.02	172	275.0	47.30
1996	379	260.0	98.54	93	275.0	25.58
1997	136	260.0	35.36	123	275.0	33.83
1998	82	260.0	21.32	65	275.0	17.88

三、棉花

（一）栽培

民国时期，境内种植的棉花为中棉，又称中太棉花（俗称“小棉”）。播种时不选种子，棉田浅耕，撒种直播，管理粗放，产量较低。

1952年，开始选种产量高、品质好的大棉，并改散播为等行条播。1954年后全部淘汰中棉，改种大棉。1958年，棉田浅耕改为深耕，春耕改冬耕，耕垡深度突破犁底层，冬深春浅捣细捣实，熟化土壤，利于棉花根系生长。

1960年，改以前等行条播为宽窄行条播，改善棉花通风透光条件，提高产量。1965年起，结合棉田除草，重视对棉花培根壅土，防止倒伏。1970年后，精选棉种，再用“多菌灵”拌种，以减少苗期病害，提高出苗率。1974年用塑料薄膜营养钵试育棉苗，1975年起大面积推广营养钵育苗移栽技术，以后每年营养钵育苗移栽面积占棉花总面积一直保持在90%以上。

80~90年代，特别重视科学用肥，按照“足施基肥、早施苗肥、控制蕾肥、重施花铃肥、补施盖顶肥”的要求施用，达到早发稳长勿早衰的效果。更加讲究棉花整枝，对封行早、枝叶密的棉花进行脱老叶、剪空枝，促使棉田通风透光。进一步配套棉田沟系，坚持棉花苗期逢旱浇水抗、花期逢旱通沟洇水抗、铃期逢旱浸灌跑马水抗，抗旱结束及时松土，不使土壤板结。

（二）品种

民国时期及中华人民共和国成立初期，境内种植的棉花以中棉为主。1955年引种“岱字棉15号”并大面积推广，80年代初因黄叶茎枯病严重被淘汰。80~90年代，主要种植“861”“9101”抗菌棉品种。

1949~1998年，境内种植的棉花品种主要有10种。

表6-14　1949~1998年王秀境内棉花主要品种一览

种植年份	种植品种	种植年份	种植品种
1949~1955	中棉	1972~1976	江苏3号
1952~1953	德字棉	1979~1994	861
1953~1957	斯字棉	1982~1996	9101
1955~1982	岱字棉15号	1990~	7921
1972~1976	江苏1号	1998~	苏棉8号

（三）产量

中华人民共和国成立初期，境内棉花产量较低，有收个“一大包”“朝天包”之说。一大包，即较好年景一亩棉花收籽棉65公斤左右。朝天包，即一般年景一亩棉花收籽棉30~35公斤。

1966~1979年，境内每年种植棉花面积保持9000亩左右，1979年是种植面积最多的一年，达11248亩；也是总产量最高的一年，达738.99吨。1980年起种植面积有所减少，减至9000亩以下。1986年起，农村种植业结构调整，全乡种植棉花大面积减少。1996年是棉花亩产最高的一年，达107公斤。1998年，全镇种植棉花4475亩，亩产92公斤，总产411.7吨。

表6-15　1966~1998年王秀镇（公社、乡）棉花种植面积、产量（皮棉）统计

年份	种植面积（亩）	亩产（公斤）	总产（吨）	年份	种植面积（亩）	亩产（公斤）	总产（吨）
1966	9139	59.7	545.60	1983	8830	60.9	537.75
1967	9118	59.8	545.26	1984	8786	77.0	676.52
1968	9132	72.7	663.90	1985	8295	53.0	439.64
1969	9137	58.5	534.51	1986	6181	64.0	395.58
1970	8938	57.2	511.25	1987	6124	60.0	367.44
1971	8912	46.2	411.73	1988	6402	65.9	421.89
1972	8912	46.3	412.63	1989	5901	62.0	365.86
1973	8912	44.2	393.91	1990	5818	80.1	466.02
1974	8912	46.0	409.95	1991	5688	104.1	592.12
1975	9094	56.5	513.81	1992	5644	83.6	471.84
1976	8863	39.4	349.20	1993	5109	69.0	352.52
1977	8750	37.2	325.50	1994	5517	95.0	524.12
1978	8581	58.0	497.70	1995	5800	105.0	609.00
1979	11248	65.7	738.99	1996	5128	107.0	548.70
1980	8600	41.6	357.76	1997	4864	65.0	316.16
1981	8800	38.6	339.68	1998	4475	92.0	411.70
1982	8800	51.2	450.56				

四、油菜

（一）栽培

民国时期，种植油菜面积不多，一般利用杂边闲地，撒种直播，产量较低。中华人民共和国成立初期，改变直播老方法，开始育苗移栽，1956年起大面积推广，并不断扩大油菜种植面积。

1958年起，油菜秧地选择肥沃及向阳田块，面层捣松整细，浇粪压底，达到底实面松，施足氮、磷、钾合理搭配的基肥。菜秧地垅垅开沟，防止雨后积水。

重视苗期管理，出苗后分次间苗，防止苗挤苗。做好防病治虫工作，特别是菜蚜虫会造成病毒病，故要勤用药剂防治。油菜移栽前，都要施上一次起身肥，促使菜秧健壮。移栽后及时浇水，促其早活棵。

1960年起，改以前统菜（不分菜秧质量）移栽为拣苗分级移栽，剔除病苗、小苗，选择壮苗。1966年起，施用基肥时每亩增加磷肥15~20公斤，适时追施腊肥，重施争苔肥，巧施临花肥。1967年后扣沟移栽，同时施足随根肥，让菜苗带肥、带药垂直栽入沟穴，踩泥伏根，浇足活棵水。菜苗醒后中耕提高地温，腊里培根壅土一次，早春二次培根壅土，促进冬壮春发。适时防治病虫害。

1970年改狭行移栽为宽行合理密植，改善通风采光条件，减少病虫危害。1975年前后，扩大轮作比例，减少久菜地，通过调整茬口，改良土壤，增强地力，减少杂草和病虫害，优化油菜种植土壤条件。1980年后，更加重视配套沟系，防止渍害。抓好植保工作，减少病虫害损失。

1990年起，进一步重视科学用肥，搭配氮、磷、钾合理用肥，重施基肥促根发，施好腊肥促冬壮，巧施荚肥增粒重。1995年后，油菜种植大面积实行免耕条播，这种栽培方法简便，省工省本。1998

年，油菜种植基本上都是免耕条播。

（二）品种

1949~1998年，境内种植的油菜品种主要有10种。

表6-16　1949~1998年王秀境内油菜主要品种一览

种植年份	种植品种	种植年份	种植品种
1949~1955	三月黄、四月黄、野芥菜	1972~1979	新华1号、2号
1955~1963	宁波菜	1978~1998	宁油7号
1963~1965	胜利油菜	1990~1998	苏油1号、4号
1966~1971	胜利52		

（三）产量

1966年起，王秀境内油菜种植面积一直保持2000余亩。1982年起，大面积增加，至1998年大多数年份在3000亩以上，其中1993年达4648亩，是种植面积最多的一年。

1966~1998年，油菜亩产和总产，因有面积因素和受灾影响，每年高低不一。油菜亩产最高的一年是1981年，达201.6公斤；总产最高的一年是1995年，达557.93吨。油菜亩产和总产最低的一年是1977年，亩产79.9公斤，总产178.34吨。

1998年，受面积、气候等影响，油菜亩产和总产均偏低。全镇种植面积3150亩，亩产89公斤，总产280.35吨。

表6-17　1966~1998年王秀镇（公社、乡）油菜籽种植面积、产量统计

年份	种植面积（亩）	亩产（公斤）	总产（吨）	年份	种植面积（亩）	亩产（公斤）	总产（吨）
1966	2121	93.2	197.68	1983	2593	123.3	319.72
1967	2126	91.0	193.47	1984	2450	160.5	393.23
1968	2124	91.3	193.92	1985	3851	142.0	546.84
1969	2102	106.9	224.70	1986	3580	138.5	495.83
1970	2197	102.8	225.85	1987	3894	125.0	486.75
1971	2278	135.1	307.76	1988	3749	142.0	532.36
1972	2274	129.4	294.26	1989	3612	102.0	368.42
1973	2374	106.2	252.12	1990	3836	144.0	552.38
1974	2274	132.0	300.17	1991	3864	135.0	521.64
1975	2313	135.6	313.64	1992	4415	120.5	532.01
1976	2271	104.7	237.77	1993	4648	120.0	557.76
1977	2232	79.9	178.34	1994	3108	83.0	257.96
1978	2228	196.2	437.13	1995	3509	159.0	557.93
1979	2260	145.1	327.93	1996	2681	159.0	426.28
1980	2300	185.7	427.11	1997	3500	157.0	549.50
1981	2300	201.6	463.68	1998	3150	89.0	280.35
1982	2700	180.6	487.62				

五、蔬菜

境内种植的蔬菜品类较多，常见的有青菜、芹菜（又名药芹）、韭菜、莴苣（又名苣笋）、花菜、卷心菜、大头菜、雪里蕻、菠菜、茭白、番茄、茄子、辣椒（又名辣茄）、豇豆、豌豆、青毛豆、紫角叶、大白菜、萝卜、荠菜（又名野菜）、刀豆、扁豆、青蚕豆、大蒜、金花菜（俗称草头）等。

1958年以前，农民利用杂边闲地，零星种植，自产自食，多余的上市出售。1958年人民公社化后，许多生产队把有些蔬菜的种植列为副业增收项目，组织生产经营。1966年，孙桥大队9队试种榨菜2亩，后因缺乏榨菜加工技术而未能大面积推广。1967年，有的生产队集体试种茭白并取得较好收入，之后种茭白的生产队增多，全公社每年种植面积100亩左右，年总收入4万余元。

1968年，在全公社推广种植大头菜，之后一度在王秀境内大面积套种。1973年，在各生产队和广大农户中推广种植大蒜，之后大蒜种植成为农业生产增收的主要项目之一。

1977年，杨漕大队1、8队利用“王天塘”洼田种植芹菜6亩，每亩收入400余元，种植多年。1979年，王秀大队4、6、8、9队和白荡大队12队试种生姜6亩并取得成功，平均亩产1250公斤左右，每亩收入近千元。

1983年，农村实行家庭联产承包责任制，生产队集体土地划分给农户承包经营。此后，境内的蔬菜全部由农户种植。1986年前后，随着市场经济的发展，流通领域拓展，社会上农产品营销经纪人增多，一些种植大户将蔬菜交于经纪人销售。因有了销售渠道，境内蔬菜种植面积有所扩大。

1990年后，乡镇企业加快发展，外来人口增多，蔬菜需求量增加，为农民扩种蔬菜、实现增收提供了有利条件。1995年后，随着农业产业结构的调整，农业呈专业化、产业化发展趋势，境内出现了众多专业生产蔬菜的大户，并大力发展大棚蔬菜，种植的蔬菜品种多、产量高、效益好。1998年，全镇种植各类蔬菜达5000亩次（农户种植上市蔬菜的面积，其他零星种植、自产自食的除外），全年生产蔬菜1600吨，总产值750万元。

在历年所种植的各类蔬菜中，大头菜、大蒜种植面积相对较多，产量较高，且农口部门对种植的面积、产量曾做统计，其他蔬菜种植情况查无资料，无从统计。

大头菜　1965年前后，杨漕、草庙等大队的农民到常熟采购大头菜种子，在自留地上试种，密植亩产2500公斤左右。因大头菜是腌制酱菜的好原料，又是猪吃的好饲料，故被生产队作为副业推广，收获的大头菜大部分用作猪饲料。1968年，全公社套种大头菜500亩，都是采用棉麦茬口间作套种，不占棉麦生产面积，套种亩产1000公斤，收获大头菜500吨。1969年起大头菜种植面积不断扩大，1974年套种面积扩大到5905亩。1975年后，因耕作制度改革，棉麦间作逐年改为密麦茬口移栽尼龙育苗营养钵棉苗，大头菜套种面积相应减少。1981年，全公社大头菜总产量1513吨，当年猪圈存量9363头，用作猪饲料平均每头162公斤。1982年，全公社大头菜总产量1505吨，当年猪圈存量7696头，用作猪饲料平均每头196公斤。1983年实行家庭联产承包责任制后，生产队集体不再养猪，大头菜停种，由农户零星种植，主要用于腌制酱菜食用。

大蒜　1966年以前，境内种植大蒜极少。1966年起，农民自行采购少量大蒜种子在自留地上零星种植，后因种子退化，产量不高，销路不畅，1970年前后停种。

1973年起，生产队集体和农户都开始种植大蒜，但种植面积不多。1979年后，因外贸需要，王秀供销社土副站组织收购。因种植大蒜经济效益好，且棉蒜间作套种不影响棉花生产，大蒜还有驱虫作用，有利于棉蒜双丰收，省药省工，故种植面积开始增多。

1980年，王秀公社多种经营管理办公室和王秀供销社土副站积极宣传种植大蒜的好处，并组织引进“太仓白蒜”良种，在全社推广种植。从此，大蒜成为农业增收的一项骨干副业。1982年，全公社大蒜总产量146吨，总产值9万余元。

1983年农村实行家庭联产承包责任制后，大蒜仍有销路，由农户继续套种夹种，且种植面积扩大。1986年全乡农户种植大蒜672亩，是历年种植面积最多的一年。1987年起，受市场经济影响，年际种植面积多少不一，落差较大。1997年起，农副产品销售经纪人增多，大蒜销售渠道拓展，全镇大蒜种植面积又回升。1998年，全镇种植大蒜642亩，总产量308吨。

表6-18　1973~1998年王秀镇（公社、乡）大蒜种植面积、总产量统计

年份	面积（亩）	总产（吨）	年份	面积（亩）	总产（吨）
1973	16	12	1986	672	203
1974	24	12	1987	482	186
1975	112	47	1988	221	165
1976	43	13	1989	223	109
1977	10	3	1990	300	97
1978	35	20	1991	267	91
1979	100	58	1992	193	86
1980	263	109	1993	336	202
1981	230	108	1994	289	115
1982	253	146	1995	302	142
1983	218	83	1996	79	58
1984	312	131	1997	654	345
1985	537	199	1998	642	308

六、瓜果

境内种植的瓜类主要有西瓜、香瓜、黄瓜、冬瓜、南瓜等。栽种的果树主要有桃、梅、梨、柿、枣、杏、橘、枇杷、葡萄等。放栽的浮水水生植物主要有红菱等。

1958年以前，境内瓜类作物由农户分散零星种植，果树由农户在宅前屋后栽种。瓜品和果品大多自给食用，多余的上市出售。1958年人民公社化后，有的生产队集体种植西瓜、香瓜，成熟后上市出售，或当作副食品分给农民食用。1967年后，过去盛产的红菱，因鱼塘放养“三水”（水浮莲、水花生、水葫芦）和养鱼水面扩大而种养面积减少。1970年后，农民以前栽种的果树中，梅、杏逐渐被淘汰，桃也由生毛桃改种水蜜桃或白凤桃，梨和橘两种果树发展很快，大多数农户都要在宅旁种上数棵或十几棵。1975年前后，有的地方还成片栽种橘树。1983年实行家庭联产承包责任制后，瓜类作物和果树由农户选择栽种。1990年后，推行农民承包土地流转，促进农业内部分工，出现了农业专业户，有的承包大户专业种植西瓜、香瓜、葡萄等，瓜果生产呈专业化、产业化发展趋势。1995~1998年，上市瓜果以种田大户专业生产为主，农户自产的瓜果主要用于自食，极少上市。

农口部门曾对境内西瓜、香瓜、南瓜的生产情况有过一段时期的统计，其余瓜果生产情况查无资料，无从统计。

表6-19 1966~1990年王秀乡（公社）主要瓜类作物种植统计

年份	西瓜、香瓜		南瓜		年份	西瓜、香瓜		南瓜	
	面积（亩）	总产（吨）	面积（亩）	总产（吨）		面积（亩）	总产（吨）	面积（亩）	总产（吨）
1966	44	48	254	418	1979	31	37	568	1059
1967	66	79	230	420	1980	22	31	2324	4393
1968	89	85	236	403	1981	158	132	2274	4207
1969	43	52	313	664	1982	122	133	865	1574
1970	13	16	327	621	1983	136	166	—	—
1971	28	26	347	626	1984	152	131	—	—
1972	51	43	371	679	1985	175	187	—	—
1973	30	35	329	561	1986	180	190	—	—
1974	35	28	195	343	1987	173	81	—	—
1975	35	26	270	481	1988	123	79	—	—
1976	12	13	253	455	1989	183	217	—	—
1977	6	7	339	647	1990	169	123	—	—
1978	30	40	576	1065					

注：①1983年实行家庭联产承包责任制后，农口部门对南瓜生产未做统计；②1991年起，农口部门对西瓜、香瓜生产未做统计。

七、豆类杂粮

境内种植的豆类杂粮主要有玉米、蚕豆、大豆、芋艿、山芋、马铃薯等。一般利用零星杂边地种植，也有整块大田种植。人民公社化时期，生产队集体种植，农户也普遍种植。集体种植收获后，作为副粮分给农民；农户种植多为自食，多余的上市出售。种植的蚕豆，有的采摘青蚕豆，当蔬菜吃；有的收获老蚕豆，留作种子或者煮熟、炒熟后食用。大豆亦分为两用，待大豆荚饱满后，采摘青毛豆，作蔬菜食用；未采摘的待成熟后收获老豆，俗称“黄豆”。1986年，全乡收获蚕豆（老豆）171吨、大豆（老豆）74吨、芋艿240吨。1990年，全乡收获蚕豆（老豆）90吨、大豆（老豆）67吨、芋艿169吨。之后，市场开放，流通活跃，运输便捷，外地豆类杂粮进入王秀市场。于是，全镇豆类杂粮种植面积减少，农口部门对蚕豆、大豆、芋艿等主要豆类杂粮种植情况不再统计。

第二节 作物保护

一、病虫种类

农作物病虫害是影响农业稳产高产的主要因素。病虫害主要分常发性、偶发性、爆发性3种，以常发性居多。1966~1998年，境内出现的病虫害种类众多，主要有70余种。

表6-20 1966~1998年王秀镇（公社、乡）主要农作物病虫害情况

主要作物	病害种类	虫害种类
水稻	稻瘟病、纹枯病、稻曲病、褐条病、恶苗病、条纹叶枯病、胡麻叶斑病	稻蓟马、稻叶蝉、稻苞虫、潜叶蝇、象鼻虫、纵卷叶虫、稻飞虱（有灰、褐、白背三种）、螟虫（有二代螟、三代大螟）
三麦	锈病、赤霉病、白粉病、黑穗病、条纹病、黄花叶病	麦蚜虫、黏虫
棉花	立枯病、枯萎病、炭疽病、角斑病、黑果病、红腐病、轮纹斑病、黄叶茎枯病	红蜘蛛、红铃虫、盲蝽象、棉蚜虫、棉叶蝉、棉铃虫、金龟子、金刚钻、地老虎、草条虫、棉蓟马、玉米螟、蜗牛、蚱蝉、刺蛾
油菜	白锈病、菌核病、霜霉病、病毒病	菜蚜虫、菜青虫、小菜蛾、潜叶蝇、黄条跳甲虫
蔬菜	霜霉病、灰霉病	甜菜夜蛾、斜纹夜蛾、小菜蛾、菜青虫、白粉虱、菜粉蝶、蚜虫、瓜绢螟、豆野螟、叶螨、地老虎

二、病虫危害

1966~1998年的33年间，基本上每年都有病虫害发生，均对农作物造成不同程度的减产损失。

1966年，三麦受黏虫危害，受害面积达30%，特别严重的田块，三麦光杆断穗。1967年，发生水稻三代纵卷叶虫危害，受害面积在20%左右；三麦黑穗病暴发，病穗率在30%~40%。1969年，水稻秧田苗期发生稻瘟病，秧苗发病率达30%；刺蛾危害棉苗达30%。

1970年，潜叶绳危害早稻，茎枯病危害棉花，赤霉病危害三麦，受害面积均在20%~30%。1971年，稻叶蝉虫害严重，双季后作稻受害面积达40%；棉花红铃虫暴发，受害严重的田块十铃（棉铃）九蛀，造成棉花减产。1972年，棉花红蜘蛛危害率在50%~60%，三麦赤霉病危害率在33%~44%，油菜菌核病棵发率达20%。1976年，棉花伏蚜虫发生面积达60%，油菜龙头病、菌核病棵发率在20%~30%。

1977年5月中旬至6月初，两个星期连续阴雨，三麦赤霉病严重发生，虽用药剂多次喷治，但因气温、湿度适宜赤霉病蔓延而难于抑制，导致三麦大面积减产。全公社三麦单产仅106.1公斤，比1976年单产219.8公斤减少113.7公斤；仅收获三麦总产1229.85吨，比1976年总产2595.05吨减少1365.2吨。此年是王秀1966~1998年三麦单产和总产都最低的一年。

1981年，小麦白粉病大面积发生，危害严重的田块病株率达100%，一半叶子发黄，历史上少见。1982年，油菜菌核病棵发率达34%，造成减产1.5~2成。

1983年，流行水稻穗颈瘟病，病棵率达20%。1987年，枯萎病危害棉花面积达55%，造成棉花减产。1988年，单季稻穗颈瘟病发病率达32%，褐飞虱危害水稻面积达35%。

1992年，水稻纹枯病发病严重，受害面积达40%。1995年，水稻褐飞虱严重，虫量多，峰期长，水稻受害面积达40%。1996年，水稻三化螟严重，受害面积达30%；棉花棉铃虫严重，受害面积达33%。1997年，流行小麦白粉病，严重的田块病叶率达55%。1998年，受小麦赤霉病危害，小麦单产比上年减少74公斤，总产减少918.33吨。

三、病虫防治

中华人民共和国成立前，农民缺乏防治农作物病虫害的知识和药物，对病害束手无策，基本上没有防治措施；对虫害以人工防治为主，即采取捕捉、采摘、网兜、梳落、剪拔、挖掘、开沟等方法进行防治。中华人民共和国成立后，防治知识逐渐普及，农药种类不断增多。农业植保工作由农技部门指导，防治方法多种多样，农作物得到有效保护，病虫危害降到最低程度。

中华人民共和国成立初期，防治水稻三代三化螟，采取一代秧田采卵块、二代剪除枯心苗、三代拔白穗、冬季掘稻根销毁等连治的方法。消灭稻苞虫，一靠人工捕捉，二用竹竿梳落虫蛹。防治三麦虫害，除人工捕捉外，还采用开沟阻隔的方法减少三麦黏虫迁移危害。消杀棉花红蜘蛛，同样靠人工捕捉，另外还用人工摘除棉花病叶的方法减轻红蜘蛛危害。

1953年，水稻遭受稻苞虫危害，当时用"二二三"乳剂喷洒，治虫效果显著，这是境内农民第一次使用农药治虫。喷洒农药使用手工操作的喷雾器，当时喷雾器有单管式、552丙型压缩式、背包式三种。1954年，用青草定堆诱捕、人工捕捉的方法，捕杀棉田地老虎。利用虫子的趋光性，在田头摆放小方灯、桅灯等，诱杀水稻螟蛾，减轻虫害，减少白穗。水稻用石灰水浸种，防治恶苗病。1958年后，境内调整水稻品种布局，改中稻为晚稻，并实行晚播、晚栽的避螟措施，改变了原来早、中、晚品种混栽而导致螟害严重的态势。

1966年，建立农业植保队伍，公社、大队、生产队都配备专兼职植保员。1967年，各大队还成立了由各生产队植保员组成的植保联防队，具体负责全大队病虫测报和防治工作。1968年后，更加重视农业防治，采用作物轮作、调整茬口的方法控制病害，实行稻棉轮作，控制水稻纹枯病和棉花枯萎病；不种叠地油菜，控制菌核病；不种叠地大、元麦（特别是早熟三号大麦和浙114元麦），控制苗期黄花型病毒病。

1970年后，每年都有稻飞虱危害，严重的田块"冒穿"后颗粒无收。其时用药粉"混灭威"喷粉防治，使用的喷粉器有丰收-5型、长江-10型2种。另外，还用柴油黏虫的方法防治稻飞虱，即用适量柴油渗入稻田水中，然后人工赶虫，使其跌落油水粘死。防治棉花虫害，采用"敌敌畏"毒土熏蒸及傍晚喷粉的方法消灭红铃虫等。1972年，试搞仓库放养金小蜂，消灭越冬红铃虫，取得较好效果。1973年起，改用药效长的农药防治水稻螟虫、纵卷叶虫和棉花红铃虫，使用"杀虫醚"；防治水稻稻蓟马，改用"呋喃丹"，药效长、效果好。1974年前后，将全公社各生产队仓库用塑料薄膜密封，用"磷化锌"熏蒸，取得较好治虫效果。

1975年起，改用低毒高效农药。1977年起，水稻改用"四〇二"农药浸种，防治水稻恶苗病效果更好；三麦使用"多菌灵"浸种，减少黑穗病发病率；棉花使用"多菌灵"拌种，减轻苗期立枯病危害。1978年，有的生产队尝试用蜘蛛消灭棉蚜虫，后因效果不理想而未推广。1982年，调整充实植保队伍，进一步加强植保工作，全公社共配有植保员184人，其中公社2人、王秀供销社1人、大队13人、生产队168人。其时，全公社拥有植保机械1162台（架），其中机动高压远程喷雾机34台、机动弥雾机18型119架、手掀各种型号压缩喷雾机902架、喷粉机107架。有了机动喷雾喷粉药械，喷洒农药工效大为提高。1985年，利用黑光灯、高压电网诱杀稻棉害虫，后又推广频振式佳多灯诱杀，以降低害虫密度，减少危害损失。

进入90年代，每年有水稻稻飞虱、小麦赤霉病、棉花枯萎病、油菜菌核病等病虫害发生，在镇农技部门的指导下，各农户准时用药防治，减轻了病虫害损失。1991年，大力推广新农药“扑虱灵”，用于防治稻飞虱，既起到了良好的消杀作用，又节省了成本和人工。1996年，水稻三化螟虫害严重，镇农技部门及时预测预报虫害发生期，大力推广高效低毒农药“虫杀手”，广大农户准确抓住最佳防治时间，使三化螟危害得到有效控制。1998年，受连续阴雨影响，小麦赤霉病发病严重，全镇统一行动，及时用药，将小麦受赤霉病影响造成的减产降到最低程度。同年起，对蔬菜防治病虫害，采用高效低毒杀虫剂，示范推广生物农药，既达到了良好的防治效果，又解决了农药残留问题。

四、其他农药应用

从70年代起，在做好农作物防病治虫工作的同时，还大面积使用除草剂除草，也曾应用植物激素促进农作物生长。

1970年，将“九二〇”激素用于棉花保稳长，1977年，用于留种杂优稻促早熟，这种激素的应用，均系试验性质，应用面积极少，后因效果不佳而停用。1977年起用“矮壮素”控制棉花疯长，每年应用面积占棉田面积的40%～60%。1979年试用“乙烯利”催熟棉花，此后两年有较大面积应用，催熟效果甚明显。

1979年起，开始使用除草剂除草。因化学治草既效果好，又省工省力，故一直大面积使用。其间，农资部门供应的除草剂品类众多，并有更新换代。至1998年，农民使用过的除草剂有“除草醚”“二甲四氯”“氯麦隆”“直播宁”等。

第三节　作物肥料

农作物肥料主要分为有机肥料和无机肥料两种。有机肥料主要有河泥、草塘泥、绿肥、人便粪肥、禽畜厩肥和菜籽饼、棉仁饼、豆饼等。无机肥料指化学合成的肥料，通常称化肥。中华人民共和国成立前，农业以施用有机肥料为主。中华人民共和国成立后，随着化学工业的发展，化学肥料不断增多，有机肥料和化学肥料搭配使用。80年代后，以施用化学肥料为主，有机肥料逐步减少。90年代，有机肥料极少使用。疏松改良土壤，提倡农作物秸秆还田。促进作物生长主要依靠化学肥料。

一、有机肥

河泥　60~70年代，罱泥是每个生产队积肥的主要途径。在河泥塘内放入青草和稻草，人工拌和，待腐烂发酵后，就成了作物肥料，通常称草塘泥，主要用作水稻基肥。河泥也较多用作小麦压麦追肥，即在小麦越冬时节，将罱起的河泥用粪桶挑运至小麦田中，将泥浆直接泼浇覆盖于麦苗上，对小麦起到保温增肥作用。1983年后罱泥积肥渐停。1985年后已不见踪影。

绿肥　绿肥主要有紫云英、苜蓿和“三水一绿”等。60~70年代，每个生产队都有一定计划面积种植绿肥。紫云英一般为密植，其后的一茬种水稻，收割的紫云英拌入河泥发酵成草塘泥，用作农作物基肥。苜蓿主要种在棉茬条垄内，在棉花移栽前，有一部分割掉用于拌草塘泥，也有一部分直接翻入土中作棉花基肥。每年农闲，生产队还安排妇女割草积肥，割交生产队的草，称重量记工分。70年代至80年代初，由于推广双季稻，麦稻二熟制变为麦稻稻三熟制，种植绿肥的茬口面积减少，于是各生产队放养“三水一绿”，既用作绿肥，又用作猪饲料。1983年后，绿肥基本绝迹。

厩肥　主要有猪、羊、鸡、鸭、兔等圈养积存的粪肥。70年代，几乎家家户户养猪，在猪圈内倒入草木灰、草茎叶等，让猪踏积成猪窝灰。农户的猪窝灰大多由生产队收集使用，生产队为农户按担（50公斤）计费，年终结算兑付。羊窝灰、兔圈灰大部分用于自留地，也有生产队同样按担计费向农户收集。其时，农村中鸡、鸭普遍散养，有些生产队组织老人、小孩，在宅前屋后收集鸡鸭粪便，俗称“捉鸡屎”。收集的粪便，称分量记工分，交于生产队。生产队积少成多，用作肥料。80年代后，厩肥施用逐渐减少。90年代，有少数种田大户到禽畜养殖场装运厩肥，主要用于蔬菜生产，绝大多数农户极少使用厩肥。

饼肥　饼肥种类主要有豆饼、菜籽饼、棉仁饼等。50年代，主要用豆饼对农作物进行追肥。60年代起，豆饼供应数量减少，饼肥以菜饼、棉仁饼为主，尤以供应菜饼为多。70年代，饼肥按计划供应生产队，每年供应量较少，主要用作水稻长粗肥、棉花当家肥，少量用作种西瓜、香瓜的基肥。80年代后，化肥供应量增多，饼肥不再供应。

大粪　大粪一直是农作物的主要肥料，主要用作各类作物的基肥、追肥。80年代以前，农村家家户户有坑缸，农民如厕积存的粪尿，少量由农户用于自留田施用，大量由生产队在需要粪肥时安排人到每家每户坑缸挑运。生产队施用农户粪肥，按担给农户计费，年终结算兑付。计划经济时期，化肥计划供应，且供应量少，而收集农户的粪肥又十分有限，于是每个生产队都要用农船前往上海、苏州城区、太仓等地装运大粪，以填补生产队用肥缺口。80年代后，不再组织外出装运，粪肥用量减少。90年代后，农民建房普遍改厕，弃用坑缸，粪肥越来越少，除少数农户还在蔬菜地里浇施粪肥外，基本上看不到农田大面积施用粪肥。

垃圾　70年代，生产队用肥紧张，为解决用肥困难，有船只运输条件的生产队都要组织人员前往上海、苏州城区等地装运生活垃圾，运回后进行筛检，然后用作旱田作物基肥。80年代后，装垃圾积肥停止。

秸秆还田　70年代以前，生产队稻柴、麦柴一部分留给集体，大部分分给农户。80年代初期，有机肥料施用量减少，不利于改良土壤，农技部门提倡秸秆还田，但农户嫌稻麦秸秆一时难以腐烂而影响耕种，故将一部分稻麦秸秆收集起来用于灶用燃料，大部分留在田里焚烧销毁。80年代中期起，农技部门对水稻大田的秸秆还田做到早发动，广泛宣传秸秆还田的好处，并下乡督促，禁止秸秆焚烧，因而秸秆还田数量逐年增加。1989年，全乡水稻秸秆（麦秸秆）还田面积达1.05万亩，占水稻总面积的78%。90年代后，秸秆还田因有利于改善土质，被广大农户所采用，每年水稻田秸秆（麦秸秆）还田面积占水稻总面积保持在90%以上。

二、无机肥

无机肥料由人工化学合成，通常称化肥。50年代以前及初期，化肥极少，时称化肥为“肥田粉”“洋垩壤”。50年代中期起，才有少量硫酸铵供应。人民公社化后，化肥计划供应，按生产队田亩分配，主要用于水稻、三麦、棉花、油菜的追肥，有时也作基肥。70年代，化肥供应紧张，数量有限，生产队常常用船到指定的苏州城区、上海等地的化工企业购买氨水，运回后装甏封存，防止挥发，保持肥力，需要时开甏，兑水稀释后施用；有时运回后直接下田施用。80年代，化肥供应量增加，品种不断增多，常年供应的化肥有硫酸铵、氯化铵、硝酸铵、碳酸氢铵、尿素、过磷酸钙及氮磷钾复合肥等。1989年，供应农户各类化肥3092吨。90年代，在镇、村设供应站（点），化肥敞开供应，满足农户农作物施用需要。

第四章　养殖业

第一节　禽畜饲养

一、养牛

境内养殖的牛主要是耕牛。农耕时代主要靠耕牛拉犁耕地、拉车灌水。民国时期，农户养牛极少，只有少数农田多、较富裕的农户才有条件养牛。养殖的耕牛大多为黄牛。1956年农业合作化后，私人养的耕牛作为生产资料并入农业合作社实行公有私养。1958年人民公社化后，由生产队集体养殖耕牛。因水牛比黄牛畜力大，生产队以饲养水牛为主，黄牛逐步被淘汰。

60年代，每个生产队都有耕牛2~3头，有的田多的生产队有4头及以上。1965年，全公社各生产队共有耕牛535头，其中水牛337头。生产队耕牛余缺调剂，可按照事先的约定，在牛市场上买卖交换。因耕牛是生产队的重要生产资料，故不能任意宰杀，即使是淘汰的老弱耕牛，也要由大队、公社批准，才能由生产队处理。1968年，农村出现手扶拖拉机耕田，但拖拉机数量有限，大多数农田耕翻仍然依靠牛力，是年末，全公社仍有耕牛279头，其中水牛218头、黄牛61头。1975年起，开始出现中型拖拉机耕田，之后，随着中拖数量增加、机耕面积扩大，耕牛饲养量锐减。1978年，全公社耕牛仅剩97头。1980年后，耕牛犁田被拖拉机耕田替代，农村进入机耕时代，耕牛全部被淘汰。

二、养猪

1958年以前，以农户家庭养猪为主，猪种多数是黑色本地种，猪身小，吃的饲料除米糠、麸皮、豆饼外，还有玉米、高粱、大麦、元麦、蚕豆等粮食饲料。因养猪消耗粮食，一些吃粮紧张的农户无力养猪，仅一些有余粮的农户才养。农户养猪效益略微，只图积存猪窝灰，用于农作物肥料。俗语说："养了三年蚀本猪，田里壮得不得知。"

1958年后，生猪生产逐步发展。1966年起，生产队、农户都养猪。各生产队都建有饲养场，选派饲养员负责集体养猪。养猪积存的猪窝灰用于沃田；生猪出售，增加集体收入；也有少量的生猪，经大队批准，宰后分给农民，以改善生活。农户将生猪出售给国家，猪窝灰卖给生产队做肥料。

1971年起，为发展生猪生产，克服苗猪供应不足的问题，全公社增加母猪饲养量，每年养殖母猪1000头以上，大部分苗猪就地供应。

1975年，公社对集体养猪推行"五定一奖"责任制，即定任务、定产值、定饲料、定人员、定报酬，超产奖励，减产赔偿，调动了饲养员的积极性，生产队生猪生产进一步得到发展。

1977年，公社和各大队分批组织副业干部、饲养员、赤脚兽医到鹿河公社长江大队参观，学习长江大队推广的“三吃”（吃青、吃生、吃稀）养猪经验。参观后还举办了养猪培训班。此后，全公社生猪饲养量逐年上升，1977年末圈存8331头，1978年上升至10368头，1979年达11447头。其时，孟河大队4、8队和湘里大队4队及王秀大队4队等生产队，每年生猪圈存量达百头。同时，全公社大面积放养“三水”（水花生、水浮莲、水葫芦）作为青饲料，并大力推广青饲料，降低养猪成本。

1980年下半年起，全公社生猪生产实行农户包干，派购养猪任务落实到户，集体养殖场生猪饲养量逐渐减少。在生猪生产中，推广混合饲料，多种精粗饲料搭配，利于生猪生长，缩短了饲养周期，提高了养猪效益。1983年后，生产队饲养场解散，无集体养猪，农户养猪也逐渐减少。1987年起，农户养猪量萎缩，全乡生猪饲养量大幅度下降。1992年后，养猪逐步转向专业饲养，出现养猪专业户、重点户，一般规模养殖数十头，有的在百头以上，但全镇总量上逐步减少。1998年，全镇生猪年末存栏2615头，年末出栏4537头。

表6-21　1966~1982年王秀公社养猪存栏、出栏统计

单位：头

年份	年末存栏数						当年出栏数		
	合计	集体养殖	农户养殖	其中：母猪			合计	出售	自宰
				合计	集体养殖	农户养殖			
1966	8631	3560	5071	581	476	105	—	—	—
1967	6097	2236	3861	508	409	99	—	—	—
1968	6434	2208	4226	527	495	32	—	—	—
1969	7768	2749	5019	739	724	15	—	—	—
1970	10512	4318	6194	895	888	7	—	—	—
1971	9540	3887	5653	1078	1069	9	—	—	—
1972	9743	4463	5280	—	—	—	7716	7618	98
1973	9522	4090	5432	—	—	—	7563	7449	114
1974	10370	4555	5815	1124	1118	6	7536	7455	81
1975	9624	4651	4973	1235	1228	7	10644	10573	71
1976	10364	5221	5143	1262	1260	2	8151	7962	189
1977	8331	3889	4442	1169	1169	—	5591	5377	214
1978	10368	4068	6300	1304	1303	1	7501	7399	102
1979	11447	4266	7181	1399	1368	31	15994	15882	112
1980	9576	3587	5989	1179	1156	23	16326	16326	—
1981	9372	2598	6774	1152	1098	54	12731	12698	33
1982	7679	995	6684	841	474	367	13911	13898	13

注：①1972年、1973年农村年报表无母猪统计资料；②1966~1971年年内出栏数无统计资料。

表6-22　1983~1998年王秀镇(乡)生猪生产统计

单位：头

年份	年末存栏数	当年出栏数	年份	年末存栏数	当年出栏数
1983	6219	8116	1991	3469	9866
1984	6451	8175	1992	5343	10008
1985	6173	7674	1993	3782	10196
1986	5588	6956	1994	3048	10910
1987	3331	5517	1995	2736	9966
1988	4219	7099	1996	2380	9102
1989	4256	8078	1997	2860	3244
1990	3827	8176	1998	2615	4537

三、养羊

羊是吃草的动物，采食范围广，适应性强，生长快，成熟早，当年可收益，有“养羊不蚀本，贴根烂草绳”之说，故羊是农民历来喜爱饲养的家畜。

境内养殖的羊主要有山羊和绵羊2种。50年代，农民习惯饲养山羊，但因本地山羊一般都是近亲交配，体形越来越小，加之绳牵放养多，圈养少，积肥不多，经济效益不高，故逐渐改养绵羊。60年代前期，境内既有山羊，又有绵羊，饲养量基本上各占一半，相差无几。60年代中期起，山羊饲养量减少，绵羊增多。绵羊饲养6个月，体重可达25～30公斤，一年可产2胎，一般每胎产子2~3头，少数能产4头。刚产下的血羔羊皮，出售价格高。成年羊的羊毛剪下，农妇洗净后自己纺线，织成羊毛衫，可用以御寒。绵羊大多圈养，又可积肥，经济效益超过山羊。70年代起，全公社山羊年末圈存量每年保持100～250头，绵羊年末圈存量每年均在3000头以上。1980年，因养殖凌湖羊收入高，王秀供销社学习常熟县何市供销社帮助农民发展凌湖羊养殖的做法，积极采购凌湖种羊，支持农户养殖凌湖羊。是年，是全公社农户养殖凌湖羊最多的一年，也是王秀供销社收购小羔羊皮最多的一年，收购量在全县各基层供销社中名列第一。1984年起，养绵羊价值开始降低，饲养量逐步减少。1991年后，绵羊饲养量极少，养羊户主要养山羊。养羊以老年农民放牧牵养为主。饲养的山羊主要卖给办喜事人家宴请用。1998年，全镇年末羊圈存1452头。

表6-23　1966~1998年王秀镇(公社、乡)历年养羊统计

单位：头

年份	年末羊圈存数			年份	年末羊圈存数		
		山羊	绵羊			山羊	绵羊
1966	2504	1194	1310	1973	3406	173	3233
1967	2462	826	1636	1974	3846	140	3706
1968	2903	459	2444	1975	3947	136	3811
1969	3405	412	2993	1976	3627	169	3458
1970	3414	235	3179	1977	3703	135	3568
1971	3568	243	3325	1978	3577	199	3378
1972	3755	218	3537	1979	3580	202	3378

续表

年份	年末羊圈存数	山羊	绵羊	年份	年末羊圈存数	山羊	绵羊
1980	3858	232	3626	1990	2075	999	1076
1981	3564	253	3311	1991	2458	—	—
1982	3603	244	3359	1992	1923	—	—
1983	3547	228	3319	1993	1950	—	—
1984	2876	195	2681	1994	1069	—	—
1985	2103	169	1934	1995	1484	—	—
1986	1530	124	1406	1996	788	—	—
1987	1489	115	1374	1997	1376	—	—
1988	1595	555	1040	1998	1452	—	—
1989	1623	915	708				

注：1991~1998年，农村年报表只统计养羊总数，对山羊、绵羊未分别统计。

四、养兔

兔，有毛用、皮用和皮肉兼用三种。王秀原无养兔传统，50年代及以前，饲养量极少。60年代初期，因市场猪肉供应紧张，才开始发展养兔。当时，农户大多饲养“青紫兰”等菜兔，以补肉食。60年代中期起，农民主要发展养猪，养兔量减少。70年代中期起，兔饲养量有所回升。为提高效益，主要饲养毛用皮用兔，兔毛、兔皮均由王秀供销社土副站收购。

1980年起，饲养西德长毛兔，并迅速发展。西德长毛兔繁殖快，体形大，产毛多，绒毛密而长，兔毛质量好、价值高，多用于出口。农村老年农民靠养兔收入补贴家用，普遍爱养西德长毛兔。1982年，全公社养兔年末存栏2148只，其中西德长毛兔1751只。1986年，西德长毛兔年末存栏4704只，是80年代饲养量最多的一年。之后，由于兔毛跌价，西德长毛兔饲养量又逐渐减少。

1989年后，由于养兔效益差，饲养量减少。1994年全镇年末存栏仅剩205只。1996年起，发展养殖皮肉兼用的獭兔，效益有所回升，饲养量又开始增多。1998年全镇农户养兔年末存栏2376只，以饲养皮肉兼用兔为主。

表6-24　1966~1998年王秀镇（公社、乡）历年养兔统计

单位：只

年份	年末存栏	年份	年末存栏	年份	年末存栏	年份	年末存栏
1966	653	1975	2373	1984	3217	1993	375
1967	121	1976	2255	1985	4486	1994	205
1968	591	1977	1726	1986	4717	1995	245
1969	—	1978	2361	1987	1743	1996	1646
1970	—	1979	889	1988	786	1997	2500
1971	—	1980	561	1989	498	1998	2376
1972	1196	1981	707	1990	514		
1973	73	1982	2148	1991	352		
1974	559	1983	2543	1992	802		

注：1969~1971年农村年报表对养兔年末存栏未做统计。

五、养禽

饲养鸡、鸭、鹅等家禽，历来是农民传统的家庭副业。50~60年代，几乎家家户户都养禽，少则几羽，多则10多羽。农户所需苗禽，由外来小贩走村入户兜售，也有农户孵化自产苗禽。养殖以农户散养为主，禽和蛋大多自食，多余的上市出售。

70年代，除农户家庭养殖外，不少生产队还把养禽作为集体副业来搞。苗禽主要由王秀食品站到太仓孵坊采购供应。1974年前后，全公社有王秀大队6队和长浜大队6队等17个生产队办集体养禽场，主要养殖白洛克鸡，每个生产队饲养量均在600~700羽。1976年后，因滞销，且不再奖售饲料粮，故集体养殖场逐年减少。1977年，孙桥大队7队集体饲养母鸭300羽，至1980年4月，把全棚母鸭卖给鹿河公社长江大队养鸭场。至此，生产队集体养禽绝迹。

80年代，农户养禽品种主要有黄脚鸡、芦花鸡、狼山鸡、浦东鸡、白洛克鸡、绍鸭、太湖白鹅等。全公社每年饲养量在2万羽以上，1988年达5.65万羽，是80年代养禽最多的一年。

90年代后，农户家禽养殖大多数围网圈养，只有少数散放养殖。有的农户以养禽为业，成为规模养殖大户。1998年，全镇家禽年末存栏3.12万羽。

表6-25　1966~1998年王秀镇（公社、乡）历年养殖家禽统计

单位：羽

年份	年末存栏	年份	年末存栏	年份	年末存栏	年份	年末存栏
1966	5689	1975	—	1984	33870	1993	35620
1967	5968	1976	—	1985	37216	1994	27561
1968	—	1977	—	1986	40532	1995	24515
1969	—	1978	19122	1987	38442	1996	18383
1970	—	1979	19552	1988	56519	1997	32083
1971	—	1980	25605	1989	24385	1998	31226
1972	13210	1981	21425	1990	38780		
1973	13632	1982	26605	1991	42762		
1974	—	1983	30215	1992	38470		

注：农村年报表对养殖家禽有8个年份未做统计。

六、其他养殖

养犬　农村有些农户喜欢养犬（通常称狗），有的为玩耍而养，有的用犬看门防盗，有的让犬驱赶野兽、保护家禽。历年来农村中有20%~30%的农户养犬，每年养犬在1000~1500条。50~60年代，以养殖本土草狗为主。70~80年代，有的养犬户引进狼狗、牧羊犬等。90年代，有的养犬户开始喜养宠物犬。1998年，全镇有养犬户1200余户，养犬1400余条。

养蜜蜂　王秀境内开始养蜂时间较早，50年代就有个人放养，但养蜂数量不多，仅100余箱。60年代中期，孟河、包桥2个大队曾合养过数年，后因效益差而停养。以后，境内养蜂均是个人放养，养蜂数量每年保持在150~250箱。1998年，境内有养蜂户2户，养蜂160箱。

养蚕　1973年以前，王秀境内没有种桑养蚕的优势，也没有养蚕搞副业的传统。民间零星养蚕，都

是为使小孩知晓蚕宝宝生长过程而养。1973年开始，包桥5队、7队把蚕桑生产当作集体副业，但由于缺乏养殖经验，蚕茧产量较低。1982年，也有一农户养蚕6张，同样茧子收获少。1983年后，王秀境内将养蚕当作副业的集体和个人，终因养蚕工作量大、饲源（桑叶）不足、经济效益差而停养。

养水貂　主要为产貂皮和繁育小貂。貂皮出口，价格高；小貂出售，收益好。1979年11月，白荡大队4队、建华大队1队、杨漕大队4队等生产队有3户农户从青岛引进小貂12只，每户试养4只，结果试养成功，每只获净利润近200元。1982年，养水貂农户有7户，共养殖175只。1985后，由于滞销，貂皮跌价，养殖户停养。

第二节　疫病防治

50年代及以前，境内无畜禽疫病防治机构，仅有个别民间兽医，从事牛、羊、猪等牲畜常见病诊治。1966年11月，成立王秀公社兽医站，为畜禽疫病专业防治机构，主要从事畜禽治病、防疫及苗猪阉割、母猪配种等业务。

1968年，建立农村赤脚兽医队伍，各大队配备赤脚兽医1人。公社兽医站每年举办夏、秋两期赤脚兽医培训班，每期5~7天，传授治病、防疫、阉割等技术知识，不断提高兽医水平。此后，全公社疫病防治队伍健全，畜禽各类常见病、多发病及流行病得到及时诊治，病死的畜禽极少。

1977年1月，公社兽医站施行生猪养殖保健制度，即养猪防病治病合作医疗。其医疗基金收费遵循“以支定收，略有节余，逐年减少”的原则。是年，医疗基金按养猪头数收取，每头肉猪收取基金0.8元；每头母猪，集体养的收取4元，农户个人养的收取6元。收取的基金，除提留少量管理费外，全部用于“五包一补助”。“五包”，包阉割、包治病、包防疫、包药金、包配种。“一补助”，对经济困难户病死的猪在经济上给予适当的补贴，一般每头猪补贴15元左右。实行养猪防病治病合作医疗后，重视对村级兽医培训和考核，提高村级兽医专业化水平。实行兽医划片包干责任制，兽医服务工作得到加强。

1978年，改生猪季节性防疫为常年性防疫。1980年后，改变养猪防病治病合作医疗收费方法，按田、猪分摊收取，对每亩集体耕地收取0.3元，每头猪收取1元。1982年，对苗猪进行边防疫、边阉割。1983年起，重视对养兔和养禽进行防疫，并对肉品实行检疫制度。

1984年，实行生猪无病包防、有病包治、死亡包赔的技术承包责任制。在上级兽医部门的指导帮助下，疫病防治工作得力，王秀境内基本消灭了猪炭疽病、5号病、猪瘟病等疫病，有效控制了猪丹毒、猪肺疫、猪气喘病以及鸡新城疫、鸭瘟病等疫病的发生。同年，革新疫病防治机制，精简兽医队伍，各村赤脚兽医经考核后个别留用，其他人员另行择业。至此，村级赤脚兽医队伍解散。

1985年后，农户家庭养殖畜禽减少，养殖业呈专业化、规模化。1991年后，由于养殖业态发生变化，原疫病防治合作机制不再适应。1992年，兽医合作医疗废除。1993年后，加强对猪、禽养殖大户管理，重点对规模养殖场开展防疫工作。此后至1998年，境内一直处于畜禽防病治病的常规年份，无重大疫情发生，确保了畜禽养殖业的发展。

第五章 水产业

第一节 水产养殖

王秀境内河道纵横交错，淡水资源丰富，共有水域面积5971亩，其中可养面积2500亩。

一、养鱼

民国时期及中华人民共和国成立初期，境内水面未被利用，各种鱼类自生自长，产量很低，渔民捕捞谋生，农民捕捞自食。

1958年后，内河水面逐步由大队或生产队集体管理，鱼类养殖开始发展。1966年，全公社内河养殖面积395亩，年产成鱼61.25吨。1967年5月，公社在伍胥大队召开渔业工作会议，动员各大队发展渔业生产。此后，各大队先后成立渔业组，渔业由集体经营，渔业生产得到加快发展。1970~1979年，全公社成鱼产量每年保持100~120吨。养殖鱼种主要有青鱼、草鱼、鲢鱼、鳙鱼（又名花鲢、胖头鱼）、鲤鱼、鳊鱼、鲫鱼等。

1980年后，各大队不断扩大养殖面积，并重视鱼塘改造，把统养塘改造成精养塘或半精养塘，力求提高成鱼产量。1984年前后，全乡每年成鱼产量保持160吨左右。1989年，全乡养殖水面2036.5亩，其中精养塘435.2亩、半精养塘495.5亩，成鱼产量提高，全年生产成鱼510吨。

90年代，境内主要利用天然河道拦网养殖，也有部分利用人工挖掘的鱼塘进行养殖。内河养殖实行个人承包，将村、组集体拥有的水面承包给农户，由承包农户养殖经营。承包养殖户以本地农户为主，也有外来专业户。1998年，全镇共有养鱼面积2765亩，其中内河养殖面积2250亩、挖塘养殖面积515亩，年产成鱼785吨。

二、河蚌育珠

1969年，王秀、长浜、草庙等3个大队渔业组各指派1人到太仓水产养殖场学习育珠技术。当年，王秀大队利用鱼池2亩，吊养河蚌1500只，经过两夏一冬的放养，收获蚌珠2公斤，获利1200元。因育珠收入高，其他大队也紧跟其后。1971年后，包桥、盂河、白荡、建民、杨漕等大队也先后搞育珠生产。

因育珠先要有河蚌，而当地河蚌资源有限，到外地采购又价格高且容易死亡。于是，为了育珠生产需要，各大队开始自育河蚌。1974年3月，公社组织各大队副业干部到归庄公社渠泾大队参观学习育蚌生产。同年6月，公社派人到上海市南汇县水产养殖场学习河蚌繁育技术。回来后，建民大队渔业组在9队小鱼池开始试搞三角蚌小蚌繁殖，但因受到水中河蟹和野生杂鱼影响而失败。1975年，建民、孙桥、南港等3个大队渔业组再次进行试育，采取“室内流水寄生脱落”方法获得成功。是年，全公社各大队繁育小蚌3.25万只。同年，各大队育珠生产也有收获，全公社共收获珍珠22公斤，平均售价每公斤1157元，产值2.55万元。

1977年和1978年连续发生三角蚌病害，育珠用蚌减少，于是增育冠蚌，以补充三角蚌不足。1979年起，由于操作技术、吊养管理得当，珍珠产量和质量逐步提高。1980年，国际市场对珍珠需求量猛增，珍珠价格大幅度上升，促进了河蚌育珠生产。是年，全公社共收获珍珠71公斤，平均售价每公斤1727元，产值12.26万元。

1981年，河蚌育珠生产持续发展，全公社搞河蚌育珠的共有93个生产队，生产手术蚌16万只，生产珍珠400公斤，但当年珍珠市场急转直下，仅有少量收购，价格下跌，河蚌育珠生产因珍珠滞销而陷入困境。1982年，市场收购处于停止状态，生产的珍珠除少量出售外，大部分积压。1983年，全乡生产珍珠200公斤，仅出售珍珠30公斤，平均售价跌至每公斤298元，产值仅8940元。1984年后，河蚌育珠生产有所发展，1987年全乡珍珠产量增至750公斤。1988年后，由于珍珠市场销售不畅，河蚌育珠生产逐年萎缩，1990年后停止生产。

三、其他水产

王秀境内除养殖常规鱼类外，还盛产虾、蟹、甲鱼、黄鳝、白鲳、鳜鱼等其他水产。尤其是湘里泾蟹，属长江水系的中华绒螯蟹，其特征为白肚、青壳、个大，重阳时节后，膏黄满兜，肉肥味鲜，深受食客青睐，在王秀内外富有声誉。

80年代及以前，境内的特种水产都是自生自长，农民捕捞自食，也有捕捞后上市出售。80年代中期起，有的农民尝试养蟹，获得成功，收益较好。90年代，养蟹面积逐步扩大。河蟹种苗大多从外地蟹苗繁育场引进，也有部分是从长江中捕捞的天然种苗。养殖河蟹以开挖蟹塘或利用天然小河浜为主，也有在河道内围网短期养殖。1995年前后，境内有河塘养蟹及开塘养蟹面积250余亩。1998年，受外来成品蟹上市冲击，境内养蟹收益下降，养殖面积有所减少。其他水产养殖，如养虾、黄鳝、甲鱼等，也曾有人试养，但因专业技术性比较高，未能大面积推广。

第二节　水产捕捞

境内内河捕捞主要有网捕、钓捕、笼捕等方法，网捕工具主要有牵网、夹网、丝网、撒网、拖网、赶网、挑网、淌网、小袋、龙梢网等，钓捕工具主要有钓钩、经钓、麦钓、滚钩等，笼捕工具主要有虾笼、鳝笼、罩笼等。此外，还有少数渔民用鱼鹰捕鱼。上述捕捞工具中，有的工具使用较为普遍，有的仍在使用但不常见，有的因受条件限制或被强制性淘汰而绝迹。90年代还常见的捕捞方法及工具主要有6种。

牵网　呈正方形，大小根据河道宽度决定，网上的四个角中的三个角分别用绳子悬挂固定在河岸的杆上，还有一个角用绳子拴在可卷绕的轱辘上（后来用卷扬机做动力）。置网时，根据河水流向，将网的上游一侧沉入水中，或者水底，网的下游一侧露出水面。如果看到网中水面有动静，估计有鱼进入时，立即扳转轱辘（或者启动卷扬机），将网牵出水面，如果有鱼，再用网兜捞鱼。

丝网　用坚韧而又极细的尼龙丝线织成，网的长度、宽度和网眼大小不定，根据捕捉鱼的种类和大小选用。丝网布下后，鱼触网就会被网缠住。丝网一般可分为沉网和氽网：沉网，用沉重物将丝网的下侧沉入河底，上侧用浮子将网托起张开，主要捕捉青鱼、草鱼、鲤鱼、鳊鱼、鲫鱼等；氽网，悬布于上水层，因丝网上侧浮子的浮力大于下侧沉重物的重量，故网不会下沉而悬浮在水中，此网主要捕捉鲢鱼、鳙鱼等中上层的鱼类。还有网眼很小的丝网，网幅较窄，一般在50厘米左右，网长不定，网眼为“一指通”（一个手指可通过），此网主要捕捉小杂鱼。

龙梢网　即圆形或方形长网袋，网袋内还套夹袋，外口大、里口小，整个网袋长短不一，有一两米的，也有数米的，把网袋固定布于河道近岸水中。因为其外形如一条长龙而得名。鱼、虾、蟹等一旦进入龙梢网钻入内袋，就很难返回，故用龙梢网捕捞的方法被广泛采用。但由于设置龙梢网会影响河道泄洪，1994年以后，龙梢网在大多河道被禁用、清除。

钓钩　本地通常叫“针钩”，用钢丝制成“U”形，一头为钩尖，另一头为钩根，用一根拉力极强的尼龙丝线将钓钩与竿连结，制成鱼竿。用鱼竿钓鱼最为常见。

小袋　呈锥形，袋口直径约30厘米，至袋底约50厘米。小袋近挂于有浮力的水草下面，袋底放一块小石子，不使小袋卷曲。用小袋捕鱼需在鱼汛季节进行，鱼汛时，鱼在水草中跃滚会钻入小袋。小袋通常于傍晚布放，次日清晨收袋捉鱼。

鳝笼　是捕捉黄鳝的专用捕具，由竹篾片或塑料包装带制成。笼身呈圆形，一个鳝笼由两个直径约8厘米、长约40厘米的笼体组成直角，直角处连接并相通，其一个笼体两头开口处的内口用篾片或有弹性的塑料片做成锥形，外口大、里口小，黄鳝钻入后不能返回，另一个笼体的出口处用盖子封口。鳝笼布放于稻田岸边或河道岸边，通常傍晚布放，次日清晨起笼捉鳝。

第六章　其他各业

第一节　蘑菇生产

1972年，王秀境内开始种植食用菌。食用菌鲜美可口，营养丰富。栽培食用菌，不占农田，成本低，价值高，收效快。境内种植食用菌主要为蘑菇，分两季生产，春季种植的称春菇，秋季种植的称秋菇。同年，为学习食用菌生产知识，先后邀请上海市嘉定县南翔公社种菇技术员陈全元和上海市嘉定县封浜公社火线大队郭徐生产队种菇技术员俞仲兴到王秀传授蘑菇栽培技术。公社配备管理人员2人，在种菇技术员的指导下，到王秀大队试种栽培。公社还召开种菇现场会，由种菇技术员现场传授栽培技术。是年，全公社发展秋菇生产单位30个，种植秋菇2.79万平方尺，总产量6450公斤，总产值1.44万元，每平方尺产值0.52元。

1973年起，春季、秋季均种植蘑菇，全公社有春菇生产单位30个，种植春菇2.79万平方尺，总产量7750公斤，总产值1.56万元，每平方尺产值0.56元；有秋菇生产单位39个，种植秋菇4.57万平方尺，总产量1.58万公斤，总产值3.04万元，每平方尺产值0.67元。之后，全公社蘑菇生产稳定发展，至1978年，每年生产单位保持30～40个。

1975年起，境内除种植蘑菇外，公社菌种厂还曾试种香菇、银耳、灵芝等，虽取得成功并小面积推广，但终因缺自然条件、缺技术、缺销路而在种植数年后停种。

1979年起，境内大面积发展蘑菇生产。公社建立蘑菇生产专业管理组织，各大队配备蘑菇生产专管员，把蘑菇生产作为农业增收的一项重点副业来抓，从而使蘑菇生产加快发展。1980年，全公社有春菇生产单位61个，种植春菇9.51万平方尺，总产量2.13万公斤，总产值4.78万元，每平方尺产值0.5元；有秋菇生产单位79个，种植秋菇13.19万平方尺，总产量6.11万公斤，总产值13.64万元，每平方尺产值1.03元。

1981年后，全公社蘑菇生产继续发展，种植蘑菇的生产单位达103个。其时，通过河泥砻糠复土和二次发酵新技术的推广，蘑菇产量高、质量好，畅销国内外市场，经济效益提高。1985年后，蘑菇生产大力推行“两改”，即改菇房为简易棚，改粗细土覆盖为河泥砻糠复土，从而使蘑菇生产发展有了新的突破。1988年，全乡种植蘑菇25万平方尺，年产值48.1万元，蘑菇外贸收购额32.75万元。1989年，全乡蘑菇生产发展迅猛，种植面积达45万平方尺，比上年增长80%；实现外贸收购160.47吨，外贸收购额44.78万元。

1990年起，由于受市场价格影响，蘑菇种植面积大幅度减少，减至22万平方尺。1991年，春菇种植面积20万平方尺，但由于市场下滑，春菇价格偏低，影响菇农积极性，秋菇种植面积减少至10.5万平方尺。1993年前后，由于国内外市场变化，种菇效益降低，各生产单位先后停止种植。

第二节　苇柳编织

王秀境内河边、洼滩、荒地历来长有的芦苇、杞柳、紫穗槐等，都是编织制品的原材料。50年代及以前，农民收获后，大部分做柴烧，造成资源浪费。有些擅长编织的农民，用芦苇编织芦席、晒帘及建筑帘，用杞柳条和紫穗槐条编织箩筐，编织制品大多自用，多余的出售。

60年代中期起至70年代，曾在沙鹿公路、湘王公路两旁和双纲河、石头塘两岸种植杞柳，还发动群众在生产队的仓库场、饲养场周边隙地种植紫穗槐（紫穗槐叶又是喂猪的好饲料）。其时，种植杞柳、紫穗槐被作为集体副业项目加以发展，收获后卖给编织单位和个人，以增加集体副业收入。

70年代后期，有了柳条等原材料，为柳条制品生产创造了条件。1978年，孟河大队开办编织厂，主要生产经营各式包装箱，柳条原材料就地取材，不足部分从外地采购。同时，承接王秀土副站帘子加工业务，芦苇原材料大部分由王秀供销社分配，少量就地取材。1980年前后，孟河编织厂每年获利5000元左右。1982年，建民、杨漕等大队也先后办起编织厂，请孟河编织厂师傅到厂传授编织技术，并顺利投产。生产的各式包装箱，品种多，销路好，也取得了较好的经济效益。

1985年后，苇柳编织制品开始被其他制品替代而逐步失去销路，苇柳编织业逐渐萎缩。1990年后，村办编织厂歇业。民间尚有个人编织芦苇、杞柳等制品，基本上自编自用。1998年后，民间苇柳编织因失去价值而消失。

第三节　花边缝绣

王秀西部、南部毗邻常熟，受常熟农村妇女缝绣花边传统手艺的影响，草庙、杨漕、建民、南港等一带的妇女也有缝绣花边的传统。50年代，王秀妇女在农闲时节，常往常熟何市、东张、横塘等花边发放站领取花边印布，品种有被单、台面、盆衬等。加工完成交验后，由花边发放站结付加工费，花边缝绣成了妇女增收的一项主要副业。1961年，因外贸销路不畅，花边业务压缩，当地花边缝绣一度中断。

1979年，花边加工业务开始恢复并不断扩大。是年5月，王秀公社工业办公室与太仓县轻工业公司花边经理部挂钩，成立王秀花边发放站，站内职工4人，负责发放、回收花边业务。其时，全公社有花边缝绣户1500户，为花边发放站缝绣各式各样花边，花边发放站按缝绣户交验花边数量给予加工费。1979~1982年，花边发放站每年结付缝绣户加工费为：1979年5.69万元，1980年3.9万元，1981年10.08万元，1982年7.35万元。1983年后，因花边人工缝绣被机械缝绣所替代而业务终止，花边发放站歇业。

第四节　缝制针织

1976年后，王秀境内先后创办针织、纬编、服装等社队工厂10余家，这些工厂有针织产品外发加工业务。农村中擅长针线活的妇女常常到厂里取回需要加工的服装进行缝制，完工交回厂里、经验收合格后，获得缝制劳务费。缝制针织成为农村妇女增收的一项副业。1978年，全公社各厂共支付缝制加工费1.99万元。

1979年后，受鹿河发展个体针织业影响，王秀境内也有不少农户购置针织横机，开始搞家庭小工业。家庭针织横机专门生产羊毛、尼龙、涤纶等男女衫裤，产出半成品后，发放给缝制女工手工缝制。其时，王秀境内既有工厂针织品缝制业务，又有个体横机外发加工，使不少缝制女工受益。1980年，各外发社队工厂和横机个体户共支付缝制加工费7.8万元。

1981年起，王秀家庭针织不断发展。1982年，全公社有针织横机个体户152户，拥有针织横机187台，发展横机生产成为广大农民增收致富的重要副业，当时针织横机个体户每户年收入在2000~3000元。同时，针织横机多，外发加工及支付的加工费也增多。是年，全公社缝制女工共收获缝制加工费11.25万元，大多来自个体针织横机外发加工支付的加工费，也有少量来自社队工厂。

1983年后，农户针织横机家庭小工业继续发展。1985年前后，全乡有针织横机个体户175户，拥有针织横机205台，针织横机个体户每户年收入在3000~4000元。由于针织横机个体户外发加工业务扩大，缝制女工劳务收入也随之增多，全乡缝制女工每年收获缝制加工费保持15万元左右。

1987年后，由于针织品市场发生变化，针织服装趋向高档化，家庭针织业逐步萎缩，1990年后个体横机针织被淘汰。此后至1998年，只有少数服装厂有少量缝制加工业务，缝制女工有时到厂里做辅工，有时拿到家里缝制，其收获的劳务费因辅工量小且劳务分散而未做统计。

第七章　水　利

第一节　河道疏浚

王秀靠近长江，属滨江水系。境内河道众多，水系发达。中华人民共和国成立前，不少河流道窄、水浅、弯多，影响泄洪灌溉和水运交通。中华人民共和国成立后，政府重视兴修水利，对河道进行清淤疏通、挖深拓宽、截弯取直、打通断头，从而使内河的引排和航运功能大为提升。70年代，曾组织民工实施土方工程量较大河道的拓浚。80年代后，因河道能满足引排、灌溉需要，未做大规模疏浚。90年代，只在部分河段用电泵冲浆的方法进行疏浚。据资料记载，王秀在70年代实施的较大规模的水利疏浚工程有6个。

钱泾疏浚工程　属太仓市级河道工程。1976年11月，太仓统一组织各公社民工疏浚钱泾。王秀境内疏浚河段南起杨益泾，北至伍胥村与鹿河公社东泾大队10队交界处，全长4.8千米。疏浚时，将河道截弯取直，河底开深，河面加宽至30米，局部河加宽至35米。挖废集体耕地207.98亩，其中长浜大队57.89亩（挖废耕地涉及1、2、3队）、包桥大队2.6亩（涉及12队）、孟河大队80.25亩（涉及5、6、7、8、10队）、伍胥大队67.24亩（涉及1、2、3、4、5队），共完成土方2.31立方米。钱泾是通江（长江）河道，疏浚后，与其他内河水系沟通，引排功能增强，同时也提升了水运通航能力。

石头塘疏浚工程　属太仓市级河道工程。1977年冬，太仓统一组织各公社民工疏浚钱泾塘。王秀境内疏浚石头塘，西从钱泾起，东到湘里大队4队止，全长2.9千米。疏浚时，河面加宽至33米。挖废集体耕地181.06亩，其中湘里大队73.7亩（挖废耕地涉及4、5、6、8、9队）、长浜大队54.09亩（涉及6、7、8队）、孟河大队24.07亩（涉及10队）、包桥大队29.2亩（涉及10、13队），共完成土方4.2万立方米。疏浚后，具有引排和水运功能

双纲河疏浚工程　属王秀镇级河道工程。1976年开始，王秀组织民工分3段开挖疏浚双纲河，完成土方总量4.63万立方米。是年冬，先开挖疏浚东段（钱泾至建民大队1队沈家宅基），完成土方2.44万立方米；1978年春，又开挖疏浚西段（与常熟边界的界河至草庙大队7队），完成土方1.28万立方米；1979年春，最后开挖疏浚中段（建民大队1队沈家宅基至草庙大队8队徐家宅基），完成土方0.91万立方米。整个工程挖废集体耕地71.16亩，其中孟河大队41.66亩（挖废耕地涉及1、2、4、6、9队）、建华大队14亩（涉及1队）、建民大队5亩（涉及1队）、草庙大队10.5亩（涉及7、8队）。双纲河工程既有利用草庙塘、莳泾桥塘、定心潭等老河道截弯取直，又有实地开挖。开挖疏浚后，河道全长3.5千米，河宽东段21米，中、西段16米，是王秀中部东西向的跨村河流。

苍河浜疏浚工程　当时属公社管理的河道，现为村级河道。1976年冬，公社组织民工疏浚苍河浜，疏浚河段长0.45千米，完成土方1.43万立方米，挖废伍胥大队2、12队集体耕地8.24亩，其中2队3.68亩、12队4.56亩。1980年，又进行加深开挖，完成土方0.5万立方米。疏浚后，苍河浜全长1.58千米，河宽20米，向西通新泾塘，向东接钱泾塘，是王秀北部地区引排和水运的主要河道。

急水浜疏浚工程　属村级河道。1978年冬，伍胥大队组织民工疏浚急水浜，全长950米，其中西段实地开河187米，完成土方2万立方米；挖废生产队和知青场集体耕地11.25亩，其中3队2亩、4队2.08亩、11队5.16亩、13队0.33亩、知青场1.68亩。疏浚后，急水浜向西接通新泾塘，向东通往钱泾塘，是伍胥大队沟通东北部各生产队和通往外乡镇的主要河道。

杨漕塘疏浚工程　属村级河道。1979年春，草庙大队组织民工疏浚杨漕塘，全长558米，完成土方0.8万立方米，挖废集体耕地4.92亩，其中4队0.59亩、7队2.51亩、8队1.82亩。疏浚后，杨漕塘向西接通与常熟的界河，往东贯通双纲河可达钱泾塘，改善了内河引排和水运条件。

此外，王秀境内疏浚河道虽工程量不大，但对改善水利条件有较好作用的还有罗家塘工程和王圣泾工程。1977年，疏浚罗家塘南段，长60米，完成土方2700立方米，挖废长浜大队2队耕地1.8亩，疏浚后的罗家塘与钱泾接通。1979年春，疏浚王圣泾河段100米，完成土方1700立方米，挖废包桥大队12队耕地2.55亩，疏浚后王圣泾接通钱泾。

第二节　农田沟系

中华人民共和国成立初期，农民一家一户种田，各自开挖排水沟（俗称阳漕），淤塞严重，排水不畅，若遇大雨，农田受淹，农作物受害。农业合作化时期，重视农田沟系建设，并开始重视沟系的整体性和系统性。

1958年后，各大队购置抽水机船，流动到各生产队抽水灌溉，机动灌溉面积逐步扩大。各生产队根据水旱作物布局，设机站（俗称车口）、筑渠道、开隔水沟。1965年后，重视农田内三沟（竖沟、横沟和腰沟）和外三沟（上水沟、排水沟、隔水沟）沟系配套，以提高能灌能排、抗灾夺丰收能力。

1974年起，各大队机动抽水机淘汰，建造电灌站实行电力灌溉。电灌站灌溉面积大，送水距离远，灌溉渠道长。对此，各大队注重灌溉渠道的系统性和公用性，高质量开挖灌溉渠道。同时，学习沙洲县塘桥公社三麦高产经验，一方面推广三麦栽培技术，另一方面注重三麦沟系配套，开深外围沟、出水沟、田内沟，做到“一方麦田，两头出水，三沟配套，四面脱空”，日降雨200毫米不受涝，达到雨停田干的效果。

1983年后，根据农户承包经营耕地后各自开沟造成外三沟不配套的情况，各村对农田外三沟重新规划放样，统一标准施工，从而使农田达到沟沟相通，旱能灌，涝能排。1989年10月，乡农业公司在南港村召开农田水利建设现场会。会后，各村广泛发动，开展疏浚外三沟突击行动，从而使全乡农田沟系更加配套，为作物稳产高产打好了基础。

1990年起，加大农田水利建设投入力度，开始兴建永久性、高质量灌溉渠道。1991年，全乡投资10.5万元，新建水泥渠道1960米。1995年后，土地流转加快，农业规模经营面积扩大，部分水旱作物布局调整，由此造成农田内外沟系不配套。针对出现的新情况，各村每年对外三沟做出调整，有的重新开挖，有的进行疏浚，从而使外三沟达到沟渠配套、小渠通大渠、大渠通河道，“上水灌得上、雨涝排得出、涝渍降得下”的标准。1998年，全镇农田内外沟系配套面积占农田总面积达97.5%。

第三节 排灌泵站

中华人民共和国成立前，农民种植水稻，主要依靠龙骨车（人力踏水车）灌溉，少数也有用畜力和风力带动车盘戽水（俗称牛车盘打水、风车盘打水）。人力踏水最为辛苦，劳动强度大，但灌溉效率低。

中华人民共和国成立后，政府重视农田水利建设，农田排灌条件不断改善。1961年，由大队对各生产队排灌统调，并把水泵座机改装上船，分船定站，到各生产队流动灌溉。此后，农田灌溉逐步由抽水机替代人力踏水车。至70年代初期，除个别高的水稻田块仍需排置踏水车灌溉外，绝大多数水稻田都由抽水机完成灌溉。

1974年，王秀境内开通电力线路，农田灌溉开始由电力灌溉取代抽水机灌溉。1975年，全公社建有固定电灌站37座，新筑电灌渠道11千米，大部分农田灌溉由电灌站完成。1982年末，全公社有农用水泵210台，其中，电动水泵137台，电动机总功率671千瓦；有机动水泵73台，柴油机总功率660千瓦。全公社农田实现易灌易排，旱不枯、雨不涝。

1983年农村实行家庭联产承包责任制后，开始改变由电灌站远距离、大面积、一站灌溉水稻上百亩甚至数百亩的做法，改为增设小站，就近灌溉，以利省电，节约农本。1985年，全乡设灌溉泵站225座，其中固定电灌站31座、临时小泵站194座，平均每座灌溉水稻面积52亩左右。

1989年，新建和改建固定电灌站6座。1991年，调整临时小泵站，设置23座。1995年起，为便于农业规模经营、发展现代农业，各村又开始有计划地调整灌溉泵站布局，使泵站从较为分散变为相对集中。1998年，全镇共设置灌溉固定泵站95座，水泵电动机总功率746.5千瓦，灌溉水稻面积1.28万余亩，平均每座灌溉135亩左右。

第八章　农具　农机

第一节　传统农具

50年代及以前，王秀境内基本无农业机械，农业生产使用传统农具，大多由铁、木、竹等主要材料制成。常用农具的类别主要有6类，农田灌溉用人力踏水车、牛力打水车、风力戽水车，耕作使用犁耙、铁锗、锄头、铁锹、耥，积肥施肥用农船（木质）、罱网、滑勺、粪桶、粪勺，收割脱粒用镰刀、扁担、担绳、稻床、石皮、畚箕、竹匾、风车、筛子，贮藏粮食用栈条、蒲包、布袋、箩筐、挽子，粮食加工用石臼、石磨、砻，晒粮用帘子、项凳、席子（竹篾制成）。

60年代起，随着农业机械化程度的不断提高，过去常用的一些传统农具逐渐被淘汰。至90年代，除铁锗、锄头、镰刀、铁锹、粪桶等还常见外，绝大多数已被淘汰，有的仍保留但极少使用。

第二节　农业机械

中华人民共和国成立初期，农民主要使用传统农具进行生产。1954年开始使用手动喷雾机、喷粉机除虫。1966年，少数生产队购买小马力手扶拖拉机耕地，耕速比牛快，但耕翻较浅。1968年，有较好经济条件的生产队购买195型手扶拖拉机，马力足，耕翻深，较为适用。但当时拖拉机少，耕翻农田仍大部分靠人工操纵、耕牛拉犁。

1975年，开始购买中型拖拉机耕田。是年，有关大队购买“东方红28”“丰收35”“东风50”中型拖拉机3台。1977~1978年，有关大队又购置中型拖拉机9台。至此，全公社拥有中型拖拉机12台，手扶拖拉机79台。中型拖拉机配套有牵引六铧犁、七铧犁6台，旋耕机12台。手扶拖拉机配套有乘坐升降式双铧犁59台，步犁5台，旋耕机77台。自此，农业生产跨入机耕年代。

1979年起，与拖拉机配套的农机具类别及数量开始增多，除耕翻土地用铧犁、旋耕机外，另有割晒机、压麦泥机、盖麦子机等。此外，农业机械还有脱粒机械、植保机械、粮饲加工机械等。至1982年，全公社农业机械总动力达7237千瓦，农业土地耕翻、农田灌溉、稻麦脱粒、作物植保、粮饲加工等机械化程度提高。

1983年后，农业机械向多功能、高效率发展。购置的联合收割机，实现稻麦收割、脱粒在田头一次性完成，不再需要收割后运到场上脱粒，生产效率大大提高。与中型拖拉机配套的开沟机、旋耕机、水田耙等，代替了人工开沟、人工削地盖麦、水稻田人工平整。机动喷雾（粉）机的使用，既提高了防病治虫效果，又节省了大量劳动力。1988年，全乡农业机械总动力达1.04万千瓦，农业生产基本实现机械化。

1990年后，农业机械向新型、实用发展，先后引进桂林2号联合收割机、中拖浅耕灭茬条播机、中拖开沟机、水田驱动耙、东方红-18型弥雾机等各种新型农机具122台（套），农业机械作业质量提高。至1998年，全镇拥有中型拖拉机48台，联合收割机29台，农用汽车8辆，柴油机95台，电动机580台，其他农机具有机引犁、旋耕机、开沟机、盖麦子机、压麦泥机、水田驱动耙、高压喷雾机、东方红-18型弥雾机、排灌水泵等，农业机械总动力达11771千瓦。

表6-26　1981~1998年王秀镇（乡）农业机械总动力统计

单位：千瓦

年份	农机总动力	年份	农机总动力	年份	农机总动力
1981	6920	1987	9790	1993	7384
1982	7237	1988	10394	1994	12219
1983	7786	1989	9078	1995	10641
1984	8395	1990	7090	1996	11706
1985	9012	1991	8510	1997	11718
1986	10072	1992	7632	1998	11771

注：1980年及以前因缺资料无从统计。1990年起，因农业机械性能增强、效率提高，农业机械总动力减少。1994起，添置新型农机具，农业机械总动力增加。

第九章　农口机构

第一节　农业公司

1966年10月，王秀人民公社成立，设农业技术推广站（简称“农技站”），内配农技员、植保员等农技人员。站长倪鸿飞。

1983年，公社成立农业公司，与农技站两块牌子、一套班子、农技工作以农作物栽培、管理、病虫害测报防治工作为重点。内设科室：栽培、植保、土肥、绿化、种子、多种经营服务。负责农业生产布局规划，落实增产措施，推广新品种、新农艺和新农技、新肥药，测报防治农作物病虫害，搞好农村多种经营服务管理等。负责全镇农林、水产和农业技术指导管理服务；负责农林、水产新技术引进试验示范，技术培训；负责农林、水产病虫害防治，新品种的引进推广，开展农村水产疫病测报、发布；负责生态农业建设，指导和实施农业环保工作，做好农机安全生产监管工作；负责农林、水产信息体系建设，组织发布农村水产、农机信息，协助相关部门开展食用农产品质量安全、农业投入的监管工作。

1991年，成立农工商总公司，农业公司成为总公司下属机构。此后，农业公司通过印发王秀农技信息、召开各种农业生产现场会、举办农业技术广播讲座、经常下乡踏田检查和现场指导等方法，大力推广农业生产技术。1995年，共印发王秀农技信息28期，召开广播讲座24次，出黑板报16期，召开各种现场会25次，举办农业技术培训班2期5天。通过做好农技推广工作，科学种田技术真正落实到千家万户，确保农业丰产丰收。

1998年，农业公司位于永安路南端西侧，与建管、土地、劳动、工商等部门合用1幢楼房，楼开间5间，高3层，农业公司设于底楼。有工作人员9人。同年11月，农业公司随镇区划调整并入璜泾镇农业公司。

1983~1998年历任农业公司经理：倪鸿飞（1983.7~1985.3）、杨永兴（1985.3~1992.3）、苏建明（1992.3~1995.8）、熊康一（1995.8~1998.11）。

第二节　多服公司

1966年王秀人民公社成立后，农村以养猪为主的集体副业有了新的发展，其他副业项目也逐渐增多。为发展副业生产，公社成立副业办公室，由公社管委会1名副主任专管全公社的副业生产。其时，王秀供销社设组织副业组（简称“组副组”），与公社副业办公室协同管理副业生产。

1976年，将粮棉油主要作物种植以外的养殖业、水产业、加工业、服务业等副业生产项目统称为“多种经营”。为使多种经营管理与上级机构衔接，公社将副业办公室改名为“王秀公社多种经营办公室”（简称“多办”），并把原供销社组副组人员7人划归多办，一起开展工作。王秀粮管所、食品站也各派1人到多办工作。多办的主要任务是负责制订计划，落实措施，扩大门路，发展队办集体副业，扶持农民家庭副业。1980年，多办有工作人员13人。

1983年3月，公社多种经营办公室更名为“公社多种经营服务公司”（简称“多服公司”），其职能有所拓展，除负责管理全乡副业生产外，还发展公司实体经济。公司共设3个组：种植组，配蘑菇生产、套夹种生产、林业生产技术员；养殖组，配畜禽生产技术员；水产组，配渔业生产、河蚌育珠技术员。各组分工明确，各司其职。

1990年后，随着市场经济的发展变化和农村产业结构的调整，乡多服公司原来的管理服务职能开始转入其他机构。1998年11月，多服公司并入璜泾镇农技站。

1976~1980年公社多办主任由公社分管领导担任，副主任先后由徐耀林、姚昌、张耀明、顾门义担任，分工负责日常工作。

1981~1998年历任多办主任、多服公司经理（负责人）：吴永祥（1981.11~1987.1）、张耀明（1987.1~1992.3）、张叔华（1992.3~1995.3）、毛建鹤（1995.3~1998.11）。

第三节　农经办

1966年10月王秀人民公社成立后，设农村辅导会计1人，具体负责农业经济管理和农村财务指导工作，每年与大队会计一起编制、审批农村分配方案。辅导会计先后由熊式之、张永林担任。1983年公社体制改革，成立王秀公社农村经营管理办公室（简称“农经办”）。农经办既是农村经济管理机构，又是公社经济联合委员会的日常办事机构。1985年后，随着农村经济的发展，增加乡镇企业财务辅导与管理职能。1991年乡农工商总公司成立后，农经办成为总公司下属的办事机构，主要职能为建立完善乡镇企业承包责任制，审核企业经营实绩，指导企业搞好财务管理，负责对企业进行清资核产，落实收缴农村“二金一费”（公积金、公益金、管理费），配合做好粮油定购任务的核定工作，组织对村、企业会计进行业务培训，负责制定村、企业年终分配方案。1998年，农经办设工作人员4人。

1983~1998年历任农经办主任（负责人）：周建达（1983.7~1984.8）、徐惠聪［1984.8~1995.8（1991年8月起下派到孟河村工作）］、熊宁一［1991.8~1998.11（副主任主持工作）］。

第四节 水利农机站

1966年10月，王秀人民公社成立，建立王秀公社水利农机站，由施祖兴任站长，另配会计、辅导机工、水利工程员各1名。站址设于孙桥大队12生产队杨家浜。主要职能是负责全公社的农机管理、农田灌溉等工作。

1980年，水利、农机管理机构分设。水利管理机构设王秀公社机电排灌管理站（简称“排灌站”），主要任务是建设排灌工程，管理排灌机电设备。农机管理机构设王秀公社农机管理站（简称“农机站”），主要任务是负责农机管理、维修及保养。其时，在农村大队一级设机电排灌分站和农机队。大队排灌分站由站长、主电工、会计（由大队会计兼任）等人员组成，大队农机队由队长、辅导机工（有的大队辅导机工由队长兼任）、会计等人员组成。

1984年，排灌站与农机站合并，成立王秀乡水利农机管理站，主要职能是负责水利规划、水政监察和重大水利工程的组织与管理，负责农机管理、维修保养、操作培训、安全教育、持证上岗检查等工作。1988年7月，水利农机管理站升格为全民事业单位。1991年7月，水利农机管理站搬迁至沙鹿公路石头塘桥西堍南侧、湘里村8组（现王秀村19组）境内，有7上7下楼房1幢，建筑面积500平方米，职工8人。

1990年后，水利农机管理站重点围绕“推进农业机械化”“加强农机服务管理”“组织实施水利工程”“加强水政监察检查”等方面开展工作，积极发展水利农机事业，为农业生产提供水利农机保障。

1966~1980年王秀公社水利农机站站长先后由施祖兴（1966.10~1976.11）、吴继贤（1976.11~1980.11）担任。

1980~1984年王秀水利、农机管理机构分设期间，由毛祖兴负责机电排灌管理工作，由吴继贤负责农机管理工作。

1984~1998年王秀水利农机管理站站长先后由王桂荣（1984.10~1995.3）、赵惠林（1995.3~1997.5）、张云球（1997.5~1998.11 ）担任。

第五节 土地管理所

1986年，成立王秀乡清理农村宅基地办公室，主要负责开展农村宅基地丈量、登记、发证等工作。

1989年，成立王秀土地管理所，负责全乡用地管理和农村建房监督等工作，所长蔡永兴。1993年10月，镇政府将土地管理所、村镇建设办公室、房地产开发公司合并为“三位一体”管理机构，成立王秀镇土地建设管理所，所长蔡永兴。

1995年11月，土地建设管理所转为全民事业单位，受太仓市土地管理局和镇政府双重领导，以市土地管理局为主，业务、人事、财务工作均由市土地管理局管理。

1996年，土地管理所单独分设，不再与建设管理所、房地产开发公司合署办公。土地管理所主要职能：宣传贯彻国家土地管理法规，为单位和个人办理建房及用地报批手续，协助政府、各村村委会调处用地矛盾及宅基地纠纷，负责填报有关土地统计资料，承办上级土地管理部门交办的其他土地管理工作。

1998年，土地管理所位于永安路南端西侧，与建管、劳动、农业、工商等部门合用1幢楼房，楼开间5间，高3层，土地管理所设于二楼。有工作人员4人，所长蔡永兴。同年11月，王秀镇土地管理所随镇区划调整并入璜泾镇土管所。

第六节 兽医站

1966年11月，成立王秀公社兽医站。站址设在王秀桥东堍南侧朱正沛家，有职工3人。其时，兽医站以从事苗猪阉割、母猪配种、畜禽治病为主，经济上独立核算，自负盈亏。

1967年10月，兽医站迁至孙桥大队12生产队杨家浜，新建办公室、宿舍3间60平方米。接着又建造草房猪舍4间60平方米，饲养公猪4头，为农民养猪提供配种服务。其时，有职工4人。1968年，建立农村赤脚兽医队伍，各大队配备赤脚兽医1人，由兽医站管理，每年举办短期培训班，让赤脚兽医学习阉割、治病、防疫等技术，提高兽医水平。

1973年10月，兽医站迁到孙桥大队3队孙家坟桥，并拓展生产项目，兴办种畜场、菌种厂，实行兽医站、种畜场、菌种厂三者合一经营。其时，全站职工增至11人，其中兽医站5人、种畜场4人、菌种厂2人。1975年开始，推行母猪"人工受精"，为集体和农民饲养的母猪进行配种。1977年1月，实行养猪防病治病合作医疗，按照"以支定收，略有节余，逐年减少"的原则，向养猪户收取基金，用于合作医疗费用。

1978年9月，兽医站与种畜场、菌种厂分开，分为站和场（厂）2个核算单位。分开后，兽医站迁至孙桥大队12生产队毛柴浜，在新址建造办公用房6间120平方米，后新建4上4下楼房1幢260平方米及辅助用房4间80平方米。1979年7月，由于推行了母猪"人工受精"，兽医站将8头公猪折价出售给太仓种畜场，从此兽医站不再饲养公猪。1980年10月，兽医站利用猪舍饲养菱湖羊种羊，并设立配种站，为农民饲养菱湖羊提供配种服务。

1984年，精简兽医队伍，大队赤脚兽医经考核个别留用，大多数不再从事兽医工作，另行择业。1992年，兽医合作医疗废除。此后，兽医站主要承担王秀境内生猪配种、苗猪阉割、疾病防治、防疫检疫等兽医技术服务工作。

1991年后，畜禽养殖呈规模型、专业化发展，兽医站重点为养猪、养禽专业户做好疫病防治工作。由于服务管理工作到位，王秀境内畜禽养殖顺利发展，未发生大面积疫病事故。1998年，有职工6人。同年11月，王秀镇并入璜泾镇后，王秀兽医站并入璜泾镇兽医站。

1966~1998年历任兽医站站长（负责人）：李岳高（1966.11~1970.10）、周建荣（1970.11~1973.10）、许仁元（1973.11~1989.9）、施关林（1989.9~1998.11）。

第七篇 工 业

民国时期，王秀集镇的个私工业以由农副产品为原料的小加工生产和小手工业为主，曾开有蚕茧烘制加工厂、碾米厂、铁铺、染坊、酒坊、圆木作坊等。中华人民共和国成立后，先前开办的私人小厂、店铺及作坊有的已经停业，未歇业的小作坊和小手工业，经社会主义改造，均成为集体经营。

60年代末，境内工业开始起步。1967年，公社成立王秀农具厂，归手工业中心社管理，为大集体企业。1968年，太仓县商业局委托王秀供销合作社创办王秀棉花轧花剥绒厂（后改名太仓王秀轧花厂），为供销社集体企业。进入70年代，公社、大队陆续办厂，其时工厂设备落后，技术力量薄弱，所办的工业突出为农业生产和农民生产生活服务。

80年代起，公社党委坚持以经济建设为中心，带领广大干部群众不断解放思想，抢抓发展机遇，全力促进社队工业加快发展。至80年代末，王秀工业基本上形成纺织、服装、机电、化工、建材等门类的工业体系。1989年，全乡有镇村企业60家，职工5016人，实现工业总产值1.19亿元，产品销售收入1.01亿元，利税总额265万元，年末固定资产原值3782万元。

进入90年代，镇（乡）党委、镇（乡）政府围绕“立足新起点，实现新跨越”目标，一方面抓好工业投入，引进新项目，发展新企业；另一方面，依靠科技进步，抓好技术改造，一批重点企业得到加快发展。1994年，全镇有镇村企业57家，职工4537人，实现工业总产值6.51亿元，产品销售收入2.92亿元，利税总额1791万元，利润688万元，年末固定资产原值1.18亿元。

1995年后，市场竞争更为激烈，产品更新换代加快，王秀有些镇村企业由于缺乏市场竞争力而产量下滑，效益降低。1996年起，对镇村企业开始实施产权制度改革。通过转换企业经营机制，有的企业转制为多人参股的股份制民营企业；有的转制为一人独资的私营企业；有的小微亏企业资产拍卖，企业停产歇业。1997年，全镇有镇村企业（含未完全转制的企业）35家，职工1579人，实现工业总产值1.54亿元，产品销售收入1.34亿元，利税总额724万元，年末固定资产原值8341万元。

1998年11月，王秀镇工业企业随镇区划调整而归属璜泾镇管理。

第一章　工业体制

第一节　供销社集体企业

即太仓王秀轧花厂。1968年5月，太仓县商业局委托王秀供销合作社负责建厂筹备工作。同月，征用长浜大队1队土地4000平方米，开始建造厂房，购置设备。花了近半年时间，建造了轧花、剥绒、动力、发电等4个车间，另建尘塔楼2间，建筑面积580平方米。购置轧花机、剥绒机、清绒机及柴油机、发电机等设备。招收生产工人27人（包括临时工）。10月，正式开始投产。当年，加工生产皮棉295吨，总产值64万元。建厂初，由王秀供销社经营管理，工厂负责人闵炳林。其时，太仓县商业局委派钱继祖驻厂抓生产。1969年3月，工厂成为供销系统独立核算的单位。之后，工厂不断扩大。

1969年，新建仓库3幢900平方米。1969~1971年，新增剥绒机141型5台、71型1台、68型1台和双箱打包机1台、皮辊轧花机28台、喂花机28台、清花机1台。新增45匹动力柴油机1台，原120匹1台调换为260匹1台。至1971年，实现了半自动喂花，由原来1人喂1台变为1人喂3台。

1972~1973年，新增618齿床1台、36行铣齿机1台、清绒机2台、6136车床1台。完善配置剥绒生产设备和轧花车间风力吸棉设备1套，取代了半自动化的人工喂花。至1973年，实现了喂花自动化。

1976年前后，又新增配套了轧花车、清绒机、剥绒机、分屑机、牛刨、烘箱、发电机组等设备。1979年后，新建生产厂房、存储仓库、职工宿舍、办公用房等房屋建筑。同时，改进生产工艺，把籽棉加工过程改为流水线作业，大大提高了生产效率。

1982年，工厂初具规模，厂区占地面积2.45万平方米。厂区横跨湘王公路，路南为职工生活区，建有楼房2幢；路北为生产区，建有生产厂房10余幢、存储仓库2座、办公楼1幢，总建筑面积7053平方米。主要生产设备有28英寸皮辊轧花机28台，141型剥绒机7台，双箱和单箱打包机各1台，清花机设备和轧花车间风力吸棉设备各1套，6260柴油发电机组（380千瓦）1套。厂内轧花、剥绒、弹棉胎等生产实行流水线作业。是年，全厂有职工55人，生产皮棉1406吨、短绒215吨、棉胎2.87万条。全年总产值412万元，利润5.2万元，年末固定资产原值465万元。

1984年，拓展生产经营业务，分设太仓食品饮料厂，后建成生产流水线3条，年产各种饮料3000吨，主要产品有柠檬汽水、橘味汽水、果味软管饮料和新兴饮料——雪梨冻等，饮料产品质量多次获得同行业评比优胜奖。

1990年后，实施技术改造，设备更新换代，以锯齿轧花车替代皮辊车，皮棉年加工能力达8000吨、短绒1700吨，加工质量均达到先进指标。

1994年，又一次开发新业务，分设太仓鼎隆铆钉厂，主要生产各种规格的不锈钢抽芯铆钉，主要用于船舶、汽车、机械、集装箱、五金装潢等行业，年生产能力达900万件，企业生产稳步增长，呈现良性循环发展态势。同年，获评苏州市供销社系统先进企业和太仓市供销社“十佳”先进企业。1994年12月，获太仓市供销社“振兴杯”和“雄风杯”两个奖项，并步入苏州市供销合作总社“百强企业”行列。1995年，实现工业总产值1812万元，产品销售收入774万元，综合效益130万元，利税总额57万元，年末固定资产原值569万元。

1997年，轧花厂狠抓轧花主业生产，扩大饮料生产规模，开拓铆钉销路，同时增加投入，添置设备，发展酒业（黄酒）生产，企业保持稳步发展势头。同年，企业更名为太仓市鼎隆实业有限公司。是年，有职工（含临时工）310人，实现工业产值1696万元，产品销售收入753万元，利税总额53万元，年末固定资产原值660万元。

2000年，深化企业产权制度改革，集体企业转制为股份制民营企业，法定代表人蔡俭初。2005年转为私人企业，法定代表人朱普顺。

1968~2000年历任太仓王秀轧花厂厂长（负责人）：闵炳林、沈承德、钱继祖、钱国华、张永清、袁粹栋、赵根元、项文忠、蔡俭初、朱普顺。

第二节　大集体企业

1966年10月，由归庄、鹿河手工业中心社划出铁业、木业、白铁、缝纫等行业的人员30人，组成王秀手工业中心社，为大集体单位。手工业中心社在王秀镇上租用民房10余间，分别设铁业铁铺、木业作坊、缝纫车间作业。手工业中心社主任（负责人）先后由陈玉林、顾雪明、周宝元担任。

1967年1月，随着农业机械化程度的提高，修理、锻制农机具业务扩大。为适应农业生产需要，公社成立王秀农具厂，归手工业中心社管理，为大集体企业，由手工业中心社主任陈玉林兼任厂长。厂址为永安路西侧、杨益泾北岸。同年起，陆续建造厂房15间，手工业社原分散在各处的生产车间搬进新厂房。同时，增设农机具修理车间，购置车床、钻床、气压泵等生产设备。农具厂以生产及修理稻麦脱粒机、棉花制钵机为主，兼制木犁、木耙和家具等。1976年，扩大经营范围，增设金工车间，开始生产液压元件产品。

1977年10月，根据上级有关文件精神，王秀手工业中心社及下属农具厂性质由大集体企业变为社办企业，由公社工业办公室管理。是年末，农具厂厂区占地面积4482平方米，建筑面积2272平方米。主要设备有6136车床5台和64千瓦发电机、25~30钻床、13665牛刨、万能磨床、锯床等各1台。有职工124人。全年实现工业产值31.89万元，利润5.31万元，年末固定资产总额16.19万元。是年，由王定华任厂长。

1978年，为满足对外承接液压元件需要，经公社工业办公室决定，农具厂液压元件车间升格为太仓液压元件厂。其时，对外称太仓液压元件厂和太仓县王秀农具厂。1980年，为便于管理和结算，两厂合一，终止王秀农具厂对外往来，均由太仓液压元件厂办理业务。是年，王秀手工业中心社及下属的王秀农具厂撤销。

第三节　镇办企业

王秀镇办企业起步于70年代，发展于80年代，兴盛于90年代。

1970年，王秀社办工业开始起步，其时的工业及产品主要为农业生产和农民生产生活服务。至1977年，先后创办王秀综合厂、王秀造船厂、王秀砖瓦厂、王秀农机厂等工厂。王秀综合厂建办初期，主要生产水泥桁条、水泥楼板、水泥平瓦、元钉等产品，为各单位和农户提供建筑材料。王秀造船厂专修大小农船，也曾制造2~3吨水泥船70余条支援农业生产。王秀砖瓦厂主要生产八五红砖、八五青砖、红平瓦、小青瓦、小瓦等砖瓦产品，供应建材市场。王秀农机厂生产铁制农具和修理柴油机、稻麦脱粒机、棉花制钵机、喷雾机等小型农机具。

1978年中共十一届三中全会后，公社党委坚持以经济建设为中心，解放思想，深化改革，抢抓发展机遇，理清发展思路，牢固确立“无工不富、无农不稳、无商不活”的观念，采取多种措施，大力发展社队工业。至1984年，先后创办王秀棉纺厂、太仓液压元件厂、王秀家具厂、太仓第三针织厂、王秀建筑搪瓷厂、王秀服装厂、王秀保温杯厂、太仓涤纶化工厂、王秀纬编厂等企业。乡办工业初步形成纺织、机械、化工、建材等门类。

1985年后，利用改革开放机遇，加强横向经济联合，大力开展“三引进”（引进技术、引进产品、引进人才）工作，促进乡办企业加快发展。至1989年，先后创办太仓化纤纺织二厂、太仓县针织布厂、太仓县羊毛绒线厂、上海帽厂太仓分厂、太仓县蜜乳厂、太仓县王秀石灰厂、沪太塑料保暖制品联营厂、太仓县王秀灯饰厂、太仓王秀电镀厂、上海科艺光学仪器厂、太仓照相器材联营厂、太仓县王秀汽修厂、上海化工机械四厂太仓分厂、太仓县机械设备厂、太仓县溶剂厂、苏州稻香村食品厂太仓分厂等企业。全乡乡办工业经济跃上新台阶。

1990年后，镇（乡）党委、镇（乡）政府提出“立足新起点，实现新跨越”目标，抓好工业投入，发展新企业，开发新产品，提升经济总量。1990~1995年，又新办太仓巧克力食品厂、太仓法华丝厂、太仓雅美服装厂、太仓精艺服装厂、太仓市新型合金材料厂、太仓嘉法针织低弹有限责任公司、太仓市龙皇帽服厂、苏州鲁拉拉塑料制品有限公司、苏州宏泰工艺木器有限公司、苏州百佳能照相机工业有限公司等企业。1992年，全乡乡办企业实现工业产值2.92亿元，利税总额951万元，利润总额308万元，是历年企业经济效益和社会效益最好的年份。1993年，乡办企业实现产品销售收入2.19亿元，是历年产品销售最好的年份。1995年后，由于市场竞争激烈，镇办企业许多产品滞销，产量和企业效益开始下滑。

1996年，对镇办企业实施产权制度改革，转换企业经营机制。在企业转制中，有的企业转为多人参股的民营企业，有的小微亏企业资产拍卖转为私营企业，有的企业资产整合后暂时保留集体企业性质。1997年，全镇有镇办企业（含未完全转制的企业）12家，职工881人，全年实现工业总产值6848万元，产品销售收入5652万元，利税170万元，年末固定资产原值6543万元。

1998年11月，王秀镇并入璜泾镇，王秀镇办企业归属璜泾镇管理。

表7-1　1975~1997年王秀镇（公社、乡）办企业概况

年份	企业数（家）	职工人数（人）	工业产值（万元）	产品销售收入（万元）	利税总额（万元）	利润总额（万元）	固定资产原值（万元）
1975	3	70	14	—	—	2	10
1976	4	350	35	—	—	4	36
1977	6	590	112	—	—	13	60
1978	8	623	145	—	—	30	85
1979	11	795	252	—	—	59	107
1980	10	1030	585	—	—	144	135
1981	13	1218	973	—	—	151	234
1982	12	1336	775	—	—	98	296
1983	12	1412	1082	—	—	126	340
1984	16	1776	1663	—	—	165	455
1985	20	2176	2707	—	—	171	918
1986	20	2529	3397	—	—	172	1509
1987	21	2813	5070	3775	76	34	1591
1988	18	2859	6418	5316	28	21	1811
1989	19	3046	8545	6854	96	–37	2427
1990	19	3087	8240	7438	339	–151	3075
1991	19	3105	11370	9117	588	135	3497
1992	19	3587	29241	21089	951	308	5480
1993	21	3505	21100	21949	891	128	8644
1994	22	2915	28514	17165	846	241	8759
1995	23	2448	10788	11974	524	–101	10063
1996	21	1686	8917	8864	355	–167	6630
1997	12	881	6848	5652	170	–300	6543

注：①1975~1986年产品销售收入、利税总额缺资料无从统计；②1978~1988年工业产值按1980年不变价计算，其他年份按现行价统计。

第四节　村办企业

1966年王秀人民公社成立时，境内13个大队均办有粮饲加工厂，用柴油机做粮饲加工机械动力，自各大队供电线路开通后均使用电动机。

1970年起，境内队办企业开始起步。1973年12月，湘里大队创办湘里五金厂，设金工、翻砂2个车

间，主要为上海民族乐器厂等单位生产钢铝铸件和其他五金配件产品。

1974年1月，白荡大队创办王秀公社白荡皮塑厂，主要生产塑料袋、皮鞋等产品。6月，草庙大队创办王秀公社新丰五金厂，主要为上海压延厂、上海喷涂机械厂、上海五金交电公司等单位加工钢窗。9月，王秀大队创办王秀公社王秀电镀厂，从事抛光、镀克、镀锌、镀铜、镀镍、镀铬等业务，承接各地机械配件、五金电器及煤矿用液压支架等精密度较高产品的镀件。11月，孙桥大队创办王秀公社孙桥农修厂，主要加工石油气测仪和生产小五金农机具铸造配件及落地台灯灯架，后新增袜夹子、袜子清洗机、球磨机等产品。12月，伍胥大队创办王秀公社伍胥综合厂，分设王秀东方红服装厂和王秀福利电器厂2个小厂。服装厂主要为上海第十百货公司、上海红伟服装厂、上海友谊商店等单位加工呢料中山上装，少量自营化纤衫裤缝制业务；电器厂生产电熨斗芯子和各种服装纽扣。

1975年，建华大队创办王秀公社建华纽扣厂，次年增设小五金修理，改名王秀公社建华五金厂，后添置尼龙丝加弹车，再后又增设针织横机，五金厂改名王秀公社建华弹织厂，主要生产针织尼龙衫裤、锦纶丝、各式有机纽扣等产品，还承接各式农器具维修任务。同年2月，建民大队创办王秀公社建民针织厂，主要生产针织尼龙衫裤等产品。建厂初期，曾为上海益民商店加工各式尼龙衫裤，后转为自产自销。

1976年，孟河大队创办王秀公社孟河农机厂（兼管窑厂），生产加工中型拖拉机十字轴钢碗和小型农机具配件，后改名王秀公社孟河综合厂，下设针织、服装、窑厂3个小厂。针织厂代客加工尼龙衫裤并有少量自营业务，服装厂为上海海鸥服装厂加工化纤布类各式衫裤，窑厂生产八五砖、望砖及小青瓦。同年，建民大队创办王秀公社建民窑厂，年产八五砖40万块、望砖15万块、小瓦55万张。是年4月，包桥大队创办王秀公社包桥综合厂，后改名农修厂，又恢复为综合厂，主要生产针织尼龙衫裤、棉条桶、红钢纸垫圈等产品。同月，杨漕大队创办王秀公社杨漕农修厂，主要生产铅皮桶，兼修理喷雾机。是年9月，南港大队创办王秀公社南港五金厂，主要生产麻花钻、浴缸、冰箱内胆、折椅等产品，兼营树脂领衬加工业务。

1978年，王秀大队创办王秀公社王秀窑厂，主要生产小青瓦、八五砖等建材产品，正常年景年产砖、瓦百万块（张）。同年4月，白荡大队创办王秀公社白荡玻璃钢厂，生产电动机配件线板。5月，草庙大队创办王秀公社新丰化工厂，生产对苯二甲酸等产品。

1979年10月，杨漕大队和长浜大队联办王秀公社杨长织布厂，借用长浜大队礼堂为厂房，主要生产各色化纤布等产品。同年12月，王秀大队创办王秀公社王秀服装厂，缝制生产各式衫裤。同月，建民大队创办王秀公社建民拼线厂，主要承接上海江洋织布厂棉纱拼线加工任务。

1980年，长浜大队整合各小厂工业资源，创办王秀公社长浜综合厂，下设五金、棒冰、粉丝3个分厂。五金分厂先后生产冲件模具、恒温箱、远红外加热器、小五金冲件、机床罩壳等产品。棒冰分厂生产各种冷饮食品。粉丝分厂生产磨制淀粉，加工粉丝。同年，杨漕大队创办王秀公社杨漕五金厂，主要生产拷纽等产品，兼修喷雾机。3月，建民大队创办王秀公社建民建材厂，年产水泥楼板3000块、水泥桁条300根。4月，湘里大队创办王秀公社湘里针织厂（附设丝织厂），主要生产针织尼龙衫裤、化纤布等产品。5月，草庙大队创办王秀公社新丰针织厂（前身是王秀公社草庙腈纶加工厂），主要生产针织尼龙衫裤、围巾等产品。

1981年4月，王秀大队创办王秀公社王秀拼线厂，承接常熟县董浜、碧溪、赵市等地织布厂的棉纱拼线加工任务。同年8月，杨漕大队创办王秀公社杨漕服装厂，主要缝制各式衫裤。1982年，王秀大队创办太仓电子电器设备厂，专业生产低压成套开关设备。

1984年，王秀村创办王秀霓虹灯厂，工厂多次转产，先后更名为王秀线路器材厂、江南冷气集团太仓王秀配件厂、太仓市特菲金属制品厂，后成为王秀村骨干企业之一。同年，湘里村与乡副业公司联办王秀石灰窑厂。

1986年，建民村创办王秀建民纬编厂，生产针织纬编布。1987年底，长浜村与鹿河供销社联办太仓泡化碱厂，主要生产用于纸箱黏合和水泥混凝土快速凝固的泡化碱，年产量4200吨，年产值210万元。1988年，建华村创办太仓油墨联营厂，主要生产铅笔、油漆涂料，年产值500万元。

进入90年代，各村在抓好农业生产的同时，继续大力发展工业经济，又新办了一批企业，主要有王秀秀联拼线厂、王秀包桥印染厂、王秀孙桥太空棉厂、王秀孙桥塑钢厂、王秀草庙服装厂等。同时，依靠科技进步，增加技改投入，巩固发展老厂，扩大生产规模。尤其是王秀村、孙桥村，拥有数家骨干企业，成为王秀镇村办工业的先进单位。

1996年起，对村办企业实行产权制度改革，转换企业经营机制。在转制中，有的企业转为股份制民营企业，有的转为一人独资的私营企业，有的小微亏企业资产处理后停业。1997年，全镇有村办企业23家（含未完全转制的企业），职工698人，实现工业产值8508万元，产品销售收入7710万元，利税总额554万元，利润48万元，年末固定资产原值1798万元。

表7-2　1975~1997年王秀镇（公社、乡）村办企业概况

年份	企业数（家）	职工人数（人）	工业产值（万元）	产品销售收入（万元）	利税总额（万元）	利润总额（万元）	固定资产原值（万元）
1975	23	330	27	—	—	5	14
1976	32	491	51	—	—	8	25
1977	34	519	91	—	—	11	32
1978	33	797	121	—	—	33	60
1979	33	904	190	—	—	52	88
1980	32	1320	353	—	—	80	102
1981	17	1095	428	—	—	85	115
1982	17	1219	436	—	—	58	122
1983	20	1466	525	—	—	69	159
1984	20	1528	496	—	—	21	117
1985	37	2365	1728	—	—	53	467
1986	35	2111	1603	—	—	-244	594
1987	37	1981	2174	1431	79	-20	695
1988	42	1967	3639	2428	141	-7	922
1989	41	1970	3328	3275	169	-63	1355
1990	30	1790	4270	2928	183	18	1309
1991	32	1870	4699	3572	476	250	1622

续表

年份	企业数（家）	职工人数（人）	工业产值（万元）	产品销售收入（万元）	利税总额（万元）	利润总额（万元）	固定资产原值（万元）
1992	35	1991	17960	10290	937	516	2113
1993	33	1906	23271	8378	1107	525	2372
1994	35	1622	36558	12081	945	447	3077
1995	32	1097	26138	6418	291	48	2670
1996	28	1086	11094	8737	336	13	4275
1997	23	698	8508	7710	554	48	1798

注：①1975~1986年产品销售收入、利税总额缺资料无从统计；②1978~1988年工业产值按1980年不变价计算，其他年份按现行价统计。

第五节　外资及港澳台资企业

80年代末，王秀加大对外开放力度，发展外向型经济，通过嫁接、新建等办法，采取合资合作等形式，吸引外商及港澳台商到王秀投资，或创办企业，或开展贸易活动。1993年，王秀镇累计注册外资及港澳台资企业25家，出口产品40多种，全年实现外贸收购额1.2亿元。

1995年后，由于市场形势发生变化，合资企业中的外资及港澳台资由内资企业收购，外向型企业减少。1996年后，经镇、村工业企业产权制度改革，王秀境内的外资及港澳台资企业转为内资企业。此后，工业企业积极发展出口创汇产品。1997年，全镇工业企业出口创汇203万美元。

第六节　个私企业

民国时期，王秀是一个桥头小镇，个私企业基本空白，镇上仅有数家作坊式的私人小厂和店铺。30年代，王秀绅士陆允文等人合资开设鼎兴泰蚕茧行，附设蚕茧烘制加工厂，蚕茧行收购鲜蚕茧，烘制加工成干蚕茧后销往外地。至30年代末，国内纺织丝绸市场被侵华日军控制，蚕茧因失去流通渠道而滞销，蚕茧行无法经营只得关闭停业。

40年代末，镇上曹阿义等3人集资开办碾米厂，有砻谷车1台、碾米车2台、石磨2部、柴油机1台，为农户加工大米和面粉。魏坤林、凌志贞各自开办染坊，代客印染各色土纱土布。李永顺、熊德盛、杨春元各自经营酒坊。李永顺专营批发，外销上海等地；熊德盛主营批发，兼营零售；杨春元专营门市零售。钱永安、徐双泉各开有一家铁铺，主要打制锄头、镰刀等农具和菜刀、火钳等厨房用具。此外，镇上还有圆木小作坊1个，由王兴司开设，专业为客户修理、制作各类木桶器具。

中华人民共和国成立后，镇上的私人小厂和店铺仍为个体经营。1956年，国家对个私企业、手工业进行社会主义改造，将镇上的个体经营户按不同情况整合重组，有的参加手工业合作社，有的改造为公私合营企业。是年，在农业合作化运动高潮中，镇上曹阿义等3人合开的碾米厂并入璜泾陈裕丰米厂，性质为公私合营，厂址迁移至璜泾。1958年进入人民公社化时期后，镇上的铁业、木业、白铁、缝纫等小作坊和手工业全部由集体经营。

60~70年代，突出以粮为纲，重点发展农业生产，个私企业受到限制。农村仅有个体“五匠”（泥水匠、木匠、石匠、缝纫工、竹匠等工匠的统称）可出门做生意（指外出打工），但农忙时要回生产队参加农业生产。外出打工挣的工钱，大部分交给生产队，生产队给予同等劳动力的工分，年终参加集体分配。

进入80年代，不断深化改革开放，允许多种所有制企业、多种经济成分共存，境内非公有制经济开始发展。但处于初创阶段的私营工业普遍规模小，称个体工业户，主要从事有色铸件、家具制作、五金加工、防水油胶、缝纫制衣、针织绣花等生产。1983年，全乡有个体工业户215户，其中针织个体户较多，达152户。1985年前后，建民村李锦球看好针织内衣市场，先置办针织横机，后添置针织圆机5台，生产的针织内衣半成品由本地妇女劳务工缝合成针织服装，在常熟招商城设门市部批发销售。由于市场需求量大、自产能力有限，即搞外发加工。旺季时，每天外发加工并收回针织服装上万件。年销售收入300余万元。1986年后，进一步宣传改革开放政策，鼓励个体经济发展，激发农民投资创业积极性。通过宣传和政策扶持，有些农民敢闯敢试，合股或独资办厂。同时，先期创业的一部分个体工业户，通过多年积累，有了投资资本，便扩大生产，办成私营企业。1989年，全乡有私营工业企业16家，从业职工560人，实现工业产值1298万元。

1990年起，王秀个体私营工业加快发展，针织内衣成为业主投资办厂的主要项目。其时，政府工业管理部门一方面做好针织内衣产品的宣传广告，扩大影响，提升产品知名度；另一方面，严把产品质量关，广辟国内外市场，确保企业正常生产。1995年前后，全镇个体私营企业拥有圆盘机600台、双针车400台、四线车1200台，年耗原料1200吨，年生产针织内衣360万件。

1996年，对镇办、村办企业实行转换经营机制改革。转制后，民营企业增多。1997年，全镇有民营企业27家，实现工业总产值3250万元；个体工业户155户，实现工业产值1750万元。

第七节　企业选介

一、王秀综合厂

前身为1967年王秀建筑队创办的生产水泥预制件和煤屑砖的2个加工场。1969年起，新增平瓦、楼板、桁条和元钉等产品。由于生产的产品多，同年4月正式建厂并定名为王秀综合厂，为社办企业。位于王秀桥东、王秀粮管所北面。厂区占地面积2965平方米，有平房8间，建筑面积为168平方米。设水泥制品车间1个。建厂初期，由于建筑市场木材供应紧张，企业主要生产水泥桁条。1972年生产水泥桁条735根，以后每年生产1500根左右；1976年生产量最多，达3566根。之后，水泥桁条减少，以生产水泥楼板为主。

1973年，扩展经营业务，增设电动机修理、弹花衣机齿制造、塑料制品等3个车间。同年，派出职工5人到苏州塑料五厂学习制塑技术，职工4人到太仓农机局学习电动机修理技术。职工学习回厂后，到各车间投入正常生产。1976年起，又增设保温杯塑料外壳生产车间，产品产量和质量稳步上升，业务不断扩大。1979年，生产水泥楼板4981块、保温杯塑料外壳28万个。是年，有职工85人，实现工业产值54.36万元，利润13.67万元。

1980年3月，王秀综合厂划出保温杯制胆、塑料、大炉、金工等生产车间，建办王秀保温杯厂，设于湘王路北侧、王秀大队6队（现王秀村6组）境内。此后，王秀综合厂与王秀保温杯厂实行两块牌子、一套班子管理。王秀综合厂主要生产水泥预制产品，王秀保温杯厂主要生产保温杯及保温杯外壳。1982年，王秀综合厂主要生产设备有电动机5台18千瓦、卷扬机2台、插入震动机4台、平板震动机2台、搅拌机1台、吊车2架，全年生产水泥楼板3679块。年末有职工16人，实现工业产值30.24万元，利润1.56万元。同年，王秀保温杯厂主要生产设备有制胆设备1套、塑料压机5台、玻璃火炉1座、切粒机1台、挤塑机1台、发电机2台165千瓦、电动机29台142千瓦、2115柴油机1台、6136车床1台、13665牛头刨床1台。年末有职工240人，全年生产保温杯58万个和保温杯外壳60万个，实现工业产值148.08万元，利润38.96万元，年末固定资产原值27.72万元。

1984年12月，王秀保温杯厂与上海塑料制品三厂联营，成立沪太塑料制品联营厂。此后，王秀综合厂歇业，王秀保温杯厂撤销。

1969~1984年历任王秀综合厂（与王秀保温杯厂一套班子）厂长（负责人）：郎祖元（1969.4~1976.7）、吴永元（1976.7~1983.1）、顾化明（1983.1~1984.12）。

二、王秀电镀厂

1974年9月，王秀大队创办太仓王秀五金电镀厂，同年10月正式投产。位于湘王路北侧、王秀大队4队境内。厂区占地面积2950平方米，厂房有楼房1幢（12上12下24间）、平房29间，总建筑面积1810平方米。主要业务为抛光加工，金属、非金属电镀（镀锌、镀铜、镀镍、镀铬），承接机械配件、五金电器及煤矿用液压支架等精密度较高产品的电镀。另有五金加工业务。1975年，有职工51人，实现工业产值10.88万元，利润2.24万元，年末固定资产原值4.94万元。

1976年起，增添设备设施，扩大生产能力，企业逐步发展，成为王秀大队重点队办企业。1980年前后，主要设备有变压器1台（20千伏安）、发电机2台（总功率95千瓦）、电动机36台（总功率125千瓦）、柴油机2台（总功率113.19千瓦）、汽车1辆（载重2吨）、机动轮船1艘（载重12吨）、中型拖拉机1台、整流器12台、水塔1座，另有其他机电设备若干。1982年，有职工105人，实现工业产值61.88万元，利润19.39万元，年末固定资产原值33.89万元。

1984年，企业专营电镀，不再承接五金加工业务，故将王秀五金电镀厂更名为王秀电镀厂。同年，电镀厂转为乡办企业。之后，企业重视技改投入，改进生产工艺，提高产品质量，业务不断扩大。1986年，厂区占地面积8000平方米，建筑面积6000平方米，有职工186人，实现工业产值320万元，利润102万元（指结算利润），年末固定资产原值95万元。

1987年后，企业稳步发展，工业产值每年保持在250万元左右。1994年，企业由王秀村收回。1995年又转为镇办企业。是年，有职工116人，实现工业产值289万元，利税19万元。1998年11月，企业随镇区划调整归璜泾镇管理。2003年，电镀厂转制为民营企业，更名为太仓市锦飞电镀有限公司。

1974~1998年历任厂长：赵金元（1974.9~1975.4）、吴永祥（1975.4~1979.11）、吴进达（1979.11~1983.12）、张德铮（1983.12~1984.12）、胡林刚（1984.12~1991.4）、陆建飞（1991.4~1998.11）。

三、王秀砖瓦厂

1976年4月建厂，创办人吴雪元、姚继昌。同年9月正式成立王秀砖瓦厂，10月投产，为社办企业。位于王秀镇区北、孙桥大队4队、长浜大队2组境内。厂区占地面积7.3万平方米，建筑面积7670平方米。创办时，与上海嘉定县供销社协作，供销社借给砖瓦厂40万元，砖瓦厂每年供应供销社八五红砖500万块，通过建立协作关系，解决了砖瓦厂的生产资金。建厂初期，设有22门轮窑1座，主要生产八五红砖，1977年产量1819万块。

1980年起，得到上海嘉定县天益味精厂的支持，砖瓦厂定期到该厂装运煤渣，用于制砖生产。烧制的煤渣砖质量好、成本低，企业效益提高。是年，生产八五红砖2640万块、红平瓦50万张。

1981年，新建小土窑，增加八五青砖、小青瓦、望砖生产。1982年，主要生产设备有22门轮窑1座、小土窑2座、400型制坯机1台、制瓦机1台，机电设备有柴油机2台235.2千瓦、发电机2台195千瓦、电动机12台157千瓦，运输工具有运输船2艘（载重25吨）、拖车125辆。年产八五红砖2834万块、红平瓦90万张、八五青砖30万块、小青瓦75万张。是年，有职工260人，实现工业产值88.44万元，利润32.32万元，年末固定资产原值41.78万元。

1983年起，为扩大生产能力，改400型制坯机为500型制坯机，改人工小青瓦制坯为机械制坯。1984年，主要机电动力设备有300千伏安变压器1台、6160柴油机1台117.6千瓦、6135柴油机1台88.2千瓦。同年起，年产八五红砖3200万块、红平瓦100万张、八五青砖35万块、小青瓦120万张。1987年，有职工303人，实现工业产值124万元，年末固定资产原值60万元。

1988年起，进一步加强企业管理，产量稳定发展，质量不断提高，能耗逐步下降。1991年，有职工226人，实现工业产值152万元，年末固定资产原值76万元。

1992年，因烧制砖瓦的泥源落实困难等，砖瓦产量受到严重影响。是年底，砖瓦厂歇业。

主要荣誉：1977年、1978年，1980年、1982年被评为太仓县砖瓦行业先进单位；1986~1988年，获评太仓县节能先进单位。

1976~1992年历任厂长：倪永新（1976.9~1980.4）、仲利平（1980.4~1983.1）、张连元（1983.1~1984.12）、彭阿男（1984.12~1986.5）、赵惠林（1986.5~1992.3）、朱祖良（1992.3~1992.12）。

四、太仓液压元件厂

1976年，王秀手工业中心社创办的王秀农具厂设金工车间，开始试产液压元件产品。其时，派职工10人到上海等地学习制造技术，后在上海液压元件一厂、上海柴油机厂有关技术员的指导下试制液压元件获得成功。1977年投入批量生产。1978年，公社工业办公室将农具厂金工车间升格为太仓液压元件厂，为社办企业。厂址位于永安路人民桥北堍西侧、杨益泾北岸，厂区占地面积8000平方米，建筑面积4000平方米。1980年，有职工129人，工业产值91万元，利润26万元，年末固定资产原值32万元。

1981年后，企业逐年增加投入，拓展厂区面积，添置生产设备，扩大生产能力。1983年，厂区占地面积3万平方米，有办公楼1幢、生产车间10幢，另有其他辅房12间，总建筑面积1.2万平方米，成为乡办重点企业。1984年起，进一步重视产品研发，成立攻关小组，不断开发产品，提高产品质量。1985年，生产的沥青乳化机获苏州市新产品金牛奖。1986年起，业务不断发展，经济效益提高。1989年，有职工268人，工业产值690万元，利税51万元，年末固定资产原值312万元。

1990年，企业设有铸造、锻造、金属切削、钣金加工、机械装配、液压元件等六大生产车间。主要产品有LCB系列齿轮泵、PH型沥青乳化机、3G系列螺杆泵、ZHG型轴弧泵、各种直径的铸铁和铸钢保温旋塞阀、ZG精密机床过滤器及过滤纸芯、JB型中压泵、1092~3022毫米多圆网多烘缸造纸机及长网多缸薄页造纸机等。同年，生产的沥青乳化机获江苏省优秀新产品金马奖，1991年又获江苏省科技成果二等奖。1992年，自行设计制造的LCB沥青齿轮泵被认定为国家级新产品，产品畅销全国各地，在用户中享有盛誉。1991年至1995年，每年产品销售收入均在1000万元以上，每年利税总额达100万元以上。其中1993年，有职工344人，实现工业产值2153万元，产品销售收入1908万元，利税133万元，年末固定资产原值1132万元。

1996年后，企业积极推动科技进步，培养工程技术人员60余人，技术力量雄厚，设备精良、工艺先进、检测手段完备，拥有各类金属切削精密设备60余台。企业坚持以“质量第一、信誉为本、优质服务、顾客至上”为宗旨，热诚为所有用户提供理想的产品和优质的售后服务。企业是全国筑养路机械行业联合会成员单位。被工商行政管理部门评为“重合同、守信用”企业。连续多年被评为江苏省先进企业、太仓市文明单位。1998年11月，企业随镇区划调整归璜泾镇管理。是年，有职工133人，实现工业产值1309万元，产品销售收入1614万元，利税138万元，年末固定资产原值1143万元。

1999年4月，企业转制为股份制民营企业，更名为太仓液压元件有限公司，法定代表人顾雪明。

1978~1999年历任厂长：王定华（1978.3~1980.10）、顾雪明（1980.10~1987.8）、徐惠宗（1987.8~1996.8）、顾雪明（1996.8~1999.4）。

五、太仓化纤纺织二厂

原名王秀棉纺厂，为社办企业。1977年2月开始筹建，同年10月投产。位于湘王路，路南为职工生活区，有5上5下楼房1幢，平房20间，为职工宿舍和食堂等生活用房。路北为生产区，西侧有清花、梳棉车间（原是公社礼堂），另有动力及皮辊车间各1间；东侧有粗纱、细纱车间平房2幢。厂区总占地面积3137平方米，建筑面积2069平方米。

筹建阶段，经济上得到公社砖瓦厂的扶持，技术上得到本地和外地棉纺厂的技术指导，工厂派出职工16人赴太仓纺织厂学习。刚投产时，生产设备仅有钢丝车1台、梳棉机2台，主要为当地农民加工自留棉的棉条。

1978年，开始添置纺纱设备，最初安装的是向河南焦作棉纺厂购买的细纱机1台，后又安装向广州第二棉纺厂购买的粗纱机1台和向清江棉胎厂购买的并条机2台。同年3月，正式投产纺纱，其时仅形成400纱锭的生产能力。之后，又陆续添置设备，扩大生产能力。1982年，主要生产设备有纺机2000锭、钢丝车8台、梳棉机2台，有汽车（载重2吨）1辆、发电机1台（套）150千瓦、柴油机1台176.4千瓦。主要产品为棉纱和化纤纱。是年，有职工164人，实现工业产值134万元，利润4万元，年末固定资产原值43万元。

1983年后，企业增加投入，新建生产车间，陆续添置设备，生产能力不断扩大。1986年形成1万锭生产能力，王秀棉纺厂更名为太仓化纤纺织二厂。1987年，有职工273人，实现工业产值1007万元，利税43万元，年末固定资产原值122万元。

1988年起，进一步重视企业管理，提高产品质量，企业稳步发展。1992年，企业设棉纺车间2个，拥有纱锭11000锭。设精纺车间1个，拥有纱锭3200锭。另有清花、梳棉、并条、筒摇等车间及设备。是年，有职工385人，实现工业产值1818万元，是办厂以来工业产值最高的年份。1995年起，由于市场形势发生变化，生产业务回落。1996年，有职工90人，实现工业产值133万元。1997年企业转制为民营企业。

1977~1997年历任厂长（负责人）：杨洪飞（1977.2~1984.8）、倪永新（1984.8~1990.3）、季吕贵（1990.3~1990.11）、熊良一（1990.11~1994.3）、徐欢春（1994.3~1995.9）、彭耀兴（1995.9~1997.11）。

六、王秀蜜乳厂

王秀蜜乳厂为王秀中学校办厂。1976年4月，始办校办厂，由教师、学生自己动手办厂，刚开始主要搞废旧塑料切粒。不久，因供销困难停业。1977年上半年转办绞绳，后因利润率太低停办。同年下半年，开办王秀蜂乳厂，位于永安路西侧、王秀中学内。1979年增设塑料包装业务，主要安排土地工、教师家属就业，后又开设小五金车间。

1981年，改称王秀蜜乳厂，主要生产蜜乳产品，注册商标为“白鹤牌”。此后，企业稳步发展，其收益主要用于发展教育事业，改善教学条件。1982年，实现工业产值16.48万元，利润3.25万元，上缴学校1.92万元。

1985年起，进一步加强企业管理，提高产品质量。1988年，生产的“白鹤牌”口服蜂乳被农业部认定为部级优质产品。之后，产品知名度提高，畅销上海、苏州等各大城市，每年的工业产值均在300万元以上，利润在20万元以上。1995年，有职工70人，实现工业产值675万元，利税61万元，其中利润26万元，是办厂以来企业效益最好的年份之一。1997年，实现工业产值660万元，产品销售收入515万元，利税总额35万元，年末固定资产原值151万元。

1998年，企业转制为股份制民营企业，并更名为苏州金香园食品有限责任公司，法定代表人苏惠明。

1981~1998年历任厂长：张永兴、林三新、吴荣元、孙耀山、苏惠明。

七、太仓羊绒线厂

前身为太仓第三针织厂，后更名为太仓羊绒线厂。1978年7月创办，为社办企业。位于沙鹿公路北侧、湘里大队1队境内。1978年上半年筹建阶段，派职工10人分别到有关针织厂学习横机操作技术，时间为2个月。培训职工回厂后即进行试产。在试产过程中，职工以师带徒，互帮互学，很快掌握了横机操作技术，都能独立生产各式衫裤服装，产品质量合格。

1978年10月正式投产。其时，厂区占地面积1632平方米，有平房37间，建筑面积951平方米。设有横机车间2个，蒸灶、锅炉、摇纱、缝合车间各1个。主要生产设备有九针、六针横机各25台，75克络丝机1台。1979年，有职工58人，实现工业产值14.69万元，利润1.14万元。之后，生产稳步发展，业务不断扩大，生产的各式尼龙、涤纶、羊毛等衫裤畅销上海、北京等地。1982年，有职工153人，实现工业产值72.1万元，利润3.74万元，年末固定资产原值10.05万元。

1983年后，市场看好呢绒布料和羊毛绒线产品。为拓展生产业务，企业扩大用地，扩建厂房，添置纺织设备，发展呢绒布料和羊毛绒线生产。1986年，企业更名为太仓羊绒线厂。1987年，厂区占地面积3300平方米，有6上6下办公用房420平方米，生产厂房建筑面积2000平方米。主要生产设备有毛纺纺机480锭、呢绒织布机32台、和毛机设备1套。是年，有职工205人，实现工业产值375万元，产品销售收入262万元，年末固定资产原值103万元。

1990年后，因生产的绒线产品档次低，开始在市场上滞销，故以生产呢绒服装布料为主，主要供应上海帽厂太仓分厂用于缝制帽子，由上海一家外贸公司经销。1992年，有职工195人，实现工业产值502万元，产品销售收入619万元，利税12万元，年末固定资产原值158万元。1995年，企业由王秀村接管，1996年企业转制，1997年由村拍卖，企业歇业。

1978~1995年历任厂长（负责人）：李仁球（1978.7~1980.10）、周友明（1980.10~1981.11）、顾杏林（1981.11~1983.1）、张云球（1983.1~1986.6）、徐绍良（1986.6~1987.8）、季吕贵（1987.8~1989.8）、杨洪飞（1989.8~1992.7）、李兴元（1992.7~1995.11）。

八、太仓建筑搪瓷厂

1978年9月，太仓液压元件厂在厂区西北部设铸铁搪瓷浴缸生产车间，负责人张叔华。同年下半年，聘用上海搪瓷一厂退休技工5人驻厂安装设备、指导生产。同时，派出职工8人到鹿河公社长城搪瓷厂学习搪瓷生产技术，培训时间3个月。1979年3月正式投产，主要生产铸铁搪瓷浴缸产品。1980年，主要生产设备有搪瓷窑1座，空气压缩机、电焊机、球磨机各1台，4135柴油机1台58.8千瓦、发电机1台30千瓦、电动机6台70千瓦。年产铸铁搪瓷浴缸2000个。

1981年7月，铸铁搪瓷浴缸生产车间升格为王秀搪瓷厂，为社办企业。厂区占地面积2700平方米，建筑面积1600平方米。1982年，有职工72人，生产铸铁搪瓷浴缸5365个，另生产少量冰箱内胆、洗衣机内胆等产品，全年实现工业产值88.63万元，利润12.53万元。

1983年，为扩大规模，发展生产，王秀搪瓷厂与中国新型建筑材料公司各投资250万元，合资举办太仓建筑搪瓷厂。但因厂址用地有限，没有拓展余地，故乡政府决定易地建厂。新厂位于湘王路湘里大桥北堍东侧、王秀村10组境内，占地8.33万平方米，生产用房总建筑面积1.5万平方米。1984年4月迁至新址。

1984年8月，厂长宋小牛应邀参加建材部召开的全国建材分公司工作会议，并在会上做铸铁搪瓷浴缸产品推介发言。此次发言，提高了太仓建筑搪瓷厂及产品的知名度，为以后开辟市场、产品销往全国各地起到了积极作用。

1985年初，易地建造的新厂开始试生产，同年6月30日举行搪瓷炉点火仪式，正式投产。其时，设翻砂、搪瓷、球磨等车间3个。主要生产设备有搪瓷窑3座、球磨机15台，另有全套铸铁翻砂设备和配套机电动力设备。工厂设计生产能力为年产铸铁搪瓷浴缸5万个。1985年下半年生产铸铁搪瓷浴缸2.2万个，1986年达4.2万个，生产浴缸的规格主要有120、150、160、180厘米（指长度）等4种。同年10月，建材部副部长祁俊等领导到太仓建筑搪瓷厂视察，对搪瓷厂批量生产搪瓷浴缸、供应国内建材市场给予高度赞赏。

1987年，对浇铸浴缸生产工艺进行技术改造，改原木模浇铸为铝模浇铸。改造后，浇铸的铸铁浴缸缸壁厚度更均匀，平整度更高，达到进口产品水平。同年，生产的“清泉牌”浴缸获江苏省科技进步成果奖和江苏省新型建筑材料成就展览会三等奖。是年，有职工360人。年产铸铁搪瓷浴缸5万个，达到设计能力。全年实现工业产值410万元，产品销售收入458万元，年末固定资产原值558万元。

1988年，加强企业管理，产量增加，质量提高，全年生产铸铁搪瓷浴缸5.8万个，超出设计生产能力，占全国搪瓷浴缸总产量的20%，至年底收回全部投资。1989年3月，被太仓县化建公司评为1988年度太仓县建材行业先进企业。同年7月，中国新型建筑材料公司总经理顾耀华到厂视察，并为工厂题词“艰苦奋斗”“精益求精”“更上一层楼”。是年末，有职工382人，实现工业产值1110万元，产品销售收入923万元，利润37万元，年末固定资产原值605万元。同年，生产的“清泉牌”浴缸获评江苏省优质产品。

1990~1993年，企业稳步发展，经济效益提高，每年工业产值均在1000万元以上，利税在100万元以上，其中1992年实现工业产值2511万元，为工业产值较高的年份之一。1993年实现利税137万元，是企业效益较好的年份之一。1995年，生产的高档双拉手浴缸被列入江苏省新产品开发计划。

1996年起，由于原材料价格上涨，生产成本大幅提高，又因建材市场上个体私营企业同类产品增多，企业逐步失去竞争优势，业务回落，效益下降。是年，有职工144人，实现工业产值551万元，产品销售收入464万元，利税67万元，年末固定资产原值601万元。1997年企业停产。1998年11月，企业随镇区划调整而归属璜泾镇管理。1999年转制为私营企业，法定代表人陈月清。

1981~1998年历任厂长（负责人）：张叔华（1981.7~1981.11）、朱和生（1981.11~1983.9）、宋小牛（1983.9~1991.8）、陈培元（1991.8~1992.7）、郎平（1992.7~1993.3）、陈月清（1993.3~1998.12）。

九、沪太塑料制品联营厂

1976年，王秀综合厂增设保温杯塑料外壳生产车间。1980年3月，生产车间升格成立王秀保温杯厂，为社办企业。

1984年12月，王秀保温杯厂与上海塑料制品厂联营，成立沪太塑料制品联营厂。位于湘王路北侧、王秀村6组境内。建厂初期，主要生产保温杯及保温杯外壳，产品销往上海、北京、天津、西藏、新疆等地。1987年，有职工198人，实现工业产值376万元，产品销售收入261万元，利润5万元，年末固定资产原值217万元。

1988年起，企业增加投入，添置设备，扩大生产能力。1990年后，厂区占地面积11028平方米，总建筑面积7500平方米。主要生产设备有万克注塑机1台、大型吹塑机2台，另有500克及以下小型注塑机12台。主要产品有各种规格的塑料保温瓶外壳、塑料周转箱、塑料加仑桶和塑料脚盆、脸盆等。1992年，有职工214人，实现工业产值714万元，产品销售收入772万元，利税44万元，其中利润20元，年末固定资产原值332万元。

1993年起，进一步重视企业管理，提高产品质量，增强市场竞争力，以此拓展业务，提高效益。1996年，有职工150人，实现工业产值1110万元，产品销售收入1365万元，利税122万元，年末固定资产原值364万元。

1997年，企业转制为股份制民营企业，法定代表人赵雪林。1998年，有职工130人，实现工业产值670万元，产品销售收入623万元，利税46万元，年末固定资产原值315万元。

1984~1998年历任厂长：冯登奎、陈忠勋、赵雪林。

十、太仓涤纶化工厂

1980年筹建，刚开始借用王秀电镀厂办公，创办人陈振华。1980年10月建厂，取名太仓涤纶化工厂，为社办企业，1981年3月投产。该厂创办时，申报为福利工厂，取名太仓王秀锆合化工厂，与太仓涤纶化工厂两块牌子、一套班子运作。当时安排残疾人104人进厂务工，解决残疾人就业问题。同时，享受国家税收优惠政策的免税部分用于民政福利事业。

该厂位于湘王路北侧、王秀大队4队境内。厂区占地面积8600平方米，有7上7下楼房1幢，平房48间，总建筑面积1680平方米。设二辛酯、醋酸钠、胱氨酸、染色等车间。主要生产设备有二甲酸成套设备1套、胱氨酸设备1套、DOP生产设备1套、锅炉1台，机电设备有变压器1台375千伏安、柴油机1台88.2千瓦、发电机1台75千瓦。投产当年，主要生产对苯二甲酸产品；有职工89人，实现工业产值84.93万元，利润12.84万元。

1982年，企业重视化工产品开发，实验室的技术员为攻克技术难关，找资料、搞实验，日夜奋战，经过反复实验，终于成功开发对苯二甲酸二辛酯，质量创国内先进水平，以后成为企业的当家产品。是年，生产对苯二甲酸二辛酯12.35吨、对苯二甲酸12.5吨、醋酸钠9.25吨、胱氨酸2.67吨。1987年，有职工321人，实现工业产值627万元，产品销售收入589万元，年末固定资产原值234万元。1988年生产的对苯二甲酸二辛酯和1989年生产的DOTP增塑剂先后获评江苏省优质产品。1989年，工业产值突破1000万元，达1333万元，

1990年后，企业增加投入，生产得到发展。1991年投资800万元，添置生产设备，新建厂房4000平方米，创办中外合资企业——苏州鸿泰化工有限公司，开发医药中间体磷酸氯喹产品，并获医药原料生产许可证。是年，企业占地面积53300平方米，建筑面积15000平方米，有职工373人，工业产值突破2000万元，达2244万元，产品销售收入2446万元，利税总额173万元，年末固定资产原值515万元。1992~1995年，企业稳定发展，每年产品销售收入2000万~2500万元。

1996年后，由于市场因素，除对苯二甲酸二辛酯产品有少量生产外，其他产品未投入生产。又因负债率高，资金周转不畅，企业陷入困境。1998年企业破产停业。

1980~1998年历任厂长（负责人）：陈振华（1980.10~1981.7）、胡耀良（1981.7~1984.2）、陈振华

（1984.2~1987.8）、周建平（1987.8~1995.3）、胡林刚［1995.3~1998.8（镇农工商总公司副总经理分管）］。

十一、太仓市电子电器厂

1982年，王秀大队利用大队植保站房屋创办太仓市电子电器厂，开始生产低压成套开关设备。后得到太仓电力管理部门的支持，业务不断拓展，企业逐步发展。1984年，在湘王路王秀村村委会驻地新建生产车间2幢，建筑面积1000平方米。同年，增加投入，添置冲床、剪板机、折板机等设备，生产能力成倍提高。

1985年，与太仓水利部门合作，开发生产微机控制自动化试验泵。1987年，该产品分获江苏省、苏州市科技进步成果奖。1988年，又新建生产车间2幢，建筑面积1000平方米，企业规模扩大，生产不断发展。1989年，通过机电部低压成套开关设备产品质量验收，并获得高级型合格证书。之后，又先后通过ISO9002质量体系认证和3C强制性产品认证验收，并获合格证书。1990年后，生产的产品主要有GCK、GCL、GGD、多米诺、GCS成套开关设备及XI等各种动力照明配电箱，其中生产的低压配电屏获评苏州市优质产品。

1992年起，成为王秀村骨干企业，也是王秀镇纳税大户，曾连续多年上缴利润和纳税均超100万元。1998年，有职工40人，完成工业产值1100万元，利税250万元。厂长：钱林元。

2000年，工厂转为私人企业。转制后，企业搬迁至沙鹿公路湘里村6组（现王秀村17组）境内。占地9300平方米，建有办公楼1幢600平方米、生产车间2900平方米。

十二、太仓市特菲金属制品厂

1984年，王秀村创办王秀霓虹灯厂，厂址在湘王路南侧王秀村委会驻地，有职工15人，负责人胡林强。主要生产霓虹灯饰产品。后因技术设备落后、产品销路不畅而转产。转产后，创办王秀线路器材厂，添置钻床、电焊等设备（工具），主要生产电力线路用横担、抱箍、螺丝紧固件等产品，工厂负责人顾宗林。

1987年10月，转产创办江南（太仓）冷气集团太仓王秀配件厂。为开发产品、拓展业务，村企业干部钱林元、陆满兴等人到江南（太仓）冷气集团洽谈，建立合作关系。后在该企业的支持下，利用该企业设备组织生产，后购进该企业设备，单独生产经营。配件厂拥有400吨冲床、500吨油压机、100吨折弯机等重型设备，另有车床、磨床、小冲床、电焊机等机械设备，初创时主要生产家用空调钣金件，后扩大，生产商用空调钣金件。工厂业务充足，效益提升。

1991年，对工厂进行改造，将原来陈旧低矮的厂房全部拆除。为不影响生产，采取“边拆边建、边建边生产”的方法实施。厂房改造竣工后，建有高大宽敞的新厂房2000平方米。此后，企业规模扩大，效益不断攀升。1997年，由原副厂长顾文彬接任厂长，厂名改为太仓市特菲金属制品厂。1998年，有职工102人，实现产值1200万元，利润60万元，成为王秀村骨干企业之一。

十三、苏州绣仓时装有限公司

苏州绣仓时装有限公司于1994年2月4日注册成立，初创时为王秀小学校办厂，公司法定代表人为时培昌。刚开始借用王秀小学1间旧教室，招录职工20余人，给上海服装公司加工服装，凭借优良的质量、准确的交货期赢得客户信任，为公司发展打下了基础。投产1年后，公司被接管为镇办企业。

1996年，因生产发展需要，公司搬迁至秀东路南侧、王秀村4组境内（原王秀纬编厂址），占地2200平方米，有办公和生产用房近3000平方米。公司与上海一家贸易公司合作，生产各式服装出口日本，主要产品有手缝羊绒大衣、高级女士西装、时尚女士时装等。同时，公司又凭借良好的信誉赢得客户信赖，业务不断扩大。1996年，有职工150人，实现工业产值316万元，产品销售收入279万元，利税53万元，年末固定资产原值194万元。1998年11月，王秀镇并入璜泾镇后，公司不断发展，成为璜泾镇民营骨干企业。

第二章　工业管理

第一节　企业管理

70年代，正值社队工业起步阶段，在缺资金、缺原料、缺技术的情况下，动员社队工业干部和社会上有门路、善交往、懂经营的能人，发扬艰苦奋斗精神，克服种种困难，千方百计创办工业。

80年代初，建立王秀工业公司等管理机构，具体负责社队工业。其时，抓实“三上二创一提高”（上管理、上技术、上质量，质量创优、产品创汇，提高经济效益和社会效益），促进工业经济发展。

1985年前后，实施横向经济联合、“三引进”（引进技术、引进产品、引进人才）等举措，解决工业设备落后、技术力量不足、原料能源缺乏等问题。通过乡村联合、厂店联合、与城市大工业联合、与科研院校联合，引进资金、设备、原材料、技术和信息，借助他人的工业优势和技术力量发展乡村企业。

1988年前后，强化企业内部管理，抓实“双增双节”（增产节约、增收节支）活动，使企业的每一个管理层次、每一道生产工序都达到以岗定人定责、以人定质定量、以量定耗定本的管理要求，实现件件进出保质量、点点费用算细账、人人争当“小厂长”的管理目标。

1990年前后，进一步完善激励政策，加大表彰奖励力度，先后制定《关于实行工业生产若干奖励政策的规定》《关于对乡办供销人员实施优惠政策的规定》《关于外向型经济工作中的有关奖励政策》《关于加快发展村办企业的若干规定》《关于开展评选优秀书记、厂长活动的意见》。这些政策文件的出台，大大提高了干部职工积极性。

1992年起，重点抓好技改投入、产业结构调整。着眼于设备上先进、产品上档次、企业上规模，把发展优势产业、培育优势产品作为技改主攻方向，每年投入1000余万元，用于改造设备，开发产品。通过技改投入，培植了机械行业以太仓液压元件厂、建材行业以太仓建筑搪瓷厂、化工行业以太仓涤纶化工厂、轻纺行业以太仓化纤纺织二厂为龙头的重点企业，以及以王秀村、孙桥村为代表的村办工业骨干村。

1995年前后，抓实企业基础管理，在计量、标准、设备、工艺、操作、安全生产、班组建设等方面，对照国家标准和同行业的先进标准，提出达标要求和管理目标。通过强化基础管理，促进了企业上台阶，产品上质量。至1998年，全镇有19家企业的基础管理达太仓市级及以上标准，有众多产品获评苏州市优、江苏省优、国家部优产品，或在各级各类产品质量评比中获奖，或被选送为江苏工业产品博览会参展产品。（王秀工业企业名优产品详见第十五篇第三章第四节第二目“工业科技成果”）

第二节　技术改造

1971年前后，王秀轧花厂不断增加投入，添置动力和轧花生产设备，通过技术改造，改进生产工艺，实现人工喂花到半自动喂花、再到全自动喂花的转变。

1976年，王秀农具厂积极加大技改投入，购置机械设备，增设金工车间，能够生产精密度较高的液压元件产品，由农机具修理小厂变为王秀重点企业。

1981年，王秀保温杯厂增添保温制胆、塑料压机、玻璃火炉及机电动力等设备，扩大生产能力，逐步将从王秀综合厂分出的一个仅生产保温杯塑料外壳的车间，办成年生产保温杯60余万个的专业工厂。

1982年，太仓涤纶化工厂重视化工产品研发，经过反复实验，终于攻克技术难关，成功开发对苯二甲酸二辛酯、DOTP增塑剂等产品，质量创国内先进水平，获评江苏省优质产品。

1984年，王秀轧花厂通过技改投入，拓展经营范围，增建食品饮料生产流水线，生产的汽水等饮料产品畅销各地，企业收益提高。

1986年前后，王秀电镀厂多次进行技术改造，不断调整生产工艺，各类镀克、镀锌、镀铜、镀镍、镀铬等镀件产品质量提高，业务扩大，成为王秀重点企业。

1987年前后，太仓建筑搪瓷厂在搞基建、添设备的同时，大搞技术革新，改进搪瓷工艺，产品质量不断提高，生产的“清泉牌”浴缸先后获评苏州市、江苏省优质产品。

1988年后，太仓化纤纺织二厂不断加大技改投入，增添纺纱设备，扩大生产能力，逐步把初办时只有400锭的小棉纺厂，办成拥有近1.5万锭的镇办骨干企业。

1989年，太仓市电子电器设备厂重视产品质量和标准化管理，生产的低压成套开关设备通过上级权威部门验收，并获专业合格证书，其中生产的低压配电屏获评苏州市优质产品。

1990年，王秀纬编厂引进法国产高速纺机1台，生产DTY加弹丝，成为王秀境内最早从事化纤加弹生产的企业。

1990年前后，太仓液压元件厂积极推动企业科技进步，大搞技术革新，成功开发齿轮泵、乳化机、螺杆泵、轴弧泵、旋塞阀、过滤器、中压泵、造纸机等系列产品，其中生产的沥青乳化机获江苏省优秀新产品金马奖，1991年又获江苏省科技成果二等奖。1992年，自行设计制造的LCB沥青齿轮泵被认定为国家级新产品。太仓液压元件厂最终成为王秀重点企业。

1991年，王秀轧花厂更新轧花设备，采用锯齿轧花先进生产工艺，轧花产量和皮棉质量得到提高。1993年，该厂再次加大技改投入，新建铆钉生产项目，生产的不锈钢抽芯铆钉被广泛用于船舶、汽车、机械、集装箱、五金装潢等行业，为企业带来较好的经济效益。

1994年，王秀镇村两级共投入5200多万元用于工业技改项目，一批企业由此开发了新品，扩大了生产能力。王秀涤纶化工厂投入850万元开发磷酸氯喹新产品，当年投产并盈利上百万元。王秀溶剂厂通过技改，扩大了甲酸三乙酯的生产能力，月产量由原来的13吨增加到60吨。

1997年，太仓建筑搪瓷厂抓好技改工作，不断更新产品，加强企业管理，提高产品质量，生产的各式搪瓷浴缸畅销全国各地。

第三节 经济责任制

60~70年代，王秀境内的社队办企业都是集体投资，产权归集体所有。在企业内部管理上，以宣传教育为主，通过树立典型、表彰先进调动职工积极性。在劳动分配上，实行劳动工时制和固定工资制，职工工资有高有低，但差距不大。务工农民工资转所在生产队，生产队按同等劳动力给予记工分，年终与在队农民一起参加生产队分配。

进入80年代，随着一系列“放宽、搞活”政策的落实，各乡办企业解放思想，勇于改革，在企业中逐步推行多种形式的经济承包责任制。1983年后，在乡办企业中全面落实以“承包”为核心的目标管理生产责任制。乡工业公司与各企业签订经济承包合同，各企业把生产任务承包到车间，车间承包到班组，班组实行劳动计件制。通过层层落实生产责任制，大大提高了生产效率。

1984年起，为发展生产，提高效益，在乡办、村办企业中普遍推行企业利润大包干责任制，对规模大、效益好的企业，核定上缴利润，超利分成，奖励职工；对小型微利企业实行利润定额上缴（通常称“一脚踢”承包）包干责任制。承包责任制的落实，把职工的责、权、利结合起来，极大地调动了职工的积极性。

1985年，进一步深化企业改革，开始试行厂长经济承包责任制，打破了原来企业资产所有权与经营权由上级主管部门高度集中的格局，使两权适当分离，厂长有了更高的开发产品、发展生产的积极性，从而增强了企业活力。

1987年，在乡办企业中全面推行厂长任期目标管理制，乡工业管理部门与各企业签订厂长任期目标管理责任书，明确厂长任期内应完成的各项经济指标和厂长、厂部班子人员及职工的报酬总额结算办法。在企业内部，由厂长及厂部一班人对各车间、科室、班组层层落实责任制，科学设置考核内容，完善考核评价体系，把生产实绩与职工报酬挂钩进行奖赔。

1990年后，以继续推行厂长任期目标管理制为重点，进一步深化企业内部分配制度改革，主要形式有生产车间经济承包奖赔制、厂部科室人员岗位责任制、外勤人员费用包干制、企业职工计件工资制、技术人员产品开发奖励制、安全生产岗位责任制等。

1994年起，镇办、村办企业开始转换经营机制，推行股份合作、风险抵押承包、租赁、拍卖、转让等形式的经营机制转换。1996年，对镇办、村办企业全面进行产权制度改革，至1998年，镇办、村办企业除12家未完成转制外，其他企业均转制结束。

第四节　企业转制

企业转制主要指镇办、村办集体所有制企业转换产权制度的改革。

80年代，在镇办、村办企业中普遍推行各种形式的生产责任制，以调动职工积极性，增强企业活力。

进入90年代后，为适应市场经济发展需要，镇党委、镇政府根据上级关于企业转制工作的文件精神，开始对镇办、村办企业开展以产权制度改革为核心的转换企业经营机制工作。

1994年，利用企业转制契机，首先对小微亏企业进行整治，根据企业不同情况，分别采取企业出让、转为私营，或企业兼并、资产重组，或企业关停、资产拍卖等形式，对企业进行改革。

1995年起，先后对所有的镇办、村办和校办企业进行集体资产清查登记、产权界定，摸清各企业净资产情况。1996年，全镇以企业产权制度改革为重点的企业转制工作全面展开。至1998年，全镇镇办、村办集体企业55家（指未转制前的1995年的企业数量）中已完成转制49家，其中，资产出让组建为股份制民营企业15家，小型微利企业资产拍卖转为个体私营企业22家，资产暂未出让、个人租赁经营9家，资产拍卖后关停企业3家。

1998年11月，王秀镇并入璜泾镇，王秀尚未转制的企业由璜泾镇实施转制工作。

第五节　管理机构

王秀工业企业管理机构主要有工业办公室，后改称为工业公司。

1966~1975年，社办企业先后由公社党委指派陆富庭、朱阿和等人分管。1975年5月，成立王秀公社工业办公室，负责管理全公社工业企业。工业办公室下设物资经理部，为社队工业生产开展供销服务。

1983年3月，公社工业办公室撤销，成立公社工业公司，下设生产科、供销科、安全科、总务科和村办工业科等科室。工业办公室主任吴雪元转任工业公司经理。工业公司主要管理社队办工业企业，其职责为：负责抓好工业企业管理和新产品、新项目的开发；组织资金与物资，为企业生产提供服务；指导和督促企业落实安全措施，抓好安全生产工作；组织财务审计及财会人员业务培训；开展企业经营情况的调查与研究，为领导提供工业发展决策依据。

同年7月18日，成立王秀乡经济联合委员会，负责全乡经济工作。乡工业公司隶属经联会，为经联会下设的管理全乡工业经济的职能机构。1991年5月30日，根据经济发展需要，对乡经济管理机构设置进行改革，成立王秀乡农工商总公司（简称“总公司”），撤销经联会。此后，乡工业公司隶属总公司，负责全乡工业经济工作。

同年9月，对工业公司设置科室进行调整，调整以后工业公司设企业管理科、生技安保科、开发外经科、人事教育科、财务审计科等科室，主要负责全乡工业开发、技术改造、企业管理、劳动工资、职工教育、安全生产等工作。1993年4月，撤销开发外经科，生技安保科分设为技改科和安保科。

1998年11月，工业公司随镇区划调整并入璜泾镇企业管理服务站。

1975~1983年，公社工业办公室主任（负责人）先后由陈养一（1975.5~1981.11）、吴雪元（1981.11~1983.3）担任。

1983~1998年历任王秀镇（乡）工业公司经理（负责人）：吴雪元（1983.3~1985.11）、仲利平（1985.11~1990.5）、顾雪明（1990.5~1992.3）、胡林刚（1992.3~1994.11）、徐雪刚（1994.11~1995.8）、徐惠聪（1995.8~1998.2）、熊宁一［1998.2~1998.11（镇农工商总公司副总经理分管）］。

第八篇 商贸

中华人民共和国成立初期，王秀集镇上有商业门店（商铺、作坊）20余家，大多是半农半商私人经营的小商户。在鼎隆街老街区设有早市，进行农产品交易。其时，生产生活物资供应虽然有限，但能基本满足居民日常生活所需。

1966年成立王秀人民公社后，同时成立王秀粮管所、王秀供销社、王秀合作商业等商贸机构，逐步建立起以国营商业、供销合作商业为主体的粮油购销、物资供应体系。60~70年代，处于计划经济时期，粮油统购统销，由王秀粮管所统一经营。生产生活物资计划供应，由王秀供销社负责经销，发挥商业主渠道作用。其时，王秀供销社、王秀合作商业在农村各大队设双代店（代购代销）、下伸店等商业网点，方便农民群众购物。同时，供销社等商业部门积极组织货源，以弥补计划物资短缺，尽力满足农民群众生产生活所需。

进入80年代，随着改革开放的不断深入，一些善于经营的农民脱离农业，从事商贸服务业，在镇上开店经商，个体商业开始出现，与国营商业、集体商业形成多种所有制成分的商业体系。1985年起，不断深化经济体制改革，过去传统的计划经济体制逐步向市场调节和完全市场化方向发展，境内的商贸服务业得到长足发展。

进入90年代，人民群众生活水平提高，社会购买力不断提升。境内各商贸企业和个体工商户紧紧抓住商机，拓宽流通领域，使得王秀市场上生产生活物资、建材物资、能源物资等商品越来越丰富，且基本敞开供应。1995年，全镇商业销售总额8935万元，其中，王秀供销社、王秀供销商业公司销售总额6560万元；有个体私营商业户87户，销售总额2375万元。

1996年后，个体私营商业加快发展，且占据市场份额越来越大，粮食国营商业、供销集体商业优势逐步弱化，经济效益下降。1997年，全镇有个体私营商业户135户，全年销售总额6850万元。1998年后，王秀粮管所、王秀供销社、王秀供销商业公司转换经营机制，其所属商业门店转为个体私营商业。

1966~1984年，设王秀市场管理小组，主要负责农贸市场管理。1985~1998年，设王秀工商行政管理组，归璜泾工商行政管理所管辖。工商组主要对王秀境内的工商经营单位进行管理服务，维护市场秩序，确保地方经济健康发展。

第一章　商业体制

第一节　国营商业

一、粮管所

即王秀粮食管理所，简称“粮管所”。

中华人民共和国成立初期，璜泾区人民政府在王秀设征粮点，建璜泾区粮库王秀分库，将王秀镇西市梢李云韶的木行房屋12间改造为仓库，其中木质地板仓7间、砻糠铺底的泥地仓5间，仓库四壁均用草包叠围，仓储条件简陋，总仓容875吨。

1955年5月，璜泾区粮管所成立，在王秀分库设王秀粮食购销站。1956年3月，王秀南境的长安乡（小乡）划入沙溪区归庄乡（中乡），王秀粮食购销站隶属沙溪区粮管所。

1958年10月，归庄成立人民公社，粮食管理机构以社建所，即建立归庄粮管所，此后王秀粮食购销站隶属归庄粮管所。

1966年10月，王秀单独成立公社，取消归庄粮管所王秀购销站，建立王秀粮管所。王秀粮管所有职工14人，由太仓县粮食局管理，是王秀境内负责粮油购销、存储、配给等工作的国营单位。下设王秀粮食收购站、王秀粮食供应站及议购议销门市部。是年，全公社完成粮食征购2332吨。

1970年前后，粮管所投入一定资金用于修建仓库、砖铺晒场、围墙、石驳岸等，粮管设施有所改善。1976年，粮管所全部迁移至王秀桥东红旗浜北岸，占地面积7083平方米。是年，全公社完成粮食征购2580吨。

1977年起，粮管所加快仓库建设，改善仓储条件，先后新建保粮仓、周转仓、种子仓、饲料仓等库房和水泥晒场、石驳岸等设施。至1982年，粮食收购站拥有仓容2430吨，粮食供应站拥有仓容615吨，粮管所总仓容达3045吨，都是水泥、沥青构成的防潮仓库。

1978年起，粮油入库由人工劳动开始转向机械作业。1980年前后，先后添置输送架5架，其中骆驼式1架、升降式4架，实现了粮食进仓输送机械化。同时，购置稻麦测产脱粒机、粮仓深翻挖井机、水分测定器、粮食测温器、稻谷出糙机、计量抽油器、电动鼓风机、仓外投药器等设备（器材）。1982年末，全所有职工24人。

1983年实行家庭联产承包责任制后，交售粮油形态发生变化，变过去以生产队为单位交售为农户按合同定购任务交售。由于交售户数多，每当夏秋收购大忙季节，粮库场地人头攒动，十分拥挤。对此，粮管所改进服务工作，一方面派人值勤，维持交售秩序；另一方面，做到早开工，晚收工，中午不停秤，尽量延长收购时间，为农户提供方便。1986年，全乡农户交售粮食合同定购数1310吨，实际完成1509吨。

1987年前后，粮管所加强粮食管理工作，采取药械并举、人工治理的方法，积极开展粮库“四无”（无害虫、无变质、无鼠雀、无事故）建设，并取得显著成效，多次受到上级粮食部门的表扬。

1990年后，粮食经营市场逐步放开，粮管所重点做好地方性储备粮收购工作，坚持按保护价敞开收购农民余粮，保护农民种粮售粮积极性。1997年，全镇农户交售商品粮计划任务数1050吨，粮管所实际收购2734吨。是年，有职工24人。1998年11月，王秀粮管所随王秀镇区划调整而归属璜泾粮管所。

1966~1998年历任王秀粮管所主任（负责人）：杨炳泉、赵秉文、陆富庭、孙仲元、李根林、王巧泉、王建平。

二、食品站

中华人民共和国成立初期，王秀镇上设有腌腊庄、鲜肉铺，购销腌鲜食品，都是私人经营。50年代中期，在对私营商业的社会主义改造中，关停私营食品店铺，由归庄食品站在王秀设立食品购销组经营腌鲜食品及其他副食品，有职工3人，地址在王秀桥西堍徐国祥家。

1966年7月，王秀食品购销组经营机制变化，由归庄食品站委托王秀大队1队、7队联合经营，代购代销。1966年10月，由王秀供销社接管食品购销业务，成立王秀食品站。之后，随着人民生活水平提高，食品站经营业务不断扩大，主要供应商品有鲜肉、腌肉、火腿、皮蛋、香肠、肉松、鲜蛋、腌蛋等，并有鸡、鸭、鹅苗禽供应。1970年后，食品站多次投资基建，扩大用房面积，先后建造猪舍9间、饲料仓3间，屠宰场拆旧建新5间。

1976年起，为拓展业务、扩大生产，食品站还创办商业养殖场（简称“商办场”），征用孙桥大队7队土地1658平方米，投资1.2万元，建造畜禽养殖用房25间，每年饲养肉猪3~5头、母猪15~20头，年产苗猪150~200头；每年养鸡出栏1500羽左右。商办场有职工3人，除从事养猪、养鸡外，还耕种饲料地1亩。

1979年7月起，王秀食品站从供销社划出，由国营太仓食品公司领导，成为县公司的下属单位，有职工5人。1986年，食品站搬迁至鼎隆街北侧，占地面积1334平方米，有6上6下楼房1幢400平方米，下层为门市部，上层为办公及其他用房，另有屠宰场用房100平方米和临时猪圈用房120平方米。其时，屠宰场安装猪肉输送轨道1条，实现搬运机械化。在此后的数年中，食品站每年出售肉猪万头以上。

1990年起，肉类食品购销市场放开后，社会上出现与食品站竞争的个体肉摊（称“小刀手”）。由于肉类食品供应渠道增多，食品站不再独家经营而业务逐渐减少。1995年后，食品站管理体制再次变化，又回归供销社管理，其经营方式由原集体经营改为职工自主经营，个人在市场上设摊销售。2000年，食品站转制，对职工进行分流，机构撤销。

1966~2000年，王秀食品站站长先后由王金林（1966.10~1983.12）、吴建明（1984.1~2000.12）担任。

第二节　集体商业

一、王秀供销社

1951年春，太仓县供销合作社总社派张景贤、徐苏到王秀，在当地乡政府的直接领导下，按长安、帆山、勇和等3个乡的行政辖区筹建王秀供销合作社（当时属3个小乡的供销合作社）。经过近3个月的宣传发动，报名入股1800余人，筹集到股金现款2200余元。在组织社员入股的基础上，各乡在所辖的村内，民主选出了社员代表。

1951年4月1日，王秀供销合作社首次社员代表大会召开。会场设在长安乡所在地王秀镇李永盛作坊内，到会代表90人，会议通过《王秀供销合作社章程》，选举产生理事会、监事会组成人员。理事会由9人组成，熊琦任主任；监事会由5人组成，陈兴任主任。由此，王秀供销合作社正式成立。社址设在王秀镇西街陆开生家（租的民房）。当时，供销合作社设有粮食代销、棉花收购、什货零售、肥药供应等门市部。其时，常熟县归庄乡在王秀另设有供销站，有综合供应门市部、棉花收购站各1个。

1952年，太仓、常熟在王秀设的棉花收购站收购棉花等级、价格不一，社员有意见。9月，常熟县归庄乡划入太仓县，归庄供销合作社隶属太仓县供销合作社。10月，王秀供销合作社撤销，改称归庄供销合作社王秀供销站。此后，太仓、常熟两地供销系统按各自辖区收购棉花，不再因地区不同而存在价格不一的矛盾。

1953年起，王秀供销站随王秀行政区辖变更而隶属关系多次变动，曾先后是沙溪、璜泾、归庄供销社的分站。

1966年10月，王秀成立人民公社，王秀供销站从归庄划出，成立王秀供销社，并接收了原属鹿河的伍胥供销站。供销社位于秀东路王秀桥西堍北侧。建社初期，有职工48人，在王秀镇区设有棉百、什货、生资、小农具等供应门市部和棉花、土副产品等收购站。另外，在伍胥小镇上设有综合门市部。是年，供销社销售总额133万元，利润4万元。

1970年后，供销社所有制性质变化，由原集体商业企业变为全民所有制企业。其时，供销社领导机构是供销社革命委员会和贫下中农管理商业委员会。

1980年，随着改革开放的深入，商品流通加快，社会购买力增强，供销社抓住商机，举办新春物资交流会，通过促销扩大业务。同时，新建、扩建和改建了一批商业用房。1982年末，供销社拥有商业用房9741平方米，其中，营业门市部2015平方米，仓库用房2986平方米，茶馆书场119平方米，旅社595平方米，竹木加工用房717平方米，其他用房3309平方米。是年，拥有职工141人，完成销售总额552万元，利润8.21万元。

1983年起，供销社全民所有制企业又恢复为集体商业企业，同时恢复理事会、监事会管理体制。同年起，进一步深化商业改革，划小核算单位，实行独立核算，推行以“定额利润、超额分成”为主要形式的经营承包责任制，调动商业职工积极性，扩大业务，提高效益。

1986年前后，突出做好为乡镇企业服务和为农业生产服务的工作，积极组织人员，千方百计采购煤炭、燃油、农用薄膜、竹木建材等紧缺物资，支持全乡工农业生产。同时，还在农村设立物资供应点，在农忙季节坚持送货下乡，为农民生产生活服务。

1988年，供销系统实行主任、经理、厂长负责制和领导任期目标责任制。同时，改革工资制度，实行工资总额与经济效益挂钩的浮动工资制，以调动干部职工积极性，促进购销业务发展。1990年，全年完成销售总额1580万元，利润28万元。

1991年起，供销社组织适销商品，满足居民消费需求。同时，创新经营机制，扩大销售业务。坚持优质服务，提升服务水平。1995年，供销社完成销售总额5620万元，利润80万元。

1996年后，随着经济体制改革的不断深入，个体私营商业迅速兴起，且占据市场份额越来越大，供销社集体商业优势逐步弱化，经济效益下降。1999年，王秀供销社集体商业转制，职工200余人分流，自谋职业。2003年，王秀供销社并入璜泾供销社。

1966~2003年历任王秀供销社主任（负责人）：闵炳林（1966.10~1978.8）、吴国华（1978.8~1981.7）、闵炳林（1981.7~1983.3）、朱月岗（1983.3~1993.12）、沈晨曦（1993.12~1998.9）、朱月岗（1998.9~2003.2）。

二、王秀商业公司

中华人民共和国成立初期，王秀镇上有百货店、什货店、酒店、点心店、茶馆、药店、染坊、理发店等商业门店（商铺、作坊）20余家，都由私人经营，大多是半农半商的小商户，有经商人员50余人。

1956年5月，王秀私营小商户开始走上合作化道路，建办合作商店和合作小组。其中药店按“私改”政策，改造为公私合营商店，归璜泾区国药商店管理。1958年，王秀镇上合作商业调整重组，设3个商店（饮食、综合、百什）和2个小组（茶水、理发），有从业人员47人。

1966年，王秀人民公社成立，合作商业逐渐发展，先后新建商业零售门店522平方米，茶室书场112平方米，饭店、点心店门市部227平方米。至1968年，合作商业业态呈扩大趋势。

1968年，合作商业由供销社代为管理，财务上分开建账，分开核算，人员性质不变。之后，合作商业稳步发展。1979年11月，根据上级关于办好农村集体商业的意见，王秀合作商店改称集体商业总店，办公地点位于鼎隆街与永安路路口西南侧。1981年，改革商业管理体制，集体商业形成自主经营、自我管理、自筹资金、自主分配的“四自”经营机制，增强自我发展内在动力。1982年，总店在镇区设综合商店、地货店、茶馆书场、饭店、点心店、理发店等门市部6个，在湘里、伍胥、建民、草庙等农村设下伸店4个，共有职工54人，全年完成销售总额69.88万元，利润1.89万元。

1983年起，集体商业总店贯彻多劳多得的分配原则，所属零售商店全面实行“定额利润、超额分成”经营承包责任制，调动商业人员积极性，各商店销售总额、利润逐年攀升。

1988年3月，为适应市场经济需要，集体商业实行公司化运作，王秀集体商业总店更名为王秀供销商业公司，原来的总店管理机构撤销，改为由主任和经理负责的办公会议制。公司经济性质仍为集体商业。之后，随着经济社会的加快发展，社会消费品购买力提高，公司紧紧抓住商机，拓展商业门市，扩大经营范围，公司营业额提高。1990年，公司完成销售总额350万元，利润4.5万元。

1992年后，市场经济加快发展，商品价格逐步放开，私营商业日益活跃，集体商业原有优势在市场竞争中逐步弱化，经济效益下滑。2000年，王秀供销商业公司集体商业转制，商业实体歇业，职工60余人分流，自谋职业。

1968~1979年，王秀合作商业由王秀供销社设商管员负责管理。

1980~2000年，王秀供销商业公司（集体商业总店）先后由俞昌硕、朱丁元、郁撷华任经理。

第三节 个体商业

中华人民共和国成立前夕，王秀镇上有个体商业户30余户，大多是资金少、店铺简陋、购销兼营的半农半商户。1951年，有些半农半商户从事农业不再经商，镇上个体商业户减少。同年起，对私营商业的经营商品开始控制，棉花由国家统一管理，委托供销社收购，取缔私营花行。1953年起，国家实行粮食统购统销，淘汰私营粮商（粮贩）。1955年，关停私营肉庄，由供销社接收经营。1956年，在对私营商业的社会主义改造中，除将王秀药店改造为公私合营商店外，其他商业全部组建为合作商店或合作小组，开始走上合作化道路。

1958年，王秀有饮食、综合、百什等合作商店3家和茶水、理发等合作小组2个，从业人员47人。60~70年代，公有制和集体所有制经济占主导地位，王秀境内的商业以集体商业为主，供销社发挥商业主渠道作用。

1978年后，实行改革开放政策，个体私营经济得到恢复和发展。1981年前后，全公社有个体商业户32户，全年销售总额18.5万元。1983年后，农村实行家庭联产承包责任制，有些农村剩余劳动力离开土地从事经商活动，个体商业户开始增多。1989年，全乡有个体商业户65户，全年销售总额526万元。

进入90年代，改革开放不断深入，明确非公有制经济是国民经济的重要组成部分，进一步激发了个体业主经商的积极性。同时，随着农民收入和生活水平的提高，社会购买力不断提升，促进了个体商业的快速发展。1995年，全镇有个体商业户87户，全年销售总额2375万元。

1996年后，王秀集镇建设加快发展，一批新建商住楼相继竣工并投入使用，购房开店的个体商业户逐年增多，且开办商店的营销方式发生变化——实行连锁经营，并以超市业态出现，商品开放陈列、方便顾客选购。1997年，全镇有个体商业户135户，从事行业（门店）有餐饮、点心、百货什杂、服装鞋帽、五金电器、建筑装潢、农药化肥、旅社、浴室、照相、修理等，全年销售（营业）总额6850万元。

第二章　商业网点

第一节　市镇网点

中华人民共和国成立前夕，王秀镇上的商业都为私人经营，主要分布在320米长的王秀街道南北两侧，有粮行花行12家、茶馆10家、酒店9家、什货店11家、小百货店3家、药店3家、染坊（染色）2家、点心店7家、理发店3家、肉庄1家、豆腐摊2个、鲜鱼摊1个，从业人员109人，业主早上营业，白天种田。

1951年土地改革后，有的半农半商户业主分得了土地，转为从事农业，镇上的商业网点有所减少。1956年，对个体私营商业进行社会主义改造，分别组建合作商店、合作小组，或公私合营商店。通过合并重组，镇上商业单位的门面有所扩大，但网点个数大幅减少。1960年前后，镇上有饭店、点心店、百货店、什货店、药店、茶馆等商业网点22个，从业人员125人。

1966年王秀人民公社成立后，商业逐步发展，网点开始增多。70年代，镇上设有粮管所开设的粮、油、饲门市部；供销社设有棉百、什货、生资、小农具供应门市部和棉花、土副产品收购站；合作商业系统设有综合商店和地货、茶馆书场、餐饮、点心、理发等门市部。至70年代末，镇上有商业网点33个，从业人员228人。

改革开放后，个体商业开始出现，并且市场占有份额逐步扩大，与供销社集体商业并存。同时，乡镇企业加快发展，人民群众生活水平提高，社会购买力不断提升，促进了个体经济的发展。尤其是实行家庭联产承包责任制后，农村剩余劳动力脱离农业，从事三产服务业，一些善于经营的农民在镇上开店经商，集镇上商业网点增多。至80年代末，镇上有商业网点65个，从业人员272人。

进入90年代，随着集镇建设的发展，镇区范围扩大，商业网点拓展延伸。1998年，镇区秀东路、永安路、勇和路等形成商业街市，沿街商店基本铺满。是年，镇上有商业网点136个，从业人员496人。

第二节　农村网点

中华人民共和国成立初期，在农村除伍胥镇上设有商业网点外，其他农村各地基本没有固定的商业网点，小商品由货郎担商贩走村串巷兜售。伍胥小集镇位于伍胥大队第1生产队。在伍胥小集镇上，从东到西有一条百米长的街市，设有药店1家、茶馆5家、酒店6家、什货店3家、铁器店1家、圆木作坊1家、豆腐摊2个、鲜鱼摊2个、理发店2家、磨坊兼营摇面店1家，从业人员40余人。这些小商户都是小本经营的半农半商夫妻店。

1956年，在对工商业进行社会主义改造中，把个体小商户组织起来，组建合作商店，并下伸到农村设立供应店（时称“下伸店”）。60年代，农村网点由王秀合作商业统一安排，其时在伍胥镇上设有综合商店门市部，网点服务覆盖伍胥、孟河、包桥、建华等4个大队。此外，在湘里、建民、草庙等大队也设有下伸店，生产资料和生活必需品基本上应有尽有，为农民群众生产生活提供方便。

1973年，王秀供销社在南港、白荡、杨漕、建华、包桥、孟河、长浜等7个大队建办代购代销商店（时称“双代店”），商店由供销社投资，委托大队经营，年终按双代店销售总额5%的手续费付给大队。双代店经营范围：供应农民日常生活用品，收购土副产品。商店职工由大队安排，其报酬按本人所在生产队社员同等劳力评工计分，年终参加分配。1979年起，职工享有年度奖金待遇，其标准参照供销社职工年平均奖。1982年，王秀有农村双代店7个，职工19人，年销售总额34.79万元。

1983年后，个体经济不断发展，开店经商户越来越多。1990年后，随着个体商业的发展，供销社在各村设立的双代店撤销，全部由个体商店替代。至1998年，全镇有农村个体商业网点46个，分布于全镇13个村，每个村均有3~4个。

第三节 伍胥小集

伍胥小集，指伍胥镇（农村小集镇）上的商业街市。此小集，在人们长期生产生活中逐渐形成，主要集中在小镇东西向一条长100米的街上。

相传，清代乾隆初年，当地民间信众为纪念伍子胥建庙立碑，定名伍胥庙。此后，人们以庙聚居，逐步形成小集镇。民国时期，此地交通不便，农民生活贫苦，市场交易清淡，市面较为冷落。中华人民共和国成立初期乡村建制时属兴隆村，人民公社化后属伍胥大队1队（现孟河村37组）。

中华人民共和国成立后，农民生活开始好转，生产生活资料需求逐步扩大。为满足当地农民群众消费需求，供销社在镇上成立供销站，设生产资料、棉百、什货、食品等门市部。合作商业和个体工商户开设茶馆、点心店、理发店等，信用社设立信用站，另有小商小贩在镇上设摊叫卖，附近农民早市上街出售农副产品，商业街市逐步热闹起来。60年代，附近农村大队豆腐店在镇上设有豆腐摊。其时，伍胥商业街市尚称繁荣。

1976年，太仓统一组织民工拓浚钱泾塘，河道截弯取直，新钱泾塘改道后，老钱泾塘淤塞不通。为此，供销社报请上级主管部门批准，公社同意将供销站各商业门市部全部迁至新钱泾塘边，信用站亦随之迁往，重建新街区，面积7240平方米。伍胥新街区南北向，位于新钱泾塘西岸，沿河一条街，长100米，设有供销站的生产资料、棉百等门市部，职工8人；食品站门市部1个，职工3人；合作商店设有烟糖、茶馆2个门市部，职工6人；信用站1个，职工2人。在新钱泾塘东岸，有棉花收购站1个，职工4人；个体豆腐摊3个3人，鲜鱼摊3个3人，理发店2个5人。商业服务覆盖伍胥、孟河、包桥、建华等4个大队。

80年代，伍胥商业街市小有名气，各种生产资料和生活必需品基本上应有尽有。节日期间，各店铺前面人来人往，尤其是食品站（肉庄）门前，人们摩肩接踵。每天早市，街市上热闹非凡。

进入90年代，商业部门整合资源，调整商业布局，将伍胥小镇上的门市部陆续撤回。90年代后期，伍胥小镇上仅有早市，农民上街设摊，出售农副产品，其他商业街市功能转入王秀镇区。因交通方便，绝大多数农民都到王秀、鹿河或璜泾集市上购物。

第四节　农贸市场

50年代，农民每天清晨在王秀老街区摆摊，销售食品、副食品和水产品及蔬菜、瓜果等，俗称早市。

60年代，在永安路与鼎隆街形成农贸市场。其时，市场简陋，面积小，摊位少，早市较为拥挤。上市交易的摊主，有王秀本地的，也有附近常熟一带的农民，上市供应的有蔬菜、杂粮等。

70年代，王秀曾对市场进行改造，加盖简易棚顶，浇筑水泥场地，铺设下水道等，市场基础设施有所改善。但进入80年代后，随着经济社会发展和人民生活水平的提高，社会购买力不断增长，上市群众越来越多，市场显得拥挤不堪。尤其是进入90年代，市场已远远不能适应形势发展的需要。为此，1991年建成农贸市场综合楼，增强市场服务功能。

1997年，王秀镇政府决定重建市场。因老市场位于老街区，无拓展的余地，故将市场易地搬迁至勇和路北、钱泾西岸。1998年，新农贸市场建成启用，占地面积4000平方米。市场中间部位为钢结构棚顶，周围有房屋建筑，总建筑面积3000平方米。基础设施完善，市容大为改观。是年，市场内设肉摊、蔬菜摊、鸡摊、水产摊、熟食品摊、豆制品摊等固定摊位18个，另有农民每天临时设摊数十个卖菜。市场从早到晚全天候开放，各类食品、副食品及生活必需品敞开供应，满足消费者需求。

第三章　商品经营

第一节　粮、棉、油

一、粮食购销

民国时期，王秀境内粮食购销由私营粮商经营。1949年7月，在王秀设征粮点，征收的粮食存储于璜泾区粮库王秀分库。当时粮食只购不销，由私营粮商经销，为居民供应米面主粮和豆类杂粮。

1953年12月起，粮食由国家计划收购、计划供应，称统购统销，私营粮商（粮贩）淘汰。1955年，贯彻上级《农村粮食统购统销暂行办法》和《市镇粮食定量供应暂行办法》，实行粮食定产、定购、定销（简称“三定”）到户的政策，对户籍人口规定口粮水平，农业人口年人均口粮240公斤，农户留下口粮、饲料粮、种子粮外，余粮交售国家；城镇居民人口月口粮定量为脑力劳动者14～14.5公斤，轻体力劳动者17.5～18公斤，重体力劳动者22.5～25公斤。同年8月，国家出台《市镇粮食定量供应暂行办法》，开始使用粮票，居民购粮食、进面饭店就餐及购熟食制品均凭粮票供应。

1957年，粮食统购不再以农户结算，转为向农业生产合作社集体计购。1958年人民公社化后，受“大跃进”“浮夸风”影响，粮食产量人为多报，征购任务加重，征了较多“过头粮”，造成农民吃粮紧张。后又遇上三年困难时期，粮食严重减产，农村一度出现饥荒现象。上级政府关心群众生活，采取返销粮政策，并调减征购任务，帮助农民解决吃粮困难 。

1962年起，国家粮食部门实行议购议销，议购议销的粮食不纳入国家分配计划，生产队在完成国家粮食征、超购任务后，可用议价继续向国家出售余粮，增加收入。城镇居民在定量计划外，可议价向国家粮食部门购买粮食（主要是稀缺品种和细粮）。

1965年，粮食以生产队为单位，按照定产、定购、定销的政策，确定粮食征购基数，一定三年不变，对生产队超售征购任务的粮食，给予加价和工业物资的奖励。1971年，国家调整粮食征购基数，调整后征购任务一定五年不变。同时，国家在保持粮食销售价格基本稳定的前提下，实行粮食统销价适当低于统购价的政策，其差额由国家财政补贴，以照顾居民生活。

1981年，重新调整粮食征购基数，实行粮食统购任务包干政策，粮管所按照县粮食局下达的购销计划，每年如数完成任务。

1983年农村实行家庭联产承包责任制后，不再以生产队为单位交售粮食，改为由农户按合同定购任务交售给国家。1985年起，取消粮食统购政策，农民在完成合同定购任务后，可使余粮进入市场交易，粮食部门按保护价敞开收购农民余粮。在做好粮食收购工作的同时，继续做好市镇居民的粮食供应工作。1988年，还解决了60年代下放老居民48人的户粮问题。

1993年3月起，粮油市场逐步放开，集镇上出现粮油供应门店，居民根据需要可以到市场上随意选购。同时，停止使用粮票，粮食统购统销终止。但为了做好粮食由计划供应转向市场供应的过渡工作，市镇居民的口粮仍由粮管所按定量定销人口的原粮油供应证供应，其供应的粮食价格比市场价略低，若超出口粮定额的，按市场议价粮价格结算。

1996年起，粮食购销与市场经济接轨，不再由国有粮食企业独家经营，形成多种所有制成分共同参与经营的市场经济格局。自粮油市场放开后，王秀粮管所重点转向收购地方性储备粮。在收购工作中，粮管所改善服务态度，改进收购方式，积极动员农民出售余粮，保护农民种粮售粮积极性。1997年，全镇计划收购粮食1050吨，实际完成2734吨，超额完成计划任务的160%。

表8-1　1966~1997年王秀镇（公社、乡）完成粮食征（议、定）购统计

年份	完成数（吨）	年份	完成数（吨）	年份	完成数（吨）	年份	完成数（吨）
1966	2332	1974	2397	1982	2018	1990	1961
1967	2221	1975	2525	1983	1483	1991	2216
1968	2173	1976	2580	1984	1703	1992	2956
1969	2060	1977	2040	1985	1530	1993	2677
1970	2013	1978	2085	1986	1509	1994	3121
1971	2442	1979	2100	1987	1514	1995	3649
1972	1977	1980	1443	1988	1833	1996	1050
1973	2218	1981	1455	1989	1887	1997	2743

二、棉花收购

民国时期，棉花由花行（花贩）私人经营，在王秀设有经营棉花和大米的商行（简称“花米行”）。花行收购棉花后，送轧花厂脱籽变成花衣（皮棉），销售给纺纱厂，少量卖给个人，用于制成被褥或棉衣。

中华人民共和国成立初期，棉花仍自由买卖。1951年6月，王秀供销社为中国花纱布公司代购棉花。1954年9月，国家对棉花实行统一收购，棉织品开始凭票供应，每人每年发放布票，棉农生产的棉花除少量留用外，全部出售给国家。棉花收购由供销社专营。1958年起，以生产队为单位交售棉花，至1982年未变。

1961年起，为鼓励多产多售爱国棉，国家给予植棉奖励。1964年开始，收购棉花由籽棉计价改为按皮棉（出衣率）计价。1966年后，王秀供销社在王秀镇区和伍胥小镇上设有棉花收购站（点），方便农民售棉。1968年10月，太仓王秀轧花厂建成投产，此后王秀境内生产的棉花就地收购、就地加工。

70年代，不断改进棉花收购工作，国家对棉花品级标准及收购价格曾多次调整。1983年起，农业实行家庭联产承包责任制，农户收摘的棉花直接交售给棉花收购站，现金结算。收购站检测棉花质量，除眼看、手摸外，还采用机轧衣份、仪器测定水分的方法评定等级，分别计价，更加体现公平公正。

1985年，棉花取消统购，改为合同定购。此后，农户植棉，虽耗劳力，但收入好，农民积极性高，全镇植棉面积保持稳定，除少数年份因灾减产外，大多年份丰产丰收，棉花收购站每年也有相对稳定的收购量。1996年起，全镇棉花收购量开始减少。1997年，完成收购实绩301吨。

表8-2 1966~1997年王秀镇（公社、乡）棉花（皮棉）收购统计

年份	完成数（吨）	年份	完成数（吨）	年份	完成数（吨）	年份	完成数（吨）
1966	533	1974	402	1982	445	1990	460
1967	537	1975	505	1983	534	1991	585
1968	651	1976	340	1984	668	1992	463
1969	525	1977	315	1985	432	1993	343
1970	500	1978	450	1986	387	1994	519
1971	405	1979	525	1987	361	1995	598
1972	410	1980	380	1988	408	1996	535
1973	385	1981	325	1989	357	1997	301

三、油料购销

境内油料作物主要有油菜，食用油以油菜籽油（简称“菜油”）为主，极少用豆油或其他油脂。民国时期至中华人民共和国成立初期，王秀境内油料购销由私人粮行及粮贩兼营，也有私人开办的油坊收购油菜籽榨油销售，或将农民生产的油菜籽加工榨油。

1953年11月起，油料（油菜籽）由国家统购统销。1954年，对生产油料的农民按“多产、多购、多留，少产、少购、少留”政策进行统购。同年起，对市镇居民食油实行定量供应，凭票或凭证给予每人每月供应0.2公斤。之后，不同供应对象的定量在有关年份略有增减。

1958年后，以生产队为单位向国家交售油菜籽，国家粮油部门贯彻“多产多得”的政策进行统购，生产队按规定留下种子、农民口油（折算油菜籽），多余的油菜籽90%出售、10%自留。对生产队交售的油菜籽，按交售数量给予返还饼肥。

1962年起，实行油料生产奖励政策，生产队完成定购油菜籽任务的，给予奖励布票和优待供应食油、化肥。

1968年起，对农村停发油票，食油由粮管所统一供应。全公社的油菜籽由粮管所统购，食油也由粮管所供应。由于各生产队油菜单产和总产有差异，农民口油标准有所不同，具体由上级视情况而定。粮管所根据上级核定的口油标准，按大队、分生产队，逐户记录在册，在每年夏收夏种结束后，通知各生产队农户到粮管所取回食油（菜油）。

1971年起，国家对油料定购实行“一定五年”的政策，在完成定购任务后的超购部分，给予加价30%收购。1979年加至50%。1980年起，生产队在完成油菜籽定购、超购任务后，多余部分由粮管所议价收购。

1983年实行家庭联产承包责任制后，对农民交售油菜籽敞开收购，并按比例计价，定购任务内40%按统购价结算，60%按超购价付款，超定购多售的部分按统购价付款。农户食油需求，由各户自

报，食油金额在农户出售油菜籽中结算。

1984年起，集镇上街市门店开始有议价食油供应，食油定量计划性逐渐失去意义。1987~1993年，食油处于计划供给转向市场供应的过渡阶段，市镇居民仍然使用油票。1993年3月起，粮油市场全面放开后，油票废止，之后食油全面转向市场供应，集镇街市上出现专营食油的个私商业户，经销的食油品种增多，有菜籽油、芝麻油、色拉油、调和油等。1997年，全镇收购油菜籽384.65吨。市场上食油敞开供应，满足消费者需求。

表8-3 1966~1997年王秀镇（公社、乡）油菜籽收购统计

年份	收购数（吨）	年份	收购数（吨）	年份	收购数（吨）	年份	收购数（吨）
1966	125.85	1974	175.15	1982	345.60	1990	386.67
1967	100.55	1975	193.80	1983	223.80	1991	381.14
1968	109.50	1976	132.70	1984	279.19	1992	368.22
1969	130.65	1977	86.40	1985	377.32	1993	375.69
1970	122.75	1978	278.85	1986	347.08	1994	193.47
1971	196.40	1979	190.20	1987	350.46	1995	384.97
1972	168.10	1980	227.95	1988	372.65	1996	309.05
1973	149.85	1981	275.80	1989	268.95	1997	384.65

表8-4 1966~1982年王秀公社供应农民食油（菜油）统计

年份	供应总量（吨）	供应人数（人）	人均口油（公斤）	年份	供应总量（吨）	供应人数（人）	人均口油（公斤）
1966	24.70	14275	1.73	1975	42.88	15765	2.72
1967	31.07	14449	2.15	1976	35.17	15773	2.23
1968	30.20	14878	2.03	1977	32.34	15777	2.05
1969	33.85	15110	2.24	1978	60.37	15762	3.83
1970	34.58	15370	2.25	1979	51.93	15643	3.32
1971	37.71	15393	2.45	1980	67.66	15591	4.34
1972	42.29	15435	2.74	1981	72.01	15655	4.60
1973	35.59	15543	2.29	1982	67.27	15717	4.28
1974	42.25	15707	2.69				

注：1983年农村实行家庭联产承包责任制后，食油逐步转向市场供应，供应量无从统计。

第二节 农用物资

中华人民共和国成立初期，农业生产资料品类少，数量有限，由个体商店经销。1951年后，由王秀供销合作社供应，支农物资开始增多。1954年起，供销社设生产资料门市部，专营生产资料。

60~70年代，供应的农用物资主要有化肥、农药及药械、柴油、煤炭等。此外，还有罱杆、篙子、扁

担、畚箕、竹筐、竹匾、竹筛等竹制小农具。其时，农用物资计划供应，按生产队耕地面积分配。对此，供销部门做好为农服务工作，在确保计划物资足额供应的同时，积极组织计划外化肥、农用薄膜、喷雾器、柴油、煤炭等物资支援农业。1966年王秀公社成立后，农资组织供应工作得到加强。1967年，供销社生产资料部门供应化肥947吨、农药56吨、喷雾器104架、竹制小农具8570件。之后，农资供应量逐年增多。1975年，生产资料部门供应化肥970吨、农药129吨、喷雾（粉）器110架、竹制小农具1.12万件。同年起，大面积推广棉花营养钵育苗，农用薄膜需求量大增，供销部门积极组织力量，多渠道采购，尽力满足农业生产需要。1978年，供应农用薄膜13吨。

改革开放后，化肥种类增多，氮肥有碳酸氢铵、尿素、氯化铵、硫酸铵、硝酸铵等，磷肥主要有过磷酸钙，钾肥有氯化钾、硝酸钾等，另有氮、磷、钾复合肥。农业植保，开始使用低毒高效安全的菊酯类农药，有机氯、有机磷高毒农药逐步减少使用。同时，开始供应并推广使用除草剂。1982年，生产资料部门供应化肥2706吨，农药128吨，农用薄膜20吨，喷雾（粉）器414架，竹制小农具1.37万件。

1983年实行家庭联产承包责任制后，供销部门强化为农服务意识，适时把化肥、农药等农资运送下乡，方便农户购买。积极配合农技部门，做好农业产前、产中、产后服务工作，大力推广新化肥、新农药、新农具，经常刊出栽培技术板报，及时发布病虫情报。1988年，供应化肥2927吨，农药102吨；农用薄膜因棉花营养钵育苗面积减少而用量下降，全年供应量8.5吨。

1990年起，在发挥供销社生产资料供应主渠道作用的同时，允许民营经济组织参与经营农资。经营业态发生变化，实施农资连锁经营。1995年后，农资不再由供销社专营，社会上出现民营经济组织及个体商业户经营农资。市场上农资品类增多，货源充足。1998年，王秀境内全年供应化肥3215吨，其中碳酸氢铵1768吨、尿素602吨、复合肥682吨、其他化肥163吨；全年供应杀虫剂、杀菌剂、除草剂等各类农药120吨；其他各类农用物资由市场调节，满足供应。

第三节　生活物资

中华人民共和国成立前，农民收入甚微，生活只图温饱，穿着用土布，家庭用品简陋，生活资料购买力极低，王秀街面上市场萧条，供应的生活用品很少。

中华人民共和国成立后，生活物资供应稳定发展。1953年后，国家对粮、棉、油、布实行统购统销，有关生活资料定量供应，凭票购买。60~70年代，处于计划经济时期，市场上食品、副食品及生活用品供应有限，供销社等商业部门积极组织货源，以弥补市场短缺，尽力满足群众需要。

1983年后，随着改革开放的不断深入，工农业生产加快发展，市场上各类生活物资越来越丰富，肉禽蛋鱼、糖烟酒盐、蔬菜瓜果、果品茶点等食品、副食品，以及衣裤鞋帽、各类布料、五金交电、什杂用品等日用工业品基本敞开供应。洗衣机、电风扇、电冰箱、彩电等高档家电商品进入农民家庭。90年代，摩托车、手机开始普及。王秀镇上商场（超市）及个体商业网点不断增加，各类生活资料商品丰富多样，满足人民群众生活需求。

表8-5　1967~1982年王秀供销社部分生活资料销售统计

年份	猪肉（吨）	棉布（万米）	化纤布（万米）	呢绒（米）	毛线（公斤）	自行车（辆）	缝纫机（架）	时钟（只）	手表（块）	收音机（台）	电视机（台）
1967	—	5.00	—	1500	316	16	—	—	—	12	—
1968	—	3.33	—	1600	413	29	3	—	—	9	—
1969	—	5.00	—	1900	431	63	7	—	—	23	—
1970	53.95	5.67	0.33	1900	646	53	4	—	—	6	—
1971	96.65	6.00	0.67	1500	256	30	4	—	—	4	—
1972	120.80	6.33	0.33	1600	223	50	14	—	—	6	—
1973	109.20	5.33	1.00	2800	164	75	14	—	—	16	—
1974	116.10	6.33	2.33	3400	187	61	16	—	—	6	—
1975	127.20	6.33	1.00	3100	292	118	35	—	—	20	—
1976	151.00	6.33	2.00	3900	278	143	28	—	—	57	—
1977	108.55	5.67	1.33	4800	265	145	45	—	—	86	—
1978	153.75	6.00	2.00	3800	447	90	35	112	270	251	—
1979	286.70	7.00	3.67	7400	814	127	64	173	591	503	16
1980	397.80	6.33	6.33	7300	1112	206	71	160	347	484	88
1981	347.20	6.00	4.00	5300	1109	213	89	182	501	235	21
1982	362.05	6.67	3.67	7000	1980	404	172	140	350	236	36

注：①1983年起，个体私营商业出现，生活资料因供应渠道增多而无从统计；②表内有的商品当时未做统计，有的当时还未普及上市，故空栏。

第四节　建材物资

民国时期，农民住房简陋，草房居多，盖屋用稻草、麦草、芦苇、竹子等，就地取材，其他建材由农户自购。

中华人民共和国成立后，农民住房开始由草房翻建瓦房，所需木、砖、瓦、石灰等建材物资，一部分由供销社计划供应，另一部分由农户自购或委托熟人采购。

1960年后，农宅修建增多，建材需求缺口大，为弥补建材计划供应不足，支援农民建房，有关大队建办土窑，生产砖瓦，供应农户。1964年，孟河大队建办土窑2座，正常年份年产八五砖100万块、小瓦60万张、望砖40万块。

1966年后，王秀供销社在做好计划建材物资供应工作的同时，积极采购计划外货源，支持各单位和农民建房，供应的建材物资主要有水泥、木材、毛竹、什木棍等。1967年，王秀建筑队建办王秀水泥预制产品加工场，后更名为王秀综合厂。初期每年生产水泥桁条2000~3000根供应建筑市场，后期主要生产水泥楼板，每年生产2000块以上，最多年份生产6985块。

1976年4月，公社建办王秀砖瓦厂，10月投产后，每年供应建筑市场八五红砖2000万~2800万块，后又增加其他砖瓦生产，除生产八五红砖外，还年产八五青砖30万块、红平瓦90万张、小青瓦75万张。同年，建民大队建办土窑，烧制砖瓦，年产八五砖40万块、小瓦35万张、望砖15万块。

1978年，王秀大队10队建办土窑（1982年由大队接管），年生产八五砖、小瓦均在50万块（张）以上。1980年，建民大队建办建材厂，生产水泥楼板、桁条、门窗框、地板等水泥预制产品，年产水泥楼板3000块、水泥桁条300根。

1985年后，建材物资逐步转向市场供应，王秀境内建办的砖瓦厂（土窑）和水泥预制场陆续关停。1990年后，建筑物资市场放开。因建筑及装潢业兴起，建材需求量大，故社会上出现专营建筑物资的个体经商户。在王秀境内经销水泥、黄砂、石子及预制构件的砂石场主要有2处，一处在沙鹿公路石头塘桥堍，另一处在湘王路湘里泾大桥北侧。

1998年，建筑市场上销售的钢材、木材、板材、水泥、砂石料、水泥制品及装潢装饰材料等建材物资应有尽有，满足市场需求。

表8-6　1967~1982年王秀供销社部分建材物资供应统计

年份	水泥（吨）	木材（立方米）	毛竹（根）	什木棍（根）	年份	水泥（吨）	木材（立方米）	毛竹（根）	什木棍（根）
1967	98	121	1300	58200	1975	33	51	1300	54100
1968	15	41	2000	40200	1976	41	41	1100	43300
1969	18	63	1300	29800	1977	83	111	1000	72200
1970	46	30	300	11600	1978	139	91	1800	83900
1971	97	25	700	15800	1979	109	68	1700	71100
1972	128	16	1100	53900	1980	88	29	2500	47100
1973	105	20	1400	70100	1981	189	18	4100	70900
1974	16	18	700	64400	1982	101	185	4200	200

注：1967~1982年，水泥、木材、毛竹、什木棍等建材物资主要由王秀供销社供应。之后，市场逐步放开，建材物资多渠道供应，故全镇（乡）供应数量无从统计。

第五节　能源物资

一、煤炭

50年代至60年代中期，王秀工业用煤和居民生活用煤供应量极少。1966年10月起，王秀成立公社后，煤炭由王秀供销社计划供应，供应量随生产发展和市镇居民增多而增加。居民生活用煤，原供应散煤，后改用蜂窝煤，既方便使用，又可节煤省本，受到群众欢迎。70年代中期起，王秀工业耗煤量增大，仅靠分配煤炭计划供应，已无法满足需求，为此，供销社积极采购计划外煤炭予以补缺。

表8-7　1967~1982年王秀供销社供应煤炭统计

年份	供应量（吨）	年份	供应量（吨）	年份	供应量（吨）	年份	供应量（吨）
1967	325.10	1971	355.05	1975	293.25	1979	525.70
1968	123.70	1972	326.25	1976	393.10	1980	646.10
1969	191.70	1973	289.70	1977	440.05	1981	691.65
1970	257.70	1974	245.20	1978	478.15	1982	688.60

1983年后，煤炭由供销部门专营逐步转向市场供应，一部分工业用煤由企业自购。境内耗煤量随乡镇企业发展、燃煤企业增多而大幅增长。1985年全乡耗煤量1850吨，1989年增至2600吨。

进入90年代，煤炭市场放开，流通渠道拓宽，形成集体商业供应、燃煤企业订货自购、外地供应商和当地个体煤商送货上门的购销业态。1998年，全镇耗煤量4500吨，其中工业用煤4330吨、居民生活用煤170吨。

二、燃油

燃油，主要指煤油、柴油、汽油。

1973年以前，夜间照明主要用煤油灯，每家每户使用。每盏煤油灯耗油虽少，但煤油灯使用广泛，煤油有一定销量。汽油主要用作汽油机燃料，但当时汽油机还未普及，故汽油销量极少。柴油主要用作柴油机燃料，农田灌溉抽水机均用柴油机做动力，故柴油销量相对较大。70年代初期，商业部门年供应煤油7~8吨、柴油200~230吨。

1974年王秀境内高压电力线路通电后，全部使用电力照明，煤油灯照明历史结束，煤油失去市场，停止供应。汽油用途转向弥雾机、喷粉机等植保机械燃油。农业机械动力灌溉改为电动泵站灌溉，不再耗用柴油，而农业机耕机械、收割机械逐年增多，耗油量增大。1982年，商业部门年供应柴油310吨、汽油22吨。1983年后，油品市场业态开始发生变化，由供销部门专营逐步转向市场供应。

表8-8　1967~1982年王秀供销社供应柴油统计

年份	供应量（吨）	年份	供应量（吨）	年份	供应量（吨）	年份	供应量（吨）
1967	120.75	1971	229.30	1975	475.00	1979	390.50
1968	86.75	1972	227.85	1976	474.55	1980	349.95
1969	126.50	1973	228.35	1977	398.70	1981	314.25
1970	149.70	1974	505.95	1978	475.00	1982	309.70

1984年后，农业机械化程度不断提高，农机总动力增大，同时乡镇企业运输车辆逐年增多，全乡柴油供应量随之上升。1985年全乡供应柴油310吨，1990年增至405吨。1990年后，石油制品逐步转为由市场调节供应。在沙鹿公路湘里村境内和王秀镇区永安路建有加油站，为各类车辆提供加油服务。1995年后，工业企业发展，运输量增大，重型车辆增多，摩托车加快普及，自驾轿车开始进入居民家庭，耗油量大增。1998年，境内各村农用柴油有的由加油站供应，有的由油品经销商直接送货上门，

各类运输车辆均到加油站加油，全镇供应柴油1215吨、汽油1355吨。

三、燃气

80年代中期以前，农民煮饭烧菜使用土灶，以农作物秸秆做燃料。80年代后期起，市镇居民开始使用瓶装液化气，购置液化气灶具用于煮饭烧菜。之后，使用液化气灶具由市镇居民家庭逐步普及到农村家庭和各单位食堂，镇上有个体瓶装燃气送气户为用户更换气瓶。1990年前后，王秀境内瓶装燃气年供气量达4350瓶65吨左右。1995年后，农村家庭烧柴的土灶逐年减少，有的家庭基本不用土灶，全部使用液化气灶具。1997年，王秀境内家庭使用液化气2126户。1998年，全镇瓶装液化气年供气量达8760瓶130余吨。

第四章　饮服行业

第一节　饮食业

中华人民共和国成立前，王秀镇上有酒店9家、面饭点心店7家，店铺普遍较小，设施简陋，业主大多是半农半商户，早上营业，白天种田。因王秀是农村小集镇，顾客来往少，街市冷落，饮食业生意比较清淡。

中华人民共和国成立初期，镇上的饮食业仍然保持以前的经营业态。1956年，在私营商业改造中，镇上的小商户走上合作化道路，组建王秀合作商店。

60年代，王秀镇上的饮食业仅有王秀合作商店开办的点心店1家，店址在湘王路、永安路路口，有平房3间60平方米。职工5人，负责人金阿和。早上供应大饼、油条、面饼，下午供应油斗、馒头、面饼。根据时令变化和顾客需要，另有其他点心供应。

70年代初，王秀合作商店开办王秀饭店，店址在永安路人民桥南堍西侧，有新建平房8间，其中就餐用房5间125平方米、厨房3间75平方米。有职工8人，负责人姚晋生。早上供应面条和酒菜。酒有米酒、黄酒和白酒，下酒菜一般有猪头肉、猪肝、猪肚、豆腐干、花生米等。中午供应米饭和炒菜，晚市一般很少营业。

1982年，王秀大队在湘王路王秀桥东堍北侧开办秀东饭店。新建三层楼房1幢，建筑面积600平方米，其中底楼为饭店用房，内设小方桌18张，可同时接待就餐宾客100余人。有厨师和服务人员16人，负责人王建平、张惠元。为改进服务工作，吸引八方来客，饭店每月召开一次总结会，找差距、补不足。由于经营有方，饭店生意兴盛。

进入90年代，随着乡镇企业的发展，镇上来客增多，餐饮业生意逐步好转。王秀粮管所在湘王路王秀桥东堍南侧开办金穗饭店，孙桥大队在永安路和勇和路路口开办君紫兰饭店。两家饭店店内设施齐全，环境整洁卫生。为适应顾客需求，饭店时常变换菜肴、改进服务工作，由此受到客户赞誉。

90年代中期后，王秀饮食业实施产权制度和经营机制改革，原集体经营的饭店，先由个人承包经营，后转制为私人经营。90年代末，王秀镇上有民营饭店、面店、点心店、小吃店等11家，从业人员62人。

第二节 服务业

一、茶馆业

旧时，茶馆是茶客相聚、谈论“山海经”的场所，农村中上了年纪的农民都喜欢上茶馆休闲聊天，交流各种信息。中华人民共和国成立前，王秀镇上有私人开设的茶馆10家，大多是一开间小门店，早市营业，晚市打烊。

中华人民共和国成立后，镇上的茶馆业主大多改行，另行择业。1958年，成立王秀茶水合作小组，在永安路南端西侧开办王秀茶馆，有平房4间80平方米，从业人员4人。茶馆内设有老虎灶及小煤灶，备有小方桌、长方桌、茶壶、茶杯等设施和茶具，从早到晚全天营业，为茶客提供茶水服务。此外，还对外供应开水，为居民群众提供用水方便。

1976年，调整合作商业网点布局，将王秀茶馆搬迁至鼎隆街，并开设书场。茶馆对原有的平房进行改建、扩建，建成后有沿街门面房2间50平方米用作茶室，接待茶客。里面有一大间厅房70平方米，开设书场。书场内设有书台，台上摆一张长方桌，说书人双档说书，桌子竖放；单档说书，桌子横放。书场内时常邀请说书艺人说书，听书者众多。场方服务热情，客人到场便笑脸相迎，端上热茶。于听客而言，边品茶、边听书，不失为一大快事。一些人被书中情节所吸引，听上了瘾，便成了常客（俗称“老台脚”）。1980年后，随着电视机的逐步普及，书场听众减少，生意逐渐清淡，茶馆以接待茶客为主，书场停办。

1985年，随着农村经济的发展，广大群众文化生活需求日益增长，为使广大群众尤其是老年农民有休闲歇息、文化娱乐的场所，乡文化中心开办文化茶室，地址在永安路王秀影剧院南侧，有平房3间75平方米，职工3人。在茶室内除供应茶水外，还备有象棋、扑克等娱乐工具，供顾客开展弈棋、玩扑克活动。文化茶室成为广大棋牌爱好者休闲娱乐的好去处。

1990年后，镇上出现棋牌娱乐场所，既可饮茶，又可娱乐。一些个体面饭点心店也有茶水供应。由于去处增多，茶客开始分散在小饭店、面食店、点心店喝茶、聊天、饮酒、用餐。王秀茶馆（茶室）经营业态发生变化，其服务功能逐步被街市上的饮食业和棋牌娱乐业所替代。

1998年王秀镇并入璜泾镇后，王秀商业转制，集体茶水业歇业。王秀规划建设调整，原文化中心文化茶室拆除。继而在王秀社区和各村村委会所在地办好老年人活动室，为老年人提供休闲娱乐场所。

二、理发业

理发，俗称“轧头”，又称“剃头”。中华人民共和国成立初期，王秀镇上有个体理发店3家，从业人员5人。1958年，镇上成立王秀理发合作小组，开办王秀理发店，店址在鼎隆街，始办时有理发师傅6人，后增学徒1人。服务项目通常为剃发、剪发、洗发、修面等。1966年，为改善理发店设施，王秀理发店派人到无锡购买专用理发椅2张，后又从上海添置2张。理发椅底座由铸铁翻砂制成，既可坐、又能躺，当时属高档理发椅。1974年下半年市镇上通电后，理发店淘汰手动剃发刀，专门派人到上海购买电动理发刀和电吹风等理发工具。

80年代起，为满足顾客服务需求，境内理发业除保持原有服务项目外，还增加烫发、染发等项目。进入90年代，理发业逐步转向个体经营。90年代末，王秀镇上有自强、培良、如意等个体理发店5家，分布于鼎隆街、湘王路、勇和路等街市，都是1间门店1人经营。在农村，基本上每个村都有理发师傅1~2人。他们在村委会所在地或其他人群相对集中的地方设固定理发店，为来客理发，有时也走村入户，为需求者上门服务。

三、旅馆业

1966年王秀供销社成立后，在永安路人民桥南堍西侧开办王秀旅馆，有平房6间，职工2人，每天只能接待七八位住店客人。1976年，王秀旅馆搬到湘王路王秀桥西堍北侧，有两层楼房1幢，设床位20张。旅馆内部设施较为简陋，仅为客人提供热水瓶、面盆、脚盆、毛巾等日常生活用品。1982年，王秀大队在湘王路王秀桥东堍北侧新建三层楼房1幢，建筑面积600平方米，其中二楼、三楼开设秀东旅馆，设床位25张。

1990年后，王秀镇上出现私营客房，旅馆业向个体业态发展。王秀供销社和王秀大队的集体旅馆先后改作其他用途。1998年，镇区有个体旅馆3家，共有客房42间，床位80张。旅馆普遍装潢到位，环境整洁。客房内单设卫生间，安装抽水马桶，有洗浴设施，能满足旅客入住需要。

四、修理业

中华人民共和国成立初期，王秀镇上的加工修理业有沿街店铺，也有流动设摊，都是个体从业，加工修理的行当有修鞋、磨刀、修伞、补锅、修锁、补碗、车锭子等。从业人员有当地的工匠，也有外来摆摊的师傅。

50年代中期，由归庄、鹿河手工业中心社把有关工匠组织起来，在王秀镇上开设铁业、木业、白铁、缝纫等作坊，从事相关加工修理业务。

1966年成立王秀手工业中心社后，组建锻铁、方木、圆木、白铁、缝纫等车间（小组），为农民群众提供加工修理服务。从事的业务主要有：小农具、小五金维修；各种木桶加工，旧桶修理；服装来料加工及修补等。

1967年成立王秀农具厂后，专设农机具修理车间，制造和修理稻麦脱粒机、棉花营养钵制钵机、木制犁、耙等农机具，也兼做和修理木制家具。

改革开放后，随着经济社会的发展，农民群众生产工具、生活用具不断更新，传统的修理业除保留少数行当外，绝大多数被淘汰，有的已经绝迹。继而镇上出现自行车修理、钟表修理、家用电器修理等个体店铺。1990年后，单位和个人拥有的机动车增多，镇上又有了摩托车修理、汽车修理的个体工商户。而过去传统的修理业，基本上只剩下修鞋、修伞、修拉链等。1998年，镇上有各类修理摊店12家，从业人员25人。

第五章　商贸管理

第一节　管理机构

1966年王秀成立公社后，建立王秀市场管理小组（简称“市管组”），配备专职工作人员1人，负责市场管理日常工作，办公室设在公社机关内。市管组还聘请协管员，每天清晨管理农贸市场，维持市场秩序，保持市容整洁，保护合法经营，宣传文明经商，稳定市场物价，取缔非法交易。市管组管理集市贸易，一直延续了19年。

1985年3月，王秀设立工商行政管理组（简称“工商组”），属璜泾工商行政管理所分支机构，配备工作人员2人，主要负责王秀境内的企业登记管理、经济合同管理、商标注册管理、广告管理、计量管理和个体经济管理及无证商贩管理等工作，规范和维护地方市场经济秩序。

1990年后，工商组重点围绕企业注册登记、打击制售假冒伪劣商品、培育发展市场、加强商标和广告管理、规范合同管理、促进个体经济健康发展、纠正行业不正之风等方面开展工作，并取得显著成效，多次受到上级工商部门表扬。

1998年，工商组位于永安路南端西侧，与农业、建管、土地、劳动等部门合用一幢楼房，楼开间5间，高3层，工商组设于三楼。有工作人员4人（含王秀个体劳协人员）。

1985~1998年王秀工商组组长（负责人）先后由刘克明（1985.3~1988.7）、项惠林（1988.7~1998.11）担任。

第二节　主要工作

1966年，由公社市管组履行部分工商管理职能，主要任务是管理农贸市场，稳定市场物价，维持市场秩序，保护消费者利益。1968年后，市场管理偏重转向打击投机倒把行为。1978年后，实行改革开放，拓宽流通渠道，商品交易活跃，市场管理重点转向查处短斤缺两、假冒伪劣等违法交易行为。在农贸市场上放置公平秤，为交易双方提供称重验准方便。同时，制止乱设摊位，规范入场交易。

1985年王秀设立工商组后，对全公社的社队企业、手工业、商业、饮食业、建筑业、运输业等经营单位进行复查登记，换发工商营业执照。是年，王秀登记发照的工商经营单位有103家，其中国营、市属大集体单位4家，社办企业20家，队办企业37家，个体工商户42家。

1986年起，配合政府和工业管理部门宣传改革开放政策，鼓励懂经营、善管理、有创业条件的农民投资办厂，发展个体私营经济。同时，帮助投资者备齐申报材料，了解申报手续，掌握申报程序，为投资者顺利报批、获准开业提供方便。至1989年，先后帮助私营企业申办工商营业执照16家，让其顺利开业。

1990年，发挥王秀个体劳协的作用，帮助指导个体工商户办理工商登记领证手续。同时，制订个体工商户文明经商服务守则，教育引导个体工商户遵守职业道德、坚持守法经营，促进个体经济健康发展。是年，为个体工商户申办证照46户，其中个体工业户27户、个体商业户19户。印发《服务行业文明守则》《员工优质服务守则》100余份。

1991年起，工商管理服务工作重点转向支持发展外向型经济，主要为外资和港澳台资企业提供服务，包括指导投资者备齐举办企业申请材料、项目可行性研究报告、企业名称登记核准通知书、企业章程、投资者身份证明、法人证明、总经理任职书、银行资信证明、董事会成员名单、用地合同、住所证明等材料，为投资者申报、领证、开业创造便利。1992年末，累计为投资者申办企业提供咨询服务80余人次，累计核准注册外资和港澳台资企业25家。

1994年前后，王秀扩大开放，经济往来增多，但商品销售货款宕欠在外、一时难以收回的问题时有发生。针对这种情况，工商组加强对工商企业的经济合同管理，指导各企业规范起草合同文本，仔细推敲条款文字，重视合同鉴证，提高法律效力，以杜绝因合同不规范、有漏洞而造成经济损失。同时，积极会同镇法律服务所对全镇法定代表人进行《合同法》基础知识培训和“重合同、守信用”教育，提高法定代表人签订合同、履行合同的能力和水平。此外，还帮助多家企业追讨应收货款，挽回了部分损失。

1995年，帮助企业做好名优产品广告宣传和商标注册工作，提升产品知名度，提高市场竞争力。特别是王秀建材行业生产的“清泉牌”“江南牌”“龙王牌”浴缸，畅销全国，王秀因此被誉为“浴缸之乡”。同年，在帮助企业做好产品广告和商标注册工作的同时，开展查处假冒伪劣商品等不法经营活动，没收不合格秤具4杆和渗水鸡40公斤以及一批假冒啤酒、过期食品等，为维护市场经济秩序和消费者利益做出了贡献。

1996年，对镇办、村办企业实行转换经营机制改革。转制后，全镇个体私营企业增多，工商管理阶段性工作重点转向为个体私营企业登记服务，对申请开业的业主，按照工商管理法规，会同税务、环保、卫生等部门，依法进行登记，并经上级核准后发给营业执照，准予开业。1997年，全镇核准注册私营企业27家、个体工商户290户。

第九篇 财税 金融 保险

1980年以前，王秀未建立专门财政机构。1981年，成立王秀公社财政管理所（简称“财政所”）。1983年，公社体改，王秀设乡，正式建立乡级财政。1984年起，乡财政所一方面认真组织财政收入，为王秀建设事业积聚财力；另一方面坚持“量入为出、量力而行、先急后缓”的原则，合理安排财政支出，做到精打细算，少花钱、多办事，每年进行财政预算和决算，将有限的资金管好用好。1984~1997年的14年间，王秀镇（乡）累计财政总收入6576.73万元，其中可用财力3038.95万元，财政总支出3195.96亿元，收支基本平衡。

1966年王秀人民公社成立后，设璜泾税务所王秀税务组，负责王秀境内的税务工作。1994年11月，国家、地方税收实行分税制后，分设王秀国税所和王秀地税所。1997年起，王秀国税、地税分属太仓市国税局璜泾分局、太仓市地税局璜泾分局（第四分局）管辖。1984年及以前的农业方面的税收情况因缺资料，无从记载。1985~1997年，全镇（乡）累计完成农业方面税收768.99万元，其中农业税696.36万元、农林特产税14.57万元、耕地占用税58.06万元。1966~1997年，全镇（公社、乡）累计完成工商税收6174.66万元。

中华人民共和国成立后，境内的金融机构几经变化。1995年农行王秀营业所撤销后，王秀境内有金融机构1个，即王秀信用社，至1998年未变。王秀信用社主要经营存贷业务，一方面做好服务工作，方便农民储蓄；另一方面积极融通资金，支持地方经济发展。1966~1997年，王秀信用社每年的吸储和信贷资金均经历了由数十、数百向数千万元的攀升过程。1997年，王秀信用社吸纳个人储蓄总额8702万元，发放贷款6366.31万元。

90年代初，王秀开始设立保险机构。以后随着保险体制的改革，保险机构变化，险种增多，业务扩大，保险事业得到发展。1998年，王秀有保险机构2个，即中国人民财产保险股份有限公司太仓支公司王秀保险营销服务部和中国人寿保险股份有限公司太仓支公司王秀保险所。

第一章　财　政

第一节　财政机构

中华人民共和国成立初期，王秀属璜泾辖区，无财政机构，由璜泾区财粮助理员负责农村财粮工作。1956年起，王秀分属璜泾、归庄（隶沙溪）辖区，王秀南境和北境分别由沙溪区和璜泾区管理财粮工作。

1966年10月，王秀人民公社成立，由公社财贸委员主管经济收支，配备财粮管理员负责日常工作。财粮管理员先后由孙幼良、宗凤生担任。

1981年，成立王秀公社财政所，开始建立公社一级财政。王秀公社财政所成为管理公社财政收支的职能机构，对社有资金做出年度决算和次年预算。

1983年7月，王秀设乡，改称乡财政所。同年起，财政所配齐财税管理人员，明确职责范围，正式建立乡级财政。其主要任务是负责全乡财务管理，积极组织收入，合理管好支出，调节平衡地方资金，为发展地方经济和社会事业服务。具体工作职责为：收好农业税、农林特产税、耕地占用税和教育事业费附加及农业发展基金等；做好国债、国库券发行兑付工作；发放企业周转资金，支持乡镇企业发展；管好、用好支农资金和文教卫生、镇村建设、治安、环保等各项事业费；做好乡机关工作人员工资发放和日常费用报支工作；制订年度财政预决算，并向乡人民代表大会做预决算情况报告。

1993年2月，王秀撤乡建镇，乡财政所更名为镇财政所。办公地址在镇政府机关内，下设财务科、农税科、预算科等科室，有职工4人。

1998年11月，璜泾、王秀两镇合并，王秀镇财政所并入璜泾镇财政所。

1981~1998年，王秀财政所所长由宗凤生担任。

第二节　财政收入

1983年，公社体改，王秀设乡，正式建立乡级财政。1984年，乡财政所广辟财源，认真落实征收工作，全乡实现财政总收入178.65万元。按照县对乡采取“收支挂钩，核定基数，递增包干，超收分成”的结算办法，财政总收入大部分上解国库，乡级财政收入（可用财力）留存36.01万元。之后，全乡经济出现持续稳定、协调发展的好势头，特别是乡办企业发展，经济效益提高，为全乡财政收入的增长奠定了基础。

1986年起，乡级财政收入分预算内收入、预算外收入、乡有资金三部分，分开统计。预算内收入有工商税（该项由税务部门负责收取）、农业税收入、上级补助收入、上级调入资金等（1992年增加防洪保安建设基金）。预算外收入主要有教育事业费附加。乡有资金收入有乡办企业利润上缴、事业单位收入上缴、福利企业免税部分上缴、其他收入等。是年，全乡实现财政总收入207.46万元，乡级财政收入77.71万元，其中预算内收入25.31万元、预算外收入17.19万元、乡有资金35.21万元。

1987年后，随着王秀各业经济的发展，全乡财政总收入保持连年增长的态势。1990年，全乡实现财政总收入343.83万元，乡级财政收入129.41万元，其中预算内收入55.25万元、预算外收入25.13万元、乡有资金49.03万元。

1991年，全乡财政总收入比上年有所回落，减收主要是因洪涝灾害，县减少税收任务83万元。是年，全乡财政总收入虽然减少，但属于乡财力的其他征收工作扎实到位，因而乡级财政可用财力比上年不但未减，而且有所增长。

1992年，全乡财政总收入大幅增长，实绩为451.27万元，比上年增长40.30%，增收的主要因素是工商税收调整征收基数；调整粮食收购价格后农业税收增加；乡村办企业用地增加，耕地占用税增多。在全乡财政总收入中，工商税收完成365.4万元，其中乡村办企业税收281.1万元、个体工商户39.5万元、其他企业44.8万元；农业税完成48.5万元；农林特产税完成1.36万元；耕地占用税完成36.01万元。

1993~1996年，全镇财政总收入因各业经济发展而逐年递增，其中1995年达938.15万元，为历史最高年。1996年起，镇有资金收入纳入预算外收入统计，故收入实绩为上年的7.36倍，成倍提高中有不可比因素。

1997年，全镇实现财政总收入828.81万元，镇级财政收入480.12万元，其中预算内收入176.32万元、预算外收入303.80万元。

表9-1 1984~1997年王秀镇（乡）财政收入统计

年份	财政总收入（万元）	镇（乡）级财政收入（可用财力）			
		合 计（万元）	预算内收入（万元）	预算外收入（万元）	镇（乡）有资金（万元）
1984	178.65	36.01	—	—	—
1985	191.22	65.51	—	—	—
1986	207.46	77.71	25.31	17.19	35.21
1987	224.14	88.48	26.61	20.59	41.28
1988	300.78	121.51	56.90	26.70	37.91
1989	333.58	126.23	68.36	19.60	38.27
1990	343.83	129.41	55.25	25.13	49.03
1991	321.65	157.71	54.70	47.69	55.32
1992	451.27	358.02	58.48	49.40	250.14

续表

年份	财政总收入（万元）	镇（乡）级财政收入（可用财力）			
		合　计（万元）	预算内收入（万元）	预算外收入（万元）	镇（乡）有资金（万元）
1993	597.68	285.49	115.88	31.56	138.05
1994	779.59	325.15	145.91	28.00	151.24
1995	938.15	333.02	176.16	39.12	117.74
1996	909.92	454.58	166.79	287.79	—
1997	828.81	480.12	176.32	303.80	—

注：1996年、1997年，镇有资金纳入预算外收入统计。

另，农业税是财政预算内收入的组成部分，完成农业税征收任务也是财政所的一项重要工作。王秀农业税征收情况详见本篇第二章第二节第一目“农业税”。

第三节　财政支出

1966~1980年，王秀财政由县实行统收统支。自1981年建立公社财政所后，由财政所集中统一管理。1983年起，建立乡级财政管理体制，每年进行财政预算和决算。1984年，乡财政支出49.92万元，主要用于农副工三业生产支出、文教卫生事业发展支出、村镇建设支出、行政经费支出等。

1986年起，乡财政支出分预算内资金支出、预算外资金支出、乡有资金支出三个类目，分开列支。是年，乡财政支出62.49万元，财政可用财力77.71万元，节余15.22万元，是财政所成立后历年节余最多的年份。1990年，乡财政支出117.17万元，财政可用财力129.41万元，节余12.24万元，是财政所成立后历年节余较多的年份。

1992年起，因经济建设和各项社会事业发展需要，王秀用于农村农业、水利工程、科教文卫、村镇建设、修桥筑路、社会福利等方面的资金增多，财政收入总量虽然大幅增加，但收入与支出相抵，还是出现赤字。1993年，全年财政支出317.06万元，收入285.49万元，收支赤字31.57万元，其中，财政预算内资金收支持平，预算外资金收支赤字6.97万元，镇有资金收支赤字24.6万元。这一年，是财政所成立后历年收支赤字首次超30万元的年份。预算内资金具体支出项目为支持农业生产14.88万元，农林水事业费2.63万元，集镇基础设施维护费15.68万元，文教卫生事业费59.77万元，民政福利费3.68万元，行政管理费15.56万元，其他支出3.68万元，合计支出115.88万元；预算外资金具体支出项目为民办教师人头经费及全体教师奖金27.41万元，上缴市财政7.5万元，社会福利及其他费用3.62万元，合计支出38.53万元；镇有资金具体支出项目为集镇基础设施建设53.43万元，公共事业费12.76万元，上缴市防洪保安基金56万元，退休人员养老金5.14万元，文化广播事业费及其他支出35.32万元，合计支出162.65万元。

1996年，全年财政支出509.29万元，收入454.58万元，收支赤字54.71万元，其中，财政预算内资金收支赤字23.05万元，预算外资金收支赤字31.66万元（镇有资金支出计入预算外资金支出）。是年，是财政所成立后历年收支赤字最大的年份。

1984~1997年，王秀累计财政支出3195.96万元，累计镇级财政收入（可用财力）3038.95万元，收支赤字157.01万元。

表9-2 1984~1997年王秀镇（乡）财政支出统计

年份	支出总额（万元）	预算内资金支出（万元）	预算外资金支出（万元）	镇（乡）有资金支出（万元）
1984	49.92	—	—	—
1985	66.85	—	—	—
1986	62.49	25.00	9.50	27.99
1987	87.71	26.61	17.82	43.28
1988	147.12	56.90	35.79	54.43
1989	134.19	68.36	27.56	38.27
1990	117.17	55.25	23.34	38.58
1991	150.73	54.70	40.75	55.28
1992	360.77	58.48	51.64	250.65
1993	317.06	115.88	38.53	162.65
1994	344.04	145.91	40.66	157.47
1995	341.21	176.16	45.08	119.97
1996	509.29	189.84	319.45	—
1997	507.41	203.61	303.80	—

注：①1984年、1985年，乡财政支出总额当时未分类统计，故空栏；②1996年、1997年，镇有资金支出纳入预算外资金支出统计，故空栏。

第四节 财政管理

1981年乡财政所成立后，承担乡级财政管理职能。此后，财政所按照国家政策法规和县财政部门要求，规范财政工作。认真组织财政收入，为王秀建设事业积聚财力；坚持“量入为出、量力而行、先急后缓”的原则，合理安排财政支出，做到财政收支年初有预算，年终有决算，并经乡人民代表大会审议通过，乡级财政走上规范化、制度化轨道。

1984年起，财政所积极配合乡工业公司和农业公司，把工作重点放在支持和发展工农业生产上，努力培植财源，争取财政收入多超收、乡级财力多分成。1985年，实现乡级财政可用财力65.51万元，比上年增长81.92%。

1986年起，坚持“预算管理、专款专用”的原则，严格区分预算内、预算外、乡有资金收入渠道和支出界限。在可用财力安排上，切实根据收入规模确定支出数额，并实行“先审批、后使用”制度，做到用款有计划，拨款有手续，追加预算有指标，工程竣工有决算。通过加强财政预算管理，管好用好乡级可用财力。是年起，乡级预算内财政收支连续10年同步增长，实现收支平衡的管理目标。

1988年，各项事业加快发展，所需资金增多，乡级财力紧张。为缓和资金供需矛盾，乡财政所会同工业管理部门，帮助各企事业单位，广泛发动群众，深入开展“双增双节”（增产节约、增收节支）活动，努力增产增收，厉行勤俭节约，反对铺张浪费。各行政、事业单位制订“控制支出、节减经费”目标。各工业企业开展修旧利废活动，把内部蕴藏潜力充分挖掘出来，力求提高企业经济效益，从加强管理中出财源，为确保完成财政收入任务创造条件。是年，乡级财政预算内收入完成56.9万元，比上年增加30.29万元，增长113.83%。

1990年，加强预算管理，确保财政收入，一方面通过增产增收，开辟财源，增加收入；另一方面继续精打细算，少花钱、多办事、办好事，提高资金使用效益。同时，按照“人民事业人民办”的精神，通过各种渠道筹集资金，兴办社会事业实事工程。是年，乡级财政乡有资金收入完成49.03万元，比上年增加10.76万元，增长28.12%。

1992年，加强行政事业单位财务管理，认真清理单位乱开银行账户，取消“小当家”“小金库”，严格控制以各种名目滥发奖金、实物。同时统一收费凭证，做好统一专户储存、计划核拨管理工作，将有限的资金管好用好。

1994年，以人大监督为动力，加强征收管理，依法治税，依法理财，堵塞漏洞，保证各项应交财政收入及时足额入库。是年，镇级财政预算内收入完成145.91万元，比上年增加30.03万元，增长25.91%。

1996年，坚持尽早抓起，明确全年征收任务，排出月度征收计划，加大征收力度，强化征收刚性，切实把该收的全部收上来。是年，镇级财政收入完成454.58万元，比上年增加121.56万元，增长36.5%。

1997年，在实施镇村办企业产权制度改革后，全镇私营企业、个体工商户增多。针对企业所有制及征收对象发生变化的新形势，切实加强宣传教育，提高纳税人依法纳税、缴纳规费的自觉性。同时，制定相应的政策和措施，确保财政收入足额完成，力求企业转制后财政收入不受影响，保持稳定增长。是年，镇级财政收入完成480.12万元，比上年增加25.54万元，增长5.62%。

第二章　税　务

第一节　税务机构

中华人民共和国成立初期，王秀属璜泾辖区，税务由璜泾税务所管辖。1956~1966年，王秀分属璜泾、归庄（隶沙溪）辖区，税务征收工作分别由所辖区璜泾、沙溪的税务所派稽征员不定期到王秀组织征收。

1966年3月，设王秀税务组，归璜泾税务所管辖。税务组主要负责王秀境内工商税征收，围绕税务登记、管理发票、税收减免和掌握企业开业歇业情况及税收清理等方面工作。1986年，在湘王路南侧（现苏州绣仓时装有限公司东）建成王秀税务办公大楼，楼高2层，局部3层，建筑面积480平方米。

1986年，税务组积极开展"支、帮、促"活动，参与企业决策，为企业筹集资金，帮助培训财会人员，促进企业财务管理。

1987年，树立"欲取先予、放水养鱼"的指导思想，把对企业的"支、帮、促"列入工作重点，对一些困难企业适当照顾，为其发展创造条件。

1994年10月，国家税务和地方税务分设。同年11月，经批准设立王秀国税所和地税所，分别由太仓市国税局和太仓市地税局管辖。1997年2月，璜泾国税所、地税所升格为分局后，撤销王秀国税所，王秀国家税务事宜划归太仓市国税局璜泾分局管辖。保留王秀地税所，归太仓市地税局璜泾分局（第四分局）管辖，至1998年11月未变。

1966~1994年历任王秀税务组组长（负责人）：顾宗儒（1966.10~1970.1）、周金城（1970.2~1978.10）、沈克彬（1978.11~1990.8）、归志强（1990.8~1992.5）、陈继红［1992.6~1994.9（1992.12~1994.9为璜泾税务所副所长兼任王秀税务组组长）］。

1995年1月，陈继红任王秀国税所副所长，主持工作；1996年2月至1997年1月，任所长。

1995~1998年历任王秀地税所所长（负责人）：冯雪良［1995.2~1997.5（副所长主持工作）］、陆永生（1997.5~1998.3）、冯雪良［（1998.3~1998.11（副所长主持工作）］。

第二节　税收征管

一、农业税

农业税，民国时期称田赋，以实物计征。中华人民共和国成立初期，废除田赋，改征公粮，以户为单位，按农业人口年人均收入计核，分夏征和秋征两季征收。

1951年土地改革结束后，农业税征收以户为单位，按田亩数及田亩等级核定产量，计算人均收入，不同等级对应不同税率，应税产量或收入越多，适用税率也就越高，税率为7%~30%，共分24个税级，实行累进计征，一般田亩每年征收稻谷45公斤。

1953年建立初级农业生产合作社后，仍按产计征，税收由合作社统一负担，在年终分配时，合作社总收入扣除税收，再进行分配。

1958年6月，实施《中华人民共和国农业条例》，农业税由累进制改为比例税制。1962年，按各农业生产队常年产量分别确定税率，实行稳定负担、增产不增税的政策。税收以生产队为单位缴纳。

1981年王秀财政所成立后，由财政所负责农业税征管。1983年实行家庭联产承包责任制后，农业税不再以生产队为计征单位，改为户结户缴。1985年，根据农户应征粮食数量，分别按统购价和超购价计核税金。之后，农业税以粮折算税金的标准数次调整。

1996年后，农业税税率全省统一，农户征购粮食每百公斤折算税金118元。1997年，全镇征收农业税105.34万元。

农业方面除征收农业税外，还征收农林特产税和耕地占用税。农林特产税主要来源于竹园、鱼塘应征的税收。耕地占用税主要是企事业单位占用耕地缴纳的税收。

表9-3　1985~1997年王秀镇（乡）农业税及其他农业税收统计

年份	农业税（万元）	农林（业）特产税（万元）	耕地占用税（万元）	合计（万元）
1985	29.90	—	—	29.90
1986	29.88	—	—	29.88
1987	31.76	—	0.35	32.11
1988	32.30	0.19	3.54	36.03
1989	39.40	1.06	6.40	46.86
1990	39.38	1.29	3.18	43.85
1991	39.35	1.29	5.99	46.63
1992	48.50	1.36	36.01	85.87
1993	48.16	1.36	1.90	51.42
1994	73.61	1.36	0.22	75.19
1995	73.51	1.36	0.29	75.16
1996	105.27	2.30	0.05	107.62
1997	105.34	3.00	0.13	108.47

注：①此表数据源于王秀财政所历年财政预决算报告；②1984年及以前的农业税因缺资料，无从记载；③农林特产税、耕地占用税分别从1988年和1987年起征收并统计；④1995年起农林特产税改称农业特产税。

二、工商税

1966年王秀公社成立后，税务机关在王秀征税的税源主要来自商业、手工业、社办厂、队办厂、个体工商户及其他纳税人。征收方法：由纳税单位自行计算、申报，经税务机关审核后，填写交款书；税款使用现金，由纳税单位持交款书到中国人民银行交款入库；对个体工商户，一般采取自报互评、确定税款的方法征税；如遇特殊情况，也有不经评议，由税务机关通过调查，直接核定应交税金。1970年，王秀实收税金总额70285元，其中商业缴纳65569元、手工业缴纳1480元、社办厂缴纳1826元、队办厂缴纳984元、个体工商户缴纳426元。

1978年起，王秀手工业并入社办企业后，税源主要来自商业、社办厂、个体工商户及其他纳税人等四个方面。税务机关明确征税范围，具体按划定的税种、税目征收。税种主要有工商税、所得税。工商税税目按产品品种或经营行业划分，王秀工商税税目有机械、化工、建筑材料、纺织印染、玻璃制品、搪瓷制品、交通运输、商业零售、服务行业、临时经营等10个行业类别。凡列入税目的都要征税。1982年，王秀公社实收税金总额110.83万元，其中商业缴纳11.48万元、社办厂缴纳70.19万元、队办厂缴纳27.75万元、个体工商户缴纳1.41万元。

1986年起，所有国有、集体等各类企业和个体工商户全部办理税务登记，并实行税务专管员管户制度，以加强征管工作，力求应征尽收。1994年9月实行分税制，国税、地税分开征税。国税主要征收增值税、消费税、企业所得税、车辆购置税等4个税种；地税征收的税种有营业税、企业所得税、个人所得税、城市维护建设税、车船税、房产税、土地使用税、屠宰税、印花税、固定资产投资方向调节税等。1995年，全镇实收税金总额762.99万元，其中国税完成657.36万元、地税完成105.63万元。

1997年，国税机关全面推行纳税人自行申报纳税制度，明确征纳双方法律责任，规范申报管理办法。以计算机和管理软件为依托，建立现代征管电子化数据网络平台，推广应用江苏国税3.0版征管软件，彻底告别“算盘时代”，采用点对点文件传送方式，实现上下电子数据传递，在太仓市局服务器上可以直接查询纳税人的申报、入库及欠税情况。地税机关严格依法征收，应收尽收，坚决不收过头税，坚决防止和制止越权减免税，坚决落实各项税收优惠政策。同时，按照精确、细致、深入的要求，明确职责分工，采取得力措施，提高税源管理效能。1997年，全镇实收税金总额719.63万元，其中国税完成591.51万元、地税完成128.12万元。

表9-4　1966~1997年王秀镇（公社、乡）工商税征收情况统计

年份	征收金额（万元）	比上年增长	年份	征收金额（万元）	比上年增长
1966	0.82	—	1974	10.91	23.56%
1967	5.76	—	1975	12.63	15.77%
1968	6.29	9.20%	1976	14.40	14.01%
1969	6.69	6.36%	1977	10.72	-25.56%
1970	7.03	5.08%	1978	21.31	98.79%
1971	7.23	2.84%	1979	40.41	89.63%
1972	7.87	8.85%	1980	56.99	41.03%
1973	8.83	12.20%	1981	75.23	32.01%

续表

年份	征收金额（万元）	比上年增长	年份	征收金额（万元）	比上年增长
1982	110.83	47.32%	1990	299.98	4.63%
1983	122.36	10.40%	1991	275.02	−8.32%
1984	139.07	13.66%	1992	365.40	32.86%
1985	143.87	3.45%	1993	546.26	49.50%
1986	150.64	4.71%	1994	704.40	28.95%
1987	187.14	24.23%	1995	762.99	8.32%
1988	264.94	41.57%	1996	802.30	5.15%
1989	286.71	8.22%	1997	719.63	−10.30%

注：1966年征收金额为王秀人民公社成立后的11月、12月的实收数，尚有10个月的数字仍在原辖区统计。

第三章　金　融

第一节　银行机构

一、农行王秀办事处

1966年10月王秀公社成立，中国人民银行太仓支行在王秀设立营业所，简称“人行王秀营业所”，由徐利元任主任。所址在王秀老街鼎隆街。1968年，搬迁至永安路人民桥北堍西侧（现苏州大港制衣有限公司驻地），建有5上5下转角楼房1幢，建筑面积360平方米。

1980年，恢复农业银行建制，人行王秀营业所改办农行王秀营业所，全称为中国农业银行太仓支行王秀营业所。此后，农行王秀营业所与王秀信用社合署办公，实行“两块牌子，一套班子，内部分工，业务分开”的管理机制。有职工11人，其中农行2人、信用社9人。1985年，再次易地，搬迁至王秀永安路与勇和路西南侧，建有营业大楼1幢，高3层，建筑面积960平方米；有3上3下职工宿舍楼200平方米，另有辅房（平房）10间240平方米。

1993年，农行王秀营业所改称农行王秀办事处，有职工22人，其中农行5人、信用社17人。1995年底，农行与信用社机构变化，农行王秀办事处撤销，王秀信用社继续营业。

1966~1995年人行王秀营业所（农行王秀营业所、农行王秀办事处）主任先后由徐利元（1966.10~1971.12）、周家荣（1972.1~1995.12）担任，其中1980~1995年，农行王秀营业所（办事处）与王秀信用社合署办公期间，由周家荣任负责人。

二、王秀信用合作社

1953年，在开展农业合作化运动中，根据中央关于“农村信用合作是农村合作化的一种形式”的指示精神，王秀境内开始在农村组建信用社。同年，长安乡、伍胥乡、杨漕乡等3个乡（当时均属璜泾区）分别建立了信用社。

1956年春，并区并乡导致行政区划变动，伍胥、杨漕2个信用社划并给鹿河信用社，成为鹿河信用社的伍胥分站和杨漕分站；长安信用社划并给归庄信用社，成为归庄信用社在王秀设立的王秀分站。1957年7月，杨漕分站撤销，并入伍胥分站。

1966年10月，王秀成立人民公社，鹿河信用社的伍胥分站和归庄信用社的王秀分站划归王秀人民公社，成立王秀信用社，主任周家荣。信用社社址在王秀老街鼎隆街。此后，与农行（人行）王秀营业所（办事处）一直合在一处办公。1968年，社址迁至永安路人民桥北堍。

信用社在国家银行领导和扶持下，组织调节资金，并管好用好；办好存贷业务，支持农、副、工、商各业经济发展。信用社的权力机构是社员代表大会，执行机构是理事会、监事会。理、监事会成员由社员代表大会选举产生，理事会主任负责日常工作，监事会主任由公社社长（或主任）兼任。“文化大革命”期间，信用社的权力机构由革命生产领导小组取代，并由贫下中农代表管理信用社。1977年，恢复信用社社员代表大会权力机构。

1980年起，王秀信用社与农行王秀营业所合署办公，业务分开。为方便群众，信用社在伍胥大队设信用分站，在湘里、包桥、建民、草庙、杨漕、南港等6个大队分别设立信用服务站。农村信用网点，主要开展储蓄业务，协助做好放贷工作。1985年，社址再次易地，迁至永安路与勇和路西南侧。

1995年底，信用社与农行机构变化，王秀境内金融机构只设王秀信用社，农行王秀办事处撤销。1998年，信用社有职工12人。

1966~1998年，王秀信用社主任先后由周家荣（1966.10~1996.4）、吴永华（1996.4~1998.11）担任，其中1980~1995年，农行王秀营业所（办事处）与王秀信用社合署办公期间，由周家荣任负责人。

第二节　储　蓄

1966年王秀建立信用社后，与农行（当时为人行）王秀营业所（为便于记述，本节及下节均简称为“王秀农行”）一起，动员农民爱国储蓄，吸纳民间余款，积少成多，支援国家建设，支持本地农副业生产。但在六七十年代，农民收入主要来自农业，收入有限，除去生产生活费用后，余款所剩无几，故农民储蓄基本上都是数元、数十元的小额存款，一次存满50元以上的极少。1966~1979年的14年间，农行和信用社吸纳个人储蓄总额虽逐步增加，但每年年末储蓄余额在数十万元徘徊。

1978年起，实行改革开放，农、副、工、商等各业经济同步发展，农民收入提高，个人储蓄增多。1979年，王秀农行与王秀信用社共同做好吸储工作。信用社还在农村设立信用网点，方便农民储蓄。1980年，王秀农行与王秀信用社吸纳个人储蓄总额首次突破100万元。

1983年实行家庭联产承包责任制后，农村大批劳动力转移到乡镇企业和其他非农经营，农民收入增多。1985年前后，王秀不少农户购置针织横机，发展个体针织业，不但业主增加了收入，而且还外发加工，让一大批中老年妇女有了缝制加工收入。于是，广大农民家庭经济宽裕起来，个人储蓄额大幅度上升。1989年，王秀农行与王秀信用社吸纳个人储蓄总额突破1000万元。

进入90年代，随着王秀经济社会的加快发展，农民得到充分就业，且就业门路广泛，不论是进厂务工收入，还是种植业、养殖业收入，或三产服务业收入，都有了较大幅度的提高，农民积蓄丰厚，个人储蓄额随之增多。1995年，王秀农行与王秀信用社吸纳个人储蓄总额达5867万元。1997年，王秀信用社吸纳个人储蓄总额达8702万元，人均储蓄5634元。

表9-5　1966~1997年王秀农行（人行）、信用社吸纳个人储蓄统计

年份	年末储蓄余额（万元）	全镇人均储蓄（元）	年份	年末储蓄余额（万元）	全镇人均储蓄（元）
1966	9.50	6.56	1982	202.46	125.18
1967	20.60	14.06	1983	314.40	194.70
1968	43.16	28.61	1984	410.42	255.70
1969	28.70	18.73	1985	511.52	318.68
1970	27.81	17.84	1986	664.19	413.21
1971	27.69	17.71	1987	866.93	539.04
1972	26.17	16.67	1988	967.80	603.48
1973	36.50	23.05	1989	1215.00	760.80
1974	26.30	16.42	1990	1833.00	1147.99
1975	36.85	22.90	1991	2400.00	1505.08
1976	39.44	24.51	1992	2457.51	1547.06
1977	37.43	23.23	1993	2720.00	1721.41
1978	51.19	31.80	1994	3987.00	2534.16
1979	99.55	62.01	1995	5867.00	3748.64
1980	140.63	87.79	1996	7192.00	4607.30
1981	159.05	98.86	1997	8702.00	5634.19

注：1966~1979年为王秀人行、信用社吸纳个人储蓄统计数据，1980~1995年为王秀农行、信用社数据，1996~1997年仅为信用社数据。

第三节　信　贷

1966年王秀信用社成立后，与王秀农行一起积极发展信贷业务。放贷资金流向有所不同，农行主要发放商业贷款和企业贷款，信用社主要发放农业贷款和农民个人贷款。放贷资金大部分是商业贷款，帮助商业部门解决流动资金问题，购进生产资料，支持农业生产；少量是农业贷款和企业贷款及农民个人贷款。每年放贷的额度，随生产发展逐步增加。1972年起，信用社也开始发放企业贷款。1979年起，王秀农行增加个体工商户贷款。1966~1979年的14年间，王秀农行、信用社累计发放贷款897.45万元，其中商业贷款619.83万元、企业贷款165.53万元、农业贷款84.95万元、农民个人贷款23.37万元、个体工商户贷款1.5万元、其他贷款2.27万元。

1979年，发放企业贷款首次突破150万元。农业贷款每年保持在10万元左右，支持农村发展养猪、养鱼、河蚌育珠、食用菌等商品生产，增加农民收入。进入80年代，信用社信贷服务重点转向企业贷款，支持社队企业发展。

1985年后，王秀农行、信用社不断扩大放贷规模。同时，坚持“区别对待，择优扶持”的原则，对产品适销对路、资金周转快、遵守信用的企业优先放贷，并帮助企业开展理财工作，清收应收款，改善经营管理。同年，王秀农行、信用社在宏观控制的情况下，引进信托资金282万元，支持重点工业项

目建设。1987年，千方百计组织财力，累计拆借引进资金1027万元，有力支持了全乡农、副、工三业生产。1989年，面临到期贷款近1700万元的融资困难，王秀农行、信用社想方设法，内清外借，走南闯北，多方求援，全年共拆借资金1570万元，缓解了资金矛盾。是年，王秀农行、信用社共发放贷款2263万元，绝大部分资金投向工业企业。

1990年起，王秀农行、信用社坚持“控制总量，调整结构，区别对待，择优限劣”的贷款原则，支持工业企业上水平、上规模、上台阶。发放的贷款，具体分为设备贷款和流动资金贷款2种，其中流动资金贷款为短期贷款，还贷期限一般不超过半年；设备贷款还贷期限相对较长，分为1年期、3年期和5年期3种。

1991年，王秀农行、信用社为缓解资金紧缺问题，帮助企业拆借资金和贷款转期2500万元。1992年，又拆借引进资金5000万元，为企业转期续贷创造了条件，确保了企业生产发展需要。之后，每年融资活中有序，放贷总量稳定在6000万元以上。

1995年之前，绝大多数工业企业资产归集体所有，企业贷款为信用贷款，即凭企业信用贷款还款。之后，镇办、村办集体企业实施转换经营机制改革，转制为个体私营企业。为降低放贷风险，王秀信用社办理资产抵押贷款，即企业以资产做抵押，办理贷款手续。若企业经营不善，无力还贷，放贷方可以拍卖企业的抵押资产，以此收回贷款。

1997年，王秀信用社信贷资金绝大部分用于企业贷款，小部分用于农业生产性贷款、商业经营性贷款、个体工商户助业贷款等。是年，王秀信用社共发放贷款6366.31万元。

表9-6　1966~1997年王秀农行（人行）、信用社信贷统计

年份	发放贷款（万元）	年份	发放贷款（万元）	年份	发放贷款（万元）	年份	发放贷款（万元）
1966	3.19	1974	48.48	1982	305.88	1990	2369.72
1967	27.85	1975	98.52	1983	1231.24	1991	2821.74
1968	39.03	1976	98.14	1984	1852.36	1992	4194.51
1969	39.84	1977	86.21	1985	2234.65	1993	6084.13
1970	60.93	1978	99.64	1986	3336.96	1994	6534.73
1971	67.35	1979	153.59	1987	4083.62	1995	6961.03
1972	52.97	1980	258.51	1988	4613.00	1996	6021.74
1973	21.71	1981	275.97	1989	2263.00	1997	6366.31

注：1966~1979年为王秀人行、信用社信贷统计数据，1980~1995年为王秀农行、信用社数据，1996~1997年仅为信用社数据。

第四章　保　险

第一节　人保财险

1991年1月，设立中国人民保险公司太仓支公司王秀保险服务所，设于永安路王秀信用社二楼，办理财产保险和人寿保险业务，负责人王绍球。

1992年，成立王秀乡农村社会养老保险办公室，归乡政府民政办公室管理，试行农村社会养老保险制度。经考试招聘保险业务员朱文荣。成立后，即到各村、各企事业单位宣传有关养老保险政策，但未开展收取保费等具体业务工作。后农村社会养老保险业务转入王秀保险服务所。

1993年2月，王秀保险服务所归中国人民保险公司太仓支公司璜泾办事处管辖。

1996年7月，人保财险、人寿分业经营。王秀财险机构设中国人民财产保险股份有限公司太仓支公司王秀保险服务所，负责人王绍球。主要办理王秀境内的企业财产保险、家庭财产保险、机动车辆保险、船舶保险、种植业养殖业保险、责任保险、短期人身意外伤害保险等保险业务。

1998年10月，王秀财险机构更名为中国人民财产保险股份有限公司太仓支公司王秀保险营销服务部。办公地点搬迁至永安路人民桥北堍太仓液压元件厂旁。是年，王秀财险全年保险费收入80余万元。

第二节　中国人寿

1996年7月，寿险、财险分业经营，王秀寿险机构设中国人寿保险股份有限公司太仓支公司王秀保险所，负责人朱文荣。办公地点设于永安路王秀镇敬老院二楼。主要经营法人业务、个人业务，有理财型分红险、养老保险、意外险、健康险等险种。1998年，办公地点易地至永安路南端王秀镇建设管理所底楼。是年，王秀寿险全年保险费收入40余万元。

第十篇 党政

王秀属革命老区。抗日战争时期，王秀境内就有中共党员和党的组织，建有太仓第一个党支部，即杨漕乡党支部。中华人民共和国成立初期，王秀境内各小乡秘密建立党支部和发展党员。1966年，成立王秀人民公社，同时成立中共王秀公社委员会，在农村各大队和市镇各企事业单位建立党支部。此后，公社党委根据各个历史时期党的工作需要，及时调整基层党组织设置，配强基层干部队伍，做好党员发展工作。加强党的思想建设、组织建设和作风建设，发挥广大党员干部在农、副、工各业生产中的先锋模范作用。特别是中共十一届三中全会以后，镇（公社、乡）党委团结带领各级基层党组织和广大干部群众，始终坚持以经济建设为中心，解放思想，深化改革，勇于创新，与时俱进，全力推动王秀经济建设和各项社会事业加快发展。1998年，镇党委下设基层党组织42个，其中村党组织13个、企业党组织12个、镇机关及市镇各单位党组织17个，共有党员962人。

1966年10月成立王秀人民公社时，正值“文化大革命”，人民代表大会制度未能实行。1981年起，恢复人民代表大会制度。1990年起，设立乡人大组织机构，配备人大主席和秘书。1981~1998年，王秀镇（公社、乡）人民代表大会历经第三至第八届任期，共召开过20次人代会。在人代会闭会期间，乡人大主席团每年开展视察检查、联系选民、培训代表等工作。

1966年成立王秀人民公社，设公社管理委员会。1968年成立王秀公社革命委员会。1981年撤销公社革命委员会，恢复公社管理委员会。1983年7月起，王秀行政管理机构设人民政府。1966~1998年，王秀公社管委会和历届人民政府认真贯彻党的各项路线、方针、政策，积极施政，管理社会，大搞建设，发展生产。特别是中共十一届三中全会后，全镇（公社、乡）稳定发展农业，加快发展工业，努力办好社会事业，积极推动社会文明进步，改革开放和经济社会发展取得显著成绩

1983~1991年，王秀经济管理机构设经济联合委员会，1991~1998年设农工商总公司，主要负责全镇的经济工作，重点抓好工业经济发展。

第一章　中国共产党

第一节　党的组织

一、太仓第一个党支部

王秀，是太仓第一个党支部诞生地。抗日战争时期，中共江南特别委员会派中共地下党员和民运干部到王秀境内的杨漕乡（当时的小乡）一带开展抗日救亡活动，秘密发展党员。民国29年（1940）5月的一个晚上，在杨漕乡徐明德家中（原草庙村8队，现杨漕村19组），杨漕乡党支部成立，这是太仓境内成立的第一个党支部。自从有了党的组织和党领导下的抗日武装，王秀杨漕一带乃至鹿河、璜泾等地成为苏常太抗日游击根据地的重要活动区域，留下了许多可歌可泣的英勇事迹。（本目简述，详见第十二篇第一章第一节“杨漕乡党支部”）

二、中共王秀镇委员会

中华人民共和国成立后的小乡时期，王秀境内长安、伍胥、杨漕、勇和等各乡建立党支部，隶属璜泾区委领导，小乡党支部书记由区委任命。

1956年3月，太仓并区并乡，境内的长安乡（小乡）党组织隶属沙溪区归庄乡（中乡）党总支领导。伍胥乡、杨漕乡、勇和乡合并成一个中乡，建立伍胥乡党总支，隶属璜泾区委领导。

1957年7月，太仓撤区并乡，王秀境内的伍胥乡划归鹿河乡，其党总支隶属鹿河乡党委领导。长安乡党组织隶属归庄乡（大乡）党委领导。

1966年10月，太仓调整公社区划，新成立王秀公社，同时建立王秀公社党委，为全公社中共领导机构。1970年5月建立中共王秀人民公社革委会核心小组，基本行使党委职权。1970年10月，王秀人民公社党委恢复，转入正常工作。1983年7月公社体制改革后称王秀乡党委。1993年2月王秀撤乡建镇后称王秀镇党委。1998年11月，王秀镇并入璜泾镇，王秀镇党委撤销。

自1966年10月成立王秀公社党委起，至1998年11月，王秀镇（公社、乡）党委历经第一届至第七届任期。先后有书记9人，副书记20人，委员29人。

表10-1 1966~1998年王秀镇(公社、乡)历届党委组成人员名录

届次	职务	姓名	任职时间	说明
第一届（1966.10~1970.10）	书 记	浦昌荣	1966.10~1970.10	
	副书记	林文杰	1966.10~1970.10	
	委 员	陈慎元	1966.10~1970.10	
		朱凤悟	1966.10~1970.10	
		顾惠明	1966.10~1970.10	
		陈富六	1966.10~1970.8	
		朱阿和	1966.10~1970.10	
第二届（1970.10~1983.7）	书 记	浦昌荣	1970.10~1974.3	
		翁永欣	1974.4~1975.11	中期任职
		陈慎元	1975.11~1981.5	中期任职
		陆明兴	1981.5~1983.7	中期任职
	副书记	陈慎元	1970.10~1975.11	
		李启生	1974.3~1981.5	中期任职
		周月珍	1976.3~1983.7	中期任职
		纪雪元	1980.10~1983.7	中期任职
	委 员	顾惠明	1970.10~1978.2	
		朱阿和	1970.10~1979.3	
		沈一鸣	1970.10~1983.7	
		周月珍	1970.10~1976.3	
		王福兴	1970.10~1976.10	
		吴雪元	1970.10~1983.7	
		闵炳林	1970.10~1976.10	
		俞钟学	1975.11~1980.4	中期任职
		倪永良	1977.8~1983.7	中期任职
		李根林	1979.3~1982.5	中期任职
		周振昌	1982.5~1982.10	中期任职
		王济权	1983.3~1983.7	中期任职
第三届（1983.7~1988.1）	书 记	陆明兴	1983.7~1984.7	
		沈湘英	1984.8~1988.1	中期任职
	副书记	周月珍	1983.7~1985.9	
		纪雪元	1983.7~1984.2	
			1985.9~1988.1	
		沈湘英	1983.7~1984.7	
		顾振昌	1984.9~1986.5	中期任职
		黄雪贤	1984.9~1988.1	中期任职
		曾明华	1986.5~1986.12	中期任职
		吴志刚	1986.8~1988.1	中期任职
	委 员	倪永良	1983.7~1988.1	
		王济权	1983.7~1988.1	
		曹惠明	1987.10~1987.12	中期任职
		赵中元	1987.10~1988.1	中期任职

续表

届次	职务	姓名	任职时间	说明
第四届（1988.1~1991.1）	书　记	沈湘英	1988.1~1990.12	
		熊介元	1990.12~1991.1	中期任职
	副书记	纪雪元	1988.1~1991.1	
		黄雪贤	1988.1~1989.12	
		吴志刚	1988.1~1991.1	兼纪委书记
		顾耀良	1989.12~1991.1	中期任职
		戈益民	1990.12~1991.1	中期任职
	委　员	倪永良	1988.1~1991.1	
		赵中元	1988.1~1991.1	
		王济权	1988.1~1991.1	
		马平元	1990.4~1991.1	中期任职
		周先庭	1990.7~1991.1	挂职
第五届（1991.1~1994.1）	书　记	熊介元	1991.1~1993.4	
		钱承荣	1993.4~1994.1	中期任职
	副书记	纪雪元	1991.1~1991.12	
		吴志刚	1991.1~1992.12	
		顾耀良	1991.1~1992.12	
		戈益民	1991.1~1994.1	兼纪委书记
		胡永平	1991.5~1994.1	中期任职
		邱雪元	1992.12~1994.1	中期任职
	委　员	沈一鸣	1993.3~1994.1	中期任职
		王济权	1991.1~1994.1	
		马平元	1991.1~1994.1	
		韩建平	1991.1~1993.11	
		周一铭	1991.1~1993.3	
		仲利平	1991.1~1991.5	
		周建平	1993.3~1994.1	中期任职
第六届（1994.1~1997.2）	书　记	钱承荣	1994.1~1995.6	
		戈益民	1995.6~1997.2	中期任职
	副书记	戈益民	1994.1~1995.6	
		胡永平	1994.1~1995.6	
		邱雪元	1994.1~1997.2	
		沈一鸣	1995.2~1997.2	中期任职
		胡茂荣	1995.2~1997.2	中期任职
		张新华	1995.6~1997.2	中期任职
		胡林刚	1995.6~1997.2	中期任职
	纪委书记	马平元	1994.12~1997.2	中期任职
	委　员	沈一鸣	1994.1~1995.2	

续表

届次	职务	姓名	任职时间	说明
第六届（1994.1~1997.2）	委　员	马平元	1994.1~1994.12	兼纪委书记
		杨海泉	1994.1~1997.2	
		熊宁一	1994.1~1997.2	
		吴惠强	1994.8~1997.2	中期任职
		朱　丹	1995.2~1996.11	中期任职
		苏建明	1996.4~1997.2	中期任职
		苏丽华	1996.11~1997.2	中期任职
第七届（1997.2~1998.11）	书　记	戈益民	1997.2~1997.7	
		屠　宪	1997.7~1998.11	中期任职
	副书记	邱雪元	1997.2~1998.11	
		沈一鸣	1997.2~1997.11	
		胡茂荣	1997.2~1998.11	
		张新华	1997.2~1998.11	
		胡林刚	1997.2~1997.4	
		马志刚	1997.4~1997.11	中期任职
		夏　芳	1997.11~1998.11	中期任职
	纪委书记	马平元	1997.2~1998.11	
	委　员	杨海泉	1997.2~1998.11	
		熊宁一	1997.2~1998.11	
		吴惠强	1997.2~1998.11	
		苏建明	1997.2~1998.11	
		苏丽华	1997.2~1998.11	

注：1970年5~10月，建立中共王秀人民公社革委会核心小组，浦昌荣任组长。

三、基层组织

1940~1945年，王秀境内建有太仓第一个党支部——杨漕乡党支部。

1952年后，王秀境内的长安、伍胥、杨漕、勇和等4个乡先后秘密建立党支部，支部书记由上级党组织任命。其时，党的组织及党员身份还未公开，党的活动严格保守秘密，1953年互助合作化运动后才得以公开。

1956年3月，王秀境内伍胥、杨漕、勇和3个小乡并成中乡，称伍胥乡，同时建立伍胥乡党总支，隶于璜泾区委。其时，长安乡（湘里、长浜、王秀）党员归属归庄党总支管理。

1957年7月，王秀境内党组织设置随撤区并乡而隶属关系变更，原属伍胥乡辖区内的10个高级社党组织隶于鹿河乡党委，原属长安乡辖区内的3个高级社党组织隶于归庄乡党委。

1958年后，农村基层党组织以大队为单位建立党支部。1966年王秀人民公社成立，公社党委下设基层党支部19个，有党员431人。其中，农村大队党支部13个，有党员362人；市镇各单位党支部6个，有党员69人。

1967年起，全公社党组织一度处于瘫痪状态，停止开展党的活动。1968年4月，成立王秀公社革命委员会，之后各大队成立相应组织。公社、大队革委会实行“一元化”领导，党政合为一体，行使领导职权。1970年10月，王秀公社召开全体党员大会，会议以无记名投票方法，选举产生新的王秀公社党委组成人员。此后，全公社党组织和党员活动得以恢复。

1971年起，社队企业增多，农村党员转至企业工作，为便于开展党员活动，发挥党员作用，公社党委重视在社办企业中建立党组织，先后建立太仓液压元件厂、王秀综合厂、王秀农机厂、王秀棉纺厂、太仓建筑搪瓷厂、王秀纬编厂、太仓涤纶化工厂等企业党支部。至1982年，公社党委下设基层党支部36个，有党员767人。其中，农村大队党支部13个，有党员430人；社办企业党支部13个，有党员215人；公社机关及其他单位党支部10个，有党员122人。

1983年公社体制改革后，全乡农业、工业、副业等系统管理机构发生变化，乡党委重视在新组建管理机构中建立党组织，先后成立工业公司、农业公司、多服公司等单位党支部。至1990年，全乡设基层党支部39个，其中各村党支部13个、企业党支部15个、公社机关及其他单位党支部11个，共有党员885人。

1991年后，随着改革开放的不断深化，王秀境内多种所有制形式的新经济组织增多，乡党委重视在新经济组织中建立党组织，以扩大党的思想政治工作的影响力，发挥好党组织的引领作用和党员的先锋模范作用。1993年11月12日，王秀村党员人数增多，经中共太仓市委同意，成立中共王秀镇王秀村委员会，隶属王秀镇党委领导。1995年后，实施企业经营机制改革，产权制度转换，管理模式变化，企业中党员流动频繁。为加强企业转制后的党建工作，本着“管好管活”和“便于党员活动”的精神，镇党委分别根据企业规模、不同行业、所在地域等情况，因地制宜及时调整基层党组织设置，即在企业规模大、党员人数多的单位单独建立党组织；对企业规模小的，将行业相关的单位联合起来建立党组织，或按企业所在地域划并所在村党组织，以确保企业转制后党组织活动正常开展。

1998年，镇党委下设基层党组织42个，其中村党委1个（王秀村）、村党支部12个、企业党支部12个、镇机关及市镇各单位党支部17个，共有党员962人。

第二节 党员代表大会

1966年10月，成立王秀人民公社，同时组建中共王秀人民公社委员会，其党委领导班子成员7人由上级党组织任命，由浦昌荣任书记，林文杰任副书记。此次公社党委成立至1970年10月，为王秀公社党委第一届任期。

1970年10月16日，王秀公社党委召开全公社党员大会（在现王秀卫生院处设露天会场），应到党员424人，实到349人。会议以无记名投票的方法，选举产生公社党委委员9人，由浦昌荣任书记，陈慎元任副书记。此次会议至1983年7月，为王秀公社党委第二届任期。

1983年起，实行党员代表大会制度，召开党代会开始列会次。党代会每3年召开一次，选举产生的党委每届任期三年（第三届任期四年半除外）。1983~1998年，王秀镇（乡）共召开5次党代会。因1983年7月起是党委第三届任期，故召开的党代会列为第三次。

第三次党代会　1983年7月30~31日，召开中共王秀乡第三次代表大会，出席代表132人，列席代表25人。会议听取和审议陆明兴做的《王秀乡党委工作报告》，并通过相应决议。会议选举产生中共王秀乡第三届委员会，陆明兴为书记，沈湘英、纪雪元、周月珍为副书记。

第四次党代会　1988年1月，召开中共王秀乡第四次代表大会，出席代表90人，列席代表22人。会议听取和审议沈湘英做的《进一步深化改革，稳定发展经济，沿着十三大指引的道路胜利前进》的工作报告，并通过相应决议。会议选举产生中共王秀乡第四届委员会，沈湘英为书记，纪雪元、黄雪贤、吴志刚为副书记。选举吴志刚为中共王秀乡纪律检查委员会书记。

第五次党代会　1991年1月31日至2月2日，召开中共王秀乡第五次代表大会，出席代表85人，列席代表20人。会议听取和审议乡党委书记做的《奋力拼搏赶超，振兴发展王秀，努力夺取全乡两个文明建设的新胜利》的工作报告，吴志刚做纪委工作报告，并就上述2个报告通过相应决议。会议选举产生中共王秀乡第五届委员会，熊介元为书记，纪雪元、顾耀良、吴志刚、戈益民为副书记。选举戈益民为中共王秀乡纪律检查委员会书记。

第六次党代会　1994年1月29~30日，召开中共王秀镇第六次代表大会，出席代表116人，列席代表25人。会议听取和审议钱承荣做的《同心同德，奋力拼搏，加快发展王秀，努力夺取全镇两个文明建设的新胜利》的工作报告，马平元做纪委工作报告，并就上述2个报告通过相应决议。会议选举产生中共王秀镇第六届委员会，钱承荣为书记，戈益民、胡永平、邱雪元为副书记。选举马平元为中共王秀镇纪律检查委员会书记。

第七次党代会　1997年2月18~19日，召开中共王秀镇第七次代表大会，出席代表118人，列席代表20人。会议听取和审议戈益民做的《振奋精神，迎难而上，为我镇两个文明建设再上新水平而努力奋斗》的工作报告，马平元做纪委工作报告，并就上述2个报告通过相应决议。会议选举产生中共王秀镇第七届委员会，戈益民为书记，张新华、胡林刚、邱雪元、沈一鸣、胡茂荣为副书记。选举马平元为中共王秀镇纪律检查委员会书记。

1998年11月，王秀镇并入璜泾镇，故王秀镇第七届党委任期未到届，即撤销。

第三节　党员教育

抗日战争时期，杨漕乡党支部开展秘密活动，教育党员坚持抗战必胜的信念，发扬共产党员不怕流血牺牲的献身精神，积极参加地下抗日武装斗争。组建各界群众抗日协会，发展抗日力量，动员和组织群众投入抗日活动中去。

1953年，在新发展的党员中传达党的指示精神，要求党员在强化治安、发展生产中发挥先锋模范作用。1956年，教育党员坚持集体主义思想，投身农业社会主义改造，动员和带领群众走农业合作化道路，推进初级农业生产合作社向高级社过渡。

1958年，以学习贯彻“鼓足干劲，力争上游，多快好省地建设社会主义”总路线为重点，广泛进行宣传教育，动员党员干部“艰苦奋斗、勤俭节约”“吃苦在前、享乐在后”“集体为重、大公无私”，努力办好人民公社。

1968年4月，成立王秀公社革命委员会。之后，宣传教育工作由公社革委会负责。政治学习以毛泽东著作、《毛主席语录》以及毛主席关于“文化大革命”的一系列指示为主要内容。

1979年起，组织广大党员干部学习中共十一届三中全会精神，重新确立实事求是的马克思主义思想路线，冲破“左”的束缚，实行改革开放，坚持以经济建设为中心，促进农副工各业生产发展。

1982年下半年，开展定期党日活动，让党员过好党的组织生活，组织党员学习党的基本知识。是年底，分批举办学习党的十二大文件党员培训班，培训全体党员和生产队队长以上干部，系统学习十二大提出的全面建设社会主义的纲领和各项方针政策，开始把党员干部带入建设有中国特色的社会主义政治轨道上来。半年中各党支部上党课116次，参训党员3120人次。

1984年，举办党员培训班，以学习党章为主要内容，加强党员教育，提高党员素质。通过学习教育，让每个党员在思想上坚持“三个一”（思想政治上与党中央保持高度一致；一切从实际出发，实事求是；党和人民利益高于一切），在工作上体现“三个有”（有无私无畏的革命精神，有实事求是的科学态度，有为人民服务的思想和本领），在作风上做到“三个不”（不图虚荣，不计较个人得失，不损害党员形象），自觉对照党章，规范行为，以适应新形势新要求，在生产工作中发挥先锋模范作用，争做合格党员、合格干部。

1986年，全乡分两批进行整党，每批为期3个月。在整党工作中，先通过学习整党文件，对党员进行系统教育。在此基础上，在党内开好民主生活会，开展批评和自我批评，进行党员登记和处理。通过整党，全乡党员的思想进一步统一到中共十一届三中全会精神上来；统一到坚持改革开放，大力发展商品经济上来；统一到全心全意为人民服务，做一个合格党员上来，从而达到“统一思想、整顿组织、加强纪律、纯洁组织”的效果。

1987年，利用乡党校阵地，举办党员冬训班13期，参训党员825人。围绕“社会主义精神文明建设”“建设有中国特色的社会主义”“一个中心两个基本点（以经济建设为中心，坚持四项基本原则，坚持改革开放）”“党的基本知识”“党的十三大精神”等内容进行传达贯彻和学习培训。通过培训，党员干部提高了理论水平、政策水平和工作业务水平，增强了深化改革、发展经济、搞好本职工作的责任感和自觉性。

1988~1990年，进行“农村形势与任务”“深化改革、扩大开放”“全心全意为人民服务”等内容的教育，3年中共举办党员培训班56期247天，参训党员7012人次。1989年7月开始，先在8个基层党支部进行民主评议党员试点工作。1990年3月下旬开始，全乡各个党支部全面开展民主评议党员工作。民主评议党员工作按总结汇报、党员自评、党员互评、党外群众参评、对格定格、取证审定等步骤进行。1989年、1990年2年中，参加评议党支部36个，评议党员885人。被评议为合格党员871人，占评议党员总数的98.42%；被评议为基本不合格党员10人，占评议党员总数的1.13%；被评议为不合格党员4人，占评议党员总数的0.45%。通过民主评议党员活动，全体党员在思想上、组织上、作风上受到了一次深刻的党员意识教育。之后，每年开展民主评议党员活动，以使党员接受党内外群众监督，增强党内民主气氛，确保党员队伍纯洁性。

1991年，在庆祝中国共产党成立70周年活动中，组织党员开展形式多样的“学党史、讲传统、比贡献、树形象”主题教育，同时，以“党在我心中”为主题，开展征文比赛和文艺演出活动。1992年邓小平南方谈话发表后，在党员干部中开展“抓住机遇、加快发展，我为振兴王秀做贡献”教育活动，之后结合学习贯彻党的十四大精神，动员全乡党员干部进一步解放思想，加快改革开放步伐，投身经济建设主战场，全力推动全乡经济加快发展。

1994年，镇党校举办培训班16期，轮训党员1276人次，先后组织学习“建设有中国特色社会主义理论”“社会主义市场经济理论”“先进模范人物事迹”等，增强党员干部改革开放意识和创一流争贡献意识及全心全意为人民服务的宗旨意识。1995年，在全镇党员中开展“学理论、学党章”和学习孔繁森先进事迹活动，教育党员用党章规范自己的一言一行，以孔繁森为榜样，情为民所系，利为民所谋，任劳任怨，勤奋工作。

1996年，坚持用“三讲”（讲政治、讲学习、讲正气）统一全镇党员干部的思想，教育广大党员树立正确的世界观、人生观和价值观。1997年，学习贯彻党的十四届六中全会精神，帮助广大党员干部深刻认识加强社会主义精神文明建设的重要意义。同年，抓住香港回归契机，广泛开展爱国主义教育活动。1998年，学习贯彻党的十五大精神，教育党员干部高举邓小平建设有中国特色社会主义理论伟大旗帜，全面推进全镇经济社会加快发展。同年，围绕中共十一届三中全会召开20周年，组织开展“二十年改革，二十年巨变”主题教育，增强党员干部坚持改革开放、加快经济发展的信心和决心。

第四节　组织工作

一、发展党员工作

民国28年（1939），中共江南特别委员会派杨志明、徐念初等中共党员到太仓发展中共地下党员，进行秘密活动，开展抗日斗争，开辟太仓抗日根据地。民国29年（1940），杨志明等中共党员经考察培养，在杨漕乡等地抗日积极分子中发展了徐明德、徐大宝、徐念慈、徐祖兴、钱家兴、顾家钰等青年入党，这批党员成为王秀境内最早入党的党员。

中华人民共和国成立后，根据党中央的建党方针和各个历史时期的特点，王秀党组织有计划地培养、吸收在社会主义革命和建设中涌现出来的积极分子入党，增强党组织的生机和活力。

1950~1951年，经过土地改革、镇压反革命运动的锻炼和考验，涌现出一批积极分子。1952年秋，当时的长安、勇和、杨漕、伍胥4个小乡各选派6~8名入党积极分子到太仓独立营集训，接受党的教育。一个多月后，上级党组织在经过考察培养及培训教育的积极分子中发展党员29人，这批党员成为中华人民共和国成立后王秀境内首批发展的党员。其时，党员身份还未公开，党员活动秘密进行。1953年后，党的队伍有所扩大，党的组织和党员身份才逐步公开。

1956~1965年，王秀境内各乡（中乡、大乡、大队）的党员发展工作分别由归庄、鹿河党组织负责。1966年王秀人民公社成立时，全公社有党员431人。

“文化大革命”初期，党组织受到冲击，处于瘫痪状态。1970年后党组织及党员活动得以恢复。此后，农村基层党组织注重在农业生产第一线的生产队队长中培养入党积极分子，市镇上各单位党组织注重在各行各业生产骨干中选培党的发展对象，抓好党员发展工作。1976年末，全公社共有党员593人。

中共十一届三中全会后，公社党委和基层党组织重视在勇于改革、积极进取、懂管理、善经营的社队、企业管理人员中发展积极分子，同时吸收各条战线上的优秀分子入党。1982年末，全公社共有党员767人。

1983年起，针对发展党员工作中存在“发展工作不够平衡、党员分布不够均匀、党员年龄较大、青年党员比例较低、知识分子党员较少”的情况，重视在优秀知识分子和生产一线骨干、先进青年及妇女中发展党员。1984年，重视在党员少、力量弱的企事业单位中培养入党积极分子。1986年，党员发展实行入党积极分子登记考察、预备党员培养考察制度，做到成熟一个发展一个，不搞突击，不留情面，把好入口关。1987年末，全乡共有党员839人。

1988年起，按“坚持标准、保证质量、改善结构、慎重发展”方针发展党员，把保证质量放在第一位。1990年起，重点在多年未发展党员的党支部、骨干企业、新经济组织中抓好发展党员工作。1988~1990年，全乡共发展党员42人。其中，35岁以下优秀青年19人，占45.2%；女党员9人，占21.4%；高中专以上文化程度的21人，占50%；生产、工作一线骨干31人，占73.8%。

1991年起，入党手续上把好培养考察关、两级（乡党委、基层支部）预审关、履行入党手续关和预备党员转正关。1992年后，在坚持质量的前提下，重视培养吸收生产一线工人、农民、知识分子入党。1993年，由各基层党支部推荐、党委造册、重点培养、定期考察，对符合入党条件的，坚持成熟一个发展一个。1991~1993年，全镇共发展党员44人。

1994年起，实施“党建带团建”计划，开展“双推”工作，即推荐优秀团员作为党的发展对象，推荐优秀青年人才作为干部培养对象。1996年，制定三年党员发展规划，有计划地做好党员发展工作。1994~1996年，全镇共发展党员40人。

1997年，在发展党员中，注重坚持标准，突出重点，严格把关，全年共发展党员15人。1998年，全镇发展党员13人。是年11月，全镇共有党员962人。其中，25岁及以下33人，占3.43%；26~60岁731人，占75.99%；61岁及以上198人，占20.58%。高中及以上文化程度352人，占36.59%；初中及以下文化程度610人，占63.41%。妇女党员146人，占15.18%。

二、干部队伍建设

1950~1955年小乡时期，选拔思想进步、办事踏实、带头苦干、有集体观念的中青年担任小乡干部（乡长、农会主任、民兵中队长），先后选配任用干部32人。

1956~1958年中乡、大乡时期，乡一级配强配好党总支书记、乡长、共青团书记、妇女主任、民兵中队长、生产委员、文书等乡干部。其时，农村正值初级社向高级社过渡时期，各合作社在乡党组织的领导下，及时调整配备社长、副社长、会计等干部，在高级社下设的生产队中配齐队长（通常称小队干部）。

1958年后，王秀南部3个大队和中北部10个大队分别由所在的归庄和鹿河公社党委选配及管理农村基层干部。

1966年，成立王秀人民公社，正值“文化大革命”开始，基层干部培养选配工作停止。1970年后，各级党组织恢复工作。其时，为抓好粮食生产，公社党委重视把那些思想进步、工作勤奋、善抓集体生产、关心群众利益的干部充实到大队、生产队班子中去。1971~1977年，公社党委提拔任用大队干部21人，各大队党支部调整生产队干部105人。

1978年后，按照干部“四化”（革命化、年轻化、知识化、专业化）要求，大力培养后备干部，至1983年，共培养选拔优秀中青年干部38人，充实公社、大队两级干部队伍。同时，安排农村老干部8人退职当顾问，实现干部新老交替。

1984年起，针对各村、各企事业单位存在“干部年龄偏大、文化偏低、战斗力偏弱”的情况，按照“干部年纪轻、文化水平高、工作能力强、生产干劲足”的标准和要求，做好基层干部的选配工作。1984~1987年，全乡共提拔任用中青年干部114人，改善了领导班子结构，提高了干部队伍素质。

1988年，乡党委对各村、各企事业单位领导班子进行全面考察。对乡办企业领导班子考察用民意测评的方法，听取党内外群众意见。通过考察，发现了一批德才兼备、勇于改革、真正懂行、能开创新局面的中青年人才。考察后，公社党委及时采取干部提拔、交流、谈话、撤免等组织措施，对有关村、厂领导班子进行调整。是年，全乡提拔村、厂干部17人，调整交流（指乡机关、工业管理部门干部下派任职和村、厂干部交流任职等）干部14人。

1990年，按照“充实提高、适当调整、注意稳定”的原则，对结构不合理、整体功能差、战斗力不强的部分领导班子进行调整，一年中调整村、厂干部33人，其中提拔干部15人。

1993年前后，按照“选准一把手、配好一班人、稳定一片人”的要求，通过培养、培训、考察，大胆起用开拓进取、积极创业、有经济头脑的能人，同时，对业绩平平的干部和只说不干的“评论员”给予批评教育、降职或免职。

1996年后，全面实施镇办企业产权制度改革，企业党组织、厂部班子变动较大，镇党委积极探索在转制企业、私营企业中加强党建工作的新路子，采取“大企业单建”“小企业联建”“村厂共建”等方法，及时调整企业党组织设置，并配强配好企业党组织书记，以使企业转制后，党建工作继续得到加强。

1997年，在各村、各企事业班子调整中，选配有知识、有技术的明白人当家，把一些勇于开拓创新、能够开创新局面的年轻人选拔到领导岗位上来。1998年，基层领导班子组织健全，干部队伍富有活力，为全镇改革开放和经济建设提供了组织保障。

三、老干部工作

80年代起，公社党委明确1名分管领导负责做好机关退休老干部工作，关心老干部学习、生活和健康。同时，发挥老干部余热，组织老干部参加各种社会活动，让老干部老有所为。

1983年前后，组织热心史志事业、熟悉本镇地情的有关老干部参与编写王秀史料，或提供历史资料，为王秀修志工作贡献力量。

1985年起，安排退休老干部代表参加乡党委、政府召开的重要会议，让老干部了解全乡经济建设和各项社会事业发展情况。同时，每年有关重大事项决策前，召开老干部座谈会，听取老干部意见，发挥老干部议事参谋作用。

1988年起，建立老干部“自我教育、自我管理、自我服务”工作机制，老干部定期开展理论学习、座谈交流、参观游览、文化娱乐等活动，组织安排老干部健康体检，对年老体弱和患病住院的老干部进行慰问，发放慰问金。春节期间，召开老干部团拜会，送上春节慰问信，发放慰问品和慰问金。

1992年，发挥老干部人文历史了解多的优势，组织老干部编写抗日战争时期太仓第一个党支部成立的历史资料，为建好太仓第一个党支部纪念馆及布置革命烈士陈列室提供了大量的文稿。

1993年起，组织热心于青少年教育的有关老干部参与镇关心下一代工作，对广大青少年进行思想道德、理想信念和法治教育，对经济困难家庭的子女读书给予帮扶。

1996年，组织老干部参与编写《王秀革命斗争群英谱》，记述了王秀境内早期中共地下党活动和在党领导下开展的武装斗争以及革命烈士事迹，为传承王秀革命老区党的光荣传统和革命斗争精神留下了许多宝贵的史料。

1997年6月，镇宣传部门组织举办“盼香港回归”革命历史故事演讲会，有关老党员、老干部回顾总结历史，进行自编自讲，演讲富有感染力，与会者接受了一次深刻的爱我中华的爱国主义教育。1998年，组织老干部学习时事政治，学习党的有关文件。为老干部发放各级各类报纸刊物，方便老干部关心国家大事，了解时事形势，让老干部的思想迎合发展节奏，跟上时代步伐。

第五节　纪律检查

一、纪检机构

1966年初期，党内纪检监察机构处于瘫痪状态，无法开展工作。1970~1980年，公社一级党的纪检监察工作由党委副书记分管，组织委员兼管。1981年起，王秀配备专职纪检监察干部1人，由蔡葵菊担任，具体负责日常工作。1986年由高友良任纪检干事。1987年10月，公社党委设纪检委员，由赵中元担任，负责党内纪律检查工作。1988年1月，在中共王秀乡第四次代表大会上，选举产生中共王秀乡纪律检查委员会（为党的纪律检查专门机构），由乡党委副书记吴志刚兼任纪委书记。至1998年11月，中共王秀镇（乡）纪律检查委员会书记先后由吴志刚、戈益民、马平元担任。

二、纪检工作

1966年“文化大革命”开始，党的纪检监察工作受到干扰曾一度停止。1970年后，纪检监察工作开始恢复。其时，主要监督检查党员干部“侵占集体财物”“工作不负责任”“严重脱离群众”“生活作风腐化”等问题，并根据情节轻重，分别给予批评教育和党纪政纪处分。

1979~1980年，公社纪检干部配合有关部门，对“文化大革命”中造成的各种冤假错案进行复查。通过调查研究，复审复议，本着“实事求是”的原则，对全公社冤假错案进行纠正，对生活困难的给予经济补助。同时，还根据上级有关文件精神，对得到改造的“四类分子”（地主分子、富农分子、反革命分子和坏分子的统称）摘帽。另外，完成对错划右派的改正工作，落实统一战线和知识分子政策。通过这次复查纠错，调动了各界群众的积极性，促进了全公社安定团结政治局面的形成。

1980年，党的十一届五中全会召开后，组织全体党员认真学习《关于党内政治生活的若干准则》，教育党员发扬实事求是、理论联系实际、密切联系群众、开展批评与自我批评、坚持民主集中制的优良传统和作风。

1982~1983年，随着改革开放的不断深入，经济领域犯罪活动开始出现，个别党员干部也存在以权谋私行为，对此，纪检部门开展打击经济领域犯罪活动的斗争，先后查处经济案件9件，收缴违法违纪金额9490元，处理违纪党员2人。同时，学习贯彻上级纪委关于“必须坚决制止党员、干部在建房分房中的歪风”的通知精神，对党员、干部在建房分房中存在的问题予以纠正，有的补交了少付的建材货款，有的归还了宕欠的房款。

1984年，针对党内存在的不正之风，以“三防”（防金钱美女腐蚀，防骄傲自大、脱离群众，防革命意志衰退）为重点，在党员干部中开展反腐倡廉教育。同时，针对群众反映的各单位公款吃喝的问题，及时进行整改，督促各单位制订相关规章制度，用单位“小立法”予以规范接待事项。1986年，在党员干部中重点开展“务实职、办实事、讲实效”作风教育，乡党委印发《关于改进作风的几项规定》，建立乡级机关干部挂钩联系厂村制度，督促党员干部深入群众，了解实情，为群众多办实事、多做好事。

1988~1990年，在加强对党员干部党纪政纪教育的同时，严肃查处党员干部违纪行为，3年中共查处党员违纪案件7件，处分党员7人，其中留党察看1人、严重警告2人、警告4人。

1991年起，加强党员领导干部廉洁自律和专项治理工作，重点是制止节日期间送礼收礼、滥发钱物，清理收缴各类代币购物券，检查审核干部装修住房情况，对违反党纪政纪的给予纪律处分，对涉及违法的移交司法机关处理。是年，查处虚报冒领集体公款案件1件，对涉事违纪党员1人做出经济退赔处理和党内警告处分。1992年，查处有关人员贪污受贿案件3件，其中1人涉及经济犯罪，移交司法机关处理。同年，还对某单位年终超额分配进行纠正处理，并进行通报批评。

1993年，进一步加强廉政教育，镇纪委征订《江苏纪检》《苏州纪检》《廉政》等刊物和自编《纪检监察情况》发至各基层党支部，为各党支部开展党员教育提供学习教材。同时，会同王秀广播站编写《沉痛的教训》广播稿，用发生在身边的“挪用公款案，沦为阶下囚”的典型案例，对全镇党员干部和广大群众进行遵纪守法教育。同年，在镇党校举办的由各党支部委员参加的培训班上，邀请太仓市纪委领导到王秀做反腐倡廉专题讲座。

1994年起，对镇机关干部和各村、各企事业单位负责人的招待、办公电话、住宅电话等费用，采取“定额包干，超支自负”的办法进行规范管理。1995年，对党员干部用公款公车学驾驶技术和用公款旅游及节日期间送、收代币购物券等问题进行专项治理。1996年，对领导干部的住房、用车、移动电话（大哥大）等问题进行自查自纠。1994~1996年，查处党员违纪案件3件，处分党员3人，其中留党察看1

人、党内警告处分2人，收缴非法所得2.1万元。

1997年，在全镇党员干部中开展“人生观、世界观、价值观”主题教育，教育党员干部正确规范自己的一言一行，始终保持良好形象。组织广大党员参加党纪政纪知识答题竞赛，参与答题党员650人。通过答题活动，广大党员受到了一次党纪政纪教育。

1998年，在镇、村两级干部中开展作风教育，克服官僚主义和形式主义，反对说大话，说空话，倡导求真务实、脚踏实地的工作作风，抓好各项工作的落实。

第二章　人民代表大会

第一节　人大代表

1981~1998年，王秀镇（公社、乡）人民代表大会历经6届，先后开展6次人大代表换届选举工作，历次换届选举，均设立选举委员会，组建选举工作领导小组，抽调选举工作人员和联络员，按选民人数划分选区，各选区成立相应的工作班子，选举工作严格按照法定程序和法定时间，有领导、有组织、有计划地开展。6次换届选举共选举产生王秀镇（公社、乡）人大代表366人，每届人大代表中，非党代表占比均在35%以上，妇女代表占比均在21%以上。

1980~1998年，王秀镇（公社、乡）共选举产生出席太仓市（县）第七届至第十二届人民代表大会代表57人。

表10-2　1981~1998年王秀镇（公社、乡）历届人大代表人数统计

年份	届次	代表人数（人）	非党代表（人）	占代表总数	妇女代表（人）	占代表总数
1981.9~1984.5	第三届	78	29	37.18%	20	25.64%
1984.5~1987.4	第四届	78	28	35.90%	19	24.36%
1987.4~1990.3	第五届	46	17	36.96%	12	26.09%
1990.3~1993.2	第六届	56	20	35.71%	15	26.79%
1993.2~1996.2	第七届	57	22	38.60%	12	21.05%
1996.2~1998.11	第八届	51	18	35.29%	11	21.57%

注：表中代表人数为换届选举时产生的代表数，因人事变动，届中代表数略有出入。

第二节　历届人代会

1966年10月至1981年8月，王秀公社先后由公社管理委员会和公社革命委员会行使行政职权。1981年，在恢复人民代表大会制度、召开王秀公社人民代表大会时，之前的公社管理委员会、公社革命委员会分别被认定为第一届和第二届公社行政领导班子。因1981年9月召开人代会选举产生的公社管理委员会正值第三届任期，故人代会届别列为第三届。至1998年，王秀镇（公社、乡）人民代表大会历经6届。

一、第三届人民代表大会

第一次会议 1981年9月27~29日，召开王秀公社第三届人民代表大会第一次会议，出席代表78人。会议听取和审议陆明兴做的《王秀人民公社管理委员会工作报告》《王秀人民公社1980年社有资金决算和1981年社有资金预算（草案）的报告》，并就上述报告通过了相应决议。会议选举纪雪元为管委会主任，王雪英、沈一鸣、李根林、吴志刚为副主任。

第二次会议 1982年12月29~30日，召开王秀公社第三届人民代表大会第二次会议，出席代表65人。会议听取和审议纪雪元做的《王秀人民公社管理委员会工作报告》，并通过了相应决议。

第三次会议 1983年7月24~25日，召开王秀乡第三届人民代表大会第三次会议，出席代表73人。会议听取和审议纪雪元做的《王秀人民公社管理委员会工作报告》，并通过了相应决议。会议根据上级政社分设的体制改革决定，建立王秀乡人民政府。会议选举沈湘英为乡长，吴志刚为副乡长。

二、第四届人民代表大会

第一次会议 1984年5月13~14日，召开王秀乡第四届人民代表大会第一次会议，出席代表78人。会议听取和审议沈湘英做的《王秀乡人民政府工作报告》，并通过了相应决议。会议选举沈湘英为乡长，王雪贤为副乡长。

第二次会议 1984年9月25日，召开王秀乡第四届人民代表大会第二次会议，出席代表76人。会议听取和审议沈湘英做的《王秀乡四个月来的工作回顾和今后工作任务的报告》，并通过了相应决议。会议选举顾振昌为乡长。

第三次会议 1985年3月19日，召开王秀乡第四届人民代表大会第三次会议，出席代表73人。会议听取和审议顾振昌做的《王秀乡人民政府工作报告》，并通过了相应决议。

第四次会议 1986年4月27~28日，召开王秀乡第四届人民代表大会第四次会议，出席代表74人。会议听取和审议顾振昌做的《王秀乡人民政府工作报告》，宗凤生做的《王秀乡1985年财政预算执行情况和1986年财政预算（草案）的报告》，审议了《王秀乡集镇建设规划》《王秀乡集镇管理暂行规定》，并就上述各个审议事项通过了相应决议。

三、第五届人民代表大会

第一次会议 1987年4月19~21日，召开王秀乡第五届人民代表大会第一次会议，出席代表46人。会议听取和审议纪雪元做的《王秀乡人民政府工作报告》，宗凤生做的《王秀乡1986年财政预算执行情况和1987年财政预算（草案）的报告》，并就上述2个报告通过了相应决议。会议选举纪雪元为乡长，王雪英、费建国为副乡长。

第二次会议 1988年5月24日，召开王秀乡第五届人民代表大会第二次会议，出席代表43人。会议听取和审议纪雪元做的《王秀乡人民政府工作报告》，宗凤生做的《王秀乡1987年财政预算执行情况和1988年财政预算（草案）的报告》，并就上述2个报告通过了相应决议。

第三次会议 1989年4月25日，召开王秀乡第五届人民代表大会第三次会议，出席代表38人。会议听取和审议纪雪元做的《王秀乡人民政府工作报告》，宗凤生做的《王秀乡1988年财政预算执行情况和1989年财政预算（草案）的报告》，并就上述两个报告通过了相应决议。

四、第六届人民代表大会

第一次会议　1990年3月8~9日，召开王秀乡第六届人民代表大会第一次会议，出席代表56人。会议听取和审议纪雪元做的《王秀乡人民政府工作报告》，宗凤生做的《王秀乡1989年财政预算执行情况和1990年财政预算（草案）的报告》，并做出相应决议。会议选举纪雪元为乡长，沈一鸣、王雪英、仲利平、宋小牛为副乡长。

第二次会议　1991年2月3~4日，召开王秀乡第六届人民代表大会第二次会议，出席代表51人。会议听取和审议纪雪元做的《王秀乡人民政府工作报告》，宗凤生做的《王秀乡1990年财政预算执行情况和1991年财政预算（草案）的报告》，顾耀良做的《王秀乡人民代表大会主席团工作报告》，并就上述3个报告通过了相应决议。

第三次会议　1992年2月24~25日，召开王秀乡第六届人民代表大会第三次会议，出席代表50人。会议听取和审议沈一鸣做的《王秀乡人民政府工作报告》，宗凤生做的《王秀乡1991年财政预算执行情况和1992年财政预算（草案）的报告》，顾耀良做的《王秀乡人民代表大会主席团工作报告》，并就上述3个报告通过了相应决议。会议选举戈益民为乡长。

五、第七届人民代表大会

第一次会议　1993年2月17~18日，召开王秀镇第七届人民代表大会第一次会议，出席代表57人。会议听取和审议戈益民做的《王秀乡人民政府工作报告》，宗凤生做的《王秀乡1992年财政预算执行情况和1993年财政预算（草案）的报告》，周一铭做的《王秀乡人民代表大会主席团工作报告》，并就上述3个报告通过了相应决议。会议根据上级关于撤乡建镇的决定，建立王秀镇人民政府。会议选举戈益民为镇长，王雪英、沈一鸣、高雪飞为副镇长。

第二次会议　1994年2月28日，召开王秀镇第七届人民代表大会第二次会议，出席代表52人。会议听取和审议戈益民做的《王秀镇人民政府工作报告》，宗凤生做的《王秀镇1993年财政预算执行情况和1994年财政预算（草案）的报告》，周一铭做的《王秀镇人民代表大会主席团工作报告》，并就上述3个报告通过了相应决议。会议选举沈国弟为副镇长。

第三次会议　1995年3月6日，召开王秀镇第七届人民代表大会第三次会议，出席代表50人。会议听取和审议戈益民做的《王秀镇人民政府工作报告》，宗凤生做的《王秀镇1993年财政预算执行情况和1994年财政预算（草案）的报告》，周一铭做的《王秀镇人民代表大会主席团工作报告》，并就上述3个报告通过了相应决议。

第四次会议　1995年8月20日，召开王秀镇第七届人民代表大会第四次会议，出席代表47人。会议选举张新华为镇长，戈益民为人大主席。

六、第八届人民代表大会

第一次会议　1996年2月1~2日，召开王秀镇第八届人民代表大会第一次会议，出席代表51人。

会议听取和审议张新华做的《王秀镇人民政府工作报告》，宗凤生做的《王秀镇1995年财政预算执行情况和1996年财政预算（草案）的报告》，周一铭做的《王秀镇人民代表大会主席团工作报告》，并就上述3个报告通过了相应决议。会议选举张新华为镇长，苏建明、王雪英、高雪飞、沈国弟为副镇长。

第二次会议　1997年2月28日，召开王秀镇第八届人民代表大会第二次会议，出席代表50人。会议听取和审议张新华做的《王秀镇人民政府工作报告》，宗凤生做的《王秀镇1996年财政预算执行情况和1997年财政预算（草案）的报告》，周一铭做的《王秀镇人民代表大会主席团工作报告》，并就上述3个报告通过了相应决议。

第三次会议　1998年2月28日，召开王秀镇第八届人民代表大会第三次会议，出席代表45人。会议听取和审议张新华做的《王秀镇人民政府工作报告》，宗凤生做的《王秀镇1997年财政预算执行情况和1998年财政预算（草案）的报告》，项锦芬做的《王秀乡人民代表大会主席团工作报告》，高雪飞做的《王秀镇农村现代化建设规划报告》，苏建民做的《王秀镇1997年农民负担决算和1998年农民负担预算（草案）的报告》，并就上述各项报告通过了相应决议。会议选举屠宪为镇人大主席，马平元为副主席。

自1990年3月起，设人大主席团常务主席，由人大代表选举产生，并配秘书1人。在人大闭会期间，由常务主席主持日常工作。1992年12月起，人大主席由党委书记兼任。1993年2月起，另设副主席1人，负责人大日常工作。1990~1998年，人大主席、副主席届中工作变动离任后，由上级组织提名接任的候选人名单，提交人代会选举通过。

表10-3　1990~1998年王秀镇各届人民代表大会主席、副主席名录

<table>
<tr><th>届次</th><th>职务</th><th>姓名</th><th>任职时间</th></tr>
<tr><td rowspan="2">第六届
（1990.3~1993.2）</td><td rowspan="2">主　席</td><td>顾耀良</td><td>1990.3~1992.12</td></tr>
<tr><td>熊介元</td><td>1992.12~1993.2</td></tr>
<tr><td rowspan="4">第七届
（1993.2~1996.2）</td><td rowspan="3">主　席</td><td>熊介元</td><td>1993.2~1993.4</td></tr>
<tr><td>钱承荣</td><td>1993.4~1995.6</td></tr>
<tr><td>戈益民</td><td>1995.6~1996.2</td></tr>
<tr><td>副主席</td><td>周一铭</td><td>1993.2~1996.2</td></tr>
<tr><td rowspan="4">第八届
（1996.2~1998.11，未到届，并入璜泾）</td><td rowspan="2">主　席</td><td>戈益民</td><td>1996.2~1997.7</td></tr>
<tr><td>屠　宪</td><td>1997.7~1998.11</td></tr>
<tr><td rowspan="2">副主席</td><td>周一铭</td><td>1996.2~1997.11</td></tr>
<tr><td>马平元</td><td>1998.2~1998.11</td></tr>
</table>

第三节　人大履职

1990年以前，王秀人大未设立日常工作机构，人大履职主要体现在于人代会召开期间组织代表审议政府各项工作，并提出意见和建议，闭会期间人大活动甚少。1990年乡人大设立主席团和常务主席后，人大工作步入制度化和规范化轨道，每年组织代表活动，发挥代表作用。

一、视察检查

1990年5月上旬，根据太仓县人大常委会〔1990〕8号文件精神，乡人大组织县、乡两级人大代表对全乡农业生产进行视察检查。通过视察，代表们既了解了政府抓农业生产的各项举措和农业方面所取得的成绩，又发现了一些影响农业生产发展的问题。于是，代表们围绕落实粮棉播种面积、夏粮油菜收购准备、做好农用物资供应、农机具添置及维修保养、建立健全农业服务队伍等方面提出了建议和意见。

1991年4月，组织人大代表分成3个组对王秀有关食品、饮食行业执行《食品卫生法》情况进行视察检查，重点检查集体商业、乡办企业食堂、个体饭店等食品制作、加工、出售单位。在视察检查中，采取“听取汇报、实物检查、评定打分”的办法，对被查单位食品卫生情况做出评估。然后，对落实食品卫生措施到位的单位给予表扬，对落实差的单位由工商部门督促其整改，其中一家个体饮食店因卫生设施差被停业整顿。同年5月，还组织县、乡两级人大代表对中小学执行九年制《义务教育法》情况进行监督检查，促进各学校抓普及、促提高、上水平的自觉性和责任感。

1993年，开展对工业企业生产情况视察检查，重点走访调查王秀机械设备厂、王秀百佳能照相机厂和王秀村村办企业。在走访后，代表们又进行了座谈，对工业企业现状和发展各自谈了见解。事后，镇人大综合代表们发表的建议和意见，整理了《改革上管理，创新促发展》《村级经济走出低谷的有效途径》等两篇调研文章，并提供镇工业管理部门及各村、各厂参考，以体现人大代表对全镇经济工作的关心和支持。

1995年，组织代表对各村贯彻实施《基本农田保护条例》情况进行监督检查，代表们在听取镇政府、镇土地管理所关于土地管理汇报后，又查看了王秀镇基本农田保护区规划图。在监督审议中，代表们就修订完善农田保护区管理办法，重视规划用地、节约用地，严禁在基本农田内造房、取土、挖鱼塘，抓好土地清查、复耕整治，严格用地审批手续等问题提出了许多建议和意见。通过这次监督检查和审议，促进了全镇的土地管理工作。

1996年8月下旬，组织代表重点对6家工业企业贯彻执行《环境保护法》情况进行监督检查，主要检查企业环保重视程度、环保设施是否配套、污染治理是否到位、企业内外环境是否整洁、环保管理人员是否落实等情况。检查后，代表们围绕如何实现企业经济效益、环境效益和社会效益同步发展的管理目标提出了许多建议和意见。同年，还开展了对治安管理部门贯彻执行《治安管理处罚条例》情况的监督检查，对治安管理部门贯彻《条例》所做的工作及取得的成绩予以肯定，对执行《条例》中存在的问题提出改进意见。

1997年、1998年，组织代表开展对全镇工业、农业和集镇建设、民生事业实事工程等情况进行视察检查，两年中开展视察活动6次，参加代表110人次，向政府及有关部门提出建议和意见85条，为促进全镇经济建设和社会事业发展发挥了代表的积极作用。

二、联系选民

1990年起，组织人大代表开展联系选民活动，充分发挥党和政府联系群众的桥梁纽带作用。是年，先后于5月初、8月初、8月中旬和9月中旬共组织开展代表联系选民活动4次。全乡人大代表56人，分成7个代表小组开展活动。在活动中，各小组先后收集、归并、整理来自选民的建议和意见36条。事后，由镇人大提交政府及有关部门办理。

1992年，乡六届人大三次会议召开前，向人大代表印发政府工作报告摘要和选民批评、意见、建议征询表，由代表通过联系选民，征求选民对政府工作的意见，以充实完善政府工作报告内容，以使政府工作更加符合人民群众的要求和愿望。

1993年，组织人大代表对镇办工业发展情况进行调研。为使调研反映的问题更客观实在，提出的问题更具针对性，镇人大召开代表联系选民座谈会4次，代表个别走访选民89人，征集的选民建议贴近实际，可行性强，为政府谋划工业经济发展提供了决策依据。

1994年，开展对王秀土地管理所、交通管理所、水利农机站、农业技术推广站等单位的民主评议工作，为提高评议的针对性，在评议之前开展代表联系选民活动，参加评议的代表共联系选民67人，根据选民意见，对上述单位提出工作改进建议35条。

1995年，对王秀工商组的工商管理工作进行评议，事前，参加评议的代表广泛开展联系选民活动，收集来自工商界业主和广大群众对工商管理工作的批评、意见和建议。由于事前准备充分，评议工作取得良好效果。

1996~1998年，在每年召开镇人代会前，均组织代表开展联系选民活动，广泛收集选民对王秀经济建设和社会事业发展的意见和建议，内容涉及工业、农业、文教卫生、村镇建设、民生事业、治安稳定等。每年开展联系选民活动后，均对代表提交的意见和建议进行归类整理，然后提交政府办理。代表开展联系选民活动，并积极建言献策，体现了代表参政议政的积极性。

三、代表工作

1990年，乡人大设立主席团和常务主席后，人大代表工作得到加强。是年，划分代表小组7个，建立代表小组活动制度、代表联系选民制度、信访接待制度等，代表工作有了计划性，代表活动形成制度化、经常化。

1991年，组织代表赴江阴华西村、宜兴新建乡、宜兴丁蜀镇等地参观考察，了解外地改革开放的发展变化和取得的成功经验，拓宽代表视野，更新思想观念，增强代表参政议政的能力和水平。

1993年，举办由全镇人大代表参加的学习《代表法》培训班，让代表学习了解法律赋予代表的权利和义务。会上，还请苏州市人大代表、王秀村党支部书记胡茂荣谈“怎样当好人大代表”的体会。通过培训学习，与会者增强了“人民代表人民选，人民代表为人民”意识，提高了发挥代表作用的自觉性和责任感。

1994年，在纪念人民代表大会制度建立40周年之际，举办人大理论宣讲会、代表学习交流座谈会和人大工作知识竞赛等活动，让代表充分认识和理解建立人民代表大会制度的历史意义和现实意义。

1995年，进一步加强代表思想建设，采取以会代训的方法，先后组织代表学习邓小平建设有中国特色社会主义理论、全国人大八届三次会议精神、党的十四届五中全会文件，教育代表以党的思想理论武装头脑，贯彻党的基本路线，强化群众意识，增强法治观念，为在新形势下做好人大工作提供思想保证。

1996年是镇第八届人大主席团任期的第一年，人大代表中首次当选的新代表比较多，为了让新当选的代表尽快进入角色，镇人大主席团及时召开培训会议，组织代表学习《代表法》《江苏省实施〈中华人民共和国全国人民代表大会和地方各级人民代表大会代表法〉办法》《农业法》和企业法等法律法规，让代表学习法律知识，增强法治观念，提高执法监督水平。

1997~1998年，镇人大主席团分批分期举办代表培训班，抓好代表理论学习，进行法律知识培训。开展乡镇之间代表互访交流，学习先进单位做好代表工作的做法和经验。完善代表活动制度，使代表工作更具计划性、可行性和实效性。

第三章　政　府

第一节　政府机构

民国时期，王秀先后是鼎隆乡、王秀乡、帆秀乡的驻地，乡建乡公所，设乡长，乡以下推行保甲制，设保长、甲长。

1949年12月，废除保甲制度，撤销乡公所，建立乡村制度。1950年，王秀境内划为长安、伍胥、杨漕、勇和等4个乡（小乡），各乡成立乡政府，设乡长、农会主任、民兵中队长等小乡干部。乡以下设村，配有村长、农会委员、民兵分队长、妇女委员等村干部。

1956年3月，伍胥乡、杨漕乡、勇和乡合并为伍胥乡（中乡），设乡长、副乡长、共青团书记、妇女主任、生产委员、文书等乡干部。

1957年大乡时期和1958年人民公社时期，王秀分属归庄和鹿河辖地，在归庄和鹿河才设有乡（公社）一级行政机构。

1966年10月，太仓县实施公社区划调整，王秀单独成立人民公社，建立公社管理委员会，实行政社合一体制，设公社社长、副社长，内设民政、财粮、文教、生产、公安、武装等机构，配有公社干部12人。

“文化大革命”初期，公社管理委员会处于瘫痪状态，由公社人武部生产办公室取代。1968年4月5日，成立王秀公社革命委员会，实行党政合一体制。1981年9月起，党政分设，恢复公社管委会机构。

1983年7月，公社体改，政社分设，行政机构设乡人民政府，政府机关工作部门主要有民政、财政、司法、武装、文教卫生、计划生育、村镇建设、治安保卫等。1993年2月，王秀撤乡建镇后改称镇人民政府，机关工作机构设有秘书、民政、司法、文教卫生、计划生育、村镇建设、环保、科技、人事监察、统计等办公室，共有干部17人。

1998年11月，乡镇区划调整，王秀镇撤并至璜泾镇。

第二节　政府领导

1950年春至1956年3月小乡时期，境内的长安乡先后由徐电煊、顾虎生任乡长，徐德明、冯国兴任农会主任，张中岐、陆永根、朱丁元任民兵中队长。伍胥乡先后由陈养一、王宝、张国瑞任乡长，瞿兴、罗振华任农会主任，张国瑞、李仁林、王德耀、张永年任民兵中队长。杨漕乡先后由王宝、陈义生任乡长，石友三、张怀任农会主任，张邦岐、周百元任民兵中队长。勇和乡先后由周心学、汤桂生、徐坤、赵永福任乡长，程如愚、殷浩忠、倪炳元、赵炳文任农会主任，赵炳文、王金林任民兵中队长。

1956年3月至1957年8月中乡时期，境内的伍胥乡设中乡干部8人（行政干部、群团条线干部统称中乡干部），由陈义生任乡长，张国瑞、倪增元任副乡长，王金林任生产委员，张永年任民兵中队长，沈祥林任共青团书记，周金娥任妇女主任，黄茂林任文书。

1957年大乡时期和1958年人民公社时期，因王秀分隶归庄和鹿河，只有在归庄和鹿河才配有乡（公社）一级行政领导。

1966年10月，成立王秀人民公社，公社管理委员会组成人员由上级组织任命。成立初，公社管委会社长空缺（未任命），由公社党委书记代理。

1968年4月5日，成立王秀公社革命委员会，其组成人员由太仓县“三支”（支左、支工、支农）领导小组批复同意产生。

1981年起，恢复实行人民代表大会制度，王秀公社管委会、镇（乡）政府领导由人代会选举产生。人代会每三年为一届，选举产生的公社管委会、镇（乡）政府领导每届任期三年。任期到届，均进行换届选举。若届中人事变动，即推荐提名候选人，提交人代会选举通过。

1966~1998年，王秀镇（公社、乡）行政领导先后有8届，其中1966年10月至1968年4月，上级组织任命的公社管委会领导班子，后被认定为第一届任期；1968年4月至1981年9月成立的王秀公社革委会领导班子，后被认定为第二届任期。从第三届起，每届领导均由人代会选举产生。最后一届第八届未到届，因1998年11月王秀镇撤并至璜泾镇。

表10-4　1966~1998年王秀镇（公社、乡）各届政府领导名录

届次	职务	姓名	任职时间	说明
第一届（1966.10~1968.4）	代理社长	浦昌荣	1966.10~1968.4	公社管委会
	副社长	陈慎元	1966.10~1968.4	
		朱凤悟	1966.10~1968.4	
第二届（1968.4~1981.9）	主任	浦昌荣	1968.4~1974.3	公社革委会
		翁永欣	1974.3~1975.11	
		陈慎元	1975.11~1981.5	
		陆明兴	1981.5~1981.9	
	副主任	朱阿和	1968.4~1979.3	
		陈慎元	1968.4~1975.11	
		周月珍	1976.3~1981.9	
		纪雪元	1978.3~1981.9	
		俞钟学	1978.10~1980.5	
		沈一鸣	1978.10~1981.9	
		李根林	1979.3~1981.9	

续表

届次	职务	姓名	任职时间	说明
第三届（1981.9~1984.5）	主任	纪雪元	1981.9~1983.7	1981年9月起为公社管委会，1983年7月起为乡政府
	副主任	沈一鸣	1981.9~1983.7	
		李根林	1981.9~1982.3	
		吴志刚	1981.9~1983.7	
	乡长	沈湘英	1983.7~1984.5	
	副乡长	吴志刚	1983.7~1984.5	
第四届（1984.5~1987.4）	乡长	沈湘英	1984.5~1984.8	乡政府
		顾振昌	1984.9~1986.4	
		纪雪元	1986.4~1987.4	
	副乡长	吴志刚	1984.5~1984.7	
		黄雪贤	1984.5~1984.9	
		费建国	1984.9~1987.4	
		王雪英	1986.4~1987.4	
第五届（1987.4~1990.3）	乡长	纪雪元	1987.4~1990.3	乡政府
	副乡长	王雪英	1987.4~1990.3	
		费建国	1987.4~1990.3	
第六届（1990.3~1993.2）	乡长	纪雪元	1990.3~1991.12	乡政府
		戈益民	1991.12~1993.2	
	副乡长	王雪英	1990.3~1993.2	
		沈一鸣	1990.3~1993.2	
		仲利平	1990.3~1991.5	
		宋小牛	1990.3~1992.11	
第七届（1993.2~1996.2）	镇长	戈益民	1993.2~1996.2	1993年2月撤乡建镇，改称镇政府
	副镇长	王雪英	1993.2~1996.2	
		沈一鸣	1993.2~1995.2	
		高雪飞	1993.2~1996.2	
		沈国弟	1993.11~1996.2	
		苏建明	1995.2~1996.2	
第八届（1996.2~1998.11，未到届）	镇长	张新华	1996.2~1998.11	镇政府
	副镇长	王雪英	1996.2~1997.11	
		高雪飞	1996.2~1998.11	
		沈国弟	1996.2~1997.11	
		苏建明	1996.2~1998.11	

第三节　重要施政

一、实施农业改革

1966年，成立王秀人民公社，全公社设生产大队13个，生产队168个。实行公社、大队、生产队三级管理体制。农村以生产队为基本核算单位，统一组织生产和分配，土地归集体所有，对农民实行评工记分、按劳分配制度，理顺生产关系，调动农民积极性，切实抓好农业生产，逐步提高农民生活水平。

1983年8月，按照“人分口粮田、劳分责任田”的办法，实行农户家庭联产承包责任制。1996年8~10月，按照“保留自留田、人分口粮田、劳分责任田、划出任务田”的政策，对农户承包土地进行调整。1998年7~10月，开展农村第二轮土地续包和确权发证工作。

1990年后，推进农业规模经营，提高农业组织化程度。1995年起，引导农户将承包的土地流转给小农场经营，加快土地流转，促进专业化生产和产业化经营。

（实施农业改革详见第六篇第一章第一节“集体生产经营”、第二节“家庭承包经营”、第三节“土地规模经营”）

二、深化工业改革

1980年起，为适应社会主义市场经济需要，政府开始实施一系列改革，转换企业经营机制，创新企业管理模式。

1983年，学习借鉴无锡县堰桥公社“一包三改”（实行经营承包责任制，改干部任命为选聘制，改固定工为合同工制，改固定工资制为浮动工资制）经验，在企业中实行集体承包厂长负责制、车间工资总额包干制、职工计件工资制，把车间、班组及职工的责、权、利紧密结合起来，调动干部职工积极性。

1986年，推行厂长承包负责制和厂长任期目标管理制，扩大厂长经营决策权，同时出台相应的奖惩政策，调动承包者积极性。在分厂（车间）、班组层层落实承包责任制，把企业利润与职工工资挂钩，实行联利计酬责任制。同时，根据各厂不同情况，采取不同的责任制形式，调动职工积极性。1987年，太仓液压元件厂的车间核算、太仓纬编厂的台车核算、太仓王秀电镀厂的科室承包、王秀村村办企业的日清月结季兑现等做法获得成功并被推广。

1988年起，开始试行以股份合作制为主要形式的改革，把乡村办集体企业改造为股份制合作企业。同时，对小微企业实施租赁、拍卖、风险抵押等形式的改革。1990年后，把转换企业经营机制不断引向深入，镇村集体企业改制面逐步扩大。

1996年起，进一步深化企业改革，全面推进以产权制度改革为核心的企业转制工作，对规模大、净资产多的企业，实行公司制改造，依法组建有限责任公司；对一般类型的企业，改组成股份合作制企业；对小微亏企业，通过拍卖改为私营或合伙企业；对严重资不抵债和劣势企业，通过兼并，进行资产重组或破产拍卖。至1998年，先后完成企业转制49家，占未转制前（1995年有镇村集体企业55

家）的89.1%。

三、实施集镇规划建设

民国时期，王秀集镇中心区面积不足3万平方米，街市房屋陈旧低矮，门店较少且布局零乱分散。中华人民共和国成立后，逐步对集镇房屋建筑和道路、桥梁等基础设施进行修缮，但限于王秀不属独立行政建制单位，缺少统一规划，且建设资金有限，故集镇建设进展缓慢。

1966年王秀人民公社成立后，开始按照“有利生产、方便生活，量力而行、逐步完善”的原则，有计划地实施集镇建设。1968年，在永安路（原人民路，下同）跨杨益泾处拓宽新建人民桥，开辟永安路一条街。在秀东路上（原湘王路，下同）改造王秀桥（原鼎隆桥），镇区开始向东部拓展。60年代末，王秀形成鼎隆街、秀东路和永安路“十”字形街区，集镇面貌有所改观。

进入80年代，为增强集镇功能，美化集镇环境，以适应改革开放和经济发展以及人民群众生活需要，开始加快集镇建设。1983年，乡政府制定《王秀乡集镇建设规划》，将镇区分为四大区，王秀桥以东为工业区，人民桥以北为文教卫生区，人民桥以南、王秀桥以西的“十”字形中心街道为商业区，永安路南端、红旗浜北岸为党政机关行政区。此后，镇区建筑物及基础设施按规划布局建设。1983年开始实施自来水工程，部分区域实现供水。1985年建成王秀影剧院和文化中心活动用房。

1986年，按照“完善基础设施、提升集镇功能”的原则，对《王秀乡集镇建设规划》进行修订，同时制定《王秀乡集镇管理暂行规定》，并经乡人大四届四次会议审议通过。修订后的规划，将集镇建成区面积拓展至0.5平方千米。是年起，规划区内建筑物增多，基础设施不断完善。同年，主要街区道路新装路灯120盏，亮化路段拓展延伸。新建王秀粮管所营业服务楼、王秀信用社职工宿舍楼。1987年，湘王公路浇筑混凝土路面，建成王秀中学实验楼。1988年，重建并拓宽王秀桥和人民桥，新建王秀中心小学教学楼、王秀卫生院大楼。1989年，在永安路、秀东路实施给排水工程，建造王秀供销社百货大楼、五金大楼和王秀食品站营业楼。

1990年后，为适应经济社会发展需要，乡政府按照“改造老镇区、拓展新镇区、增强设施功能、美化亮化环境”的总体要求，再次修订完善《王秀乡集镇建设规划》，将集镇建成区规划面积拓展至1.6平方千米。区域范围：东起长秀路，南起红旗浜，西至北港，北至新孙桥。此后，政府投入财力并协调社会力量筹措资金，加快推进小城镇建设。1991年，对农贸市场进行改造，兴建农贸市场综合楼。扩建王秀中心小学教学楼。1992年新建王秀中心幼儿园、居民商品房住宅楼。做好镇区主要道路植绿补绿工作，栽种香樟树130棵。1994年建造王秀邮电大楼。1997年建造王秀文化娱乐大楼、王秀小商品市场等。全面实施镇区绿化、亮化、美化工程，对市镇段的旧房墙面进行刷白见新，刷新面积4000余平方米。1998年，镇区面貌有了很大改观，集镇功能得到有效提升。

四、办理代表建议

1981年，恢复人民代表大会制度，每年召开人民代表大会，会上人大代表对经济社会发展提出的方方面面的批评、意见和建议，由政府收集整理，然后实施办理，并答复代表。1981~1989年，人代会历经三届共召开10次会议，政府共收到代表建议、批评和意见175件，内容涉及农业、工业、商业、文教卫生、集镇建设、社会福利、民生工程等。每次人代会后，政府（公社管委会）均采取集体研究、分工负责、分头办理的办法，对代表的建议、批评和意见，逐件落实办理，办结后及时答复代表，对受条件限制未能办理的，也向代表解释清楚。

1990年乡人大设立主席团和常务主席后，对办理代表批评、意见和建议更加注重时间性、实效性及代表满意度。对代表建议被列入人代会议案的，更是作为必办事项，由人大督办，予以办理落实。是年3月在乡人大六届一次会议上，共收到代表建议、批评和意见36件，会后及时转交王秀土管所、王秀村镇建设办公室、王秀教育委员会等所涉部门办理，后将办理情况全部答复代表。尤其是朱月岗等6位代表提出的“关于加强市镇市容管理的建议”被列入人代会议案后，乡人大及时转交乡政府，并提出办理要求。乡政府围绕市容管理问题，专门召开乡长办公会议，经研究后出台《王秀乡市镇管理实施办法》，成立王秀乡市镇管理委员会，并开展治理“三乱”（乱搭建、乱停放、乱贴画）工作，使王秀乡容乡貌大为改观。

1991年，在乡人大六届二次会议上，共收到代表建议、批评和意见19件。闭会以后，乡人大交由政府及有关部门办理并给予书面答复。至7月底全部答复完毕。事后，进行了代表满意度调查。经查，办理答复后代表满意的有10件，占52.63%；基本满意的有7件，占36.84%；不太满意的2件，占10.53%（其中1件受条件限制不能办理落实，只能做好解释工作）。

1992~1998年，共收到人代会期间和代表联系选民后提出的建议、批评和意见186件。在实施办理中，政府及相关部门坚持做到能办的及时办；对暂不具备条件办的，协调有关部门积极创造条件去办；对受政策限制不能办的，向代表解释清楚；努力提高办理质量，做到件件有答复，事事有回音。议案和建议、批评、意见的提出、办理、答复，既反映了人大代表履行职责的积极性，又体现了政府对人大代表的尊重和信任，以及为人民办实事做好事的责任担当。

第四章　农工商总公司

前身为王秀乡经济联合委员会，成立于1983年7月18日，属乡经济管理机构。经联会主任纪雪元。

90年代，根据经济发展需要，对乡经济管理机构设置进行改革。1991年5月30日，成立王秀乡农工商总公司，撤销王秀乡经联会。总公司实行董事会制度，由乡党委书记兼任董事长。首任董事长熊介元，总经理胡永平。总公司为经济管理职能机构，属正科级建制，与乡党委、乡人大、乡政府通常称为乡四套班子。总公司主要负责制订全镇（乡）工业发展规划和年度目标任务，开发引进工业项目，抓好外向型经济发展，改革企业经营机制，完善工业管理制度，对工业企业实行责任制考核与奖惩等。1993年2月王秀撤乡建镇后，改称王秀镇农工商总公司。1998年11月，随镇区划调整并入璜泾镇农工商总公司。

表10-5　1991~1998年王秀镇（乡）农工商总公司历任总经理、副总经理名录

职务	姓名	任职时间
总经理	胡永平	1991.5~1995.6
	胡林刚	1995.6~1997.4
	马志刚	1997.4~1997.11
	夏　芳	1997.11~1998.11
副总经理	宋小牛	1991.5~1992.11
	沈一鸣	1991.5~1993.2
	周建平	1991.5~1995.2
	胡茂荣	1991.5~1995.2
副总经理	胡林刚	1992.12~1995.6
	彭耀兴	1992.12~1998.11
	熊宁一	1994.3~1998.11
	王国兴	1995.2~1998.11
	顾雪明	1996.6~1998.11
	蔡东辉	1997.4~1997.11
	胡林刚	1997.4~1998.11

第十一篇 群团

1966~1998年，王秀境内建有众多群众组织和社会团体组织，主要有工会联合会、共青团委员会、妇女联合会、科学技术协会、贫下中农协会、个体劳动者协会、老年人协会、老年人体育协会、武术协会分会、残疾人联合会、关心下一代工作委员会等。这些群团组织，在中国共产党领导下，按照各自特点、特定任务和自身发展的要求，积极开展群众性活动，成为中国共产党联系人民群众的桥梁和纽带，为推动王秀经济建设和社会文明进步发挥了积极作用。

第一章　工　会

第一节　工会组织

工会，即工会联合会。1966年王秀人民公社成立初期，有手工业中心社等数家基层工会。“文化大革命”期间，工会组建工作受到干扰，基层工会未得到发展。1978年起，为关心职工的生产生活，调动职工积极性，把职工的思想统一到改革开放和经济建设上来，王秀公社各企事业单位相继成立工会，至1982年末，先后成立王秀轧花厂、王秀供销社、王秀粮管所、王秀中心小学、王秀卫生院、王秀中学、王秀信用社等基层工会7家，有工会会员231人。

1985年后，进一步重视在乡办企业中建立工会组织，同时做好发展会员工作，壮大会员队伍，夯实工会工作基础。1988年末，全乡有企事业单位工会26家，其中企业工会15家，共有会员2712人。

1989年，在基层工会得到发展的基础上，做好乡工会筹建工作。同年12月，王秀乡工会联合会成立，工会主席吴志刚。1992年起，重视在外资和港澳台资企业中建立工会组织，扩大工会工作覆盖面。

1996年后，乡镇企业实施产权制度改革，企业所有制形式发生变化，镇工会重视在非公经济组织中建立工会组织。1998年，全镇有基层工会32家，拥有会员3106人。

1989~1998年，王秀镇（乡）历任工会主席：吴志刚（1989.12~1991.8）、戈益民（1991.8~1995.6）、张惠琴［1995.6~1998.11（含副主席主持工作）］。

第二节　主要工作与活动

1966年王秀人民公社成立初期，基层工会主要做好职工的思想工作，动员工会会员在生产、工作中发挥带头作用；组织开展文化娱乐活动，活跃职工业余文化生活；关心照顾困难职工，对患病住院职工进行探望慰问。

“文化大革命”期间，工会活动基本停止。改革开放后，基层工会组织不断发展，工会工作扎实开展起来。特别是1989年12月成立王秀乡工会联合会后，全乡每年的工会工作由乡工会做出安排，工会工作有组织、有计划地开展。

1990年起，在全乡工会系统深入开展争当“文明职工”活动，努力培养一支有理想、有道德、有文化、有纪律的新型职工队伍。同时，开展“职工读书”和文体娱乐活动，努力营造积极向上、健康文明的社会新风，为王秀改革开放和经济社会发展提供良好的社会氛围和精神动力。

1992年，各基层工会普遍利用“职工之家”阵地举办生产骨干、青年标兵、操作能手培训班，教育职工解放思想，更新观念，树立拼搏进取、敢挑重担、勇于创新的精神，为振兴王秀、建设家乡建功立业。

1994年前后，镇工会积极会同镇妇联、团委、科协等其他群团组织，在各企事业单位中广泛开展职工岗前专业知识培训，联合举办“青年职工技能操作比赛”，帮助广大职工提高劳动技能，为培养人才、助力发展发挥工会作用。

1995年后，外来务工人员增多，劳资纠纷相应增多。镇工会和各企业工会积极抓好集体劳动合同的签约工作，规范合同文本，完善签约条款，明确劳资双方权利和义务，发挥工会在协调劳资关系、维护社会稳定中的积极作用。

1996年，乡镇企业实施产权制度改革，企业所有制形式发生变化，镇工会针对企业转换经营机制的新形势，根据企业性质、职工人数、工业门类等不同情况，采取大企业单独建会、同行业联合建会、同辖地划区建会的方法，及时调整基层工会组织设置，力求企业转制后工会工作继续得到加强。

1998年，重视在非公经济组织中做好工会工作，一方面引导职工为发展民营经济献计出力，另一方面让职工参与企业民主管理，实施民主监督，依法维护职工权益。全镇广大职工积极投身改革开放伟大实践，发挥工人阶级在经济建设中的主力军作用。

第二章　共青团

第一节　共青团组织

中国共产主义青年团，简称“共青团”。1966年10月成立王秀人民公社时，上级党组织任命周月珍为共青团王秀公社委员会（简称“公社团委”）书记，负责全公社共青团工作。是年，农村13个大队均建有共青团支部委员会（简称“团支部”），共有团员452人。其时，团员因学习、工作单位变化而流动，其组织关系接转时，需经上级团委备案。

1971年初，公社党委调整公社团委班子，各基层单位同时调整充实团干部队伍。同年4月22日，召开共青团王秀公社第一次代表大会，动员广大团员青年学习毛泽东著作，贯彻党的基本路线，提高思想觉悟，争当革命、生产排头兵，为建设社会主义伟大事业做出应有贡献。会议选举产生第一届公社团委，周月珍为书记，倪锦明、赵石明为副书记。此次团代会后，王秀镇（公社、乡）分别于1980年10月、1983年9月、1988年9月、1991年3月、1994年3月、1997年3月召开第二至第七次团代会，每次会议均回顾总结上届共青团工作及所取得的成绩，提出下一届共青团工作任务，选举产生新一届镇（公社、乡）团委。

1972年起，按照“积极慎重”“巩固地向前发展”的方针，做好团的发展工作，把一些具备团员条件的青年及时吸收入团，壮大团的队伍。同时，针对1966年后超龄团员离团工作停滞、许多团员已到龄的情况，公社团委重视做好超龄团员离团工作，为年满28周岁的团员办理离团手续。

1975年后，社办企业发展步伐加快，公社团委重视在企业中组建团支部。农村各大队团支部重视在每个生产队中建立团小组。同时，注重在学习进步、工作认真和带头晚恋晚婚的青年中发展团员，全公社基层团组织得到发展，团员队伍不断扩大。

1980年后，加强对争取入团青年的培养教育，积极地、有计划地做好新团员发展工作。同时，按照年龄要求，继续办好超龄团员的离团手续。1982年，全公社发展新团员76人，其中女团员46人。超龄离团60人，团员入党2人。是年末，公社团委下辖团支部27个，有团员780人，其中女团员431人。

1983年前后，按照“有一个坚强的班子、有一支整齐的队伍、有一个活跃的阵地、有一套可行的制度”的要求，加强团的组织建设。把那些既有政治头脑，又有经济头脑，能围绕经济建设出点子、善开拓、会创业的能人选进团的领导班子，全乡团干部队伍的理论修养和工作水平得到提高。

1985年前后，学校团组织贯彻以团带队的方针，加强少先队工作，培养少年儿童良好的道德品质和小主人精神。同时，抓好青年学生的组织发展工作。1987年后，乡团委开展争创明星团支部和先进团支部竞赛活动，各村、各企事业单位团组织配强配齐团干部，办好青年活动阵地，建立完善活动制度，彰显团员作用，全乡团组织活力不断增强。

1988年前后，全乡个体私营经济加快发展，一批实体创业青年积极回报社会、奉献爱心。对此，各级团组织重视把个体户中的先进青年吸收到团内来。1990年，全乡共有团支部33个，共青团员825人，其中女团员473人。同年起，开始实行团员证制度，团员证具有证明团员资格和接转团员组织关系的作用。此后，团组织关系的接转不再通过团县委组织部门办理，而由团员自行持证到接转单位办理。

1993年起，重视在外资和港澳台资企业、股份制企业、私营企业中建立团组织，以填补非公经济组织中团工作的空白点。同时，各级团组织面向新兴经济组织，面向适龄青年集中的单位，大力发展生产第一线的先进青年工人、农民、知识分子入团。

1995年前后，各级团组织按照“积极地、有计划地发展团员，向一切先进青年敞开团的大门”的工作方针，进一步抓好在各村、新经济组织以及中学生、外来青年工人中发展团员工作。1996年转换企业经营机制后，有些企业关停并转，企业团支部在调整组织设置后有所减少。1998年，镇团委下辖团支部29个，有团员712人，其中女团员402人。

1966~1998年，王秀镇（公社、乡）历任团委书记：周月珍（1966.10~1976.8）、沈永兴（1976.8~1981.7）、樊金龙（1981.7~1982.8）、周建达（1982.8~1987.1）、孙彩珍［1987.1~1990.6（1987年12月起兼任妇联主任）］、熊晓东［1988.8~1993.3（1988.8~1990.6为副书记主持工作）］、吴建民（1993.3~1994.3）、杨雪英［1994.3~1998.11（1994.3~1997.3为副书记主持工作）］。

第二节　主要工作与活动

1966年王秀人民公社成立后，在全公社团员青年中掀起学习毛泽东著作、宣传毛泽东思想的热潮。1968年前后，组织团员青年学习《毛泽东选集》，重点学习《为人民服务》《纪念白求恩》《愚公移山》（时称“老三篇”）和《毛主席语录》，用毛泽东思想教育青年，提高政治觉悟，激发先进思想，调动生产干劲。通过学习，许多青年夜间义务为生产队干农活和为缺劳户助耕帮困，做好事不留名蔚然成风。

1970年后，各大队团支部开办青年政治文化夜校，市镇各单位成立青年学习小组，组织团员青年学习思想政治理论、农业生产技术、文化科学知识，培养了一大批思想红、觉悟高、干劲足、作风正的青年骨干。农村广大团员青年朝气蓬勃，积极投身到战天斗地夺高产的生产实践中，为夺取农业生产丰收发挥了生力军作用。

1975年，根据团县委关于农村团员青年开展科学实验活动的要求，经公社团委组织发动，各大队团支部普遍成立青年科学实验小组，建办水稻丰产方、三麦高产田，通过选好种子、培育壮苗、科学施肥、防病治虫等一系列措施，积极探索农业高产经验，在农业夺高产中发挥共青团作用。

1978年后，公社团委和各基层团组织认真贯彻中共十一届三中全会精神，在团员青年中开展党的基本路线教育，特别是坚持四项基本原则［即坚持社会主义道路，坚持无产阶级专政（1982年后改为人民民主专政），坚持共产党的领导，坚持马列主义、毛泽东思想］的教育，把广大团员青年的思想引导到改革开放和以经济建设为中心上来。

1980年，在全公社团员青年中广泛开展争当新长征突击手活动。农业战线上的团员青年不怕苦，不畏难，挑重担，当先锋，涌现了许多先进典型。是年，熊康一被团省委评为江苏省新长征突击手。同年，王秀大队和伍胥大队团支部积极培植农业丰产方、试验田，在全县共青团系统举行的农业科学实验竞赛中取得显著成绩。是年6月24日，团县委组织全县各公社团委书记到王秀大队和伍胥大队参观“百亩单季稻”和“种什边稻”现场。

1983年前后，深入开展学雷锋、学张海迪等先进模范人物和“五讲四美三热爱”（讲文明、讲礼貌、讲卫生、讲秩序、讲道德，心灵美、语言美、行为美、环境美，热爱祖国、热爱社会主义、热爱中国共产党）活动，教育广大团员青年争做有理想、有道德、有文化、有纪律的共产主义新人。

1984年，针对农业实行家庭联产承包责任制后，一些农户缺乏劳动力、农业生产跟不上的实际情况，各村团支部成立“农忙帮耕小组”“包户关心小组”“助老关爱小组”等志愿服务队伍，广泛开展助耕帮户、助困帮扶、助老服务活动。是年，全乡组建青年服务队伍22个，为农户特别是缺劳困难户送温暖、做好事265件（次）。

1985年，为丰富农村青年业余文化生活，乡团委抓好青年文化娱乐阵地建设，在企业职工多的村（厂）办起了青年活动中心、青年之家、青年俱乐部等活动场所，同时组织开展主题鲜明、内容丰富、格调高尚、适合青年特点和具有强烈时代气息的各类文化活动。1986年，王秀村青年之家获评苏州市先进青年之家。

1988年，在企业中组建“青年突击队”，围绕急、难、险、重任务，组织青年参加义务突击劳动。在商业服务行业青年中开展“争做文明青年，建设文明岗位，创造文明生活”“哪里有共青团员哪里就有新风尚”活动。通过活动，展示了青年积极向上的精神风貌和文明礼貌的良好形象。

1990年前后，在工业企业中搭建“五小”（小发明、小创造、小革新、小设计、小建议）活动平台，组织青年工人开展生产竞赛，引导青年工人立足本职岗位，发挥聪明才智，化解生产难题，积极献计出力。在活动中，许多青年工人发挥主观能动作用，为促进企业生产做出了贡献。太仓液压元件厂马锡明被苏州市团委、苏州市经委评为1989—1990年度苏州市青工“五小”成果三等奖。在开展“五小”活动的同时，有关企业团组织还组织开展了青年工人岗位练兵、技术比武、操作运动会、能手表演赛等活动，激发了青年工人爱岗敬业、争创一流的热情和干劲。

1991年起，乡团委和各基层团组织积极做好“双推”工作，即推荐优秀团员为党的发展对象，推荐优秀青年干部进领导班子。通过团组织推荐，每年有数名团员青年被党组织列为入党积极分子，或进入村（厂）领导班子。

1992年，乡团委组织团员青年学习邓小平南方谈话精神，动员团员青年以实际行动投身深化改革、扩大开放、加快经济建设的实践中去。同年，农村团组织在团员青年中开展争当科技兴农带头人和科技兴农示范户活动，广大团员青年积极参与适度规模经营的实践与探索，学科学、用科学，科学种田的水平不断提高。1993年，王秀镇获苏州市科教兴农活动示范镇称号。王秀村青年突击队被苏州市团委评为1991—1992年度苏州市新长征突击队。

1994年，镇团委在商贸服务行业的青年中开展创建“共青团文明岗”“青年文明号”活动，各创建单位以此为载体，根据各自岗位（行业）特点，围绕信守服务、优质服务、结对帮困、文明共建、环境整治、医疗护理、民生宣传等方面做好工作，展现了服务行业青年职工积极上进、争先创优的青春风采。

1995年，镇团委组织开展学习邓小平理论教育活动，帮助青年正确理解邓小平建设有中国特色社会主义理论的重点和精髓，动员全镇团员青年站在时代前列，与时俱进，创新创业。是年，王秀村团支部带领广大团员青年积极投身农村改革与发展实践，并取得优异成绩，被苏州市团委评为苏州市农村先进团组织。1996年，在苏州市团委组织开展的苏州市“四杯”（育人杯、基础杯、科技杯、创业杯）竞赛中，王秀镇团委获评“科技杯”竞赛优胜奖。

1997年，镇团委以香港回归祖国为契机，举办团员青年“讲历史、迎回归、爱祖国”演讲比赛和知识竞赛。1998年，组织团员青年和少先队员参观建在杨漕村的太仓第一个党支部纪念馆，了解王秀革命老区斗争史，从中接受革命传统教育和爱国主义教育，促进团员青年传承红色基因、弘扬革命精神、投身建设事业、创造光辉业绩。

第三章　妇　联

第一节　妇联组织

1966年王秀人民公社成立，同时组建王秀公社妇女联合会（简称“妇联”），由王雪英任妇联主任（通常称“公社妇女主任”）。其时，在农村13个大队建妇女代表会（简称“妇代会”），在市镇各企事业单位建妇女委员会（简称“妇委会”），妇代会、妇委会均设妇女主任。

“文化大革命”前期，全公社妇女工作受到干扰，妇女组织停止活动。1971年，妇女组织恢复活动，配齐了基层妇女干部。是年末，全公社基层妇女组织有20个，其中妇代会13个、妇委会7个。

1972年12月30日，在公社机关会议室（现卫生院址）召开王秀公社妇女第一次代表大会，出席妇女代表173人。会议由陈慎元（时任公社党委副书记）主持。王雪英代表公社妇联做工作报告。会议号召全公社广大妇女加强政治学习，提高思想觉悟，破除封建观念，维护妇女地位，积极开展劳动竞赛，在社会主义革命和建设中发挥“半边天”作用。会议选举产生王秀公社第一届妇联委员11人，王雪英为主任，张美华、王桂英为副主任。此次会议起至1998年，王秀镇（公社、乡）先后共召开7次妇女代表大会，每次会议均总结回顾上届妇联工作及所取得的成绩，提出下一届妇女工作任务，选举产生新一届镇（公社、乡）妇联。

1975年后，王秀社办企业逐步发展，农村妇女劳动力转移到工业，公社妇联开始重视在女工多的企业建立妇代会，在女工少的企业建立妇委会。1980年后，公社妇联进一步加强基层妇女组织建设，凡符合条件的工业企业和事业单位均建立妇代会或妇委会。1985年，全镇有基层妇女组织25个，其中村妇代会13个、企事业单位妇代会（妇委会）12个。

1990年起，境内外向型经济加快发展，乡妇联重视在外资和港澳台资企业中建立妇女组织，扩大妇女工作的覆盖面。1996年后，实施乡镇企业产权制度改革，转换企业经营机制，一些企业在转制中资产整合，企业重组。对此，镇妇联根据企业转制后出现的新情况，一方面及时调整企业妇女组织设置，另一方面重视在新发展起来的非公经济企业中建立妇女组织，以使妇女工作覆盖面扩大到民营企业。1998年，全镇有基层妇女组织28个，其中村妇代会13个、民营企业妇代会（妇委会）6个、其他企业和事业单位妇代会（妇委会）9个。

1966~1998年，王秀镇（公社、乡）历任妇联主任：王雪英（1966.10~1983.8）、孙彩珍（1983.8~1987.1）、顾秋艳（1987.2~1987.12）、孙彩珍（1987.12~1990.2）、苏丽华（1990.2~1998.11）。

第二节 主要工作与活动

1966~1970年，妇女工作受到干扰不能正常开展，基层妇女干部主要参加生产劳动。1971年，健全妇女组织、配齐妇女干部后，妇女工作开始恢复。公社妇联与团委协同配合，开设文化夜校，组织青年妇女和共青团员学文化、学技术。组建科研小组，建立丰产方、试验田，探索农业高产经验，为农业夺丰收发挥妇女作用。

1972年后，各级妇女干部积极担当计划生育工作重任，通过各种形式和途径，广泛宣传计划生育政策，动员青年妇女自觉做到晚婚晚育，指导育龄妇女实行计划生育。1975年前后，发挥妇女组织人脉广、情况熟的优势和基层妇女干部热情、细心的特长，动员他们积极担任计划生育指导员，做好避孕药具的发放工作，为广大育龄妇女落实节育措施提供服务。

1977年起，公社妇联在农村组织开展“三八银花（棉花）赛”活动，并把这项赛事活动作为妇联经常工作来抓。是年，全公社建立银花组25个，参赛妇女312人，参赛棉田620亩，各大队妇女干部积极带领妇女群众坚持科学植棉，加强田间管理，为全公社推广棉花夺高产经验起到了示范作用。

1978年起，在商贸服务系统组织开展争创“三八红旗集体”和“三八红旗手”活动，各单位女职工立足本职岗位、勇于革新创造、改进服务方法、积极争先创优。1979年11月，王秀供销社叶凤珠获“全国三八红旗手”称号。

1980年，为更好地宣传贯彻新《婚姻法》，公社妇联开展男女婚姻情况调查，然后分析总结并宣传青年男女自由恋爱的积极意义和包办婚姻、买卖婚姻的负面影响。通过宣传贯彻新《婚姻法》，社会上青年男女自由恋爱结婚率提高，父母干涉、包办子女婚姻的行为趋向消失。同年起，在全公社妇女党员和团员中贯彻中共中央《关于控制我国人口增长问题致全体共产党员、共青团员的公开信》，动员广大妇女党员、团员，响应国家号召，带头计划生育、少生优生。通过广泛的宣传动员，全公社青年男女晚婚晚育、计划生育蔚然成风。1982年，王秀公社被评为苏州地区计划生育先进单位。

1981年起，公社妇联发动广大妇女并带动家庭成员，开展争创“五好家庭”（思想进步，生产工作好；家庭和睦，尊敬老人好；教育子女，计划生育好；移风易俗，勤俭持家好；邻里团结，文明礼貌好）和妇女争当“六好个人”（学习进步好、生产工作好、计划生育好、勤俭持家好、团结互助好、遵纪守法好）活动。1982年，全公社评出“五好家庭”20户和“六好个人”55人，对评出的先进典型，公社妇联予以表彰。

1983年实行家庭联产承包责任制后，原生产队幼儿托管（俗称看囡）停办，幼儿无人看护问题越来越突出，影响幼儿家长正常上班。针对这一新情况，乡妇联和各村妇女组织从关心妇女和儿童健康着想，积极创造条件，抓好幼托工作。至1984年，全乡各村普遍开办了村级托儿所，从而解决了幼儿家长的后顾之忧。

1986年开始，乡妇联每年在广大妇女群众中开展“四自”（自尊、自信、自立、自强）教育。同时，组织妇女干部学习《婚姻法》《妇女权益保障法》和《江苏省关于保护妇女儿童合法权益若干规定》，并通过讲座、广播、画廊、图片巡展、印发资料等形式，把妇女维权的法律知识宣传到村、企业和农户、居民家庭。

1989年起，在农村妇女中开展“双学双比”（学文化、学技术，比成绩、比贡献）和“巾帼建功”竞赛活动，以建“三八”丰产方为载体，以开展妇女种植业、养殖业竞赛和“三八银花赛”“棉花育苗制钵比赛”为抓手，培养妇女种养能手、勤劳致富带头人。在商贸服务行业妇女中开展“巾帼建功”活动，在各单位服务窗口设立“巾帼示范岗”，展示岗位女工立足本职、爱岗敬业、乐于奉献的良好形象。

1990年后，每年在“六一”节、暑期、春节开展扶贫助学活动，对家庭有困难的学生进行慰问，为贫困学生送去慰问金和学习用品。是年，各级妇女组织动员社会力量，帮助贫困学生解决全部或部分学费，共帮扶22人，发放助学资金8600余元。

1994年前后，利用镇党校、成人教育阵地，分别对不同妇女对象进行政策形势、市场经济、女性心理、公关礼仪、家庭伦理、法律法规等方面的学习培训，积极实施巾帼成才行动，努力培养新时期新女性。通过培训教育，一大批妇女自强自立，成为技术骨干、生产能手、创业模范，在各自的岗位上和社会生活中发挥了“半边天”作用。

1996年，镇妇联和基层妇女组织积极宣传导向，协助镇政府和工业管理部门抓好企业转换经营机制的改革工作。同时，针对企业转制、员工重组，部分女工转厂或下岗的实际情况，积极帮助下岗女工联系单位、选择岗位，重新落实就业。至1998年的3年间，通过妇女组织及妇女干部推荐介绍，全镇共解决下岗女工再就业356人次。

第四章　科　协

1983年5月，成立王秀公社科学技术协会。同年7月，乡行政体制改革后，乡政府设科技办公室，配科技助理员。此后，镇（乡）科协、科技两个机构合署办公，由镇（乡）党委、政府各安排1名领导分管，由政府科技助理员具体负责科协、科技日常工作。

1983~1998年，镇（乡）科协、科技办公室主要围绕发展科协队伍、普及科技知识、引进培养人才、组织科研攻关、技术推广应用等方面开展工作。（本章简述，科协、科技两个机构合署开展工作情况详见第十五篇第三章“科技”）

第五章　其他组织

第一节　贫　协

全称贫下中农协会（简称“贫协”），主要参加对象为贫农、下中农的协会组织。1966年10月，在成立王秀人民公社的同时成立王秀公社贫协，由沈一鸣任贫协主任。贫协主要对农民群众进行阶级教育和基本路线教育，批判资本主义倾向，参与重大事项的决策和管理，带领农民群众投身社会主义革命和建设。1967年2月，召开王秀公社首次贫下中农代表大会，出席代表160人，选举产生第一届贫协委员会，沈一鸣任主任，施祖兴任副主任。第二次大会缺资料无从记载。1974年4月27日，在公社礼堂召开王秀公社第三次贫下中农代表大会，出席代表343人。会上，由李启生传达太仓县第三次贫下中农代表大会精神，并代表上届公社贫协做工作报告。会议以无记名投票方法，选举产生王秀公社第三届贫协委员会，李启生任主任，吴瑞元、顾惠珍任副主任。1978年后，实行改革开放，以经济建设为中心，贫协组织不再适应形势发展而逐渐停止活动，1981年贫协组织撤销。

第二节　个体劳协

1983年，成立王秀乡个体劳动者协会，制定《王秀乡个体劳动者协会章程》。办公室驻王秀工商组（位于永安路南端西侧）。成立初，有会员5人。会长由工商组组长兼任，配副会长1人任个体劳协办公室主任，负责日常工作。协会成立后，围绕“自我教育、自我管理、自我服务”开展工作，每年组织会员学习有关法律法规，提高会员法律意识，保护会员合法权益。支持发展个体经济，帮助业主申办证照，克服生产经营中遇到的困难；引导业主热心社会公益事业，奉献爱心；配合工商部门加强市场管理，保护合法经营，打击非法买卖，维护市场秩序。1998年，有会员7人。同年11月，王秀个体劳协随镇区划调整并入璜泾镇个体劳协。

1983~1998年，王秀个体劳协办公室主任（负责人）先后由陈延年（1983.9~1989.11）、徐振球（1989.11~1998.11）担任。

第三节　老年协会

1986年，成立王秀乡老年人协会。成立后，协会围绕老年人“老有所学、老有所乐、老有所为、老有所养、老有所医”的目标任务开展工作，每年开展敬老助老活动，营造全社会尊老敬老社会风尚。配合各村每年对90岁以上寿星老人进行登门慰问，祝愿他们安度晚年，健康长寿。1989年前后，相继成立村级老年协会11个，办起了村级老年活动室，为老年人文化娱乐提供场所。1990年，王秀村老年协会获评江苏省老年协会先进单位。1992年，协助乡敬老院安排孤寡老人6人进院养老。1995年前后，协助各村、各单位做好民事调解工作，调处了有关老年人的赡养和照料问题，确保弱势老年群体残有所助、孤有所保、贫有所扶。1998年11月，王秀老年协会随镇区划调整并入璜泾镇老年协会。

1986~1998年，历任王秀镇（乡）老年协会负责人：陈慎元、黄茂林。

第四节　老年体协　武协

1986年，成立王秀乡老年人体育协会，会长王祖元。体协成立后，动员中老年人参加体育团队，有组织地举办各类体育培训班，安排指导老师帮助中老年人学练太极拳、健身操、木兰拳、健身秧歌、迪斯科集体舞等，培养了一批又一批的文体骨干，促进了全镇文体事业的发展和精神文明建设的深入开展。1989年，成立太仓县武术协会王秀乡分会（简称“武协”），会长王祖元，副会长兼秘书长顾卫权。成立后，与老年体协一起开展工作并组织活动，形成“两块牌子、一套班子”的运转模式。成立初，主要组织中老年人练习太极拳，有爱好者60余人。1990年后，乡老年体协、武协经常组织开展中老年人棋牌类、球类、拳操类、舞蹈类等各类文体娱乐活动和比赛。1994年，乡武协获评太仓市武协先进单位。1995年前后，王秀街区空地和村委会所在地等形成了一批中老年人健身活动站点，经常能在这些地方看到中老年人晨练、晚练的身影，中老年体育事业呈现出组织程度高、活动门类多、群众参与广、竞赛成绩好的特点，体育强身活动取得明显成效。1996年，王祖元被太仓市武协评为先进个人。1998年11月，王秀镇老年体协、武协随镇区划调整并入璜泾镇老年体协、武协。

第五节　残　联

1990年，成立王秀乡残疾人联合会，主要围绕残疾人慰问、就业、救济、体检等方面做好助残工作，保障残疾人生活。残联日常工作负责人高友良，至1998年未变。1995年，召开王秀乡残联第二次代表大会，对残联工作进行回顾总结，提出今后工作计划。会议选举产生第二届王秀镇残联组成人员。

1998年11月，王秀镇残联随镇区划调整并入璜泾镇残联。（镇残联成立后，与镇民政办公室合署办公，具体工作详见第十四篇第一章第三节第二目“助残工作”）

第六节　关工委

1993年8月，成立王秀镇关心下一代工作委员会，成员为镇宣传、共青团、妇联、工会、教育、司法、治安、卫生、文化等部门（条线）的负责人，关工委主任为邱雪元。成立后，关工委以“促进青少年健康成长”为主要任务，搭建各类关爱平台，组织开展教育关爱活动。1994年后，每年在中小学生中开展思想道德教育、爱国主义教育和革命传统教育；配合司法部门抓好青少年普法教育，对失足青少年进行帮教；协调社会各方力量，给予贫困学生资助帮扶。1998年11月，王秀镇关工委随镇区划调整并入璜泾镇关工委。

第十二篇　革命老区

王秀属革命老区，是一块红色的土地，有着光荣革命传统。

抗日战争时期，太仓第一个党支部杨漕乡党支部在杨漕乡诞生，璜泾区（太仓县四区，隶杨漕乡）抗日民主政府又在杨漕乡成立。其时，杨漕乡还建有农民抗日协会（简称“农抗会”）、妇女抗日协会（简称“妇抗会”）、青年抗日协会（简称“青抗会”）、农民自卫队和交通联络站等抗日群众团体和组织机构，把各阶层民众广泛发动起来，开展各项抗日救亡活动和抗日武装斗争。在杨漕乡开展抗日活动的外来中共党员、民运干部最多时有20余人，新四军部队也经常在杨漕乡驻扎训练或休整，杨漕一带成为苏常太抗日游击根据地的重要活动区域，在这里留下了很多可歌可泣的英雄事迹。

解放战争和抗美援期战争时期，王秀老区人民在极为艰难的条件下，捐资筹粮，拥军支前。王秀应征青年参军参战，不怕流血牺牲，为建立新中国和抗美援朝保家卫国立下了不朽功勋。

1992年，王秀乡党委为传承红色基因，弘扬革命精神，在太仓第一个党支部诞生地兴建了纪念馆和纪念碑，1995年新建了烈士陵墓。太仓第一个党支部纪念馆和革命烈士陵园成为太仓市爱国主义教育基地和全民国防教育基地。

第一章　早期革命组织

第一节　杨漕乡党支部

民国26年（1937）7月7日，抗日战争全面爆发。民国28年（1939）10月，为创建苏南东路抗日根据地，中共江南特别委员会派杨志明、徐念初等中共党员到太仓开辟抗日游击区。因当时璜泾区杨漕乡地处偏僻、交通不便，便于隐蔽斗争，杨志明等人便选择在杨漕乡一带开展党的发展工作和抗日地下斗争。

民国29年（1940）1月上旬，杨志明等人以文化教员的身份作掩护，在杨漕南草庙学堂开展文化活动。通过一段时间的寻访，有意结识了徐明德、徐大宝、徐念慈、徐祖兴、钱家兴、徐祖福、徐亮臣、顾文英、倪冠东、苏树国等一批农村青年，并组织这些青年学习党的基础知识，宣传党的抗日主张，让这些青年靠拢党组织，积极投身到抗日活动中去。与此同时，杨志明还到王秀桥（当时王秀集镇地名通常称王秀桥，下同），在当地民主人士朱田农等人的协助下，举办失学青年补习班，宣传抗日救国道理，培养了顾家钰（又名顾家骏）等一批青年成为抗日骨干力量。

民国29年（1940）年春，通过中共党组织培养考察，经杨志明介绍，徐明德首先加入了中国共产党。随后，杨志明等领导又先后发展了钱家兴、徐大宝、徐念慈、徐祖兴、顾家钰等进步青年入党。同年5月，中共太仓县工作委员会（简称“县工委”，同年7月改称中共太仓县委员会，简称“县委”）成立，杨志明任书记。县工委成立后，根据党中央关于“共产党必须扩大自己的组织”的指示，立即着手在群众基础较好、有党员的杨漕乡建立党组织。5月的一个晚上，杨志明在杨漕乡徐明德家中秘密召开党员会议，由徐明德等党员6人参加。在杨志明主持下，举行新党员入党宣誓仪式，宣布杨漕乡党支部成立，任命徐明德为书记，钱家兴为组织委员。杨漕乡党支部是太仓境内成立的第一个党支部。

杨漕乡党支部成立后，广泛发动群众，先后成立各种抗日群众团体，组建游击小组、自卫队及地下交通站，抗日烽火在这里点燃，杨漕一带成为苏常太抗日游击根据地的重要活动区域。然而，开展抗日救亡活动和抗日武装斗争是残酷的。民国30年（1941）后，杨漕乡党支部遭到敌人严重破坏，有的党员在抗日斗争中光荣牺牲，有的在日伪“清乡”时被捕入狱，党组织关系陆续中断。

民国34年（1945）2月，中共太仓特区工委书记、太仓行政办事处主任浦太福到杨漕乡，对在日伪“清乡”时隐蔽下来、曾一度失去联系的党员进行寻访，并与徐明德接上了关系，后又发展了几名新党员，建立了党小组。同年4月，中共太仓特区工委副书记朱文斌又到杨漕乡，向徐明德传达上级指示，交代工作任务。于是，徐明德依靠党员力量，继续动员群众，开展抗日活动，为实现抗日战争最后胜利而斗争。可不幸的是，就在即将迎来最后胜利的1945年8月23日，徐明德遭人谋害，牺牲时才25岁。徐明德被害后，党组织因成员失去联系而解散，幸存的党员各自投身革命斗争。

第二节　地方政权建设

民国29年（1940）10月，为了更好地发挥抗日政权力量，独立自主地开展敌后抗日斗争，中共太仓县委遵照上级关于“独立自主发动群众，建立共产党领导的抗日统一战线的政权”的指示精神，立即着手区、乡地方政权的组建工作。

民国30年（1941）2月，璜泾区抗日民主政府在杨漕乡王宝善家（现杨漕村6组）成立，县、区、乡三级干部60余人参加了会议。中共太仓县委委员、妇女部部长徐念初出席并主持会议。会上，宣布由朱田农任区长［后由苏子怀任区长（1941.3~1941.7）］，徐大宝任副区长［后由王瑞龙任副区长（1941.5~1941.7）］。

同年下半年，在中共太仓县委和中共璜泾区委、区政府的领导下，杨漕、白荡、伍胥等3个乡也建立了乡级政权组织。杨漕乡抗日民主政府成立会议在刘林生家（现雅鹿村27组，会议具体时间不详）召开，参加会议的有肖德元、袁国珍、施竣德、钱家兴、沈德新、吴宝生等区、乡干部20余人。会议由中共璜泾区委组织委员钱家兴主持。会上宣布由肖德元任乡长，袁国珍任副乡长。

民国30年至34年（1941~1945），区、乡政府开展了抗日救亡宣传教育、发展抗日武装力量、筹措钱物支援前线、组织减租减息斗争、优待抗日军人家属等一系列工作，为巩固和发展杨漕、白荡、伍胥一带抗日根据地、支援抗日前线作战做出了贡献。

第三节　抗日群众团体

抗日战争时期，通过中共党组织广泛宣传发动，杨漕乡广大群众抗日救国思想日益提高。在此基础上，党组织又因势利导，在杨漕乡成立农抗会、妇抗会、青抗会等各种抗日群众团体，把各阶层民众组织起来，开展各种抗日活动。在抗日战争中，有的协会成员不畏强敌，英勇战斗，为革命献出了宝贵生命。抗日战争胜利后，各协会相继解散，其成员各自参加其他革命组织，投身革命斗争。

一、农抗会

民国29年（1940）6月，太仓县第一个农抗会——杨漕乡农抗会成立。成立大会在杨漕乡吴显琛家中召开。中共杨漕乡支部党员和民运积极分子以及贫苦农民代表共200余人参加了大会。根据中共统一战线政策，这次会议还通知伪乡长、伪保长一起参加。会前，对其进行正面教育，促其转变立场，团结一致对外抗日。会议由中共太仓县工委书记杨志明主持。会上，杨志明作宣传动员后，宣布杨漕乡农抗会成立，任命徐大宝为主任，吴显琛任副主任，徐明德、钱家兴、徐大宝、徐念慈、徐祖兴、倪冠东为委员，施峻德任文书。

农抗会成立后，发动农民参加抗日活动，开展减租减息、锄奸反霸、动员农民缴纳救国粮等工作，有力地打击了日伪势力，同时也提高了农抗会的威信。群众发生家庭纠纷、土地房屋买卖等事，都主动找农抗会帮助解决。民国30年（1941）5月，农抗会从关心群众生产生活着想，还筹集资金在杨漕塘修建了一条石桥，取名“解放桥”（意为争取抗日战争早日胜利）。

二、妇抗会

民国29年（1940），杨漕乡中共地下党员和民运干部根据抗日战争形势需要，对广大贫苦家庭的中青年妇女进行爱国教育，让她们懂得抗日救国道理。通过一段时间的教育引导，一批妇女提高了思想觉悟，逐步形成了顾仁囡、陆凤娥等中青年妇女组成的10人抗日小组，时称“十姐妹”。之后，为进一步发展妇女抗日力量，吸纳更多的妇女到抗日队伍中来，决定成立妇抗会。是年五六月间的一天晚上（具体时间不详），杨漕乡妇抗会成立会议在顾仁囡家中（现杨漕村19组）召开，中共太仓县工委委员、妇女部部长徐念初宣布杨漕乡妇抗会正式成立，任命顾仁囡为会长，陆凤娥为副会长，顾云、徐静、胡美珠为委员。会上，徐念初做了妇女抗日宣传动员，布置了妇抗会主要任务。

妇抗会成立后，组织妇女开展拥军支前等工作，每当新四军部队需要军衣、军鞋时，妇抗会便发动女青年立即行动起来，纺纱织布，缝衣制鞋，夜以继日地干活，总能按时完成任务。当有重要会议，妇抗会便精心组织，安排可靠人员在会场周围，边做针线活边进行警戒任务，一有情况及时传出暗号，确保与会人员及时安全转移。此外，妇抗会还开展“实现妇女解放”“反对封建压迫”“反对包办买卖婚姻”等方面的宣传工作，协助处理社会上童养媳受歧视、受压迫等问题。

三、青抗会

民国29年（1940）7月，成立杨漕乡青抗会。成立大会在杨漕乡吴凤江家中（现杨漕村40组）召开，由中共杨漕乡支部组织委员钱家兴主持会议，并做宣传动员，布置青抗会主要任务。成立时，协会主要成员有徐明德、钱家兴、张玉山、张小弟、张福生、袁奎司、沈德新、袁国珍、吴昌福、周友仁、毛元兴、倪冠东、高建文、王洪元、徐念慈、王和、吴一丰等17人。

青抗会成立后，宣传抗日救国道理，动员青年参军参战，开展各种抗日活动。民国30年（1941）后，青抗会成员根据革命工作需要，积极投身抗日武装队伍，有的成员加入地方游击队、自卫队、常备队，有的参加新四军部队，其中高建文、王洪元、倪冠东、袁奎司、徐念慈等战士在战斗中壮烈牺牲。他们的英雄事迹永载史册。

第四节　抗日地方武装

民国29年（1940）3~4月，为开辟抗日根据地，发展武装力量，保卫人民利益，中共党员杨志明、王秀桥民主人士朱田农和曾在国民党宋希濂部当连长的朱刚，在王秀桥、杨漕乡一带组织了一支游击队，共有七八个人、两三支枪。

5月，中共江南东路特委陆续派徐念初、顾敏、王彩华、万忠信、李邃（又名李铁峰）、于鹤铬、林斯（又名潘世清）、周伟民（又名周静芳）等民运干部到杨漕、王秀桥、伍胥、白荡等地开展民运工作，组建并发展扩大抗日武装。同月，将王秀桥、杨漕乡一带组织起来的游击小组，改建为杨漕乡自卫队，队长杨志明，队员有朱田农、顾家钰、高建文、顾根林、王义生、吴阿虎、袁奎司等人。自卫队承担武装抗日、除奸反霸任务。

8月，万忠信、李邃、林斯等人又到王秀桥、杨漕乡及周边地区，吸收了一批青年加入杨漕乡自卫队，自卫队发展到30余人。

9月，中共太仓县委为扩大武装力量，以杨漕乡自卫队为基础队伍，吸纳璜泾区其他地方的游击小组和自卫队，合并组建太仓县常备大队第一中队。初建时，有队员50余人，长短枪30余支。由太仓县常备大队大队长万忠信兼任第一中队队长兼政治指导员，李邃任副队长。一中队成立后，打击反动势力，维护社会治安，深得民心，为发展地方武装力量打下了群众基础。12月初，一中队编入太仓县人民抗日自卫队（简称“民抗”），万忠信为大队长。

第五节　地下交通站

民国29年（1940）12月，中共太仓县委在王秀、何市、鹿河三地交界的码头巷成立地下秘密交通站——太仓县交通中心站（亦称杨漕交通站），站长周心学。交通中心站设有2个分站，即太仓县四区（璜泾）交通分站和太仓三五区（时思、九曲、老闸、岳王一带）交通分站。地下交通员有王洪元、徐福元、孙佩康、邵熙元、吴阿虎、陶根等人。其时，还在鹿河唐家宅基（现雅鹿村29组）设有联络站。交通中心站建立后，县、区、乡之间的书面信件、口头通知由地下交通员秘密传递。

民国30年（1941）7月初，日伪开始“清乡”，王秀、杨漕、伍胥一带抗日根据地笼罩在白色恐怖中，为使交通中心站更为隐蔽，将站址转移到白荡乡毛松均家里（现孙桥村23组），并将名称改为交通联络站，仍由周心学负责交通联络工作。7月下旬，日伪全面占据抗日根据地，交通联络站遭到破坏，县、区、乡之间联系中断，交通联络站负责人周心学被迫撤离，穿过日伪“清乡”封锁线，突围去了上海。

民国31年（1942）10月后，上级派人到太仓恢复开辟抗日根据地，地下交通联络工作又逐渐开展起来。抗日战争后期和解放战争时期，王秀、杨漕、伍胥等地一批群众积极参与地下交通工作，为党组织和政府传递情报，掩护部队干部和战士，在党的地下交通工作中做出了贡献。

第二章　老区革命斗争

第一节　抗日救亡活动

民国26年（1937），为声援“淞沪会战”，璜泾回乡度假学生与当地青年10余人组成青年服务团，到王秀集镇王秀桥，进行抗日救亡宣传，高唱《义勇军进行曲》《打回老家去》《热血歌》《大路歌》等抗日救亡歌曲。同时，开展救亡图存、防空防毒演讲活动，宣传抗战将士顽强抵抗、奋力杀敌的英雄事迹。

民国28年（1939）7月，中共江南特委派出大批民运干部到太仓开辟抗日根据地。10月，中共党员杨志明等人以文化教员的身份先到杨漕乡秘密活动，培养发展党员。后又到王秀桥，在民主人士朱田农的协助下，在王秀桥西街叶维帮、王庭华家里以开办失学青年文化补习班为名，举办青年骨干训练班，对青年进行抗日救亡教育。参加训练班的学员有顾家珏、高建文、李银娥、李兴娥等40余人。

民国29年（1940）5月，上级党组织陆续派民运干部到王秀、白荡、杨漕一带开展地下工作，向广大农民宣传共产党抗日主张，在青年中教唱学唱抗日歌曲。当时在群众中有多首抗日歌曲广为传唱。杨漕乡妇抗会会长顾仁囡经常背唱的一首抗日歌曲歌词为：“大炮轰隆隆开，飞机丢炸弹，我们老百姓，受苦受灾难，日本鬼子杀人放火真野蛮。”杨漕乡自卫队队员沈和经常背唱的抗日歌曲歌词为：“我们听党话，我们跟党走，团结起来打东洋，赶走东洋保家乡。抗日前线打东洋，我们后方送军粮，多做军鞋棉衣裳，支援江抗民抗打胜仗。”这些抗日歌曲在当时很流行，大大激发了广大民众的抗日热情。

同年10月的一个深夜，中共杨漕乡支部书记徐明德带领自卫队、青抗会成员10余人，夜赴敌占区弥陀寺一带，并向南一直到邢家庄附近，张贴抗日标语，散发抗日传单。同时，在沙（溪）璜（泾）路沿线锯电杆、剪电线，破坏日伪的通信设施。这些举动，震慑了敌人，鼓舞了群众。

民国30年（1941）6月30日，中共璜泾区委组织委员钱家兴在杨漕乡顾宝英家中（现杨漕村47组）召集区乡干部会议，传达中共太仓县委书记杨子清在常熟县何市乡烟墩庙主持召开的县委扩大会议精神，并根据县委反“清乡”斗争指示，部署杨漕乡抗日根据地反“清乡”工作。

同年7月，日伪发动“清乡”（日伪集中兵力，对抗日根据地围剿，镇压抗日力量，抢夺粮食物资，催追田租捐税等），在王秀桥等地驻扎兵力，设立据点。再以据点为中心，对“清乡”区域实行分割占领，形成网状封锁，一方面搜寻清剿抗日力量，另一方面掠夺百姓钱粮。在反“清乡”期间，太仓县常备队、杨漕乡青抗会每当获悉日伪军下乡消息，就提前在日伪军行进的路上拆毁桥梁，在船运河中设置障碍物，以迟滞敌人行动，打乱敌人“清乡”部署，为抗日根据地减少和免遭损失赢得时间。

同年8月，日伪军到处砍伐抢夺树木、竹子，企图在“清乡”区打篱笆，搞隔离封锁。一天深夜，中共杨漕乡支部书记徐明德带领顾文英、徐祖兴、倪冠东等青抗会队员，借用村民4条木船，利用风雨交加、敌人不备的时机，把堆放在杨漕乡草庙庙场上的树木、竹子全部装上木船，运到白茆塘边的一个河浜中隐藏起来，使得日伪军搞隔离封锁的计划因缺少竹木材料而落空。

民国31年（1942）前后，中共璜泾区委书记杜琍、组织委员钱家兴在日伪“清乡”、环境险恶的情况下，仍坚持地下秘密工作。为便于隐蔽活动，两人伪装成夫妻，钱家兴还化名顾仁金。两人冒着身份随时暴露的危险，毅然跑遍了璜泾区各处联络点，找人谈话，稳定人心，动员党政干部，不怕困难，坚持斗争。

民国33年（1944）秋天，在苏州隐蔽了一段时间的中共杨漕乡支部书记徐明德回到家乡，继续组织发动群众，捐资筹粮，支援部队，打击日军。组织地方自卫力量，同伪军反动武装做斗争，震慑汉奸和地方黑恶势力。动员青年参军，为抗日部队输送战士。

民国34年（1945）5月前后，杨漕乡徐明德、徐祖兴、钱家兴、倪冠东、刘文英等中共地下党员和农抗会、青抗会队员，根据上级党组织指示，一方面动员有钱的商户捐款捐物，支援苏北解放区；另一方面在伪军及其亲属中宣传抗日形势，劝他们不与日军狼狈为奸，不与人民为敌，不做损害民族利益的坏事，让他们认清形势，争取将功补过。通过一段时间的策反工作，有效瓦解了伪军，削弱了日伪势力，在一定程度上为迎接抗日战争最后胜利扫除了障碍。

第二节　老区武装斗争

民国29年（1940）9月，太仓县常备大队第一中队成立后，经常活动于杨漕乡高家桥、倪家花行、周家湾和鹿河乡的袁家巷及常熟县的白茆塘、塘湾、横塘一带，开展游击战，打击日伪敌人。同年10月的一天下午，璜泾日伪军与地方汉奸20余人，意欲到杨漕乡施家巷（现杨漕村3组）一带征粮收租。太仓县常备大队获悉后，采取设伏阻击和主动出击的策略打击敌人。结果，敌人受到打击，没有抢到一粒粮食。战斗至黄昏时分，敌人见势不妙，便向东撤退，逃回璜泾据点。这次战斗，极大地鼓舞了群众的抗日热情，当地不少青年纷纷要求参加常备队。

民国30年（1941）3月，中共杨漕乡支部获得的地下交通员情报称，有一船日军的军需品从水上运送至璜泾，途经太仓、常熟两县交界处柏木桥。获悉后，党支部立即组织乡自卫队埋伏在柏木桥两岸。当装载着日伪军需物资的船只到来时，自卫队立即出其不意开枪袭击，截住了船只，缴获了船上的所有物资。这一突袭日伪运输物品的武装行动，沉重打击了日伪军的嚣张气焰，大长了自卫队的抗日士气。

同年4月，“江抗”某部七连在白荡庙北陆家宅宿营，中共杨漕乡支部组织党员干部和青抗会抗日骨干配合部队站岗放哨，为部队传递情报。一天，璜泾日伪军准备到王秀桥一带征粮收税，当敌人窜至王秀镇东长浜口时，遭到“江抗”七连的顽强阻击，战斗约半个小时，敌人被打得四处溃逃，只得返回璜泾据点。

民国34年（1945）8月30日晚，苏常太警卫团和太仓县武装大队对不接受投降、驻扎在璜泾西塔庙据点的伪军警发起进攻。为配合作战，杨漕乡青抗会队员带着担架为进攻部队做向导，使部队顺利到达璜泾西塔庙附近。战斗中，战士多人受伤，队员们立即把伤员抬下火线，实施战地救护，并安排徐祖福等人把重伤员用小渔船以最快的速度送到设在常熟徐市树弄村庄的后方医院救治。

第三节　除奸惩恶反霸

民国29年（1940）5月，为了更有效打击日伪势力，杨漕乡建立武装自卫队。组建不久，自卫队首先为民除害，处决了一名经常在杨漕、伍胥等地横行乡里、欺男霸女、结怨甚多的外来地痞费阿囡。此举得到群众拥护，对动员青年参加抗日自卫武装、开辟杨漕根据地起了很大作用。

同年9月，以杨漕乡自卫队为基础队伍扩建的太仓县常备大队第一中队，勇于担当武装抗日、惩恶反霸任务。成立后不久，便在长江边活捉并处决了作恶多端，专门贩卖妇女、鸦片的人贩子2人，群众无不拍手称快。一中队为民除害，深得民心，为发展地方武装力量打下了群众基础。

同年12月中旬，县常备大队一中队在群众的帮助下，先后捕获了作恶多端、顽固不化的鼎隆乡伪乡长、黑势力头子王某及亲日汉奸顾某等人。为日后巩固和发展抗日根据地、建立地方抗日民主政府扫除障碍，中共璜泾区委按照党对亲日汉奸以及反动顽固分子实行专政的政策，于12月中旬的一天，在杨漕乡张金恒家场上（现杨漕村3组）召开由300余人参加的群众大会，对两人充当汉奸、坑害百姓的罪行做出宣判并执行枪决。

民国30年（1941）6月，日伪开始对杨漕根据地进行“清乡”，璜泾一日军翻译充当向导。对此，杨漕乡自卫队实施除奸行动。同年7月的一天深夜，自卫队队员2人利用黑夜，潜伏到汉奸翻译家附近，等汉奸回家后，立即冲上去，其中一名队员当场用枪将汉奸击倒在地。这名队员见汉奸倒地后，以为除奸成功，便立即撤退。这个汉奸虽然头部中弹，可没有致命，后被赶来的日军抬到医院救活。这次除奸行动，虽然未将汉奸除掉，但对汉奸起到了极大的震慑作用。

同年9月，太仓县常备队队员王森林、顾家钰接受上级党组织交代的任务，伺机处决卖身投靠日伪势力、破坏中共地下组织、鱼肉百姓的伪甲长肖某。但这个消息走漏了风声，肖某便潜逃隐藏起来。王森林曾多次带领常备队队员冲进肖某家，但多次扑空。为尽快扫除这一日伪爪牙，打击汉奸行为，王森林与顾家钰商议后，决定明察暗访，找准目标，再实施行动。后在群众的帮助下，王森林终于发现肖某躲在伪保长张某家里。于是，王森林和顾家钰迅速行动，当他俩突然出现在肖、张面前时，肖、张当即吓得瘫倒在地。王森林上前一把揪住肖某，把他拎起来后又重重摔在地上，顾家珏拔出手枪当场击毙了这个汉奸伪甲长。伪保长张某见状，连连求饶，并保证不再当汉奸，不做对不起人民的事情。王森林和顾家钰的正义行为，有力地打击了日伪的嚣张气焰，极大地鼓舞了人民群众的抗日斗志。

同年冬的一天，太仓县抗日自卫队大队长万忠信接到队员报告，家住施家巷的汉奸、伪军排长施某正准备回家探亲。万队长当即派了倪冠东带领2名队员上门抓捕。施某还未回家，就被自卫队队员缴械擒获，当即押解到建民村处决。这一闪电式抓捕，狠狠打击了日伪势力的气焰，大长了抗日力量的威风。

民国34年（1945）8月中旬，杨漕乡中共地下党和民主政府遵照上级党组织的指示，组织地方武装力量整顿社会治安，清除黑恶势力，惩处了一个游手好闲、不务正业的地痞盗贼顾某，为当地百姓除了一害，震慑了一批黑恶势力，农民群众无不拍手称快。

第三章　革命群众事迹

第一节　掩护革命力量

民国28年（1939）初，“江抗”小分队战士杨建华在战斗中与部队失去联系，一时无处藏身，处境危险。孟河村农民张松把杨建华藏在家里，在自己家境十分困难的情况下给杨建华提供食宿。当杨建华打听到部队驻地时，张松还送给杨建华10余枚铜板作为路费。

同年8月的一天夜晚，“江抗”侦察小分队10余人宿营在伍胥村（现孟河村）蔡友康家里。后发现敌情，便立即转移。一群日军闯进蔡友康家搜查无果后，就将蔡友康捆绑起来毒打，但蔡友康忍着伤痛，始终没有说出抗日小分队的去向。日军最终没有抓到把柄，返回据点。

民国29年（1940）初的一天早晨，常熟一支游击队在张林生带领下，在常太边界与日军交战。但双方兵力悬殊，游击队边打边撤。张林生在撤退中落单，躲到了杨漕村村长倪阿弟家。倪阿弟得知张林生的真实身份后，马上给他做饭，并冒着生命危险用自家的小船绕过敌人的封锁线，把张林生送到常熟游击队根据地。

同年的一天，建华村贫苦农民季永生（1952年加入中国共产党）看到几个日本兵气势汹汹扑向倪阿弟家。季永生深知，倪阿弟是杨漕村村长，支持抗日，多次抗日会议都在他家召开，日本兵到倪家，倪阿弟势必遭殃。面对险情，季永生急忙到倪家，让倪阿弟离开，自己去对付敌人。日本兵到了倪家，未找到倪阿弟，就把季永生捆绑起来，吊在树上毒打，要他说出倪阿弟去向。但季永生咬紧牙关，始终说“不知道”，咬定自己是来干活的。就这样，季永生受尽折磨，冒着生命危险，把村长保护了下来。

同年2月10日，中共党员、民运干部杨志明、徐念初等人在孙桥村管园家里商议抗日宣传事宜。管园家是地下工作活动点，其女儿徐妹妹是地下宣传员，这次议事也在其中。为掩护这次秘密活动，管园在外放哨。议事还未结束，管园就发现有日军朝着她家而来。面对敌情，管园急速回家报信，让女儿徐妹妹带着与会人员撤离，自己引开敌人。管园舍身掩护，民运干部安全脱险，她自己却落入魔掌。同月13日，管园被日军枪杀于璜泾义庄。

同年12月的一天上午，杨漕村村民黄岳生在家干活，突然看到2个日本兵骑马奔来，而太仓地下交通站站长周心学还未离开。这时，黄岳生急中生智，随手拿起一条藏青色土布围裙，围在周心学腰上，将周心学装扮成农民，并把钓鱼竿交给他，叫他到后院河边水桥旁钓鱼。日本兵到后未发现异常，便骑上马向北而去。周心学在黄岳生掩护下安全脱险。

民国30年（1941）初，苏南第一行政区督察专员任天石（常熟人民抗日自卫队创建人之一，并任司令）到太仓，帮助太仓开辟抗日根据地、建立抗日民主政府。当任天石带领民抗部队战士数十人进驻杨漕乡徐家宅及周边村落后，中共杨漕乡支部和自卫队立即做好外围警戒工作，派人到外围放哨，盘查过路行人，防止汉奸告密。其时，年仅13岁的男孩徐树声和另一个男孩也参与界河桥一带放哨。他们以割羊草做掩护，发现可疑行人，立即进行盘问。有一天下午，外村木匠王仲做工回家，途经界河桥时，2个男孩将其拦住，他们弄清楚王仲身份，知道背的褡裢里是木工工具而非枪支后，才放他过桥回家。

同年3月28日凌晨，璜泾日伪军闯到杨漕乡徐家宅追捕地下党，党员徐大宝惊醒后，为避开追捕，找了一把木梯，爬上了两个房屋连接处的天沟中躲藏起来。日本兵进宅，未搜查到徐大宝，但发现了木梯，就爬梯上房去搜。徐大宝邻宅的婶娘见后，便大着胆子，喊了一声。日本兵见有人，即停住爬梯去追问婶娘。婶娘遭逼问毒打，但她还是一口咬定屋里没人。日本兵无奈，只得离开，到别处搜查。就这样，在婶娘的掩护下，徐大宝脱离了险境。

同年4月的一天，包桥村（现孟河村）农民孙掌福，见2个受伤的游击队战士，全身湿淋淋，行走艰难，他急忙把他俩的湿衣服换下，为他们包扎了伤口，用小船送他们到秘密宿营地。途中遇到日军，孙掌福便把他俩隐藏在芦苇中，待日军走远后再继续行驶，最后将他们安全送到宿营地。

同年5月28日，在太仓县抗日民主政府总务科工作的王洪元和其他2名干部在县政府驻地整理文件，突遭日军搜捕。危急时刻，王洪元让他人先撤离，自己留下对付敌人，结果被日军枪杀。

同年6月底和7月初，为应对日伪"清乡"扫荡，掩护外来党政干部，杨漕乡抗日民主政府副乡长袁国珍会同政府其他成员，把外来干部9人分别安置到单位或农户，其中把璜泾区财经股长金鹤等6人安排在大中、万丰两个粮行当店员，把太仓县交通站负责人周心学等3人安排在农村落户当农民。因此，在日伪"清乡"时，这些外来干部有了户口掩护，巧妙地避开了敌人搜捕，党的地下工作者得以留下，继续坚持抗日斗争。

同年7月的一天，太仓常备队2名战士在反"清乡"战斗中受了伤，被日军追捕。包桥村民间医生陈胜急忙把受伤战士藏到河边的看鱼棚里。待日军赶来追问时，陈胜谎称有2个陌生人涉水往西南方向跑了。待日本兵往西南方向追赶离开后，陈胜为受伤战士清洗包扎伤口，然后护送他们到部队秘密驻地。

同年7月中旬的一天下午，日伪军下乡搜捕新四军游击队。建民村（现杨漕村）贫苦农民范老太望见日伪军正向范家宅方向走来，就赶紧转身回家，叫住在她家的中共地下交通员周心学马上到宅后范家湾棉花地里锄草。周心学走了不一会儿，日军闯进范老太的家，威逼范老太交出新四军，范老太镇静自若，一问三不知，日军怎么问也问不出消息，又搜查不到什么可疑的东西，只得悻悻离去。

同年7~9月，日伪集中兵力"清乡"。一天，太仓常备队队员吴树兴不幸被捕，为逼他招供地下党和其他抗日分子，日本兵对他拳打脚踢，强行灌水。吴树兴四颗门牙被踢掉，受尽折磨，但他始终没有招供，守住了机密，保护了战友。

同年8月的一天上午，一队日军到长浜搜查抗日分子，王秀村裁缝、共产党员吴宝岐正在长浜王二司家做孝服，知道民运干部丰友林就住在王家隔壁。由于日军来得突然，丰友林已无法转移。于是，吴宝岐迅速拿了一件孝服穿在丰友林身上。就这样，用穿孝服、办丧事之计，躲过了日军搜查，民运干部丰友林安全脱险。吴宝岐利用孝服掩护丰友林脱险的事迹一直被后人传颂。

同年9月的一天，“江抗”五支队侦察参谋浦太福在杨漕乡遭日伪军追杀，杨漕乡农民樊桂英把浦太福藏在自己家屋山尖竹箩筵里，使浦太福脱险。隔了两天，日伪军又突然闯到樊家。当时，浦太福还未离去而被追问，樊桂英谎称浦太福是她的父亲，使浦太福再次幸免于难。

同年秋，为避开日伪“清乡”扫荡，保存革命力量，中共上级组织要求杨漕乡党支部书记徐明德外出隐蔽。可是，出入通道被封锁，外出极为困难。这时，徐明德得到在王秀做生意的进步商人周藏的帮助。周藏开一个类似废品收购站的小作坊，时常有物料运往常熟、苏州城区等地。他同情抗日人士，为帮助徐明德外出隐蔽，把他藏在货船船头下面，然后用废布料堵上，就这样徐明德躲过水上封锁关卡，安全到达苏州城区。

抗日战争时期，白荡乡伪保长孙佩康思想比较开明，拥护共产党，支持抗日，时常有民运干部借宿他家。民国30年（1941）11月3日深夜，日伪军闯入孙佩康家搜查，为转移敌人搜查目标，掩护住在他家的民运干部，其小儿子孙二囡纵身跳入河中，结果被日军枪杀于宅前的长浜河中。儿子遇难后，孙佩康夫妇深明大义，化悲痛为力量，继续支持抗日工作。

民国31年（1942）夏的一天，杨漕乡女青年陈琴妹从娘家吃了晚饭后带着孩子回家，在路上发现杨漕乡青年自卫队队员顾文英（男）被两个日伪军盯住。为掩护顾文英，陈琴妹立即把手中的小孩让顾文英抱着，冒认顾文英为丈夫，还大声骂他，责怪他为啥这么晚才来接小孩，一路骂一路往家赶。在后面追赶的两个日伪军一听是一对农家夫妻，一路上还在吵架，便放弃了追踪。事后，陈琴妹和顾文英认了亲戚，两家人一直保持往来。

第二节　秘密传递情报

民国28年（1939）10月，中共党员、民运干部杨志明时常在王秀石库门进行抗日宣传活动，王秀村农民吴宝岐（会缝纫手艺）在石库门前开了一个裁缝店，以给人家做衣服为掩护，为抗日活动放哨。有一天上午，一群日军突然到王秀，吴宝岐发现敌情，马上向杨志明报告，使得人员及时撤离，安全脱险。

同年11月，王秀村青年徐福元参加地方抗日游击队，任情报员，民国29年（1940）1月担任新四军“江抗”部队通讯员。徐福元会理发，在王秀街上开了一爿理发店。他担任情报员后，理发店暗里是中共地下情报网的秘密联络点。他以理发为掩护为游击队传递情报，有时把情报藏在掏耳工具的竹筒里，装作下乡剃头为部队送情报。有时白天不便送出，就等到天黑打烊后再送。

民国29年（1940）10月的一天，杨漕乡中共党员徐大宝获悉璜泾据点日伪军警在下午要到杨漕乡的施家巷征粮收租，立即将情报送达中共璜泾区委。由于情报及时准确，日伪军还未到达征粮地点，就遭到太仓县常备大队的设伏打击，未征收到一粒粮食，只得逃回璜泾据点。

民国30年（1941）的一天，日伪军突然到杨漕乡袭击共产党游击队驻地，何项区抗日民主政府通讯员倪冠东［草庙村（现杨漕村）人，亦是杨漕乡农抗会和青抗会成员］发现后，为了及时把这一紧急情况告知游击队，他接连泅渡3条河，终于抢在敌人之前向驻地报告了敌情，使日伪军扑了个空，游击队躲过一劫。

同年6月底，为把日伪“清乡”动向、党政干部去向、军需物资转移等重要情报上下传递，杨漕乡沈和［当时15岁，建民村1组（现杨漕村38组）人］年龄虽小，但机智勇敢，积极承担中共杨漕乡支部交给他的传递情报任务。为掩人耳目，沈和装扮成捡狗屎的孩子，肩扛拾粪工具，把情报藏在狗屎当中，骗过日伪汉奸搜查，混过封锁线，多次把情报及时传递给中共上级组织，得到上级领导夸奖。

同年9月的一天，“江抗”五支队侦察参谋浦太福到杨漕乡开展地下工作，有一份情报需要及时送出。杨漕乡女青年樊桂英积极承担送情报任务。为便于隐蔽，她把情报塞在竹管里，一路假装讨饭，把情报安全送到常熟东张镇南新闸交通站。

民国34年（1945）8月23日，何项区抗日民主政府通讯员倪冠东送完情报从何项区返回，到毛家巷姓顾的亲戚家过夜，不料被叛徒发现告密。第二日凌晨2点左右，穷途末路、还未投降的日伪军纠集一批暴徒把顾宅团团围住，倪冠东准备一拼，但在黑暗中被暴徒用手榴弹击中头部，暴徒随后把他捆绑起来，抛入白茆塘南新闸出口处，他被急流旋涡卷入长江。就在迎来抗日战争最后胜利的时候，倪冠东不幸遇难。

第三节　拥军支援军需

民国29年（1940）4月的一天傍晚，“江抗”警卫2团7连奉命开赴王秀镇执行任务。杨漕乡游击小组队员受命在吴家宅等候接应。部队一到，他们就帮助部队战士搬炊具，扛装备，安排队员为部队站岗放哨。同时，还发动当地群众筹粮捐物，做好拥军工作，帮助部队解决队员的生活困难。

同年12月的一个晚上，杨漕乡妇抗会会长顾仁囡召集妇抗会成员20余人秘密开会，布置赶制军鞋任务，慰劳抗日部队。会后，妇抗会成员分成6个小组，分头行动，走家串户，采用“人带人、户带户”滚雪球的办法，发动妇女群众赶制军鞋。经过一个星期的赶制，共制军鞋120双。军鞋集中收交后，中共杨漕乡支部党员徐祖兴用手推车送到“江抗”东进部队。

民国30年（1941）初，苏南第一行政区督察专员任天石带领民抗部队到杨漕乡开展抗日活动，中共杨漕乡支部立即发动村民，开展拥军工作。由于部队战士人多，在党支部的安排下，村民将部队战士分散带到各自家中，腾出房屋让战士住宿，许多农民还拿出床上用品给战士们使用。当部队安顿下来后，党支部成员又发动村民捐赠粮食等物资，妇抗会发动妇女为战士清洗衣服，夜以继日地纺纱织布，赶做军衣、军鞋，为部队提供军需给养，真正体现了军民一家人，军民鱼水情。

同年春，太仓县常备队和杨漕乡青抗会经常转移驻地，开展游击斗争。在青抗会负责炊事工作的周兴，随部队到处奔波，每到一地，他总是不顾路途疲劳，忙着安锅、洗菜、做饭，让游击队战士能够吃上热腾腾的饭菜。一天下午，他把晚餐的饭菜准备好，等部队回来开饭。天黑了，还不见部队回营，周兴一直等到深夜12时，队友们才回来，他又忙着把冷了的饭菜重新热好，再端给队友们吃。队友们很是感动，都夸他是部队的好后勤。

同年12月的一天，长浜村（现王秀村）农民、太仓县常备队队员姚士良（又名姚虎）见有的队员在特别寒冷的下雪天还穿着单衣，即发动群众捐棉，叫自己的父亲（裁缝）昼夜赶制6件棉衣和4条棉胎，送给缺衣的常备队队员。

民国34年（1945）初，抗日战争进入最后阶段，日军加紧对港口严密封锁，垂死挣扎。同年3月，新四军某部派干部越过敌人的重重封锁，渡江南下，到王秀镇筹集军需物资。孟河村张国瑞等青年积极协助新四军干部做好拥军支前工作。最后，张国瑞等青年协助新四军干部筹集到大量棉花等物资，并把军棉一批批装上运输船，躲过敌人的道道关卡，运往苏北解放区。

同年2月，太仓行政办事处主任浦太福带来中共上级组织指示，要求尽可能组织粮食、棉花等物资，支援苏北新四军抗日。杨漕乡中共地下党带领群众先后在柏木桥、东叶定桥、邢家庄等地开设多家农产品收购点，主要收购粮食、棉花等物资，然后组织力量用船把物资运往常熟白茆塘口南新闸，再转运至苏北抗日根据地。同时，根据浦太福要求，党支部还组织人员到璜泾镇以往比较亲日的商业业主家里宣传抗日形势，对他们进行教育，要求他们积极捐款，支援苏北新四军抗日，争取将功补过。通过宣传动员，募捐到一定数量的资金。事后，这笔资金由浦太福安排人员到上海订购了大量药物运往苏北抗日根据地。

同年11月，太仓县政府县长兼太仓武装总队总队长浦太福带领县总队几位战士到杨漕乡宣传革命根据地形势，号召人民群众踊跃捐赠粮棉等军需物资，支援苏北解放区。杨漕乡民众积极响应，捐赠行动极为迅速，短短4天时间，杨漕乡草庙征收点就完成应征粮棉任务。为了尽快把征收的粮棉送往苏北解放区，建民村（现杨漕村）吴念岐等青年主动参与运输工作，经过四天四夜夜以继日的装载，把棉花全部运往常熟白茆塘口南新闸交接卸货。然后，由苏北转运站派船只，接货渡江，送往苏北解放区。

1949年5月的一天，帆秀乡人民政府接受了太仓县人民政府为解放上海支前送粮的任务。帆秀乡政府把这一光荣而艰巨的任务交给了白荡村（现孙桥村）农民苏龙、李春、徐阿弟、蔡香等4人。当夜，他们用农船在王秀装上6000余斤大米，在太仓城区又装上10箱鸡蛋，开往上海。一路上枪炮声不断，4人沉着、勇敢，冒着危险行船，终于安全地将大米和鸡蛋送到解放军部队前线宿营地。

同年5月16日，杨漕乡青年沈和、周四、李金连等3人积极参与解放上海支前工作。当日傍晚，他们摇着农船到达太仓北门。晚饭后，由一名解放军战士领航，经过一天的行程，于次日到达解放军部队宿营地上海郊区曹王庙。随后，部队派2名解放军战士将船领航至曹王庙南德军需供给地。船一靠岸，沈和、周四、李余莲和解放军战士一起把80多箱面包和大饼装到船上，在上面插上绿色的树枝作掩护。然后，他们利用夜色掩护，拼命摇船，把物品安全送达解放军前线部队驻地刘巷。之后，他们又连续往返，冒着危险，克服疲劳，坚持每天运送一船食品到前线，直至5月底上海解放。

第四节 其他革命事迹

抗日战争时期，孙桥村贫苦妇女高巧生，积极支持和参加抗日活动。为使中共地下党和游击队秘密开会安全，她经常主动为他们放哨，一边做针线活，一边观察四周动静，直到会议结束。民国29年(1940)6月的一天，高巧生的丈夫高兰金和儿子高建文正在踏水车灌溉稻田，中共东路特委的民运干部万忠信通知高建文(太仓县常备队通讯员)去执行紧急任务。正在田边锄草的高巧生听到后，马上放下锄头，让儿子赶快去执行任务，自己和丈夫踏水。高巧生缠过小脚，踏水车要比别人多费力。她磨破脚皮，磨出血泡，不叫一声苦。为了让儿子参加抗日活动，支持革命，她担起重活。同年冬的一天，高建文在执行任务途经王秀木行时，发现弄堂对面来了一群日军，为防意外，他把身上带的一支手枪隐藏在弄堂暗处的阴沟板底下。第二天清晨，高巧生装扮成拾破烂的人，冒着危险取回手枪。

民国30年(1941)，孙桥村农民朱亨不怕危险，参与中共地下情报工作，家里经常藏有秘密文件。同年11月的一天，他得到日军即将进行大搜查的消息，立即把藏在家里的中共组织和游击队名单及其他宣传资料整理包扎好，趁天黑连夜藏到朱仁民家猪棚的屋山尖里。第二天上午，日军从璜泾据点出来，穿便衣化装成游击队，由叛徒带路，突袭包围了朱家巷，对朱亨家进行翻箱倒柜搜查。由于朱亨及时把秘密资料转移，他本人也在群众的掩护下已经从水路撤退到何市舍浜顾祥先家，结果日军一无所获，只得返回璜泾据点。朱亨虽然躲过了日寇的搜捕，但由于汉奸、恶棍的监视，他有家不能回，只能改名换姓流浪在外，住渔棚，睡坟堂，东藏一天，西躲两夜，避开日军一次又一次的搜捕。朱亨在险境中坚持斗争的精神，一直被根据地群众所传颂。

同年的一天，太仓县常备队队员徐林(孙桥村人)参加抗日活动被日军逮捕，关押在苏州监狱第三分狱，同年7月被押送到南京浦口火车站做苦役。徐林在狱中受尽折磨，但他仍坚持斗争。当获悉狱中难友周信华是中共地下党时，就与他暗中接头，密谋策划，并秘密联系12位难友，成立了小组。民国31年(1942)8月25日，徐林、周信华趁看押劳役的5个日本兵在伙房吃喝、枪支离手、戒备松懈的机会，立即组织组员，先制服了放哨的伪军，夺得了架设在门口的枪支，又迅速冲进伙房，干掉了日军看守。在徐林、周信华和其他12名骨干的带动下，狱中难友100余人冲出牢房，连破敌人三道铁丝网，成功逃出。徐林等人直奔安徽省兰义地区，找到了新四军，继续参加抗日斗争。民国32年(1943)8月，徐林加入中国共产党，后任中国人民解放军班长、排长，1958年转业回乡。

民国37年(1948)秋，国民党加紧扩军备战，强迫农民交“军粮”。姚巷等地方地势低洼，农业生产十年九涝，老百姓连温饱都有困难，交不出“军粮”。一天，国民党璜泾区区长马驹博带了一班人马，到姚巷催交“军粮”。下午，他们把姚巷农民驱赶到一个打谷场上，高喊着要农民赶快交粮。此时，在南港村(现杨漕村)农民曹炳、曹福林的带头下，全巷农民联合起来抗粮，农民不但不交，反而愤怒控诉国民党反动派的罪行。马驹博见情况不妙，拔腿就逃。马驹博带来的一个反动武装分子因跑得慢，被群众抓住后用绳子捆绑起来，狠狠地教训了一顿。

第四章　革命人物传

第一节　早期党员人物传

民国29年（1940），经中共地下组织培养考察，杨漕乡进步青年徐明德等6人加入中国共产党，成为太仓第一个党支部——杨漕乡党支部首批党员。入党后，他们秘密开展地下斗争，积极投身抗日救亡运动和人民解放事业，为革命做出了不朽贡献。这批党员在过去残酷的斗争中，有的英年早逝，在革命斗争中献出了年轻的生命；有的得以幸存，在中华人民共和国成立后的社会主义革命和建设中继续做出贡献。为追忆太仓第一个党支部首批党员，本节对王秀首批党员予以专记。另附徐兴元追忆父亲徐明德所撰的悼文《一心为抗日》。

以下记载，先记太仓第一个党支部书记徐明德，后以党员卒年先后排序。

徐明德（1920—1945）　男，1920年生，草庙村（现杨漕村）人。民国28年（1939）10月参加抗日地下斗争。民国29年（1940）5月加入中国共产党，任太仓第一个党支部——杨漕乡党支部书记。民国30年（1941）2月任太仓县抗日民主政府四区（璜泾区）民政股股长。抗日战争时期，徐明德带领党员和村民群众投身抗日救亡斗争，积极配合上级党组织，建立抗日群众团体和地方抗日武装，为杨漕乡等地组织发动群众开展抗日斗争发挥了积极作用。由于他坚持抗日，曾屡遭日军追捕，但他机智勇敢，多次脱离险境。日军追捕不成，恼羞成怒，烧毁了他家的房屋和全部家产。在日军“清乡”扫荡的险恶环境下，徐明德居无定所，但他丝毫没有动摇抗日意志，继续同日军进行不屈不挠、英勇顽强的斗争，为开辟杨漕一带抗日根据地、开展抗日斗争做出了不可磨灭的贡献。民国34年（1945）8月23日下午，党内变节分子以组织名义通知他出席会议，徐明德中奸计，被地方恶霸突袭捆绑，沉溺于常熟县白茆塘新桥处，惨遭杀害，牺牲时年仅25岁。但由于当时对徐明德死因未及时调查清楚，徐明德牺牲后曾蒙冤。1965年11月10日，徐明德被追认为革命烈士。次月，太仓县人民政府在鹿河公社鱼池边广场上召开由党员干部参加的追悼大会，徐明德烈士的事迹得以弘扬，其英名将永载史册。

徐念慈（1922—1941）　又名徐念词，男，1922年生，草庙村（现杨漕村）人。民国28年（1939）12月参加杨漕乡农会，搞地下工作。民国29年（1940）5月加入中国共产党。同年6月，参加杨漕乡农抗会，后又参加杨漕乡青抗会和民运工作队。在抗日救亡斗争中，参与减租减息、锄奸反霸、传递情报、运送军需等抗日活动。民国30年（1941）3月28日凌晨，璜泾据点日伪军40余人袭击杨漕乡抗日根据地，突然把徐家宅围住，徐念慈未能撤离而被捕。敌人为了从徐念慈嘴里得到其他抗日分子的去向，把他绑在一棵树上严刑拷打，但徐念慈始终坚贞不屈，保守秘密。3月30日，日伪军又押着他到杨漕乡徐家宅，叫他辨认被日伪军逼集的人群中的共产党员和抗日分子，但徐念慈宁愿自己遭毒打，始终没有招认，结果被恼羞成怒的日本兵头目枪杀。牺牲时年仅19岁。徐念慈为革命烈士，他的英名将永载史册。

顾家珏（1923—1947）　又名顾家骏，男，1923年生，王秀村人。民国28年（1939）10月，参加外来民运干部杨志明在王秀举办的失学青年文化补习班，接受革命教育，参与抗日救亡活动。民国29年（1940）3月，参加王秀桥、杨漕乡一带由青年组成的抗日游击小组。同年5月加入中国共产党。7月，任中共太仓县四区（璜泾区）区委委员。8~9月，先后介绍高建文、李欣等一批进步青年参加杨漕乡自卫队，参与组建太仓县常备队。民国30年（1941）7月，在反"清乡"除奸行动中，击伤日军翻译。同月，又与另一名常备队员王森林接受上级党组织任务，处决了汉奸伪甲长肖某，震慑了汉奸行为。在一次日伪"清乡"扫荡、挨家挨户搜查时，机智地掩护外来民运干部脱险，并将抗日宣传资料藏匿保存，使党的地下活动免遭损失。同年8月参加新四军。解放战争中，在华东野战军6纵队16师48团某营任政治教导员。民国36年（1947）2月，在山东莱芜吐丝口镇战斗中光荣牺牲。顾家珏为革命烈士，他的英名将永载史册。

徐大宝（1915—1987）　又名徐明，男，1915年生，草庙村（现杨漕村）人，为徐念慈的胞兄。民国28年（1939）参加革命工作。民国29年（1940）5月加入中国共产党。同年6月任杨漕乡农抗会主任。民国30年（1941）2月任太仓县抗日民主政府四区（璜泾区）副区长。入党后，徐大宝积极为党工作，日夜秘密奔忙，联络各界群众，开展抗日救亡斗争。民国30年（1941），在日伪军"清乡"扫荡时，徐大宝不幸被捕，被押解到安徽芜湖的日军监狱做苦役。同年底，狱中党组织在新四军的接应下，同看守日军激烈搏斗后终于成功突围。突围后，徐大宝跟随新四军北上并加入了新四军部队。抗日战争胜利后，参加了淮海战役、渡江战役和解放上海的战斗，立下军功。后在解放军部队里任卫生队队长，1950年复员回乡。回乡后，先后任杨漕乡解放村村长、农业初级社社长和鹿河卫生院党支部书记等职。1987年病逝，享年72岁。在追悼会上，太仓县政府派代表参加，对徐大宝的功绩给予肯定和赞扬。

徐祖兴（1923—2005）　男，1923年生，草庙村（现杨漕村）人，为徐明德的族弟。民国28年（1939）参加革命工作，民国29年（1940）5月加入中国共产党。徐祖兴机智勇敢，积极参加各项抗日活动，聆听过谭震林在常熟做的抗日军事政治报告，因此成为日军的重要追杀对象。民国30年（1941），在日伪军"清乡"扫荡时不幸被捕，后被押解到南京浦口战俘营日军监狱做苦役。民国31年（1942）春，参加狱中党组织领导下的突围，先后打死二道岗哨的哨兵，抢夺日军枪支，同前来围堵的日军展开激烈战斗，拼死杀出重围，成功脱险。为避开敌人追杀，徐祖兴孤身乞讨，四处躲藏，历尽艰险，一年后才回家。回家后，徐祖兴继续参加抗日活动。民国35年（1946），因所在的党支部遭反动势力破坏，与组织失去联系，他以普通群众的身份积极参加拥军支前工作。中华人民共和国成立后，积极参加土地改革和抗美援朝拥军征粮工作。1958年人民公社化后，从事会计工作多年。2005年初，徐祖兴因心脏病复发不幸离世，享年82岁。徐祖兴逝世后，璜泾镇党委、政府敬献了花圈，并派代表参加葬礼。

钱家兴（1917—2009）　男，1917年生，建民村（现杨漕村）人。民国28年（1939）参加革命工作。民国29年（1940）5月加入中国共产党。曾任杨漕乡党支部组织委员、代理书记。民国30年（1941）5月，任中共太仓县四区（璜泾区）区委委员。7月，在日伪军“清乡”扫荡中不幸被捕。在押解途中，由于日军看守松懈，钱家兴乘机跳河脱险。回家后，钱家兴再次与地下党组织和地方抗日武装取得联系，继续组织发动群众开展抗日救亡活动，为抗日战争的胜利做出了不可磨灭的贡献。解放战争时期，他所在党支部遭反动势力破坏，党员各自分散活动。钱家兴虽与党组织失去联系，但坚持斗争，参与除恶反霸行动和拥军支前工作。中华人民共和国成立后，积极参加社会主义革命和建设，发挥共产党员的先锋模范作用。2009年，钱家兴在家中离世，享年92岁。钱家兴逝世后，璜泾镇党委、政府敬献了花圈，并派代表参加葬礼。

专记：

一心为抗日

——追忆父亲徐明德烈士

我的父亲徐明德，1920年生，1945年8月23日遇难，年仅25岁。旧时，家住太仓县璜泾区杨漕乡草庙湾。父亲生长在地道的农民家庭，其父徐长卿是上门女婿，母亲徐藕宝是典型的农村妇女，父母都是文盲，家有自田18亩，在当时属小康之家。一家人男耕女织，过着自给自足的生活。他幼年父亡，由母亲和祖母抚养成人。祖母非常疼爱独孙子，由于祖辈不识字，时常受人欺诈，所以到了他上学的年纪，祖母就把他送到设在草庙的学堂读书。上学后，他勤奋好学，先生（老师）十分喜欢和器重，并不时夸他将来定是一个人才。17岁时，祖母托亲戚将父亲送到牌楼市一家布店学生意（当学徒）。从此，他开始接触到社会方方面面，逐步认识社会政治情况，目睹了封建社会的腐败和国家的黑暗。

1939年他回家探亲，正值共产党人杨志明以文化教员的身份作掩护，在王秀和杨漕一带开展地下抗日宣传活动。家住草庙附近的父亲等一批农村青年，很快被这位壮实的外地青年的言论所吸引，通过不长时间的接触，父亲等人很快就成了杨志明的知心朋友。从那时起，父亲逐渐接受共产党的革命思想和革命目标，政治觉悟不断提高，在杨志明等外来共产党人的教育带领下，开始参与抗日救亡活动。1940年春，通过前段时间的培养和考察，经杨志明介绍，父亲正式加入中国共产党，成了太仓境内第一个本地人士的党员。随后，杨志明等领导又陆续发展了徐大宝等青年入党。1940年5月，在杨志明主持下，在父亲家中正式成立了太仓第一个党支部——杨漕乡党支部，中共太仓县工委任命父亲为党支部书记。

从这时起，父亲肩负党的使命，为实现党的宗旨，全身心地投入党的革命事业中来。为建立杨漕地区抗日根据地，他动员说服疼爱他的祖母和自己新婚不久的妻子，把祖传的家产贡献给革命事业。在杨漕地区抗日根据地形成后，新四军部队时常到根据地训练或停留休整，父亲总是拿出自己家的粮食等生活物资，为部队提供军需给养。他祖上几代人辛苦努力留传给他的18亩田地，成了他支持抗日斗争的经济支柱。在日伪“清乡”最残酷的白色恐怖时期，不少抗日积极分子遭日本鬼子枪杀或致伤，他都用自己的财物去接济和安抚他们的家人。父亲由于坚持抗日，遭日军追捕，日军多次追捕扑空后，便烧毁了他家的房屋，致使父亲一家老少过着四处流浪的乞讨生活。一年后，在上级领导的关怀下，父亲得到一些资助，才在房屋被毁的废墟上建起了四间茅屋栖身。

父亲一心抗日，即使遭到追杀、身处险境，他也始终保持革命斗志，全身心投入抗日事业。他年迈的祖母和生他养他的母亲因极度惊恐、饥寒交迫而先后去世后，他依旧不屈不挠，化悲痛为力量，坚持斗争。当他的大儿子徐光贵出生、亲友前来道喜时，他便戏言生了个“拥枪蛋”（背枪人），长大一起打东洋（抗日），表现了坚决抗战到底的决心。

为避日军追杀，根据上级党组织指示，父亲曾有一段时间到苏州城区避难。据原草庙村老书记吴继贤讲，父亲在苏州避难时，仍不忘抗日事业。有一次，他在店堂里演讲，向客人宣传党的抗日主张，动员他们支持抗日斗争，争取抗日斗争早日胜利。由于他积极宣传抗日主张，老板担心会引出事端，所以辞退了他。

1944年秋天，全国抗日形势有了根本性的转变。父亲回到了家乡，这时先前北撤到苏北根据地的外来干部也陆续回到了苏南开展工作。1945年2月，中共太仓特区工委书记、太仓行政办事处主任浦太福带着上级党组织的任务来到了父亲家，同他接上了头，并要求他尽快恢复党组织活动，继续动员群众抗日。父亲接受任务后，便立即行动，把幸存下来、分散在各地的党员徐祖兴、钱家兴和农抗会委员倪冠东等人找回来，重新组织力量开展抗日斗争。父亲满怀家仇国恨，又全身心投入抗日事业中去。

可是，就在即将迎来抗日战争最后胜利的时候，由于党内腐败变节分子出卖，父亲于1945年8月23日下午，被横塘乡地方恶霸突袭捆绑，沉溺于常熟县白茆塘新桥处杀害，被害时年仅25岁。就在父亲被害当天，他的好助手、亲密战友倪冠东也惨遭杀害。此后，太仓第一个党支部的党员在日伪反动派和党内腐败变节分子的双重打击下失去联系，党组织解散，党员各自投身革命斗争，在解放战争中发挥党员作用。

父亲对党忠诚，不怕流血牺牲，在抗日斗争中做出重要贡献。但由于当时对父亲被害的原因未能及时调查清楚，父亲牺牲后一度蒙冤。1965年11月10日，父亲被追认为革命烈士。同年12月，太仓县人民政府在鹿河公社（父亲家及所在村属鹿河辖区）鱼池边的广场上隆重召开千人党员干部追悼大会，宣传父亲烈士事迹，并给家属颁发烈士证书和抚恤金。20世纪80年代，曾任过苏常太工委书记的陈刚重回王秀时讲过，父亲被害，是太仓沿江地区革命力量的一个重大损失。我们作为后来人，看到先辈们忘我的革命精神，不由得肃然起敬。有仁人志士敬楹联：揭地掀天莫忘父兄寻路苦，继往开来应是吾辈建宏功。有先贤讲过：“忘记过去，就意味着背叛。”因此，牢记历史，继往开来，是我们后人义不容辞的时代责任。让我们继承先烈遗志，发扬艰苦奋斗精神，为实现社会主义现代化强国而努力奋斗。

徐明德烈士遗腹子徐兴元稿

2011年3月

第二节　革命烈士英名录

抗日战争、解放战争和抗美援朝战争时期，在王秀这片红色热土上，涌现了一批英雄儿女，他们为革命不屈不挠，浴血奋斗，用自己宝贵的青春和生命，谱写了可歌可泣的壮丽诗篇，为中华民族独立和人民解放以及抗美援朝保家卫国立下了不朽的功勋，他们是永远值得后人崇敬和爱戴的楷模。本节录入王秀革命烈士11人，以供后人瞻仰。

徐福元（1920—1940）　男，1920年生，王秀村7组人。民国28年（1939）11月参加地方游击队，任情报员。民国29年（1940）1月，担任新四军“江抗”部队通讯员。同年4月被日军枪杀于璜泾镇西塔东侧义庄。

徐念慈（1922—1941）　又名徐念词，男，1922年生，草庙村8组（现杨漕村19组）人。民国29年（1940）5月加入中国共产党，为太仓第一个党支部——杨漕乡党支部党员。同年6月，参加杨漕乡农抗会，后又参加杨漕乡青抗会和民运工作队。民国30年（1941）3月30日被日军枪杀。牺牲时年仅19岁。（详见本篇第四章第一节“早期党员人物传”）

王洪元（1918—1941）　男，1918年生，王秀村2组人。民国28年（1939）参加江南抗日游击队任通讯员。民国30年（1941）2~5月，先后任太仓县抗日民主政府通讯员和总务科办事员。同年5月28日被日军杀害于常熟县项桥江家祠堂。

高建文（1922—1941）　男，1922年生，孙桥村4组人。民国29年（1940）9月参加太仓抗日武装——太仓县常备队第一中队，任通讯员，中共党员。民国30年（1941）11月被日军枪杀于朱家浜（原勇和乡胜利村），年仅19岁。

徐明德（1920—1945）　男，1920年生，草庙村8组（现杨漕村19组）人。民国29年（1940）5月加入中国共产党，为太仓第一个党支部——杨漕乡党支部书记。民国30年（1941）2月任太仓县抗日民主政府四区（璜泾区）民政股股长。民国34年（1945）8月23日遭谋害牺牲。（详见本篇第四章第一节“早期党员人物传”）

顾家珏（1923—1947）　又名顾家骏，男，1923年生，王秀村3组人。民国29年（1940）5月加入中国共产党，为太仓第一个党支部——杨漕乡党支部党员。后在华东野战军6纵队16师48团某营任政治教导员。民国36年（1947）2月在山东莱芜县吐丝口镇战斗中不幸牺牲。（详见本篇第四章第一节“早期党员人物传”）

姚士良（1925—1948）　又名姚虎，男，1925年生，长浜村4组（现王秀村27组）人。民国29年（1940）9月参加太仓抗日武装——太仓县常备队。抗日战争胜利后，参加中国人民解放军，加入中国共产党。后在解放军苏北兵团某部任连长，民国37年（1948）8月，在苏北兴化马连江战斗中牺牲。

唐世福（1928—1950）　又名唐希福，男，1928年生，建华村7组（现孟河村32组）人。民国36年（1947）8月参加中国人民解放军，为刘伯承率领的晋冀鲁豫野战军36师某部警卫连战士。1950年2月20日在四川剿匪战斗中牺牲。

陆志良（1924—1953）　又名陆海，男，1924年生，白荡村10组（现孙桥村26组）人。1949年入伍，参加志愿军，在炮兵11团2连当炮手。1953年2月8日在朝鲜战场牺牲。

顾祥元（1934—1953）　男，1934年生，王秀村1组人。1951年1月入伍，为志愿军20兵团司令部警卫营工兵连战士。1953年3月在朝鲜战场失踪。1961年追认为烈士。

管祖兴（1937—1953）　又名管如林，男，1937年生，包桥村4组（现孟河村16组）人。1953年2月入伍，为志愿军406团3营8连战士。同年7月16日在朝鲜战场牺牲。

第五章　红色教育基地

第一节　太仓第一个党支部纪念馆

1992年，王秀乡建造太仓第一个党支部纪念馆（始建时称纪念室，1996年改称纪念馆），位于草庙村12组（现杨漕村23组），占地3000平方米。有平房6间280平方米，其中4间连通，用作展览室，室内墙壁安装展板，用图文形式介绍王秀革命斗争历史。在纪念馆广场西侧，建有太仓第一个党支部诞生地纪念碑，碑高6.9米，碑底砌四级（步）台阶，碑座四周用石块垒砌，碑身用大理石贴面，碑顶置中国共产党党徽。

同年7月1日上午，王秀乡党委举行太仓第一个党支部纪念馆、纪念碑落成典礼，太仓县委、县委宣传部、县史志办领导和乡、村（厂）党员干部及当年在革命老区工作过的老干部代表200余人参加典礼仪式。

1996年，王秀镇成立《王秀革命斗争群英谱》编写组，党委副书记邱雪元任组长，朱丹、陈企平、马家禄、张建忠、黄茂林、高慧元等有关单位（部门）负责人和有关老党员、老干部参与资料收集、编写工作。编写人员根据当年参加地下党活动老党员的回忆，或亲属、知情者口述，对王秀革命斗争历史进行收集整理。在此基础上，对太仓第一个党支部纪念馆的展览板面进行更新，对内容进行充实，使纪念馆展示的王秀革命斗争历史更全面、更生动，对参观阅览者的教育更具感染力。

1998年，纪念馆接待参观者126批次5000余人次。

第二节　王秀革命烈士陵园

1995年修建王秀革命烈士陵墓，墓址邻近太仓第一个党支部纪念馆。安葬在抗日战争和解放战争中牺牲的革命烈士3人。修建时，重新安排墓穴，更新墓碑，扩大凭吊场地，添补松柏等绿化。修建后，每年清明节前后，各单位党员、职工和学校学生前往扫墓。

资料链接：

2011年，璜泾镇（1998年王秀镇并入，2003年鹿河镇并入）党委、政府整合红色资源，实施“慰烈工程”，在太仓市老区开发促进会的关心支持下，在杨漕村重建太仓第一个党支部纪念馆。同时，将原璜泾、王秀、鹿河三处烈士陵墓合为一处，在纪念馆南侧新建璜泾镇革命烈士陵园。

新建的纪念馆坐落于杨漕村23组，占地面积5000平方米，建筑面积900平方米，其中，展览厅550平方米，多功能会议室150平方米，接待室80平方米，小会议室70平方米，其他用房50平方米。馆内设太仓第一个党支部成立时首批党员照片展板，有影视资料和电子书籍反映璜泾革命老区特别是抗日战争时期杨漕乡革命斗争历史及抗日志士的英勇事迹，有当年地下党活动、抗日武装斗争、群众拥军支前留下的实物陈列，极具历史直观性和感染力。

2011年7月1日，举行太仓第一个党支部纪念馆新馆开馆仪式，璜泾镇党员干部和群众代表150余人参加开馆仪式。时任太仓市委书记陆留生，市委常委、组织部部长张彪，市委常委、宣传部部长陈雪嵘，市委常委、政法委书记王国其及市老区开发促进会等有关单位领导出席仪式。

新建的璜泾镇革命烈士陵园占地面积4300平方米，其中广场占地1900平方米。陵园内安葬革命烈士49人，其中，有姓名的烈士40人，无法查实姓名的无名英雄9人。烈士纪念碑高8.31米，寓意为璜泾战役纪念日。烈士生平介绍陈列于太仓第一个党支部纪念馆内。

此后，太仓第一个党支部纪念馆及璜泾镇革命烈士陵园成为太仓市青少年爱国主义教育基地、太仓市红色讲堂现场教育基地、太仓市农村党员干部冬训基地、苏州市道德讲堂示范活动基地、苏州市廉政教育基地、苏州市法治文化建设示范点、苏州军分区教育实践基地。

第十三篇　治安　司法　军事

1966年，由上级公安机关在王秀派驻公安特派员，负责治安工作。农村各大队建立治安保卫委员会。1981年，组建地方治安队伍，组建王秀业余联防小分队。1985年，成立太仓县公安局王秀派出所。同年，成立王秀乡社会治安综合治理领导小组，并下设办公室。1966~1998年，王秀治安机构综合运用教育、管理、监督、防范、打击等多种形式和各种措施，积极预防和治理违法犯罪活动，维护社会稳定，确保一方平安，为全镇改革开放和经济建设营造良好的治安环境。

1966年，公社明确1名分管领导负责法律宣传和人民调解工作。1981年，公社成立人民调解委员会，设司法助理员，具体负责司法工作。1986年，乡设司法办公室，为司法职能机构。1987年，成立王秀乡法律服务所，为单位和个人提供法律服务。司法办公室和法律服务所成立后，重点围绕法治宣传、民事调解、处理信访、法律援助、安置帮教等方面开展工作，为全镇改革开放、经济建设和社会事业发展营造了良好的法治环境。

1966年，成立王秀公社人武部，同时成立民兵组织。1966~1998年，镇（公社、乡）人武部始终坚持党管武装的原则，坚决执行上级军事机关命令，认真完成各项工作任务。开展国防教育，提高全民国防意识。做好兵役工作，如数完成历次征兵任务。实施民兵整组和军事训练工作，建好国防后备队伍。组织民兵在维护社会治安、抢险救灾中发挥突击队作用。

第一章　治　安

第一节　治安机构

一、公安派出所

1966年10月王秀人民公社成立时，实行公安特派员制度，由上级公安机关派公安特派员到王秀负责治安工作，此工作体制一直延至1980年。之后，为适应改革开放和经济发展需要，不断加强治安力量。1981年成立王秀业余联防小分队，协助做好治安保卫工作，维护地方治安。1982年12月，公社成立专职治安联防队，有队员6人，负责人周弟宝。

1985年4月，成立太仓县公安局王秀派出所，设于王秀机关大院内。有办公用房（平房）4间160平方米。有民警7人（其中合同制5人）、联防队员8人，主要承担刑事案件侦破、治安案件处理、户口变动管理、特种行业管理、消防安全管理、公共场所秩序管理等工作任务。1990年后，随着经济社会发展，境内外来人口增加，治安任务加重，派出所警力逐年增加。1992年，加强农村群防群治网络建设，建立村级联片联防站3个。1995年前后，派出所有民警12人、联防队员20人。政府机关大楼底楼用作派出所办公用房，配备桑塔纳警车1辆、摩托车12辆及对讲机、电警棍、装备包、强光手电等警用器械装备。1998年11月，王秀镇建制撤销，设璜泾镇王秀管理区。1999年1月，王秀派出所并入璜泾派出所，在王秀管理区设警务站。

1966~1985年历任公安特派员：王丽华（1966.10~1974.3）、曹锦华（1974.3~1979.3）、戴湘麒（1979.3~1985.4）。

1985~1999年历任派出所所长：戴湘麒（1985.4~1992.3）、曹建初（1992.3~1994.12）、王培康（1994.12~1996.4）、沈惠斌（1996.4~1999.1）。

二、综治办

综治，即社会治安综合治理。1985年，成立王秀乡社会治安综合治理领导小组，其组成人员由宣传、武装、司法、公安、民政、建管、劳动、教育、文化等部门（条线）的负责人和有关企事业负责人组成。领导小组下设办公室（综治办），负责协调全乡综治工作，掌握社会治安苗头性、倾向性问题，提出解决的办法和建议，配合有关部门做好法治宣传工作，推动各单位综治工作落实。综治办驻乡机关内。1986年，全镇13个村和各企事业单位建立相应的综治机构。1992年起，推行综治目标管理，明确治安目标任务，落实管理主体责任。镇社会治安综合治理领导小组及办公室积极协调社会各方力量，特别是发挥公安机关的骨干作用，综合运用教育、管理、监督、防范、打击等多种形式和各种措施，积极预防和治理违法犯罪活动，及时化解不安定因素，为王秀建设发展营造了良好的社会环境。1998年，镇机关和各村、各企事业单位设综治机构32个，有专兼职综治干部38人，群防群治队伍92人。

三、治保委

治保委，即治安保卫委员会。1966年王秀成立人民公社后，各大队建立治保委，设主任1名，通常称大队治保主任，主要负责治安、消防、安全生产、民事调解等工作；各生产队建立治保小组，组长由生产队队长或副队长兼任。"文化大革命"期间，大队治保组织基本瘫痪。1976年后，恢复大队治保组织并开展工作。1980年社队企业发展起来后，在企业中配备安全生产管理员（简称"安全员"），具体负责治安保卫、安全生产等工作。1983年农村体制改革、大队改称村后，治保委成为村民委员会的下设机构之一，村治保委主任通常由村委会1名副主任或民兵营长兼任。此后，治保委随村委会换届而调整组成人员。至1998年，村委会换届6次，村治保委相应有6次较大的人事变动。是年，全镇有村治保委13个，共有组成人员46人。

第二节　治安工作

六七十年代，以防盗防火为重点，抓好社会治安工作。各单位普遍制订治安保卫制度，落实各项防范措施，切实做到有物有人在，有钱有人管，仓库夜间值班不脱人。境内发生的刑事犯罪案件，由公安特派员会同案发单位相关人员，察看现场，分析案情，寻找线索，予以侦破。对严重刑事犯罪、破案难度大的案件，由公安特派员向上级公安机关报案，申请协助侦破。在消防安全方面，1976年购置消防船1条，配备195型柴油机消防车1台。公社组建义务消防队，落实义务消防员4人，由县公安局帮助消防技术培训，并进行消防演练，一旦发生火灾，快速实施抢救。

进入80年代，动员社会各方力量，开展社会治安综合治理工作，消除不安定因素，打击各类犯罪活动。1983年，公安部门在打击刑事犯罪活动中，侦破刑事案件8起，捕获犯罪嫌疑人11人；查处经济案件9起，追回集体资金9490元。同年，各级治安组织成功调处民事纠纷28起，及时化解有可能民转刑案件3起，维护了社会稳定。

1985年9月，采取宣传教育与查案处罚并重的方针，利用广播、黑板报、会议宣传等形式，广泛开展禁赌宣传教育。同时，组织禁赌小组，根据群众提供的线索，分别到有关涉赌场所进行查禁整治。在禁赌活动中，先后查处赌博案件5起，收缴赌资620元，给予批评教育32人，其中处以罚款11人。

1986年，贯彻从重从快方针，大力开展反盗窃和打击流氓犯罪的斗争，全年共发生各类案件29起，其中发生刑事案件19起（县立案8起、乡立案11起），经公安部门全力侦查，破案率100%；发生治安案件10起，查处8起。此外，还破获刑事犯罪积案5起。是年，全年共拘捕犯罪嫌疑人17人，查处各类涉案人员24人。

1987年，重点围绕“加强治保组织，落实治安措施”开展工作。各企事业单位开展创建安全合格仓库、合格财务室活动，对重点科室加装防盗窗、防盗锁。在公路沿线的湘里、王秀2个村9个村民小组建立护村哨，设立关卡检查，开展夜间巡逻。同年，开展“狠刹赌博”“破除封建迷信”“打击盗窃、流氓犯罪”等3个阶段的专项斗争，收到治安案件数量明显下降、社会风气得到净化的良好效果。

1988年，根据上级部署，公安部门在调查、核实、登记的基础上，全力做好居民身份证发证工作，年内共发证15976张，发证率95.6%，为居民群众1989年开始使用身份证打好了基础。

1989年前后，贯彻严打方针，严厉打击各类危害社会治安的犯罪分子。在严打期间，公安部门组织专项斗争5次，共侦破各类案件70起，追回赃款赃物7.5万元，依法拘捕各类犯罪分子13人，起到了震慑和遏制犯罪活动的作用。

1992年前后，公安派出所开展扫除“六害”（卖淫嫖娼、制造贩卖传播淫秽物品、拐卖妇女儿童、私种吸食贩运毒品、聚众赌博、利用封建迷信骗财害人）专项行动。其间，加强对旅馆、招待所、建筑工地等场所的治安检查，先后查处涉赌人员21人、涉娼人员3人。对文化音像售租行业进行检查，严禁黄色音像制品流入市场。开展禁毒专项治理活动，通过治安积极分子提供信息，对境内毒品源植物罂粟350余株予以全部铲除，对种植户进行禁毒教育。

1994年，针对社会上失窃案件增多、群众心理不安的情况，公安部门会同各村、各单位治保组织，开展以反盗窃为重点的专项斗争，全年破获现金失窃案、摩托车和自行车被盗案、拦路行凶索财案等17起，查获赃物窝藏点2处，抓获涉案人员26人。通过专项治理，治安案件得到控制，让百姓有了安全感。

1995年，进一步加强流动人口管理，调查摸清并登记注册暂住人口1000余人。同时，为遏制外来人员违法犯罪活动，公安部门和各村、各单位治保组织协同配合，开展刑嫌对象排摸工作，对查出有前科劣迹的人员，分别落实控制、帮教、包教等措施。是年，传唤警告有前科劣迹的外来人员35人，分别对其进行法治教育。

1996年，开展“三禁一打”（禁娼、禁赌、禁毒，打击黑恶势力）斗争，查处各类案件11起，处罚涉案人员37人。1996年，加强宗教场所管理，对未经登记的私建场所进行拆除，对乱占地私设的焚化点予以取缔，引导信教群众依法有序开展宗教活动。1997年前后，为破获发生在王秀镇区的杀人案，公安干警转战苏、浙、赣三省，调查走访3000多人次，苦战2个月，终于将案犯抓获。1998年，进一步加强治安管理，坚持以管理促案降，同时采取专项治理和群防群治举措，促进社会治安综合治理上水平，为全镇改革开放和经济建设营造良好的治安环境。

第二章　司　法

第一节　司法机构

1966年10月，王秀公社设治保调解委员会，由1名公社分管副社长负责治安保卫及人民调解工作。“文化大革命”期间，此组织机构停止开展工作，中共十一届三中全会后重建。1981年9月，成立王秀公社人民调解委员会，组成人员7人，吕永庚任主任。同时，农村各大队也成立由3~5人组成的人民调解委员会。同年10月，公社设司法助理员，具体负责法治宣传和民事调解等工作。

1986年，乡政府设司法办公室，为政府司法职能部门，业务上受县司法局和县人民法院指导，具体负责辖区内法治宣传、民事调解、处理信访、法律援助、安置帮教等工作。1987年，王秀乡法律服务所成立，与乡司法办合署办公，由司法办管理。1988年2月，蔡仁清为乡法律服务所法律工作者。乡法律服务所成立后，为全乡各单位和个人提供法律服务，围绕协助办理公证、审查完善合同、代写法律文书、解答法律咨询、调处矛盾纠纷、协助追讨欠款等方面开展工作。

1990年起，加强基层调委会组织建设。1991年全乡13个村全部建成标准化调委会，1993年新建100人以上企业标准化调委会12个。人民调解工作组织基础扎实，调处能力和水平得到提高。

1994年，根据上级司法部门意见，镇法律服务所组织体制上仍隶属镇司法办管理，经济上与司法办分离，成为一个独立核算、自收自支、自负盈亏、自担风险的法律服务实体，人员经费主要通过有偿服务自行解决。1995年，由张振宇负责司法和法律服务工作。1998年，镇司法办和镇法律服务所有工作人员4人。

1981~1998年历任镇（乡）司法助理员：吕永庚、叶振良、陶祥宝。

第二节　司法工作

一、法治教育

1966年10月王秀公社成立后，正值“文化大革命”初期，法治宣传教育无法正常开展。70年代后期，法治宣传教育开始恢复并不断得到加强。

进入80年代，公社宣传部门通过举办培训班、召开广播会、排演文艺节目、放映电影幻灯等宣传形式，各村、各企事业单位利用黑板报、画廊等宣传阵地，向广大群众宣传政策法规，增强群众法治观念，提高群众守法自觉性。

1986年，遵照邓小平关于“一手抓建设，一手抓法制”的指示精神和全国人大常委会《关于在公民中基本普及法律常识的决定》，开始在全体公民中实施法治宣传教育第一个五年规划（简称“‘一五’普法教育”）。在“一五”普法启动年，乡专门成立普法教育领导小组和普法办公室，制定《王秀乡“一五”普法教育工作计划》，先后召开普法工作动员会、骨干培训会、法律知识宣讲会等，全乡普法教育有组织、有计划、有步骤地实施。是年，乡机关和县属企事业单位干部职工243人比较系统地学习了“九法一例”（宪法、刑法、刑事诉讼法、民事诉讼法、民法通则、婚姻法、继承法、兵役法、经济合同法、治安管理条例），后经考试，取得了及格率100%的好成绩。苏州市普法办公室曾刊登王秀普法工作经验，在苏州全市推广。

1987年是实施普法教育的第二年，重点在全乡18个企事业单位和1个村（试点先行）的干部群众中开展普法教育，有干部群众2602人参加学习“九法一例”，占应参加学习人数（2825人）的92.1%，经考核验收平均得分87.2分，及格率为100%。

1988年，乡举办宣讲员培训班，通过培训骨干，带动面上普法工作。是年，全乡13个村172个村民小组的普法教育全面开展，有干部群众6003人受到培训教育，占应参加受训人数（6652人）的90.2%，受训对象参考率87.7%，合格率98.4%。

1989年，通过上街设摊咨询服务、印发宣传资料、开设广播专题节目、文艺宣传演出等形式开展普法教育，更加注重教育的多样化、广泛性和实效性。

1990年，以学习宪法为重点，对干部职工进行法治教育。同时，为实施《行政诉讼法》做好准备，聘请法治宣讲员，先后到各村（厂）进行《行政诉讼法》法律知识宣讲。至年末，全乡完成“一五”普法教育任务。

此后，普法教育经常性开展。1991年、1996年先后启动“二五”“三五”普法教育。每一个五年规划启动年，均对前五年进行工作总结，对后五年做出计划。在具体实施中，每一年均突出重点教育对象和教育内容，采取各种形式和多种途径，十分注重教育的力度、广度和深度，确保普法教育取得实效。在“二五”普法中，王秀镇组织普法对象参加苏州市法律知识竞赛获组织奖。

二、人民调解

六七十年代，主要由大队、生产队干部做好民间纠纷调解工作，及时化解矛盾，维护安定团结。少数双方积怨深、调处难度大的纠纷，由公社委派相关人员，通过讲理劝导做好调解工作，消除隔阂，化解矛盾，

1981年，公社设司法助理员，各大队、各企业建立健全调解组织，人民调解工作力量得到加强，社会上发生的邻里隔阂、家庭矛盾、婚姻纠纷、财产分割争吵、宅基地争议等民事案件，都能及时进行调解处理。1982年，王秀民事调解成功24起，其中婚姻纠纷13起、打架伤害赔偿5起、宅基地纠纷4起、遗产继承权纠纷1起、房产纠纷1起。

1986年，乡设司法办公室，履行人民调解工作是司法办主要职能之一。此后，司法办发挥协调作

用，与各基层调委会保持联系，上下配合，共同做好调解工作，维护社会稳定。同年，司法办处理重点信访案件8起，处结率100%。与各基层调委会密切配合，成功调处各类民事纠纷42起。

1987年乡法律服务所成立后，与乡司法办共同履行调解工作职责，调解工作力量进一步得到加强。同年，按照上级关于“调防结合，以防为主”的要求，对矛盾纠纷苗头性问题及时做好预防工作。是年，乡司法办受理民事纠纷25起，同比减少17起，处结率100%。

1990年后，工业企业加快发展，当地就业职工和外来务工人员增多，企业中的劳资争议、工伤赔付、交通事故等各类案件上升。对此，乡司法办和各基层调解组织协调各方力量，及时做好调处工作。1990~1992年，全乡共调处各类民事纠纷135起，处结率96.7%。

1993年起，进一步明确各级调解组织工作责任，做到大事调处不出镇，小事不出村、不出所在企业（单位），把各类矛盾纠纷解决在基层，化解在萌芽状态。1993~1995年，全乡共调处各类民事纠纷123起，其中，镇重点调处26起，村、企业（单位）调处97起，处结率98.3%。

1996年起，镇办企业进行转换产权制度的改革，由此引发职工转岗、工资结付、集资款兑现、企业债权债务等矛盾纠纷。对此，各级调解组织做到早介入，早调处，及时做好劝解工作，稳定职工情绪，从而使各类矛盾纠纷得到化解，确保企业转制工作顺利实施。1996~1998年，全镇各级调解组织受理民事调解案件156起，由于调解及时，工作细致，调处得当，矛盾纠纷得到化解，全镇未出现因矛盾激化而引发民转刑案件。

三、法律服务

1986年，乡司法办积极为单位和个人提供法律服务与援助。1987年乡法律服务所成立后，提供法律服务与援助的力量得到加强。此年起，镇（乡）司法办、法律服务所共同履行法律服务职能。1988~1990年，乡法律服务所派员担任太仓县个体劳动者协会王秀分会常年法律顾问，积极为全乡个体劳动者提供法律服务，依法维护其合法权益。3年中共受理企业经济纠纷案件81起，协助企业追回呆滞货款135.1万元。

1991年，为配合土地管理部门做好非农用地清查工作，重点向群众宣传《土地管理法》，开展土地管理方面的咨询活动，全年接待用地信访并解答政策咨询220人次。通过宣传活动，一些非农用地的单位和个人增强了依法用地、合理用地、节约用地的观念，从而为全乡开展土地清查、用地整治提供了法律支撑，使得土地逐户登记、控制非农用地、制止违章占地、补办用地手续、调整土地用途等各项工作顺利开展。

1992年，发挥法律服务所法律工作者的作用，通过法律程序，维护服务对象合法权益。全年受理经济案件41起，总标的额123.11万元，年内办结37起，总标的额109万元，为服务对象追讨应收款到账95万元。

1993年，为避免合同条款因文字漏洞而造成损失，帮助企业审查和完善经济合同137份。同时，协助企业办理各类公证113件，以体现各类合约的规范性和约束力，增强法律效力。

1994年，司法部门积极担当法律指导员，会同镇民政部门指导各村选区严格按照村民委员会《组织法》《选举法》的规定，依法实施第五届村民委员会换届选举工作，为换届选举顺利进行提供法律保障。

1995年，为体现司法部门为经济建设“保驾护航”作用，镇法律服务所安排法律工作者为镇办、村办、个私企业32家担任常年法律顾问。是年，受理各类经济案件78起，总标的额252.24万元，年内办结45起，总标的额191.8万元，为企业追回应收款到账103.9万元。

1996年，实施镇办、村办企业产权制度改革，随之出现资产分割、职工重组、劳动争议、集资款兑付等问题，信访量增多，对此，司法部门认真做好信访接待工作，耐心解答信访对象有关法律咨询，对确实有损职工合法权益的人和事给予相关的法律援助。是年，接待职工重点信访187人次。

1997年，积极协助转制企业制定厂纪厂规，建立企业用工制度，完善考核计酬方法等，把相关法律法规运用到企业内部管理中去，贯穿于生产和经营活动的全过程，促进企业依法管理落到实处。

1998年，法律服务所服务企业重点转向民营企业，帮助业主代写法律文书76份、审查完善合同132份、解答法律咨询163人次、协助办理公证65件，全年受理各类经济案件71起，总标的额297.03万元，年内办结59起，总标的额266.9万元，为企业追回应收款到账188.7万元。

第三章　军　事

第一节　人武部

1966年10月，在成立王秀公社的同时，建立王秀公社人民武装部，太仓县人民武装部任命朱阿和为王秀公社人武部部长。人武部管辖全公社13个大队民兵营和市镇1个独立连。其主要任务是在公社党委的领导下，执行上级军事机关指示、命令，负责民兵的登记统计工作，组织民兵进行军事训练。动员适龄青年参军服役，完成年度征集兵员工作。组织民兵配合公安维护社会治安，带领民兵完成抢险救灾等急难险重任务。

1973年9月4日，经中共太仓县委员会批准建立王秀公社民兵团，公社党委书记浦昌荣兼任民兵团政委，党委副书记陈慎元兼任副政委，党委委员、人武部部长朱阿和兼任团长，党委委员周月珍兼任副团长。

1975年后，上级军事机关为公社人武部装备武器，由人武部配发到各大队民兵营。武器种类有各式步枪、冲锋枪、轻（重）机枪、手枪和迫击炮、火箭筒等。配发武器后，组织民兵定期擦枪，进行安全检查。

1981年11月，调整公社民兵组织建制，将原来的武装民兵改称基干民兵，其余通称为普通民兵。成立公社基干民兵营，由公社党委书记陆明兴兼任民兵营政委，党委副书记周月珍兼任副政委，人武部部长李根林兼任营长，曹惠明、周建达任副营长。同年起，民兵的武器全部收缴公社人武部集中保管，由各大队安排民兵定期轮番擦拭维护。1985年，人武部保管的所有武器全部上交上级军事机关保管。

1986年起，会同民政部门做好优抚安置工作，推行征兵、优待、安置“三同步”，解决服役青年的后顾之忧，让他们安心服役，为国防建设做贡献。1988年起，每年在做好兵役登记、国防教育、兵员征集工作的同时，组织民兵配合公安机关维护社会治安，带领民兵完成抢险救灾等急难险重任务。

1989年前后，人武部开展“以劳养武”工作，创办经济实体，每年与承包经营者签订经济承包合同，确定上缴资金额度，基本解决了全乡民兵活动经费。

1992年，会同宣传、文化部门，收集整理王秀革命斗争历史，配合做好太仓第一个党支部纪念馆建馆工作。1995年，在纪念反法西斯斗争胜利50周年之际，宣传太仓第一个党支部党员和红色群众的英雄事迹，在广大党员干部和青少年学生中开展爱国主义教育和革命传统教育。

1996年，协助镇编史组收集整理抗日战争和解放战争中的群众英雄事迹，编写《王秀革命斗争群英谱》，以讴歌革命英雄前辈事迹，弘扬革命斗争精神，并以此为教材，教育广大民兵增强国防观念，提高军事素质，为国家国防建设和地方经济发展多做贡献。

1998年11月，王秀镇并入璜泾镇，人武部随镇区划调整撤并至璜泾镇人武部。

1966~1998年王秀镇（公社、乡）历任人武部部长：朱阿和（1966.10~1979.3）、李根林（1979.3~1982.3）、周振昌（1982.3~1982.10）、王济权（1982.10~1984.7）、曹惠明（1984.7~1988.2）、王济权（1988.2~1994.1）、吴惠强［1994.1~1998.11（1994.1~1994.6为副部长主持工作）］。

第二节　兵役工作

民国初期，兵役实行募兵制，应募者大多为当兵吃粮谋生计。民国22年（1933）6月，国民政府颁布兵役法，采用“五丁抽一”的方法，体检合格的青年壮丁中签，即被征去服役，俗称“抽壮丁当兵”。抗日战争时期，为扩军应战，曾采用“三丁抽一”的方法征集兵员。解放战争时期，国民政府为打内战，强行征丁，一些地方官吏还让出丁户用钱物买丁替代。为逃避征丁，有些青年壮丁四处躲藏，恐慌不安。

中华人民共和国成立后，农民分得了土地，生活有了着落，拥护共产党和新生的人民政权，公民服兵役逐步变为自觉行动。抗美援朝时期，王秀青年共有55人报名参加中国人民志愿军，随部队跨过鸭绿江，入朝参战，其中陆志良、管祖兴、顾祥元在朝鲜战场上光荣牺牲。

1955年3月，贯彻实行义务兵役制，有现役和预备役之称，在部队服现役的称现役军人，服役期满的退伍军人和民兵称预备役人员。依照法律，公民都有服兵役的义务。1959年1月，不再实行预备役制度，重点建好民兵组织，抓好民兵的思想政治教育、国防教育和军事训练工作。

1965年前，王秀南部和北部分属归庄和鹿河辖地，征兵工作分别由所在公社的人武部负责。1966年10月王秀单独成立人民公社后，每年由公社人武部做好兵役工作，如数完成征兵任务（个别年份未征外）。在每年的征兵工作中，营造“一人当兵，全家光荣”的社会氛围，出现了许多“适龄青年争着出去当兵”“家长支持子女参军”的先进事迹。适龄青年经政审、体检双合格，被上级军事机关选中，即成为一名光荣的解放军战士。入伍之日，新兵佩戴大红花，由所在村村干部、新兵家属、亲友，一路敲锣打鼓，欢送到政府集中，政府召开欢送会后由接兵部队士官将新兵带到部队。1969年，全公社2次征兵，入伍新兵80人，是王秀公社历史上出兵最多的一年。1979年，全公社入伍新兵18人，是王秀公社70年代出兵最少的一年。

1981年，恢复预备役制度，由公社人武部进行兵役登记，登记对象为在部队服役期满和服役1年以上、符合预备役条件的退伍军人。1984年实行民兵与预备役相结合的制度，退伍军人和符合兵役条件的公民在规定的年龄内服预备役。1985年，全乡共登记预备役兵役对象386人。1986年后，王秀征兵名额减少，每年出兵人数在10人以下。

1990年后，继续做好退伍军人、民兵预备役工作，每年进行登记，对照预备役条件，对人员进行调整充实。对预备役对象进行国防教育和军事训练，强化国防意识，提高军事素质，为充实国防后备力量打下基础。在征兵工作中，严格按照征兵工作程序，严格把好体检关、政审关、定兵关，坚持把政审、体检双合格优秀青年送往部队。

1993年，制定《王秀镇军人抚恤优待实施细则》，进一步做好优抚拥军工作，对现役军人立功者给予奖励，激励他们投身国防，争做优秀军人；新兵入伍前，先给予安排工作单位，退伍后即可就业；对烈军属遇到生产生活困难，组织志愿者给予帮助；组织慰问小组，走访慰问王秀籍战士。同年，在兵役登记工作中注重兵役登记质量，切实做到不错、不漏、不重复，全镇共登记兵役人数402人。1994年秋季征兵，圆满完成上级下达的征兵任务，征集的新兵8人，光荣走上保卫祖国的岗位。

1996年起，每年进行青年人口调查，摸清全镇兵源情况，为征兵工作提前做好准备。1997年，镇成立兵役调查登记领导小组，专门设立办公室，抽调工作人员，分别于1月中下旬、6月上旬和8月中旬，先后3次对全镇适龄青年的人数、文化结构、身体素质等情况进行调查登记。通过调查，全镇在7个年龄段中有适龄青年461人，其中农业户口399人、非农户口62人。适龄青年中，高中及以上文化程度的411人，初中文化程度的11人，小学文化程度的（主要是智障者）39人。调查登记工作实，兵役对象情况明，为选送优秀青年服兵役打下了基础。是年，王秀征集新兵6人。1998年，圆满完成新兵征集任务，征集新兵7人。

1966~1998年，王秀镇（公社、乡）除1967年、1971年、1972年未征新兵外，每年都有新兵征集任务，累计征集新兵827人，新兵的政治素质、身体状况、文化程度均达定兵要求。

第三节　民　兵

一、民兵组织

中华人民共和国成立后，王秀境内的民兵工作随各基层一级区划变化、隶属关系变动而分别由璜泾、鹿河、归庄等乡镇管辖。

1966年10月王秀人民公社成立后，由公社人武部负责民兵工作。其时，实行普通民兵制，凡18~45周岁的公民，政治可靠、历史清白、成分好、身体好，均可参加民兵组织。全公社13个大队建民兵营13个，市镇各单位设民兵连1个，全公社共有民兵6326人。

1973年9月4日，成立王秀公社民兵团。1975年，成立太仓县武装独立团王秀公社武装独立连，下辖武装民兵排13个，全公社共有武装民兵355人。

1981年11月，民兵组织建制调整，原来的武装民兵改称基干民兵，其余通称为普通民兵。基干民兵的年龄条件为18~28周岁，普通民兵的年龄条件从原来的18~45周岁改为18~35周岁。公社成立基干民兵营，各大队成立普通民兵营。1982年，公社基干民兵营下辖14个排，37个班，共有基干民兵334人，其中女民兵34人。全公社各大队建普通民兵营13个，144个排，共有民兵2705人，其中基干民兵334人（公社基干民兵营的基干民兵同时编入大队普通民兵营），普通民兵2371人。此后，根据上级关于基干民兵配建要求和民兵预备役实际工作需要，王秀基干民兵人数逐步压缩减少。

1983年实行家庭联产承包责任制后，民兵干部变动较大，为稳定民兵干部队伍，各村根据乡人武部的要求，重视在愿意留村、热心民兵工作的退伍军人中选配民兵营长。1986年，利用第二届村民委员会换届选举的契机，通过宣传导向，把年纪轻、有文化、参加过正规军事训练的中青年，尤其是退伍军人选进村委会班子，让其负责村委会治保委工作，并担任民兵营长。1988年，建立民兵干部学习制度和定期活动日制度，了解国内外形势，增强国防观念；学习军事知识，提高军事素质；相互交流学习，促进民兵工作落实。

1990年，全乡有基干民兵176人，有普通民兵985人。此后，全镇民兵工作以基干民兵为主，开展民兵学习、培训、整组等工作。同年起，为检查各单位民兵组织落实情况，每年召开基干民兵营点验大会，是年全乡基干民兵到点率达99.8%。1992年，进一步抓好民兵工作“三落实”（组织落实、政治落实、军事落实），按期进行一年一度的民兵整组工作。整组中，按照便于领导、便于活动、便于执行任务的原则，对基干民兵分布做适当调整，做到尽可能集中，尽量避免分散，以便于在执行突击任务时快速集合。

1995年，注重把思想好、年纪轻、组织纪律性强的青年吸纳为基干民兵，以提高基干民兵队伍整体素质，年内先后调整基干民兵63人。1997年，针对村民兵干部年龄偏大、不宜再做民兵工作的情况，在民兵整组中进行考察，调整充实一批年富力强的村民兵营长。同年，在第六届村民委员会换届选举中，新调整的民兵营长得到村民群众赞同，全部进村委会班子，并在村委会下设的治保委中担任主任。

1998年，镇成立民兵整组工作领导小组，制订工作计划，有序实施民兵整组工作。在整组中，对个别年龄偏大、兼职过多、精力有限的民兵干部做离任调整，对参加民兵活动无保证的基干民兵做离队处理，吸收部分刚回乡的复员退伍军人编入基干民兵队伍，从而改善了基干民兵的年龄和文化结构，民兵队伍整体素质得到进一步提高。是年民兵整组后，全镇有基干民兵122人。

二、民兵训练

1966年王秀人民公社成立后，全公社的民兵训练由县人武部培训公社一级教员，然后由公社教员培训各大队（单位）骨干，再由公社人武部组织各大队民兵骨干培训其他民兵。民兵训练采取小型、就地、分散的方法，以民兵排为单位进行轮训，训练时间穿插在农闲季节。训练内容主要有队列、刺杀、射击、投弹、爆破、单兵战术、战场救护等。每年训练结束后，将民兵分期分批集中到公社，进行军事常识考核。

1975年，枪支等常规武器由各大队民兵营保管后，民兵培训增加兵器常识和武器擦拭等内容。1978年春，为就近、方便进行民兵训练，结合疏浚双纲河，在包桥大队第10生产队（现孟河村22组）筑民兵训练射击靶台1座，堆土5650立方米，靶台用地2535平方米。

1980年后，每年分期分批对基干民兵进行集中轮训一次，每期每批训练时间半个月，全年任务一次完成。培训内容增加“三打三防”（打坦克、打飞机、打空降，防原子、防化学、防细菌武器）等军事知识和技能。

1985年，民兵的武器收缴县人武部集中保管后，每年的民兵训练由县人武部统一组织，参训的重点对象为乡人武部专职干部、预备役士官和基干民兵。同年11月，王秀基干民兵11人参加县人武部组织的集训，经考核，均达到良好成绩。

1990年后，基干民兵大多进厂务工，且定岗定位，不便离厂，因而出现“军训人员难落实，培训时间难保证”的矛盾。针对这一问题，镇（乡）人武部领导与参训民兵所在单位领导沟通后，各单位领导顾全大局，分别采取“调人换岗”“找人替岗”“暂时停岗”等办法，确保参训人员如期参加军训，每年完成军训任务。

1992年，为打造一支随时拉得出、用得上、干得好的民兵队伍，按照实战要求，坚持真训、实训、严训原则，分批组织民兵训练。军训的科目较以往既有类同，又有所不同，训练后进行考核，以检查军训实绩。

1995年，坚持高标准、严要求抓好民兵训练工作。明确训练就是上班、无故缺席视同旷工的规定，以此严明军训纪律。在训练中，除继续训练实战军事技能外，还突出提升民兵的应急抢险救援及综合保障能力。

1997年2~5月，组织基干民兵和民兵干部42人分3批参加市人武部举办的民兵集训，每期参训人员经考核测定，所训科目成绩均达到良好。

1998年，市人武部组织集训，王秀如数落实参训人员。参训基干民兵在训练中严格要求自己，努力学习军政理论和军事技术，相互之间团结友爱，遵守集训纪律和规章制度，多人受到教官表扬。

1990~1998年，在历年市人武部组织的民兵训练中，王秀人武部组织基干民兵参训235人次。参训学员在各项军事技术考核中，获评优秀59人次、良好105人次、合格71人次。

第四节　兵　事

民国29年（1940）9月，太仓县常备大队在杨漕乡施家巷设伏打击日伪军，迫使日伪军放弃下乡征粮收租行动，逃回璜泾据点。

民国30年（1941）2月，杨漕乡自卫队在太仓、常熟两县交界处柏木桥袭击日伪军运输船，缴获船上军需物资。

民国30年（1941）4月，“江抗”某部七连在王秀镇东长浜口阻击璜泾日伪军。战斗约半个小时，打得日伪军逃回璜泾据点。

民国34年（1945）8月30日晚，杨漕乡青抗会队员参与攻打拒不投降、驻扎在璜泾西塔庙据点的伪军警，为攻击部队做向导，并投入战地救护工作。

（本节兵事简述，详见第十二篇第二章第二节“老区武装斗争”）

专记：

日军暴行

民国26年（1937），王秀镇东市梢熊钰、熊瑜、熊民3家数十间房屋被日军烧毁。

民国26年（1937）10月，日机轰炸王秀镇，顾元、顾丽霞、顾高氏、顾凤麟、顾保权、郑明德一家6口（男2人、女1人、童3人）被炸遇难。

民国28年（1939）8月，一支日军队伍到伍胥村（现孟河村）搜捕“江抗”侦察小分队，在蔡友康家搜查无果，就将蔡友康捆绑起来毒打。

民国29年（1940）2月10日，日军到孙桥村追捕共产党游击队，孙桥村妇女管园为掩护民运干部被捕，因管园拒不招供，同月13日被日军枪杀于璜泾义庄。

民国29年（1940）4月，日军闯入徐福元在王秀街上的理发店，把徐福元打得鲜血直流，然后又把他的双手双脚拉住，将整个身体悬空，再甩跌地上，连续抛跌十几下，致使徐福元昏死过去。日军后将徐福元枪杀于璜泾镇西塔东侧义庄，还用硫酸毁了他的尸体。

民国30年（1941）3月28日，日军突袭杨漕乡徐家宅，徐念慈不幸被捕，当即被日军绑在树上严刑拷打，但徐念慈宁死不屈。随后遭关押，受尽折磨。同日，日本兵用枪柄砸向徐亮德的大女儿徐大妹腰部，致使徐大妹肾脏受重伤，不久便不治而亡。同日，日军到徐明德家搜捕，没有抓到徐明德，其妻李琴宝却落入魔掌。日本兵用四节大电筒和枪托敲击李琴宝头部，又将其踢倒，还用脚踩。从早晨一直到中午，李琴宝被日本兵折磨得奄奄一息。后虽然活了下来，但落下了终身伤痛。

民国30年（1941）3月30日，日军又押着徐念慈，要他在徐家宅的人群中指认抗日分子，但徐念慈宁遭毒打，始终不肯招认，后被日军枪杀于徐家宅南面的顾家宅旁。同日，日军没有得到共产党游击队的去向，便穷凶极恶，把农户家的食用菜籽油、点灯用的煤油浇洒在房屋上和室内的家具、用具上，放火烧毁了徐明德、徐亮德、徐桐3家10余间房屋及所有财物。

民国30年（1941）5月28日，在太仓县抗日民主政府总务科工作的王洪元，被日军枪杀于常熟县项桥江家祠堂。

民国30年（1941）7月，日伪发动“清乡”，在王秀桥一带驻扎兵力，封锁道路，设立关卡，村民过路卡需向日军弯腰鞠躬，稍有不慎，就遭毒打。

民国30年（1941）日伪“清乡”的一天，太仓县常备队队员吴树兴被日军拳打脚踢、强行灌水，四颗门牙被踢掉。

民国30年（1941）11月，家住横塘镇的马姓姑娘途经杨漕乡，不料遭遇日本兵。日本兵顿起恶意，把她围住。马姑娘挣脱后拼命逃跑，后被日本兵追得无路可走，只得跳入冰冷的河中。但日本兵仍不放过，把她从河中抓上岸，拖到附近的屋内，施暴轮奸。

民国30年（1941）11月3日，日伪军闯入白荡乡孙佩康家，将孙佩康小儿子孙二囡枪杀于宅前的长浜河中。

民国30年（1941）11月，高建文被日军用竹钉耙狠砸胸部和头部，打晕了就拖到河里浸冷水，醒了再打。最后，他被日军枪杀于朱家浜（原勇和乡胜利村），日军还烧了他家的4间草房。

民国34年(1945)8月23日晚，倪冠东执行任务后从何项区回来，借住在毛家巷姓顾的亲戚家，不料被叛徒发现告密。第二日凌晨2点左右，日伪军闯进顾宅，一暴徒用手榴弹猛击倪冠东的头部，随后又残忍地将他丢入白茆塘南新闸旋涡急流中，倪冠东不幸遇难。

第十四篇　民政　劳动

1966年公社设专职民政干部，1983年乡政府配民政助理员。1991年，乡政府设立民政办公室，配备专兼职工作人员，民政工作力量得到加强。1966~1998年，民政工作职能逐步拓展，工作不断细化。至1998年，镇政府民政办公室主要履行优抚安置、扶贫帮困、社会福利、敬老养老、助残服务、救灾救济、慈善事业、村民自治管理等工作职能。

1966年王秀人民公社成立初期，劳动管理由公社民政干部兼管。1975年起，劳动管理由公社工业办公室负责。1982年，公社工业办公室设劳动工资科，专门承担劳动工资等管理职能。1991年，成立王秀乡劳动就业管理所，1994年更名为王秀镇劳动管理所。主要负责全镇劳动就业安置、劳动工资审批、劳动管理服务、职工退休保养、劳动保护监察等工作。

第一章　民　政

第一节　民政机构

中华人民共和国成立至1966年9月，王秀境内属璜泾区属地，后分别归鹿河、归庄管辖，其民政工作由当时所在地政府（公社）管理。

1966年10月，成立王秀人民公社，设专职民政干部1人，具体负责优抚安置、社会救济、社会福利、抗灾救灾、户口管理和婚姻登记等工作。1979年9月，农村各大队成立民政工作小组，根据各大队人口情况，组成人员设3～5人，由各大队大队长任组长。成立后，形成公社、大队两级民政工作机构。

1983年7月王秀体制改革后设乡，乡政府配民政助理，专门负责政府民政工作。此后，随着经济社会发展，民政除履行原工作职能外，其他职能逐步拓展，工作不断细化。

1985年乡敬老院建成后，负责全乡“五保”老人养老管理工作。1988年起，指导各村开展民主选举、民主决策、民主管理、民主监督和村务公开等村民自治工作。同年起，负责申办福利企业，为残疾人提供就业岗位和生活补助。扎口管理乡慈善基金会，动员社会各界爱心人士募捐慈善基金，发展社会慈善事业。组织开展社会福利有奖募捐，筹集社会福利基金。1990年，筹建成立乡残联并组织开展工作，动员社会力量为残疾人做好事、办实事。

1991年10月，乡政府设立民政办公室，设专兼职工作人员6人，由分管副乡长王雪英兼任办公室主任，民政助理高友良任副主任。1995年后，民政职能涵盖优抚安置、扶贫帮困、社会福利、敬老养老、助残服务、救灾救济、慈善事业、村民自治管理等方面。1998年，镇民政办公室由民政助理高友良负责日常工作。

1973~1998年历任民政助理（民政干部）：吕永庚（1973.4~1982.6）、王文元（1982.7~1986.12）、高友良［1986.12~1998.11（1991.12~1993.3兼任伍胥村党支部书记）］。

第二节　优抚安置

一、优抚

王秀人民有着拥军优属的光荣传统。早在抗日战争时期，杨漕乡农民就积极参加农抗会、妇抗会、青抗会等抗日组织，配合新四军和苏常太地方抗日武装，开展抗日救亡斗争。无数村民群众冒着生命危险掩护抗日部队和战士脱险，为中共地下党和游击队传递情报，为前来训练和休整的抗日队伍提供食宿，其间发生的拥军感人故事，至今仍在民间流传颂扬。

解放战争时期，王秀人民节衣缩食，捐资筹粮，积极担当支前民工，把粮食、棉花等军需物资运送至苏北根据地和用于支援解放军解放上海作战。在抗美援朝运动中，王秀人民又无私奉献，捐款捐物，支援中国人民志愿军在朝鲜前线作战。同时，发动青年报名参军。1951~1953年，王秀先后有55人参加中国人民志愿军入朝参战，其中3人在朝鲜战场上光荣牺牲。

1955年实行义务兵役制后，除个别年份未征新兵外，每年都有王秀青年入伍。每年征兵期间，均有许多父母支持子女当兵和适龄青年踊跃报名参军的动人事迹。

1956年3月至1966年9月，王秀境内先后是璜泾、归庄、鹿河辖地，其民政优抚工作由当时所在地政府（公社）负责。

1966年10月，成立王秀人民公社，民政优抚工作逐步制度化、经常化。每年“八一”建军节、国庆节、春节等重大节日期间，对烈军属进行慰问。每年新兵入伍，召开欢送会进行欢送。在发放优抚资金方面，对“三属”（烈士遗属、因公牺牲军人家属、病故军人家属）和伤残军人及其他符合条件的抚恤对象按时发放抚恤金；对现役义务兵家属给予优待金；对50年代老复员军人和老退伍军人以及抗日战争、解放战争时期的革命工作者等优抚对象给予定期生活补助。各种优抚资金的发放标准随经济社会发展、人民生活水平提高而提高。

1967~1982年，农村生产队社员参加集体生产劳动，实行劳动工分计酬分配制度。对生产队青年服兵役的，给予按所在生产队同等劳动力全年总工分的50%~100%计算（各年度及各大队比例有所不同），年终按工分参加分配，给予优待金。同时，对烈军属等其他符合条件的优抚对象，除按规定分别给予抚恤金、优待金、定补金外，还优先供应计划物资和紧缺生活必需品。

1983年实行家庭联产承包责任制后，在优抚工作上推行征兵、优待、安置“三同步”，即在征集新兵时，同步落实优抚政策，同步落实工作单位，让新兵安心服役。是年起，由于农田由家庭承包耕种，不再由生产队评工记分，故对农村现役义务兵由原优待工分改为优待现金，按本乡同等劳动力在厂职工工资加奖金总额的70%计发。

1984年夏收夏种大忙季节，乡人武部会同各村组织帮耕小组，帮助军属户5户收割脱粒小麦12亩，移栽水稻13.5亩。同年秋收秋种大忙季节，帮助烈军属6户收割水稻16亩，送化肥21户3.2吨。1985年，将抗日战争、解放战争时期参加革命活动的农民，经申报批准，认定为革命工作者7人，通常称为红色群众，给予一定经济补助，使他们的晚年生活得到保障。

1986年，乡政府制定现役军人立功受奖制度，对现役军人立功者给予奖励。同时，订立拥军尽职公约，约定拥军优属具体事项，确保各项优抚工作落到实处。1987年，在“八一”建军节、国庆节、中秋节等重大节日期间，对烈士遗属、因公牺牲军人家属、病故军人家属和伤残军人以及现役军人家属等优抚对象进行慰问，共上门慰问32户，为他们送去慰问金和慰问品。同年，全镇各村为优抚对象做好事、办实事52件。

1988年，对烈属4人和老复员军人24人，以及50年代老退伍军人4人提高定期补助标准，在原来每人每月50元的基础上增加10元。同年7月，扩大优抚定补面，把50年代老退伍军人仍在农村务农的11人列为定补对象，给予每人每月生活补助15元。

1990年，随着生活水平的提高，农村现役义务兵优待金标准相应增加，是年全乡发放优待金29450元，优抚对象31人，平均每人享受优待金950元。1991年为现役义务兵29人发放优待金30450元，平均每人1050元。同年起，对现役军人给予立功受奖优待，收到现役军人立功喜报或立功通知书，即给予家属发放奖金，一等功300元，二等功200元，三等功100元。

1992年，制定《王秀乡军人抚恤优待实施细则》，各项优抚工作更加细化并有序实施。1993年，镇党委、镇政府组织慰问团，对王秀籍战士进行慰问，对现役军人立功者给予奖励。

1994年，为落实优抚资金，实行抚恤优待经费统筹，涉及统筹单位35个，其中村13个、镇办企业22个，全年在各村、各企业统筹到账抚恤优待经费7.98万元。统筹经费实行专户储存，专款专用。同年，为全镇“三老”（老复员、老烈属、老伤残军人）对象24人提高医药费报销比例10%。

1995年春节期间，镇党委、镇政府召开复退军人座谈会。组织慰问小组，走访慰问现役军人家庭，了解军属户生产生活情况，为他们排忧解难。同年，对50年代老退伍军人增加定补，增至每人每月30元。同年，在各村、各镇办企业中统筹抚恤优待经费9.26万元，全镇优抚对象的抚恤金、优待金按时足额兑付。

1996年，为保障全镇优抚对象与当地人民生活水平同步提高，及早落实优抚经费，在全镇开征“国防双拥基金”。基金按农村劳动力和市镇企事业单位职工每年每人20元收取。是年，全镇共统筹到账国防双拥基金14万元。同年，提高对烈属和病故军人家属的抚恤标准，烈属年享受金额为2425元，病故军人家属年享受金额为2079元。同时，对50年代老复员军人等优抚对象的定补标准按新规定发放，抗日战争时期入伍的1878元，解放战争时期入伍的1691元，中华人民共和国成立后入伍的1503元。

1997年春节前，向王秀籍现役军人27人寄贺年信，送去家乡人民的深情厚谊和美好祝愿。召开烈军属代表座谈会，并对全镇烈军属进行走访慰问。建军节前，开展为烈军属送化肥活动。同年，王秀籍战士4人被部队评为“优秀士兵”，1人被评为“训练标兵”，在接到部队寄来的喜报后，镇政府按照拥军尽职公约，分别给予奖励。同年，建华村1名战士在部队患病，经过一段时间治疗后回家休养，镇人武部、民政办干部及时上门看望，这位战士非常感动，表示康复后马上返回部队，努力学习，刻苦训练，为家乡人民争光立功。是年，为全镇现役义务兵31人发放优待金11.47万元，人均3700元。

1998年，全镇发放“三属”抚恤金、现役义务兵优待金、50年代老复员退伍军人定补金等各种优抚资金19.45万元，体现了党和政府对优抚对象的关怀。

二、安置

中华人民共和国成立初期，实行志愿兵役制，复员军人安置按照“从哪里来，回哪里去”的原则，大部分回农村务农。安置工作主要从生活方面给予关心和照顾。1954年11月后，实行义务兵役制，农村绝大多数退伍军人仍回农村从事农业生产，只有个别年份的少数退伍军人被安置到县属或乡（社）办企事业单位工作。

1966年成立王秀人民公社后，每年对退伍军人进行安置，根据其从业特长，安排合适的工作，有的进企事业单位就业，有的到商贸企业经商，有的被选拔走上公社或大队领导岗位，也有部分会工匠手艺的放弃安排自谋职业。1966~1982年，全公社共有转业、复员、退伍军人529人，其中，安排进工厂（单位）工作的有332人，担任公社、大队、生产队干部的有125人，自谋职业的有72人。

1983年实行家庭联产承包责任制后，采取征兵、安置同步进行的做法，即在每年征兵的同时，为新兵落实好工作单位，退伍后即可就业。

1985年，部分退伍军人因原就业单位撤并或工作岗位精简等而失去工作。为体现对退伍军人的关心，乡民政、人武部会同乡劳动部门，为他们提供再就业机会。是年，提出再就业要求9人，经与各乡办、村办企业（单位）联系，为他们落实了工作。

1989年，在退伍军人比往年多、原定就业单位发生变化的情况下，乡民政办公室会同劳动人事部门提前准备，为退伍军人重新落实工作单位。是年，退伍军人17人回乡后，被安排到单位上班16人，自谋职业1人。

1990年后，个体私营企业兴起，商贸流通领域活跃，职业选择机会增多，故不再实行“先安置后入伍”的办法，鼓励退伍军人回乡后根据本人特长自谋职业，或自主创业。若需要安排的，由乡、村按照优先安置的原则，在招工时优先安排退伍军人进企事业单位或村里工作。1991年优先安置退伍军人11人。

1993年，政府召开退伍军人欢迎会，颂扬他们在部队得到锻炼，为国防事业做出贡献；欢迎他们回乡投身家乡建设，为王秀新农村建设再立新功。是年，安置退伍军人到镇办企业工作5人。

1996年，镇村办企业全面进行经营机制转换，企业所有制发生变化，原镇村集体企业转为民营企业，政府安置由原直接分配安排变为向企业推荐，由企业录用。是年，有当年退伍军人6人需要安置，经向企业推荐，得到企业支持，其工作全部得到落实。

1998年，由于劳动人事制度的变化，对退伍军人安置进行相应改革，由原给予安排工作改为“以货币安置为主，就业安置为辅”。当年回乡的退伍军人，有的因本人要求，仍给予工作安排；有的自谋职业，政府给予一次性经济补助。

第三节　扶贫帮困

一、救灾救济

1966年10月王秀组建公社后，民政干部每年做好贫困户调查，在此基础上，做好救灾救济工作，对遭受自然灾害造成严重损失的受灾户和劳少人多、年终生产队分红时超支的生活困难户以及年老体弱、常年患病、无生活来源的特困户等扶贫对象，根据其不同情况，分别给予救济。1967~1982年，全公社累计发放社会救济款12.33万元，其中临时补助10.98万元、定期补助1.35万元，先后得到救济的困难户有1508户。

1983年实行家庭联产承包责任制后，部分家庭存在缺劳力、缺技术、缺资金的困难。针对出现的新情况，各村充分发挥共产党员、共青团员作用，通过党员联系户、团员关心户、妇女关爱户等帮扶形式，帮助困难家庭种好责任田，发展家庭经济。

1984年起，由于农业经营机制变化，农村扶贫形式和方法也开始改变，由原来以“输血型”扶贫为主，改为以“造血型”扶贫为主，除对无劳动能力的特困户仍给予现金救济外，对其他贫困户主要帮助他们发展生产，实现增收脱贫。是年，乡和各村共投入扶持资金4464元，支持贫困户128户发展农副业生产，年末有23户通过发展种植业、养殖业，增加了收入，摆脱了贫困。

1985年，进一步重视开发式扶贫，为重点扶贫户14户提供生产性扶助资金2400元，支持他们饲养家畜家禽或种植蔬菜。此外，还安排贫困户中有上班能力的7人进厂务工。至1986年，重点扶贫户14户中有12户脱贫，其中2户的人均收入超过当地农户的人均收入。

1988年，开展贫困户调查，摸清贫困户户数、人数，然后根据不同情况进行扶贫。是年，给因病致贫、因残致贫的生活困难户42户发放临时救济款7500元；为住房困难户29户修建房屋，优先优惠供应计划八五砖100万块和水泥楼板600块，其中为特困户4户修理危房，补助修房款2000元。

1990年，为缺劳力、无收入的特困户发放生活救济款，对因病致贫、因灾致贫新出现的贫困户发放医疗补助款，对住房困难户发放危房改造补贴款。全年扶持贫困户34户，发放各种扶贫款5万元，其中帮助住房困难户6户修建了房屋。1994年，为住房困难户2户解决危房改造资金5000元，使他们改善了住房条件。

1996年，为全镇因病致贫的贫困户9户发放临时救济款2.32万元。同年，为防止贫困户遭灾出险而雪上加霜，由民政部门出资为贫困户25户办理家庭财产保险和人身保险。此外，为减轻贫困户有关税费负担，政府财政部门落实减免政策，全年为贫困户减免农业税及其他税费3.1万元。

1998年，重点扶持贫困户22户，发放生活救济、医疗补助和生产性扶助资金等各种扶贫款5.82万元。

二、助残工作

1966年，王秀公社有残疾人（盲、聋、哑及肢体残疾的人，通常称“四残”人员）263人。60~70年代，在生产队集体生产、集中劳动时期，对有劳动能力的残疾人，由公社、大队安排合适的工作，或由生产队安排轻便的农活，让他们自食其力；对无劳动能力、缺乏生活来源的残疾人给予生活救济。

80年代中期起，建办王秀福利院，让身边无子女、生活不能自理的残疾人进福利院，由集体供养。申办福利企业，把残疾人安排到福利工厂工作，让其有务工收入，或挂靠到福利工厂，享受生活补贴，使残疾人生活得到保障。1985年安排残疾人进厂工作70人，1986年安排进厂或挂靠残疾人增至117人。1988年，王秀卫生院组织医务人员到福利工厂对残疾人员进行体检，对个别残疾人不能到厂的，为他们上门体检。体检后，建立残疾人健康卡片，一方面为残疾人预防保健提供体检数据，另一方面为福利企业接受验收提供基础资料。

1990年，王秀乡残疾人联合会成立，与乡民政办公室一起开展残疾人关爱工作。同年，开展残疾人及家庭状况调查，全乡共有残疾人235人，其中有劳动能力的156人。年末，安置有劳动能力的残疾人进厂工作133人，安置率85.26%。

1991年起，宣传贯彻《残疾人保障法》，每年5月开展“助残日”活动。通过多种形式，广泛宣传《残疾人保障法》，保障残疾人享有同其他公民平等的权利，营造“尊重残疾人人格、维护残疾人权益、关爱残疾人生活”的社会氛围。1992年，在开展第2个“助残日”活动期间，走访慰问残疾人困难户25户，发放慰问金9500元。

1994年，宣传贯彻《江苏省实施〈残疾人保障法〉办法》。在开展第4个“助残日”活动期间，镇民政干部会同福利企业负责人，走访慰问病休在家的残疾职工，了解他们的生活情况，为他们送去生活必需品。

1995年，组织残疾人职工参加太仓市“志强杯”残疾人运动会，让残疾人通过竞技比赛，增添生活乐趣，培养吃苦精神。同年，在残疾人中开展“自尊、自信、自立、自强”教育，引导残疾人积极向上、树立信心，争做生活强者。同年12月，成立王秀镇残疾人工作协调委员会，组成人员16人，由分管副镇长王雪英任主任，以进一步做好关爱残疾人的服务协调工作。

1996年，镇民政办公室在卫生院的支持下，对全镇残疾人进行残疾情况普查，全镇共有残疾人227人，其中视残22人、听语残11人、肢残142人、智残36人、病残16人。在普查的基础上，为全镇福利企业残疾职工116人发放了残疾证。

1997年“助残日”活动期间，走访慰问残疾人困难家庭12户，为他们送去慰问金和生活必需品。同年，全镇有劳动能力的残疾人142人，其中安置进厂131人，安置率92.25%。未进厂的残疾人也得到各方面的关心和照顾。

1998年，镇机关和各村、各企事业单位，通过为残疾人安排就业、给予生活临时救济、资助困难家庭修建住房、捐助贫困学生读书等形式，为残疾人办实事，做好事52件，使残疾人250余人次受益。全镇残疾人生活安定。

第四节　社会福利

一、福利院

1985年，建办王秀乡福利院，位于永安路人民桥北堍东侧（现王秀农村商业银行对面），占地面积2000平方米。沿路有4上4下楼房280平方米，底楼为商业门市部，二楼为办公用房。院内有宿舍12间，建筑面积400平方米。有工作人员6人。福利院主要负责供养农村中无劳动能力、无生活来源、无法定赡养人的“五保”老人，为他们提供保吃、保穿、保住、保医、保葬等“五保”养老服务。建院时，全乡有“五保”老人13人，首批进院有10人，另有3人以所在村供养为主，乡民政给予适当补助，其亲戚、邻居给予生活起居上的关心和照顾。

1986年起，福利院创办经理部，负责人李兴元，主要经营食品及日用小商品，其盈利用于社会福利事业。1987年，福利院增加伙食费，提高入住“五保”老人的生活待遇。同时，进一步改进服务管理，对老年人的身体状况、生活习惯和饮食口味等方面进行调查，然后根据不同需求，有针对性地做好服务工作。

1990年后，福利院发展第三产业，以副养院工作取得成效。1994年院办经济实体实现利税17万元，同年，对“五保”对象再次提高供养标准，平均每人每月生活费增至1400元。1995年后，福利院逐步增加投入，进行硬件改造，房间增添卫生设施，安装纱窗纱门，配备电视机、电风扇、空调等，实现硬件建设规范化。1996年，聘请保健医生，为老人进行健康检查，指导老人及时服药，减轻老年性疾病病痛。1998年，福利院供养入住“五保”老人6人，管理院外“五保”老人3人，让老人吃得好，穿得暖，住得舒心。

1985~1998年历任王秀福利院院长（负责人）：张美华、赵惠英、樊瑞芳。

二、福利工厂

80年代中期开始，根据福利企业享受国家税收优惠的政策，先后创办太仓涤纶化工厂、太仓针织布厂、太仓法华丝厂、王秀建民福利工厂等4家享受免税待遇的福利工厂，安排残疾人进福利工厂务工，解决残疾人就业难问题。同时，免税部分充实民政经费，用于福利事业。

1989年，根据上级要求，对福利工厂进行全面清理，重新核准。为使福利工厂顺利通过审核，民政办公室与福利企业做好迎检准备，建立残疾职工名册、体检报告、健康卡片、财务账册等台账资料。由于准备充分，是年4月份太仓县对福利工厂进行验收和10月份进行抽查，王秀各个福利工厂均获得一次性验收通过。1991年6月，太仓涤纶化工厂厂长周建平被苏州市民政局评为苏州市先进福利工厂厂长。

1994年，福利企业进一步端正办厂方向，充分考虑福利企业为残疾人谋福利的原则，坚持从生产生活上关心照顾残疾职工，从技术上帮助培养残疾职工，从思想上疏导教育残疾职工。是年，全镇福利企业残疾职工122人工作安心，生活安定。

1996年，镇政府对福利企业实施经营机制转换，把原来的集体承包改为个人风险抵押承包。转制后，福利企业有2家，即太仓涤纶化工厂和太仓法华丝厂。同年，为确保企业转制后能继续享受国家税收优惠政策，在税务部门的关心支持下，2家企业认真做好年检准备工作，在年检时均获一次性通过。是年，2家福利企业完成销售收入2320.06万元，取得了较好的经济效益和社会效益。

1998年，福利企业切实根据残疾职工身体情况和特长，因人制宜安排工种，改善劳动环境和工作条件。同时，坚持同工同酬原则，保障残疾人应得权益。是年，福利企业安置有劳动能力的残疾人135人，为残疾人就业增收做出了贡献。

三、福利基金会

1987年，建立王秀乡福利基金会，筹集福利基金2.36万元，扎口民政办公室管理。福利基金主要用于生产性放贷，扶持贫困户发展生产，另有一部分基金给贫困户应急借用，或作生活补助，或用于慰问金和慰问品支出。是年，民政办公室用福利基金发放扶贫贷款1.35万元，扶助贫困户38户，当年脱贫8户。临时救济发放借款0.95万元。

1988年，在借贷方面认真按照基金会章程规定操作，严格借贷手续，并及时做好资金的回收工作。年内，在社会各界的捐助下，基金总额比上年有所增加。年末，基金会有基金3.61万元，发放扶贫贷款1.91万元，暂借款1.2万元，账面余额0.5万元。

1990年，基金会有基金5万元。此后，凡放贷或借出或用于送温暖的资金由乡分管领导把关审批。基金用于扶贫，专款专用。若借贷的基金，坚持有借有还的原则，到期后及时结算。至1998年，基金会得到社会各界支持，基金总额增至10万元。自1987年基金会成立至1998年，基金会共帮扶贫困户276户次，受益人口722人次。

第五节　民政事务

一、婚姻登记

民国时期，青年男女受封建思想影响，做不到恋爱自由、婚姻自主。男女结婚，讲究门当户对，一般都由媒人介绍或父母包办。结婚时，不办登记手续。只要举行婚礼，夫妻关系即告成立。结婚后，婚姻得不到法律保障。同样，离婚、复婚也不办理手续。

1950年5月1日，中华人民共和国成立后第一部《婚姻法》实施后，废除封建包办婚姻，实行婚姻自由、一夫一妻、男女平等的婚姻制度。1950年10月起，开始办理婚姻登记手续，发放结婚证。结婚登记由所在乡人民政府办理，离婚、复婚登记由所在区人民政府办理。法定结婚年龄为男20周岁、女18周岁。但当时人们对《婚姻法》认识不足，且农村群众中普遍存在“早养儿子早得福”的思想观念，故青年男女结婚普遍较早，有一部分青年男女不去办理婚姻登记、未到法定婚龄便结婚生育。

1962年，婚姻登记改为县民政部门直接办理。1965年，又恢复为公社办理。当时王秀还未成立公社，王秀境内南部、北部青年男女结婚分别到归庄和鹿河公社登记。1966年10月王秀成立公社后，由民政办公室办理婚姻登记手续。结婚登记日期为每年的五一、国庆、元旦、春节4个节日前后。

1974年后，提倡晚恋、晚婚、晚育，广大青年普遍推迟结婚年龄。1976年起，实行计划生育，并辅之相应的制约措施，青年男女结婚年龄推迟到男25周岁、女23周岁。

1980年9月10日，第五届全国人民代表大会第三次会议通过新的《婚姻法》，结婚年龄改为男不得早于22周岁，女不得早于20周岁。鼓励晚婚晚育。由于当时实行计划生育和晚婚晚育政策，青年男女结婚年龄普遍在男25周岁、女23周岁以上。

1980年10月至1981年4月，青年男女结婚，任何时候都可以到民政办公室办理登记。登记时，须凭双方户口簿、非直系和3代以内旁系血亲证明、未婚证明、其中一方户籍接收证明、证件照及公社卫生院健康检查报告等相关证件，才给予办理登记手续。若男女双方要求协议离婚的，在离婚前，民政部门先对夫妻双方进行劝解，经过多次调解，确无和好可能的，才给予办理离婚手续。

1981年5月起，结婚登记日期又改为每年的五一、国庆、元旦、春节4个节日前后。1987年起，对晚婚规定不再强调执行，青年晚婚率逐年下降。1990年开始，规定每月20日为结婚登记日。1994年1月起，实施《婚姻登记管理条例》，强化管理，严格把关，进一步规范登记手续。1996年，全年共办理结婚登记134对，其中初婚233人、再婚35人；离婚登记6对。1997年开始，婚前健康检查在太仓市妇幼保健所进行。1998年，民政办公室坚持按照《婚姻法》和《婚姻登记管理条例》的规定，认真审核各类证件，依法办好婚姻登记，杜绝违法婚姻发生。

1980~1998年王秀镇（公社、乡）结婚登记选年统计：1980年195对，1985年185对，1990年125对，1995年151对，1998年118对。

二、殡葬改革

民国时期，对死者实行棺木土葬。民间讲究死后与祖先葬在一起，故农村死者多数被葬于自家祖坟坟地上，市镇上无地的居民需到农村买地安葬死者。其时，殡葬形式也有差异，富庶人家做道场，建墓穴，立碑文，厚葬死者。贫民人家稍做佛事，简衣薄棺，将死者草草安葬。也有一些贫苦人家，因无钱买棺木，只用芦席裹尸安葬。在农村，由于各家各户自选坟地，造成坟地零乱分散，不仅浪费土地，而且有失雅观。

中华人民共和国成立后，逐步实行殡葬改革，坟墓开始相对集中。50年代农业合作化时期，农村各地结合平整土地，将过去零乱分散的坟墓迁移集中起来。1958年人民公社化后，基本上每个生产队都选择一处地块用作墓地。

1967年8月，太仓县在沙溪公社涂松大队建火葬场后，开始由土葬改为火葬。刚推行火葬改革时，遇到一定阻力，各级干部做了大量的动员工作，农村中一旦有人不幸亡故，党员干部便及时上门哀悼，慰问亲属，并进行移风易俗宣传。由于动员及时，工作细致，火葬很快得到推行。1970年，全公社火化死者107人，火化率100%。此后，死者以棺木土葬绝迹。

实行火葬后，丧事旧俗也有了较大改革，原用祭祀方式告慰亡灵改为召开追悼会寄托哀思，原烧香点烛改为敬献花圈悼念逝者，原亲属披麻戴孝改为佩戴黑纱。死者火化后，其骨灰盒由家属捧回，在家中客厅一角设供桌，放骨灰盒，置供品。一年后的清明节将骨灰盒移入墓地，俗称“落葬”。

1980年后，由于工业发展、兴修水利、农田建设等，土地用途发生变化，所涉墓地由乡、村重新规划安排。1990年后，农村丧事习俗虽比土葬时有较大变化，但又逐步恢复了诸如做道场、说宣卷、扎纸房等传统风俗。1995年后，丧事人家的“做七”“过清明”等祭奠活动开始简化，有的人家在办丧事时并在一起进行。有的丧事人家改死者骨灰盒一年之后落葬为火化后直接送至墓地落葬。1998年，为美化绿化环境，改善路容路貌，开始对道路两侧的墓地实施迁移，由各村会同所涉村民小组重新选择较为偏僻、不便耕种的地块用作墓地。

三、其他事务

户籍管理　1966年10月起，由公社民政部门负责全公社户口管理，具体办理人口出生登记、人口死亡注销、人口变动迁移等事项。1966~1984年，民政办公室共登记出生人口4406人，注销死亡人口2080人，办理迁移户口5216人，其中迁入2234人、迁出2982人。1984年末全乡总人口16051人，比1966年末总人口14473人增加1578人。1985年4月，太仓县公安局王秀派出所成立后，民政办公室户籍管理

工作移交公安派出所负责。

界桩管理　王秀镇与常熟市边界有2处界桩，一处在南港村与常熟何市界，由王秀民政办公室管理；另一处在草庙村（现杨漕村）与常熟东张界，由常熟方管理。自1966年王秀成立公社起，边界双方保持联系，每年对界桩进行检查，确保边界线不被移动。1998年，两处界桩保存完好，边界相邻村民友好往来，和睦相处。

有奖募捐　1987年起，由中国社会福利有奖募捐委员会在全国范围内发行社会福利有奖募捐券（简称“奖券”）。根据上级民政部门要求，乡民政办公室认真做好代销奖券和开奖兑奖工作。1988年，按时完成县分配代销奖券任务3万元。此后至1995年，每年组织代销，均完成3万~4万元的分配任务，为上级筹集福利资金做出贡献。1996年后，不再分配乡镇代销，由上级民政部门直接组织人员开展社会福利有奖募捐工作。

下放职工农转非　农转非，即农业户口转为非农户口。1987年4月至1988年12月，为60年代下放职工落实农转非政策。因这部分职工下放时间长，人员身份变化大，情况比较复杂，且农转非工作政策性强，民政办公室广泛开展调查工作，在摸清人员情况的基础上，又认真对照政策，然后整理上报材料。这次落实政策，涉及81户152人。经上级审核批准，其中有33户48人符合条件，给予农转非。在报批审定后，民政办公室对不符合农转非条件的人员及时做好解释工作，让当事人了解政策，正确对待。

第六节　村民自治

一、自治组织

1966年10月至1983年6月，王秀人民公社实行政社合一管理体制，下设的13个生产大队既是经济管理机构，又是行政管理机构。大队干部由上级党组织任免。

1983年7月，公社、大队体制改革，公社改设乡人民政府，大队改称村，生产队改称村民小组。此后，村民委员会属村民自治组织，村委会干部由村民选举产生。1983~1985年，全乡13个村委会列为第一届。

1986年，贯彻中共中央、国务院《关于加强农村基层政权建设工作的通知》精神，加强村委会组织建设。同年，在村委会换届选举中，各村选举产生第二届村委会，村委会下设生产建设、人民调解、公共卫生、治安保卫、社会福利等工作委员会。通过换届选举，充实了一批年纪较轻、群众公认，并有一定文化程度的村委会干部，提高了村委会自治能力。

1988年6月起，贯彻《村民委员会组织法（试行）》，深入开展学习教育，提高广大干部群众对村委会地位、作用、性质、任务的再认识。同年，在村委会换届选举中，村委会主任候选人由乡党委考察提名，其他候选人由村推荐、乡审核，然后通过村民大会选举，产生第三届村委会。

1990年9月后，贯彻民政部《关于在全国农村开展村民自治示范活动的通知》，进一步加强基层民主建设。1991年，在实施第四届村委会换届选举中，自下而上、自上而下民主协商确定候选人，经全体村民无记名投票，直接选举产生村委会主任、副主任和委员。

1994年，按照太仓市统一部署，开展第五届村委会换届选举工作。这次换届，村委会候选人由民主协商推荐、选民10人以上联名提出，然后无记名投票，将得票多的确定为正式候选人，最后由全体村民选举产生村委会组成人员。这次换届选举，全镇13个村实发选票12348张并如数收回，其中有效票11970张、弃权票171张、废票207张，参选率为99.88%，共选出村委会组成人员72人。

1995年，由于工作需要，村委会主任有5人工作变动，造成主任岗位空缺。为确保村委会正常开展工作，是年9月26日对5个村空缺的主任进行补选。各村均召开村民代表大会，采取无记名投票的方法，完成了补选工作，从而健全了村委会班子。

1996年，为适应经济社会发展，根据“市镇居住人口增多、居民事务需要服务管理”的情况，王秀镇市镇居民委员会在王秀镇上成立，成为居民群众的自治组织，从而改变了王秀市镇上一直无居民管理组织的状况。居委会成立后，积极做好人口管理、民事调解、社会救济、规费收缴、治安管理等工作。

1997年，在开展第六届村委会换届选举中，全镇13个村村民参选率达99.9%，一次成功率100%，共选出村委会主任13人，其他组成人员57人。同时，各村共选出村民代表362人。第六届村委会下设生产建设、人民调解、文教卫生、社会保障、治安保卫等工作委员会，机构名称较以前有所变化。

1998年，全镇基层自治组织有14个，其中村委会13个、居委会1个。

二、自治管理

1988年实施《村民委员会组织法（试行）》后，王秀乡按照村民自我管理、自我教育、自我服务的要求，开始探索村民自治工作。1990年9月后，根据上级民政部门文件精神，开展村民自治示范活动。乡成立村民自治示范活动指导小组，指导各村制定村民自治章程，建立民主管理制度，规范村民自治工作。

1991年，利用第四届村委会换届选举契机，各村依法选举村委会干部，建立村民代表会议制度，健全村委会下设机构及村民小组，制订村规民约，初步形成村民自治的管理体系和工作格局。

1992年起，发挥村民代表作用，让村民代表参与村务管理，开展民主监督。村委会实施的重大事项，事前征求村民代表和广大村民意见，以使村委会工作更具可行性，更符合广大村民意愿。各村村委会工作半年一小结，一年一总结。定期召开村民代表会议，通报村委会工作情况及计划打算，增强工作透明度，扩大群众知情权，把村委会工作置于广大群众监督之中。

1994年，在第五届村委会换届选举工作结束后，镇民政办公室及时指导各村制订村委会工作三年规划，修改完善村委会工作制度。在此基础上，及时举办新当选村干部培训班，教育村干部增强民主意识，密切干群关系，自觉接受村民群众工作监督。进一步明确村委会工作任务和职责，提高做好村民自治工作的能力和水平。

1996年起，各村制订财务监督制度，建立民主理财小组，将村级资产收益、村级费用支出、工程项目投入、合作医疗收支、困难户补助等财务收入情况提交民主理财小组审核。推行村务公开工作，各村在村委会所在地设立村务公开栏，将村规划建设、实事工程、人事安排、评先评优、奖励补助、村级收支等村务、财务内容，定期或不定期在公开栏内公示，接受村民群众监督。

1998年，各村村干部确立全心全意为人民服务宗旨，办好村级民生事业实事工程，带领群众创业致富。抓好精神文明建设，开展创建文明村、卫生村和评先创优等活动，发动村民群众积极参与民主管理。农村村委会自治组织的自我教育、自我管理、自我建设、自我服务功能日趋凸现，基本形成以民主选举、民主决策、民主管理、民主监督为主要内容的村民自治制度和工作机制。

第二章　劳　动

第一节　劳动就业

1966年王秀人民公社成立后，由公社民政干部兼管劳动就业，主要负责学生毕业分配和特殊对象照顾就业等工作。1968年起，做好知识青年上山下乡工作，全公社先后接纳来自苏州城区等城市知识青年244人，分别安置在13个大队。1973年起，按照国家政策，知识青年陆续返城就业。

1975年社队企业发展起来后，陆续安排当地农民进厂务工。至1980年，全公社工业企业就业职工有2256人，其中社办企业1030人、大队办企业1226人。1981年后，境内纺织、轻工、机械、化工、建材等门类的一批工业企业逐步形成规模，为农民离土不离乡务工就业提供了更多的岗位。至1986年，全乡工业企业就业职工增至5124人。

1990年起，王秀各工业企业大搞技改投入，扩大生产规模，乡劳动部门为企业做好招工服务工作。1992年前后，针对企业劳动力紧缺的情况，劳动部门发布招工信息，吸纳外来人员进厂务工。1993年，全镇镇办村办工业企业就业职工达5337人，其中镇办企业3505人、村办企业1832人，是王秀工业发展史上务工人员最多的一年。

1994年个体私营工业和其他非公经济组织发展起来后，劳动用工不再安排，改为双向选择，镇劳动管理部门重点做好择业人员信息登记工作，向招工单位推荐介绍择业者，然后由招工单位和择业人员双向选择。1996年镇办、村办企业实行转换经营机制改革后，业主对职工队伍进行调整重组，大部分职工被留用，有的职工下岗。其时，镇劳动管理部门重视做好下岗职工再就业工作。1997年，王秀工业进入转型期，关停并转企业比较多，在厂就业人员相对减少。1998年，全镇工业企业就业职工3425人，其中镇办企业2727人、村办企业698人。

第二节　劳动工资

50~60年代，社办企事业单位职工的工资，由各单位参照太仓县企事业单位工资标准执行。1969年，全公社统一工资标准，职工月工资标准为男30~33元、女27~30元，工资上下限额留有余地，具体由各单位根据各人工种计发。其时，各企业职工绝大多数是务工社员，属亦工亦农性质。对务工社员实行“劳动在厂，分配在队，厂队结算，适当补贴”的分配制度，即在厂务工的工资，除留一小部分外，大部分转入所在生产队，由生产队给予在队同等劳动力的工分，年终与务农社员一样参加分配。

1975年5月起，社办企业职工工资由公社工业办公室审批，各企业工资标准略有差异，重体力劳动的单位相对稍高。是年，根据务工社员在外费用开支大的实际情况，公社统一规定务工社员每月自留工资6元作为菜金补贴，其余转队参加分配。其时，经太仓县劳动局安排的职工，工资按照国家规定的大集体同工种工资标准定级。

1979年，对社办企业职工工资稍做提高调整，调整后月工资为男31~35元、女28~31元。在调整工资的同时，推行职工收入与企业利润挂钩的奖金制，按月预发一部分奖金，年终统一结算。同年，对务工社员实行向所在生产队交活积累的规定，工资一部分上缴积累，其余归己。活积累缴纳标准按务工社员所在生产队社员年终平均分配水平决定，分配水平在140元以下的生产队，务工社员上缴工资额的11%；140~150元的上缴10%；151~160元的上缴9%；依此类推。1980年，又对缴活积累做了补充规定，年终分配水平100元及以下的生产队，务工社员上缴工资额的14%；101~110元的上缴13%；111~120元的上缴12%。

1982年7月，对企业职工进行考工定级，按照太仓县社办企业月工资的级差标准，分为一级30元，一级半32.5元，二级35元，二级半37.5元，三级40元，三级半42.5元，四级45元，四级半47.5元，五级半52.5元，六级55元。

1983年实行家庭联产承包责任制后，在企事业单位工作的职工不再向村民小组缴纳积累，职工全额领取固定工资及奖金，其工资晋级由工业公司劳动工资科审批。1986年后，各工业企业为调动职工积极性，各自提高职工工资及福利待遇，造成企业之间职工工资及待遇差距拉大。1989年，乡经联会印发文件，对各单位不同性质的人员分别做出工资及福利待遇的规定，从而使各单位有了统一标准而规范了劳动工资管理。

1991年，乡办各企事业单位职工的基本工资（指档案工资）及津贴，按照国家劳动部门规定的工资标准，由乡劳动就业管理所审批。1993年，调整镇办企事业单位职工起点工资，普增两级档案工资。调资晋升后，镇办企事业单位职工工资同市属大集体单位职工工资基本接轨。

1996年后，通过企业产权制度改革，原镇办、村办企业转为民营企业。此后，政府取消指令性工资计划，民营企业自主权扩大，业主自行决定职工工资，但业主必须根据劳动部门提出的工资指导线计发职工工资。同年，规定职工月最低工资标准为240元，业主在计发职工工资时不得低于此标准。1997年、1998年，各企业均按照不低于当年月最低工资标准计发职工工资。

第三节　劳动管理

1966年10月起，各企事业单位用工，由公社将名额分配到各生产大队，由大队根据用人单位要求和各生产队劳动力情况，安排亦工亦农人员到企事业单位工作。具体亦工亦农人事安排，由公社分管领导负责，公社民政干部兼管。

1975年5月起，企事业单位招工由公社工业办公室统一招工、统一分配、统一管理。安排亦工亦农人员进单位工作，须填报“亦工亦农呈批表”，大队、生产队盖章同意，公社工业办公室批准，审批手续完备后，亦工亦农人员方可到录用单位上班。对亦工亦农人员的劳动管理，主要由单位制定规章制度，规范劳动纪律，约束职工行为。

1983年起，各乡办企事业单位职工的招工、处罚、辞退（除名）和工资定级、晋升等工作，由乡经联会管理，具体工作由工业公司劳动工资科负责。是年12月，乡经联会审批“亦工亦农呈批表”23份，同意有关单位招收职工23人。

1991年起，全乡的劳动管理由乡劳动就业管理所负责。1992年1月起，乡办企事业单位招收的新职工全部实行劳动合同制。劳动合同一年一订，明确用人单位与职工的权利和义务。招收劳动合同制工人，由企业提出书面申请，特殊工种和特定情况，企业可以提出建议名单，乡劳动就业管理所根据劳动力资源和招工条件给予统筹安排。

1993年，镇劳动就业管理所协助企业建立职工花名册，做好全员人事档案工作，规范招工、调动、辞退等办理程序和手续。对外来务工人员进行登记，办理劳务许可证，及时为企业提供人力资源信息，协助企业做好劳动力的调配工作。同年，协助7家纺织服装劳动密集型企业招收职工320人。

1994年，进一步加强劳动合同制管理，协助企业完善合同条款内容，规范合同条款用语，全镇共签订职工劳动合同1525份。同年，搞好外来务工人员就业培训，按照年度培训计划，有序开展外来务工人员职业教育，全年举办培训班7期，受训职工252人。

1996年镇办、村办企业转制后，重点到非公经济企业宣传《劳动合同法》，督促企业规范劳动用工，指导企业与职工签订劳动合同。同时，针对“企业转制、劳动力重组、职工转岗多”的新情况，及时做好劳务许可证发放工作，促使外来务工人员有序择业，合理流动。

1998年，镇劳动就业管理所在做好劳动用工服务管理的同时，注重做好劳动保护监察工作，重点围绕职工签订劳动合同、不得擅自延长职工劳动时间、禁止使用童工、按时足额发放职工工资、照顾怀孕哺乳期女工、预防职业病危害、落实安全生产保护措施等方面进行检查。同年，处理违反劳动管理规定案件6起。

第四节　退休保养

1966~1982年，对国营、大集体单位人员及居民工，按照国家相关政策办理退休手续，发放退休金。农村亦工亦农性质的职工，部分工资交所在生产队，给予记工分，与在队务农社员一起，年终参加生产队分配，退休后无退休金。对个别有特殊贡献或患病后生活困难的退休老职工，由所在单位给予少量的保养金。

1983年，乡办企事业单位开始探索职工退休保养制度，由各单位根据经济能力自行办理。1987年起，推广职工退休保养制度，并实行全乡统筹，由乡工业公司劳动工资科操作实施。统筹后，统一收交各单位退保基金，并专户储存，专款专用，职工到达退休年龄后，统一办理退休保养手续，领取保养金。此退休保养制度，时称“小统筹”。1988年起，退保统筹逐步扩覆，参保单位增加，退保职工增多。1991年8月，职工退休保养工作由王秀乡劳动就业管理所实施。是年，全乡小统筹范围内发放退休保养金12.4万元，享受保养金退休职工246人，每人每年平均504元。

1992年，开始推行农村社会养老保险制度，成立王秀乡农村社会养老保险办公室，配备专职工作人员1人，与民政办公室合署办公，具体工作由民政办公室负责实施。农村社会养老保险保费，每人每年交200元，连续交3年，共600元，退休后享受一定数额的养老金。实施之初，由于许多职工不理解政策，主动参保的人员较少，工作推进缓慢。对此，民政办公室经办人员深入各村、各企业，宣传养老保险好处，动员干部职工参保。之后，这项工作有所推进。1995年，全镇累计参加社会养老保险人员185人，共收到基金11万元。

1996年，王秀镇农村社会养老保险办公室撤销，其机构和专职工作人员并入王秀镇劳动管理所，原由民政办公室操作实施的社会养老保险工作由镇劳动管理所接管。1997年，随着社会养老保险制度的建立和全面推行，原乡办小统筹退休保养制度与社会养老保险制度逐步并轨。1998年11月王秀镇并入璜泾镇后，社会养老保险工作由璜泾镇劳动管理所（后更名为社会保障所）实施。

第五节　管理机构

1966~1975年，劳动管理由公社党委分管领导负责。1975年5月，成立王秀公社工业办公室，在抓好社队工业发展的同时，负责全公社工业劳动力安置、职工工资审批、安全生产管理等工作。

1982年12月，公社工业办公室设劳动工资科，成为专门负责全公社劳动就业、劳动工资、劳动管理的职能科室。劳动工资科设科室人员2人，科长黄茂林。1983年3月，工业办公室改称工业公司，劳动工资科隶之。同年7月，公社体改后，工业公司劳动工资科隶于乡经联会。

1991年5月，王秀乡农工商总公司成立后，原工业公司劳动工资科成为总公司的职能科室。同年6月，劳动工资科改称劳动人事科，由工业公司副经理陆文雄兼任劳动人事科科长。同年8月，成立王秀乡劳动就业管理所，总公司劳动工资科并入。该所为乡政府专门负责全乡劳动就业管理的职能机构，业务上受太仓县劳动部门指导，主要承担劳动用工、劳动工资、职业介绍、就业安置、职教培训、劳动争议调处、劳动保护监察等管理服务工作。劳动就业管理所有工作人员4人，所长陆文雄。

1994年9月，根据太仓市机构编制委员会太机编〔1994〕第43号文件精神，将王秀镇劳动就业管理所更名为王秀镇劳动管理所。同时为适应市场经济对劳动力的需要，增挂“王秀镇职业介绍所”，实行两块牌子、一套班子运作模式。

1998年，王秀镇劳动管理所位于永安路南端西侧，与农业、建管、土地、工商等部门合用一幢楼房，楼开间5间，高3层，劳动管理所设于二楼。同年11月，王秀镇并入璜泾镇，劳动管理所暂时保留，做好并镇后的衔接工作。1999年4月，王秀镇劳动管理所撤销，并入璜泾镇劳动管理所。

第十五篇 文化 教育 科技

1966年王秀人民公社成立后，重视文化投入，发展文化事业。1970年后，先后建办图书室、电影队、影剧院等，文化场所不断拓展，文化设施逐步完善。公社文化站发挥文艺业余爱好者的积极性，创作、排演文艺节目，丰富广大群众文化生活。1985年，乡政府整合文化资源，成立王秀乡文化中心，开辟图书阅览室、棋牌室、乒乓球室、桌球室、放像室、歌舞厅、文化茶室、照相服务部等文化阵地，为广大群众提供文化服务。在文学、书画方面，王秀有众多业余爱好者，许多文学作品在太仓市级及以上报刊上发表，被各级各类宣传媒体录用；也有众多书画作品入选各级社团举办的书画展，并屡屡获奖。1995年起，王秀镇开展争创江苏省群众文化先进镇活动，群众性文化工作取得显著成效。1997年，王秀镇被江苏省文化厅评为江苏省群众文化先进镇。

1966年后，王秀幼儿教育历经农村生产队办幼托班，各村办幼儿班，镇（乡）办中心幼儿园和农村片区幼儿园的办学过程；小学教育布局调整，村级小学学生逐步向市镇中心小学撤并；中学教育历经初级中学、完全中学、初级中学的变化；成人教育原以扫盲为主，拓展至实用技术培训、各类学历教育和社会文化教育等。1986年起，王秀中心小学贯彻太仓县《关于加快实现普及九年制义务教育的意见》，切实抓好普及小学教育工作，小学生的入学率、巩固率、毕业率、普及率均达到义务教育标准。1998年，全镇有中心幼儿园1所、农村幼儿园（片园）2所，入园幼儿397人，教职工23人；中心小学1所、农村小学（片校）2所，在校学生1144人，教职工74人；初级中学1所，在校学生352人，教职工45人。

60~70年代，全公社以农业为主，各大队围绕农业高产目标，重点做好农业技术推广工作。80年代起，社队企业不断发展，开始重视工业科技工作，依靠科技进步，促进企业发展。1983年，成立各级各类科学技术协会，形成科技、科协工作网络。全乡各企事业单位广泛开展科普宣传工作，重视引培技术人才，积极实施科技成果产业化。90年代，王秀镇（乡）农技推广应用取得良好成效，工业科技取得众多成果。1997年，王秀镇获评苏州市科普文明镇。

第一章　文　化

第一节　文化机构

1966年，成立王秀公社文化站，为公社民办公助性质的文化工作机构，其主要职能为：利用文化宣传阵地，宣传党的路线、方针、政策；运用文艺形式，歌颂社会主义新人新事；组织开展群众性文化体育娱乐活动，丰富群众文化生活；发展文化事业，促进社会主义精神文明建设。文化站刚建站时，文化设施简陋，工作条件艰苦，“一站一人一间房，一把胡琴响四方”。文化干部及文化事业活动经费由文教局下拨，每月下拨24元，后有所增加。

1970年后，随着文化事业的发展，文化站办公和文化活动用房有所扩大，文化设施逐步完善。1978年后，社队工业开始加快发展，镇区人口逐步增多，为满足居民群众的文化需求，公社重视文化硬件建设，积极筹建文化场所，加快发展文化事业。

1985年，王秀影剧院落成并启用。同年7月，乡政府整合文化站、影剧院、电影队等文化机构和各类文化资源，建成王秀乡文化中心，活动用房面积620平方米。文化中心除组织安排文艺演出和电影放映外，还开办图书阅览室、棋牌室、乒乓球室、桌球室、放像室、茶室、照相服务部等，成为时政宣传、农民教育、群众体育、科学普及、文化娱乐“五位一体”的活动场所，为广大群众提供文化服务。此外，文化中心还搞创收项目，兼营电器修理和小卖各种冷饮，其盈利充实文化经费。

1988年9月，为提高文化工作组织程度，增强文化活动协调功能，成立王秀乡文化体育协会，下设10个分会，发展文体爱好者200余人，从而促进了全乡群众性文体活动的广泛开展，丰富了广大群众业余文化生活。

1990年，为推动全乡文化体育事业发展，又相继成立了村（厂）一级文化体育协会分会25个，拥有会员350余人。协会会员大多是各单位的文体骨干，在开展文体活动中发挥引领作用，使文体活动经常性开展有了队伍保障。1993年10月，文化站被太仓市编制委员会认定为事业单位法人，法定代表人陈企平。

1995年起，开展争创江苏省群众文化先进镇活动。镇政府把王秀卫生院建筑调整为文化中心场所，并进行修建改造。1996年初，文化中心搬进新址，占地面积1200平方米，活动用房面积700平方米。文化服务功能增强，拓展了体育健身房、电子游戏室、文化招待所等服务项目。同年，镇文化站、文化中心在镇党委、镇政府的领导下，积极开展各类文化体育娱乐活动，丰富群众文化生活，群众性文化工作取得显著成效，在全镇上下形成了积极向上、健康文明、团结和谐的社会氛围。1997年3月，王秀镇被江苏省文化厅评为省群众文化先进镇。

1998年11月，王秀镇文化站、文化中心随镇区划调整并入璜泾镇文化站。王秀镇文化站站长陈企平，长期从事文化工作，1966年10月担任站长，直至1998年11月。并镇后，陈企平担任璜泾镇文化站副站长。

第二节 文化场所

一、图书馆

1966年10月公社文化站成立后，因用房条件有限，未能开办图书室。1970年起，开始收集储存书籍。1975年后，因藏书量不足，未对外开放，仅供少数熟人借阅。1978年起，文化站设图书室，有藏书1000余册，供社会上阅读爱好者借阅。

1982年后，文化站依靠社会各界人士支持，广泛收集政治思想类、经济管理类、工具实用类等书籍，同时筹措资金购置小说等文学类新书。至1985年，图书室藏书量增至2000余册。

1985年，乡文化中心建成，向社会开放，图书借阅者增多，图书室配专职图书管理员1人，负责图书借阅登记、分类整理收藏、发放借阅书卡等工作。为满足读者需求，图书室每年添置各类新书，并扩大征订报纸、刊物种类。1988年，图书室拥有各类图书4000余册（包括各种杂志和连环画等儿童读物），全年借阅者达1.2万人次，平均每天30人次以上。年末，累计向读者发放借阅书卡400张。

1991年10月，因文化中心用房修建改造，图书室暂停对外开放。1992年3月，借用影剧院三楼局部房屋，用作图书阅览室，并恢复对外开放。

1994年，为提高图书借阅流量，更好地发挥图书室“社会教育、传播知识、文化娱乐”功能，图书管理员不辞辛劳、想方设法到时思、鹿河、璜泾、岳王、常熟何市等图书馆交换图书，增加并经常更换书架藏书，以扩大读者对图书的选阅余地，千方百计满足读者需求。

1995年，镇政府发动各企事业单位捐款捐书，文化站挖掘资金潜力添置新书，上级文化部门亦帮助增加藏书。是年末，图书室藏书量猛增至1.56万册。1996年初，图书室随文化中心迁入新址后，用房条件得到改善，图书室改称图书馆，为广大读者提供了优越的读书环境。同年，新添标准书架6排，购置新书550册。为提高馆藏图书质量，对图书重新进行登记清理，淘汰读者不感兴趣、借阅频次极低的图书。

1998年，图书馆有藏书1.6万册，发放图书借阅证550张，全年接待读者1.5万人次。

二、影剧院

1983年7月，乡政府筹措资金，动土兴建王秀影剧院。1985年7月，影剧院竣工并启用。位于永安路人民桥北堍西侧。占地面积2400平方米，建筑面积550平方米。影剧院属砖混结构，“人”字钢梁，平瓦铺盖。正门置东侧，设门楼，高3层。剧场正门、房身中段及舞台两侧均有出入通道。内置木制（钢制）

长条座椅（翻转座椅），设29排960个座位。影剧院落成后，成为大型会议、文艺演出、电影放映的重要场所。

1990年后，随着百姓家中电视机普及，影剧院电影放映功能逐步减弱。1998年11月镇区划调整、王秀镇并入璜泾镇后，影剧院改建为工厂和超市用房。

三、电影队

1971年10月，成立公社电影队，购置8.75毫米电影放映机1架，电影放映员吴宝珊、仲培康。放映电影大多在露天场地。下乡放映运输工具为2.5吨手摇水泥船，以小功率发电机供电。露天放映包场费每场8元。当时电视机尚未普及，群众很欢迎电影放映，每场电影观众数百人，每年放映电影300场以上。

1978年冬，向县影管站购置1台16毫米放映机和1台幻灯机，提高了电影放映质量。电影放映前，还能配合公社党委、政府的中心工作，放映宣传幻灯片。1979年4月，配置机动电影船，载重2吨，195型柴油机作动力，船上另有1.27千瓦发电机1台。当时农村虽然已经通电，但供电不够正常，若遇到断电，就用自发电放映，确保整部电影完整放映。

1980年后，虽然家庭电视机逐渐普及，但群众对放映电影仍然欢迎，电影队每年放映电影一直保持在270场左右。其时，下乡放映包场费单场为16元，双场25元。在镇区放映，观众凭票入场，单场票价为8分，双场1角。电影队年放映总收入5000元左右。

1985年，镇上有了影剧院，此后放映电影以室内为主，下乡露天巡回放映场次逐年减少。因室内放映不受时间、天气限制，故放映场次增多。1987年，更新放映设备，将16毫米放映机改为35毫米放映机，大大提高了放映清晰度，更受观众欢迎。1988年前后，电影队年放映室内外电影350场以上。

1990年后，随着电视机的普及，收看频道（电视台）增多，节目丰富多彩，电影放映场次因观众减少而逐年下降。1998年底，因电影观众越来越少，电影失去市场而停映，电影队解散。

四、歌舞厅

90年代初，社会上时兴交谊舞和练唱歌曲、戏曲。因交谊舞是一种具有社交性、娱乐性、艺术性和体育性的文体活动，学跳交谊舞可以陶冶情操、增进友谊、锻炼身体、丰富生活，故很受广大群众特别是青年男女的喜爱。1992年，王秀村为丰富村民和企业职工的业余文化生活，在村委会所在地建办职工之家，开设卡拉OK歌舞厅。同年，文化站在王秀村举办了2期交谊舞培训班，先后参加培训的学员有300余人次。是年，文化站又分别在沪太塑料保暖制品联营厂、太仓涤纶化工厂、上海帽厂太仓分厂举办青年交谊舞培训班，共有700多人次参加。1993年前后，王秀村职工之家歌舞厅每天晚上对外开放，吸引了众多爱好者前往开展娱乐活动。

1994年，为发展娱乐场所，满足社会上练歌喜舞者文化生活需求，镇文化中心将影剧院划出部分房间，办起了王秀梦园歌舞厅，活动面积200平方米。歌舞厅对外开放，个人承包经营，为营业性舞厅。

1995年前后，除王秀村和影剧院设有歌舞厅外，另有音响设备、灯光设施较为完备的歌舞厅3处，即太仓建筑搪瓷厂歌舞厅、太仓涤纶化工厂歌舞厅、太仓电缆厂歌舞厅。工厂歌舞厅属非营业性歌舞厅，实为职工俱乐部，主要为职工文化娱乐提供方便，逢节庆活动或文娱专题活动，也邀请外单位友好人士参加舞会，举行联欢活动。

1996年初，原王秀卫生院改建为文化中心后，王秀梦园歌舞厅迁入。歌舞厅设舞池1个，另有练歌包厢3间，总活动面积250平方米。

1998年王秀镇并入璜泾镇后，歌舞爱好者大多到璜泾或沙溪、太仓市区参加娱乐活动，王秀境内各家歌舞厅相继关闭。

第三节　文艺活动

中华人民共和国成立初期，王秀境内文艺爱好者众多，参与文艺宣传活动热情高涨，自发组成歌舞、戏剧文艺团队，自筹资金置服装、购道具、买乐器以及其他各种演出用品。排练的歌舞节目主要有腰鼓舞、秧歌舞、打莲湘、大合唱、表演唱等，排演的戏剧剧种主要有沪剧、锡剧、越剧及活报剧等。其时，各文艺团队配合土地改革、镇压反革命、抗美援朝、互助合作运动等党和政府的中心工作进行宣传。王秀越剧团演出越剧《梁祝》、表演唱《新婚姻法好》等剧目，对抨击封建婚姻和赞颂新《婚姻法》起到了良好的宣传作用。勇和乡锡剧团演出的《双推磨》《美满姻缘》和杨漕乡锡剧团演出的《白毛女》《刘胡兰》《九件衣》《小二黑结婚》等剧目，艺术感染力强，在群众中引起共鸣，取得了良好的宣传效果。

1959年前后，农村中文艺积极分子组成业余文艺小分队和业余剧团，利用农闲空余时间和晚上休息时间，排练各类文艺节目，主要有戏曲演唱、歌舞表演、快板说唱等。其时，文艺活动呈“参与群众性、形式多样性、表演灵活性”的特点，文艺积极分子既自娱自乐，又为群众献演，丰富了农村文化生活。“文化大革命”期间，农村各大队、部分生产队相继成立文艺宣传队，主要演出样板戏和歌舞、说唱、快板、三句半、表演唱等节目，各大队之间时常进行交流演出。“文化大革命”后期，各文艺宣传队陆续解散。

1978年8月，公社选调各大队文艺骨干16人，组建王秀公社文艺宣传队。成立后，宣传队配合党的中心工作，自编自导文艺节目，节日期间在镇上或到大队汇报演出，农忙期间到生产队场头田头慰问演出，年末参加太仓县文艺会演。1979年6月，公社文艺宣传队因工资来源未能落实而暂时解散。

1979年9月，重建公社文艺宣传队，经考试录用队员14人。1980年初，为落实队员报酬，公社文化站根据沙洲县兆丰公社经验，采取“以队办厂、以厂养队、亦工亦艺”的方法，创办文艺工厂——王秀纸盒厂。平时，队员在工厂上班，有演出任务时参加演出。1981年3月，因部分文艺骨干到王秀纬编厂工作，宣传队又一次解散。

1982年9月，根据上级文化部门“创办文化中心”的要求，为丰富农村文化生活，推动文化事业发展，公社文化站再次成立文艺宣传队，经考试录用队员14人。文艺宣传队成立后，队员亦工亦艺，平时以参加文艺工厂生产为主，节日期间排演节目。同年，文艺宣传队排练了一台配合中心工作的文艺节目，多次到企业和农村进行宣传演出。同时，还排演了锡剧古装戏《密扎》《金玉奴》等，受到中老年戏剧爱好者的欢迎。

1983年春节前，举办“王秀之春”文艺演出，节目20余个，有独唱、合唱、表演唱、舞蹈、戏曲演唱、民乐演奏等，活跃了节庆文化氛围。1984年3月，为配合宣传计划生育，文艺宣传队创作编排锡剧小戏《带头的新娘》，在乡举办的计划生育培训班演出后，受到与会人员好评。同年9月，为庆祝中华人民共和国成立35周年，文艺宣传队编排了一台以“歌颂祖国、歌颂党、歌颂社会主义”为主要内容的文艺节目，国庆期间到村、厂巡回演出，收到了良好的宣传效果。是年，文艺宣传队完成文艺演出62场。

1988年起，进一步重视群众文化工作，乡文化站发挥组织、协调、指导作用，吸引更多的文艺爱好者参加文艺活动。每年节庆期间频频举行文化活动，如迎春联欢会、职工联谊会、国庆歌咏会、元宵灯谜会、书画展示会等。同时，还组织文艺团队积极参加太仓县汇报演出，参与评选活动。是年，由蔡凤怀老师创作、王秀戏剧队排演的锡剧小戏《骨肉深情》获太仓县群众文艺演出奖。1990年，王秀歌舞队排演的歌舞《清泉女》，反映了王秀建筑搪瓷厂生产“清泉牌”浴缸所取得的成绩，其节目参加苏州市文艺调演受到好评，参加太仓县总工会举办的文艺会演，获表演二等奖。

1991年，王秀锡剧队演出的小锡剧《谁是新娘》《追女婿》和说唱《农村风光好》《乘车传奇》等节目，宣传了社会主义新人新事新风尚，为弘扬社会新风、促进精神文明建设发挥了宣传作用。1992年，乡宣传、文化、工会、妇联、共青团等有关部门（条线）先后联合举办文艺演唱赛、家庭演唱赛专场，各文艺团队和文艺爱好者积极参与，参赛节目丰富多彩，观看群众达2000人次。

1995年，在庆祝中国共产党成立74周年期间，太仓市举办群众文艺调演，镇文化站选送的王秀业余歌手管秀珍演唱的女声独唱《黄河颂》，获演出一等奖；参加苏州市歌咏比赛，获演出奖。

1997年前后，时兴舞会和卡拉OK演唱，广大文艺爱好者时常相约到王秀村职工之家歌舞厅、王秀影剧院梦园歌舞厅娱乐，学跳交谊舞，练唱卡拉OK。广大文艺爱好者在学舞练歌中，愉悦身心，陶冶情操，提高文化修养和品位。同时，也练就了一大批文艺骨干，为王秀扩充文艺骨干队伍、打造农村文化阵地提供了人才支撑。1998年，王秀文化节庆活动长年不断，群众文化生活丰富多彩。

第四节　文化工作

1966年10月王秀人民公社成立后，公社文化干部会同业余教育辅导员帮助各大队开办半日制学校，实行半耕半读，为不识字或初识字的青年农民提供补习文化知识的机会。

1968年起，农村文艺宣传兴起，各大队排演的文艺节目丰富多彩。为提高农村文艺团队演艺水平，增强宣传效果，公社文化站重点做好文艺宣传的组织协调工作，帮助各大队培训文艺骨干，组织队员相互学习交流，深入农村采访创作节目，以使演出的节目更加贴近农村实际，贴近农民生产生活。

1970年后，各大队相继开办农民文化夜校，组织生产队干部和团员青年学政治、学文化、学农技等知识。公社文化站积极会同有关部门协助各大队办好文化夜校。1973年前后，南港大队坚持长年办学，参加学员多，办学成效好，其事迹被公社通讯组采编印发，供各单位学习借鉴。

1976年前后，公社文化站积极参与农村扫盲工作，协助教育部门调配师资力量，编印学习教材，安排扫盲课程，确保扫盲工作顺利开展。

1982年，文化站重视文化宣传阵地建设，新建文化宣传画廊20平方米、黑板报12平方米。画廊、黑板报图文并茂，内容每月或每两月更换一次，重点宣传党的路线、方针、政策，刊登时事政治消息，介绍卫生健康知识，颂扬社会新人新事，反映改革开放发展变化。

1983年，文化站办好照相服务部，备有照相机2架，配齐放大机、上光机、切纸刀、干燥箱等照相器材1套。服务部人员经常下村、下厂拍摄农村新貌、生产场景、企业产品等方面的照片，配上照片文字说明，贴置于画廊展示，使画廊板面更具艺术性、欣赏性和感染力，更好地发挥宣传作用。同时，照相业务向社会开放，主要为广大群众拍摄肖像照提供方便，受到群众好评。

1984年，为摸清农民文化程度，以便有计划、有针对性地做好义务教育和成人教育工作，乡成立文化普查工作小组，对全镇12~40周岁年龄段的农业人口进行文化普查。全镇共查实该年龄段人口有8082人，其中在校学生816人、不在校人口7266人。在不在校人口中，高中文化及以上的724人，占9.96%；初中文化的1868人，占25.71%；小学文化的4059人，占55.86%；文盲半文盲615人，占8.46%。

1988年，照相服务部配合派出所开展居民身份证拍摄工作。从4月份开始，到10月份结束。其间，服务部人员严格按照身份证照片的特殊要求，克服种种困难，一丝不苟做好工作，经过7个月的不懈努力，终于完成拍摄任务。经验收，所拍照片符合规定，达优质水平。

1990年，文化中心进一步拓展文体活动功能，并抓好各项管理服务工作。桌球室增设桌球台2张，满足爱好者需求。棋牌室禁止有赌博行为的麻将活动。文化茶室取消打麻将活动项目，成为群众饮茶聊天的休闲场所。

1991年起，文化站积极承担会务准备和宣传环境布置，乡召开会议和节庆活动，由文化站布置会场。每年阶段性宣传工作，由文化站拉横幅、写标语、出板报，营造宣传氛围。同年，帮助王秀村和太仓涤纶化工厂办好职工俱乐部，促进文体活动广泛开展。

1992年，文化站紧密配合党委、政府中心工作和条线工作宣传内容，刊出宣传画廊12期、黑板报8期。同年，开展宣传板报展评，参评单位26个。通过展评，起到了宣传作用。是年，文化站专门为工业企业拍摄工业产品，制作产品宣传广告，累计制作广告板面160平方米，其中1组产品宣传广告在太仓县“娄江风貌”工业宣传板报展评中获二等奖。

1995年，文化站广泛收集王秀革命斗争史料，整理编写革命斗争故事，同时落实宣讲人员，在广大青少年中进行宣讲。同年8月前后，在纪念抗日战争胜利50周年期间，利用文化中心文化茶室阵地，坚持每周一次宣讲革命故事。通过开展红色故事进校园、进工厂、进社区活动，引导广大干部群众和青少年学生缅怀革命先烈丰功伟绩，激发爱党爱国热情，增强建设社会主义新农村的历史责任感和使命感。

1998年，镇宣传、文化、教育部门和群团组织联合开展“二十年改革、二十年巨变”征文、演讲、美术、书法、摄影等活动，既展示了文化爱好者的文化品位，又反映出王秀革命老区的发展新貌，激发广大干部群众以饱满的热情和昂扬的斗志迈向新世纪。

第五节　文学　书画

在王秀，有一批文学、书画爱好者，在创作上颇有成就。

在文学方面，王秀有众多爱好者，喜欢创作散文、通讯、小小说、小故事、小戏剧等，许多作品在太仓市级及以上报刊上发表。尤以王秀文化站站长陈企平、王秀中学语文老师王芬、体育教师陈德明较为突出。

陈企平，长期从事农村文化工作，70年代，采访编写反映农业丰产丰收、农村新人新事的通讯、小故事等文章100余篇，有许多文章被太仓广播站录用，有的文章由他改编成快板说唱、表演唱、小戏剧，由公社文艺宣传队下乡演出，深受广大观众喜爱，亦有许多节目在太仓群众文艺调演中获奖。

王芬，从事语文教学，业余时间喜欢文学创作，尤其对散文情有独钟。90年代，王芬著有散文集《回眸一笑》，由苏州古吴轩出版社出版，书中收录了她撰写的散文80篇，文章有的叙事记人，有的描绘景物，有的感悟哲理，出版后获得广大读者好评。

陈德明，虽从事体育教学，但也爱好文学，任教期间笔耕不辍，1994年退休后有了更多的时间写作。他被太仓《娄江夕阳红》等多家刊物聘为特约通讯员，撰写的文章多次被各级各种报刊录用，其中《圆奥运之梦》获"奥星杯"全国文学艺术作品大奖赛二等奖，《人生百岁不是梦》《岁月如歌》获苏州市文学艺术作品优秀奖。

在书画方面，王秀也有众多爱好者，经常利用业余时间练习书法、绘画，其中孙庆阳、张仁民、苏振芳、李健等书画爱好者在创作上收获颇丰，众多作品入选各级社团举办的书画展，并屡屡获奖。

孙庆阳，伍胥村（现孟河村）人，自幼酷爱书画，1978年拜师上海兰斋门下，得到凌再明先生指点，书画水平大有长进，作品多次入选国家、省级、市级书画展览并获奖。1988年，书法作品获苏州市"农民书画展"优秀奖。1990年，参加苏州市"振兴杯"书法比赛获一等奖。1991年，参加苏州市"张衡杯"青少年书法现场比赛获优秀奖。1992年，篆刻作品入选太仓市"青年书法家篆刻展览"并获二等奖。现为江苏省书法家协会会员、璜泾镇书画协会会长。

张仁民，建华村（现孟河村）人，自幼爱好书画。80年代曾拜著名书法家洪铁军、沙曼翁、周志高先生为师，学习书画、篆刻艺术。书法作品以行草为主，尤以狂草见长，曾在全国书法展和江苏省、苏州市、太仓市书法展或比赛中多次获奖。编有《张仁民书法作品集》。绘画代表作有山水画《九寨雄峰》《谷口人家》《江山如画》等。众多作品被日本、韩国等国外友人和中国香港的客商收藏。现为江苏省书法家协会会员、太仓市中青年书法协会顾问。

苏振芳，白荡村（现孙桥村）人。80年代在太仓文化馆工作期间，利用业余时间坚持学习国画，后又在太仓著名书画家邢少兰的指导下，专攻山水画，画技不断进步。后因工作需要，回到王秀，从事工业产品（保温杯）手绘工作，在实践中书画水平又得到锻炼提高。90年代起，发挥一技之长，专业为各企事业单位制作单位名称标牌（雕刻字牌）。空余时间即练习国画，书画创作收获颇丰。创作的国画《山静松声远　秋清泉气香》入选江苏农民美术作品展，国画《秋山枫树图》入选苏州市职工书画作品展，国画《峡江帆影》参加苏州市书画评比并获铜牌。另有国画《清居图》《黄山烟云》《秋山红树》

《溪崖幽居图》《家居深山白云处》等作品多次入选太仓市美术书法作品展并获奖。现为太仓市美术家协会会员。

李健，建华村（现孟河村）人。从小喜欢书画，始终坚持练习，在创作上很有收获。1989年创作的国画《钟馗骑驴图》，参加苏州市文学艺术界联合会主办的苏州市青年美术书法摄影作品展并获二等奖；1992年前后，创作的国画5幅分获首届“中国云南石刻碑林”书画大赛优秀奖、中国海南“椰风杯”国际书画大赛优秀奖、首届“中国口岸杯书画大赛”优秀奖、全国书画篆刻大赛优秀奖、第二届“红军杯”全国书画大奖赛画项一等奖（作品送红军纪念馆永久珍藏）。1995年，创作的《山居图》入选苏州市美术家协会主办的苏州市“五四”青年书画摄影展。另有国画《秋水芙蓉》《李方膺赏梅图》《山居图》《山村秋韵》《山清水韵》《志存高远》《秋风染醉野人家》《芭蕉小鸡图》等作品先后入选太仓市美术书法作品展并获奖。现为太仓市美术家协会会员。

第二章　教　育

第一节　幼儿教育

1966年以前，境内幼儿教育还未普及，仅有少数生产队办幼托班，安排农妇看护小孩，农村中通常称“看囡班”。

1966年10月成立王秀人民公社后，公社、大队重视幼儿保育工作，各生产队陆续办起了幼托班，至1970年，全公社有生产队幼托班107个，有3～6周岁入托幼儿596人（包括未办班生产队的幼儿寄托到办班生产队的人数），占该年龄段幼儿总数的85%。之后，各生产队根据实际需要，每年办班数量有所增减。1982年，全公社有生产队幼托班132个，有3～6周岁入托幼儿633人，占该年龄段幼儿总数的88%。生产队开办幼托班，为家长解决了后顾之忧，便于集中精力参加集体生产劳动。

1983年实行家庭联产承包责任制后，不再以生产队为单位组织集体生产劳动，原生产队幼托班也因集体劳动形式变化而停办。但为了让幼儿家长有更多的时间和精力务农、务工或从事其他经营生产，各村开始开办村级托儿所。是年，有4个村办起了6个常年托儿所，入托幼儿332人。

1984年，为了发展幼教事业，让幼儿得到更好的学前教育，乡建办王秀中心幼儿园，吸纳镇区及周边农村4～6周岁学龄幼儿就读。同年，全乡13个村，除3个邻近市镇的村外，其他10个村均建有村级托儿所。是年末，全乡有入园（托）幼儿491人，入园率达89%。

1985年后，重视村办托儿所硬件设施建设和幼儿教师的培养，努力向幼教规范化迈进，把原以管护幼儿为主的村办托儿所办成管护、教育兼备的幼儿班，全乡幼教事业得到加快发展。1988年，全乡有乡办中心幼儿园1所、村办幼儿班10所，全乡入园幼儿512人，入园率达94.3%。

1990年后，为整合优化教育资源，便于实施规范化教育，开始撤并村办幼儿班，形成相对集中的教育阵地。1993年前后，建成伍胥、建民2所片区幼儿园，除吸纳本村幼儿入园外，还吸纳邻村幼儿就读。1995年后，王秀中心幼儿园经多年发展，规模扩大，设施更新，为村园撤并创造了有利条件。其时，农村道路交通方便，村园撤并条件更加成熟。于是，村办幼儿班加快向中心幼儿园撤并。

1998年，境内设幼儿园3所，即王秀中心幼儿园、伍胥村幼儿园（片园）和建民村幼儿园（片园），全镇入园幼儿397人，入园率达96.6%。

第二节　小学教育

一、办学概况

民国时期，王秀镇上有小学1所，另有农村小学3所，均为初级小学。抗日战争时期，日伪时常“清乡”，学校被迫停课。但为了让学生读书识字，社会上有些有识志士在家中设立私塾，招收学生。抗日战争胜利后，学校恢复上课，学生开始增多。民国37年（1948），王秀境内有小学5所（含私塾），教师9人，学生250余人，大多为单班或复式班。

中华人民共和国成立后，人民政府贯彻“向工农开门”的办学方针，提出“农民不仅要在政治上、经济上翻身，而且在文化上也要翻身”的口号，在社会上广泛宣传学习文化的重要性，动员农民把子女送到学校读书。与此同时，人民政府重视创办乡村小学，选培教师队伍。为尽快落实教师，人民政府还对以前任教的老师，采取“包下来”的政策留用，以利用原有师资力量发展教育事业。1950年，王秀集镇上设长安中心小学（当时王秀集镇及周边地区属长安乡辖地，故名），所辖乡校有勇和小学、新勇小学、振华小学、白荡小学、解放小学、湘里小学、帆山小学、吴楼小学等8所。1953年，境内有入学小学生760人，其中长安中心小学有小学生215人。境内小学生入学率42%。

1956年太仓并区并乡后，境内的长安乡、伍胥乡分属沙溪施教区和璜泾施教区，1957年太仓撤区并乡后又分属归庄施教区和鹿河施教区。其时，两个施教区在所在地政府的领导下，教育事业有了新的发展。1958年，境内办学采取“两条腿走路”的方法，在办好公办小学的同时，由各大队开办民办小学。由于学校增多，小学生入学率不断提高。1960年，境内共有公办、民办小学13所，37个班级，小学生总数1458人，学生入学率81%，小学教师41人。1965年，小学生总数增至1656人，学生入学率提高至92%，教师队伍发展至56人。

1966年10月，王秀人民公社成立，正值“文化大革命”运动开始，全公社小学曾一度停课。1967年3月，学校开始上课，但仍受到运动干扰，课堂教学处于非正常状态。1968年下半年，公社派贫下中农毛泽东思想宣传队（简称“贫宣队”）进驻学校，领导和管理学校。同年起，按照方便学生就近就读的原则，农村小学下放给大队管理，王秀中心小学撤销。1969年，各学校恢复考试制度。之后，教育秩序得以恢复。1973年，全公社有大队办小学11所（其中完全小学3所、初级小学8所），共有教师79人，开设班级62个，拥有小学生1830人，小学生入学率达97%。

1976年后，学校贯彻教育部《全日制小学暂行工作条例》和省教育厅《关于小学生学籍管理暂行规定》，小学教育进一步规范化。1979年，根据教育事业发展需要，恢复王秀中心小学建制，学校恢复原设领导机构，贫宣队撤离学校。1982年，王秀境内设中心小学1所，即王秀中心小学。农村小学有湘里、孟河、包桥、伍胥、东方红（伍胥境内）、建华、建民、新丰（草庙境内）、杨漕、南港、白荡小学等11所。小学中，有完全小学4所（王秀中心小学、湘里小学、伍胥小学、建民小学）、初级小学8所。全公社共有教师76人，开设班级43个，拥有小学生1401人，其中一年级274人、二年级298人、三年级254人、四年级274人、五年级301人，小学生入学率达99%。

1985年后，为整合教育资源，提高教育质量，开始对农村小学进行撤并。1990年后，王秀中心小学规模扩大，农村交通条件改善，为农村小学撤并提供了有利因素，于是农村小学撤并工作加快。至1995年，除保留2所村级小学外，其他村校均撤并至王秀中心小学。1998年，王秀境内设小学3所，即王秀中心小学、伍胥小学（农村片校）、建民小学（农村片校），共有教师74人，开设班级26个，有小学生1144人。其中王秀中心小学有教师53人，班级18个，学生890人；伍胥小学有教师9人，班级4个，学生125人；建民小学有教师12人，班级4个，学生129人。同年，全镇小学生入学率、巩固率、毕业率均达100%，毕业班双科合格率达93%。

二、教育与教学

清光绪三十一年（1905），王秀镇上始办启秀小学堂。其时，小学堂根据学生年龄分设班级，但当时学生少，大多为复式班。主要课程设修身、读经讲经、中国文字、算术、历史、地理、体操等。以后，随着各个时期教育教学需要，课程不断调整变化。

民国初期，按照政府颁布的有关规定，"学堂"改称"学校"。小学学制为7年，其中，初等小学（简称"初小"）为4年，高等小学（简称"高小"）为3年。小学设置的课程有修身、国文、习字、算术（包括珠算）、历史、地理、体操、乐歌、图画、手工等。民国11年（1922），实行新学制，规定初小学制仍为4年，高小改为2年。民国23年（1934）起，在学生中开展"礼义廉耻"教育，向学生灌输"忠孝仁爱"思想。

抗日战争时期，境内时常遭日伪"清乡"，各校被迫停课。其间，社会上有些有识志士为让学生继续读书，便在家中设立私塾。私塾教书先生以教学生识字为主，也让学生读一些古诗文。私塾忽视启发式教学，学生死记硬背。私塾采用旧式教育方法，学生读书不用心或犯错，将受到立壁角、关夜学、戒尺打手心等处罚。

中华人民共和国成立后，学校恢复上课，开始按统一教材进行教学。1952年前后，各学校除抓好文化知识教学外，还开展"五爱"（爱祖国、爱人民、爱劳动、爱科学、爱护公共财物）思想教育。同时，组织师生参加社会活动。长安中心小学成立学生宣传队，编排活报剧、秧歌舞等节目，配合做好土地改革、抗美援朝、镇压反革命等宣传工作。此外，还开展勤工俭学，利用荒地种植大片蔬菜，收获后卖给沙溪中学，所得钱款用于学校添置设备。

1953年，各学校使用教育部统编教材，初小课程设语文、算术、体育、图画、音乐，高小增设自然、历史、地理。1955年起，开展生产技术教学，小学增设手工劳动课，后改称生产劳动课。1956年，向每位小学生颁发县文卫局颁布的《小学生守则》。1957年，高小增设农业常识课。同年，各学校贯彻党的教育方针，重视培养德、智、体全面发展的社会主义新人。小学各年级增设每周周会课一节，对学生进行思想品德和时事教育。1958年秋，有的学校曾实行"三集体"制度（小学生同吃、同住、同劳动），次年"三集体"制度废止。

1960年，中心小学试行五年一贯制。1962年又恢复六年制。1963年，执行《全日制小学计划（草案）》。小学高年级除上好文化课外，每年还要参加半个月生产劳动，农忙时组织支农活动。同年起，开展向雷锋学习的教育活动，教育学生树立社会主义新风尚，养成毫不利己、专门利人的优良品德。1964年，我国第一批简化汉字发布后，各学校开始对学生进行简化字教学。在思想教育方面，强化阶级斗争教育，提高学生阶级觉悟。1965年前后，按照上级"多种形式办学""把学校办到家门口"的要求，各大队纷纷办起了耕读小学。耕读小学农闲上课，农忙停课。1966年下半年，所有的耕读小学停办，在校的学生转入本大队小学就读。

“文化大革命”初期，各学校曾一度停课，后又恢复上课，但各校课程设置不一，教学秩序混乱，教学质量下降。1968年，小学学制又改为五年制。1969年，学校恢复考试制度。1970年，根据上级“实行开门办学”的要求，有关学校办起了“三场”（小农场、小牧场、小林场）。1971年前后，湘里小学搞“小三场”成绩突出，成为全县典型。

1972年，开始统一执行太仓县制订的教学计划，小学教学趋向规范化、正常化。1978年，小学统一使用省编五年制小学教材，设政治、语文、作文、算术、自然常识、军体、音乐、美术等学科（各年级有所不同）。同年，在思想教育方面，重视对学生进行革命理想和共产主义道德教育。1980年统一使用部编教材。1981年，贯彻《全日制五年制小学教学计划（修订草案）》，对有关年级的科目设置进行调整，政治课改为思想品德课，取消自然常识课，改设自然、地理、历史课。同年起，各校开展“五讲四美”（讲文明、讲礼貌、讲卫生、讲秩序、讲道德，心灵美、语言美、行为美、环境美）和“三热爱”（热爱祖国、热爱社会主义、热爱中国共产党）教育。

1982年起，各学校重视语文、数学等主课的教学质量，注重提升“双科”合格率。1983年，小学向六年制过渡，两年后全部统一使用部编六年制教材。1984年，学校贯彻“教育面向现代化、面向世界、面向未来”精神，改革教育教学方法，重视学生能力培养，把学生培养成为有理想、有道德、有文化、有纪律的“四有”新人。1987年后开展坚持“四项基本原则”教育活动。1988年起，小学开设的课程有所调整，各年级开设思想道德、语文、数学、体育、音乐和美术课，三年级起开设自然课和劳动课，五年级开设地理课，六年级开设历史课。1989年秋，一年级开设自然课。

1990年起，重视开展“二史一情”（近代史、现代史和国情）教育，激发学生爱国热情。1992年，各学校执行国家教委颁布的九年义务教育“六三”学制（小学六年、初中三年）统一课程。1996年秋，小学四年级开设社会课，五、六年级开设英语课。1998年，各学校进一步抓好素质教育，重视培养学生的创新精神和实践能力，促进小学生德、智、体、美、劳全面发展。

第三节　中学教育

一、办学概况

1965年，境内有农业中学3所，即王秀农中和杨漕农中、伍胥农中，分属归庄公社和鹿河公社管辖。3所农中共设班级5个，有教师9人，学生152人。1966年，农中规模扩大，共设班级6个，有教师15人，学生257人。

1966年10月，成立王秀人民公社，农中划归公社管理。其时，正值“文化大革命”开始，农中教学受到干扰，学生锐减至27人，其中王秀农中12人、杨漕农中4人、伍胥农中11人。

1967年，杨漕农中迁至草庙大队，更名为草庙农中。同年，伍胥农中改名为红卫农中。1968年末，学校下放大队办，农村教师回所在大队，市镇户口的教师也被安排到大队任教，外公社来的教师都回原籍地工作。1969年，农业中学停办，公社利用原农业中学基础，根据各大队师资条件，开设全日制初级中学。是年，王秀大队办王秀“五七”学校，增设初中班（小学七年级）。东方红（原名伍胥）大队将红卫中学（原红卫农中）与东方红小学合并，组建为东方红“五七”学校。新丰（原名草庙）大队将草庙农中办成全日制初中，并更名为新丰中学。此外，在湘里、南港、孙桥小学各设有初中班。同年，全公社开设初中班级10个，有学生315人，其中一年级8班270人、二年级2班45人；有教师19人，其中公办教师11人、民办教师8人。

1970年9月，为了满足初中毕业生升学需要，王秀“五七”学校开办高中。1972年9月，王秀“五七”学校与孙桥大队的初中班合并，正式成立王秀中学，成为一所完全中学。1973年，东方红“五七”学校中小学分开，单设东方红中学。

1975年，新丰中学学生增加，校舍容纳不下，于是在建民大队一农户家增设初中班1个。1976年，在建民大队7队杨家巷木石浜西新建校舍，将新丰中学和建民大队、南港大队的初中班合并迁入，学校定名为建民中学。1978年，湘里大队初中班并入王秀中学。1979年，王秀境内有中学3所，其中，完全中学1所，即王秀中学；初级中学2所，即东方红中学和建民中学。全公社初中设班级13个，有学生466人，其中一年级7班204人、二年级6班262人。高中设班级5个，有学生254人，其中一年级2班105人、二年级3班149人。共有中学教职工51人，其中公办教师28人、民办教师19人、工友4人。

1980年，东方红中学因所在大队恢复原名伍胥而更名为伍胥中学。1981年，王秀中学停止高中招生，1983年停办高中。1984年，王秀中学改善校舍条件，充实师资力量，为农村中学撤并做好准备。是年，王秀中学设班级9个，有学生382人，教职工32人；伍胥中学设班级2个，有学生85人，教职工6人；建民中学设班级2个，有学生91人，教职工7人。

1985年、1986年，建民中学、伍胥中学先后撤并至王秀中学。此后，王秀境内设初级中学1所，即王秀中学，至1998年未变。1998年，王秀中学设班级10个，有学生352人，有教职工45人，其中教师42人、职工3人。

二、教育与教学

1965年，境内始办农业中学，实行半日制教学，半天上课，半天劳动，时称“半耕半读”学校。

1966年，王秀人民公社成立，正值“文化大革命”开始，大多数学生纷纷离校弃学，在校学生寥寥无几，学校教学陷于瘫痪。

1968年下半年，公社成立教育革命领导小组（简称“教革组”），负责全公社教育工作。大队派贫宣队领导管理学校。其时，农中开始恢复上课，不过学校虽然复课但教学秩序仍处于非正常状态。

1969年，境内农业中学停办，开始创办全日制初级中学，课堂教学才基本转入正常。其时，初级中学学制实行三年制，各学校按太仓县统一编制的教材进行授课。同时，各学校为体现教学为农业生产服务，也有一些自编的教材，并进行授课，其中自编的农业机械方面的教材成为热门教材。

1970年，中学学制实行“二二制”（初中2年、高中2年）。开设政治、语文、数学、工农业基础知识（物理、化学、植物、动物合并）、外语、史地（历史、地理合并）、革命文艺、军体（军事、体育合并）、卫生知识等课程（各年级有所不同）。是年起，为使学生得到劳动锻炼，同时为学校积累办学经费，王秀中学（王秀高中班）连续3年组织高中学生勤工俭学，到长江边割芦苇，把挣的钱用于添置教学设备和设施。

1971年，中学改为春季招生。在教育教学方面，学校在上文化课的同时，组织学生开展学工、学农、学军等活动，让学生走向社会，在社会实践中培养吃苦耐劳精神。此后，学校实行“开门办学”，让学生在社会实践中学习工农业生产知识，学生学习文化基础知识受到一定影响。

1972年秋，对中学课程进行调整，调整以后设政治、语文、作文、数学、工农业基础知识、外语、史地、音乐、美术、军体、卫生知识等课程（各年级有所不同）。1973年，又对课程做出调整，工农业基础知识课分设物理、化学和农业基础知识课，史地课分设历史、地理课。在教学管理方面，开始恢复考试制度，考查学生成绩，提高教学质量。但不久又出现忽视教学质量的倾向，学校考试制度废除闭卷，采用开卷，允许学生抄作业，考试可以商量，学生升学不凭学业成绩，凭各级推荐。

1974年4月，王秀中学进驻工人阶级毛泽东思想宣传队（简称“工宣队”）和贫下中农毛泽东思想宣传队，学校成立革命委员会，取代原学校领导机构。在教育方面，对学生进行忆苦思甜教育，即忆旧社会的苦，思新社会的甜，让学生在新旧社会的对比中受到阶级教育，提高思想觉悟。同年，中学恢复秋季招生。因春、秋季招生调整，这届高中毕业生中学阶段读了5年，即初中、高中均为两年半。

1976年后，全面恢复正常的教学秩序，教育事业得到健康发展。同年，初、高中学制改为“二三制”，即初中2年、高中3年。1978年，工宣队、贫宣队撤离，恢复学校原建制。此后，学校进一步贯彻党的教育方针，力求学生德、智、体全面发展。王秀中学在抓教学质量方面，坚持对教师备课、上课、批改作业等情况进行检查考核。

1981年开始，恢复初中三年制教学。同年，贯彻上级教育部门中学教育计划，在初中学生中开设青少年修养、政治常识（后改为法律常识）、社会发展史、政治经济学常识、辩证唯物主义常识等课程。在思想道德教育方面，重点开展“五讲四美”“三热爱”教育和“学雷锋、树新风”活动。

1983年王秀中学停办高中后，重点办好初级中学，开设政治、语文、数学、物理、化学、历史、地理、外语、生物、生理卫生、体育、音乐、美术等课程。同年起，学校贯彻“教育面向现代化、面向世界、面向未来”精神，以培育“四有”新人为目标，切实加强对学生的思想教育，提高学生综合素质。

1986年，在完成农村中学撤并后，王秀乡重点办好王秀中学。1988年，王秀中学各年级开设政治、语文、数学、外语、体育、美术、音乐、劳动技术等课程，初一、初二开设历史、地理、生物课，初二、初三开设物理课，初三开设化学、生理卫生课。

1990年起，学校特别注重教学质量的提高，通过上公开课及评优活动，促进教师授课水平提高。1991年4月，苏州市青年教师评优课在王秀中学进行，魏宗等青年教师的执教质量受到好评。在思想政治教育方面，学校着重对学生进行中国近代史、现代史和国情教育。1992年，利用太仓第一个党支部纪念馆和纪念碑落成的契机，组织学生前往参观，以了解王秀革命斗争史，从中接受革命传统教育，激发学生爱国主义热情。

1994年8月，执行国家教委规定的中小学新工时制，实行单、双周工时制，即单周工作5天，双周工作6天，两周为一个周期，每周期上课总量不超过70节。1995年9月1日起，实行每周5天40小时工时制。

1996年后，学校进一步抓实教学工作，力求教师授课上水平，学生学习上成绩。1997年，由俞惠忠老师辅导的董倩在全国应用物理竞赛中，分获全国二等奖和江苏省一等奖。1998年，学校进一步深化教育改革，搭建教育平台，创新教育载体，形成学校教育、家庭教育、社会教育齐抓共管的局面，促进学生德、智、体、美、劳综合素质的全面提升。

第四节　成人教育

民国时期，境内教育事业落后，农家子弟因家境贫困，入学读书极少，绝大多数农民成为文盲或半文盲。

中华人民共和国成立后，党和政府十分重视扫除文盲工作，提高农民文化程度。1950年，为做好扫盲准备工作，开展农村文盲人数调查。据当时境内长安、伍胥、杨漕、勇和等4个小乡统计，青壮年中文盲和半文盲人数占80%。

1951年，各乡配业余教育辅导员，培训业余教师，开始农村扫盲工作。同年冬季，各村（当时的小村）进入办学热潮，入学对象主要是青壮年。教学以识字为主，同时配合土地改革、镇压反革命、发展生产等中心工作进行宣传动员。其时，参加学员热情很高，风雨无阻按时参加上课。经几个冬春的努力，扫盲工作取得实效，脱盲人数越来越多。

1956年，由于忙于农业工作和发展生产，曾一度影响扫盲工作。1957年起，开展“全民识字”运动，再次出现扫盲热潮，农村又办起众多扫盲民校、夜校。各大队在开展扫盲工作的同时，还创办业余技术学校（又称“红专学校”），招收具有高小文化程度的农村基层干部和青年入学，1年学完3年的专业课程。至1958年，农村业余教育取得可喜成效，据年末统计，境内14~40周岁中青年中，原有文盲4850人，通过文化学习，脱盲3880人，占80%。这些脱盲的学员，由于识字较多，有了一定的文化程度，大部分成为农村工作骨干，有的担任生产队记分员或经济保管员，有的从事会计工作，有的走上农村领导岗位。

三年困难时期，农村各类业余教育学校逐渐停办。1963年，各大队逐步恢复民校。同年12月，各大队推荐有一定文化程度的青年农民1~2人到沙溪培训，回来后担任大队民校教师（时称群众教师）。其时，王秀境内有10个大队属鹿河公社辖地，为鹿河南片，民校工作由王振兴负责。1965年，各大队民校亦称政治夜校，组织学员学习《毛主席语录》，进行思想政治教育；按县编扫盲课本开展扫盲工作。1966年“文化大革命”开始，夜校停办。1972年，各大队恢复夜校，组织学员学习文化和农业技术知识。1973年前后，南港大队开办的夜校学员多、效果好，被树为先进典型，其办学经验在全公社各大队中推广。

1976年后，上级教育部门提出“尽快扫除文盲，提高农民素质”的新要求。对此，为有组织、有计划地抓好扫盲工作，公社成立领导小组，制订扫盲规划，充实辅导员队伍，采取多种形式落实扫盲工作。通过3年多时间的努力，全公社扫盲工作取得显著成效。1980年3月，在太仓县文化普查验收中，王秀公社获评太仓县扫除青壮年文盲先进单位。

1981年后，农村业余教育由原以扫盲为主过渡到以学习专业技术和提升成年人学历为主。1982年前后，王秀开办农业技术学校，在湘里大队农科队分批分期对农村基层干部和农技员进行农技知识培训，重点培训水稻、三麦、棉花、油菜等四大作物栽培技术，促进全乡提高科学种田水平。

1985年，成立王秀乡成人教育中心校，办公室设在公社机关内，教室设于王秀影剧院三楼，有成人教育用房150平方米。此后，以前的“业余教育”称谓逐渐被人们淡忘，“成人教育”在社会上广泛使用。乡成人教育中心校职能主要是为成年人学习科技文化和专业技术知识以及提升学历提供服务管理。

1986年起，成人教育进入全面发展阶段。乡成人教育中心校每年举办农业栽培、畜禽养殖、农机作业、职工专业技术、安全生产等各类实用技术培训班，提升农民和企业职工实用技能。1987年前后，协助各企事业单位做好宣传动员工作，动员具有初高中文化的青年职工参加成人学历进修。通过组织发动，各单位共选送青年职工30人参加各类大专院校学习，其中，大专生18人（电大6人、职大12人），中专生12人。

1988年，成人教育中心校做好牵头协调工作，协助有关企业办好文化补习班，以提高职工文化素质，适应生产发展需要。太仓涤纶化工厂开办的文化补习班，利用星期天全天和每天下班后2个小时进行授课，设语文、物理、化学等课程，由王秀中学老师讲课，参加学员64人。办班两个月后，对学员进行学习、实践考核，合格率达85%。同年，太仓涤纶化工厂还鼓励青年职工报考成人电视中专，并为职工复习提供有利条件。是年6月20日考试，参加复习的学员19人，有17人被录用，其中1人还考上了南京一所化工机械专业的全日制大学。

1990年前后，成人教育中心校完善教育网络，创新培训机制，发挥各单位办班的积极性，为成年人学历进修提供方便。其时，先后开办一年制机电职业班2个，招收学员74人；开办三年制化工电视中专班1个，招收学员18人；开办会计函授中专班1个，招收学员25人。

1992年，重点对企业管理人员进行培训，全年举办培训班6期，培训250余人次，主要围绕改革开放形势、涉外经济管理、企业内部管理等方面进行思想教育和业务辅导，为培养企业管理人才、加快工业经济发展发挥好成人教育作用。1993年，针对工业发展快、就业职工多的情况，为帮助职工掌握专业知识，提高劳动技能，成人教育突出对企业新职工进行岗前培训，全年举办职工培训班16期，参训学员600余人次，收到了良好的教育教学效果。

1996年后，农村村办农场或种田大户增多，农业呈专业化生产、产业化经营发展趋势，成人教育重点围绕农业规模经营、设施农业栽培技术、特种蔬菜种植、农产品商品化、推广新型农业机械等方面进行培训，以促进农业从原来发展粮、棉、油为主的“增量农业”向发展高产、优质、高效的“三高农业”转移，优化农业结构，提高经济效益。1998年，镇成人教育中心校举办农经、农技、农机等各类培训班9期，参训学员350余人次。

1966~1998年王秀镇（公社、乡）历任成人教育（业余教育）负责人：张根兴、纪雪元、陈企平（兼）、李鼎文、高惠元。

第五节　学校选介

一、王秀中心幼儿园

1984年，建办王秀中心幼儿园，设于王秀中心小学内，有平房1幢，教室3间，建筑面积150平方米。有幼儿教师3人。幼儿园学制3年，分小班、中班和大班。是年下半年，有入园幼儿110人，其中小班1班30人、中班1班38人、大班1班42人。初办时，按照教育部制定的《幼儿园教育纲要（试行草案）》的规定，幼儿园注重向幼儿进行体、智、德、美全面发展的教育，开设语言、计算、常识、音乐、体育、美术等课程。在实施教育中，小中班上课形式以游戏为主，以增进幼儿对学习的兴趣；大班上课逐渐减少游戏，为入小学学习做好准备。从幼儿入园起，老师每天做好晨检和全天健康观察工作，注重培养幼儿良好的进餐、睡眠、如厕、盥洗等习惯，帮助幼儿养成坐、行、读、写正确姿势。

1986年起，幼儿园上课使用省编教材，另外发挥教师积极性和创新精神，选择教研课题，自编补充教材，丰富教学内容，显现教育特色。1988年起，开设语言、计算、常识、音乐、美术、体育、手工、健康、游戏（智力游戏、创造性游戏、体育游戏、娱乐游戏）等课程。1990年，幼儿园有入园幼儿155人，其中小班1班32人、中班1班41人、大班2班82人，有幼儿教师6人。

1992年，为进一步发展幼教事业，同时为以后撤并村办幼儿园做好准备，乡政府实施的幼儿园迁建扩建工程竣工启用。新建的幼儿园位于王秀镇区勇和路，占地面积2750平方米，建筑面积960平方米，园舍布局合理，硬件设施齐全，户外活动场地配置大、中、小型玩具和体育器材，为幼儿健康成长提供了良好的学习、锻炼和生活环境。

1993年后，幼儿园从情感、道德、心理等方面，进一步加强幼儿思想品德教育，提高幼儿综合素质。通过开展每周国旗下讲话、每月“礼仪宝贝”“爱心宝贝”评选、班级特色活动评比等活动，创新活动形式，力求教育实效，促进幼儿从小养成诚实勇敢、好问好学、团结友爱、爱惜公物、不怕困难、懂礼貌守纪律的良好品德。1994年后，幼儿园进一步改进教学方法，善于运用直观、形象、生动的教育形式和方法，启发幼儿思维，发展幼儿智力。1995年前后，幼儿园承担的多项太仓市级课题均获教研成果，多位老师撰写的数篇论文分别在省、市级刊物上发表或获奖。

1996年起，根据幼儿身心特点和季节变化，合理调整幼儿作息时间和安排各项游戏活动。更加注重幼儿教育的综合性、趣味性和活动性，让幼儿在游戏活动中有更多的观察发现和操作机会。幼儿园本着“为幼儿服务，为家长服务，为社会服务，办人民满意的幼儿园”的办学宗旨，树立“团结、向上、求实、创新”的园风，努力把幼儿园办成幼儿向往、家长放心、社会满意的校园。1998年，幼儿园有入园幼儿222人，其中小班2班64人、中班2班76人、大班2班82人，有幼儿教师13人。从1984年办园起至1998年，由时佳英任园长。1998年11月王秀镇并入璜泾镇后，时佳英继续任园长，直至2016年8月。

二、王秀中心小学

创办于清光绪三十一年（1905），始称王秀桥启秀小学堂，校址位于王秀桥西堍北侧、钱泾西岸，利用城隍庙的庙房为校舍。民国初，改名为王秀第一初等小学。抗日战争时期学校停办，抗战胜利后复办。民国35年(1946),改称王秀国民学校。民国36年(1947),学校开设高年级班,校名改为王秀乡中心国民学校。同年,学校仅有教室3间,全是复式班,有教师4人,学生105人。

中华人民共和国成立后,因学校所在地属长安乡(小乡),故将校名改为长安中心小学。其时,农民认识到学习文化的重要性,且生活条件有了好转,于是纷纷把子女送到学校读书。1951年,学生增至212人,设班级5个,有教师7人。

1952年,学校第一届高小毕业生20人毕业,其中升入初中或初级师范的有16人,以后毕业生数量逐渐增加。1954年,政府拨款新建校舍4间,为招收更多学生创造了校舍条件。1958年人民公社化后,教育事业有了新的发展。1959年,学生增至526人,设班级10个,有教师15人。

1966年10月王秀人民公社成立,学校随之改称王秀中心小学。1967年1月,学校停课,部分师生到外地搞串联。同年3月,学校复课。1968年末,按照"学生就近就读"的要求,由各大队自办小学,王秀中心小学撤销,教师被分到各大队小学任教。1979年,恢复王秀中心小学。

1980年,因原校址用地有限且没有拓展余地,为发展教育事业需要,学校易地重建,搬迁至孙桥大队12队境内(现王秀永安路)。新建学校占地面积8000平方米,建平房3幢,有教室18间、办公室6间,另有食堂等辅房数间,总建筑面积1500平方米。从此,学校办学条件大为改善。1982年,学校设班级11个,有学生437人,其中,1年级2班72人,2年级2班61人,3年级2班61人,4年级2班88人,5年级3班155人。有教师31人,其中,公办教师15人、民办教师16人。

1985年后,为优化整合教育资源,农村小学陆续撤并至中心校。为此,王秀中心小学先后将原教学用房2幢平房改建为楼房,以满足农村小学撤并需要。1988年9月,政府投资28.8万元,建成启用教学楼(北楼)1206平方米。1991年9月,又投资26.8万元,建成启用教学楼(南楼)1096平方米。1994年,学校设班级16个,有学生716人,教师52人。

1995年后,学校坚持德、智、体、美、劳全面发展的教育方针,积极营造"勤奋、向上、团结、活泼"的校风和"热忱、严谨、踏实、创新"的教风以及"勤学、好问、刻苦、认真"的学风,学校教学质量不断提高,成为一所育人环境优美、教师队伍优秀、办学条件优良、教育质量优异的现代化农村小学。学校先后获得苏州市绿色学校、苏州市常规管理示范小学、苏州市教育现代化学校、苏州市德育先进学校等荣誉称号。

1998年,学校设班级18个,有学生890人,教师53人。教师中,中级及以上职称35人。

1949~1998年历任校长(负责人):谭宝书(1949~1952)、费贵芬(1952~1956)、王志兴(1956~1958)、林三新(1958~1965)、冯耀生(1965~1969)、陆文琴(1969~1974)、黄瑶(1974~1981)、顾敏贤(1981~1991)、李建平(1991.8~1994.4)、冯建良[1994.4~1998.11(1994.4~1994.7为副校长主持工作)]。1998年11月王秀镇并入璜泾镇后,冯建良继续任校长,直至2003年7月。

三、王秀中学

王秀中学前身为王秀农业中学,创办于1965年,当时属归庄公社农中分校。始办时设班级1个,有教师2人。负责人王占鳌。校址在王秀桥东。

1966年10月王秀人民公社成立后,王秀农中划归王秀公社管理。是年,有学生70人。1967年,农中办学出现一些问题，学生大量离校，年末仅剩12人。

1969年，王秀农中停办。改由王秀大队办王秀“五七”学校，校内增设初中班3个，有学生142人，教师7人。1970年，学校开办高中班，招收高一新生1个班级，学生65人。同年9月1日，在王秀茶馆举行开学典礼。9月2日，高中班正式上课，教室安排在王秀大队小学内。高中班单独排课，由范金林、周振杨、熊红一等教师任教，负责人范金林。

1972年9月，王秀、孙桥大队的初中与高中合并，正式成立王秀中学。搬入新建的校舍，校址位于孙桥大队4队。是年，王秀中学设初中4班、高中2班，有学生331人；教师14人，其中大专学历5人。

1973年后，学校教育事业加快发展。至1977年，班级增至11个，有学生639人，其中初中6班322人、高中5班317人；有教师29人。此后学校进入办学兴盛时期。

1976年起，学校始办校办厂，先搞废旧塑料切粒，后搞绞绳、印塑料袋等业务，再转办王秀蜜乳厂。尤其是开发生产的蜜乳产品，取得了良好的经济效益和社会效益，为改善办学条件发挥了重要作用。（详见本志第七篇第一章第七节第六目“王秀蜜乳厂”）

1978年11月，王秀中学获评苏州地区教育战线先进集体，范金林获评苏州地区教育战线先进个人并在苏州地区教育战线先进集体、先进个人代表大会上交流发言。1978~1980年高考，王秀中学共有学生17人被各级各类大学录取，是太仓县内录取率较高的学校之一，曾受到太仓县教育局的表扬。

1980年起，学校逐步加大投入，新建扩建校舍。是年上半年，拆除防震棚，建造两层教学楼，改善办学条件初见成效。1981年，为调整学校布局、整合教育资源需要，王秀中学高中部停止招生。1983年8月，王秀中学送走最后一届高中毕业生后停办高中，学校由完全中学变为初级中学。1984年，设初中班级9个，学生382人；有教师29人，其中大专学历15人。同年起，学校进一步抓实教学管理，教学质量稳步提升，学生中考成绩连续10余年列太仓市（县）前6名。

1985年，新建启用教学楼1幢。1987年又建成实验楼1幢。1990年，得到王秀企业界资助，填平了校区内“黄天塘”（低洼地块），学校用地面积扩大。1991年10月，又建成教工宿舍楼1幢，建筑面积960平方米。至此，学校校舍条件大为改观。

1992年起，教育事业稳定发展，每年开设班级保持在11个左右，有学生350～480人。此后，学校进一步强化“团结和谐、勤奋严谨、文明诚信、求实创新”办学理念，通过历年努力，形成“务实、求真、开拓、创新”的校风和“敬业、爱岗、求索、爱生”的教风以及“尊师、守纪、勤奋、刻苦”的学风。

自1970年开办至1999年停办，王秀中学共培养初中毕业生6312人，培养高中毕业生726人。在实施初级中学教学的同时，也曾于1989年、1994年和1995年各开办职业高中班1个，为社会输送职业技术人才115人。

1998年，王秀中学占地面积1.5万平方米，总建筑面积5747平方米。设初中班级10个，有学生352人，教师42人。教师中，中级及以上职称25人。1999年8月，王秀中学停办，并入璜泾中学。

1970~1999年王秀中学历任校长（负责人）：范金林［1970.8~1972.8（高中班负责人）］、林三新［1972.8~1985.8（1972.8~1978.8为负责人）］、李仁民（1985.8~1990.8）、范金林（1990.8~1991.8）、王锦泽（1991.8~1997.8）、仇振元（1997.8~1998.8）、俞惠忠（1998.8~1999.8）。

第三章　科　技

第一节　机构队伍

王秀科技工作始于农业。1966年10月，王秀人民公社成立，在公社机关内设农业技术推广站，有农业专业技术人员2人。每个大队配农技员、生产队配植保员各1人，形成农业科技工作网络。

1983年5月，成立王秀公社科学技术协会。成立初，公社科协下设农业、副业、工业、商业、财贸、教育、卫生等科协小组，有科协会员126人。同年7月乡镇行政体制改革后，王秀设乡，乡政府设科技办公室，配科技助理员1人。公社科协改称乡科协。此后，乡科技办公室和乡科协合署办公，具体负责全乡科技、科协工作，两项工作同时计划、同步落实。

1984年起，重视科协队伍建设，建立各村、各企事业单位科协组织（科协小组或学会、学组），把那些热心科技、科协工作的积极分子吸纳到科协组织中来，科协组织网络和会员队伍不断扩大。1988年，乡科协所属基层科协组织有20个，其中，基层科协委员会1个，科协小组13个，各类（养禽、养兔、水产、食用菌、花卉、园艺）学组、学会6个，全乡共有科协会员和学组、学会成员276人。

1992年，进一步加强科技科普工作领导力量，各乡办企业配备1名技术副厂长，各村明确1名主要领导分管科技、科协工作。同年起，加大科协组织建设力度，有关村、厂科协小组（学会、学组）升格成立科协委员会。是年10月，成立太仓液压元件厂科协，成为全乡首家成立的厂级科协。1993~1995年，又先后成立太仓涤纶化工厂科协、王秀农业公司科协、王秀多服公司科协、王秀村科协、太仓机械设备厂科协。

1996年起，随着企业产权制度的改革，基层科协组织及人员发生变化，镇科协在镇党委的关心支持下，及时调整基层科协组织设置，配齐各单位科协干部，以确保科协工作正常开展。1997年，镇科协成员实行联系厂村制度，与各基层科协保持经常性联系，确保各项科技、科协工作落到实处。

1998年，镇科协所属基层科协组织有29个，其中，科协委员会7个，科协小组13个，各类学组、学会9个，全乡共有科协会员和学组、学会成员452人。

1983~1998年，王秀镇（乡）科协共召开6次科协代表大会（每三年召开一次），每次会议均总结回顾上届科协工作及所取得的成绩，提出下一届科协工作任务，选举产生新一届镇（乡）科协委员会。镇（乡）科技、科协日常工作负责人（政府科技助理）先后由倪鸿飞（1983.5~1992.11）、杨永兴（1992.11~1998.11）担任。

第二节　科普宣传

六七十年代，主要推广农业栽培新农艺、新品种以及防治病虫害新农药。公社每年根据农时季节，召开水稻、三麦、油菜、棉花播种现场会，举办各大队农技员培训班，学习推广农技知识。公社广播站根据农时生产需要，由农技部门提供稿件，通过有线广播，向广大农民宣讲农技知识。王秀供销社生产资料部开设黑板报，介绍各种化肥特性和科学施肥方法，刊登病虫情报和防治措施以及农药使用方法。

1979年起，进一步重视科普工作，通过召开农业专题研究会、技术授课、踏田会诊、现场参观等形式，开展科技活动。同时，通过广播、黑板报、印发资料、会议宣讲等形式，普及科技知识，激发广大干部群众学科学、爱科学、用科学的积极姓，营造尊重知识、尊重人才的社会氛围。1983年5月乡科协成立后，每年制订科普培训计划，指导各基层科协组织有计划地开展培训。

1989年上半年，乡农业、工业、财政、电工等协会、学会、学组，举办各类培训班8期，参训296人次，培训内容涉及稻棉栽培、作物植保、安全生产、电器管理、化工基础、会计基础、统计管理、当好班组长等。同年10月20~27日，乡科协举办首届科普宣传周活动，通过举办科普讲座、科普广播会、印发科普资料、科普宣传图片巡展等活动，大力普及科技知识。此后，科普宣传周每年举办，至1998年共举办10届。

1990年，乡科协开展工业企业科技科普状况调查，共调查6个厂，对调查中发现的先进事迹予以总结，写出《太仓液压元件厂调整产品结构，企业彰显活力》《太仓建筑搪瓷厂技术改造获成功，节能降耗出效益》《王秀孟河经编厂依靠科技进步，奋战两年扭亏为盈》等调查材料，并宣传推广到其他企业，供其他企业学习借鉴。

1992年，围绕“推动科技进步，发展王秀经济”主题，以培训专业技术人员为重点，采取理论和实践相结合的方法，开展农副工和其他各业科技知识培训班，共培训12期288课时，受训483人次。1993年，镇科协进一步做好《江苏科技报》《太仓科普报》征订工作，全镇各单位共征订《江苏科技报》110份、《太仓科普报》501份，同时做好发行工作，及时将报纸送达征订单位和订阅户。

1995年，根据农业实用技术面向农户的要求，农业公司、多服公司科协举办农技知识培训班，把农业生产实用技术推广到千家万户。1997年，镇科协围绕“科学在我身边”主题，开展第九届科普宣传周活动，通过技术培训、专题讲座、科普广播、电影录像、印发资料、板报画廊、设摊咨询、知识竞赛等宣传形式，营造了浓烈的科普宣传氛围。是年，王秀镇获评苏州市科普文明镇。

1998年，镇科协会同中小学开展青少年科普教育活动，鼓励青少年学生参加科技知识竞赛，开展小发明、小创作活动。同时依靠社会各界支持，为学校配备电脑等硬件设施，在学生中普及电脑知识，小学三年级以上学生参训率达95%，中学生参训率达100%。同年，还对镇机关干部（45岁以下）和村、厂干部（40岁以下）进行电脑培训，年内结业1期35人。是年，镇科协围绕“提高国民科技素质，迎接21世纪”主题，开展第十届科普宣传周活动，收到了良好的宣传教育效果。

第三节　引培人才

1966年王秀人民公社成立后，重视培养农业技术人员，把那些热心农业农村工作、钻研农业技术的中青年选送到上级农技学校培训，待其结业后充实农技队伍。每年分批分期培训大队农技员，提高农技员农业管理和农技水平。1970年前后，培养并新上岗公社、大队农技员9人。

1975年起，王秀有一批高中专毕业生相继毕业，公社党委重视吸纳高中专毕业生到企事业单位工作，以改善各单位人员知识结构，促进各项事业健康发展。1980年后，王秀中学、王秀中心小学重视提升师资力量，为教师进修函授提供机会，一批教师通过电视中专、大专学习，提升了学历。王秀卫生院重视卫技队伍建设，一方面招录全日制医科院校的专技人员到医院工作，另一方面鼓励医务人员进修学习，提高专业水平。

1985年乡镇企业发展起来后，更加注重人才引进和培养，许多企业聘请工程师、技术员，为企业发展提供人才支撑。同年，对全乡科技人员23人评定了技术员职称，并给予相应的技术津贴，调动了科技人员的积极性。

1988年前后，在引进外地人才的同时，重视当地人才培养，乡工业管理部门委托教育部门办一年制机电职业班2个，招收学员74人；办化工中专班1个，招收学员18人。此外，还选送有关青年到大中专院校进修，委托代培大专生2人、中专生28人。通过引进和培养人才，全乡科技队伍不断扩大。1990年，全乡有各类专业技术人员165人，成为推动全乡科技进步、促进经济社会加快发展的骨干力量。

1992年上半年，根据上级关于做好技术职称评定工作的通知精神，按照调查摸底、宣传发动、组织申报、民意测验、考核评审等步骤，对各企事业单位人员进行技术职称评定。这次评审，全乡有申报者185人，经评审，有179人符合条件，分别给予评定相应职称，其中技术员116人、助理工程师56人、工程师6人、高级工程师1人。

1996年乡镇企业产权制度改革后，民营企业业主在政府的引导下，积极实施人才兴企发展战略，给出高薪到劳动就业管理部门招聘企业管理人才，到专业对口的院校录用专业技术人才，到行业对应的大企业聘请企业紧缺人才。在企业注重引进人才的同时，市镇上教育、卫生、经济管理、电力管理等企事业单位，也积极鼓励职工进修学历，晋级技术，自学成才。1998年，全镇有各类科技人员212人，其中初级职称139人、中级职称68人、高级职称5人。

第四节　技术推广与成果

一、农技推广应用

1967年，公社农技站指导生产队试种双季稻，1969年大面积推广后，各生产队掌握“茬口布局、育苗移栽、水浆管理、科学施肥、防病治虫”等栽培技术和方法，使全公社农业耕作制度由二熟制改为三熟制顺利实施，并提高了单位面积产量。1970年，双季稻前后两季亩产542.5公斤，比单季稻亩产327公斤增加215.5公斤。

1972年，王秀境内试种蘑菇的生产队学习应用配料和温控技术，试种蘑菇获得成功，后由公社召开种菇现场会，推广种植蘑菇并现场传授栽培技术。

1975年，为培育棉花壮苗，实现高产增收，公社农技站推广棉花营养钵育苗移栽技术。此后，营养钵育苗移栽的棉花比以前直播的棉花，平均亩产（皮棉）增加10~15公斤。

1975年，种植双季前作稻，推广通气秧地育秧技术，促进了秧苗扎根，培育壮苗，且提高了成秧率。1976年，大面积推广双季稻秧田抽条留苗，既省工省本，又解决了秧田移栽脱季节问题。

1981年后，在大面积发展蘑菇生产过程中，推广应用河泥砻糠复土和二次发酵新技术，既提高了蘑菇产量和质量，又节约了生产成本。

1983年实行家庭联产承包责任制后，大面积推广化学除草除稗，大大节省了田间管理人工，使农民有更多的时间和精力从事其他副业，增加经济收入。

1990年后，种植水稻，改革人工插秧移栽，先推广人工抛秧，后推广直播栽培技术，大大节省了劳动力。1994年，镇科协农业学组承包水稻新品种“92-2”试种任务，获得成功，亩产达到622公斤；副业学组推广有关种植业、养殖业新技术，一批种植户、养殖户得到技术指导，实现增产增收。

1995年，小麦生产推广免耕机条播栽培新技术，种植方法改以前耕翻撒播为免耕套播，省时省力。1996年，棉花生产推广安家肥底施技术，油菜种子选用新品种“2-26”“汇油50”，水产生产方面重点培训人工养蟹技术，蔬菜豆类作物方面推广种植刀豆、大叶菠菜、赤豆等。农业实用技术的培训与现场指导，促进了全镇农业产量和效益的提高。

1997年，王秀村开发獭兔良种繁育与科学饲养技术，全村獭兔饲养量800余只，被列为苏州市科技发展计划项目。1998年，农技部门大力推广杀虫、除草、浸种新农药和棉花后期催熟新技术，促进农业生产稳产高产。

二、工业科技成果

1985年，王秀盂河经编厂生产的经编布获江苏省“新苑杯”奖，太仓涤纶化工厂生产的DOTP增塑剂获评苏州市优质产品，太仓液压元件厂生产的沥青乳化机获苏州市新产品金牛奖。

1987年，太仓建筑搪瓷厂生产的“清泉牌”浴缸和太仓电子电器设备厂生产的微机控制自动化试验泵均获江苏省、苏州市、太仓市科技进步成果奖。同年11月，太仓建筑搪瓷厂生产的“清泉牌”浴缸获江苏省首届新型建筑材料成就展览会三等奖。

1988年，太仓县蜜乳厂生产的“白鹤牌”口服蜂乳被农业部认定为部级优质产品，畅销上海、苏州等各大城市；太仓涤纶化工厂生产的对苯二甲酸二辛酯获评江苏省优质产品；王秀纬编厂生产的衬经针织面料、王秀长浜皮鞋厂生产的皮鞋上光机被认定为江苏省新产品；太仓经编二厂生产的“彩露牌”经编装饰布获评苏州市优质产品；太仓针织布厂生产的伊丽皮针织面料获太仓县科技进步成果奖。

1989年，太仓经编二厂生产的涤纶装饰布获全国首届民用产品精英赛精英奖，太仓建筑搪瓷厂生产的“清泉牌”浴缸先后获评苏州市、江苏省优质产品，太仓涤纶化工厂生产的DOTP增塑剂获评江苏省优质产品，上海帽厂太仓分厂生产的帽子在上海外贸同行业同类产品质量评比中名列第一。

1990年，太仓液压元件厂生产的沥青乳化机获江苏省优秀新产品金马奖，太仓电子电器设备厂生产的低压配电屏获评苏州市优质产品。

1991年，太仓液压元件厂生产的沥青乳化机获江苏省科技成果二等奖。

1992年，太仓液压元件厂自行设计制造的LCB沥青齿轮泵被认定为国家级新产品，产品畅销全国各地，在用户中享有盛誉。

1993年，太仓机械设备厂生产的沥青流量计被列为江苏工业产品博览会参展产品。

1995年，太仓建筑搪瓷厂生产的高档双拉手浴缸、太仓针织布厂生产的伊丽皮针织面料、苏州鲁拉拉塑料制品有限公司生产的缩齿梳被列为江苏省新产品开发计划。

第十六篇 卫生 体育

民国时期，境内医疗仅有伍胥方氏诊所等数家私人中医诊所及数位民间中医。在疾病控制方面，缺乏组织管理机构和防控措施，造成多种传染病发生，严重危害人民群众身体健康。中华人民共和国成立后，医疗卫生事业不断发展。1953年，民间医生组织起来成立联合诊所。1966年，成立王秀卫生院。1969年，建立大队卫生室并配备乡村医生（时称“赤脚医生”）。继而加大医疗卫生投入，两次搬迁卫生院，扩大用房面积，增添医疗设备，培养医卫队伍，提高医技水平。1970~1998年，全镇（公社、乡）疾病防控、妇幼保健、儿童免疫等工作扎实开展，群众所患各类常见病、多发病均能得到有效诊治。同时，实行农村合作医疗制度，为人民群众增强抗风险能力、保障身体健康发挥积极作用。

50年代，境内因缺少公共卫生设施和管理，时常出现脏、乱、差现象。1968年，成立王秀环境卫生管理所（简称“环卫所”），集镇环境卫生因有了专业管理机构而得到改观。1977年成立王秀公社爱国卫生运动委员会后，切实把卫生宣传、卫生检查、除害灭病等工作落到实处。1986年起，以实现“2000年人人享有初级卫生保健”为目标，切实抓好环境卫生、食品卫生工作。1991年，王秀乡被评为太仓县爱国卫生运动先进镇。1990年后，以创建文明卫生镇活动为载体，全民动员，大搞卫生。同时，加快农村改水、改厕步伐。1995年，在镇区全面落实环境卫生包干责任制，整治乱搭建、乱贴画、乱停放现象。1998年，实施美化绿化亮化工程，镇容镇貌、村容村貌大为改观。

50年代，境内群众性体育活动由于受场地器材等条件限制，仅开展一些小型、传统的活动。60年代中期起，随着体育事业的发展，群众性体育活动开始活跃，尤其是篮球活动，球队众多，赛事不断。70年代，加强对群众性体育活动的组织领导和牵头协调，每年制订体育工作计划，安排体育运动赛事，群众性体育活动有组织、有计划地开展。80年代，中老年人太极拳、木兰拳、健身操、健身秧歌、迪斯科集体舞等文体活动兴起，中老年拳操团队参加太仓市（县）级比赛并多次获奖。90年代，镇文化中心每逢节假日均安排体育赛事和文艺活动，丰富职工业余文体生活，促进体育事业不断发展。

50~60年代，限于运动场地小等因素，境内学生体育活动项目较少。70年代，中小学按照国家体委颁发的《青少年体育锻炼标准条例（草案）》进行体育教学和训练。80年代，随着体育设施的不断完善，中小学拓展球类、田径类体育项目，让学生根据自己的爱好和特长选择锻炼，提高体育技能和竞技水平。自1984年创办王秀幼儿园起，即把幼儿体育纳入幼儿教学课程，让儿童在愉快欢乐的活动中得到体育锻炼，增强体质。90年代，中小学校重视体育硬件建设，为学生创造更好、更安全的锻炼环境，全镇中小学生体育达标率不断提高。

第一章　医疗卫生

第一节　医卫机构

一、王秀卫生院

中华人民共和国成立初期，王秀地处偏僻、缺医少药，仅有数家私人中医诊所和数位民间医生。

1953年7月，时兴联合办医，由方国苍、周忠麟、陈仲一等民间医生自愿组成联合诊所，开业就诊，地点为王秀桥西堍南边周忠麟家。

1956年下半年，璜泾区实行医务大联合，区成立联合诊所，王秀镇上设分诊所，归璜泾区联合诊所管理。医务人员由区联合诊所统一调动安排。其时，王秀分诊所有医务人员5人。1958年，公社一级成立民办医院后，王秀分诊所成为归庄公社民办医院的一个分站（当时王秀集镇属归庄公社辖地），医务力量由归庄公社民办医院统一调配。

1966年3月，成立王秀卫生院。因当时王秀南部3个大队、北部10个大队分属归庄公社和鹿河公社，故王秀卫生院医务人员从归庄、鹿河卫生院抽调。同年10月王秀公社成立后，王秀卫生院行政上由王秀公社管理，业务上由太仓县卫生局指导；经济上自负盈亏，缺额部分由上级财政给予适当补助。建院初期，有医务人员12人，其中西医5人、中医5人、药剂员1人、护士1人。

1967年底，王秀卫生院搬迁到钱泾与红旗浜交汇处李方明宅，民房搬出，地块让给医院。1969年，重视把医疗卫生工作重点放到农村，上级卫生部门从苏州城区下放西医杜雪芬、助产士章少华、护士吴德方等3人到王秀卫生院工作。1970年后，为加强医务力量，提高医技水平，选拔农村赤脚医生高兴元到卫生院工作，后又将其送到太仓县人民医院进修外科。选派万伟祖到苏州医学院进修内科。以后每年陆续有1~2人出去进修学习。

1973年，卫生院再次易地，搬迁至永安路人民桥北堍西侧（当时为公社驻地，后建文化中心）。其时，有卫技人员17人。1975年，随着医技力量加强，为便于管理，卫生院进行分组分科，分组设住院、门诊、行政，分科设五官科、放射科、妇科、外科。1980年，卫生院有职工25人，其中卫技人员18人、其他工作人员7人。1982年，卫生院占地面积2667平方米，建筑面积792平方米。

1988年，扩建医疗用房，添置医疗设备，改善内科、外科、妇产科、手术室等各科室的医疗条件，业务量逐年提升。1990年，年门诊病人19587人次，住院病人552人次。1995年，年门诊病人增至24789人次，住院病人增至687人次。

1996年，根据镇政府集镇建设规划需要，卫生院用房让给镇文化中心，卫生院易地迁入永安路人民桥北堍东侧（王秀影剧院对面），占地面积2495平方米，建筑面积3463平方米。

1998年，卫生院有职工32人，其中卫技人员21人、其他工作人员11人。卫技人员中有副高级职称1人、中级职称6人、初级职称14人。

1966~1998年历任王秀卫生院院长：缪丽珍、陈志新、倪宝元、万伟祖、高兴元。

二、村卫生室

1966年，农村各大队建立卫生保健站，生产队设卫生员，在公社卫生院指导下，做好农村卫生保健、治害灭病工作。1967年起，公社、大队分批分期选送有一定文化的青年参加太仓县举办的医疗卫生培训班，培养农村半农半医卫技人员，时称“赤脚医生”。

1969年，各大队相继建立卫生室，备有常用药品，由赤脚医生为感冒、发热、头晕等常见病患者用药治疗，为外伤者处理伤口消除炎症。

1971年，经过多年选送培训，全公社培养赤脚医生28人，其中男15人、女13人，各大队都配有赤脚医生2~3人。是年，公社有卫生院，各大队均建有卫生室，生产队都设卫生员并备保健箱，全公社形成公社、大队、生产队三级医疗卫生网络。

1980年后，对赤脚医生进行业务考核，考试合格者发给合格证。1982年，大部分赤脚医生的文化程度达到中专水平，且具有独立医治能力，农村群众一些常见病、多发病能得到及时治疗。

1983年公社体改后，赤脚医生改称“乡村保健医生”，简称“乡村医生”。1985年前后，进一步重视乡村医生业务培训和业务考试，对合格者给予乡村保健医生证书。

1988年，重视村卫生室标准化建设和规范化管理，各村投入资金修建卫生室房屋，扩大卫生室用房面积，配齐诊察床、药橱、血压计、听诊器、注射器、简易手术包、出诊箱等医疗器械和设施，全乡13个村普遍达到合格卫生室标准。

1990年后，各村乡村医生围绕“2000年人人享有初级卫生保健”目标，积极配合村委会做好环境卫生管理工作，在乡卫生院的业务指导下完成医疗卫生、食品卫生、行业卫生等工作任务，为发展农村卫生事业发挥了重要作用。

1992年前后，各村卫生室按照“卫生室用房面积不少于60平方米，诊疗室、观察室、治疗室三室分开”的要求，积极开展争创甲级卫生室活动。通过创建，各村卫生室均达到合格标准，具备预防、医疗、保健、健教、计划生育指导等功能，为村民群众提供防病治病服务。

1998年，全镇有村卫生室13个，用房总面积870平方米，有乡村医生25人。

表16-1　1998年王秀镇各村乡村医生名录

村名	乡村医生	村名	乡村医生
湘里	陆定坤、徐美玉（女）	建华	唐福兴、虞秀瑾（女）
长浜	张文岐、曹淑和（女）	建民	王仁元、吴敏芬（女）
王秀	陈金石	草庙	张荣岐、张向亚（女）
孙桥	张建义、王萍亚（女）	杨漕	张瑞荣、黄雪华（女）
孟河	宣世昌、管月琴（女）	南港	顾卫琴（女）、陈惠娟（女）

续表

村名	乡村医生	村名	乡村医生
包桥	管卫亚、许美萍（女）	白荡	陆介云、何菊英（女）
伍胥	罗永兴、周锦英（女）		

三、方氏诊所

清代后期，在王秀农村小镇伍胥镇上有伍胥方氏诊所，由方氏中医世家开办。其时，方氏中医在社会上极有声望，与鹿河马氏中医齐名，人称“南方北马”。方氏中医擅长外科，对疮疡病症医治可谓手到擒来，药到病治。由于名气响，太仓、常熟、昆山、嘉定、南通等方圆百余里的病患均慕名前来就医。

民国时期，方氏医家又培养了方渊如、方信孚、方国苍和方国平等数代中医。从医期间，对患者有求必应，特别是对年老体弱、行走不便的病人，坚持上门就诊。对贫困家庭患者，从不计较回报，还常常免费给药。为病人治疗，尤重整体，外病内治，内外结合，疗效甚佳，愈者无数。曾有外地病人，身上疔疖溃烂，四处求医无果，慕名赶来求医，后经手术清创，外敷内服药物，病人转危为安。

中华人民共和国成立后，璜泾区整合医疗卫生资源，成立区联合诊所，伍胥方氏诊所成为区联合诊所的一个分诊所。此后，乡镇一级成立医院（卫生院），方氏子嗣及其族外弟子均到集体开办的医院工作。方氏私人诊所归并，隶属医院管理。

资料链接：

闻名遐迩的方氏中医世家

在近代太仓中医史上，有不少中医世家，他们代代相传，医术精湛，悬壶济世，救人无数，为太仓乃至江苏中医药事业的发展做出了突出贡献。王秀方氏中医世家便是其中的杰出代表之一。

方氏世医　相传九代

方氏祖籍崇明，清康熙年间迁居王秀包桥（现孟河村20组），在家中开药铺，以行医为业，积悬壶之德，深受周边乡民爱戴。此后，方氏中医世代相传，并在王秀农村小镇上开设伍胥方氏诊所。

方氏迁居伍胥庙，第一代与第二代两辈先生（古时医生称先生）其名，因年代久远，已无从查考。之后即有名录记载。第三代为方哲公，第四代为方小香，这两代均为单传。尔后，方小香传儿子方嗣香、授女婿方梦花，是为第五代。从第五代开始，方氏中医双枝竞秀，祖业更昌。

方嗣香一支自第六代方渊如起，内外科并重。第七代方麟祥（又名方信孚）、第八代方国苍（哥）和方国平（弟）亦以内外科行医。中华人民共和国成立后，既传承中医之门道，又研学西医之医术，求医者众多，深受好评。至第九代方荦群（方国平之子，2019年在璜泾人民医院退休），任内科主治医师，长期坚守门诊一线岗位，热情为患者服务；方引玉（方国苍之女，2013年在王秀卫生院退休）从事护士职业，尽心尽职做好护理工作。

方梦花一支，第六代方叶封、第七代方世良，仍继医业，擅长外科，治愈病人无数，深受社会赞誉。第八代方植民，虽不再行医，但从事医药工作，熟悉中药性味，精通中药药理。

方氏世医，自第五代分支后，方嗣香一支传承九代，方梦花一支传承八代。此后，其后辈都不再从医，而在其他岗位上为社会做出贡献。

方氏弟子　名医辈出

方氏中医，自清末第五代方嗣香、方梦花始，其医术除传给子嗣外，还广授门徒，学生除遍及太仓各镇外，昆山、常熟、苏州城区、上海等地皆有弟子，百余年来承先启后，业盛不衰，形成方氏中医一大派系。据有关医卫单位寻访统计，方氏传授弟子150余人，且均颇有成就，方氏外科更是享有盛名，为社会、为医林所倚重。其门人董冕卿、戴省悟、陆瑞生等，均师从方氏五代医方梦花。董冕卿（1871~1923），璜泾人，清末民初在璜泾镇设诊所，精外科，有“刀王”之称。戴省悟（1878~1936），璜泾人，清末民初在璜泾镇本宅设诊所，专外科，医术众信，业务繁盛。陆瑞生（1877~1950），王秀白宕人，为方梦花关门弟子，专长外科，诊治深部脓疡有独到之处，治白喉、瘟疫、痧症极富经验，业盛名扬。郑也涵（1893~1943），太仓西郊郑家角人，拜方氏六代医方叶封为师，22岁开诊行医，自创“涵春堂”中药铺，专外科，医术好，求诊者接踵，治愈危重病人众多，镌刻“为善最乐”四字铭记以自勉，名扬苏常太及上海诸地。张国栋（1900~1975），太仓归庄人，早年师从方氏六代医方渊如，学中医外科，学成后从医50年。患者经其诊治，化险为夷者不胜枚举，在太仓、常熟、昆山等地颇负盛名。曾创制补脾营养汤，用于治疗晚期血吸虫病患者，对消退肝硬化腹水疗效甚好。1958年，被列入江苏省名老中医名单，并被聘为江苏省中医中药研究委员会委员。马文昭（1926~1984），太仓鹿河人，鹿河马氏世医外科第六代传人。幼承庭训，后师从方氏七代医方世良，博采马氏、方氏两家中医外科之长，自成诊病用药独到之处，擅治疔疮痈肿、咽喉诸疾，享有盛誉。曾治肝癌、乳腺癌、食管癌患者多人，使其肿瘤缩小，病人延年。方氏门人，遍布各地，上述数位，仅为选介，限于篇幅，不一一列举。

方氏医术　闻名遐迩

清康熙年间，方氏祖辈饱读医书，又注重实践，诊病经验丰富，用药恰到好处，深得民众信赖，求医者甚多。此后，方氏历代均有名医，在中医医疗技术上颇有建树，尤其是在中医外科方面，治疗疑难杂症屡见奇效。

方氏传至第五代方梦花辈，集外科医业之大成，树方氏医法之门派。在诊断方面，凭指下切诊感觉，能达“指头犹眼”境地，因术前对疮疡辨生熟、知深浅、明部位，故刀不虚发，发必中的。在用药方面，十分讲究，配方与众迥异，药物精选炮制，研制的方氏消风散、龙虎膏、三妙膏等药物，有独特功效。在方梦花辈，方氏医术远近闻名，来自太仓、常熟、昆山、嘉定等地的求医者络绎不绝，方氏救治危重病人无数。据史料记载，有一患者，背部生疮溃烂，高烧不退，生命垂危，其家属抱着最后一线希望，请求方梦花先生救命。方先生当即为病人动手术，又给病人外用敷药，内服汤散，通过一段时间调理，病人终于脱险，治愈康复，病人及家属感激不尽，赠送“和缓复生”匾额一块（时久已遗失），以谢方先生救命之恩。

方氏六代医方渊如、方叶封均精于中医内外科，尤以擅治疔、疽、痈、疖等著称。善于运用消、托、补、泻诸法，悉心施治，救人无数，群称妙手，百姓感德。民国时期，方氏七代医方麟祥、方世良得祖辈真传，医术精湛，用药精细，愈者不可胜举，且施医贫病不计，获赠匾无数。其时，方氏中医外科在太仓、常熟、昆山、南通、嘉定等地名噪一时，外地到伍胥方氏诊所接医生前去施诊的车、轿、船来往不断。在方麟祥行医期间，曾有一位名叫管宝司（常熟何市人）的患者，身患"七星疔"，因家贫无钱医治，命危朝夕，后家人到方家求医，方麟祥先生免费施诊给药，药到病治，不久病愈，患者感恩不尽。1947年2月，方麟祥先生因病去世，终年45岁，管宝司怀着感恩之心前去吊唁，以表情意。

中华人民共和国成立后，方氏第八、第九代传人，既承中医，又习西医，诊治富有经验，求诊者众多，成为乡镇医卫单位骨干医生，为地方医疗卫生事业做出了积极贡献。

四、王秀药店

创办于50年代初期，隶属王秀供销社，后归属太仓市医药公司。店址在王秀永安路。用房面积60平方米。经营范围为零售（处方药、非处方药）中成药、中药饮片、化学药制剂、抗生素制剂、生化药品、二类医疗器械、预包装食品等。1998年药店负责人陈利民。

五、仁仁堂药店

清康熙年间称"方仁仁中药铺"。系伍胥方氏世医兼营的祖传中药铺，原开业于包桥方氏家中，后迁至伍胥庙，至方氏世医子女方佩娟接手经营中药铺已是第七代。1956年对私营商业进行社会主义改造时，方仁仁中药铺改为公私合营伍胥国药商店。后并入王秀药店。1983年，方氏世医子女第八代方凤珍顶替母亲方佩娟进入王秀药店工作。方凤珍于2002年取得从业药师证，2003年在王秀镇湘王路自开中药店，取名"仁仁堂药店"以延祖业。2015年改称太仓市同康医药连锁有限公司仁仁堂药店。

第二节　医卫设施

一、医卫用房

1953年，王秀联合诊所用房十分紧缺，借用王秀桥西堍南边周忠麟家两间半约70平方米住房作为门诊用房，没有病床和集体宿舍。

1966年10月王秀人民公社成立后，逐步改善王秀卫生院用房条件。1967年，卫生院易地，在钱泾与红旗浜交汇处，搬迁私人房屋，公社拨款建造6间150平方米住院部和手术室，开始接收病人住院。

1973年，卫生院搬迁至永安路人民桥北堍西侧公社驻地，公社迁移，其房屋转让给卫生院，用作门诊、透视和配药室用房。同年下半年，又扩建了14间400平方米的住院部、手术室和妇产科用房。以后，又陆续修建了有关辅助用房。1982年，卫生院占地4亩，建筑面积792平方米，其中，门诊165平方米，病房224平方米，宿舍120平方米，透视、配药、化验等其他用房283平方米。住院部设床位25张，其中固定的20张、临时的5张。固定床位中，内儿科15张、外科2张、妇科3张。

1988年，乡政府投资在卫生院原址上翻建综合楼，高3层，建筑面积1500平方米，一楼为门诊，二楼为住院部，三楼为行政用房和职工宿舍。

1994年，镇政府调整集镇建设规划，决定将卫生院所在地改建为镇文化中心，卫生院迁移至永安路人民桥北堍东侧。1996年，新大楼落成，卫生院迁入，又一次改善了用房条件。特别是住院部病房窗明几净，设施配套，为病人疗养提供了整洁、舒适、卫生的住院环境。

1998年，卫生院占地面积2495平方米，建筑面积3463平方米，其中主建筑房屋有高3层的卫生院综合楼2405平方米。

二、医疗设备

1966年王秀卫生院建院初期，缺乏医疗设备，仅有听诊器、注射器、血压计等一些必备的小型器械。也缺少病房，一般的住院病人都要转到外地医院治疗。

1973年下半年，卫生院有了房屋条件，进行初步分科，同时添置了部分设备，手术室配备了手术床、无影灯、氧气筒、高压消毒锅及有关手术器械，化验室添置了显微镜、光电比色计等。1975年后，为提高诊断水平，先后购买30毫安X光机、心电图仪。1980年后，配备洗胃吸引机；增添尿液分析仪，能检查白细胞、红细胞、酮体等8项指标。1990年后，陆续增加投入，对医疗设备进行更新换代。购置200毫安X光机、彩色B超仪、半自动血球计数仪、半自动生化分析仪、高频电刀、牙科专用治疗椅等。1998年，主要科室安装了空调及热水器，部分病房安装了彩色电视机，卫生院硬件条件得到改善。

第三节　医疗技术

50年代前期，王秀民间医生主要以中医技术为病人诊治。中医内科医生主要采用望、问、闻、切（把脉）的传统方法为病人诊断病因，凭中医理论和实践经验，给病人服用中药，一般呼吸内科、消化内科的患者，服药后能减轻或消除病症。中医外科医生能对疮疖和外力致伤病人进行清创处理，并给予药物，消肿消炎。

50年代中期后，璜泾区联合诊所对王秀分诊所统一调配医务人员，开始安排西医为病人诊治，感冒、发热、头晕、咳嗽、腹泻等多发病、常见病患者服用西药，一般数天后即可减轻，直至消除病症。

1966年建成王秀卫生院后，陆续选派医生外出进修学习，医生医疗技术不断提高。1970年，外科医生高兴元为建民大队一位女患者施行阑尾切除手术，患者不久便康复出院，这是卫生院成立后首例外科手术。1973年后，卫生院扩大规模，硬件条件改善，医疗技术进步，卫生院对阑尾炎、疝气、卵巢囊肿、子宫肌瘤、胆囊及静脉曲张等都能施行治疗手术。

1985年起，经过进修学习和实习锻炼，妇产科能施行剖宫产和计划生育四项手术（上环、取环、引产、人流）。1990年后，随着医疗设备的更新，可进行的化验、透视检查项目增多，透视摄片读片和B超检查水平提高。为方便患者就近诊治，卫生院与太仓人民医院保持经常联系，根据病人治疗需要，邀请有关专家到王秀施行治疗手术，受到群众欢迎。1995年后，因道路交通方便，对需要实施较大手术的患者，大多由家属送太仓市级及以上大医院治疗。1998年起，王秀卫生院主要承担疾病防控、健康体检、妇幼保健、病人康复和常见病、多发病治疗等工作。

第四节　疾病防控

一、血吸虫病防治

血吸虫病是人体受血吸虫感染以后引发的一系列的疾病。得病后期，病人脏器受伤，产生腹水，肚子膨胀，故亦称“鼓胀病”，老百姓通常称“大肚病”。而钉螺是血吸虫唯一的中间宿主，消灭钉螺是阻断血吸虫病传播的重要环节。

民国时期，国民党政府不采取措施防治，致使钉螺繁殖，血吸虫病成为农村中流行最广、危害最大的一种寄生虫病。

中华人民共和国成立后，党和政府十分重视血吸虫病防治工作。1952年，在太仓县血防站指导下，王秀境内各乡各村（当时的小乡小村）对钉螺和病人进行普查。经查，共发现有螺面积64899平方米，有血吸虫病不同程度病症患者1033人。普查后，随即开展防治工作，一方面收治病人，进行康复治疗；另一方面，组织农村劳动力，全面开展灭螺工作。

1953年，广泛发动群众，掀起查螺灭螺高潮，采取人工捉螺和填老沟开新沟、干沟渠晒沟底、干河道铲土层等方法灭螺。1954年起，抽调人员组成专业队伍，进行查螺灭螺培训。然后，采用人工捕杀、用土埋杀、火焰喷杀、“六六六”药物喷杀等方法开展灭螺行动。至1955年末，对所有有螺面积基本达到查灭一遍的要求，钉螺密度有了大幅度下降。

1958年后，农村又广泛开展查螺灭螺、防治血吸虫病工作，主要是发动群众对旧螺点和新螺点进行人工捕捉或药物消杀。结合兴修水利，铲除螺点土层。开挖新沟渠，封填老沟渠，堵死钉螺生存环境。加强粪便管理，农户露天粪坑搭棚加盖，防止雨后外溢。生产队做到牛棚内无积粪，防止牛粪入河，切断血吸虫病传染源。

1966年王秀人民公社成立后，继续加强血吸虫病防治工作。公社成立防治工作领导小组，卫生院设立防保组，每年组织各大队、生产队进行查螺灭螺。与此同时，对血吸虫病病人进行全面复查，助其康复。

经过连年不断的群众性查螺灭螺运动，全公社血吸虫病防治工作取得显著成效。至1982年，全公社有螺面积连续4年为零。血吸虫病患者1033人，经治疗，除晚期的3人未治愈，其他病人均康复。此后，每年坚持螺情复查，至1987年，又连续5年未发现螺情。经上级复查，通过灭螺工作验收。

1988年起，血吸虫病防治工作主要是查螺监察，实施常规管理。每年4月，组织若干查螺小组，深入各村开展春季查螺工作，重点对水生作物种植滩块和旧螺点进行复查。至1998年，王秀境内始终未发现钉螺，也未出现血吸虫病病例。

二、传染病防治

民国时期，缺乏传染病防治措施，造成多种传染病发病，人民群众身体健康受到危害。有的农民染上急性肠道传染病（霍乱），生命危险，也曾出现过死亡病例；有的患上天花，留下麻脸病症；有的小孩患上脊髓灰质炎（小儿麻痹症），终身残疾，痛苦一生。

中华人民共和国成立后，开始重视传染病防治工作。1952年起，为使人体获得对天花的免疫力，在群众中普种牛痘，天花病得到有效控制，不久便绝迹。为预防麻疹病（俗称“出痧子”），为群众注射疫苗，麻疹发病率不断下降。

1958年后，通过文艺宣传、印发资料、文化夜校授课等形式，在群众中普及卫生知识，动员群众养成卫生习惯，不喝生水，不吃不洁食物，以预防肠道传染病及其他各种疾病。

1962年10月西部近邻地区出现副霍乱疫情后，及时开展防疫工作，为群众突击注射预防针。同时采取综合防疫措施，制止疫情蔓延。

1966年后，王秀卫生院设立防保组，配备专职医生，预防传染病工作有组织、有计划地开展。1974年，在太仓县卫生防疫部门的指导下进行肺结核病普查，之后，公社落实医务力量，对病人进行治疗，并实行跟踪治疗管理。

1976年后，坚持对全公社0~12周岁婴幼儿进行麻疹、百白破（预防百日咳、白喉、破伤风）、卡介苗（预防结核病）、乙肝疫苗接种注射以及脊髓灰质炎糖丸服用等，计划免疫工作扎实推进，有效控制了各类传染病的发病率，使过去曾有的天花、麻疹、脊髓灰质炎等传染病绝迹。

1980年前后，在实施儿童免疫工作中，王秀卫生院防保组负责人王效民提出并坚持做到一人一针一筒注射，以防止疾病交叉感染，这种做法得到上级卫生部门的赞扬，并在卫生系统推广。

1983年起，王秀卫生院根据上级卫生防疫部门要求，加强急性传染病疫源地管理，全面做好传染病的登记、报告、调查、隔离、消毒等管理工作，建立和健全急性传染病处置程序和管理制度。特别是炎热的夏天，农村中举办宴席，卫生防疫人员即到场指导，把好食品卫生关，严防群体性食物中毒事故的发生。

1984年起，进一步强化儿童计划免疫工作，严格按照儿童出生月份，分别进行卡介苗、百白破混合苗、麻疹活疫苗、脊髓灰质炎活疫苗（简称“四苗”）的初种和复种，每年“四苗”接种率达100%。1987年，全面推行新生儿乙肝疫苗接种，以后每年接种覆盖率98%以上。

1989年2月实施《中华人民共和国传染病管理法》后，传染病管理法治化。同年，外地出现狂犬病病例，乡、村医务人员立即在群众中宣传狂犬病危害及预防知识。公安派出所和联防队加强犬只管理。此后，群众预防意识增强，一旦被犬咬伤，即自觉到医院注射狂犬疫苗，伤者注射率达100%。

1990年，王秀境内流行甲型肝炎，患者百余人，脸色发黄，小便呈褐色。针对这一突发情况，王秀卫生院立即投入救治工作，专设病房收治病人，请求外援力量帮助医治，安排人员日夜护理。当时，在没有特效药的情况下，医生用板蓝根、大青叶煎药给病人服用，收到了良好效果。经一个多月的治疗，甲肝病人全部康复出院。

1995年前后，开展肺结核病普查，对患者进行登记管理，对个别现症病人进行及时治疗。同时，组织医务人员开展咨询宣传活动，宣传肺结核病防治知识，提高广大群众对肺结核病的知晓率，让群众了解预防措施，阻断肺结核病传播途径，以减少发病率，实现预防效果最大化。

1996年，为防止早已绝迹的麻风病死灰复燃，王秀卫生院会同各村乡村医生，广泛开展预防麻风病宣教活动，宣传麻风病的症状、防治知识和免费治疗政策，在广大群众中营造关注预防麻风病的社会氛围，一旦出现病例也能做到早期发现、早治早好。

1997年，开展血丝虫病流行病疫调查，未发现感染病例。同时，有计划地开展性病和艾滋病监测，对特殊人群、高危人群进行抽血检验，对普通人群门诊留意检查。

1966~1998年，通过坚持不懈的努力，王秀境内的各类传染病均得到有效控制和及时诊治，未出现急性传染病致人死亡事件。

第五节 妇幼保健

民国时期，医疗条件差，民间医生少，且道路交通不便，产妇分娩大多请农村中接生婆（通常称“老娘”）接生，若遇到难产，母婴生命得不到保障，曾发生多起产妇生产过程中的母婴死亡事故。对婴幼儿也没有免疫防病措施，致使有的小孩患上天花、麻疹、脊髓灰质炎等疾病，有的即使通过医治保住了生命，但留下后遗症，造成终身痛苦。

中华人民共和国成立后，开始淘汰“老娘”老法接生，推广科学接生，每年选送接生员参加太仓县举办的培训班，学习科学接生方法，接生员接生技能及母婴保健水平得到提高。

1966年后，培养农村赤脚医生，每个大队都配备1名女医生，既为群众治病，也是接生员。1970年前后，经过多轮接生培训和操作实践，女赤脚医生普遍掌握接生技能，在家分娩的产妇一般都由女赤脚医生上门接生，“老娘”老法接生全部淘汰。

1973年，王秀卫生院分科分室后专设的妇产科，对妇幼保健专业性更强。其时，妇产科医生指导育龄妇女选择避孕措施，向孕妇传授自我保健、新生儿保健以及预防妇科疾病等健康知识，妇幼保健工作得到加强。

1975年后，重视对育龄妇女进行妇女病普查，至1980年，普查3000余人次，查出患有妇科疾病1200余人次。普查后，患者及时得到治疗，恢复了健康。

1980年后，王秀卫生院每年对孕妇实行定期检查，一旦发现孕育异常，即采取补救措施，确保母婴健康，提高优生水平。大力提倡住院接生，每年住院接生率达90%以上，新生儿死亡率下降到零。同年起，实行婚前健康体检制度，青年男女体检合格后方可办理结婚登记手续。1982年，青年男女婚前检查102对。同年，对产妇189人进行产前产后家庭访视，向她们传授母婴保健和优生优育知识。

1985年起，全面实行产妇住院分娩，取消家庭接生。同时，提倡顺产，在产妇正常情况下一般不予施行剖宫产手术，即使产妇自己要求剖宫产，医生还是做好动员工作，鼓励其顺产，尽可能降低剖宫产率。是年，全乡产妇住院分娩179人，住院分娩率100%。1986年，王秀卫生院配备专（兼）职儿保医生，对全乡7周岁以内儿童进行健康检查，对体弱婴幼儿复查复治。

1987年，对孕妇实行早、中、晚期产前检查，高危筛查，重点随访等全程系统管理。产妇分娩出院后1个月内，医务人员例行上门访视，对母婴进行常规检查，并督促产后42天例行母婴健康检查。同时，向产妇宣传产褥期卫生、避孕方法及母乳喂养、科学育儿等知识。

1988年起，把乳腺病普查列为妇女病普查工作的常规项目，每年上半年普查普治，下半年复查复治，并开展更年期妇女保健。

1990年，在乡办企业女工中，全面普及经期、孕期、产褥期、哺乳期、更年期卫生知识，并做好“五期”保健工作。1995年起，每年开展妇女病普查工作，对各村、各企事业单位已婚育龄妇女进行分批分期全面普查，对查出的妇女病患者及时治疗，跟踪复查，每年查治率达96%以上。

1996年，开展育龄妇女生殖道感染防治服务，让妇女早诊断、早治疗。产妇分娩后，提倡和鼓励母乳喂养，实行24小时母婴同室，实现母婴早接触，婴儿早吸吮。1998年，王秀卫生院妇幼保健工作和王秀幼儿园幼儿卫生教育同步推进，并取得显著成效，深受广大妇女群众和幼儿家长好评。

第六节　农村合作医疗

1969年10月，王秀公社建立合作医疗制度，这是农村广大农民依靠自己和集体力量，发扬互助共济精神，在自愿基础上组织起来的农村医疗保障制度。为做好这项工作，公社成立合作医疗管理委员会（简称“合管会”），由公社分管卫生工作的领导担任主任。在卫生院设立合作医疗办公室，配备合作医疗专管干部兼主办会计1人。

合作医疗初办时，农民每人每年上缴合作医疗基金5元，其中个人上缴2.5元、集体补助2.5元。农民生病支付的医药费，合作医疗按一定比例给予报销。在大队卫生室看病，凭药方纸报销，一张药方纸限报1元；到乡卫生院看病，报医药费的50%；到县级及以上医院看病，报医药费的30%。合作医疗报销具体按“以需定筹、以收定支、略有节余”的原则实施。收取合作医疗基金，以大队赤脚医生上门收取为主，大队干部协助收取。病人转院就医，实行分级管理，由转院方开具介绍信，其医药费须凭转院介绍信方可报销。

1970年，有些农民对合作医疗保障制度认识不足，存有疑虑，故有一部分农民未参加。是年，全公社参加合作医疗13412人，参保率86%。全年收取基金6.7万元，报销医药费6.57万元，节余0.13万元。以后，农民看到合作医疗有互助性质，有其优越性，故合作医疗的参保率逐年提高。

1973年，根据县卫生局关于“整顿、巩固、发展合作医疗若干问题的意见”，公社合管会进一步完善管理制度，合作医疗得到健康发展。1974年，为更好地体现合作医疗互助互济、扶贫帮困的积极意义，对收取的合作医疗基金进行调整，改原每人每年5元为10元，其中个人上缴5元、集体补助5元。1980年，全公社参加合作医疗15858人，参保率99%。全年收取基金15.8万元，报销医药费15.58万元，节余0.22万元。

1981年前后，合作医疗为重症病人减轻医药费负担、减少家庭经济压力发挥了重要作用。草庙大队一病人患尿毒症，合作医疗先后为其报销医药费总额10余万元；白荡村一病人患白血病，先后给予报销20余万元，真正体现了“一人有难、众人相帮”的互助精神。

1983年后，由于农业经营机制、分配制度发生变化，合作医疗曾一度出现“收费难、管理难”的新情况，参加人数也有所减少。针对这一问题，乡合管会大力宣传合作医疗的好处，并用有关病人得到大额报销的事例说服群众。各村村委会安排力量，划片包干，分工负责，协助做好合作医疗基金收缴工作。通过各方的努力，农村合作医疗制度一直实施下来。1990年，全乡参加合作医疗15648人，参保率98%。全年收取基金15.6万元，报销医药费15.77万元，超支0.17万元。

1991年后，合作医疗建立大病风险基金，对大病风险范围内的重症病人给予报销医药费60%，从而使合作医疗更能体现互助精神，在为群众减少因病致贫风险中更好地发挥作用。1995年后，因社会上发展商业保险和推行职工医疗保险，故参加合作医疗的人数开始减少。1997年，王秀镇合作医疗办公室更名为王秀镇合作医疗管理所。同年，全镇参加合作医疗12431人，参保率80.5%。全年收取基金12.4万元，报销医药费12.15万元，节余0.25万元。

1998年11月王秀镇并入璜泾镇后，农村合作医疗由璜泾镇统一管理。

1969~1998年历任王秀镇（公社、乡）合管会主任：朱凤悟、沈一鸣、吴志刚、王雪英、沈国弟。合作医疗专管干部兼主办会计一直由吴瑞元担任。

第二章　爱国卫生

第一节　组织机构

一、爱卫会

1977年，成立王秀公社爱国卫生运动委员会，为公社爱国卫生运动组织协调机构。爱卫会主任由公社分管卫生工作的领导兼任，爱卫会组成人员由宣传、医院、环卫、工商、粮食、供销、文化、广播、学校等单位（部门、条线）的负责人组成。

1981年，为健全管理机构，加强卫生工作，公社爱卫会下设办公室，驻公社机关内，配爱卫办专职干部1人，具体负责卫生管理日常工作。同时，在农村各大队成立相应的卫生工作领导小组，由大队妇女主任兼管卫生工作。之后，爱卫会每年制订爱国卫生工作计划，并组织实施。广泛开展爱国卫生宣传和健康教育活动，在广大群众中营造“讲卫生光荣，不讲卫生耻辱”的社会新风尚；负责实施公共卫生管理和卫生监督以及卫生检查评比活动，把各项卫生工作落到实处；组织实施除害灭病和农村改水、改厕工作，提升疾病防控实效和农村环境卫生水平；牵头协调卫生创建活动，改善镇容镇貌，优化人居环境。1989年前后，王秀乡群众性爱国卫生运动扎实开展并取得显著成绩。1991年，王秀乡被评为太仓县爱国卫生运动先进镇。

1992年后，爱卫会组成人员随各单位（部门、条线）机构变化、人事调动和卫生管理工作需要，及时做出调整。1998年，镇爱卫会由宣传、妇联、医院、环卫、环保、公安、工商、粮食、供销、水利、供水、文化、广播、学校、农贸市场等15个单位（部门、条线）的负责人组成。

1977~1998年历任王秀镇（公社、乡）爱卫会主任：周月珍（1977.3~1978.10）、沈一鸣（1978.10~1981.9）、吴志刚（1981.9~1984.7）、王雪英（1984.7~1996.2）、沈国弟（1996.2~1997.11）、高雪飞（1997.11~1998.11）。

1981~1998年历任王秀镇（公社、乡）爱卫办主任（负责人）：徐彩娥（1981~1987.9）、张美华（1987.9~1990.11）、张华珍（1990.11~1998.11）。

二、环卫所

1968年，成立王秀环境卫生管理所，地址在钱泾西岸、王秀卫生院旁边。建所时有职工3人，所长赵林，后由陆正亨担任。环卫工具只有1辆拖车和1对粪桶。职工主要工作为清扫街道、清洗马桶、清空粪池。环境卫生保洁地段主要是永安路、鼎隆街和湘王路（秀东路）镇区段。

1977年后，在永安路、勇和路建造公共厕所3座。环卫职工增至5人。1979年，陆正亨工作临时调动，所长由高仁元担任。1981年高仁元工作变动后仍由陆正亨担任。同年购置小型拖拉机1辆用于清运垃圾，此后镇区保洁范围有所扩展。环卫所经费通过向各企事业单位收取卫生保洁费解决，缺额部分由政府财政补助。

1985年5月，陆正亨离岗，陆耀兴担任环卫所负责人，后任所长。同年起，镇区主要街道放置水泥垃圾箱。1993年，环卫所配小型拖拉机2辆，分别用于吸粪运送和装运垃圾。同年，在永安新建公共厕所1座，并将原来的3座公共厕所改造修建。

1997年，在镇区永安路、秀东路、勇和路和鼎隆街等主要街道设置塑料垃圾桶，方便居民清倒生活垃圾。在孙桥村4组原王秀砖瓦厂处设有垃圾填埋场，镇区各单位及居民的生活垃圾集中该处，进行药物消杀、泥土覆盖处理。镇区的粪便运送到乡下橘园、蔬菜地及其他农田用作有机肥料。

1998年11月，王秀镇环卫所随镇区划调整撤并至璜泾镇环卫所。此后，王秀集镇上的环境卫生由璜泾镇环卫所负责管理。

第二节　环境卫生

中华人民共和国成立初期，贯彻预防为主的卫生工作方针，开展群众性卫生运动。各村（那时以自然村落划分的小村）农会干部和妇女干部动员各家各户搞卫生，室内扫灰尘，室外除杂草，填平积水坑潭，置于屋外的所有大缸小罐倒扣（防存水，不使蚊蝇滋生）。1955年前后，农村各初级社曾组织卫生检查，对卫生整洁的农户给予表扬，以促进各家各户讲卫生。

1958年后，农村各大队设保健员，生产队配卫生员，每年组织农户除“四害”［老鼠、苍蝇、蚊子、臭虫（后为蟑螂）］，有的生产队还凭灭鼠数量给予奖励，以此动员农民多灭鼠，减少鼠害。

1966年王秀人民公社成立后，每年在“五一”、国庆、春节等重大节日期间发动群众大搞环境卫生。1967年“五一”节前，各大队组织卫生检查小组到各家各户检查卫生，并进行评比，分最清洁、清洁、尚清洁、不清洁等四种类别，用不同颜色的纸张贴于农户门上，以表扬先进户，促动落后户，动员所有农户搞好环境卫生。

1968年，公社成立环卫所，负责镇区街道保洁工作，每天早上对永安路、秀东路、鼎隆街清扫1次，节假日期间早晚各清扫1次，消灭暴露垃圾，保持环境整洁。居民的生活垃圾清运至填埋场，用药物喷洒，垃圾堆积一段时间，用泥土覆盖一次，不使填埋场成为蚊蝇滋生场所。

1969年起，公社有卫生院疾控防保员，大队设保健员，生产队配卫生员，全公社形成三级卫生工作网络，每年在做好医疗卫生工作的同时，做好除“四害”和查螺灭螺工作，切断疾病传播途径，防止病媒传染病发生。

1970年后，农村各生产队结合割草积肥生产，发动群众清除宅前屋后、田间路边、河岸滩地杂草，用于草塘泥拌料，或放到猪圈碾踏成厩肥，既积了有机肥料，又清洁了村庄环境。

1974年，实施环境卫生整治行动，在镇区及周边地区整治卫生死角22个，清除露天粪坑15个，拆除断墙残壁7处。农户粪坑加盖棚顶，不使粪坑淋入雨水而外溢污染河道，夏天对粪坑喷药消杀。1977年，镇区建造公共厕所3座，方便上市赶集农民就近如厕。此后，居民马桶集中清倒，禁止下河洗刷，粪便集中处置，用作农田肥料。

1980年后，重视绿化美化工作，每年3月，动员各村（大队）、各企事业单位植树造林，通过道路绿化、工厂绿化、河岸绿化、宅院绿化等，改善生态环境，美化乡村面貌。1983年，修筑王秀至伍胥、王秀至草庙两条公路后，在两旁种植行道树，形成两条绿化带景观，大大美化了农村环境。

1986年起，围绕“2000年人人享有初级卫生保健”目标任务，并以此为抓手，有组织、有计划地实施除害灭病、预防保健、环境整治等工作，动员广大干部群众，人人参与爱国卫生运动，营造文明卫生环境，促进预防保健水平。1987年，把车站、农贸市场、商贸闹市区列为治理“脏、乱、差”的重点场所，全面清除暴露垃圾，不留卫生死角，改观了集镇卫生面貌。

1988年起，建立健全卫生管理制度，乡爱卫办与镇区各企事业单位、各商业门店签订“门前‘三包’（包卫生、包秩序、包绿化）、门内达标”责任书，形成卫生工作“人人有份、人人有责”工作机制，促进了全镇卫生管理工作。1989年起，每年4月份开展全民爱国卫生月活动，并以此活动为载体，广泛开展卫生宣传教育，全面进行卫生检查，突击实施环境整治。

1990年，开展创建文明卫生镇活动，乡成立创建领导小组，各村、各企事业单位成立工作小组，认真制订工作计划和实施方案并付诸行动。广泛开展创建宣传教育，引导广大群众遵守社会公德，维护公共秩序。组织专业队伍，全面整治“脏、乱、差”环境。加强对食品行业和公共场所的卫生检查，对卫生不达标的单位和业主责令限期改进。向各单位和商业门店发放除“四害”器械和药物，开展以灭鼠为重点的除“四害”活动。宣传卫生科学知识，引导群众树立良好的卫生习惯。1991年初，乡党委、政府评出文明卫生村5个、文明卫生单位（厂）10个、文明卫生家庭20个，并在创建总结大会上予以表扬。

1995年4月，镇召开爱国卫生月动员大会，号召全镇广大干部群众全民动手、人人参与，广泛开展爱国卫生月活动。会上，镇爱卫会与全镇各村、各企事业单位（包括个体商业门店）签订“门前‘三包’、门内达标”责任书76份。卫生月活动期间，在镇区主街道拉出宣传横幅10条，各企事业单位和街市门店置放宣传标语板面46块，组织卫生检查2次，查出问题并落实整改事项37件。通过卫生月宣传动员和卫生突击整治活动，集镇街区及各单位卫生状况大为改观。

1997年5月，进一步加强以整治“三乱”（乱搭建、乱贴画、乱停放）为重点的市容秩序管理，在永安路、秀东路主街道拆除不规范棚架15个，纠正店外店、摊外摊、占道经营个体商户11户，取缔妨碍道路交通乱设个体摊位3个，规范机动车停放点2处，对镇区建筑物墙体及电杆上的乱贴画“牛皮癣”进行全面清除。

1998年，实施镇容镇貌美化工程，对镇区旧房墙面进行刷新，刷新面积4000平方米。更换不规范单位门牌和商业门市广告牌15块。新增沙鹿公路王秀段绿化面积2800平方米。补种湘王公路行道树200株。是年，镇党委、人大、政府、农工商总公司等四套班子成员分段包干卫生责任区，加强检查督促，确保卫生工作经常化开展、制度化管理。

第三节　食品卫生

70年代及以前，粮食定量供应，副食品贫乏，市镇上流动人员少，餐饮行业门市部主要接待本地客人，故食品卫生管理相对简单，主要是由市场管理员经常到农贸市场检查，防止有害食品上市销售。各饮食行业设卫生管理员，每天检查餐饮食材，防止变质食品上桌供应。各单位保持店堂整洁，落实防蝇防尘措施。教育从业人员改善服务态度，注意个人卫生。

80年代后，随着经济的发展，食品经营单位和经营项目、经营方式不断变化，食品卫生管理的事项亦随之增多。1982年11月《中华人民共和国食品卫生法（试行）》颁布后，食品卫生管理开始步入法治化、规范化轨道。1983年上半年，在《食品卫生法》正式实施前，公社爱卫会通过会议、广播、黑板报、宣传横幅等形式开展《食品卫生法》宣传教育。同时，举办饮食行业从业人员培训班，培训食品卫生知识，增强从业人员卫生意识。

1984年，对市镇上开办的饭菜馆、熟面馆、酒馆、点心店、豆腐店、生面店、糕饼店以及各单位开设的食堂进行登记，共登记涉及食品、饮食行业单位（包括个体经营）32家。在调查登记后，依法进行管理，对卫生合格单位颁发卫生许可证，对从业人员体检合格者核发健康证。

1987年，开展以预防肠道传染病为重点的食品卫生工作。教育群众注意平时饮水、饮食卫生，特别在节日期间和婚丧喜庆中不可暴饮暴食，不吃生冷腐败变质食物。做到生熟分开，防止食物交叉污染。坚持餐具煮沸消毒，严把病从口入关。消灭苍蝇，切断病媒传播。强化对食品行业的监管，控制传染病的发生。

1990年6月，组织卫生检查小组，对餐饮行业、集体食堂的卫生硬件设施进行专项检查，共检查22家，其中，经营场所布局合理、设施完备的15家，缺乏设施及管理措施的7家，主要存在“缺少清洗消毒水池”“熟食间缺乏防蝇防尘设施”“油烟设备及排放不配套”“冰箱存储食品不符合要求”等问题。检查后，对设施存在问题的单位开出整改通知书，要求限期整改，其中有1家缺乏设施、不具备开业条件的，责令停业整顿。

1992年，加强食品卫生制度建设，指导各单位修订完善餐具消毒、生熟分开、灭蝇灭鼠、食品索证、冰箱（柜）管理、店堂卫生、从业人员个人卫生等各项制度，并做到制度上墙，接受顾客监督。坚持用制度管人管事，规范从业行为，促进卫生管理。1993年，开展创建“食品卫生示范户”活动，表彰先进，以点带面，促进各单位卫生硬件设施达标准，软件管理上水平。

1995年10月新颁布的《中华人民共和国食品卫生法》试行后，进一步加强食品卫生执法检查。1996年，开展食品卫生执法检查2次，查出并没收假冒香烟7条、劣质黄酒15箱90瓶，销毁变质肉制品、水产品23公斤，处罚无食品索证凭证的商店2家，纠正生熟不分、冰箱混放、餐具消毒不当、防蝇防尘设施不到位等问题26个。

1997年，举办集体食堂负责人、民间厨师培训班，讲解《食品卫生法》等法律法规和食品卫生专业知识。培训后，对民间厨师55人进行健康检查，给合格者发放健康证，允许从事厨师职业，对不符合从业条件的2人，做调离从业岗位处理。同年，对食品、饮食行业经营的熟肉及其制品和冷禽、饮料、酱油、消毒牛乳、全脂牛乳粉、配制酒、熟啤酒、生啤酒、水产品、豆制品、植物油、糕点以及其他各类食品进行卫生监测，防止假冒劣质商品流入市场，保障食品卫生安全。

1998年，利用创建文明卫生镇契机，重点围绕餐具消毒、食品来源索证、从业人员健康证、从业人员穿戴工作衣帽等方面，加强对食品、饮食行业的监督检查。同时，组织评比检查，树立典型，表扬先进，带动全镇食品卫生管理上水平。

第四节　改水　改厕

一、改水

改水，即改饮用河水、浅井水为深井自来水，后又发展到饮用经过处理的长江水源自来水。

五六十年代，农村河道普遍洁净，农民用河水淘米、煮饭、洗菜，下田干活口渴时也直接饮用河水。70年代起，随着工农业生产的发展，工业废水、肥药污水、洗涤脏水流入河道，河水水质下降，农民开始不饮用河水，改饮用浅井水。至70年代末，几乎家家户户都用井水。有的农户为取水方便，将新井开在走廊边，称为“走廊井”，雨天取水可免遭雨淋，也不会湿脚。有的农户还在土灶边打“小口井”，用毛竹（打通竹节）制成抽具，插入井中抽水，称为“竹管井”。

80年代起，农户建造新楼房后，有的农户在二楼屋顶置大缸或塑料材质的大桶，通上自来水管道，用小电泵把井水抽入大缸或大桶，再把水引到卫生间，用于洗澡。市镇上开始铺设自来水管道，向部分居民供应深井自来水。

90年代，浅井水同样受到污染，水质下降，影响居民健康。为改善饮水卫生，乡成立自来水厂，投入大量资金，逐步延伸自来水管道，不断扩大供水范围。至1998年，全镇农（居）民普遍用上深井自来水，浅井水只是用来洗涤，不再饮用。此后，王秀镇并入璜泾镇，由璜泾镇统一规划，实施与太仓自来水管网联通工程，为接通长江水源自来水做好准备工作。（王秀镇发展自来水，详见第四篇第三章第二节“供水”）

二、改厕

70年代及以前，生产队为存储粪肥，便于施用，普遍在河旁或路边设露天粪坑。在农宅屋后也都建有茅厕，通常称“坑棚”。这种露天粪坑和茅厕，雨天易进水，造成粪便外溢，既污染环境，又极不雅观。

1980年，为保护水源，防止疾病传播，动员各单位和农户消灭露天粪坑。1981年，为整治市镇周边地区卫生环境，拆除单位和农户设的大小露天粪坑15个。1983年实行家庭联产承包责任制后，原生产队的露天粪坑逐步清除，至1985年基本绝迹。

1986年起，市镇上有了自来水，全面开展卫生户厕的改厕工作，镇区公共厕所改建为水冲式便槽或蹲式便器，厕所旁建三格式化粪池，对粪便进行无害化处理。各企事业单位也积极开展改厕工作，建水冲式卫生厕所。在农村，公社爱卫会利用农户建造楼房的有利时机，开始实施农户改厕工程，推广卫生户厕。因改厕后既卫生又方便，故农户也有积极性。有的农户新建楼房后，自建家用自来水装置，卫生间置抽水马桶，屋外建砖砌结构三格式化粪池。至1989年，全乡完成改厕582户，卫生户厕普及率12%。

1990年后，市镇自来水逐步向农村延伸，为农村改厕工作创造了有利条件。1992年，乡爱卫会召开农户改厕专题会议。会后，各村村干部逐户走访，落实改厕工作。为加快改厕进度，确保改厕质量，各村组建专业队伍，专门为农户改厕服务。1994年，镇政府召开现场会，介绍改厕先进村、标准户的经验和做法，推动全镇改厕工作进程。1996年，推广使用预制结构三格式化粪池，施工方便，省工省本，受到农户欢迎。1997年，镇、村两级采取以奖代补的办法，支持农户改厕，加快改厕进度。是年，完成农户改厕520户，大多改成抽水马桶加“三格式”无害化卫生户厕。1998年，全镇累计完成改厕2961户，卫生户厕普及率57%。

第三章　体　育

第一节　组织机构

1966年成立王秀公社后，主要由公社文化站组织节庆文体活动，活跃节日气氛。平时，民间体育爱好者凭自己兴趣，自由结合，自发组队，开展球类、棋牌类等赛事活动。

1973年5月，为有组织、有计划地开展群众性体育活动，公社革命委员会印发文件，成立王秀公社体育运动领导小组。领导小组成员由公社领导及相关单位（部门、条线）负责人组成，共有成员5人，公社党委委员、人武部部长朱阿和任组长，公社党委委员周月珍任副组长。

1986年5月，对王秀乡体育运动领导小组组成人员进行调整充实。调整以后的领导小组由乡党委、乡政府分管领导和乡人武部、文化站、团委、妇联、中小学等单位（部门、条线）负责人组成，共有成员7人，副乡长费建国任组长，乡党委委员赵中元、文化站站长陈企平任副组长。同年，成立王秀乡老年人体育协会。1989年，成立太仓县武术协会王秀乡分会。两个协会成立后，有组织地举办各类体育培训班，培养了一批又一批文体骨干，经常开展中老年文体活动和文体比赛。

此后至1998年，随人事变动，对镇（乡）体育运动领导小组组成人员进行多次调整，两个协会积极做好会员发展工作，以健全组织机构，加强领导和协调指导，促进体育事业发展。

第二节　群众体育

50年代，农村各地忙于整治经济社会秩序，组织发展生产，极少开展群众性体育活动或比赛，只是临时相约、自发组织、即兴开展一些传统体育活动，常见的有拔河、爬竿、跑跳、跳绳、车铁环、踢毽子、放风筝等，大多是少年儿童活动项目，成年人很少参加。

60年代，开始普及篮球活动，爱好者众多。各大队所在地或学校操场上都建有篮球场，不少生产队仓库场也竖起了篮球架。当时无商品球架，都是就地取材，用树木材料做支架、篮板自制球架。平时，农民尤其是青年农民，常常利用工余时间或傍晚到球场练球。其时，每个大队都有数支篮球队，有的由生产队联合组队，有的一个生产队就可以出一个球队，大队挑选骨干组成大队篮球队。每逢节假日，各大队竞相举办篮球比赛，参赛者除本大队球队外，也有邀请的外大队球队。每次比赛，一般都有十几个球队参赛，吸引上百甚至数百人观看，每当出现精彩投篮、进球得分，赛场上喝彩声不断，掌声雷动。当时，较有名声、在历次比赛中常常获奖的球队有孙桥大队鸿燕篮球队、南港大队篮球队、白荡大队篮球队、长浜大队篮球队等。尤其是孙桥大队鸿燕篮球队，队员球艺高超，善防能攻，投篮命中率高，常常代表王秀公社出征比赛，屡屡获奖。骨干球员有杨宗立、王占傲、陈德明、陈克勤、朱义勤、陈企平等，每个比赛场上，观众都能见到他们奋力拼搏的身影。

60年代后期，群众性篮球热逐渐减退，主要由公社文化站组织骨干球员训练，并参加上级组织的体育赛事，或受邀与外乡镇球队进行友谊比赛。70年代起，民间时兴下象棋、玩扑克。中国象棋，两人对弈，既得到娱乐，又开发智力，深受广大群众喜爱。在民间，象棋活动广为流行，经常相约对弈的棋迷不计其数。扑克为四人游戏，简单易学，无需准备，有空即玩，一般小孩、大人都会。扑克主要有“争上游”“打40分”等玩法。在市镇街市门店，农村农户家里，甚至是露天场头，经常能看到扑克爱好者玩扑克的场景。

1973年，为加强对体育工作的领导和协调，成立王秀公社体育运动领导小组。此后，全公社群众性体育活动更加有组织、有计划地开展。每年组织体育比赛，常设的比赛项目有篮球、乒乓球、象棋、拔河等。公社人武部每年利用民兵军事集训的机会，组织民兵开展篮球、乒乓球训练和比赛。

1978年后，群众性篮球活动又开始活跃起来，活动设施也有了一定改善，原来木制球架换上了水泥支撑的球架，有不少大队、生产队浇筑了水泥地面篮球场。1980年前后，全公社有篮球爱好者不计其数，建有篮球队15个，拥有队员200余人。各单位篮球队经常进行友谊赛，既得到了锻炼，又增进了友谊。

1983年后，农业由农户承包经营，原生产队仓库及场地陆续拆除，生产队篮球场逐渐弃用消失。随后，乡办企业发展，规模扩大，职工增多，为便于职工开展体育活动，各企业相继兴建篮球场，为篮球爱好者提供活动场所。

1985年，乡政府整合文体活动资源，建成王秀乡文化中心，室外建有篮球场，室内开设乒乓球室、棋牌室、桌球室、康乐球室等活动室。文化中心全天对外开放，各类活动参与者众多。同年9月，乡文化中心举办农民篮球赛，参赛球队12个，每场比赛尤其是决赛，人头攒拥，盛况空前，喝彩声此起彼伏。

1986年，王秀乡体育运动领导小组制订《1986年度王秀乡体育工作计划及活动安排》，并按计划付诸实施。各项文体活动和体育赛事长年不断，先后开展智力竞答赛、灯谜竞猜赛、中青年乒乓球赛、小学生田径接力赛、职工象棋擂台赛、农民象棋赛、职工拔河赛、职工篮球赛、中小学田径运动会、青年冬季长跑赛等活动，基本实现月月有活动、季季有比赛。同年，乡文化中心注重体育设施硬件建设，建办了篮球、羽毛球灯光球场，同时增添了乒乓球台，以满足体育爱好者锻炼需要。

1987年，村办企业职工篮球活动活跃起来，王秀村、长浜村首先新建了篮球场，其他各村紧跟其后，新建或改造篮球活动场地及设施。1988年前后，村级篮球爱好者有260余人。

1989年起，老年人体育广泛开展，乡老年体协、武协经常安排指导老师帮助中老年人学练太极拳、健身操、木兰拳、健身秧歌、迪斯科集体舞等，培养了一批又一批的文体骨干。

1990~1998年，镇（乡）文化中心每年举办2~3次群众性文体系列活动，每季举办1次有一定规模的体育比赛，每月安排1次体育团队交流联谊活动。全镇群众性体育活动呈现组织程度高、活动门类广、参与人数多的态势，全民健身运动广泛发展，体育事业不断进步。

第三节　学校体育

一、幼儿体育

1984年创办王秀幼儿园起，即把幼儿体育纳入幼儿教学课程，为大、中、小班不同年龄段的儿童分别安排体育锻炼和游戏活动。幼儿园有室内外体育设施和游戏活动器具，体育课组织儿童开展走、跑、跳、钻、爬、攀登、投掷等活动，培养儿童勇敢精神，增强儿童体质。1987年，更新并增添场外沙坑、跷跷板、滑梯、转椅、秋千、木马、平衡木等活动器材，满足儿童锻炼需要。

1990年起，重视儿童队列操、韵律操、器械操等体操活动，培养儿童韵律节奏感、整体协调感和舞美兴趣感。增加儿童户外活动时间，并随季节变化予以适当调节。在正常情况下，每天上午有早活动，下午有课外活动，每日户外活动2小时以上，让儿童在户外活动中得到体育锻炼，增强对自然环境的适应能力。根据儿童活泼好动、好奇心强的特点，增加游戏、趣味活动项目，将体育锻炼寓于游戏娱乐活动之中，让儿童快乐地完成各项锻炼动作，培养儿童不怕苦、不畏惧的意志，促进儿童健康成长。

1998年，幼儿园体育设施和器材完备，各项体育、游艺活动丰富多彩，经常开展的活动项目有走平衡桥、滑滑梯、荡秋千、过梯子、踢毽子、跳房子、跳圈圈、投纸球、扔沙包、脚踏车、荡船、拍球、投篮、跳绳等。

二、中小学体育

50~60年代，王秀市镇上和分布在农村的各所小学普遍缺乏体育设施和活动器材，学生以学习文化知识为主，体育锻炼仅开展篮球、乒乓球、跳绳、踢毽子等活动。60年代初期，仅有王秀、杨漕、伍胥等3所农业中学，为非全日制学校，学生主要学习文化和农业知识及参加农业生产劳动，很少开展体育活动。

“文化大革命”前期，中小学体育课改为军体课，以军训为主，其他体育教学与训练未能规范实施。1970年后，中小学陆续配备专职体育教师，体育课纳入中小学课程，按照国家体委颁发的《青少年体育锻炼标准条例（草案）》进行体育教学和训练。中小学体育课除安排一定时间传授体育知识外，大部分时间开展体育训练。1973年前后，各学校体育设施差，器材配备有限，中小学生训练主要有队列操练和跑、跳、掷等项目。

1975年，各中小学贯彻《国家体育锻炼标准》《中小学体育工作暂行条例》《中小学卫生工作暂行条例》，切实抓好学校体育教学和学生体育锻炼，全面实施“两课”（每周2节体育课）、“两操”（早操、眼保健操）、“两活动”（每周2节课外体育活动）教学计划。

1978年，中小学进一步重视学生课外体育活动，根据学生特长，拓展活动项目，丰富活动内容，开展形象化教育，注重趣味性活动，让学生在课外体育活动中既得到锻炼，又愉悦身心，促进学生德、智、体全面发展。同年起，进一步增加体育比赛项目，规范比赛程序，动员更多中小学生参加每年召开的运动会，并选拔优秀运动员参加县级运动会比赛。

1982年起，贯彻国家体委重新修订颁布的《国家体育锻炼标准》，各学校在抓好体育教育的同时，进一步重视体育硬件建设。王秀中学、王秀中心小学增加体育设施投入，开辟运动场，建跑道，设沙坑，添铅球、铁饼、标枪，置双杠、单杠、平衡木、鞍马、吊环、跳箱，建篮球场、排球场、乒乓球室等，配备配齐田径类、体操类、球类等各类运动设施和器材，满足学生体育锻炼需要。各农村中小学校的体育设施也有了一定改善。同年起，按照体育锻炼标准，努力提升中小学生体育达标率。1982~1983学年度，全公社中学生556人，达标423人，达标率76.1%；小学生1395人，达标1042人，达标率74.7%。

1984年起，各学校深化体育教学改革，提高课堂教学质量。体育老师认真研究并制订教改方案，推出韵律化、趣味性、游戏类活动项目和教学方法，培养学生兴趣爱好，吸引学生积极参加体育活动，自觉提高训练强度，增强身体体质。1990年，中小学生体育达标率分别达到87.6%和86.2%。

1991年后，随着经济的发展，政府加大对王秀中学、王秀中心小学的硬件投入，在改善校舍条件的同时，扩建体育运动场地，添置高标准运动器材，为学生提供更多、更规范的体育设施和器材，创造更好、更安全的锻炼环境。同时，也为农村小学撤并至中心小学创造了条件，使农村学生也有更好的体育锻炼条件。

1993年，把初中毕业生体育纳入综合考评内容，在初三学生毕业、升学考试时加试体育，重点加试铅球、50米跑、立定跳远等项目，并将体育分数计入中考总分，以促进学生体育锻炼，提高体育成绩。1995年，王秀中学、王秀中心小学坚持体育教学和健康教育相结合，相互促进，提升学生体育技能和身体素质。

1997年，中小学建立以校长为组长，以德育主任、体育组长、保健老师等为成员的体育卫生工作领导小组，加强对学校体育卫生工作的领导，有组织、有计划地开展体育锻炼活动和卫生健康教育。1998年，全镇中小学生体育达标率分别达到93.5%和97.2%。

第十七篇　民俗　宗教　方言

王秀境内历来民风淳朴，重礼仪、讲礼节，形成众多风俗习惯，并成为人们共同遵守的行为规则。旧时的民间习俗，有些方面带有迷信色彩，影响社会文明进步。中华人民共和国成立后，随着经济社会的发展，过去一些传统习俗仍然保留，传承至今；有些民间习俗只是沿用其名，内容和形式已革新变化；有的习俗则不合时宜，现已绝迹。

中华人民共和国成立前，王秀境内有庙宇宗教场所8个。信教群众大多数为老年人，且以信奉佛教、道教为主，也有极少数人信奉基督教、天主教。中华人民共和国成立后，境内宗教场所有的被改建为学校，有的被拆除。“文化大革命”期间，民间宗教活动停止。80年代后，宗教政策得到落实，正当宗教活动和宗教节日受到尊重。90年代，政府宗教管理部门加强对宗教场所管理，确保宗教活动有序进行。

王秀境内形成的方言，富于地方特色，与普通话比照，语句及发音差异极大，有的方言无法用文字书写，外来人员根本听不懂。就王秀本镇而言，由于地域不同，也有一定差异，东部、南部地区属太仓方言语种，西部、北部地区靠近常熟，带有常熟口音，越靠近常熟，常熟口音越浓重。如今，王秀外来人员多，与其交流，不得不使用普通话；孩子在学校读书、相互交流全部讲普通活；家庭生活中，中老年人也跟着孩子讲普通话，王秀方言正在逐步弱化。

第一章　民　俗

第一节　岁时习俗

一、过春节

农历正月初一是春节，是民间一年中最隆重的传统节日。早晨鸣放爆竹，开启大门，迎接新年，称“开门炮仗”。早餐吃糯米小团子，称“百岁圆”。亲友间相互访贺，称“拜年”。拜年时，都说“恭喜恭喜”“新年好”。晚辈向长辈拜年，长辈给小辈压岁钱和糖果。每家每户焚香点烛，祭祀祖先。这天，不把瓜皮果壳丢在地上，也不扫地。年初二扫地时，须从外向内扫，以期将财气扫进门来。如今，通信发达，手机普及，人们发短信、微信拜年，方便快捷。春节期间，镇文化等部门组织丰富多彩的文化娱乐活动，以活跃居民群众文化生活。春节为法定假日，放假3天，加上节前或节后双休日调休，春节放假7天。

二、吃兜财

农历正月初三，早餐吃馄饨。这天吃馄饨，民间给它讨了一个极为吉利的口彩，称“吃兜财”，有老天降财、年年聚财、发达旺财、和气生财之意。馄饨是百姓极为喜欢的一种美食。如今，每逢喜庆之日，百姓家中吃兜财馄饨者众多，也用兜财馄饨招待客人，以此寄予美好的愿望。这一天，农村中还把新年里积存的垃圾倒在田角上，称为“滑田财”，盼望种田有个好收成。

三、接财神

农历正月初五，相传为财神生日。一般在初四深夜接财神。放供品，焚香点烛，燃放鞭炮，祈求财源广进。商店接财神更是隆重，祭品丰盛。老板首先叩拜，随后由老板论店员职位大小，点名叩拜。如果店员未被点到，则表示店员被解雇了。所以这一日，店员心中不安，生怕被解雇。如今，年初四深夜放鞭炮接财神的习俗仍流行。

四、天生日

农历正月初九为天生日。这一天，相传是天公玉皇大帝的诞辰日，玉皇大帝是天界最高神。当日，信奉者有的去玉皇阁烧香，求天公赐福；有的在庭院中点一炷香，称“点天香”，以示敬天纳福。这一习俗寄托了劳动人民祛邪、避灾、祈福的美好愿望。现此俗已不再流行。

五、元宵节

农历正月十五为元宵节，俗称“正月半”。这天，家家斋灶，迎接灶君进门。农村人用糯米粉做成棉铃模样的团子，期望棉花结出的棉铃像糯米团子那样肥大，祈求棉花丰收。晚上家家吃兜财馄饨，寓意为财运亨通。用柴草扎成火把，在农田田角上焚烧，称“照田财”。到了晚上，活动丰富多彩，热闹非凡。孩子们牵兔子灯玩耍，成年人举行各种灯会。大人、小孩一起串上鹞灯放风筝，俗称放“鹞子”。元宵灯谜十分吸引人，谜会举办者把谜面纸粘在灯上，称为“灯谜”，人们成群结队参加猜谜活动，一边观灯，一边猜谜，既有乐趣，又长知识。如今，元宵节习俗已有了很大改变，有的活动已经绝迹，有的仍在延续。

六、二月二

农历二月初二，吃撑腰糕。长辈说，农历二月后，天气忽冷忽热，容易生病。其时，春耕生产开始，干活辛苦，腰部容易受伤，吃了撑腰糕，下地劳作就不会腰酸背痛。所以，农历二月初二当日，农民都吃腊月里蒸好的年糕。现今，二月初二吃撑腰糕仍在流行，只是没有腊月里蒸好的年糕，而要到集市上购买或由亲戚朋友赠送。此日还有一俗，即家家用红纸条写上“二月二，蛇虫百脚倒入地”，贴在门角、灶间。“倒入地”三字倒写，有“蛇虫百脚都得入地，不让出来，不危害人”之意。如今，此俗已不再流行。

七、百花生日

农历二月十二为百花生日，亦称花神生日。这天，许多人家用红纸条写上“百花同庆”四字粘贴在庭院墙壁上，以示庆贺花神生日。姑娘们都要在自家栽种的花卉果树上贴上红纸条，让花神“赏红”，期盼花神让果树多开花、多结果。如今部分农家还有此俗。

八、过清明

一般公历4月4日或5日为清明节。民间过清明传统习俗一直延续至今。清明节期间，每家每户备酒菜、做团子、折锭帛，焚香点烛，祭祀先祖。小辈要去祖坟祭扫，俗称“上坟”，清除坟边杂草，坟上插花，坟前烧纸钱，跪拜先祖。清明节当日，亲友只能到过“新清明”的新丧（死后一年之内）人家家里，俗称“吃清明”，十分忌讳到其他人家走亲访友。每年清明节前后，政府机关、学校、团体等组织都会到烈士陵园祭奠革命先烈，进行革命传统教育。

九、立夏称人

立夏之日，民间有测量体重的风俗。长辈说，立夏称人不疰夏。称人时，年长者悬大秤于房梁或院前树杈上，男女老幼依次上秤。成年人上秤双手吊住秤钩，双脚离地；小孩则坐于箩筐里称。司秤人一面打秤花，一面讲着吉利话，逗人打趣，一时间欢声笑语不断。另外，还有立夏吃“三新”（蚕豆、梅子、麦蚕）的习惯。如今，磅秤、电子秤随处可见，随时可上去称体重，学校里每个学期都为学生称体重、量身高，故已看不到立夏称人的场面了。

十、端午节

农历五月初五为端午节，又称“端阳节”。旧时，各家门口悬挂菖蒲、艾草、蒜头，说是可以避邪。室内用苍术、白芷等中药材烟熏，以驱除邪毒。姑娘们用红绿丝线编结成小网袋，内放樟脑丸或大蒜头，挂在幼儿胸前，认为可以驱邪气、避瘟病。端午节前后，家家户户有包粽子、吃粽子习俗，相传是为了纪念战国时期楚国爱国诗人屈原。粽子用芦叶包扎制成，农村中上了年纪的妇女大多有包粽子的手艺。如今多数人家去超市购买，也有单位团购后作为福利发给职工。现仅存吃粽子习俗，其他习俗已绝迹。

十一、夏至吃粥

在夏至日，人们都吃夏至粥。夏至粥用糯米、蚕豆、赤豆、红枣、红糖等煮成，全家老少都食用。有些富裕人家还放入杏仁、蜜枣、莲芯、青梅等，使煮的粥更富营养。夏至吃粥，期盼全家幸福，身体健康，现此俗仍在沿袭。民间有“夏至不吃粥，死了没人哭”的顺口溜，此话不足信，仅为民间流传之节气俗语。

十二、六月六

农历六月初六，民间有“晒衣服”的习俗。农历六月，正值盛夏，烈日炎炎，是暴晒衣服、防止霉变的好时机，各家各户都要翻箱倒柜，把四季衣衫拿到太阳底下暴晒。晒衣服，过去都要选择农历六月初六这一天，主要是为了讨个“六月六，晒发绿”的好口彩。如今，此俗仍流行，但选的日期不那么讲究了，不论哪一天，只要天气好，有人在家，就拿出来晒了。

十三、七夕节

农历七月初七称“七夕节”，又名“乞巧节”。民间相传，七夕之夜是天上牛郎织女一年一度鹊桥相会的日子。旧时，七夕节风俗众多。让孩子们吃巧果，希望他们乖巧聪明。小姑娘们用凤仙花加明矾捣烂后，敷在指甲上染红指甲。晚上，姑娘们用线穿好针头，希望能得到织女暗中指点，手艺长进。如今，此俗已废，但有的青年男女把七夕视为情人节，届时相约，互赠礼物，表达爱意。

十四、七月半

农历七月十五称“中元节”，又称“鬼节”，本地通常称“七月半”，与除夕、清明节同是中国传统的祭祖大节。每年七月半前后，家家户户都置办酒菜，摊面衣，请亲友，祭祖先，称“过七月半”。七月半当日，有新丧的人家要过“新七月半”，悼念逝者，同时祭奠祖先。另有传说，这一天，阴曹地府会放出鬼魂，为避晦气，此日忌走亲访友。现“过七月半”风俗仍在流行。

十五、七月卅

农历七月三十为地藏王生日。相传，地藏王是个善良之人，经常脱下衣服给穷人穿，而自己光着身子，只好藏到地下去。每逢他的生日，人们于傍晚在自家门前插棒香、点红烛，称烧“地藏香”。此日，民间还有烧“九思香”的习俗，以纪念元末农民起义领袖张士诚。因张士诚原名“九思”，故称烧“九思香”。现此俗已废。

十六、中秋节

农历八月十五为中秋节，俗称“八月半”，又称“团圆节”，这是民间一年中又一盛大的传统节日。当日，家家户户吃月饼、吃馄饨，庆贺合家团聚。晚上，在庭院中供瓜果、月饼等食品，焚香点烛，名曰“斋月宫”。现仍有中秋吃月饼、中秋赏月的习俗。中秋节前，女婿多以月饼、烟酒敬送岳父母，单位、团体以月饼、水果馈赠老人，亲朋好友互赠月饼更是广为流行。

十七、重阳节

农历九月初九为重阳节，又称“重九节”。重阳节蒸重阳糕、吃重阳糕的习俗一直延续至今。这天人人都吃重阳糕，因“糕”与“高”同音，含“步步高升”之意。旧时，人们都会选择这一天，在臂上佩戴茱萸（是一种常绿带香的植物，具备杀虫消毒、逐寒祛风的功能）去爬山登高。佩戴茱萸，寓避难去邪之意。2013年7月1日起将此日定为老年节。是日，机关、事业单位和社会各界广泛开展敬老爱老活动。

十八、十月朝

农历十月初一是一年一度的寒衣节，又称“祭祖节”，民间称“十月朝”。这一天，新丧人家要备菜肴、做团子、买香烛，祭奠已故亲人。同时，请亲友聚一聚，一起悼念逝者。傍晚时，要上坟祭奠亡灵。此俗民间称过“新十月朝”。此日，仅限到新丧人家探望，忌讳到其他人家走亲访友。此俗现仍流行。

十九、冬至节

冬至是二十四节气之一，有“冬至大于年”的说法。民间过冬至节较为隆重，新丧人家要过“新冬至”，请至亲一起祭奠逝者，吃冬至夜饭。其他人家也要在冬至前后备酒菜，点香烛，祭祀祖先。冬至是一年之中夜最长、日最短的一天，民间有“冬至不去望娘”的说法，因为这一天在娘家待不了多久便要回家了。实际上，“冬至不去望娘”只是民间的戏谑话而已。

二十、送灶日

农历腊月二十四为送灶日。每户人家先要祭灶，俗称“斋灶”，即将一尊灶君像放在灶头上，摆放供品，焚香点烛。然后，把灶君像焚化，并放爆竹送其回天庭，称“送灶”。送灶时还要在灶君嘴上抹糖，意请灶君上天在玉皇大帝前说好话，以保家人平安。如今农家土灶渐少，故送灶日习俗不再盛行。另外，此日民间有掸檐尘习惯，把室内打扫干净，迎接新春。

二十一、大年夜

农历腊月三十为除夕，俗称“大年夜”。这天习俗甚多，合家团聚，备丰盛菜肴，一起吃年夜饭。炒发禄，炒花生、玉米、蚕豆、黄豆等，以其发出的噼啪声表示发禄，以求财运。傍晚起，点上一对大红蜡烛，终夜不熄，称“守岁”。把灶头清扫干净，放上新的灶君像，意为把新的灶君爷从天上接下来，称“接灶”，以祈求家宅平安。贴招财利市，一种用红、绿、黄等纸张印就的图像，把它斜贴在客堂墙壁、门窗和灶脚及米草窠处，以期招财进宝。贴春联，在大门上、房门上贴上红纸对联，期望风调雨顺，年年丰收。扑白米囤，晚上将装有石灰粉的小蒲包，在大门外石阶上打上许多石灰粉印，预祝来年丰收，白米满囤。深夜燃放爆竹，称“关门爆仗”，有赶邪恶、留吉祥之意。如今除夕夜，人们喜欢观看央视春晚节目。岁末之时，也是走访慰问的时候，镇、村、各单位都要对烈军属、困难家庭进行节前慰问。

第二节　人生礼俗

一、诞生

民间有“早养儿子早得福”的传统观念，子女结婚后，父母普遍催促早点要孩子。妇女怀孕，俗称“有喜”，土语称“拖身”。临产前，娘家备婴儿衣帽、鞋袜、尿布及红糖、枣子、粉丝等物品送至男家，称“催生”。分娩后，女方母亲送营养品，问候照料女儿，谓“望三朝”。双方的亲戚要赠送鸡、肉、干糕、红糖等食品，叫“送舍姆羹”。本家要做团子、煮染红蛋等，回赠亲戚。婴儿满月，本家要备上几桌酒席，宴请主要亲戚，称“满月酒”。同时婴儿满月前后，请理发师傅剃头，称“剃胎头”，胎发留存，制成圆形发团，用红线串系，悬挂于床上方，以示纪念。现此俗已改进，大多父母将胎发制作成毛笔收藏。小孩周岁，本家备酒席，宴请亲朋好友，称“期过酒”。进入90年代，开始流行小孩十岁生日宴，本家备生日酒席，宴请亲朋好友、小孩亲近的同班同学喜庆一番。席间，吃生日蛋糕，小孩点蜡烛、许愿、唱《生日快乐》歌。

二、婚嫁

说媒　中华人民共和国成立前，盛行“父母之命，媒妁之言”的包办婚姻，男女不能自由恋爱，到了婚嫁年龄，男家即备礼请媒人向女家提亲求婚，也有少数女家托媒到男家提亲。中华人民共和国成立后，提倡自由婚姻，反对包办婚姻，尤其是改革开放后，青年人思想解放，绝大多数自找对象，自由恋爱。但男女双方家庭为了便于沟通，还是要在亲朋好友中物色一个媒人。现今，媒人通常称“介绍人”。一旦男女恋爱成功，即由介绍人沟通，商定婚嫁事宜。

请庚帖　又称“拿月生”。媒人提亲后，若女方同意，由媒人持女方庚帖（按天干地支记载生辰八字）送往男家，男方接到庚帖后，请算命先生对男女双方的生辰八字进行测算，称“论八字”。如八字相合，可定亲；若相克，则作罢。中华人民共和国成立后，破除迷信思想，但在老年人中仍讲究男女婚姻八字相合。60年代后此俗废止。

订婚　俗称“攀亲”，又称“走通”“认亲”。男女双方同意后，由媒人带领男方将备好的金银饰品、衣料等彩礼送到女方家里，女方收受后即告婚事成功，然后男女双方家中各摆酒宴，称“订婚宴”，俗称“走通酒”。90年代后，此俗发生变化，大多数人家不再设订婚宴，通常在结婚时“小吃喜酒、大吃喜酒一起办”。

行盘　亦称“送日子”，即把男方所定的结婚日子告诉女方，一般在迎娶前数月进行。由媒人带领男方将男家在盘中放置的聘贴（男方确定的婚日书贴）和聘礼（现金、首饰、衣物等）送至女家，若女方收下，则表示同意结婚日。如今，结婚日由双方商定，但送日子的习俗仍流行。

起妆　又称“行妆”，即将女方置办的嫁妆运到男家，通常在结婚日前一天或当日进行。起妆，用毛竹杠竿，由男方准备并组织起妆队伍。到了女家，按女方吩咐，将嫁妆用狭幅条状土布分别绑扎，俗称“分杠”。女方嫁妆一般都在十多杠，杠数越多，越有荣耀感。男方备的起妆杠数量，十分讲究，拿多了或拿少了，女方都会生气，误认为男家嫌女方嫁妆少，这种弄得双方都不愉快的尴尬时常发生。在起妆的半路上，起妆队伍会稍作歇息，顺便寻取女方藏在嫁妆中的红蛋等喜果，从中取乐。到了80年代，道路交通方便，大多数人家改为汽车装运，起妆路上寻取喜果也改为由女方直接发给大家了。90年代后，有许多独生子女成亲，男女双方均置新房，称“两头住”，家庭用品各自置办，不再需要起妆。如今，已见不到人工扛运嫁妆的场面了。

待媒　结婚日前一天，男家设宴，招待媒人和亲友。这一天媒人是主宾，坐首席（俗称“位头”），由男家的至亲分坐两旁陪宴，称“待媒酒”。同时，这一天本家蒸馒头及备好其他食品，为第二天结婚日设宴席、迎新娘做好一切准备工作。现此俗仍流行。

迎娶　迎娶之日，俗称“大好日”。这一天最为隆重，男女双方都办酒席。旧时，请堂名鼓手助兴，用花轿到女家迎娶新娘。女方婚宴席间，新女婿由弟兄辈数人相陪，坐于客厅中间酒桌，叫做“吃独桌”。迎娶新娘回到男家、待花轿临门时，鞭炮、鼓乐声起，点燃“三灯火旺”。伴娘搀扶新娘下轿，踏红布袋（意为传宗接代）步入客厅。男方婚宴席间，女方的哥或弟（称“舅爷”）坐贵宾席（称“位头”）。拜堂成亲仪式开始，由小唱（鼓手）赞礼，新郎新娘拜天地、拜高堂、夫妻对拜。然后，新郎新娘各执红绿牵巾一端，脚踏红袋，进入洞房。房内，新郎新娘坐床沿，新郎用秤杆挑去新娘红盖头，两人喝交杯酒。亲友宴罢，宾客拥入洞房，逗新娘，索喜果，称为“闹洞房”。待散席后，男家举行祭祖宗仪式，新郎新娘向祖先敬酒、跪拜。新婚后，新娘三天内不出门，三天后夫妻“回门”（到女方家），回来后新娘才能出门走动。

中华人民共和国成立后，结婚仪式随时代变迁而不断变化。如今，选用名牌轿车组成车队迎娶新娘。男女婚礼时，新娘着婚纱，新郎西装革履。婚礼由司仪主持，婚礼仪式有证婚人证婚，主婚人答谢亲友，新郎新娘介绍恋爱经过，男女双方交换信物等。结婚仪式后，新郎新娘到宴席上为亲朋好友敬酒，以表谢意。

附：

中华人民共和国成立后禁止的婚配习俗

童养媳　即家境穷困的人家生了儿子，生怕今后娶不到妻子，就领养人家的女孩，养大后作为儿媳妇。童养媳往往被人冷落，有的还受到家人虐待，时常提心吊胆，过着悲凉酸楚的生活。

两换亲　两个家庭各有一子一女，年龄相近，又是家境相当，双方就商定互换婚姻，各以他家子为婿，女为媳。

纳妾　旧社会男尊女卑，男人已有结发妻子，还可以纳妾，作为偏房，俗称“讨小老婆”。妾在家庭里地位低，在社会上也会受到歧视。

抢亲　属强迫婚姻。有的男子娶不到妻子，选择某女子为对象，请几个小弟兄，夜晚将女子强抢到家里，“生米煮成熟饭”，女子有苦难言，只得屈从。

尚存的几种特殊婚配

入赘　男子婚嫁于女方家，从妻居住，俗称“上门女婿”“倒插门”。旧时入赘者大多改为妻姓，中华人民共和国成立后特别是70年代后，绝大多数不再改姓。如今独生子女成婚“两头住”，原招婿、娶妻形式完全发生变化。

叔接嫂　弟接纳亡兄遗孀为妻，称“叔接嫂”。通常出现在和睦的家庭里，兄亡后，叔照顾嫂，产生感情，结为夫妻。有的家庭由父母促成叔与嫂婚事。

填房　丧偶女子另找男人结为夫妻，并入住女方家。填房者一般不改姓。男子丧偶再娶妻，称“续弦”。

三、庆寿

庆寿，即为长者过生日，又称“祝寿”“做寿”。 旧时，富裕人家的长者从50岁开始，子女就要为其庆寿，以后逢十庆寿一次（一般“庆九不庆十”，即59岁庆60岁寿）。庆寿前，先向亲友发请柬，亲友馈赠寿面、寿烛、寿桃、寿联、寿金（红纸包的礼金）。庆寿之日，家中布置寿堂，挂寿星画像、祝福对联、红绸寿幛，桌上置放寿桃、寿面、寿糕等。堂内红烛高照，寿宴丰盛。亲友要在堂上给寿主拜寿祝贺，然后开席吃寿宴。

中华人民共和国成立后，此俗逐渐淡化至消失。改革开放后，人们生活水平提高，庆寿活动又时兴起来，有许多人家为长者祝寿，大摆寿宴，亲朋好友前来送寿礼、吃寿面、饮寿酒，恭贺老人健康长寿。现今，许多老人体谅子女忙于工作，都不让子女大办酒宴庆寿。许多家庭遇老人生日，只是合家团聚，美餐一顿，全家人吃长寿面，老人为子孙辈送喜钱，一家老小喜气洋洋，共叙天伦之乐。

四、丧葬

在长期的社会生活中，民间形成了众多丧葬习俗。

寿材寿衣　上了年纪的老年人生前就要准备后事，主要是预制棺材、预选墓地和预做寿衣。60年代实行火葬后，不再入殓土葬，此俗废止。以骨灰盒落葬墓地，由集体组织统一安排。如今有安息堂存放骨灰盒，不用选墓地。但老年人生前做寿衣（俗称“老衣”）仍较为普遍。寿衣一般用绉和绸，男的用蓝色，女的用红色。现镇上有缝纫店，可预制寿衣，且衣、帽、鞋都有，可谓全套服务。老年人生前做寿衣，自己不但不忌，而且催着子女去办。究其原因，实属老年人为子女着想，为的是自己去世后，减少子女忙乱，减轻负担。

设灵堂　长辈临终前，子女都应赶到，与死者见上最后一面，称“送终”。人死后，即把死者的睡床铺板竖起，蚊帐卷起放到大门前屋檐上。把死者移至客堂，客堂中间设灵床（俗称“板门”），将死者头朝外、脚朝里搁置。子女用热水给死者擦身，换上干净的内衣内裤。请理发师傅为死者理发理容。然后在亲友的帮助下为死者穿着整套寿衣，面部蒙上白布。死者头前悬挂白布、遗像、祭幛，设灵台，立牌位，摆供品，点香烛，脚后点煤油灯（自70年代有了电灯后，不再用煤油灯）。

守灵　俗称“守孝堂”。丧家一般设灵堂2~3天后才出殡。其间，子女昼夜守灵。守灵的孝子、孝媳、孝孙、孝女不能坐凳，只能坐于地上铺设的稻草上。来陪守的女眷，帮着折锡箔纸锭。死者家属不时焚烧纸锭，点燃安息香。守灵者哭声不断，尤其是黄昏、半夜、凌晨，哭声最响。入晚，小辈请道士做道场，超度亡灵。

报丧　人死后当天或第二天，死者亲属请邻居到亲友家报丧，俗称“报死”。报丧人到了亲友家，亲友要给报丧人吃点东西，一般是几个水潽鸡蛋，一口茶水或一支香烟，但不能不给，否则会被视为不吉利。报丧时，报丧人绝不能跑错人家，一旦跑错进屋，也被视为不吉利，报丧人不但要向这户人家赔礼道歉，还要为这户人家搞一些避丧驱邪的仪式。丧家报丧后，亲友就要准备祭礼前往死者家中吊丧。如今，通信方便，除对邻近的人家仍派人前去报丧外，对路途远的人家则用电话告知。

开丧　开丧日，即“出殡日”。子女戴重孝，穿白衣、白鞋，鞋头置麻布，头戴长条白布，扎白布腰带，戴置有麻布的黑色袖套。丧家备白事酒宴招待亲友。酒席上豆制品不能缺。死者如高寿（90岁以上），则把丧事作为喜事来办，丧家准备碗物作为喜寿物让亲友带回家。

过去土葬时，出殡日将死者从灵床移入棺材中，称“入殓”，盖棺时，一家人带领亲友，手执安息香，绕棺转行，以示与死者永别。出殡线路事先定好，一路上抛撒纸钱，即所谓“买路钱”。出殡途中，灵柩不得停下，否则是对死者的大不敬。死者安葬后，丧家在家中客堂设位台，立牌位。在死者去世周年或清明时，撤下位台，以后逢忌日祭祀。

实行火葬后，开丧日中饭后举行出殡仪式，亲友聚集灵堂前两侧，在道士念经后开拜，小辈们先后向死者跪拜。有的丧家在出殡日，先举行简短的遗体告别仪式，介绍死者生平，然后按传统开拜，向遗体告别。结束后，由子女、亲友护送死者至火葬场火化，沿途撒纸锭，起讫奏哀乐。火化后将骨灰盒带回，放置在客堂设的位台上。在死者去世周年或清明时，撤下位台，骨灰落葬。

做七　人死后，民间有“做七”的习俗，即从去世那日起，每七天做一个“七”，“头七”到“断七”共49天。其间，子女每天要在家中设的灵位前哀哭，供奉斋饭，焚纸帛，直到“断七”为止。其中“三七”“五七”要备酒菜祭祀，俗称“做三七”和“做五七”。“终七”之日，子女要请僧道做道场以超度亡灵，还要请纸作匠扎纸房、纸家具等焚烧。现此俗仍流行。

落葬　实行火葬后，将死者骨灰盒存放在客堂，设灵台供奉，待死者去世周年或清明时，将骨灰盒放入墓地，称为“落葬”。落葬之日，本家备酒菜，招待至亲。下午举行祭祀仪式后，骨灰盒落葬墓地。以后每年清明节，亲属均要到墓地祭扫。

现今，民间做七、落葬习俗有了变化。有的丧家将死者火化后，当日将骨灰盒落葬。开丧日第二天连着过时节，做七、过清明并在一起办，减少了以前烦琐的丧葬礼俗。

第三节　其他风俗

一、建新房

旧时，新建房屋破土动工要择吉日。若出宅建造，要看“风水”选宅基地。上梁之日，至亲送团子、糕、甘蔗、鞭炮等礼物。上正梁时，在梁上贴“三星高照”或“福禄寿”之类大红字贴，挂装有稻米的红布袋，系草本植物万年青，均有“代代好”等祝福吉祥之意。上梁时，放鞭炮，由工匠师傅说一番吉利话，在上面撒花生、糕点、糖果等食品。晚上，宴请至亲和工匠，称“竖屋酒”。房屋完工后，要设宴招待工匠和亲友，称“待匠酒”。如果是出宅的，还要举行搬家仪式，亲戚也要送团子、糕、甘蔗、鞭炮等礼品，称“送搬场”。搬入新居还要举行“接祖”仪式，意思是让祖宗认得新居。如今，农民动迁建房由政府规划，入驻小区，统一安排宅基地。建房施工，大多数人家由建筑队“双包工”（包建筑材料、包人工）。以前建房习俗有的已改变，有的仍沿袭。

二、上茶馆

境内大多数人喜欢喝茶，尤其是老年人，在长期的生活中养成了上茶馆喝早茶的习惯。喝茶，土语叫“吃茶”。吃茶成为老年人的口头禅，即使上街购物或办事，许多老年人也会说成“到街上吃茶去”。过去，集镇上有茶馆，专营茶业。清晨，中老年人三三两两坐在一起喝茶闲聊。晚上，茶馆开书场，请艺人说书或唱评弹，茶客们一边喝茶，一边听唱，尽情享受，乐在其中。90年代后，农村乡镇茶馆普遍歇业，继而个体面馆兴起。面馆也有茶水供应，老年人便到面馆喝茶聊天。有的讲究卫生，还自带茶杯。喝完早茶后，点一碗盖浇面做早餐，有的还喝上两盅黄酒，而后到菜场上买些菜回家。这种现象成为农村老年人上早市的常态。如今，到街上喝早茶的除老年人外，还有谈生意的商人，大部分是接主顾的作头工匠、厨师等。相约喝茶成为老年人休闲聊天、商人谈业务、匠人找生意的重要途径。

三、攀寄亲

攀寄亲，即攀认寄父母或收认寄子女结成亲属。多数是为相互依靠，少数为保佑子女健康成长。也有一部分家庭，本是老亲，生怕隔代后疏远，就相互攀寄亲，农村人叫“亲上加亲”。结为寄亲后，逢年过节、婚丧喜庆彼此往来，与至亲无异。过去，有部分人家攀亲后，子女亦会改姓寄父母的姓氏或有两个姓氏，也有少数人让小孩认寄庙中菩萨，以保佑子女一生平安。如今，攀寄亲的风俗仍存在，但认寄改姓的现象已绝迹。

四、拜师学艺

民间历来重视学手艺。“年轻人学手艺，有技术，今后不论到哪里都有饭吃”，这是民间常说的一句话。农村人学手艺，主要是泥瓦匠、木匠、漆匠、石匠、篾匠、草作、缝纫等行当。民国时期，拜师学艺都要举行拜师仪式，徒弟向师傅叩头礼拜，还要向师傅送上厚礼。学艺期限，有“学3年帮3年”之约定俗成，即徒弟跟师傅出门（做生意）干活学3年，不拿工钱，还要帮师傅做一些家务；满3年基本学成后，继续跟师傅干活3年，收入归师傅所有。满了6年，徒弟出师，可以独立到社会上从业。出师时，徒弟家要办谢师酒宴请师傅，同时请一些亲戚朋友一起庆贺。

中华人民共和国成立后，民间拜师学艺规矩逐步发生变化，徒弟学3年期间，师傅或多或少会给一点工钱，但徒弟一般都不拿。满3年后，徒弟就可出师，也能单独出门干活，即使跟师傅干活，师傅也会将工钱全额给徒弟，但有的徒弟为感谢师傅帮带，自己少拿一点，留一些给师傅。拜师时，也没有像过去那样讲究，不再行叩头礼，只是徒弟家办几桌菜，或上饭店请师傅及亲友聚一聚吃一顿，就算拜师了。师傅认徒弟后，师徒两家成了亲戚，关系亲密，感情深厚，师傅把徒弟当作儿子一样倍加关心，徒弟视师傅为父母言听计从。

五、民间忌讳

在长期的社会生活中，境内百姓为讨口彩、求吉利，有众多的忌讳言辞和行为。中华人民共和国成立后，随着社会的文明进步，民间忌讳逐渐减少，但农村中仍有一些忌讳沿袭至今。如，店铺晚上关门，因关门与“停业”同义，故忌称“关门”，而叫“打烊”。船民、渔民吃饭忌将筷搁碗上，吃鱼忌将鱼翻身或夹断，因有“搁浅”或“翻船”之意，十分犯忌。丧家人戴孝期间，忌走亲访友，更忌入喜宴。宴请时向人敬酒，忌反手倒酒，属不敬。书信忌用红笔写，意为绝交。如今，又增添了新的忌讳。忌四旺八，“四”意“死”，“八”意“发”。买商品房不愿买第4层，买手机不愿买末位带“4”的号码。私家车车牌号上争用“8”的诸多，工厂、商店开业也选用带“8”的日期。饭店电话号码则喜用“777”，谐音“吃吃吃”，意为“有吃的”。

第二章　宗　教

第一节　宗教场所

一、猛将庙

又名猛将堂，位于南港村8组（现杨漕村32组）庙大桥北堍、庙泾河西岸。现属政府宗教管理部门登记的宗教场所。

该庙始建于宋代。中华人民共和国成立前，庙房向南，正殿3间，左右侧厢各2间，另有辅房2间。正殿两侧建有围墙，与左右侧厢墙体连接。庙区占地面积500平方米。庙内住有志、庙圆、朱文化等禅师并负责管理。每逢宗教节日，举行教事，香火极盛。民间信教群众曾多次募捐集资，举办庙会、公醮等活动。中华人民共和国成立后，禅师离去，庙地渐渐荒凉。

1966年，南港大队将庙宇拆除，将砖、瓦、木等建筑材料用于建造粮饲加工厂厂房。至此，庙形绝迹。1980年以后，民间又开始举办宗教活动，信教群众自筹资金，在原来的庙基上建造庙房数间，庙内香火逐渐旺盛起来。

1995年，经太仓市人民政府批准，在社会各界的支持下，重建猛将庙。1997年农历四月初一，由苏州玄妙观道长为猛将庙开光。此后，每逢宗教节日，信众前去烧香，庙内香火不断。如今，庙地呈长方形，占地面积3000平方米。有三清大殿、偏殿、土地堂等15间，建筑面积700平方米，是南港村及周边地区进行宗教活动的主要场所。

二、伍胥庙

位于伍胥村1组（现孟河村37组）兴隆桥西堍南侧、老钱泾西岸。现由民间信教群众自发组织管理。此庙在王秀及周边地区较为有名，在庙地一带划定的村取名伍胥村，农村小镇也用庙名命名，称伍胥镇（非行政建制的农村小镇）。

建庙确切年代不详。据原伍胥小学（设在庙内）老教师许在林回忆，庙内原有一块石碑（现遗失），碑文大致如下：清康熙年间，有个航海商人行船至长江钱泾口外，突遭风浪袭击，险象环生。商人随即求神让其渡过难关。入夜，商人梦见伍子胥显圣保佑，急忙跪拜行礼，并许愿立庙，以报恩情。翌晨，果然风平浪静，转危为安，商人顺利收港。于是，商人不忘前约，即在高姓家（地名“高家楼子”，现孟河村境内）附近买地，造庙立神，建“伍胥庙”。据此，伍胥庙始建时间应在清康熙年间。此后，庙内香客不断，香火颇旺。

相传，始建时庙房为草屋3间，后由当地善男信女募捐集资，拆旧重建庙房为正殿5间。清光绪年间，由邑人绅士方梦花（著名外科医生）、许望之募集资金，增建左右侧厢各2间，门埭5间。其时，整个庙区院落有平房瓦屋14间。民国初期，多次举办庙会、打公醮等活动，其信众西至常熟虞山，东至本县穿山，南至昆山玉山，北至南通狼山，可见当时香火之盛。之后，庙房多次拆建，庙形几经变化，庙会等活动日渐衰落。中华人民共和国成立前夕，当地贫困户张齐福、王小五宿庙就居，看护庙宇，以收取香钱谋生。

“文化大革命”期间，停止宗教活动，庙门冷落。1977年，庙宇被拆除，其砖、瓦、木等材料被分给附近孟河、包桥、伍胥等大队用于建造农村小学校舍。庙址全部移作校地，扩建伍胥小学，伍胥庙仅保留庙井及庙桥（兴隆桥）旧迹。

1980年后，民间宗教活动恢复起来，当地信教群众筹资建庙宇大厅，造辅助用房。后伍胥小学撤并，庙区面积扩大，又经民间多次集资修缮，庙房面积增加。如今，庙区占地面积1000平方米，庙宇正殿有平房5间，建筑面积200平方米；辅房15间，建筑面积380平方米。伍胥庙供奉着以伍子胥为主的18尊菩萨。伍子胥被民间称为涛神和潮神，信众信其为避灾化险之神灵，故每逢宗教节日，庙内香客众多，香火极盛。

三、其他场所

中华人民共和国成立前，境内除有猛将庙和伍胥庙外，另有庙宇宗教场所6个，即位于王秀桥西堍北侧、钱泾西岸的城隍庙，原湘里村11组（现王秀村22组）与归庄渠泾村交界处的葑张庙，孙桥村2组王天塘南侧的红庙（亦称“土地堂庙”），原白荡村11组（现孙桥村27组）白荡桥南堍西侧的白荡庙，原草庙村5组（现杨漕村16组）草庙桥南堍西侧的草庙和原建民村1组（现杨漕村38组）建在一个月台上的新庙。

中华人民共和国成立后，这些庙宇陆续被拆除，拆下的建筑材料移作他用。宗教场所活动被取缔，少数信众在家里焚香，祈求平安。80年代起，民间信教群众自发集资，在庙址上建造庙房。90年代，王秀境内除城隍庙（1954年拆除，建王秀小学）外，葑张庙、红庙、白荡庙、草庙、新庙等都建有庙房，少则数间，多则10余间。每年农历初一、十五，香客不断，香火颇盛。

第二节　宗教活动

民国时期，境内各处庙宇均多次举办庙会。尤以伍胥庙、猛将庙庙会最为隆重，香客甚多，观众云集，场面盛大，热闹非凡。庙会的活动经费，由民间善男信女随愿乐助，另由社会上一些所谓“犯人”自愿出钱赎罪，还有一些病患愿意花钱消灾，或一些老年人为“借寿”而捐助。

民国初期庙会，主要进行打醮活动，祭祀祖先和神灵。祭祀过程中，人们聚集在一起，举行祭祀仪式，进献供品，焚香跪拜，感谢天上神佛庇佑百姓平安，祈求上苍保佑来年风调雨顺、五谷丰登，许愿家人诸事顺利、家庭幸福。庙会一般在春节、元宵节等传统节日进行。

民国中期，庙会形式有了拓展，除进行打醮活动外，还举行抬神像出巡活动，即乡民装扮成各色人物组成出巡队伍，抬着庙宇神像出去巡游。出巡队伍排列十分讲究，走在最前面的是掮“肃静”“回避”行牌的皂隶，然后是举旗幡的差役，接着是脸部涂得很可怕、手中舞着钢叉或大刀的“伤司”（迷信者称执役的鬼魂）。再后面的队伍中有各种表演形式，有“看马”，把马打扮得非常漂亮，扮着各种戏名的人骑在马上，称“顶马”；有“台阁”，台阁上扎有戏文或反映农事活动的模型；有民间表演队，表演高跷、摇荡湖船、扮蚌壳精等民间舞蹈及江南丝竹；有“臂锣臂香”，即人的手臂上扎针钩，挂铜锣或香炉，挂铜锣的人还要边走边敲。队伍最后则是由众人抬着的神像，在善男信女的簇拥下缓缓前行，煞是威风。出巡队伍在庙宇周边村落巡游一圈后，便回到所在庙宇，庙会结束。一路上，经过的村庄路口和农户家门口摆着香案，以示欢迎，有的人家还递茶水、送小吃，慰劳出巡队伍。

民国后期，庙会活动又有了新的变化，抬神像出巡活动极少进行，基本上在庙宇及庙场上固定活动。但民间娱乐活动和集市商品贸易融入其中，庙会文化的带动作用不断扩大化。40年代，猛将庙、伍胥庙、草庙等庙宇举办的庙会，既有打醮活动，善男信女烧香祈福，庙内香火极盛；又有民间文艺爱好者表演秧歌、打莲湘、高跷、划船、蚌壳精等舞蹈节目，吸引了无数观众前来观看；还有社会上一些小商小贩，利用庙会人多的机会，挑着货郎担，兜售日常用品、小孩玩具、食品小吃等，大人带着小孩竞相购买。每次庙会，人头攒动，信众及观众有数百人之多。

中华人民共和国成立后，庙会活动停止，从此见不到大型庙会活动的场面，但信众的小型、零星宗教活动仍有沿袭。“文化大革命”期间，宗教活动被当作“四旧”（旧思想、旧文化、旧风俗、旧习惯）而取缔，寺庙道观及佛事活动一度绝迹。

改革开放后，贯彻党的宗教政策，正当宗教活动受到尊重，宗教节日活动开始恢复，信众自发参与、有序进行宗教活动。在民间开展的宗教活动中，百姓融合原始信仰、民间信仰和宗教信仰的元素，使得宗教活动既有古老的传统习俗，又有新型的礼仪形式，其最终的意识取向在于“倡孝扬善、祛灾避险”，让人善待一切、关爱一切。

80年代，境内信仰佛教、道教者尤其是老年人，每逢农历初一、十五，都要去寺庙烧香敬神，祈求吉祥平安、功德圆满。丧家办丧事，有的开追悼会，介绍死者生平及功德，向死者告别；有的请民间道士做道场，以传统习俗，告慰亡灵，寄托哀思。农（居）家每逢传统节日或祖先忌日，都要摆桌设席，供放数道荤菜，焚香点烛，敬神祭祖，期盼祖先保佑，带给家人福祉。

90年代，境内信仰佛教、道教者基本上都到当地庙宇进香，也有少数到邻镇鹿河圣像寺及其他镇外寺庙活动。境内信仰基督教、天主教者较少，过去只有少数渔民信教，且大多没有传教后代，故信教者极少。因境内无教堂，有的信教者逢节日就到镇外有关教堂参加祷告或做礼拜。农村信教群众尤其是老年人，每逢寺庙节日活动，不忘进庙烧香，其烧香名目众多，有烧“全家福香”“子女聪明香”“交通安全香”等，每炷香都寄托着美好愿望。

第三章 方 言

本章为传承王秀方言文化，选择民间平时使用较多的方言，分词语、谚语、歇后语等三节，予以记述。因有的方言无法用正确的文字书写，只得用其他与方言读音相近的文字替代，凡替代的字，仅指方言读音，无该字本意。

第一节 词 语

一、人称

奴、奴伲，娥、娥俚：我、我们

内、姆特，嫩、嫩特：你、你们

伊、伊特：他、他们

太太、阿太：曾祖父、曾祖母

阿公：祖父

阿婆：祖母

好公：外祖父

好婆：外祖母

阿答：爸爸

姆妈：妈妈

丈人：岳父

丈姆娘：岳母

阿伯：伯父、姑母

阿娘：伯母

爷叔：叔父

姆娘：叔母

阿侄：侄子、侄女

娘舅：舅父

舅妈：舅母

新妇：儿媳妇

小官人：丈夫

家主婆：妻子

伲子：儿子

媛：女儿

小囡：小孩

细娘：女孩

小猴子：男小孩

囡度细：子女总称

连襟：妻子的姐夫或妹夫

伯姆道里：妯娌之间

二、天气、气象

热头：太阳

天好：晴天

上云：转阴天

迷露：雾

霍险：闪电

天打：雷击

冰排：冰雹
凌溏：滴水凝成的冰锥
开烊：冰雪融化
发冷性：寒潮来临

三、农具、农活

铁拉：铁铬
镢子：镰刀
时头：锄头
铁钞：开沟用的铁锹
薄栾：竹编存粮用具
挽子：用柳条编的用具
大：竹制有三角眼的筛具
犁田：耕地
垡地：翻土
莳秧：插秧
作稻：割稻
捉花：采摘棉花
落别：水田整平
拓花：用锄头在棉田除草松土
掘沟：开沟
垩垩壤：施肥

四、植物、动物

地蒂：荸荠
尼麦：玉米
寒豆：蚕豆
番芋：红薯
芦济：芦粟
草头：金花菜
西谢：荠菜
番瓜：南瓜
长生果：花生
黄芽菜：大白菜
综牲：家畜总称
偷瓜畜：刺猬
田鸡：青蛙
打拳蛆：孑孓
刚果：蜗牛
癞团：癞蛤蟆
野麻糊：蝌蚪
赚节：蟋蟀
游火郎：萤火虫
麻将：麻雀

五、形容、形态

派拉：凶狠
精刮：精明
煞搏：厉害
瞎嚼：胡说
穿棚：败露
搭浆：差劲
来三：有能力
吃瘪：占下风
触祭：吃东西（贬义）
趁让：放任不管
洋盘：假充内行
角切：细心周到
现世：出丑、丢脸
出客：美丽、漂亮
煞辣：干脆、泼辣
豁边：过头、出格
惹厌：惹得别人讨厌
尖钻：小算，爱占便宜

贼腔：丑恶的言谈举止
粒漆：气量小，没有忍耐力
一帖药：效果十分灵验
一脚去：一下子完蛋
二百五：指不乖巧的人
大好佬：指大人物
大兴货：指伪劣质次的东西
轧闹猛：凑热闹
出枪花：耍花招
夹肝胀：不耐烦
旺东道：打赌
皇伯伯：不可靠的人
喇叭腔：出问题，事情办糟
扳雀丝：找岔子
横戳枪：插话胡闹
插蜡烛：指机器坏了
偷屎乖：妄图巧取
歇角落：完全停止
大脚膀：有权势的靠山
呆板数：预先可以料到
天开眼：得到应有的报应
豁翎子：暗示，含蓄的提醒
笔瞄势直：很直
嚓刮拉新：崭新
脚豁溜天：逃走
一括两响：干脆
瞎七搭八：乱搞
拆血乱天：说谎
勒杀吊死：吝啬
扭皮吊筋：不爽快
乌嘴造北：胡言乱语
刮拉松脆：办事爽快
一拍抿缝：完全吻合
乌油滴水：乌黑油亮
乱嚼喷蛆：胡说八道
搭跌落滚：匆匆忙忙
触心触胆：反感、厌恶
黑铁墨塔：不光明正大
脱头落攀：办事不落实
牛牵马绷：不顺利、勉强
私弊夹账：夹带私心办事
贼特兮兮：鬼鬼祟祟或油腔滑调
七丫缠浪港：因误会而搞错
快马跑折脚：一味求快，反而变慢
二一添作五：指均分，各人一半
打狗看主人：做事要考虑背景
急来抱佛脚：没有准备只得仓促办事
瞎缠三官经：瞎胡闹
路远八只脚：离得很远
拆穿西洋镜：揭穿真相
拆空老寿星：哀叹事情没有办成
狮子大开口：要求过高
浑身勿搭架：毫不相干
板板六十四：办事一本正经
八字没一撇：不会有成功的可能
行行出状元：每个行业都有能人
眼睛地牌式：吓呆时的神态
断链条活猕：坐立不安的人
灰毛卜落拓：夜间黑暗无光
拼死吃河豚：敢于冒险，不怕死
叉勒前八尺：不该抢在前面说话
鸡毛当令箭：用上司的话压别人

第二节　谚　语

一、农业谚语

人要暖，麦要寒
小满三朝喊割麦
大伏勿热，五谷不结
雨打秧田泥，秧苗出不齐
麦要胎里富，稻怕老来穷
种田呒垩壤，赛过弄白相
伏里不搁稻，秋里喊懊恼
白露白迷迷，秋分稻秀齐
寒露无青稻，霜降一齐倒
种田不上粪，等于瞎胡混
养羊不蚀本，贴根烂草绳
寸麦不怕尺水，尺麦只怕寸水
稻秀只怕风来摆，麦秀只怕雨来淋
麦怕清明连绵雨，稻怕寒露一朝霜
麦子收在犁头上，棉花捉在锄头上
早种菜籽只长萁，晚种小麦只长皮
夏至田里拔棵草，秋里可以吃个饱
早菜晚麦空欢喜，早麦晚菜吃白米
人在家里热得跳，稻在田里哈哈笑
养得三年蚀本猪，田里壮得不得知

二、气象谚语

夏雨隔田头
白露身不露
东南风，雨祖宗
西南风，热烘烘
云交云，雨淋淋
黄梅天，十八变
春雷日日阴，要晴须见冰
久雨麻雀叫，天气必晴好
夜里知了叫，明天气温高
闷热见飞虫，雷雨来必凶
春天小孩脸，一日变三变
雷响当头顶，顷刻大雨淋
日没胭脂红，无雨也有风
蚊子叮得凶，雨在三天中
东风送湿西风干，南风送暖北风寒
猫吃青草雨要到，狗吃青草天气好
燕子高飞晴天报，燕子低飞雨将到
蜻蜓结群绕天空，不过三日雨蒙蒙
天上云层鱼鳞斑，明日晒谷不用翻
东虹日头西虹雨，南虹出来下大雨

三、物候谚语

若要麦，沟底白
麦勿踏，春勿发
西风响，蟹脚痒
河水宽，井水满
麦熟要抢，稻熟要养
稗草勿拔，水稻勿发
吃着青蚕豆，一日忙一日
人勤地出宝，人懒地出草
一年红花草，三年田脚好
清明热得早，早稻产量高
麦熟过条桥，早点磨镰刀
冬雪一条被，春雪一把刀
冬耕冻一冬，松土又治虫
旱九水三春，菜麦烂脱根

棉花不整枝，只长空架子
春粪一勺，勿及腊粪一滴
三年勿选种，产量要落空
清明种玉米，小满种山芋
小暑不见日头，大暑晒开石头
稻发芽缺只角，麦发芽独剩壳

第三节 歇后语

隔午蚊子——老口
圈里黄牛——独大
出头椽子——先烂
蛇吃鳗鲡——屏煞
逃走鳗鲡——臂膊粗
鸭吃砻糠——空欢喜
猫哭老鼠——假慈悲
新箍马桶——三日香
小囡吃饼——拣大搬（拿）
麻子抹粉——蚀煞老本
开眼跳河里——作死
蜻蜓吃尾巴——自吃自
肉骨头敲鼓——昏咚咚
江西人钉碗——自顾自
月亮里点灯——空挂名
灯草当拐杖——靠勿住
船头上跑马——走投无路
老婆鸡生疮——毛里有病
香火赶和尚——喧宾夺主
癞痢头撑伞——无法无天
六十岁学鼓手——气短
脚炉盖当眼镜——看穿
背心上拉胡琴——挨不着
石头上掼乌龟——硬碰硬
急水里格桩头——摆不定
叫花子唱山歌——穷开心
高射炮打蚊子——大材小用
弄堂里拔木头——直来直去
老婆婆吃豆腐——有嚼呒嚼
戴着热帽亲嘴——大勿碰头
白笔画在白墙上——白说
额角头上搁扁担——头挑
三只指头捏田螺——稳拿
临时上轿穿耳朵——仓促
强盗碰着贼爷爷——一路货
粪缸（坑）里石头——又臭又硬
黄鼠狼给鸡拜年——勿怀好意
老鼠钻勒风箱里——两头受气
螺蛳壳里做道场——轧闹猛
一跤跌在青云里——交好运

第十八篇 人物

本篇分人物传记、人物简介、人物表录等三章收录人物。

第一章　人物传记

自清代后期至民国时期，王秀境内的伍胥方氏中医世家远近闻名，医术高超，救人无数；医德高尚，受民众爱戴。为传颂方氏世医妙手回春之医术、救死扶伤之医德，本篇立传方氏世医传人6人。王秀历史上其他人物，因查无史料记载，无奈搁笔。

以下立传人物以出生先后排列，出生不详的按世辈先后排列。

方嗣香（生卒不详）　太仓伍胥庙（现孟河村20组）人。出身方氏中医世家，随父方小香学医，为方氏五代医，承祖业，得真传，医术精湛，治愈危重病人无数，求医者络绎不绝。术传子方渊如。

方梦花（生卒不详）　太仓伍胥庙（现孟河村20组）人。为方氏四代医方小香赘婿。得岳父真传，擅外科，名大著，太仓、昆山、常熟、嘉定诸县延诊者踵接，誉称神技。授徒戴省悟、董冕卿、陆秉彝、秦若涵、周菊臣、顾望之，大多业有成。儿子方叶封、孙子方世良续医，业继不衰。

方渊如（生卒不详）　璜泾郁瑾怀之子，过继于方氏五代医方嗣香。随父业医，精内科，把脉"指头犹眼"，用药精细独特，慕名前来就医者众多，业务繁盛，救人无数，名满乡里。业传于子方麟祥。

陆瑞生（1877—1950）　王秀白荡人，号秉彝，乳名易保。方氏中医传人，为方氏五代医方梦花关门弟子。专长外科，诊治深部脓疡有独到之处，治白喉、瘟疫、痧症也有丰富经验。遇贫困患者免诊金，业盛名扬。其性格刚直，富有正义感、爱国心。"七七事变"后在家乡发起组织医界抗日协会，专程赴南京购买仪器以救治伤员。子陆钟裘、孙陆家瑛承其业。授徒王隽英、朱维熊、王一峰、郑志矫、陆庭爵、张承恩、倪达元。

方麟祥（1902—1947）　又名方信孚，太仓伍胥庙人（现孟河村20组）。方渊如之子，方氏七代医。父精内科，叔方叶封专外疡。方麟祥早受父伯之业，以内外科并行，弱冠之年即悬壶应症，远近求治者踵接，尤以治疗伤寒、痈疽、疔疮见擅。态度和蔼，病家有求，不论昼夜，随请随往，终以劳累过度，患结肠癌病逝，年仅45岁。授徒施俊德等7人。其子方国苍、方国平，尽得其传，皆以医行。其于新中国医卫事业贡献巨大，成为村中德高望重的一代名医。

方世良（1912—1948）　太仓伍胥庙（现孟河村20组）人。方氏六代医方叶封之子，承祖业，研医学，业精中医内外科，熟练掌握"望、闻、问、切"诊法，救治病人总能精准开方，对症下药，常见药到病治之疗效，治愈患者不计其数，医术誉盛名噪，但不幸中年病故，民众痛惜不已。授徒鹿河钱耀祖、马文昭，常熟王树玉、魏健益、钱育才、柯雪范、金振清、谭仁华、王家声。

第二章　人物简介

本章收录王秀籍行政正处职以上干部和教育科技界专家、学者及国家级荣誉获得者9人，以出生年月先后排列。录入时间止于2017年，有的略有延后。所录人物所在村亦用2017年时的村名，后面括注的原村名为1998年前的村名。

张振华　1937年11月生，孙桥村人，火箭、导弹专家。1960年毕业于山东工学院电机电力系，同年被选送至国防科委某研究院工作，同时参加中国人民解放军，从事研制各类运载火箭和导弹工作，先后获评工程师、高级工程师（正教授级）、研究员。曾参加宇航学会、惯性技术学会、无线电遥测学会等组织的学术研讨会，发表若干研究分析报告。参访俄罗斯位于莫斯科的宇航控制中心，参与发射控制苏联第一颗加加林宇航员载人航天飞行器。作品有《世界导弹大全》《世界导弹与航天发动机大全》《汉英火箭导弹技术词典》《世界航天运载器大全》等，《××型运载火箭研究报告》获国家科技进步三等奖，《××型导弹研究报告》《大型运载火箭天地往返运输系统研究报告》分获航天部科技进步二等奖。

朱礼厚　女，1944年8月生，王秀村人，无党派爱国民主人士，山西阳泉市原副市长。1962年考入天津大学化工系。大学毕业后到冶金部阳泉铝矾土矿，曾任车间副主任、矿技术科长。参加全国高铝产品基地建设。1991年任阳泉郊区副区长，1992年任阳泉市政协副主席，1998年晋升高级工程师，并任阳泉市副市长（副厅级），2002年任阳泉市人大常委会副主任。1988~2008年为第七、八、九、十届全国人民代表大会代表。2007年9月退休。

叶福晋　1946年12月生，孟河村（原建华村）人，中国人民解放军海军转业干部（正团职）。1964年12月参加中国人民解放军，在辽宁大连4114部队服役。1964年12月至1969年12月在海军工程部1团10连4排，历任副班长、班长、副排长、排长等职。1974年调至海军旅顺基地工程部供给处，先后任副连职助理、正连职助理。1977年7月调至海军旅顺基地后勤部财务处，历任副营职、正营职、副团职助理员。1987年10月调任海军旅顺基地后勤部，任物资处正团职处长。海军上校军衔。1990年10月转业至太仓市计划委员会任副主任（享受正局级待遇）。2006年退休。2019年12月25日病逝。

高阳　1951年8月生，孟河村人，太仓市原副市长。1968年3月参加中国人民解放军，在原68军203师607团1营3连，历任副班长、班长、排长。1975年在1连任副连长、代理连长。1977年在当时的沈阳军区步兵学校任正连职教员、教研室主任助理。1979~1986年，在大连陆军学校党委办公室任副营职秘书、正营职秘书、副团职秘书。1987年1月至1990年5月任太仓县人民政府办公室副主任。1990年5月至1994年3月先后任鹿河镇党委书记、太仓市委常委兼鹿河镇党委书记。1994年3月至1996年4月任太仓市委常委兼太仓港港口开发区（原浏家港港口开发区）党委书记、管委会主任。1996年4月至2001年4

月任太仓市经济开发区党委书记，太仓市人民政府市长助理，中远国际城开发建设总公司副董事长、副总经理。2001年5月至2007年12月任太仓市人民政府副市长兼太仓港经济开发区港区（原太仓港港口开发区）党委书记、管委会主任。2011年12月退休。

姚水良　1963年4月生，王秀村（原湘里村）人，大学教授、博士生导师。1980年毕业于王秀中学，1984年获南京化工学院学士学位。1990年到日本留学，1994年、1998年先后获东京大学硕士和博士学位。1998~2009年于日本财团法人地球环境产业技术研究机构工作，历任研究员、主任研究员和团队带头人。2002~2004年为日本独立行政法人新能源及产业技术综合开发机构高级研究员。2003~2006年兼任天津大学教授、博士生导师。2009~2011年于日本股份有限公司ACR/ESR工作。2011年回国到浙江工商大学工作，主要从事大气污染控制方面的科研和教育。先后入选江苏省双创人才、国家级重大人才引进工程人才。2016年获评中国环境科学学会第十一届优秀环境科技工作者、浙江省环境科学学会第二届优秀环境科技工作者。

陈群　1963年7月生，王秀村（原湘里村）人，研究员，博士生导师。1984年毕业于江苏化工学院有机系基本有机合成专业，1994年获国务院特殊津贴，2006年获国家科技进步二等奖，2007年获全国教育系统先进教育工作者。2010年2月任江苏工业学院党委常委、副校长。2010年7月任常州大学党委常委、副校长。2014年获国家级教学成果一等奖，2015年获中国石油和化学工业联合会科技进步一等奖。2016年5月任常州大学党委副书记、校长。现担任国家有机毒物污染控制与资源化工程技术研究中心副主任、江苏省先进催化与绿色制造协同创新中心主任、中国化工学会常务理事、中国化工教育协会常务理事。累计获中国发明专利授权83件。从事先进催化材料和绿色制造等技术领域的研究工作，发表SCI论文119篇，出版著作6部。

樊金龙　1963年11月生，杨漕村人，江苏省人大常委会党组副书记、副主任。省委党校研究生学历，工商管理硕士学位。1983年12月加入中国共产党。1979年考入江苏师范学院苏州地区师范专科班学习。1981年7月至1986年12月，先后任王秀公社团委书记、公社党委和管委会秘书、乡党委秘书、乡党委委员兼乡工业公司经理等职。1986年12月至1990年12月任直塘乡党委副书记。1990年12月至1994年6月先后任浮桥镇党委副书记、镇长、党委书记、镇农工商总公司董事长。1994年6月至1994年12月任共青团苏州市委副书记、党组副书记。1994年12月至1996年3月任共青团苏州市委书记、党组书记。1996年3月至2003年4月先后任共青团江苏省委副书记、书记。2003年4月至2004年12月任无锡市委副书记（正市级）。2004年12月至2005年1月任江苏省淮安市委副书记、代市长。2005年1月至2008年3月任江苏省淮安市委副书记、市长。2008年3月至2011年11月任江苏省政府党组成员、秘书长。2011年11月至2018年1月任江苏省委常委、秘书长。2018年1月至2019年10月任江苏省委常委、省委秘书长、副省长、省政府党组副书记（其中2018年1月至2019年4月兼任省行政学院院长）。2019年10月至2021年11月任江苏省委常委、副省长、省政府党组副书记。2021年11月至2022年1月任江苏省人大常委会党组副书记。2022年1月起任江苏省人大常委会副主任、党组副书记。中共十五大、十六大、十九大代表，十一届、十二届、十四届全国人大代表，江苏省十二届、十三届、十四届人大代表。

郎建平　1964年6月生，王秀村人。理学博士，全国五一劳动奖章、国家杰出青年科学基金获得者。1984年，于苏州大学本科毕业。1993年7月在南京大学配位化学研究所工作，获理学博士学位。

1995年4月至2001年3月分别在日本名古屋大学化学系、美国哈佛大学化学与化学生物系从事博士后研究。2001年在苏州大学工作，研究员、博士生导师，现任校学位评定委员会副主席兼秘书处秘书长，同时在众多国内外化学社团中兼职。工作以来，先后主持9项国家自然科学基金项目及20余项省部级基金项目。在国内外核心化学期刊发表论文380余篇，获中国发明专利授权22项。2004年获评教育部全国优秀教师，2005年获国务院特殊津贴，2009年获中国石油和化学工业协会科学技术进步奖，2010年获江苏省科学技术进步奖，2011年列为江苏省中青年科技领军人才。兼任英国皇家化学会期刊国际顾问、编委。

赵建初　1965年11月生，王秀村人，太仓市副市长。1980年于王秀中学高中毕业。1980年9月至1982年7月为无锡财经学校统计专业学生。1982年7月至1986年10月任沙洲县（今张家港市）统计局办事员。1986年10月至1995年6月先后任太仓市（县）统计局办事员、农业科科长，市委办公室副科长、科长。1995年6月至1998年2月先后任团市委副书记、书记。1998年2月至1998年12月任南郊镇党委副书记、镇长。1998年12月至2004年11月任市委组织部副部长。2004年11月至2005年2月任市发展计划委员会副主任、党委书记。2005年2月至2011年6月先后任市发展和改革委员会副主任、主任、党委书记，市信息化办公室主任，市上市办公室主任。2011年6月至2012年3月任太仓港经济开发区党工委委员、管委会副主任，市发展和改革委员会主任、党委书记，市上市办公室主任。2012年3月起任太仓市副市长、党组成员。

第三章　人物表录

本章人物表录截止时间为2017年，收录范围为王秀籍行政副处级、正科职干部，正高级职称知识分子，全国、省级先进人物，苏州市、太仓市劳动模范，中学高级教师，共收录18人。

表18-1　2017年王秀管理区（原王秀镇）人物表录

姓名	性别	出生年月	所在村及社区	工作单位及职务（职称）或荣誉
马利忠	男	1965.8	王秀村	相城区副区长、公安局局长
仇振元	男	1962.9	王秀社区	2000年9月在璜泾中学任教时被聘为高级教师
叶凤珠	女	1930.11	孟河村	1979年11月在担任王秀供销社伍胥供销站站长时获评“全国三八红旗手”
冯国良	男	1954.9	杨漕村	上海市公安局科技处纪委副书记、助理调研员
许家东	男	1966.11	孙桥村	江苏省城市社会经济调查队高级统计师
纪雪元	男	1946.10	王秀村	王秀乡党委副书记、乡长
苏宝荣	男	1954.2	孙桥村	孙桥三苏合作社，2013年获评太仓市劳动模范
吴海英	女	1963.9	王秀村	太仓市邮政局，1997年获评苏州市劳动模范
沈一鸣	男	1944.5	杨漕村	璜泾乡党委副书记、乡长
沈荣兴	男	1955.2	杨漕村	常熟市海关关长
范金林	男	1939.2	孙桥村	1988年6月在璜泾中学任教时被聘为高级教师
顾文彪	男	1968.12	孟河村	上海宝钢冶金建设公司教授级高级工程师
高洪文	男	1961.11	孟河村	璜泾镇镇长、太仓市国土局局长、太仓市人大人事工委主任
董梅芳	女	1962.12	杨漕村	东南大学教授
管永良	男	1963.6	孟河村	苏州混凝土水泥制品研究院高级工程师
熊康一	男	1952.10	王秀村	1980年12月在王秀农技站工作时获评江苏省新长征突击手
魏雪萍	女	1962.9	杨漕村	杨漕村村委会，2007年获评太仓市劳动模范
瞿惠钟	男	1946.4	孟河村	2001年8月在璜泾中学任教时被聘为高级教师

注：①中学高级教师只收录在璜泾中学工作的王秀籍教师，其余未收录在内；②本表按姓氏笔画排序。

附录

在漫长的历史岁月中，王秀境内留下了众多值得探秘的奇闻轶事，涌现了许多值得人们称颂的人和事，也有许多值得留恋的文化现象。本篇分民间传说、清代名医、园丁之歌、奇人轶事、钩沉往事、文化拾遗等6个栏日予以记载。

一、民间传说

北青石桥与三万塘的传说

北青石桥坐落于原王秀包桥9组、与长浜村交界处，为拱形石桥。当地人称之为“环龙桥”。南青石桥位于归庄香塘与璜泾交界处，为平板石桥。两座青石桥南北相对。

据当地长者张国明回忆，北青石桥全部用巨大青石建成，拱形桥洞用并列的三块石板铺砌而成，从下至上浑然一体。从水面至桥洞顶端约6米。乘船经过桥洞，可以看到桥洞顶端中部有“嘉熙”两字，可见此桥建于宋朝嘉熙年间，距今已经780多年。北青石桥横跨在漕头塘上，拱桥高耸于平原之上，桥堍两端长满翠竹，桥中央有一条人行道。因此，此桥远观如初月出云，近看如一座青山。又传这座古桥有巨蛇守护，月明之夜有瑞气升腾。有人曾在桥下芦苇丛中拾得金链条，所以常有人在此淘宝，这就为此桥笼罩了一层神秘色彩。

遗憾的是，60年代初，当地村民因建造抽水机站需要石材，就打起这座古桥的主意，结果这座古桥就被当地村民毁了。据说，当村民撬起古桥最后一块巨石时，巨蛇出现了！它“哗啦”一声分开水面，一溜烟向东而去！

此桥又引出下面一段传说：相传太平天国时期，太平军经过此桥时，不知何故，战马不但不肯上去，而且纷纷跪倒，出现“马投降”现象。对此怪事，太平军认为“此乃天意也”，故绕道北青石桥去璜泾。太平军行军至璜泾“三万塘”时，遭遇当地武装，双方展开激战，无数尸体被推入河中，故称“三万塘”，极言杀人之多。现在，此河已改称“三漫塘”。为何改名？是后人笔误，还是忌讳名称由来，有待深究。

另，王秀杨漕有一个地方叫“马头巷”，是“马投降”的谐音。事实上真正的“马投降”应该在北青石桥这个地方。

二、清代名医

方梦花妙手救病人

方梦花，清代伍胥庙人，为方氏中医世家第五代传人。自小学医，得祖医真传，精通内外科，尤其是外科，刀术精准，用药独特，常见奇效，救人无数，且贫病不计，医德高尚，深受民众爱戴。

据陆钟裘医生生前回忆，其父亲陆瑞生（方梦花关门弟子）曾目睹先生（方梦花）抢救危重病人：那是深秋的一天下午，一条破旧小船载着一个病人前来治病。病人被背至先生面前，其老婆儿子均跪倒在先生面前不肯起来。原来这个病人背部生恶疮，有小面盆大小，外部红肿滚烫，内部已经溃烂，病人高烧不退，病入膏肓，奄奄一息。已经求请多家郎中看病，均被婉言拒绝，看看将死，全家抱着最后一线希望，请求先生救命。先生沉吟片刻，仔细察看病人病情，望闻问切一番后认为，病人身体已经极度虚弱，如果不开刀（做手术），疮疡在体内不断扩散，将危及生命；如果开刀，病人因身体虚弱可能不醒。征求病人妻儿意见，他们说："病人不看等死，看了也许会有一线生机，万一不醒，你先生已经尽力，请先生尽管开刀，如果能够救得性命，先生就是重生父母，再生爹娘。"说完，泪如雨下。见此情景，先生为救人一命，便决定立即为其手术。于是，先生叫我父亲准备手术的应用之物，特别关照，一定要准备好油灯一盏、上好人参一枝，并且叮嘱："我开刀，你就点燃人参备用。"当时我父亲不解其意。接着先生就为病人手术。先生用手指轻轻按摸病人疮疡部位，在恶疮中部一刀下去，只见脓血迸射，突然病人眼皮一翻，昏死过去。先生不慌不忙，让我父亲把点燃的人参递给他，先生就用人参熏病人的人中和鼻子部位。片刻，只听病人"嗯"了一声苏醒过来。先生说了句"造化，不要紧了"，然后继续为病人清理疮口。脓血足足有半面盆。先生为病人外用敷药，内服汤散，精心调理半月余，病人终于转危为安，康复回家。

直到后来，我父亲才明白，先生点燃人参是用来抢救危重病人的！在当时缺乏急救设备的情况下，先生用人参抢救病人，应该是一种创新，值得后辈研究和借鉴。这次先生抢救病人的事迹，仅仅是先生行医救人中的一例，其实被他救治的危重病人不胜枚举。先生妙手回春之医术、救死扶伤之医德，在当时真可谓名噪一时，誉满四方。

（陆钟裘生前口述，高凤泉整理）

三、园丁之歌

热爱教育事业的许在林

许在林，字鹤鸣，王秀包桥村（现孟河村）人。清光绪二十六年（1900）生于一个农民家庭。（因其是自己的老师，故下文均称其为老师）老师自幼勤奋好学，1921年考取太仓甲种师范讲习所（校址设于海宁寺弄公园东侧），学习教育学。除课堂讲学外，老师课后还进修自己爱好的学科——国文，勤苦攻读古典文学，埋头研究新文学——白话文。读书期间，老师思想进步，学业优异，于1923年毕业。

1923年秋在九曲小学任教，半载后回乡，见本乡尚未创立学校，便以创办学校为己任。1924年春，呈请太仓县府教育科获准后设小学于伍胥镇（农村小集镇）。小学成立后，设有一个复式班级，老师出任教务，专心教育事业，学生毕业成绩优良。1927~1937年间，先后任教于慧林奄、沈家宅、蔡家湾等小学，任期内终年在外，不辞劳苦。

1937年，抗日战争全面爆发，日军由长江钱泾口等地登陆，大炮轰炸，日机袭击，居民纷纷离堤（长江圩堤）向南远避，学校师生也都离校回乡，老师身病足残，岂甘为奴，遂弃职返乡，辛耕农田。在家设一私塾小学，半耕半读，借以糊口，仍以培育后代为事业，续办私塾教育8年。

抗日战争胜利后，老师复任教务于伍胥小学。其时物价飞涨，一日数变，名为月薪大米八斗，实月工资到手之时仅二三斗而已！面临民生日蹙穷境，老师仍诲教不倦，犹以为我中华培育后人为己任，不计私利，不辞辛苦，认真教学。

1949年春末夏初，江南解放。这时老师已年过半百，任伍胥小学校长。其壮志复萌，常与青年教师争锋。在经济拮据情况下，勤俭办校，就庙成校舍，爱校如家，廉洁奉公，深为众望。还积极地配合地方政府从事农民教育，以普通一员，深入农村，创立民校，常常顶风冒雨，披星戴月，往来于伍胥一带，开展业余民校教育工作。

1961年，老师年迈花甲，正值退休之年，尚独顶小学六年级毕业班（全班60人）教学任务，终各科成绩均优，全班被初中录取。

老师教龄38载，学生2000余名，教学业绩列为学区前茅，多次被评为太仓县教育界先进工作者。但当人家谈到他个人成绩时，老师总是自谦地说："全靠党的培养和正确领导，个人是无能为也！"

（高凤泉稿）

平凡之人　有为之士

——记退休教师陈德明

陈德明，1934年4月生，大学文化，汉族，爱好体育、文学，太仓王秀人，王秀中学退休教师。1977年加入中国共产党。是江苏希望工程特殊贡献奖获得者，获太仓市道德模范称号。

1948~1951年就读于太仓沙溪中学，1951~1954年就读于江苏省常熟高中。1954~1957年在南京大学地质系学习。1958~1959年下放到上海马桥乡当农民。此后在各地任教近40年。

陈德明无论是在南京大学地质系当实验员、下放到上海马桥乡当农民，还是到苏北相对困难的地方当教师，抑或是后来调回太仓王秀中学工作，总是兢兢业业，热爱教育事业，服从组织安排。他从事体育教学近40个春秋，培养了无数中小学体育教师。

陈德明时刻牢记着“更快、更高、更强”的运动精神，1993年，为支持北京申办2000年奥运会，他全然忘了自己是年过花甲的老人，毅然与同龄人太仓市体委原副主任徐晋芳结伴骑自行车从太仓出发到北京，行程3000千米。虽然那次北京申奥最终未能成功，但2位老人丝毫没有气馁，他们坚信，总有一天祖国会圆了“奥运之梦”。

2007年2月，陈德明报名参加奥运志愿者，并被确认报名资格。7月8日，他报名参加奥运火炬手选拔赛，写下了“我想我做，我要超越，我要传递梦想”的誓言。2008年3月，他终于入选“2008年北京奥运会火炬手”，并于5月23日到苏州市会议中心报到，参加25日在苏州举行的奥运圣火传递活动。

陈德明从事教育事业，不仅爱岗敬业，而且常怀关爱之心，他乐于扶贫济困、捐资助学，展示了乐于奉献的高尚风范。他常说：“帮助别人就是善待自己，帮助别人也使自己快乐，助人为乐，乐在其中。”在实践中他也是这样做的，自走上工作岗位之后，他就时常从自己微薄的工资中抽出一部分来资助需要帮助的人。受助的有校长、球友、学生，也有外地的贫困生。退休后他本可以安度晚年，可他省吃俭用，用省下的钱来资助困难群体。2004年，在中国红十字会成立100周年期间，陈德明得到《扬子晚报》报道省红十字会倡议献爱心、资助灌云县农村特困教师的消息后，毫不犹豫地给省红十字会寄去了1万元。同年12月，他参加省“儿童慈善”募捐活动，又向省红十字会捐款1000元，资助响水县红十字会新建一所博爱小学。是年12月28日，当得悉印度洋发生海啸，数以万计的人不幸遇难的消息后，他又一次向省红十字会捐款1000元，支援灾区。陈德明多次捐款，其义举值得颂扬。为此，省红十字会党组书记张立明于2004年专程从南京到太仓，授予陈德明“博爱勋章”，表彰他“人道、博爱、奉献”的红十字精神。陈德明是太仓市第一个获此殊荣的市民。

陈德明始终认为，上级给予的荣誉，既是鼓励，更是鞭策。于是，他又多次捐资助学。2005年8月22日，他从《扬子晚报》上了解到灌云县有位24岁名叫陆会荣的“大龄学子”，其父常年患病于榻，仅靠母亲务农维持全家人生活，他还有一个弟弟读初三，家中十分困难。1999年，陆会荣读高二，为养家糊口，便辍学打工，以补贴家用，艰苦的打工生涯使他深感知识的不足，一个偶然机会，陆会荣知道高考年龄放宽的消息，于是在2003年秋季，他决定重返校园复读，经刻苦攻读，在2005年的全国高考中，他考出了568分的优异成绩（高出本科线）。陆会荣的坚强毅力深深打动了陈德明，他决定资助这位特困大学生完成学业。同年9月11日，他给灌云县宣传部写了一封热情洋溢的信，并第一次寄去了800元，请宣传部领导转交陆会荣同学。此后三年中，他又多次汇款，先后资助陆会荣读书15000元。陈德明说："这位'大龄学子'还未毕业，但只要我活着，我一定资助下去，决不能让他因家庭经济困难而学业半途而废。"陈德明捐资助学的义举引起连云港媒体的关注，《连云港日报》《今日灌云》《苍梧晚报》均报道了他"爱心助学情感人、连年捐助贫困生"的感人事迹。

陈德明对待工作兢兢业业，对社会上需要帮助的人无数次给予援助。此外，他还有死后捐献器官的意愿。2005年8月，陈德明提出申请，死后将遗体献给苏州市医学院作解剖研究之用，有用的器官捐给急需的病人。2006年9月，苏州市红十字会正式发给他志愿捐献遗体纪念证，实现了他死后还要为医学做点贡献、为人类造福的人生愿望。他的义举得到媒体的大力宣传。

"夕阳无限好，只是近黄昏。"陈德明说："我已年逾古稀，人生之路即将走完，真希望自己能再多活十年八年，能再为教育事业多献一份爱心！"陈德明在职时工作孜孜不倦，退休后践行老有所为，"春蚕到死丝方尽，蜡炬成灰泪始干"，陈德明真是一位平凡之人、有为之士啊！

［王厚正（陈德明高中同学）2010年稿］

四、奇人轶事

孟河奇人顾金生

在王秀孟河村，有一个善编顺口溜的名叫顾金生的农民，他虽视力较差，但百姓说他是个奇人。六七十年代，他常用顺口溜惩恶扬善，在社会上名气甚大，有的人甚至把他编的顺口溜和瞎子阿炳的《二泉映月》相提并论，说是“西有瞎子阿炳，一曲《二泉映月》名闻天下；东有瞎子金生，一首‘金生快板’家喻户晓”。

顾金生，孟河村7组人。因年幼丧父又家庭贫困，金生从小就养成了吃苦耐劳的习惯，7岁那年，一场重病使金生几乎双目失明，又留下满脸疤痕。因此人家习惯上叫他瞎子金生。其母朱凤英贤惠善良，虽文化水平不高，然教子有方，使金生能够在逆境中奋起，与命运抗争。金生因视力不好，几乎没有进过学校，只能在教室外面听人家上课。凭借惊人的记忆力，他能够有声有色地说出所听的内容。当时农村小镇有说书先生下来说书，有评弹，有评书，这对于金生来说是天大的喜事，小孩子不要出钱就可以听到说书先生有声有色的说唱，这为金生日后良好的口才打下了基础。

金生还是小孩时就会编顺口溜。有一天，他在书场听书，听到人们对一个名叫阎基坤的人多有怨言，原来这个人听书不出钱，还要占据好位置，平时还要横行霸道，说书先生也敢怒不敢言。金生想：我是小孩子怕什么？我来替你们出口恶气！于是灵机一动顺口编出《廿几捆》这个段子：话说很多年前，有一群人划一只船出去偷东西。船上分别是乌龟、强盗、贼毛、地痞。偷到一百多捆稻柴，4人商量怎么分赃。商量的结果是，乌龟也是廿几捆，强盗也是廿几捆，贼毛也是廿几捆，地痞也是廿几捆。（注：“廿”本地人读音同“念”，“廿几捆”与“阎基坤”谐音，实际上是在骂阎基坤这个恶人。）段子一出，便在书场里面传开，大家觉得骂得好，过瘾。当时那个阎基坤也觉得好笑，一起跟着哄笑，后来觉得不对劲，怎么大家一边笑一边都看着自己？仔细一想，不对！原来他们在骂自己。便灰溜溜滚蛋了，从此再也没有来过。事后，人们都夸金生身残心不残，善恶分明。

成年以后，金生对社会上发生的人和事，总是很留心，认真思考，编的顺口溜越来越多。当地村民称他编的顺口溜为“金生快板”。久而久之，他成了民间高手，编的顺口溜生动、形象，受到当地村民好评。

其中有一段快板，讲述农民盖房。中华人民共和国成立前，贫苦农民盖不起瓦房，只得盖草房，且盖的草房简陋，四面透风，屋面漏雨，住房条件极差。对这种情况，他编的《盖房》顺口溜是这样说的：一捆毛竹扛回来，茅草屋顶盖起来，再买三张芦席爿，两间草房分隔开。屋里行灶烧起来，烟得眼睛睁不开。夜里困觉哉：朝天困看见满天星，侧里困看到四乡邻，合匍困看见白席筋，穷人苦处真是说不尽。这一段，形象地讲述了旧社会贫苦农民住房简陋、条件艰苦的情形。

再有一段，讲60年代2个农民认识到科学种田好处的故事，编得既生动，又有教育意义，在民间广为流传。其背景是：当时有2个农民，种植蔬菜产量不高，遭到大队书记批评，后转变观念，表示学好科学种田知识，才能提高农作物产量。对于这段顺口溜，我们称其为《种蔬菜》：宣阿海，董阿再，两亲家，种蔬菜，3亩番瓜收到两丝篮，大的像鸡蛋，小的像橄榄。大队书记跑上来，你们两个老蔬菜，科学种田勿来三，这种损失哪能办？需要换换脑筋参加3天学习班。两个老头子，眼泪噼里啪啦滴下来。宣阿海，董阿再，来到大队里，《毛主席语录》学起来："抓革命，促生产""工业学大庆""农业学大寨"，中午还要吃上咸菜麦粞忆苦饭。大队干部讲，找找根源为啥3亩番瓜只能收到两丝篮？两亲家，摸摸头脑爿，终于找出根子来：靠天吃饭已经过时哉，水稻治虫要打"二二三"，或者要用苏化二〇三，旱地治虫要用西列森和赛力散，肥料多用农家肥，化肥飘飘、氨水浇浇番瓜都要烧杀哉。科学种地先进理念学起来，农业"八字宪法"翻开来：顿时茅塞顿开。对党对主席的忠心拿出来："我们两亲家当着大队干部的面也来表个态：明年番瓜亩产争取超过50担，也让大家重新认识宣阿海和董阿再。"

进入21世纪，金生看到家乡的变化，便编了一段名为《黄天荡》的顺口溜。其背景是：过去，孟河村有的地方地势比较低洼，尤其是荒芜的池塘沼泽比较多，一下雨"一片汪洋都不见"，水退去，杂草丛生，是蚊蝇的滋生地。后经过孟河几代人的治理，终于旧貌换新颜。对这样的情形，他编的《黄天荡》曰：六十年代"黄天荡"，八十年代"荒草荡"，九十年代"茭白荡"，新世纪，"黄天荡"上盖新房，"日照中心"暖心房，成为村民"逍遥堂"，衷心感谢共产党！这段顺口溜，从孟河村变迁的一个缩影，反映了农村建设发展的新变化。

在长期的生产生活中，顾金生编的顺口溜很多，既顺口，又易记，不仅带有趣味性，而且具有宣教性。瞎子金生的顺口溜还有不少，这里只选取其中的几段。从这片言只语中不难看出其对新社会幸福的歌颂，对旧社会痛苦的揭露；对科学种地的渴望，对落后思想的抨击。其嫉恶如仇，敢打不平的义举为人们所称赞。如果说瞎子阿炳的《二泉映月》是文人学士欣赏和研究的对象，那么瞎子金生的"金生快板"则为广大农民群众所喜闻乐见。但愿金生在有生之年再有优秀的作品问世。

（高凤泉稿）

五、钩沉往事

古老传统的农村捕捞工具

70年代及以前，农村中传统的捕捞工具众多，有网具、钩叉具，还有笼具，绝大多数由农民自觅材料、自行制作。80年代后，以前的这些捕捞工具，有的仍在使用，有的被逐渐弃用，有的已经绝迹。

本志在第六篇第五章第二节“水产捕捞”中，已对部分捕捞工具做了记载，但只是介绍了如今仍在使用的少数几种。现为追忆过去农民自制渔具、喜欢捕捞之往事，特再选介拖网、夹网、撒网、赶网、挑网、淌网、蟹网、网簖、滚钩、经钓、麦钓、鱼叉、罩笼等捕捞工具13种，以从传统捕捞工具这一侧面折射农村今昔之变化和时代变迁。

拖网　属大型网具，长度和宽度无限定，根据河塘宽度选用。此网一般在清塘时使用。捕鱼时，将网置于鱼塘的一端，然后在鱼塘的两岸用人力将渔网向另一端拖去（俗称“拖鱼”），待拖到鱼塘底端后，即起网捉鱼。

夹网　呈长方形，大小不定，长3米、宽2米左右。夹网捕鱼一般选在农户水桥（用石块或水泥板铺搭）边或河边湾塘处，由渔民用竹竿将夹网撑开并将水桥围住或将河边湾塘处水草围住，然后用网杆在水中拍打数下，鱼受惊后逃离会碰撞夹网，此时迅速将网夹卷后拉起，此过程称为“夹鱼”。

撒网　呈圆形，撒开后直径一般在8米左右。捕鱼时，渔船驶入河中，人站立船头，将撒网按易散的规则事先折叠好，在看准时机后，用力将网撒开，撒网瞬间沉下将鱼罩住，然后将网拉起捉鱼。这种方法保留至今，但不多见。

赶网　网底呈长方形，长度、宽度无限定，通常分别在1米和40厘米左右。此网用两根竹竿支撑，竹竿弯曲成弧形，两竿交叉，交叉处用细绳固定，将网底的四角置于竹竿的底端，网的长边一侧敞开，长边另一侧和短边的两侧用网围住。赶网还有一个辅助工具，即赶杖，用三根较直的树干制成，呈三角形，其中两个底角用专用铁制角件固定。赶网专门用于捕捞河虾。操作时，将赶网轻放近岸水底，赶网敞开的一侧面向河岸，然后用赶杖将河岸水草中的河虾赶入网中，此方法称为“赶虾”。

挑网　呈正方形，大小无限定，一般边长在3米左右，用两根竹竿形成“十”字形叉并弯曲成半圆形，将网的四角拴于四个竿端，两竿交叉处用绳子固定，然后用一根较长且牢固的竹竿把网挑入河中并沉入河底，待河面出现有鱼迹象时，迅速将网拉起捉鱼，但经常会出现空网。

淌网　呈三角形，在一根长竹竿的顶端置一根约80厘米的横杆，将网口固定在横杆上，网尾拴在长杆上。此网仅用于捕捞螺蛳。操作时，将网口横杆平贴近岸河底，用长竹竿将网慢慢推出，然后拉回，往复数次后起网。操作中，螺蛳会从网口处滚入网内。这种捕捞螺蛳的方法称为“淌螺蛳”，亦称“淌蛳螺”。

蟹网　俗称“蟹罾”。用细线织成边长30~35厘米的正方形小网块，用两根竹篾片“十”字形交叉并弯曲成半圆形，将小网块的四角拴于四个竹篾片端部，两根篾片交叉处用细线绑扎固定，然后用两块（也有用四块）小瓦爿绑在竹篾片端部，以使蟹网沉入河底。起网用一根拉力强的线绳，一端连蟹网，另一端拴浮子（条状小木块）。网块中间拴一小块鳗鱼作蟹饵。捕蟹时，将蟹网沉入河底，待一段时间（一般在半小时左右）即起网。起网方法有两种，一种不需下河，人站在岸边，用长竹竿（一头有竿钩）将蟹网浮子扎住，迅速将网挑出水面，称为“挑蟹”；另一种划小舟（船），人蹲坐船头，直接抓住浮子将网拉起，称为“提蟹”。捉蟹既获美食又有乐趣，过去许多农家都有十几、二十几个蟹网，有的人家达上百之多。

网簖　即制成圆形或方形网袋，网袋内还套夹袋，外口大、里口小，整个网袋长短不一，有一两米，也有数米，把网袋固定布于河道近岸水中。鱼、虾、蟹等一旦进入网簖钻入内袋，就很难返出，故网簖捕捞方法被广泛采用。但由于设置网簖会影响河道泄洪，1994年以后，网簖在大多河道被禁用，以前设置的由捕捞者自行拆除。

滚钩　形状与钓钩相似，用一根拉力强的线绳将数十只或上百只滚钩连在一起。捕鱼时，将滚钩布于水中，当鱼来回游动触碰滚钩后，会被锋利的钩尖扎住，若鱼反抗逃跑，还会被众多的滚钩缠住，且越缠越多，无法逃脱。

经钓　将众多的三弯钓钩用一根线绳连结组成，一般有数百只之多。三弯钓钩钩尖锋利且带有倒钩。在吊钩装上虾、小鱼、蚯蚓等鱼饵后布于河中水底，当鱼寻食咬钩时，被带有倒钩的钩尖扎住，无法挣脱。

麦钓　用富有弹性的竹丝制成，每根竹丝长3厘米左右，两头削尖，竹丝弯曲，两个尖头合在一起装上浸胖的麦粒鱼饵。一只只麦钓用一根细绳连结，每只麦钓间隔50厘米左右，事先装在用竹片制成的圆盘内，一个圆盘通常被称为一“筛”，一“筛”麦钓有数百只之多。麦钓布下后，鱼在咬钓时，麦粒脱落，麦钓竹丝迅速张直，将鱼嘴撑住，鱼无法逃脱。

鱼叉　大多为五叉，也有三叉。五叉鱼叉由5根铁制细杆组成，一字型并行排列，叉长约30厘米，间隔约5厘米，叉尖锋利，叉根相连并固定在长竹竿上。此鱼叉本地称“戳鱼枪”。捕鱼时，将鱼叉瞄准正在近水面慢慢游动的目标，快速将鱼叉插去，将鱼戳住。

罩笼　用竹篾片制成，呈圆锥形，上口直径约40厘米，下口直径约100厘米，高约80厘米，笼身用5~6根小竹竿支撑。使用罩笼，要在鱼汛季节的夜间进行，地址选在河边浅水处，事先做好蹲守待罩准备，一旦有鱼汛响动，便将罩笼迅速扣下，将鱼罩住，然后用手在笼中捉鱼。

六、文化拾遗

花样众多的小孩游艺活动

70年代及以前，农村小孩经常相约一起开展游艺性文体活动，其活动器材（具）大多就地取材土法制成，玩的项目有跳绳、捉签、造房子、踢毽子、摸瞎子、打弹珠、玩斗草、荡秋千、滚铁环、牵陀螺、捉迷藏、放风筝、玩沙包、牵地王牛、挑花绷绷、玩风转转、牵皮老虎、跳橡皮筋等。过去，虽然玩具简陋，但小孩玩耍花样众多，玩得有趣开心，常常能见到小孩游艺活动的欢乐场景。改革开放后，市场上出现电动玩具、智能器具、拼装拆卸玩具等，由此，过去一些玩具和玩法被替代，有的游艺性文体活动消失。现将过去小孩常玩但如今基本绝迹的一些活动予以记载，以勾起人们对过去小孩游艺活动的美好回忆。

捉签　亦称“撒签”。签，用竹子削成，签长一般15厘米左右。玩时用签，少则10余根，多则数十根。玩法，将签撒在桌上，然后将处于纵横交叠状态的签逐根捉出，若在捉签时碰动其他签即失败。捉签时，先易后难，先拿未交叠的单签，后取被搁空的活签，再捉交叠的上签。捉签可单人玩，也可双人或多人比赛。若比赛，以捉签最多者为胜。

造房子　又称“骑脚模模”。所谓造房子，即在地上划出方格，一般划出10块，然后将一小块碎砖或瓦爿抛于格内，参加游戏者一脚提起，另一只脚边跳边将小砖块踢向前格，直到10个方格全部踢到为止，这样就算造好了一间房子。接着，再将砖块抛入第二格，造第二间房，如此类推，直至造好全部房子。在整个来回过程中，砖块不能压住方格的线，若压线，属犯规，就让对方起造，以此轮流造房，谁先全部造好10间房子为胜出。

摸瞎子　一人用手帕扎遮眼睛扮作“瞎子”，其余的人即在“瞎子”周围挑逗撩拨，但不能被“瞎子”抓住，如被抓住，即与“瞎子”互换角色继续游戏。

打弹珠　将弹珠勾在食指上，用大拇指用力弹出去，击打别的弹珠。玩法多种多样，最常见的是，在泥地上先挖4个洞，呈正方形，在中间再挖1个洞，然后在数米处画一条线，作为弹珠起点。游戏开始，玩者按事先约定的先后顺序，依次把弹珠弹入5个洞内，先完成入洞者，即获击珠权，就可以击打他人未入洞的弹珠，击中后，赢得他人弹珠归己。

玩斗草　又称“打官司”。斗草用车前草草茎，事前，双方各自备好坚韧的草茎，数量同等，一般10根左右，斗草时，双方各自取一根草茎，将其相交后反方向拉，若草断，则换一根，直到一方的草茎全部拉断为止，以断草少的一方为赢。

滚铁环　俗称“车铁环”，男孩玩得较多。铁环来源于木桶或木盆的外扣圆形铁箍，操纵杆用粗铁丝制成，上端弯成椭圆形便于手握，下端弯成钩形，玩者用操纵杆钩赶铁环，在地面上向前滚去，熟练后得心应手，行动自如。有的铁环还套带1个或数个小铁圈，称“响圈”，铁环滚动时发出响声，增添乐趣。

牵陀螺　俗称“掼棱角”。取一小段坚硬的树干，直径5厘米、长8厘米左右，两端削成圆尖状，上圆尖部稍长，下部则短，上尖端有小圆粒置顶，下尖端插入铁钉，稍露钉头，陀螺便制成。牵陀螺时，将拉力较好的线绳缠绕于陀螺上半部，一手捏紧外端线头，用力将陀螺甩向地面，此时陀螺因线绳退绕而在地上快速旋转。牵转的陀螺在地上旋转的时间越长，则牵艺水平越高。

捉迷藏　俗称“捉野猫猫”，是小孩喜欢玩乐的游戏活动，可双人玩，也可多人玩。玩的方法是，玩的一方把自己隐藏起来，让另一方四处寻找。若在规定的时间内，捕捉方找到躲藏方则赢，否则便输。

玩沙包　俗称“捉牛”。缝制小布袋，正方形，边长5厘米左右，袋内装黄沙，制成小沙包。玩前，取麻将牌或排九牌4个，置于桌上，牌面向上。玩沙包，设五关。玩法，向上抛沙包，抛出沙包瞬间将桌上牌面翻合，然后迅速将正在跌落的沙包接住，抛一次沙包翻一个牌，抛得高、动作快的人可翻两个，待全部翻合后，即通过第一关；第二关、第三关、第四关，重复抛接动作，分别将牌侧放、竖放和翻合；第五关，在抛出沙包后，将桌上四个牌全部捏在手中再接住沙包。玩沙包有一人玩、双人玩和多人玩。双人或多人比赛时，以首先过关者为胜。

牵地王牛　取一小段竹筒，长10～15厘米，两口封堵，中间插一根竹签，两头伸出，上头长，下头短，筒身四周凿挖等距2个或4个斜口长方形洞口，地王牛便制成。牵地王牛时，将拉力较好的线绳缠绕于筒身上端的签竿上，在外面的线头穿过竹制挡板中的小孔，牵玩者一手握挡板，一手捏紧线头，用力将线绳拉出，此时线绳退绕，驱动地王牛快速在地上旋转，因地王牛筒身上开有斜孔，旋转时会发出“嗡嗡嗡”的声音。牵转的地王牛在地上旋转的时间越长、发出的声音越悦耳，则牵艺水平越高。

挑花绷绷　用粗细、长短适宜的线绳，两头打结相连成线圈，用手指挑线，结成各种形状的线网，然后让另一人再挑，变换另一种线网形状，如此轮流互挑，变的线状越多，技艺水平越好。此玩法也能用来比赛，双方挑线结网，以一方结网散架为输。

玩风转转　取一张质地较硬、大小适宜的正方形纸，画出两条对角线，沿着对角线用剪刀剪开，剪到距中心2厘米左右为止（具体视纸大小而定），然后把四个相隔的角，折到正方形的中心，再用细的铁丝或竹签穿入中间，并在风转的迎风侧和背风侧用固定物相夹，但不能夹紧，以使风转能够灵活转动。风转制成后，小孩拿着跑来跑去，或直接拿到有风的地方，被风一吹，风转转个不停。风转也有制成多个，组装在一起，遇风同时转动，小孩更为喜玩。

牵皮老虎　取铜钿（旧时中间有眼的钱币）一枚，把一段拉力较强的线绳折成双线，双线长50厘米左右，然后在双线中间缠绕铜钿，皮老虎便制成。玩时，两手握住线头两端，一牵一放，使铜钿两侧双线绞合缠绕又退绕，驱动中间铜钿快速旋转又退转。铜钿旋转时，与空气产生摩擦，发出“呼、呼、呼……”的响声，响声随铜钿转速快慢而有高有低，此起彼伏，类似虎啸，故称“牵皮老虎”。

民间欢乐有趣的行酒令

行酒令，又叫“猜拳行令”，简称“猜拳”“划拳”。民国及以前，民间会猜拳的人较多，经常能看到猜拳作乐的场面。在宴请者家中或在集镇上酒店内，几个挚友一起喝酒，为了助兴，采用猜拳的方式，赛拳艺、比酒量、论输赢。划拳有其规则，输者被罚喝酒一盅，划错者称为“划枉拳”，亦要罚喝一盅。划拳发起人意图，在掂对方的酒量，让他人出洋相，为围观者带来欢乐，但往往适得其反，发起人自己拳艺不敌对手，不胜酒力，醉态百出，先出洋相，逗得大家捧腹大笑。中华人民共和国成立后，因猜拳作乐有失文雅，故不予提倡，此场面逐渐消失。60年代，还能看到有人在酒席间酒兴大发，猜拳饮酒，寻欢作乐。70年代后，此场面基本消失。

编后记

王秀镇原是太仓北部地区的一个建制镇，在1998年太仓市实施区划调整中并入璜泾镇，现为璜泾镇的一个管理区。2014年，太仓市委办、市政府办部署新一轮乡镇志编纂工作，要求新一轮编志除编好建制镇镇志外，还须一并完成撤并镇镇志的编纂任务。2015年4月23日太仓召开乡镇志编纂工作推进会后，璜泾镇于2015年5月8日召开镇志编纂工作动员会，该项工作正式启动。2020年12月，镇编志人员在先后完成《璜泾镇志（1994—2013）》《鹿河镇志》编纂任务后，紧接着投入《王秀镇志》的编纂工作，经一年半时间的努力，《王秀镇志》于2022年7月终于脱稿，通过终审定稿，即将出版。

《王秀镇志》主要记述1966~1998年王秀镇（公社、乡）整建制时期的历史与现状，但为追溯事物发端和完整反映史情，有关章节酌情上溯或下延。全志分18篇，有70章216节225目，共71万字。在编纂过程中，编志人员研读了《王秀公社志》（1984年成稿，未出版），重点了解了王秀人民公社时期的历史，从中摘录了许多内容为编志所用。查阅了《太仓年鉴》《太仓统计年鉴》《太仓统计资料》中有关王秀的文字资料和数据，并以此为准，以确保镇志史情表述的统一性和各类数据采用的准确性。收集了历年领导工作报告、会议讲话材料、单位年度总结等大量的文书档案，并从中加以梳理归纳后选用，从而使镇志记述更加符合当时实情。此外，鉴于王秀镇撤并后造成许多资料缺失等情况，编志人员通过访谈、电话联系等方法，采访原王秀镇各级老领导及有关知情人士上百人，从而使许多史情得以考证，收到填漏、补缺、纠错之实效。

《王秀镇志》编纂工作得到了社会各方面的关心和支持。太仓市史志办领导、业务科长和有关人员为编写《王秀镇志》自始至终给予悉心指导。太仓市档案馆给予热情帮助，为编志人员提供了大量的电子和纸质文档。许多热心史志事业、熟悉王秀地情的一些老领导、老同志对修志工作表现出极大关心，提供了许多富于价值的文字资料和口述史情。在这里，谨向为《王秀镇志》编纂出版做出不懈努力和贡献的各单位、各部门以及社会各界人士表示衷心的感谢！

编修地方志是一项承上启下、继往开来的文化工程，涉及面广，任务艰巨繁重。在编志过程中，尽管我们做了很大努力，力求对一方之物做完整的记述，但由于一些历史资料缺失，又因时间紧、人员少，再加上我们水平有限，志书中谬误、疏漏和不尽人意之处在所难免，诚请各位领导、各方专家和广大读者批评指正。

璜泾镇编志办公室

2022年7月